中華民國史檔案資料滙編

第三輯

民衆運動

中國第二歷史檔案館編

鳳凰出版傳媒集團
鳳凰出版社

图书在版编目（CIP）数据

中华民国史档案资料汇编. 第3辑. 民众运动 / 中国第二历史档案馆编. -- 南京 : 凤凰出版社, 1991.6（2020.12重印）
ISBN 978-7-80519-301-4

Ⅰ. ①中… Ⅱ. ①中… Ⅲ. ①档案资料－汇编－中国－民国②群众运动－档案资料－汇编－中国－民国 Ⅳ. ①K258.063

中国版本图书馆CIP数据核字(2010)第085853号

书　　名	中华民国史档案资料汇编 第三辑　民众运动
编　　者	中国第二历史档案馆
责任编辑	陈晓清
出版发行	凤凰出版社(原江苏古籍出版社) 发行部电话025-83223462
出版社地址	江苏省南京市中央路165号,邮编:210009
出版社网址	http://www.fhcbs.com
印　　刷	上海世纪嘉晋数字信息技术有限公司 上海市汇金路899号,邮编:201700
开　　本	850毫米×1168毫米　1/32
印　　张	24.875
字　　数	615千字
版　　次	1991年6月第1版
印　　次	2020年12月第4次印刷
标准书号	ISBN 978-7-80519-301-4
定　　价	175.00元

(本书凡印装错误可向承印厂调换,电话:021-69214197)

目　　录

〔一〕工人运动

（一）厂矿工人罢工斗争

（二）铁路工人罢工斗争

（三）北洋政府阻挠工人组织活动与镇压措施

(四)五卅惨案

一、惨案发生与各地的声援

（二）各地农民抗捐抗税及反对占地夺佃的斗争

〔三〕学生运动

（一）各界反对不平等条约、抵制日货

(二)五四运动

一、运动的爆发与政府的镇压

(三) 各校反对军阀政府摧残文化教育

（四）军阀政府镇压纪念日活动

（五）为收回旅大的斗争

〔四〕绅商运动

（一）抗捐罢市

(二)集资收回胶济铁路权自办

（三）争取电车水电商办

（四）万县惨案与学商各界的抗争

〔一〕工人运动

（一）厂矿工人罢工斗争

1、财政部禁止印刷局工人成立联合会有关令文

（1912年11—12月）

（1）财政部训令（11月20日）

财政部训令　第九号

令印刷局总办陈恩焘

为令知事。风闻印刷局工人有假财政部印刷局全局名义，设立联合大会。定于阴历十月十七日在崇效寺开成立大会，散布传单，要结入会等情。查民国成立，自由集会本所不禁。惟工人职在服务，计值程功，既无学理之研求，复无政治之关系，费时失业，义无取焉。宗旨既不分明，乃复假财政部印刷局名义以为号召，若不及早禁绝，将来聚众要挟，妨害职务，势所难免。除函请外城总厅届时派警前往禁止开会，以维秩序外，合行令知该总办即便遵照，严切诰戒该工人等，务宜安分作工，不得沾染此等恶习。将联合大会名目即行取消，並将为首鼓动之人，查明呈部，以凭核办勿违。此令。

中华民国元年十一月二十日

（2）财政部指令（11月26日）

财政部指令　第卅八号

令印刷局总办陈恩焘

据呈已悉。查印刷局积弊甚深，及工人动辄要挟，长此不加

整顿，殊与局务进行大有妨碍。该总办才识优长，勇于任事，素为本总长所深知，所望切实经理，勉为其难。全局应兴革事宜，务宜悉心筹画，积极进行。並将全局员司、工匠人等，严行考核，秉公黜陟。如该工匠等有聚众反抗情事，即行一律解散，另行组织。仍将为首滋事之人交警拘留，听候惩办，以为妨害公务者戒。仰即遵照办理，勿得遽萌退志，是所厚望。此令。

（3）财政部印刷局联合会会员书（11月）

财政部印刷局全局联合会会员等谨上书。

总长钧鉴：窃同人等昨日奉阅钧部二十日所发之第九号训令，系关于解散本会之事。披读之余，甚为骇异，惟细绎其词，全属风闻，于本会实在情形毫未研悉，深恐以讹传讹，致同人受无妄之灾，钧部蒙误察之责。兹特就实在事实为我总长逐条缕陈，乞顾全大局，即予收回成命，以顺人心，而重工业。

一、原令云：风闻等语，本会成立事项，钧部既属风闻，自应据实调查，究竟利害何如，对于本局有何损失。

一、原令云：有假财政部印刷局名义，设立联合大会等语。按本会系由全局员司及各科工人联合组织而成，京师印刷营业局所林立，冠以钧部字样不过联示区别，並希图招徭。

一、原令云：散布传单，要结入会等语。本会既系本局员司及各科工人联络组织而成，声气相通，何至要结。且工作一处，何须散布传单。

一、原令云：查民国成立，自由集会，本所不禁等语。钧部既知约法，何故强行解散。

一、原令云：工人职在服务，计值程功，既无学理之研求，复无政治之关系等语。按工业发达，实由研究学理而得。著书立说者，几风行全球，此中分晰精微，靡所不至。各地设有学堂，国家立有专部，无非精益求精，力期进行岂有无学理研求耶。

况本会名之曰会，则非政党、政团之性质，更不待辩。至于职在服务，计值程功，自属我辈之天职，然与兹会之成立与否，固各不相谋也。

一、原令云：费时失业，义无取焉等语。按本会开会时间均在星期及休息之时，向未妨及局中操作，何谓费时失业。况本会正所以互相研究，籍谋全国工业之发达乎。

一、原令云：宗旨既不分明等语。则本会既如部令所云，无政治之关系，则联络感情，研求学理，是乃同人之必要，何能以不分明加之。

一、原令云：若不及早禁绝，将来聚众要挟，妨害职务，势所不免等语。则本会规约之条件，缕列甚详，防范甚密。况本局工人前与蔡总办之交涉，事历半载尚无结果，亦不过据理力争，並无何等要挟。若谓势所难免，则只要在上者秉公正直，何患之有。

一、原令云：函请警厅禁止开会，以维秩序等语。试问警厅之职务不过维持秩序，保卫治安。开会之事，並非扰乱秩序，妨害治安之举，警厅固无从干涉。

一、原令云：不得沾染此等恶习等语。开会 结 社，视 为 恶习，诚属创闻。若以此为恶习，则政府诸公，无一非沾有恶习者，各地党会，无一非恶习渊薮者。

一、原令云：取消本会，並将为首鼓动之人查明呈部，以凭核办等语。斯言犹为奇离，按本会之成立，实由全局同人精神上之结合，既无强迫要结等情，何至云为首鼓动，罪状何在，何云核办。以上所言，纯属据理力陈。务望钧部俯察舆情，实事求是，勿为浮言所惑，致启无谓之干涉，以遗笑外人，不胜待命之至。

伏乞

钧鉴

中华民国元年十一月　日

（4）财政部批（12月12日）

财政部批　第二十八号

批印刷局联合会呈

两呈均悉。结会自由，虽为人生应有之权利，但立会原则，实因人群散处，故藉会社以谋集合。若印刷局系隶于行政官厅，有系统、有职守，自成一完全机关，既不必有联合之组织，断无藉会社名目别立机关之理。且世界各国，无论为立宪，为共和，观其官立局所几无不法纪森严，秩序井然，所属人员服从主任员司之命令。现在民国肇造，百度维新，必使人人遵循法令，郑重职守，均纳于轨物之中，庶成为法治之国。若各机关人员，恃众要挟，越俎代庖，非徒淆乱秩序，抑且妨害职务，此等行为，亟须痛戒。仍着该局员司工匠，将印刷局联合会立即解散，以肃局规。至局中办事情形，本部自有稽察，毋庸该员匠等逾分干涉。此批。

中华民国元年十二月十二日

（5）印刷局联合会呈（12月23日）

财政部印刷局全局联合会为据理力争，仍恳收回成命事。窃本会前奉部令解散，当即据理逐条辩驳，呈请收回成命。昨奉批示，再三研究，措辞之间仍多误会。兹谨根据约法及实在事实，再为钧部缕晰陈之。按本会集合之原理，纯系联络感情，交换智识，力谋工业发达，挽回国家利权，载在会章，于约法毫无抵触。钧部谓：隶于行政官厅之局所，有系统、有职守，断无藉会社名目，别立机关之理。详查约法並无此项规定，未识钧部何所根据。若谓工人知识浅陋，倘任其自由集会，不早禁绝，将来势必酿成同盟罢工，恃众要挟之举。则工人等虽无高尚学问，究皆稍具国家观念，遇事遵守法律，毫无淆乱秩序。自夏间将局中所有积弊据实告发以来，事历半载有余，钧部对于局务未见丝毫整顿。即前清度支部局章，亦未见一字修改，工人等亦不过据理力争，並无何等要挟。况本局制版、制色、印刷、活版完成各科工艺，均有密切相互之关系。而在局工作各有专司，除所习之外，余均无从研究。所赖以实行联络感情，交换知识，力谋我工业之发展者，端在本会维持，始有今日之实效。此等集会钧部应如何极力提倡，藉以鼓励之不暇，何竟一再迫令解散，不留余地。故同人对于钧批始终否认。盖以压制手段解散斯会，欺我工人之事小，因解散斯会而使工界前途终无发达之希望其事大也。至谓局中办事情形，部中自有稽察，毋庸该员匠等干涉。则临时约法第十条所规定，人民对于官吏违法损害利权之行为，有陈诉之权。工人亦人民也，何以钧部对于约法所许之会，一再迫令解散，並剥夺其陈诉之权。而对于违犯法律之官吏，不一过问，是则本会所更不解者。敢更请明白批示，以释群疑，而尊约法，是所盼祷。

此肃祇请

钧鉴

中华民国元年十二月　　日

〔财政部档案〕

2、德州兵工厂李祥光报告工党到厂活动电

（1913年2月5—6日）

（1）李祥光① 致陆军部电（2月5日）

急。北京陆军部钧鉴：上海工党领袖徐企文到德州，组织工党，准明日开会成立，如何对待，乞示遵办。王督理② 在京，并乞饬令速回。德州兵工厂李祥光。微。

---

① 德州兵工厂总办。

② 督理系指王亨鉴。

（2）李祥光致陆军部电（2月6日）

加急。北京陆军部鉴：工党事，昨夜一钟，祥光会同黄统领炳荣、孔牧、宪廷、绅商学各界与徐仝〔企〕文竭力磋商，业经取消。德州兵工厂李祥光。鱼。

〔陆军部档案〕

3、德州兵工厂工人迫于虐待引起冲突电

（1913年2月11日）

北京。陆军部鉴：前因王亨鉴虐待工人，致起冲突。今王督理复来，全厂愤愤将有他变，乞大部速将王撤回，另派妥员来德办理，以安工心，而维大局。德州兵工厂全体同叩。

〔内务部档案〕

4、陆军部令开除控告督理的工人电稿

（1913年2月）

（1）陆军部致王亨鉴电稿（2月）

电德州兵工厂王督理，查明擅发电报主名，立予开除，并电黄统领，严行弹压由。

德州兵工厂王督理：顷接电一件，署德州兵工厂全体同叩。电称：前因王亨鉴虐待工人，致起冲突，今王督理复来，全厂愤愤将有他变。乞大部速将王撤回，另派妥员来德办理，以安工心等语。似此任意要求，殊属目无法纪，仰即迅确查明发电主名並肆意蛊惑之人，立即开除，以肃纪律。已电黄统领，严行弹压。陆军部印。

（2）陆军部致黄炳荣电稿（2月）

德州直防黄统领炳荣：德厂工人结党已经解散。兹复据该工人等来电，要求撤换王督理，殊属谬妄已极。已电饬王督理查明

主动之人，立予开革。希即就近会同王督理，严行弹压，勿稍松懈，並随时具报。陆军部印。

（3）德州兵工厂致陆军部电（2月14日）

北京陆军部鉴：公读钧部元电内竟有捏称德州兵工厂全体名义，诬称王督理虐待工人种种，无根蜚谣，同深诧异。现在各厂匠徒，实仍照常工作，毫无冲突情形。际兹危局，千祈钧部勿为蜚电所动，大局幸甚。德州兵工厂员司匠长目同叩。寒。

〔陆军部档案〕

5、陆军部关于请外国人镇压上海制造局革命活动密电

（1913年5月15日）

上海制造局陈督理鉴：秘密。元电呈总长阅悉。奉谕该洋人果能扶助中央破获要案，自应与相当报酬。惟须与切实订明，以免事后要挟。至乱党会议蓄谋破坏，如探得确据，可即行拿办，此时务宜不动声色，严密防范等因。特达。陆军部军械司。删印。

〔陆军部档案〕

6、陆军部等饬令派兵往助上海制造局电

（1913年5月29日）

致杭州朱都督[①]电　　五月廿九日发

急。杭州朱都督：奉大总统令，闻上海制造局有匪徒数十人往抢，局卫兵正在激战中，云已电程督[②]派得力军队防剿。如远不济急，电商该督遣队往助，望查照办理等因。合奉达。参谋部、陆军部。艳印。

〔陆军部档案〕

① 朱都督系浙江省朱瑞。
② 程督系江苏都督程德全。

7、关于德州机器局药库被炸函件

（1913年7月）

（1）参议转许国卿调查报告呈（7月）

为呈报事：窃案查德州机器局黑药库轰炸一案。蒙札委许科员国卿赴德（州）勘验调查在案。兹据该员报称：窃科员奉派调查德州火药库失慎一案，遵即于七月初五日两点至德州，暗访细询失慎情形。据邻近居民称云：于阴历五月十九日早五点余钟，忽闻轰然一声，响震数十里。彼时人心慌恐，德州东南两城门关闭，移时即开，随闻该库内子弹之声不绝于耳，约有两三钟之久，其声始息。附近居民房屋有震塌者，有门窗震破者。至十点余钟，经机器局水会救息后，知该库震塌房屋十余间，内住机器局防护营步兵三棚，该营帮带袁克圣，是时在该库土围子上巡查，被轰不知下落。惟见有一不知姓名之兵自外而来，在库内手捧灰土涂面，躺地乱滚，作被轰受伤状，意似畏罪故作此态，以图掩饰者。所幸者，是日药库虽炸裂甚险，而机器局工匠仍照常上工，各军队照常出操，商民照常贸易，地方安静如常，附近居民声称如此。科员查火药库坐落德州城东南方，距城根约四五里，外面系一土围，内子弹八座，坐落土围内西北方；无烟药库一座，坐落土围内东南角；黑药库一座，坐落土围内西南角，该库计三大间左右，两间系存储报废枪炮及各种废子弹等物，惟中间一间系存储黑色药五千磅计五十箱，每箱一百磅，内分两小盒，每盒五十磅，此药系代奉天购自山东制造局者。据该库之兵云，此药箱外面注有光绪三十四年字样，里面有铁皮一层，至今约有四年之久。于旧历五月初间，自济南由火车运至德州，存放该库，以待奉天派员取运。该库南面有防护营官兵住房一所，约二十间，坐落土围子内西南角，与该库相距约三十密达。阳历七月初三日早上五点一刻钟，有卫兵见该库内冒烟，驰告该营帮带袁克圣，该帮带跑至该库附近已经轰炸，即将该帮带震倒在地，被该库墙倒压毙。该帮带尸身于初五日始行找出。又有一兵亦同时炸毙。是日共毙官兵二人，被重伤六人，受轻伤者十余人，现均送入医院调治，谅不致有意外之虞。但该库轰炸后，所有存储各枪械子弹有轰炸四散者；有烧毁无存者，燃着子弹均向西南击去，西面土围击毁一段约有三四丈长，东北两面树立尽行击折，约有五六十株。是日系东北北风，烟火均向西南吹去，故未波及他库。以上系调查火药库失慎详细情形也。科员按该库彼时轰炸情形，据该局旧库附近之岗兵苏开福所称：在旧库后西库门站岗，早上五点钟时，见北库后面窗户冒起黑烟，随发红焰等语。按此情节揣测，该兵报告先见烟后轰炸，定然库内黑烟已满，若火药先燃，绝不能先见烟而后轰炸。但遍询他人皆云不得其详。再，按此次之黑药，系济南制造局于光绪三十四年造成，至今四年之久，查黑药制法系硝磺炭三质化合而成，绝无自行燃烧之理。惟系由济南装运而来，值此酷热天时，火车输运，磨擦力因而发生，亦为不可知之事也。所有调查火药库失慎情形缘由，理合具单呈请鉴核施行等情。查火药性质棉药有自发之患。盖棉药一经酸性瓦斯游离之后，热性发生，即尔变坏而发自然之轰炸。黑药无自然变败，所以永无自发之患。据岗兵苏开福所称，眼见北库后窗先冒黑烟久始轰发，尤为非自然轰炸之明证。查黑药发烧之速率最快，决无先冒烟而后轰炸之理。经细询附近居【民】均云不得其详，其中有无别情，急促访查，难于详悉。究之药库重地，应如何严密守护，慎重保存，乃竟发现轰炸之事，其疏防贻误，该总办实难辞其咎。应否饬令赔偿，仰应如何办理之处，参议未敢擅拟，理合具单呈报，伏候都督鉴核示遵，须至呈者。

（2）陆锦致段祺瑞函（7月26日）

夫子大人钧鉴：敬禀者：德州机器局黑药库轰炸一案，实是由该局总办常川驻津，向不在局，致生异变。此案发现后，该局总办于次日始行赴德即其明证。前经派员往查，因其中疑窦颇多，逐据报张都督①，所有炸毁之库应否责令该总办赔修，蒙批赔修等因。亦以当此库款支绌，既纾公家财力并可儆戒将来，更免省议会干涉质问。乃一般院幕不体此情，与该总办表里为奸，先欲代其开脱，免令赔修后，拟请部拨款兴修，已由锦面禀都督，力斥其非。现仍拟请示部中办法，不知该院幕等究竟是何居心。兹据报转呈张都督该库轰炸情形，单稿照缮一份，恭呈钧阅，将来咨文到部时或请款或请示办法，均乞俯赐，一力主持，责令赔修，俾值民国初成，该院幕等无所施其鬼技。是所叩盼。肃此祇颂
勋祺

学生陆锦谨禀

七月二十六日

〔陆军部档案〕

8、刘庆恩关于湖北兵工厂罢工及镇压经过函

（1913年6月4日）

振伯②学兄大鉴：敬启者：敝厂工人因纸币价落，前禀请设法调剂，适弟由京返鄂，即据情转呈都督。旋奉命令，以现在纸洋价落，正在设法整顿。近数日来已日涨一日，该厂员司薪工，若概发官票，筹措殊不易之，故仍对成搭发，仰该总办善为劝导。该工人等均深知大义，谅亦乐于领取，共体时艰也。此令。等因。弟当即传知各厂，讵于二十九夜，在厂外附近地方发现匿名揭帖，种种言词，无非要求发给银洋。弟恐有匪徒潜煽，复传饬各厂监工等劝诫各工人勿为所摇惑，並悬赏密缉揭帖之人。至三十日下午放工后，竟有马子仲、梁瀚生等邀集多人，在古琴台开会

① 张都督系张广建。

② 陆军部军械司司长翁之麟、字振伯，江苏省常熟县人。

演说，谓：明日如有胆敢上工，即以手中铁尺相示，打死无论。是晚适接实业司公函开：汉阳南岸咀翻砂厂工人瞿新涛纠集同盟罢工之事，请加意防范等语。彼此不无影响，故三十一日清晨开工，所有工人被马子仲分布多人于要路，手持石子强行拦阻，以致安分者概不得入。及弟亲往劝谕，众工乃相率走散，独有陈永长仍持石子不肯置，当经捉获，询系枪弹厂帖写马子仲，南京人。机器厂工匠梁瀚生，广东香山县人所倡首。弟遂即偕同会计长曾应选、巡长阎志斌等亲赴都督府，原拟婉为商陈，请多酌发官票，藉慰众心。不期行至文昌门，马子仲等已先纠集多人在彼守候，相值之下任意抛击石子，均被微伤，及至府前声势汹汹。比蒙都督派陈参议向众询其代表何人，马子仲即以所携一禀呈入，奉饬候派员调查，並加开导，众始散退。已一面奉命令开：查该厂机器诸多损坏，着暂停工修理，仰即督率目领修理完备，遵即缮牌饬知。讵有孙子林一人，胆敢将牌撤置于地，经守卫捉获，押送究办。又连缮一牌，谓：五月各匠徒辛工准于六月二、三两日发给。旋又奉都督命令，该厂关饷即以二、三两日发给，如此两日，遇有事故不能来领，准于初四补发。倘或再逾期不领，即作为截旷之用。仰即转饬遵照。当经牌示在案。乃梁瀚生等仍在外聚众演说，阻止全厂工人领取辛资。並又有事外之黄诗选，即上海工党同盟会徐企文之总代表，安徽巢县人，曾由金陵局长函荐于弟，並一面另函请不收录，当经拒绝，昨日敢于从旁鼓惑。现蒙都督派来调查多员，驻在汉阳秘密调查，已将黄诗选、梁瀚生並附和之工人耿长庚，陆续护送陆军审判处羁押，候严讯究办，其势已稍衰。所有敝厂此次风潮，除另文呈报陆军部外，特先驰函飞报尊听。肃此即颂

伟安

弟刘庆恩鞠躬

六月四日

〔内务部档案〕

9、粤民梁剑泉控诉汉阳兵工厂无理惨杀工人代表呈

(1913年7月)

旅民梁剑泉广东香山县人，年七十四岁。为情轻法重，朦蔽舞法，妄枭人命，叩恳昭雪事。窃民籍广东，旅居唐山，生子二人，均习铁机生理。次子瀚生无子仅生四女，于民国二年三月至鄂，经介绍入湖北汉阳兵工厂作工。四月一号开工，民子作工数月，向不干外，突因兵工厂工匠二千余人工资向发银元，自刘庆恩接充总办后，改发当五元纸洋，意在克减工资，众工人以亏折太巨，禀求邀恩未准，反遭斥辱。众工人愤抱不平，开会讨论，公举民子瀚生及马子仲二人为代表，预约次日停工一日，公同其禀赴副总统府乞恩。讵刘庆恩作先发制人计，次日手持洋枪，当众连放三响，以示威吓，及同至府前，始被门岗卫军将刘庆恩手枪收去。随有形似参谋调查者四人，出传副总统命令各回，自有办法等因。二代表遵即同众工人回厂。讵刘庆恩不知如何运动，忽于六月二日，派兵士将瀚生拘拿，随即渡江，带交军法处收押，並无证据竟于三号在军法处斩决，传首兵工厂枭示。全体工人以梁瀚生仅为代表，而遭极刑，又未宣布罪状，大不愤恨。民闻赶至，情不能甘，当即具呈副总统府，叩求伸雪。蒙批查该民之子梁翰主结党暴动，殴辱长官等罪状，不惟调查确实，而亦自认不讳。按照律载，首魁自应处以极刑，藉资镇摄。该民不责素无义方之训，竟反加以残忍之名，昏聩糊涂，至斯已极。始念衰年，旅客不知咎戾，仰速敛迹安分，毋生妄想，再行渎呈可也，切切此批。奉批复后，全体工人，无不哗然。伏思民子翰生仅为代表，并无为匪证据，亦无暴动实迹，而竟处以极刑，设有匪迹昭著，又将何处之。则刘庆恩朦蔽舞法，草菅人命之罪状明矣。且兵工厂非枭匪之地，是明明所枭示者代表非匪人也。况民国最重人道主义，决无滥刑枉法行为。查新刑律第一百六十四条载，聚众意

图为强暴胁迫，已受该管官员解散之命令，仍不解散者，处四等以下有期徒刑。梁瀚生公推为代表，预约次日停工一日，同赴副总统府禀求，尚属文明之对待，并非聚众意图为强暴胁迫。及奉总统命令，遵即回厂，並非奉解散之命令仍不解散者，既非聚众亦非暴动，且未宣布暴动实迹。又一百五十五条载，于官员执行职务时，当场侮辱，虽非当场，而对其职务公然侮辱者，处四等有期徒刑等语。查厂内长官仅刘庆恩一人，刘庆恩並未验伤，亦未宣布伤痕，不知刘庆恩诬禀殴辱者果指何人。况民子瀚生即使有犯一百六十四条及一百五十五条刑律，亦罪不至死，何至施以枭示极刑。此所以刘庆恩有朦蔽舞法之罪状，而梁瀚生所以有情轻法重，枉遭惨杀之沉冤也。不得已遵章上叩陆军部总长台前，俯念人命至重，冤诬莫伸，赏准饬调刘庆恩解职到案，听候质讯，俾沉冤得雪，而舞法者受相当之处分。不但民父子存殁均感，即全体二千余工人，亦莫不载鸿恩于永世矣。伏乞批示施行。

民国二年七月　日具

〔陆军部档案〕

10、军械司为湖北兵工厂经济困难请予接济以免罢工致陆军部呈

（1913年7月16日）

军械司为呈请事：顷接汉阳兵工厂总办刘庆恩函称：本厂工人前藉故罢工，曾将办理情形先后呈报。近鄂省风声鹤唳，险象环生，厂中昼夜戒严，其情形刻已具文驰报。至厂中经费支绌，自去岁续办以来，所需款项悉由鄂省酌拨。而鄂省乃首义之区，财政困难达于极点，以致厂需款项力难概给。至今积欠料价拾余万金，加以订购之枪弹、炮弹、电汽机价款，头批尚未付清，二三批犹无着落。且既购机行须建厂装设，则建筑费又属不资，综计非数拾万金不克应付。而常年经费更须指拨的款，源源接济，方免竭蹶之虞。

庆恩承乏于兹，既竭力于制造，复劳心于求款，心力交瘁，不堪言状。前此罢工风潮虽暗受煽惑，究亦借口于纸洋。而所以给以纸洋，亦鄂省筹款为艰之故。窃以鄂厂日出枪已至六拾枝，月出枪弹捌拾万颗，将来新机关开制，订明可日出拾万颗七生五管远退陆炮。因就旧机研制，造额现虽未定，然每月四尊当可制出。其炮弹俟新机设厂，可日出子母弹五百枚。就现在枪与枪弹出数计之，较沪局当有盈无绌。且鄂厂现祗月需工料杂费共七八万元。且同为中国造兵之厂，同属陆军范围，乃沪局经费得仰给大部，而鄂厂请款竟未能同蒙筹拨。至鄂厂出品，大部亦常有饬拨者，是固未尝外视鄂厂。际此万分艰绌之时，惟有恳请转代陈明总次长，俯予拨济，以济眉急，不胜伫盼等情。伏念该总办因款项艰绌，支持无术，沥情呼吁，应如何筹拨款项，以济急需之处，理合呈请部长鉴核，饬司迅办，实为公便。为此具呈，伏乞批示遵行。

中华民国二年七月　日

〔内务部档案〕

11、军械司关于湖北兵工厂为解决罢工请拨款接济致军需司付稿

（1913年7月）

备字　第1059号　付军需司

为移付事：前据湖北兵工厂总办刘庆恩函请拨款济急等情。业经本司呈奉部长批需司核办。查该厂自罢工风潮之后，经济支绌，情形异常危险，需款接济，自系实在情形。为此抄录原呈移付贵司，请烦查照，迅赐筹办，并希见复，以便预行转知，实为公便。此付

军需司

计抄件　〔同前文略〕

〔陆军部档案〕

12、关于河南福公司罢工及防范情形电

（1914年2月22—23日）

（1）常得胜电　（2月22日）

开封都督鉴：养电敬悉。福公司为裁减工价已罢工五日。恐滋事端，协同一切，连兵昼夜梭巡，加意保护，总不使令公司被害，容另备公牍细禀。得胜。养。

（2）张凤台密电　（2月23日）

北京参谋部、陆军部钧鉴：院密。漾电敬悉。查福公司因裁减工价，工人同时罢工一节，前据驻厂苗提调电同前因。业经电饬苗提调会同□营长竭力调处，勿滋意外。並一面电告驻京许代表，就近迅与该公司总董磋商办法，和平了结各在案。准电前因，除转饬该管官吏随时维持免致疏虞外，先此奉复。兼统领河南都督段祺瑞、河南民政长张凤台。漾印。

〔内务部档案〕

13、唐继尧关于镇压云南东川等铜矿暴动经过与总统府来往电

（1914年3月）

（1）唐继尧致总统等密电（3月21日）

云南来电　三月二十四日

大总统、国务院、参谋、内务、陆军部钧鉴：院密。前二月十八、九日迭据巧家、东川、寻甸县知事电称：巧属厂匪勾结川蛮，拥众数千，于本月十五日攻陷落雪厂，焚劫九十余户，毙男妇五百余人。另立都督、总司令名号旗帜。並分股往扑汤丹、乌龙，进窥东川。江防第四营管带马伯骥（误码）烟军队连长朱绍清，以汤丹为全厂根本重地，驰援被围。並准李民政长棫以该处

无兵可调，请由驻省陆军酌拨往剿。各等语。尧先据矿业公司马启华密电告急。当电饬巧家、东川、寻甸集团严防，设法解散胁从，缉拿首要。派步兵营长郑森、少校周志仁率步兵两连，迅赴该厂剿捕。甫经出发，迭接警报，该匪等不仅劫掳民财，志在攻夺要塞为负隅计，非厚积兵力，不能一鼓荡平。复派步兵第二团附中校李选廷率步兵一营，随带机关枪、开花炮，授以机宜，相继续发，时乌龙已于二十日为匪占据，恣意焚掠，庐舍为墟。前锋扰及寻甸之牛卫，居民纷纷逃避。而东川解往汤丹之子弹、粮米、铜元二十八驮，在猴子石为匪拦劫，远近响应，势等燎原，並敢迎扑我军。二十六日郑森、周志仁整队力攻，擒斩甚众，克复乌龙。匪向钻天坡、小坪子、三十六湾退去，我军速夺各隘，乘胜直抵汤丹厂，被围已越十日，防营出队接仗，互有夷伤。厂绅马耀山诱斩悍匪童应祥、童长毛，匪气稍夺。然已饥困不支，危在旦夕。若援缓厂破，其蹂躏何堪设想。李选廷从间道转战，驰至罗阴山会师，探悉匪众数千，倚崖头十二户一带为巢穴。各隘口均伏滚木、垒石、毒弩、抬枪守御甚固，仰攻甚难。三月三日贼倾巢出犯，在三锅庄地方鏖斗数小时，毙匪百余名，生擒二十余名，获匪首李兴友、赵尉老钻、蛮匪薛汶芳等。川蛮争越山凫水，黑夜遁去。我军亦伤十余人。四日周志仁率队直抵崖头，匪拆民房木料遮路焚阻。该少校冒火突进，攻占山巢。各匪溃往黄水，箐新龙村、壶峒，地势奇险，筑有土堤，凭墙死拒。六、七日均用开花炮轰击。连长兰馥挑募勇士，负枪攀藤，猱升山顶，仅击峒堤。匪始窜出，枪毙坠崖，死者枕籍，夺获枪炮、刀矛、旗帜多件，余匪奔过金沙江，逃入川境，其散在滇境者又版〔?〕东川、寻甸乡团截击，缚匪首徐应喜来献。在大竹山峒搜获伪司令官徐独眼，均就军前正法。其悔罪来归者，已会同巧家知事查讯，如非久为不法，族邻结保，即予分别惩释。各等情。尧查该团附中校所报战状，尚无捏饰，已饬督营沿江搜索余孽，购缉首要，並电川督严防协拿，以清边患。商民政长，优恤难民，无任失所。惟筹办善后与寻常匪乱性质不同。盖东川铜矿产丰销旺，为滇省一大利源，厂地亦较他处饶富，而以办矿起家者，回民实居多数，横豪恃势，刻薄取盈，久以丛怨，奸徒煽变，藉口报复。此次落雪、乌龙回户残杀甚惨，汉民被祸较轻，畛域显分。恐演成回汉相仇之结果，在省回绅兢兢以此为虑。拟拣派干练大员赴厂宣慰，双方开导，将厂规之不良，民情之不便者，详加厘正，裨得化除成见，免酿衅端。至团附中校李选廷等，率师剿匪，尅日敉平，洵属有劳足录，及在事出力团绅，仰恳恩施准尧择尤请奖，以示鼓励。所有剿办厂匪，川岔〔蛮〕情形，谨撮要电陈，伏乞钧核示遵。继尧叩。马印。

（2）参陆部致唐继尧密电　（3月23日）

致云南唐都督漾电　三月廿三日

云南唐都督：拱密。奉大总统令：马电悉。云南巧家、东川、寻甸等处，厂匪勾结川蛮，攻陷落雪厂，分扑汤丹、乌龙各地方，恣意焚劫。经该督先后派遣郑森、周志仁、李选廷等带队驰往剿办，浃旬之间，旋即平定。该督赴机敏捷，督率有方，殊深嘉慰。所有出力之将士、团绅准其择尤请奖。仍饬各营将余匪搜剿净尽，勿任流入川边，以滋邻患。著会商李民政长，将地方善后妥善筹办，是为至要。等因。合电遵照，参谋部、陆军部。漾印。

〔陆军部档案〕

14、刘承恩报告粤兵工厂因纸币贬值引起罢工致徐树铮函

（1914年4月4日）

又铮仁兄足下赐鉴：敬启者：今早接到粤厂函电三件，均系纸币低折，工匠罢工等节。查粤省纸币低折情形，早在洞见之

中。工匠工食有限，难资度用，亦系实情。惟若因罢工而发给，巩其长成刁风，后日难办。若听其停罢，又与制造军火有碍，犹恐日久四散，聚集为难，致有停办之虞。特请代为请示 总 长 酌夺，或电请粤省当道，设法维持，或暂停制造之 处，即 由 钧部径行电粤，並祈照为代复工厂一电为祷，为速。专肃请

公祺

刘承恩谨启

四月四号

附粤兵工厂电函三纸　　[电缺]

附件

督办钧鉴：昨呈一函谅邀察阅。兹于阳历三月二十五早，各工匠住房门首以及头门等处，贴出告白条来，上云：因纸币低折太甚，现今每元不过五毫五六，工人无以糊口，要求增加银毫，如其不然，一律罢工。副官看此条后，即会同各厂员，想法导劝该各厂员亦即随时入厂，宣布劝导均言俟督办返厂，自有维持，彼时工匠人等並未说出长短。至下午上工时，而竟无一人 入 厂 到工，均在门首喧哗。副官即带各厂员再三劝工匠人等，暂归回房内，等坐办回厂，如何办法再为定夺。（此时坐办因钢料，海关仍未放行，往督府商办此事。）当时副官即派差请坐办回厂。坐办闻知此事即赴督都府与龙督商酌，是日未回厂，不知与龙商酌如何办法，俟结局日再为报告。专此谨请

福安

四月三号到京　　　　副官张阴浓鞠躬

三月廿五日

督办先生伟鉴：敬禀者秉谦前呈数函，谅必收到。刻下广东纸币日渐低折，仍照市价找换，每纸一元只作五毛五仙，至多亦不

过七仙而已。该本厂工人日见低折，加涨无期。忽有权力者联络各厂工匠、艺徒等，暗议准期于阳历三月二十五号晨时，在西局门首大树上斜贴一纸，秉谦路过，忽见多人观看，近身一观，乃是本厂同人公启一纸，上云：公启者，纸币低折，屡月经年，加之百物腾贵，糊口无从。前经禀遵局长分示，例照纸币厂分别给发银毫。兹查正月造币厂取以实行给发银毫矣。惟我厂则依然给发纸币。由是观之。同是佣于公家之厂，竟行政薄待之政。前议于本日停工，咨议觅食补救之方，谅各同人必表同情，幸勿凉血莫保三叹也。特此预闻等语。尾后乃写兵工厂同人公启。即是日下午上工之时，均不到厂，一律停工，务祈先生就近在京将粤东低折纸币如何设法，以期有效，而免使工厂因纸币低折，时起风潮，实为公便。特此将停工情形缕呈敬请

钧鉴

四月三号到京　　　　乡愚张秉谦鞠躬上

三月二十五日

〔陆军部档案〕

15、齐耀琳关于上海工人为铜元贬值罢工电

（1914年12月2日）

大总统、政事堂、内务部钧鉴：日前闻上海工界因受铜元影响纷纷罢工。当饬沪海道尹查复，去后。兹据复称：该处近因铜元充斥，百物昂贵，油漆、水、木工人争加工价，聚众千余人，集议停工。当由警察厅长、县知事劝谕一律解散，酌加工价，以示体恤。现已照常开工，地方安谧。此次罢工风潮，实因小民生计维艰所致，应请从宽免究等情。查沪埠匪党尚多，伺隙而动，此风断不可长。已饬该道尹督同县警，从严查禁。一面调查铜元充斥情形，妥筹限制，以维市面。谨此电闻。齐耀琳。冬。

〔内务部档案〕

16、杨晟呈报上海锯泥水木等业工人同盟罢工要求加资致内务部函

(1914年12月2日)

敬肃者：上海锯泥水木等业工人，持生活程度日高，工资入不敷出之说，于上月先后在二马路三鑫楼及鲁班殿会议假同盟罢工，要求加给工价，并刊送传单，号召同业，愈集愈众，有数万人之多。经晟随时查悉，深虑风潮所及，不独影响市面，万一有乱党伺机煽惑，酿成事端，为害地方，何堪设想。立即遣派妥干科员，并严饬淞沪警察厅长，上海县知事暨公廨谳员赶紧设法剖述同盟罢工之害，禁之以法，复动之以情。连日婉转劝谕，先行解散。一面嘱各该业东推举代表接洽，告以现在生计实在艰难，工作为商务灵魂，即关国计根本，宜注重大处远处，但能出货多销路广，区区工资不妨酌量加给，酌盈剂虚，仍于营业上有莫大利益等语。各业东承认，每工加价铜元三枚，以资津贴。复经晟转知沪警厅，上海县会同揭示周知。昨据混入乱党之探员密报，罢工风潮开始，租界工部局纷传警备，乱党闻信窃喜，秘议乘隙勾结，备图滋扰。不料，风潮平息如此之速，大失所望等语。目下各工人已照常操作，地方均称安谧，可抒廑念。除仍由晟随时随地侦察维持，不稍疏懈外，理合将锯泥水木各业工人罢工及设法息事情形据实报闻。恭叩

钧安

杨　晟谨肃

十二月二日

〔内务部档案〕

17、哈尔滨交通银行关于该市俄工为驱逐白党而罢工罢市等情致总管处函

(1920年3月2日) ①

（1）哈行致总管理处函　（3月2日）

① 此组文件均为收文日期。

书字第十四号

总管理处钧鉴：敬启者，昨发奉钧处一电文曰：哈埠俄人罢工，全体一致，声势甚大，全系政治性质，志在驱逐霍氏。我能善为处置，必得良好结果。现与通晓俄情诸友讨论，对待俄国办法，最好确守中立，双方兼顾。一面顺该党意志去霍；一面将路权收回我国暂管，並声明俟我国大局定后，再商办法。仍暗中联络该党，许以将来不损失俄人权利，既可平复风潮，又能挽回国权，诚千载一时之机。倘以武力干涉，该党保全霍氏，则危机四伏，后患甚多，且第三者已作攫取路权之准备，尤为可虑。管见所及，尚乞鉴核。婉向当局一言，以挽大局，不胜盼祷。威霖0315等语。谅荷译洽矣。此上

总管理处

哈行敬启　章堤印

（2）哈行致总管理处函（3月2日）

书字第十五号函

总管理处钧鉴：敬启者：十三日发奉钧处一电文，为前数日风闻俄多数党拟去霍尔瓦特，今晨火车忽停，道里商店罢市，工厂停工。该党势甚汹急，意在去霍。中国官厅虽已设法解散，能否不生变端，尚未可知。道外安靖如常，一切当格外戒慎，希释廑念，后情续闻。威今日未能启程。哈行0313等语。谅荷译洽矣。此上

总管理处

哈行谨启　章堤印

（3）哈行致总管理处函　（3月2日）

书字第十六号

总管理处钧鉴：敬启者，本日发奉钧处一电文，为此间罢

工、罢市，尚未恢复。鲍督① 今日已将霍氏之军警权解除。至铁路管理，闻候省电办理，车仍不通，市面尚安。堪霖0316等语。谅荷译洽矣。此上

总管理处

哈行谨启　章堤印

（4）哈行致总管理处函　（3月2日）

总管理处钧鉴：敬启者，昨发奉钧处一电文，为俄人罢工风潮系因霍氏问题。昨经官厅严厉干涉，风潮悉平，道里恢复原状，火车照常开驶，请释廑念。陈经理今日午车赴京並闻。堪楷0318等语。谅荷译洽矣。此上

总管理处

哈行敬启

〔交通银行档案〕

18、陆军部为德州兵工厂工人控告总办劣迹请查办密函稿

（1920年10月16日）

迳密启者，奉总长交下德厂全体工人，讦告新任陈总办各项劣迹信一件。奉批交部核等因。奉此。相应照抄原件函达贵会办，按照所揑各节，切实密查，详晰具复，以凭转陈核办可也。此致

德州兵工厂简会办

附抄件

陆军部军械司启

十月十六日

总长② 大人座前　敬禀者，厂内宋重三总办任差三年，对待工

① 鲍督系指鲍贵卿。

② 总长系靳云鹏。

人甚好，至今思之不已，一旦去职如乳儿失去慈母。现陈星桥接宋总办事，乃自伊任差以来，任用私人，所用之人皆是吸大烟之人，在厂内明目点灯吸大烟。如伊所带来之书记陈醒安、赵司事、张老九者皆在厂点灯吸烟，陈总办亦在厂吸大烟。而且克扣工人之饷，一回饷作三次发，铜子合数比街上少三枚，如此克扣，尽吸了大烟了。工人不问手艺好坏，只要有人送给大烟即加钱，员司凡吸大烟的皆高升。伊之小老婆是德州明娼。如王静轩、徐韵陶、徐正峰、戴润圃，工人如刘锦馀者竟认为干妹妹，即加钱高升。现在全体共奋〔愤〕〔？〕具禀曹大帅，並拒毒会外，特禀明总长大人请查明办理。此皆实言，並非虚语。此叩

升安

德州兵工厂全体工人叩禀

再陈总办上月放饷克扣工人一天工钱，又将厂中废钢铁偷运天津卖钱，运走三十多吨。撤换员司工人並不呈禀，仍开报饷钱，均可查实，並不是瞎说。倘叫此人当总办一年，就可以将厂内东西全卖了，工人也吃大苦了。见信后急速更换，我工人亦有出头之日了。再现厂内变成造大烟枪之厂了。又禀

〔陆军部档案〕

19、于化龙为过激党来沪鼓动罢工令防范致上海兵工厂函稿

（1920年10月29日）

寅4434号

司函复沪厂过激党人来沪煽惑罢工，希于厂工善为开导并加防范由。

锦章①总办大鉴：顷接台函并抄件，敬悉种切。过激党人来沪秘密会议，煽惑罢工，厂内工人得执事驾驭有素，当不致受其

① 上海兵工厂总办谢邦字锦章。

影响。惟既得有密报亦不可不先事预防，对在厂工人尚希善为开导，並加意防范，免受外界暗中勾煽。倘有此项奸人到厂，确有煽惑行为，即可拿获送部办理。敬颂

台祺

于〇〇[1] 十月廿九日

〔陆军部档案〕

20、南京丝缎工人为争取原料捣毁省议会有关电文

(1920年12月)

(1)江苏省议会致总统等电(12月5日)

大总统、国务院、内务部钧鉴：本会猝被暴徒捣毁，昨先电陈大略。兹谨将经过详情为钧座陈之：本届开会接到金坛、宜兴等处请议取销茧行条例，连同议员提议，关于茧行问题案共有八件之多，当经大会讨论，以茧行既加制限，少数行家必有把持抑价诸弊。农民直接受害，蚕业间接受害，且使业织者享受保护垄断之利，安于固陋，致不能与外国丝织品竞争，于推广蚕桑，改良织物，均有妨碍，议决废止，取缔茧行暂行条例，咨请省长公布。旋准咨文复议。本会为郑重起见，将案重付审查。南京缎业公所具请议会复议前案，亦经一并审查。十一月三十日、十二月一日先后有该公所等代表来会要求取消前案。当复以业待审查，少安毋躁。二日近午，忽有数百人聚集距本会南首里许之鼓楼地方，将来请愿。本会恐酿事变，立用公函报告省公署及省会警察厅，声请保护，一面用电话通知。午后一时许，忽来千余人，为首者，手持请愿白旗一方，闯入会场，守卫长率守卫拦阻无效，续来数百人，高声喝打，将议场桌椅、玻璃窗悉行打毁，逢人便殴，计议员施文熙、孔昭时、金树芳、朱积祺、钱铭铨、陈伯盟、夏宗翰、刘启佑、郝应泰、江祖照十人　秘书处职员黄端履

[1] 陆军部军械司司长于化龙。

等五人均被围住撕殴，旋将诸人掳去，由本会直曳至城南三坊巷缎业公所，其他被殴未掳去者又数人，时警署佥派到警察及保安队各二十余名，无力制止，直至四时半，始退出本会。往缎业公所仍围住被虏诸人不放，内数人续被凶殴。当经贵藻偕同未被祸议员驰至省署，要求派警向缎业公所救护带出。直夜十一时，始将被掳诸人送至省立医院。本日又有焚毁议会之风说。窃维江苏近岁以来，地方行政敷衍因循，断非一日，省城警政外观事事铺张，内容非常腐败。本会去年常会，对于江宁警察厅王桂林列款咨请查办有案。此次变起，行政方面事前毫无防犯，鼓楼号召徒众，若罔闻知。经本会报告，犹不注意。唯临仅派少许警察保安队敷衍弹压。而被祸诸人自本会曳至城南缎业公所，相距十里。经过警察总署一处，分署一处，派出所十余处，岗位四十余处，绝不出而救护。省城重要，议会尊严，聚众至千余人之多，行凶至四小时之久，通衢呼啸，白昼掳人，开中华民国自有议会以来未有之惨剧。试问省长、警察厅长责任何在，对此怪状，不得不认为现行官吏业已丧失维持地方能力。除暂行休会，並依法向法庭起诉外，惟有仰恳中央，立促新简江苏省长王瑚即日到任。如再迁延不到，惟有另谋自保办法。一面並恳将江宁省会警察厅长兼江苏全省警务处长王桂林迅予免职，连同免职江苏省长齐耀琳，一并交付惩戒，另简贤明、干练、熟悉江苏地方情形者继任江宁警察厅长，以图恢复秩序。免致扩大祸变，情势万急，惶迫待命。江苏省议会叩印。微。

（2）齐耀琳致总统等电（12月7日）

大总统、国务院钧鉴：内务部鉴：院支电敬悉。此案系由丝缎业机工，因生计关系赴会请愿，免予开放茧行，遂致酿成变故。当本月二日省议会开会时，耀琳即电警察厅多派警队会同各该管官厅防护制止。乃该机工等竟恃众逞蛮，闯入会场，遇人寻殴，以致省议员等受伤者十人，省议会职员等受伤者六人，並将省署在场劝导之职员暨弹压之员警一并殴伤，拥至缎业公所。耀琳闻报立派实业厅长等前往解散，始将受伤之议、职员送往医院调治。次晨耀琳亲往议会，见会场内按椅间推翻，门窗玻璃损坏，令县克日修复，並赴医院慰问受伤各员，严令查拿首要，由该管地方检察厅侦查起诉。旋准省议会来咨，不能行使职权，休会一星期。复经责成各机关严加维护。各在案。溯此事发生之始，省会警察厅长王桂林，适准假赴津省亲，该代行之职务之警务视察长王固磐，该管北区署长赵光甲未能先事防范，实属保护不力，咎无不〔可〕辞，应即撤差。实业厅长张轶欧、江宁县知事高桂馨亦应分别记过。耀琳维护无力，並请严予处分。现在机工业已解散，静谧如常，而议、职员亦多先后医痊出院，其尚留院调治者七人，伤势亦渐平复，自当晤商议长继续开会。惟顷阅沪报载苏议会通告一则曰：某机关雇暴徒，人各给银二角。再则，曰：该众当场称向各署接洽，而公民沈恩孚等上大总统电，且有挟嫌纵容之语，应特派大员或饬由新任王省长迅即来苏，彻底查办，以明真相。除再严令该厅勒限严缉外，敬此电闻，伏维鉴察。齐耀琳。虞。

（3）江苏省会警察厅长王桂林呈（12月）

敬呈者：窃查本月二日南京缎业机工前赴省议会请愿，因而冲突，以致殴伤议、职各员及警官长警各节，业将经过情形具文呈报在案。处长于本月五日回省销假，当经饬科检齐所属各员关于本案各项报告，並查核前后措置情形，尚无失当，且能仰体钧意，消弭地方巨患，其功不显，实亦无过可言，事实具在，难逃洞鉴之中。除俟官警殴伤医治，另行呈报外，理合将始末情形分条缕陈，伏维

钧鉴

一、民人向议会请愿，为中外恒有之事。现行法令又无不准请愿之规定，该机工等既不携带器械，何能预先严禁也。

一、机工到会，系先期由商会代表与省议员接洽，允许入会旁听，是议会已认为人民请愿，于法律並无不合，则警察当然不能向议会承认之请愿机工强行拦阻。且机工居址並非皆在南城，即在北区省议会附近住居者，为数甚众，临时又非先聚一处，结群前往，何能事前禁阻完全。

一、查省议会请求职厅派得力官警到会维护之函，系二日下午二钟半时始接到。职厅若俟接到此函，再为布置，岂不误事已大。因先于正午十二钟时，即得报告，立即电传北区署长赵先甲，饬令妥速防维，尤恐稍有疏虞，或措置失当，一面立派勤务督察长刘祚澜驰往议会，协助防护，以便随时指挥调遣，並派侦缉队长樊占鳌偕往，邦同办理。复以东区署长赵永平与议会缎业两方面均多熟识，可以双方接洽调解。加之议场内外及各街市加派官警至千余名之多，分头防弭，何尝稍事疏忽。

一、刘督察长、侦缉队长及东区赵署长等到会时，先到之机工多人，已由议会守卫随时放入，因即问其何以放进许多，当有徐议员堃锡云尽可准其入场，一宣布即可了事等语。是此次因请愿而致凶殴，亦议会意料所不及者也。

一、刘督察长等因见议场以内人已布满，而续到之机工犹复络绎不绝，虽议员有尽可放入之宣言，仍恐人多意杂，发生事端，仓猝无法补救。急偕徐议员同去拜见议长，俾商相当处置。不料未至议长之室，议场秩序已乱，刘督察长等急欲电禀到厅，请派保安队并传北区迅速加派长警，而议会之电话屡打未通，该督察长等急切万分，深虞延误，当时一议员在室目睹其事。

一、当刘督察长等打电话不通之际，该机工等已纷纷寻殴议员。东区署长赵永平因见议员施文熙被殴，奋力上前救护致被殴伤甚重。北区署长赵先甲及署员张起发、巡官王炳南、巡长穆成山、巡警应世湘、陈登榜等亦因在场救护议员，被打成伤。其受伤轻者尚有署员江希盂、巡官赵廉、巡长周广信、曹兴隆、宋文华、刘启昌、马光瑞、史书林、董传合、杨文友、周镜蓉等十一人，假令该署长等稍存退避之心，其时机工千余人横施强暴，则施议员之危害，宁堪设想。此时情形为多数议〔员〕所亲见，不能饰言者。

一、机工等将议员十余人挟持而去之后，当时议会门外尚有千余人，仍欲二次进内寻找议长，经刘督察长等奋不顾身，竭力拦阻，並向彼等云，议员既被尔等拖走甚多，尔辈已达到议员不足法定人数，不能开会通过议案之目的，何必定要将议长及全体议员均拖去缎业公所。如果再持强硬态度，惟有牺牲我个人生命及警察生命，演成流血惨剧而后已。此时有报界王春生出为调解，以伊个人生命担保，始肯散去。孙副议长亲见此事，不难询问也。复由刘督察长谕，令保安队李队长等全力保护，未被拖去之各议员，此事孙副议长及徐议员堇锡均知之，亦不难询查也。

一、机工众人挟拥各议员群赴缎业公所，经过三处岗警、巡逻虽不能截留出险，然而每一遇见，皆必上前诘问，竭力救护。无如彼等人数过众，每见岗逻往救，机工等即群向抵抗，且复痛殴被拖之议员，岗逻之因往救议员，被彼等捶击推打者，计北区十四名，中区十一名，南区八名，若再力与抵抗，则被拖之议员，势必被殴更重，其危害将不堪设想。

一、视察长王固磐闻悉议员被拖至缎业公所，立即驰往查察情形，见该所内外人已布满，势尚汹汹，被拖各议员衣履损毁。一面商由商会会长速为置备衣履为之一一更换；一面会同张实业厅长、高知事剀切劝谕机工，设法解散，並两次晋谒省长，报告当时情形，请示办法，南区署长许相得报议员被拖至缎业公所，立即电传各分驻所派警防范，並派南区保安分队驰往维护，于该公所前后及门窗各处密布岗警，以故虽有多数机工喧嗔嘈杂，终未令其再生枝节。

一、职厅得知各议员既到缎业公所之报告，立由视察长王固磐等驰往安慰，会同刘督察长、许署长向各机工多方排解，並随时为议员更换衣帽，检视伤痕，供应茶点。于解散各机工之后，预备马车八辆，复派南区保安分队由王视察长等督率护送前至省立第一医院，俟将住室、床铺一律限同安置妥贴，至夜一钟始各返回，並于省议会留派保安队驻守以资防护。

一、北区警察署于议会肇事之际，深恐尚未到会之议员不知详情，再往议会致有危险，派遣多人分头于马路火车站各处伺察，每遇议员即请其勿致议会，暂避其锋。当时曾取有议员郗大纯等名片四纸。

右列各条皆当时经过事实，不敢稍有掩饰。综核各条办法，职责已皆勉尽，欲在事前及临阻其不入议会，于理、于势均为事实所万不可能。至于议员之被殴成伤，而未能救免，议员之被拖到所，而未能截留，职厅责任所在，敢不任其咎。惟按前列各条亦系为情势所限，不得不委曲求全，万无不顾全局，不计流弊，经行强力之理，使此数千人设非机工而土匪也，则职厅虽属不武，亦不避登时剿平，使受伤议员而未为彼等已劫持也，则保安队既到之后，虽不用武亦可以驱散，为慎为疏，难逃洞鉴。缕陈颠末，非希饰过以为功，列举详情，谨昭是非之真相。所有职厅对于缎业职工等与省议会肇衅，维持防护，前后措置各缘由。除呈督军外，谨缮摺具呈，伏乞鉴察。谨呈

江苏省长齐

江苏全省警务处省会警察厅长王桂林

（4）南京总商会呈文抄件（12月）。

大总统，国务院、司法、内务、农商部钧鉴：机工殴伤省议员一案。事关重大，敝会原不敢妄有论列，致激增双方之恶感。顷阅各报所载，彼此争执渐走极端，而议会一方，尤复剑舞项庄，

意有专属，若再安缄默，则中央昧于偏听，而本案之真相益复难明。兹特不避琐烦，陈请察核。查丝茧分区之始，系民国四年，由苏省长召集宁、苏、沪、通四总商会暨丝茧两业代表到宁集议，派员莅视，议决以江、句、高、溧、吴江、吴县六县丝织业最盛，定为丝区。其余五十四县皆为茧区，呈奉省长批准咨部立案有案。上届议会有人提议开放，因反对中止。本届会议竟将前案议决废止，消息传来，宁、苏、沪各丝织业均先后电呈省署，请交复议。宁垣丝织业密迩议会，遂于上月廿三日推举代表赴会，上书请愿。该业商工随往者约千余人，至会为门警所阻未能偕入。旋由议会庶务员张君对众宣布，担保复议，必有完满结果，众遂散去。比及复议交审查会时，该业旁听之人，以场内议员言论颇有意气用事之意，因于散会后，请见鲍议长，要求维持，议长答以明日开审查会，可由商会介绍陈述意见。东日，该代表等持敝会公函前往，竟被拒绝阻止旁听，並有议会喝警挟出，经议长调停在外守候，结果仍照自由开放表决。该代表等归，将此意报告，众乃愤不可遏。冬日，机工遂自由集合数千人，径往议会请愿，维时议会若稍知趋避，一面以婉言劝散；一面对于该案平心复议，亦决不至有前项事实发生。乃有某议员肆口谩骂，谓机工侵犯神圣，並随举砚石、坐椅抛掷，致激动众怒，遂一发而不可收拾矣。此次殴伤议员计共十人，职员五人，警官巡士多人，损毁议会玻璃窗、坐椅暨缎业公所窗格各器具等件。並拥议员至公所寻觅代表，痛詈其交涉不力，情势亦至汹汹。当由官警设法护出，近虽伤痕渐愈未死一人，而酿祸之端不为不巨。事后平情观察，在机工为保全生计起见，进而出于轨外之举动，其情虽属可原，而既已毁物伤人，则其罪实无可逭，在议员为坚持议决成案，不肯通融，其尊重议会之精神，自属正当。然徇意气而伤民意，对此硕果仅存十分之一丝区，必次开放，亦不无为招尤府怨之阶。敝会管见所及，拟请于此次肇事之机工，饬由江宁地方审检厅侦查确定后，依法惩办，而于取缔南行之原案，则仍请加意维持，以顺舆情，而弭后患，是否有当，伏候酌裁施行。南京总商会叩。

（5）江苏省议员孔昭晋等电（抄件）（12月）

北京国务总理钧鉴：本月二日午后二时，昭晋等在宁乘车赴议会出席，被机工暴徒攒殴抢劫，並架至缎业共所，私擅监禁，直至夜十一时，始行出险。同时被祸者，共有议员十人，职员五人。是役也，暴动者缎业工人。鼓煽者缎业董事。而处心积虑，阳避而阴嗾之。则察务处长兼省会警察厅长王桂林也，兹将各项证明缕述于下：当肇事之前数日，机工图闹会议已有所闻，议员等职责所在，且恃有官厅保障，当然不愿避匿，及二日上午，即肇事本日，城南一带揭请愿白旗，游行街市者千百成群，途为之塞。各警察派出所均有电话，对此秩序紊乱情形，岂有不请示总厅之理。总厅苟事前戒备，分头解散，何至演此奇剧，不此之图而视若无睹，谓非主使而何。证一。议会于未肇事之前，下午一时见声势凶暴不可理喻，迭用公函电话分致省署，声请保护。乃悉置不理，直至下午四时，明知势已滔天，始派警察及保安队各二十名到会，聊示敷衍，直如聋聩，其为蓄意故纵，无可讳饰。证二。可被祸诸人，自会及鼓楼被掳至城南缎业公所，相距可十里，沿途攒殴抢物，经过警察总署一、分署一、派出所十余、岗警四十余，无一出而救护。非但不救护也，反高声叫曰：今天彀你们受用了。听其语气，盖不但旁观袖手，抑且引为快心。此等岗警举动，明明受有上官命令。证三。机工均系南京土著，而此次暴动之中，则有无数北音之人混杂其内，当暴徒在议会搜得议员陈伯盟时，即有北音之人大呼得了，为议员王发蒙等所亲闻。查陈议员系提议取销各县警察所长之人，並非提议开放茧行之人，不为机工所注目，而实为王桂林所深恨，明系暗派便衣警察杂入暴徒之中，藉报我怨。证四。宁垣为省会重地，平时苟有数千百人屋外集合，或公众运动游戏，警察厅认为有扰乱安宁秩序之虞者，无不立予制止，上年学生为抵制日货在下关集众演说时，为王固磐枪伤多人，即系奉王桂林之命令。是王桂林对于爱国之学生则猛勇如虎，岂有对于凶横之暴徒反胆小如鼠耶。个中黑幕不问可知。证五。最巧妙者是指王桂林于肇事之前，先假请假，事定之后，即行销假，以为脱己责任掩人耳目地步。然王固磐即系王桂林所委代，是指投机宜。藉快报复非王桂林而谁。近见报载王桂林将机工殴打议员时，巡警在旁救护，因而受伤者数十人，开列姓名伤格，呈报省公署云云，阅之尤为骇诧。此次议员被殴，行经热闹各市区，无一警出而救护，系属共见共闻。据报载仅东区警察署长赵仲英未穿制服，因护施文熙君亦被扭殴，乃私人关系，并非行使警察职权。此外未闻一警受伤，王桂林乃敢虚造妄报。欲以一手掩尽天下耳目。如果报载属实，尤见预筹抵制，阴险无比。证六。抑更有进者，省会警务人员，处于省长统属之下，演此空前绝后之惨剧，前省长齐耀琳事既不能躬率属保护治安，事后並不将王桂林呈请褫职查办，反与骚扰首魁之缎业董事，筹议对付方法，尤足证明其教唆预谋，显系挟议会两次弹劾之恨，借此一泄怨毒，以全省最高行政长官而谬妄至此，民治前途，可谓黑暗已极。为特沥陈颠末，敬乞转呈大总统将王桂林明令褫职，连同前省长齐耀琳一并归案讯办，以肃官方而靖地方。临电不胜屏营待命之至。

江苏省议员孔昭晋、金树芳叩

（6）南京缎业工界全体呈　　（12月27日）

江苏省议会违反民意，残害人民，激成众怒详情。

江苏省茧行条例，前于民国四年，经省署召集丝绸商、茧商暨四总商会公议，呈省长核定，咨部定案。並经省议会修改，全省六十县其中以五十四县为茧区，仅留江宁、句容、溧水、高淳、吴江、吴县六县为产绸特别区域，禁止添设茧行。此特别区内，原有茧行，仍准开设，保存土丝，以供机织原料。此届省议会议决废止条例原案，自由开放，势将丝茧一网打尽，与南京缎业全体工商卅余万人有生命关系，群起恐慌。前于十一月二十三日缎业工商同赴议会请愿，及至议会门前，巡警阻止，大众不得进门。当选代表进会，呈递请愿书，而大众仍不肯回，要求议长圆满答复。遂有议会秘书张伟如君，代表议长对众宣布，议会为人民代表地方，应为人民谋幸福。如议员有妨害人民生计，即打死打伤亦不为过，並给旁听券三十张，谓俟省长咨交复议后，定有完美答复，众鼓掌而退。又群众于缎业公所要求业董切勿松懈此事，並望发给旁听券数百张，以便三十日到会旁听。次日即由公所推举二人到议会面晤张伟如君，询问答复情形。张君即交出请议审查会报告单，内载缎业公所所陈工商苦况，似系实在情形，应一并提交大会，以备参考。下署名审查长朱际云。並又给旁听券二十张，据云此案，但请放心，会内已有商议，可以维持原案。次日即星期二大会期，提出省署咨交复议案及缎业请愿案。缎业有五十人持券到会旁听。旋阅议事日程，列入第四案讨论，时宁属议员据理陈述，主张维持。忽有九十二号席次王议员撰曾云，现今纵然存茧堆积如山，以致腐烂，而茧行定项自由开放云云。当时旁听多人，意谓土丝缺乏机工，停工辍业，无处谋食，而彼方存茧滞消，堆积霉烂，及闻王议员如此言论，极为气忿不平。因旁听遵章，不敢发言。迨会后，请求鲍议长接见，质问王议员理由，经鲍议长答以明日审查会可由商会介绍，陈述意见。次日十二月一日，公推代表持商会介绍信到审查会，陈述意见。讵料会内拒绝陈述，阻止旁听，並令警察挟出，声势汹汹，由鲍议长调解到会客室守候回复。岂知审查会仍照自由开放表决。代表人回到缎业公所，其时已有机工二三百人在公所守候消息。代表人告以议会难以转圜，只得再向行政长官请求维持等云。当时机工多人气忿不平，痛骂代表人不能办事，我等明日向议会请愿。代表人受机工痛骂，无可如何，仍然再三劝解，机工不听，代表人至此能力已尽，维持无效，不得已即具呈省长，声明无力维持，辞卸代表之职。二日午前多数机工陆续到议会请愿。至一时有议员登台，云议会为神圣不可侵犯之处，尔等胡闹，当令警拘拿，后群起大骂，有苏属议员，由台上掷下砚台一方，打着工人，並自行冲毁议席，居心残害人民，激成暴动。幸经新闻记者王春生受议长委托，出而排解，愿以生命担保，打消开放议案，众始散去。一切细情，既经王春生证明，载明十二月三日南方日报甚详，谅荷鉴察。复由众工人将该议员送至缎业公所，要求董事勒令议员签字打消开放茧行议案。因董事未在公所，致将厅上物件倒毁一空。警察始欲开枪，后全体大哗，由巡官出为调停，其时缎业董闻信恐慌避匿。由多数工人声称，若董事避匿不出，定须到董事家冲毁，各董事只得挺身而出，恳救代理警厅长王、实业厅长张、县长高、各署长维持秩序，並由县长高代表省长决定打消开放茧行原委宣布大众。至晚九时，始各散去。由医官检验各议员伤势並不过重，即由警察派警送至第一医院养伤。此宁垣机工因请愿冲突始末实在情形也。其原因江苏全省六十县，仅留六县为特别产绸区域，且特别区域内，原有茧行，仍准开设，即照此案土丝已甚缺乏，机工已停歇十分之三，若再开放土丝，势必更缺，则工人生计断绝，加之米珠薪桂，谋食维艰，困苦之情互相触动也。仓卒缕陈，伏祈
矜鉴

南京缎业工界全体叩上

〔内务部档案〕

21、直隶督军署派警镇压唐山矿工罢工电

（1920年6月9日）

天津来电

北京陆军部鉴：唐山矿工罢工，兹为维护该地治安起见，特由天津警厅派警兵百名，前往弹压。除填用乙照，并已于本月六日函知京奉路局备三等车三辆输运外，将请大部查照，并转行备案为荷。直隶督军署。佳印。

〔陆军部档案〕

22、杨以德关于镇压开滦矿工罢工电

（1922年11月23日）

陆军总长钧鉴：窃查此次开滦四矿罢工情形，业已分日呈明在案。现该矿工自经省长严拿首要，解散胁从，电令军警协力办理，明令到唐后，又经处长尊令出示，并亲自到矿，会同董旅长、殷镇守使、十五师程团长、周营长恺切劝导，工人等均知悔悟，已于十六日开始上工，间有不法之人，分东西两路拦阻，当经保安队拿获十二人之后，亦遂无人阻止。次日唐山等四矿即恢复原状。秦皇岛方面仍有固执之人，立派聂队长会同厅、县妥为开导。本日接据该处厅、县马日电称：业有四百余工人上工，足敷任使，可保无虞。至唐山交通大学学生，于十一日因受奸人王书林、董鸿猷之煽惑，于十三日罢课游行，劝捐协助工人，并发不法传单。迭经董旅长及处长派姚局长会同校长到堂开导，并允该生等如能安分上课，虽已革之五人，亦可令其复校。奈该生等愈形蛮横，难以理喻，派员往劝亦不肯见。始由交通部电令全体解散。现该革生均已离开唐山。为首之李鸿宾等五名亦解由天津警察厅，分别取保，改就他业。至受伤工、警现已全愈，並未死亡一人。所有开滦矿工，因受奸人主使，恃众罢工，一经奉令解散机关，首要

潜逃，工潮立平各情形，理合呈请鉴核施行。直隶全省警务处长杨以德叩。养印。

中华民国十一年十一月二十三日

〔陆军部档案〕

(二)铁路工人罢工斗争

一、各铁路工人罢工

1、孟恩远关于中东铁路罢工及请维持路运密电

(1918年5月18日)

北京大总统、总理钧鉴：参谋部、陆军部、外交部、交通部鉴：中密。本月十四日哈埠秦家岗俄国坟地，发现俄人死尸一具。查系因仇被杀。该埠三十六棚及铁路沿线各站全体工人群起公愤，于删日晚十二钟同时罢工，借此开〔停〕车。经警备司令部陶总司令、高会办等迭电到署，当以工人罢工不但妨害铁路营业，诚恐该工人等聚众开会，谋为不法，并恐华工盲从附和酿出他【变】。一面商请郭督军设法维持；一面电令陶总司令等严饬哈埠及沿路各站驻防军队，加意防范。并派员开导华工，毋令附和滋扰。去后。兹据该司令等电称：自停车后，中外商民颇极惊扰。幸经军队防范严密，尚能维持秩序。各华工等亦经派员一再开导，未为俄工所动。复经督办公所及李道尹多方维持，罢工风潮遂渐消灭，已于筱日早十二钟照常开车，请释廑系等情。诚恐远道传闻失实，谨电奉闻。孟恩远。巧印。

〔陆军部档案〕

2、孟恩远报告中东铁路俄人罢工等情密电

(1918年7月11日)

北京大总统、国务院、参战处钧鉴：参陆部、外交部、交通部鉴：中密。据哈尔滨司令部总司令陶祥贵、会办高士傧、副司令李焕章等电称：哈埠铁路俄工人，因核减工价罢工。华工並未附和各

情。曾经电达，因有督办经理一切，职等初未过问，乃停车不开，已将四日。俄拉代办遇事自行己见，並不与督办处磋商，傅参赞亦孤掌难鸣，苦无应付。职等深恐坐失国权，不得不出而维持。于昨派科长丁润成前往公司诘问。适值该公司因此事召集会议，日本武官及赤哈队军官均一律列席，傅科长以公司会议既有各国武官列席而独不及我国，殊非正当办法，要求改期开会，以便派员列席。当改于东日十时开会。遂派马副官长宪章偕同傅科长到会与议。当即议决对于俄工人拟下最后哀的美敦书令开车，限以四钟答复。惟恐工人等反抗或起意外暴动，各国均拟出兵防范。嗣经马副官长等担任防范方面，我军自有主权，无须各国出兵。在席武官亦均认可，请速派兵分头防范等语。兹经分派各营于各机关、各要隘严加防范，以尽维持之责。惟该工人仍不准开车，且日军续发事急，华人候车者亦甚拥挤，影响滋大，不得已饬临时警察局长张曾榘亲至三十六棚，调查华工能开车者有十余人，曾在京奉各路司机，並开取名单，向拉代办切商。虽近干涉，而我亦主人，遇有危难，理应共济，且恐第三国趁时挤入，不得不从权商办。拉仍以一二日解决，亦日军官允准缓期为辞，意在延宕。职等以此事可分两节办理，各不相碍。再四磋商，始允命令该华工于明晨试验，果能胜任，各路试开一二列车。但华工能司机者，究属少数，倘俄工始终不允开动，则华工终不敷用，拟请迅赐会电交部，速饬津浦、京奉路借用，调二三十人飞速来哈，以资遣派等因。前来。查该司令等对于俄工罢工，拉代办开会各情办理尚称合宜。除知会郭督办外，相应飞电转陈，伏祈鉴核施行。孟恩远。青印。

〔陆军部档案〕

3、刘镜人[①]报告中东铁路工人反对以纸币发薪而罢工密电

（1919年7月29日）

国务院、外交部、财政部、交通部：准哈尔滨谢秘书学瀛、傅道尹疆、徐参赞时震有电称：中东全路华、俄各工，因反对公司发放西比利亚纸币，十九号起罢工。今日午后车又停开。叠至公所及技术部求发美金和中国银元。拉代办以收入皆系西币，毫无办法。学瀛等查全国员工薪资，如照一四年原薪数目及俄币价格计，有中国大洋票七十五万元，足资发放。疆于五月间，为救济哈埠金融，商准中、交两行总管理处，筹发国币二千万元，为变更俄币本位推行国币之计划，议定代电内实行。当经迭电督办，请电财、交两部暨中、交总管理处，准在前款项下移拨。今日技术部司总理派义代表赴崴，将工人罢工要求改发外国银币情形，报告共同监管会，提议务乞首先承认业已预备垫发，事在必行，乞主持见复。等因。二十七日技术部义代喀利溥尔抵崴，持司总理函往晤霍中将，请开特别会议。二十八日由霍通知，午后三钟集议。霍在会传示斯函，大致述中东各厂罢工将及全路，势甚危急，中国诚愿供济银元。而代表有以牵涉政治为辞，应请由监管会速筹改币办法。等语。喀代表並将工人要求银元，中国准备供济情形反复陈述。镜谓中东际此艰境，本代表深赞济助，当迅电政府，请准拨付银元以应急需。霍问倘发银元，收入将如何？镜复以亦改为银元，渠以利害相关，饰词抗议，谓一旦改用银元，工人固偿所愿，而华、俄人民中，持有西比利亚票者甚夥，受亏势必不浅。並谓改给罗马诺夫票，工人乐于受领。镜以此说传询喀代表，喀云：若能筹给罗票工人尚属愿领。霍乃请我借以银元，由彼转换罗票。镜谓如用罗票，尽可因公

---

① 刘镜人为海参崴公使，是特派驻西伯利亚高等委员。

司自行筹给。霍云：徒手将何以兑换。遂请由会电恳司总理核照，暂时应发薪工数目，以备不虞。技术部存款项下，移借收入，由拉代办兑换罗票发给工资，救此危急情形，再筹妥善办法。一面请联军国将所欠中东路军用运费，速行拨付，以归移款各代表以救济目前为要。决议由会长电请司总理查核，现在存款本拟力能移借，俟司电复再作计议，如改给罗票，工人果愿受领，我自未便强用银元，徒露痕迹。但霍所拟系为补苴一时之计，仍恐后难为继，只有相机审时，徐图达我计划，急则徒碍进行也。除电复傅道尹等请转陈郭督办外，特制奉达。镜。二十九日。

〔财政部档案〕

4、哈尔滨贾增洽报告中东铁路和工厂同盟罢工密电

（1919年8月6日）

北京参战处钧鉴：运密。窃查威埠一带，入夏以来多数党甚形猖獗，业于五月删电呈明在案。自苏城日、美及我军与该党发生战事后，久未恢复原状。刻由葫芦溪子至苏火车不通，俄人心甚浮动，影响所及，威埠各工厂屡有罢工情事，即铁路各项工人亦于日内联合罢工。此间火车已不能按时开行，军事运输大受影响，火车司机者竟有不开车举动。刻由联军设法维持，派兵强迫各项工人照旧工作。且每次列车均有联军士兵监视司机人，方得开行。至项杂役，潜逃者颇多，甚至由兵士代为工作情事。双城子至五站一带铁路，时有多数党意图破坏火车，工人亦有罢工情形。近日较前更形吃紧，该段系属我军保护，似应特别注意。特此电闻。增洽叩。鱼。

〔督办参战事务处档案〕

5、申振林关于长辛店工徒养学所情况致王怀庆呈

（1921年4月27日）

陆军中将右翼申振谨呈。为呈报事：于四月二十七日据探员高维汉复称：本月二十六日奉派前往京西长辛店一合庄，调查京汉铁路局所设之工徒养学所，近来有何动作情形，迅速查明报告等因。奉此。前往侦查，兹查得工徒养学所现有工徒六十余人，每天读书半日，作工半日，刻下安静如常並无异状。惟侦得该所主任李家瑞前于本年二月间，曾约请材料总厂厂长何宽容，工事科科长徐家楣，机器厂厂长祚曼（法国人），机务处长沈承俊，破车厂厂长杨宝南及大车厂、番沙厂各工师首领孙瑞璋、王荫春、刘静轩、谈继先等在机器【厂】祚曼室内会议一次。所议之件系因北京益世报、晨【报】两家，近日鼓吹劳动自由，不与资本家作牛马，作工必须缩短时间，工钱要求加价各等语。又法国留学工徒将次回国，倘再从中鼓惑，后患何堪设想。综计各厂工人约在三千之众，不可不预防之。议论纷纷莫衷一是，后由工师孙瑞璋、法人祚曼二人主张明日各在本厂，集合工徒陈说利害，以目下年景不好，闲人太多，谋事艰难，糊口不易，汝等不见各处工人均裁减很多，再看看各处难民之苦况，如留学工徒回国不可听其鼓惑，以受彼等之愚弄等语，说之必然有效。且该工人等在附近各处多住有家眷，决无变动云云。此系本年二月间之事也。日昨在各厂调查均无变动情状等情。呈复。前来。据此除饬该员再行侦查各该厂五月一日有无变故外，理合先行呈报

将军钧鉴

中华民国十年四月十二七日

〔步军统领衙门档案〕

6、富连瑞报告长辛店铁路职工成立讲演团呈

（1921年5月3日）

陆军少将
游缉队统带左翼翼尉富连瑞谨呈为呈报事：窃职翼据派在长辛店探访侦缉队小队长保德、探兵连全等报称：于五月二日长辛店铁路职工讲演团成立，讲演大会是日下午七时起至十时，在车站对面西山坡，警务分驻所内讲演。该所门前悬挂大黄布匾一块，横书铁路职工讲演员，院内西面设立木讲台一座，西墙上粘贴黄纸上书开会秩序：一振铃开会；二话匣；三讲演；四幻灯电影；五振铃毕会。入场券分黄、红、白、绿、紫、粉红等六色。到会者，工人、学生、商、警界约二千七百余人。当有讲演员邹荣声等三名，登台演说，至十时毕会，并无事故。并将讲演各词开列，附上黄色入场券一纸，一并报告前来。理合谨将演说各词缮录于后，并将入场券粘连呈尾。为此呈报
堂宪大人台前谨呈

计开

一、工人保全身体，勿要嗜好。

一、精心学习机器，以身力为国出力。

一、工人等在厂作工，每日工钱三毛。在厂作工十余年，有知並未学精，仍每日作工，不合格作工资格者，仍用心习学。
中华民国十年五月三日

〔步军统领衙门档案〕

7、京绥铁路工人为反对路局局长罢工函

（1921年12月12日）①

迳启者：本路自去年十一月陈世华长局以来，与会计处长李懋勋通同作弊，定购机车七十九辆，客货车一千辆，道木三十余万，钢轨二万五千吨，其他各种不急用之材料甚多，藉扣拥以自肥。使本路负债二千余万，势将破产。本路人员不忍坐视中国唯一自修铁路之危亡，发起大会，一意驱逐陈、李出局，以除路贼，不得已全路暂行罢工，並无其他越出范围行动，于地方秩序安宁毫无影响。除将陈世华罪状另函宣布外，应请立予维持，主持正论，不胜感荷。此上

卫戍总司令部

京绥铁路全路同人启

〔京畿卫戍总司令部档案〕

8、王光宇关于京绥铁路员工组织救国护路报告及传单

（1922年8月）

（1）八月二十一日报告

一、据赵德成、叶华报称：今查众议院有京绥铁路同人组织救国护路团三百余人，持白旗多面，上书急起救路等字样。有该团代表陆衡、张济海等六人至该院请愿。当有王秘书接见，代表等历述高洪恩以京绥路抵押借款情形，要求惩办高洪恩。该秘书允为嗣开常会将此案提出通过。代表等遂即辞出，至护国寺东记照相馆全体撮影，在沿途执旗结队而行，並散布传单，所有经过各处，均有军警暗为保护。

救路请愿团传单

同胞呀！快起来救路吧！我们京绥铁路已经被高洪恩卖掉

① 此件系收文时间。

了。他同太康洋行订了合同，答应外人派人监督财政，其余各家也都援例派人共管了。京绥铁路若是亡，西北像直隶、山西、察哈尔、绥远、内外蒙古、甘肃、新疆、青海、西藏各省都要亡了，那么一来，试问全国还能存在吗？

同胞呀！路贼还不止同太康洋行一家订约呢，他又把京绥路抵押外人三千万；京汉路抵押四千万；沪杭甬路抵押一千万。从今以后，全国交通被他一人断送完了。

同胞呀！全国交通，就好像人的全身血脉，没有全身血脉都停的人，那个人还能存在的。也断断没有全国交通都被外人占领，那国的百姓还能免了做亡国奴的。

同胞呀！亡国奴的味道是很难消受的噎。像朝鲜人、印度人都是求生不能，求死不得的境况啊！我同胞若是不愿做亡国奴，就应该快快起来救路，也应该快快起来驱除路贼高洪恩啊！

同胞呀！我们同高洪恩并不是有什么私仇私恨的，更不配说什么党什么派的作用，只因他天生的一种媚外性质，他做总长不过三个多月功夫，五路已经被他卖掉三路，假使再叫他老干下去，那还了得吗，所以我们一点爱国救路的心，是可以对天发誓的。

京绥铁路已经亡于外国债主了！

各界同胞快快起来力争吧！

快快起来救护吧！

京绥铁路，既已通到绥远包头，长有一千五百多里，完全是中国人和中国资本造的。在中国铁路没有外国人、外国钱的关系，只有京绥这一条路。我们国民应当怎么样的宝贵他，怎么样的爱护他呢？不料，去年有个路贼局长，名叫陈世华，他要贪得回扣，无缘无故的大借外债，滥买许多材料，以致现在被〔背〕债，共有三千六百万之多。其有个债户，叫太康洋行，原来买他的车辆，价值美金二百多万，曾经订过合同，给他的期票，头一年应还他三十八万多，分五年还清，倘若到期不能照付的时候，就给他年息八厘。这个合同，总算是明明白白的。今年直奉打战的时候，京绥路的火车，都为装兵要紧，所以生意不大好，进款不很多，以致太康洋行的价款，欠有两期未付。照原来的合同，只要给他利息八厘就是了，能算什么稀奇的事呢？那晓得太康洋行毫不讲理，他就向美国公使对我国政府里头提出交涉来，要求重改合同。顶要命的就是派人到京绥局监视收款，每月至少要给他四万金，合中国钱八万多块。倘若不够这个数，利息还要增加一分二厘。这个交涉，在五月间，由交通部发交京绥局，问这个要改的合同能否承认，京绥局当然不能承认嗐。就照理回复交通部，驳他一不该派人监督收款，开外国人管我们财政的先例。二不该要我们多还他的钱，因为从前合同每年只还他三十多万，尚且还不起，现在要每月还他四万，一年就是四十八万，岂不是更糟吗？三不该比从前的利息多要四厘。这些理由都是很充分的。交通部应该向他切实的交涉才对啊！那知道高洪恩到了交通部，对于这个要紧的事不闻不问。不晓得从中受他多少的好处，有个什么毛病，他就不管三七二十一，突于六月十二日，将那个要命的合同，一概签字承认了。太康洋行一家，自然是心满意足啦。其余的各外国债户，听他这样的要帐，我们交通部也承认，大家都来援例订合同，派人监督收款，统计每天至少要给他们债户一万二千元，每月就是三十六万。现在京绥路每天进款顶多也不过一万来块钱。要是都被他们债户拿去，所有办事的员司工匠人等，每月薪工要二十来万，还有开车用的煤油、汽油以及各种材料，也要十来万，岂不是都没有了。一点开支都没有，试问事体怎么办呢？火车怎么开呢？照这样看来，岂不是这条宝贵的铁路立刻就没命了吗？事到如今，各债户逼命要帐，固然是可恶，究竟要怪高洪恩怎么会这样的糊涂，当初要承认太康洋行一家的要命合同，现在救济的办法，只有我们国民誓死不承认太康洋行无理要命的合同。

人人运动，个个出力，还要坚持到底，莫要五分钟热度。不管交通当局怎么样的糊涂，外国债主怎么样的不讲理，怎么样的利害，大家拚命不承认这个要命的合同，总可以完全取销。把这个要命的合同，拚命去争去销了。其余的债户，自然也不能援例，来逼我们命要帐啊！那么大家想一个根本办法，漫漫〔慢慢〕还他们的帐就完了，岂不是这条宝贵的路就保住了。国家的主权也不致于丧失了，现在京绥路员司们，为了这个事，个个奔走呼号，如丧考妣，真真齐心的很，着急的很，誓非达到取销太康洋行亡路合同的目的不止。虽说是他们为着饭碗问题，要拚命去争，其实也是国民的责任，应当如是。同胞啊！我们不都是中国人吗？像这条京绥宝贵的路，我们能够就让他亡了吗？中国铁路，我们都有一份子啊！快快起来一同力争吧！快来一同救护吧！

（2）第六十四号报告（8月23日）

一据舒嘉善报称：今查西直门外高亮桥地方，于上午九时余有人散布传单，内容系京绥铁路局员等以交通总长高洪恩将该路抵押借款与太康洋行订立合同，允许外人在该监督财政，实与路政窒碍甚多，以故群起反对，藉图挽救而重主权。

一据赵尚武、赵得成、王觐宸报称：前详京绥铁路各职员等，因反对交通总长一节，现详询内容，高总长因该路欠太古洋行车款三千万元，故假此再借三千万元，希图回扣以获大利。並将此款供作吴巡阅使之军费，名利兼收。事被该部交通系人闻知，密报奉天叶恭绰及张作霖，暗派党人来京鼓吹，並四出煽惑各路，组织大同盟推倒高洪恩，以故各路相继有今日罢工之说。

〔京畿卫戍总司令部档案〕

9、车庆云关于京绥铁路员工请愿情形报告

（1922年8月23日）

军警字　第二六五号

据报本月廿一日午后四时，京绥路员工等约四百余名，在西四牌楼一带，手执白旗游行。散单后即齐集参众两院，每至门首即大呼请愿，举代表林竞等数人求见议长，均经各该秘书接见。其请愿宗旨，系请将高总长抵押京绥路之合同提出审查，正式取消等情。该秘书均允代达从速提出。后复齐至公府求见总统。经司阍处长答允明日早九时可以接见等语。该员工等遂退出至国务院，因该院罢工闭门，即在门首摄影始散。宪兵随同弹压，秩序井然，并未发生事故等情。除饬各该连严密侦查外，理合检同传单报告鉴核。谨报告

参陆办公处

附呈传单二纸　〔缺〕

司令　车庆云

中华民国十一年八月廿三日

〔参陆办公处档案〕

10、王云卿等关于弹压长辛店工人罢工致王怀庆报告

（1922年8月25日）

为报告事：于本月二十五日十二时，工人俱乐部派代表三十余人赴北京，向铁路局长要求条件，当蒙局长完全应充，並定晚六时发下允准条件公事。于是代表等下午四时余回长辛店，该工人等即时开会，知会站长，现有南北票货车一概放行，並向众工人宣言，今晚六时如要求条件完全认可，明日即行开工。如无完全承认公事，再行会议。并本日下午三时余，由琉璃河开到第十四混成旅二团步二营一营，在长辛店暂住。职等当即与该营长于得

海接洽，据云来意亦系弹压性质。理合报告。

参将王云卿
营长袁桂林
于长辛店车站

中华民国十一年八月二十五日

〔京畿卫戍总司令部档案〕

11、载德关于中国劳动组合书记部等要求劳动立法等情报告

（1922年9月2日）

（1）第一次报告

为报告事：现查得青年团方面又发函邀请参、众两院议员等开茶话会于北大第三院，定期九月三日下午一时，其署名者为中国劳动组合书记部、京汉铁路工人俱乐部北段总部、京绥铁路南口工业研究所、陇海全路各工会、正太路工业研究会等欲运动劳动立法，并请议员提出特别保护劳工案。此会欲先行联络以便请愿时易于胜利，大约明日民党及研究系议员等必多到会，因其接近青年团中人也。闻届时该党领袖李大钊、张国涛仍不出头，必以邓康、刘仁静主其事也。先此报告。呈请
堂宪大人钧鉴

载　德谨呈

中华民国十一年九月二日

（2）第二次报告

为报告事：窃查八月三十一日下午二时，北大第三院劳动组合书记部开招待新闻界大会，共到三十余人，该书记部为社会主义青年团中人所组织，欲联络劳动界以达其扰乱社会之目的。是日出席者华俄通信社之刘仁静，工人周刊许兴凯，少年中国月报宋天放，及为主席邓康（即邓仲澥）、黄旦初、王中君、黄日葵、王

守素等皆北大学生青年团份子也。又称赤报记者郭增恺，乃无政府党人。其余称工人代表者多在京中为北大及新知书社、晨报等印刷工人，其开会宗旨为劳动立法运动，请愿于国会，预备将来议院制宪修定劳动保护法时准予采纳其条文：（一）承认劳动者之集合结社出版自由权；（二）承认劳动者同盟罢工权；（三）劳动界团体之契约缔结权；（四）日工八小时，夜工六小时；（五）增加适于生活之工资；（六）各种工人团体，得派代表加入政府经济及企业机关之权；（七）一切保障及改良待遇工人之权；（八）工人教育权等件，及宣电于国人并希望报界为文字之鼓吹并援助劳动运动，至不得已时，再为群众示威举动。再总各人之发言，俱倡应世界之潮流，免资本之压迫，期达人类平等论调。盖查社会主义青年团之宗旨，以马克司共产主义为宗旨，以劳动专政为目的，据今夏全国青年团在广东开大会时所议决施行案，以文字宣传联络工人加入政党，鼓吹军队暗通土匪，更为要求立法机关以得行动自由行同盟罢工之事，以结劳动者之心，而其得寸进尺，殊足以致地方人心不宁也。北京首善之区，此风决不可长，须拟取缔之法也。生近日患湿毒，足难成行，前日会情皆得友人报告，据此陈达。呈请

堂宪大人钧鉴

载　德谨呈

中华民国十一年九月二日

〔京畿卫戍总司令部档案〕

12、执法处判决孙德祥在京奉铁路鼓动罢工罪判决书

（1922年9月）

判　决

被告人孙德祥，直隶宁河县人，年四十岁，现无职业。右列人犯，因煽惑罪经宪兵司令部拿获，转由交通部函送到案。本处

审理判决如左：

主　文

孙德祥处三等有期徒刑三年又六个月，褫夺公权全部六年。

事　实

缘孙德祥于民国八年间，在山海关京奉铁路机务处所设立之工余学校，充当汉文教员。至十一年五月二十六日有铁路工厂工人佟惠廷、杨玉昆等七人，约伊帮同组织铁路工友俱乐部事宜。于七月二十六等日，工人召集大会，伊帮同参酌拟妥工业进行章程十七条。因章程内载有承认劳动者之同盟罢工一条，违背警章，当经地方警察取缔，伊遂回芦台，嗣闻警局拿伊，遂往山海关各处躲避。后闻工人等又以互相交换知识，呈请立会，经林榆县批准，于八月十四、五日复行集会，讨论洋员虐待工人等情事。洋员见事不佳，邀同工头赵壁等，电请交通部，经部派员查办。同时佟惠廷等暗自编制五路连合劳动法案大纲一纸，又向伊讨论。伊于九月十四日回山海关家内，十六日被宪兵拿获，押解北京司令部，转送到案等语。一再研讯该犯供认帮同组织章程属实，案经讯明，应即判决。

理　由

据右事实，孙德祥帮同工人组织俱乐部，拟具章程，煽惑罢工，妨害交通，实已触犯刑章。查刑律第二百二十一条规定，以文书论说图刊等件，煽惑他人为犯罪之行为者，依左列处断其第一款规定，煽惑他人犯最重之罪为死刑或无期徒刑者，处三等至五等有期徒刑。是该犯之所为与本条第一款之规定符合。判处该犯三等有期徒刑三年又六个月。並依同律第二百二十八条之规定，褫夺同律第四十六条规定之公权全部六年。本此理由判决如主文。

处长　　张广熙
科长　　徐裕需

办事员　裴朝陛

书记员　董华岭

中华民国十一年九月　日

〔京畿卫戍总司令部档案〕

13、交通银行总行关于湘鄂路罢工电

（1922年9月9日）

湘鄂路工人，因要求撤换员司，今晨有一部罢工，虽勉强开车，恐风潮将剧，刻汉市尚安。

〔批示〕　撮要电告沪宁两行。

〔交通银行档案〕

14、天津津浦路总局薛桐轩报告唐山罢工已结束致王怀庆函

（1922年10月18日）

将军大人钧座：今日直隶曹前省长乘十二点专车赴保定。闻京奉唐山大厂罢工消息，该厂工人所要求条件，蒙该路局长允准，今已照常工作矣。天津市面平静如常等情。理合呈报，恭请

宪鉴

沐恩　薛桐轩呈

十月十八日

〔京畿卫戍总司令部档案〕

15、张华堂报告学生为援助唐山罢工被捕呈

（1922年11月20日）

为呈报事：顷闻京奉路人员云，十九日上午五时，加车内有唐山路矿大学学生一百五十余名，有唐山侦缉队密随到津，只二十名下车，其余径去北京。又当日下午慢车有唐山警察局张副官带

警士十名押送唐山路矿大学学生五名等语。侦察员闻信后，随至警察厅探询，据云因为援助唐山罢工之事，以至被拘来津。查该学生姓名陈嘉宾、方刚、耿承、李鸿斌、马汝邴等现看押侦探处。

驻津侦察员张华堂谨呈

中华民国十一年十一月二十日

〔临时执政府档案〕

16、张华堂报告唐山工人罢工情形呈

（1922年10月21日）

为呈报事：窃侦察员谨查得京奉路唐山总置车厂全体为裁汰工人激起二次实行罢工。当经军警前往弹压，並于日前由天津警务处特派保安队四百名襄助等情。业经先后呈报在案。侦察员委因此次罢工，关于该厂全部工人举动甚为激烈。因之前往唐山实地调查。谨查得该厂佑近，除守备队並十五师军队二连（由该师董副官长指挥）就近弹压外，並于月之十九日下午二钟，有由天津警务处派去保安队三百名（原拟派四百名实行开去三百名）驻唐山街市弹压。侦察员复在该工厂佑近调查及探询罢工举动並各方面情形。谨陈于下：据唐山铁路第五分段警察署内人声称，前次因要求加薪全体罢工，当由铁路局长先为酌加薪水，复照旧工作。此次罢工系因信听谣传，皆谓总管裁汰工人。故又于月之十三日激起第二次实行罢工。罢工后，除该工人代表邓培並尹贾等仍在厂内居住以备交涉外，其余全部工人三千七百名均住厂外，每日在唐山街市聚集开会，並投票征求意见。北省人赞成开工者居多数，南省人均不赞成开工。现议决向总置车厂中国孙总管，西洋夹木师总管及局长要求之条件由罢工之代表提出，交各调停人即地方警察署长姚，京奉、津浦两路总稽查彭，开平镇守使帮统董，该地绅士邓，铁路警察总署吴，暨五六段段长並同兴饭店掌柜安某等，请转达铁路局长並总管等接洽。当经各调停人

持其要求各件向总管磋商，按条答复其条件：（一）要求设立工人职工会、附工人俱乐部。此条因设立之地点，居于唐山街，不经铁路管辖，未准；（二）裁革工人得通过职工会，经职工会承认后，方许裁革。此条未准；（三）增加工价，此条已准，每日加五分、八分、一毛五分者不等；（四）建筑工人宿舍，此条因无款未准；（五）养老金此条未准；（六）要求火车房裁去贾、张两工头，此条由调停人向罢工代表接洽，亦允不裁后，该代表向各工人接洽均否认，随又变更；（七）要求开释代表罗占元（前因该代表在津站演说罢工事被拘），此条亦由津站车务处工人要求办理；（八）要五路免票未准；（九）罢工之日要发全薪，此条未允。等情形。侦察员复行在佑近调查，见有调停人同兴饭店安某，因要求各工人对火车房贾、张两工头，不必要求裁革。因该工人未允，该安某随于今日即二十日上午，在该工厂门首树上，用钉从口内将颊钉上。当经多数人将安某之钉起下，当经该工人已允该工人所请，火车房贾、张两工头不要求裁革。复经各调停人调停开工，並由军警方面威吓，故未敢事外要求。现订于二十日升火燃煤，以备二十一日照常开工。理合谨将详查各节呈报宪鉴

驻津侦察员张华堂谨呈

附呈　罢工地点略图一纸〔略〕

中华民国十一年十月二十一日

〔京畿卫戍总司令部档案〕

17、王光宇关于正太铁路石家庄各工厂要求加薪罢工报告

（1922年12月22日）

为呈报事：窃据侦察员韩景澄报称：今闻交通部接正太铁路局急电谓：石家庄各工厂，因要求加薪又索薪各事，有于本月十五日罢工之说。因交通部负责无人，以致日趋激烈，该各工人等

一面阻止旅客进站；一面停止司机开车，甚至厂站均有工人阻止各员司办事各情形。並闻日前直隶王省长已派保安队三百名，驰往该处弹压，並请交通部速筹正当办法等情。前来。理合缮呈宪鉴。谨呈

热察绥巡阅使王

侦察处处长　王光宇

中华民国十一年十二月廿二日

〔京畿卫戍总令部档案〕

二、二七大罢工

1、刘汉超报告京汉等五路工人要求加薪情况致王怀庆函

（1923年1月）

巡阅使钧鉴：敬呈者汉超顷得交通部直辖京汉等五大铁路又将有全体罢工之风潮。查系先由京绥路首先提议，日昨京绥路全体工人並头目等均到清河镇开劳动会，到会者二百余人，所议条件印成传单，议决在三日内五路均散布传单。其所持理由，因各工人要求加薪，已于上月连名上书于该京绥路局长，惟该局长迟延至今亦未批准，各工人迫于生计之困难，加薪之无望，异常公愤，遂联合五路工人一律要求加薪。倘各该局长再用敷衍手段，决定五路工人一体于本月三十一日罢工。事关政府收入，人民交通影响甚巨，理合呈报帅鉴注意，肃呈恭叩

勋安

密探首刘汉超谨呈

中华民国十二年一月

〔批示〕：京师一带稽查处张处长派员查明防范。

〔多防镇守署档案〕

2、王光宇请查办长辛店工人俱乐部致王怀庆呈

(1923年1月30日)

为呈报事：据侦察员史文元由长辛店来函报称：今查长辛店京汉铁路工厂工人等，前因米珠薪桂，百物价值增涨，要求增加工价。曾经罢工一次。后以达到目的，遂照常工作。嗣因厂长用人不公，工人等为扩充势力起见，复设立工人俱乐部一处，又名劳动会。凡在厂之大小工人均得入会，分科理事。又于工人头目中，公推数人为会中办事委员，暗中抵制铁路局长並厂长等，遇厂中不合路规定章之事，即群起反对。其开补工人之权，向归厂长，主张者现已要求归会中管理。凡工人有过经厂长查知，须交俱乐部核议，按过失轻重分别办理，不得遽行开除。由此工人之权势甚大，然亦未闻有无理取闹逾越范围之举动。该路局长等因其团体甚固，日久恐被推倒，且人多势众，亦无法限制，此其函请查办之原因也。等情。前来。理合缮呈宪鉴谨呈

京畿卫戍总司令王

侦察处处长　王光宇

中华民国十二年一月三十日呈

〔热察绥巡阅使署档案〕

3、王光宇转报京汉铁路工人俱乐部成立致王怀庆呈

(1923年2月1日)

为呈报事：窃侦察员史文元由长辛店来函报称：查京汉铁路局工人俱乐部系于旧历本年七月间，由工头王俊、王庆林、陈炳奎，並前劳动学校校长吴汝明等所成立。不惟抵制局长且巩固个人之位置，甚至开补工人，厂长等均不能干涉。是以该会团体结合甚固。兹又访闻王俊、王庆林、陈炳奎均系耶稣教人。王俊前者回津，曾闻工人云已来函辞退工头。乃王俊藉辞差回籍为名，实则

分赴各处运动工人，如津浦、京绥、京奉、京汉、正太以及沪宁各路工人均联合一气互相援助，每月众工人各捐铜元数枚，办理部务。如彼工人因事罢工，其余各路工人出资协助，以冀达到目的。现在王俊已运动成熟，仍于日前回长辛店照旧办理工务，各工人亦仍常推戴，诸事听其指挥。该厂工资甚优，工头每月有一二百元者，小工每月十二元。据工人自言势力甚大，即政府与军队方面亦不能加以禁阻等语。查工人知识简单，被工头等指使结合团体，因其有利于己，故倾向甚坚。並闻仍有工人数百名，並未入会等情。前来。理合缮呈宪鉴谨呈

京畿卫戍总司令王

侦察处处长　王光宇

中华民国十二年二月一日

〔京畿卫戍总司令部档案〕

4、王光宇转报各处派兵压制工会等情呈

（1923年2月5日）

为呈报事：窃据侦察员史文元于四日夜间由长辛店来函报称：前详京汉铁路工人罢工一节，已报在案。兹闻长辛店工人自前次要求增加工资达到目的后，遂改立俱乐部，以固团体，各站工头无不赞美。于是吴汝明、王俊等潜赴各处运动联合，遂与郑州工厂连为一气，並在郑州设立总会，定于二月一日开成立大会，各站工人均遣派代表，纷纷送礼致贺，並有江岸工会制送匾额一方。一月二十九日及三十日各代表齐集郑州非常热闹，正兴高采烈筹备一切之际，事为京汉局长赵继贤与江岸分局长洪沄等所闻，以其非法结合，遂电禀曹、吴两使派军队多营前往弹压。二月一日开会时，有京汉路第三段巡警局长黄殿辰，带军警到会干涉，工人不服，遂即用枪威吓，並将会内器俱摔砸，匾额亦被砸

毁。当时激成众怒，立即通电各处，并印刷告白粘贴各站，令工人罢工，以冀反对赵局长、洪分局长及黄殿辰等，非将此三人取消，不能解决。其告白大致云：国家立法原许结会自由，今黄殿辰等横加干涉，用枪威吓，实为破坏工会。並言令黄殿辰向该会叩头赔礼等语。现闻长辛店工头王俊、吴汝明等，近又勾串长辛店自来水夫、电灯夫及北京菜行等结合。各情事。又查今日下午六时，有第一大队骑兵营李营长带所部一、四两连，开至长辛店驻扎关帝庙商会院内。闻张统带率步一营，至夜二时许，亦可开到。又有曹使军队由琉璃河陆续开来第十四混成旅第二团各营，现在尚未来齐。刻下长辛店市面虽属安靖，然商民颇形惶恐等情。前来。理合缮呈宪鉴。谨呈

京畿卫戍总司令王

侦察处处长　王光宇

中华民国十二年二月五日呈

〔京畿卫戍总司令部档案〕

5.河南督军署参谋处李炳之关于京汉路工人开会及地方动荡情况致陆锦函

(1923年2月5日)

秀公① 夫子大人钧座：敬肃者：窃查此次京汉工人开会一节，固暗中有人主使，希图扰乱破坏，而各处与会来宾增送匾额文词尤堪注意，其中有“劳工神圣”、“总一无敌”、“健者先进”、“前途胜利”等句。其最荒谬者如谌家矶扬子厂工会送“赤焰辉煌”，武昌高等师范学生赵瑞麟、徐孝枓、张作范送“大地赤化”各匾额实具有赤党共产之恶思潮，如不严加制止，设法惩除，则邪说谮润，鼓惑工人，群焉骚动，渐及军警各界人士，则国家秩序曷堪设想。瞻念前途，不寒而栗。近日北京学潮恐波及

① 陆锦字秀山，当时任直鲁豫巡阅使署参谋长。

他省。开封学界，经子衡督理，时加训迪，于年终大考饬教育厅提前施行，早日放假，各归乡里，使阴谋家无法号召，豫省地方渐就安谧。除所收抚老洋人（即张国威）、张得胜（即张国信）、李明盛（即李保国）三部，编为三支队，每支队两营，业经会议决定以第一、二两支队归豫东王镇守使，第三支队归豫西丁镇守使节制调遣。现正派员前往接洽移防事宜，大约年内不能开拔，须明正初间当可移动。此外有樊团长钟秀收抚陈青云、任应奇、屈文秀等二千余人，亦编四营驻扎登封。此项军队无法归纳，拟将彼开往江西补充常德胜第一师之缺额。兹经往返磋商已规定以樊钟秀所带河南第二混成旅第四团原有之两营新收之四营，共计六营，命名为河南第一师补充队，开赴江西为援闽之计。如此办法，河南内无顾虑，外可增援，一举而两得之。刻下大股匪人，经军队痛剿，或经击散，或逃匿深山，如苏皖豫交界，则有范明新、萧同生一股约数百人；陕豫交界则有韦风歧一股，仅剩百余人；鄂豫交界则有宗万、林安、于江、老昏王等股三二百人不等，均被各省派队会剿，已成强弩之末。其有零星小股已通饬各县警团剿捕，东逃西窜，不久可告肃清。月前豫省大雪盈尺，人心大定，明年春赈自易着手办理。特是河南历遭兵灾，受病已深，非培养元气，徐图恢复，不易奏功。子衡督理治豫，勤劳和厚，人民颇为感戴。明年稍假时日，则土匪消灭后，整饬军警，清理财政吏治，便当次递施行也。日前奉钧函询查开封兵工局制造子弹量，并饬赶速筹备一节，均转达子衡督理，积极筹备。昨电邀汉阳杨章来汴，面订枪支子弹甚多，以备不时之需，以上情形俯乞便中转呈大帅钧鉴。为叩。专此奉肃敬颂

钧祉

受业李炳之谨上

〔直鲁豫巡阅使署档案〕

6、王光宇转报京汉路罢工已派军镇压情报

（1923年2月5日）

一祁荣寿报称：今闻东单牌楼二条胡同京汉铁路工务处同人会印刷局人云：昨日该路工人自发生风潮停止作工以后，有驻南苑冯军十一师军队之一部开往长辛店驻扎。又王将军所部之游击队一部分亦开往长辛店驻扎，以资监视。现该路人员分为四路购买馒头、烧饼各样食品运往长辛店，以备各工人食用。

〔京畿卫戍总司令部档案〕

7、京师宪兵司令部关于镇压京汉铁路工人罢工情况报告

（1923年2月6—7日）

（1）二月六日报告

驻郑州京师宪兵第十七连鱼日电报：京汉罢工迄无调解办法。五日晚，接十四师通知，郑州临时戒严，以防工人轨外举动。靳师长召集驻郑军警绅商工学各界商议办法，惟工人会长高斌、姜海士顽抗。靳师长命令，绑以车站示众。旋有工人三十余名请愿，明日开车。夜一时，吴使派参谋刘森凯带工兵二百五十六名来郑，预备工人坚不开车时，自行开驶，军警严行戒备。本日正午十二时，车已自郑州开动，经通电各站，军警保护开车工人，俟有动静，再报等情。

中华民国十二年二月六日

（2）二月七日报告

据驻长辛店第十一连报告：本月六日下午一时，有京汉铁路局赵局长、京兆宛平县汤县长、警察厅杨督察长等来长辛店，协同十四混成旅时旅长、四郊游缉队张统领，在车站会议解决罢工风潮。当以长辛店商会会长及汤县长为代表，赴工人劳动会劝谕。连长当带宪兵赴车站弹压。至下午六时该代表等劝谕无效。九时

时旅长、张统领知会职连在车站警察局集合，协同十四旅二团三营，游缉队一连及铁路警察赴劳动会捕获共产首领王玉升即吴汝明、委员长史文彬、总干事陈励懋、王永泰、李玉、共产党员洪永福、杨锡贞、秘书主任吴春西、纠查吴珍、嫌疑人易顺、李白等共十一名，押送十四混成旅部看管。于七日早八时押送保定军法处讯办。六日晚，由天津派来工人三十余名，预备七日通车至保定。七日早十时，因查封劳动会，经十四混成旅及游缉队官兵鸣枪数十发镇摄时，有不服解散工人顽强，当枪毙杨士由、李桐宪等二名，重伤葛守贵、刘传田等二名，余皆窜散等情。

中华民国十二年二月七日

〔京畿卫戍总司令部档案〕

8、曹锟派兵镇压罢工並令照常开车密电

(1923年2月6日)

急。北京王巡阅使懋轩弟鉴：宣密。支电敬悉。京汉工人罢工，尊处业派步骑各一营前往镇慑，至深佩慰。敝处现亦电饬涿州时旅长，迅派步兵一营，就近前往妥为弹压。已于昨日开往长辛店，敬祈令饬贵部协同办理，劝令照常行车。工作静候路局筹商解决办法，勿得受奸人鼓动，冒然从事，以重路政，而利交通，是所盼祷。兄曹锟。麻印。

〔京畿卫戍总司令部档案〕

9、载德关於北大等校支援京汉铁路工人罢工报告

(1923年2月7日)

为报告事：窃于本月六日下午一时，学生联合会在高师学校开联合会议。以北大韩觉民主席报告上海、苏州、济南各学校及护法议员等处来函援助文件。又近日北大乘马车各处演讲之成绩外，随议决除北大干事部人仍继续演讲外，各校于旧历新正放假

之期，各校亦分头出发讲演，其传单亦自拟稿油印发放。并拟上海商会之裁兵会，若定正月十九日举行大示威运动，北京方面由联合会发起，亦于是日响应联合各界游行运动。又查此次京汉全路罢工，而社会主义青年团亦层〔曾〕由李大钊、张国涛、邓仲澥、罗章龙、何孟雄、杨廉、阮永钊等招集会议，据讨论结果，先以中国劳动组合书记部总部名义，发出快邮代电，通告全国各工团起而援助，为一致之行动（由李大钊拟稿）。继派朱务善、罗章龙等到郑州及张国涛到长辛店，在工人补习校内或化装从事鼓吹工人坚持八时工作，增强生活费，恢复总工会等会条件，并代拟各文件。又议致函天津、济南、郑州等各学生所组劳动组合书记分部，出全力以为助长此次罢工风潮。并推定宋天放、范鸿劼、邓飞雄、张济海、郭春涛、刘仁静等，分向未罢工各路工会，出而提倡罢工，以与京汉表同情。并由在京同志担认代拟工人一切种类传单，由北大印刷部印就，陆续寄发。一面进行募捐事宜。至于学界方面除北大学生会文书股亦入该会范围者外，一方面由出席代表韩觉民、杨廉二人在学生联合会议上提倡援助工人，并发起铁路工人后援会，以资团结而便进行。等因。专此合函报告，呈请

堂宪大人钧鉴

载德呈

中华民国十二年二月七日

〔京畿卫戍总司令部档案〕

10、直系旅长葛树屏报告京汉铁路工人罢工电

（1923年2月8日）

旅长率职旅一团二营于庚日午前十一钟，由保出发，沿站布置，午后二钟至定县，该站吸水机器均被工人拆卸，当即饬工修理。五钟抵正定，该站工人集合七八百人，均执白旗上书“抵抗压力，众志成城，努力前攻”等字样。其中举有代表四人，惟康景星

最狡猾。嗣经旅长集合工人，婉言劝导，众工人允以即时上工，惟恐康某唆使反复，现已押留在旅。如无变故，再行释放，并电饬石家庄宋营长催开停石票车，九钟有自郑州开来票车一列，现已北上，闻系传习所人司机，并非工人上工。正石说南工人尚未应允，仍请电饬各军队急力维持，将来票车当可通行。旅长拟于青日亲赴内邱等站。特此电禀，敬颂钧安。旅长葛树屏叩。庚。（正定来电）

〔直鲁豫巡阅使署档案〕

11、萧耀南关于汉口镇压铁路工人通电

（1923年2月8日）

万急。北京大总统，国务院，各检阅使，各省巡阅使，督军、督理、省长，各总司令，各都统、护军使、镇守使、师旅长，各法团，各报馆钧鉴：此次京汉铁路罢工风潮，原系奸人从中鼓惑，别有阴谋。前于支日据报汉口路工一体集会停业，当以工人等受人诱胁，情有可原。迭经责成驻在军警娓婉开导，至再至三，迄无效果。虞日午后五时，适有南来列车，将次抵汉，当地匪徒，裹胁工人约共数千名麇集车站附近，势将拆毁轨道，阻止行车，军警长官向前劝说，讵匪徒暗藏手抢，突于人丛中直向劝说官长狙击，並扑夺军队枪支，一时秩序大乱，军警为正当防卫，维持地面起见，不得已开枪格斗，格毙匪徒多人，夺得手枪十余支，余匪惊散。所有工人以匪徒格毙，恢复自由，情愿照常工作，已于当晚开车，地方安静如常。诚恐远道传闻失实，特电奉闻，敬祈照察。再匪徒煽惑武汉各工厂及希图扰乱地面各详情，容后续达。萧耀南叩。庚。

〔内务部档案〕

12、萧耀南关于汉口罢工情况通电

(1923年2月8日)

急。大总统、国务总理，各部院，检阅使，各省巡阅使、督军、督理、省长、各总司令，张、热、绥各都统，上海、宁夏各护军使，各省各镇守使，师、旅长，各法团，各报馆均鉴：汉口铁路工人罢工暨匪徒乘机肇事各情形，曾于庚电奉达。查武汉商埠居全国商业中心，华洋杂处，南北冲繁，稍有动摇，影响至巨。年余以来，黾勉维持，差称无事。此次路工风潮发生，适当岁杪，恐宵小溷迹，危及治安。节经饬令军警于驻在地加意防维，对于工人始终和平劝说，委婉开导，並未加以强迫。乃数日之间，毫无效果，究其内幕，则发纵指使大有人在。而流氓地痞，因缘为奸，其用心之狠毒，手段之卑劣，有非意料所及者。武汉三厂林立，工人不下二十万众。上月有工会无赖，因向工人散发徽章，勒索章费，租界内几酿巨变，幸中外合力防范，旋归平息。可见铁路一部分工人已受愚弄，仍恐力薄势孤，乃分遣党羽运动各工厂一致响应，多方鼓惑，任意诪张，赖各厂防范得力，未遭波及，倘所计果逞，将见二十万工人同时失业，则繁盛商场，夫复成何景象，此一事也。此间习惯每届岁暮，辄有慈善绅商，散发米票、钱票，用济贫民，匪徒利用时机，竟敢伪造米票，广为播散，贫民不知真伪，持向米肆粜米。商人弗承，而贫乃愈集愈众，肆主恐生事故，因而闭门歇业者数家，被众捣毁者亦数家，米票伪造，斯钱票亦可伪造，凡属一切证券，无不可伪造，则市面扰乱为害何堪设想，此又一事也。夫我国工人淳朴耐劳，世界艳称。好乱之徒，乃假为破坏国家之武器，宁不痛心。即如此路工风潮，倘有正当理由，尚可陈情当局徐图解决，路工范围内事，何必煽动各厂同盟罢工，又何必牵及市面扰害商贾，居心安在，不言可喻。且此次查获所发传单，竟有宣传过激主义，诡词邪说，直言弗

〔？〕，若任嚣张，国将不国。武汉工潮又其小焉者也。现京汉路业已照常开车，良善工人亦多觉悔，诚恐含沙射影，造作讹言，推波助浪，祸成洪水。特再缕陈经过，俾明真相，宜如何防微杜渐，消患无隐，尚祈筹运良谟，藉资匡救，曷胜跂祷。萧耀南叩。齐。

〔内务部档案〕

13、国务院议决逮捕罢工工人交军法处从严处理密电

(1923年2月9日)

急。保定曹巡阅使鉴：昌密。齐电奉悉。此次罢工风潮扰害京汉全线，并影响及于他路，防害治安，情节甚重。现经国务会议议决，该首要等十一名现经拿获，应即就近发交军法处从严审处，以彰法纪。特复。院。佳印。（北京来电）

〔直鲁豫巡阅使署档案〕

14、内务部关于严防过激党鼓动罢工罢市密电

(1923年2月9日)

天津、南京、武昌／上海、汉口、济南警务处／察厅长：内密。迩年过激党人到处煽惑，迭经本部通令预防在案。近复有罢工风潮，诚恐奸人鼓煽，辗转效尤，影响地方治安，损伤商民财产，关系至为重要。各该处／厅长负有维持地方之责，对于聚众讲演过激主义及煽动罢工、罢市等务须随时切实查察，严密防范，以期消灭无形。如有劝导不服，甚或有轨外行动，应即依法取缔，严重办理，以弭乱萌，是为至要。内务部。佳印。

〔内务部档案〕

15、载德关于北大各学校声援二七罢工情形呈

（1923年2月9日）

为报告事：窃查本日下午一时，北大第三院开各校全体学生大会，筹商进行罢工工人之援助办法。惟至二时仅到六百余人，首由邓康发言，略谓：据各处报告及派赴长辛店代表张国涛回述此次京汉总工会自在郑州开会，竟被军阀用武力制止，并捕打工人代表。而长辛店日前戕杀工人两名，垂毙者十余人。今全路工人已无自由，日在压迫之中。闻政府及军阀尚坚持以武力解决，致我全数工人于死地而后快。则吾人为争自由计，应切实援助工友，努力驱逐暴厉军阀。昨学生联合会议决，应请全体学生一致奋斗，商议进行云云。次介绍类似工人之刘焕文、吴汉强等发言，陈述工人惨状及当日长辛店惨杀情形。后谓：今日或有车开，皆为军人强制执行。至我工人心理誓不甘心作此牛马，总求各界可怜，从速救护等因。语后学生阮永钊、张瑞生、高尚德、罗澄、周长宪等皆有打倒军阀、改造政府之激烈发言。最后议决派代表到京汉沿路慰问工人，鼓励其精神及调查现状，请愿府院，撤换赵局长及肇事警长，撤退军队，恢复工人自由。又通电历述军阀残忍暴行，望各界努力推倒之。致电各路工友援助京汉路，抵抗军阀。联络京中各界为大规模之示威运动。以上统交学生会积极办理。由北大邓飞雄提议游行示威，以唤起市民之同情。于是遂散，制就之旗帜传单，齐队出发，由北河沿东华门、王府井大街以至长安街、前门等处，沿途狂呼援助工人，打倒军阀等口号，但默查是日所谓全体学生开会，人数无多，及至出队时，仅有三百余人，尚标有京汉工人一队在内，其实皆为北大印刷局及新知书社等处雇来之工人。各校学生及北大多数份子，皆不甚赞同，是俱社会主义青年团中人利用时机，鼓吹暴动以达其过激派之行为也。专此呈请

堂宪大人钧鉴

载　德谨呈

中华民国十二年二月九日

〔京畿卫戍总司令部档案〕

16、直鲁豫巡阅使参谋处关于解散长辛店工会应迅速办理函件

（1923年2月10日）

径启者：顷奉大帅交下陆军第十四混成旅时旅长全胜等快邮齐电，报告解散长辛店工会办理情形。奉批通知沿京汉路各师旅一体遵照办理等因。奉此。除已分电各师、旅并由敝处函知保定警察厅、宪兵司令部外，相应照抄原电函达贵处，即希查照迅速办理，并请会衔出示布告，以维路政而息刁风，实为公便。此致

军法处

附抄件

参谋处启

中华民国十二年二月十日

附：保定曹大帅钧鉴：阳邮代电，谅蒙钧鉴。长辛店绅商学界对于该处工人罢工聚众，肆意捣乱，断绝交通，害及商旅，不顾国家之损失，甘为奸人之利用，商民向之有切肤之痛，自应筹拟相当对待，先向该工人等行最后之忠告，劝其回厂作工，恢复交通，如不见纳，惟有联合商家停止售给罢工工人日用饮食物品，且既与路局脱离关系，即系无业游民，凡其家属住房，限令腾出，不准逗留，以防滋生事端。经众议决分途逐户剀切劝告，现此间三千余众工人业已悔悟，情愿上工。职等当与各警绅商学界及路局职员等为防将来计，即与该工人等决定数条如次：（一）每一工人出具甘结妥保及永不罢工之悔过书，呈与当局转送路局备案。並脱离工会，各缴工会俱乐部之徽章宣告出具；（二）长辛店工会俱乐部既系与路局捣乱之机关，自应将该会一切文卷书札，由

在会责任之工人一律汇齐缴销；（三）工会俱乐部所有家俱物品，地方警察、铁路巡警按单封收；（四）在会工人脱离工会后，遇有奸人威吓暗杀情事，则本地及沿路军警妥实保护，严惩不法；（五）悔过上工之工人，统限本月八日一律回厂作工，路局不究既往，待观后效。以上五条出示布告后，刻下遵照布告回厂者约二千余名，待及今晚定可一律完事，除据情函达京汉铁路局赵局长外，特此电禀。旅长时全胜、统带张国庆叩。齐印。

〔直鲁豫巡阅使署档案〕

17、韩祖荫报告因铁路罢工无法运米密电

（1923年2月10日）

保定。巡署军需处李处长钧鉴：处密。齐电谅蒙洞悉。惟所运之米均已装车，现因各路罢工停在浦口，何时风潮平息，起运时再行电禀。韩祖荫叩。蒸。（芜湖来电）

〔直鲁豫巡阅使署档案〕

18、曹锟关于京汉罢工虽已平息仍应防范致王怀庆密电

（1923年2月11日）

北京王巡阅使懋轩弟鉴：宣密。歌、阳两电均敬悉。此次京汉罢工风潮甚为激烈。经我弟派队开赴长辛店妥为弹压，并派员设法利投势导，现已正当平息，恢复原状。远念贤劳，莫名欣慰。当此时局未定，险象环生，仍希转饬严密侦察，加意防范，以遏乱萌，而维路政，是所跂祷。兄曹锟。真印。（保定来电）

〔多防镇守使公署档案〕

19、王光宇关于国会讨论京汉铁路罢工报告

（1923年2月12日）

第二三七号报告（2月12日）

一据赵德成报称：今查众议院于下午三时招集两院议员开紧急茶话会，到会议员四十余员，由议员高仲和主席报告开紧急茶话宗旨系因京汉铁路工潮问题。提出办法十条 公众讨论，至四时闭会。并定于明日开两院紧急会议，以便表决。又下午二时，有京汉铁路工人代表赵保善、王宗培、宗文彬等至该院请愿，经议员高仲和接见，闻其请愿宗旨系因该路工潮问题，请该院予以保障，以维人权。至下午四时余，该代表等始行出院。

中华民国十二年二月十二日呈

对于京汉路工潮意见书

此次京汉路工风潮由郑州发动，浸以蔓延全路线。政府当局应付乏术，遂致国家命脉所关，商民财产攸系之，贯通南北大干线之京汉铁路，停止交通数日，上下损失以数十百万计。闻南段机关车，颇有损坏。若尔则不特目前之损失无算，将来恢复亦颇不易。于是国会及都门新闻界多咎政府当局之处置失策。予亦国会之一分子，安得徒效旁观之批评，作为无责任之言论，特以事关国家前途安危，有不得不平心静气提出怀疑之点数条，与我两院同仁及全国各界商榷者。兹为胪列于左，希我各界指政。

（一）徒事提高劳工是否合于平流共进之旨。

（二）社会改良是否宜单从提高劳工着手。

（三）我国民生活基础，劳工是否占第一位。

（四）吾人科政府责任是否应有限度。

（五）各国应付工潮先例是否专事羁縻。

（六）维持社会秩序安宁之责，是否专在一方面。

（七）利用劳工是否推倒军阀之具。

（八）增进国际地位，是否提高劳工即能卒事。

（九）今日之中国各界是否均有内自反省之责。

（十）压迫手段是否为政府及各界均不可犯之公条。

以上所列不妄个人怀疑之点凡十，以下当逐一详加说明，质诸两院同仁及海内明达之前，倘有先得我心或匡我不逮慨赐指政者，敬当洗耳以听，决不为意气之争，惟限于时间迫促，姑特将要目付印，余当陆续提出。

〔京畿卫戍总司令部档案〕

20、王光宇报告长辛店复工致王怀庆呈

（1923年2月12日）

为呈报事：窃据侦察员史文元由长辛店回京报称：查长辛店各工人陆续上工，秩序恢复。十日午间，张统带由京赴长辛店，候与时旅长商酌撤防事宜。乃时旅长在保定未回，张统带遂与其旅部军佐及各营长等接洽，曾有一度之会议。十一日早八时许，见街市粘有时旅长、张统带会衔布告取消戒严，以后凡聚众开会，务须呈明地方官核准，否则一律禁止等语。是时张统带即率步一营官弁目兵登车旋京，长辛店地方由直军十四混成旅派步三营营长赵风池，率所部各连常川驻守，营部暂设俱乐部内，各连兵士分驻店内、庙内，昼夜巡逻，以资镇慑。赵营长之眷属，亦于十日到长辛店居住。现该处市面秩序如恒，商民照常营业。闻该处商民云，此次工潮办理甚善，二三日间即一律平息，商民稍受损失，实感第一大队及十四旅长大德等情。前来。职查长辛店工潮平息，市面如常，除每星期派员往查以昭慎重外，理合缮呈宪鉴。谨呈

京畿卫戍总司令王

侦察处处长　王光宇

中华民国十二年二月十二日呈

〔京畿卫戍总司令部档案〕

21、直隶泰宁镇总兵派员押送工会干事等密电

（1923年2月14日）

车站转巡帅钧鉴：永密。寒电敬悉。拿获之工会干事曹顺，并工人刘洛贤，已遵侵电于本日午车，派员押解赴保，刻已在途，业经电陈。兹奉前因，谨再电复。泰宁镇总兵虞克昌叩。盐。（良各庄来电）

〔直鲁豫巡阅使署档案〕

22、王光宇转报京汉铁路局送钱慰劳镇压罢工的步一营报告

（1923年2月14日）

一据周玉桂报称：〔略〕。又闻步一营因前赴长辛店弹压工潮。京汉铁路局于昨日送有酬劳洋已经分发，正目每名得洋一元六角，副目每名一元五角，兵士一元四角，夫役一元，各兵均甚满意。

中华民国十二年二月十四日呈

〔京畿卫戍总司令部档案〕

23、王光宇报告长辛店驻兵守防呈

（1923年2月19日）

为呈报事：窃据侦察员史文元报称：查长辛店京汉铁路工人，自七号入厂工作后，陆续上工者甚多，每日照常工作。自旧历除夕日起，放假三天现假满均行上工。刻下该处仍有招人上工之白布旗，以广招回。又闻车站人云，前有南路工会干事数人，潜来长辛店，仍欲使其鬼蜮伎俩，联络该处工人干事，希图乘机捣乱。嗣见该工人等均已入厂工作，具结悔过，恐鼓动无效，即敛迹而去。现在路上、厂内颇形安静。又闻该处车站徐段长今日乘车南下，赴大站工厂等处对工人讲道，暗中藉以查访有无工

会动作。又查该处驻守之十四混成旅第三营分布各处，如工厂车务处街市驻扎，军民相安。又有宪兵十一连在彼驻守，不时巡查。並访闻该处附近各村庄乡民，安堵如常等情。前来。理合缮呈宪鉴。谨呈

京畿卫戍总司令王

侦察处处长　王光宇

中华民国十二年二月十九日　呈

〔京畿卫戍总司令部档案〕

24、侯恩荣转报康景星活动函电

（1923年2月19日）

处长尊鉴：日前面奉密谕嘱向石家庄车站密询工人罢工之时康某实在举动一节。遵即用密电探询该站段长王实斋，据实见复。去后，兹准该段长密为电复到段，合将该电译出附函呈送钧鉴，并祈秘密为祷。专肃芜函。虔颂

勋安

车务段长名正肃①

二月十九日

附密电乙件

车密。筱电敬悉。此次罢工之初，康某私开南北车两次，为集合各处工人于正定，並确有将正定上水水塔完全放空。实斋。皓。

〔直鲁豫巡阅使署档案〕

25、曹锟请防范各铁路继续罢工密电

（1923年2月21日）

北京王巡阅使、冯检阅使、洛阳吴巡阅使、开封张督理、南

① 此件系车务段长侯恩荣呈送巡署军法处。

京齐督军、南昌蔡督理、济南田督军、熊省长、天津王省长、张家口张都统、归化马都统鉴：昌密。顷据沪探报称闻此间法界霞飞路全国工党总部及英界靶子路全国工党协进会，因接社会党徒往返汉口之聂豫等来电谓：京汉、湘鄂铁道工人与军警奋斗，情势甚烈，请通告津浦、南浔、沪宁等铁路工人继续罢工等语。该会已派人前往九江、津浦等处煽惑。查此次武汉工潮不独梁、叶夙有所主持，而孙党又与俄劳农赤党结合图谋甚确，意在酿成全国罢工，兹扰大局，扰乱金融，使各埠中外商民陷于恐慌，则外人为保卫洋民及商务起见，必联合中国商教联合会，起而为有力之干涉，监督财政及废督裁兵等事。等情。特电奉达，即希转饬所属，随时侦察，严加防范，是所企祷。曹锟。马（主）亥印。（保定来电）

〔多防镇守使署档案〕

26、王光宇报告北京学生抗议政府镇压二七罢工举行游行呈附传单

（1923年3月2日）

为呈报事：窃据褚景熙、王凤桐、庞炳琦、王觐宸、林炳辉、汪庆尧等报称：前门外新华街高等师范学校内，有南路提灯会。学生齐集该校，有警察保安一二队，警察马巡一队，便衣警察侦缉第三队，并外右一区巡官长警及内城守卫队，西河汛游缉队等约三百余人，在彼弹压。至午后六时许，该校门前粘有纸条云：我们无论如何也要出发。嗣又粘一纸条云：提灯会是何等的文明行动也，要用重兵来防止。不久连睡觉吃饭恐怕也要被监视了。我们不久就要在共和国当奴隶了。全体国民一齐起来等语。至七时余，燃灯整队拟即出发，警察因见其灯上书有打倒军阀，促进民权等字样，向前婉劝不令出发。学生态度异常坚硬，不听劝阻，以致各军警向前围困，学生大怒，遂用手中所持灯笼杆抽打军警，学生一齐鼓掌，秩序大乱，并用砖块遥掷军警，各军警

处于不得已遂即用砖块还击。至八时余方罢。闻外右一区巡长戴俊头部被砖块打伤。旋又奉到厅令如不持灯之学生一律放行。现仍在监视中。又据祁荣寿、李振邦、赵尚武、姜彦、王杰、储维越、吴衡、董德泉报称：查北大学生今日举行提灯运动情形，查该学生集合于北大第一院，有军警柳督察长、左翼雷管带、中一区张署长，各率军警在彼弹压。至午后六时余，齐集学生约六百余名持灯与不持灯者各半，结队燃灯，上书"打倒军阀，还我自由"、"推翻国会"、"援助工人"等字样，不听劝阻。前有乐队引导，强行出发，经过东皇城根，欲进东厂胡同，经军警拦阻，遂南行进东华门，经过南池子、东长安街，进三座门至天安门。沿途散发传单，大喊打倒军阀，还我自由，如有抢传单者，定置于死地等语。查沿途尾随弹压之军警，约四五百名。该学生等至天安门并未逗留，复出中华门向前门大街游行。查前门大街值今日夜市，更兼灯节，两旁便道游人如堵，学生等比及行至前门大街鲜鱼口迤南，经军警将学生等包围，迎面有便衣军警以抢传单为名，遂起冲突。继之，军警各持皮带、皮鞭等一阵乱殴，秩序大乱，学生遂弃灯抱头四窜。惟两旁便道之营业小摊之物件，均被踏坏或遗失者，男女游人亦多被殴及损失甚巨。至八时打毕，各军警结队而去。又据赵德成、赫德芝、戴文治、赵湘、叶华、贺春溶、舒嘉善、常玉贤报称：查西城李阁老胡同法政专门学校齐集有提灯会之学生约一百余名。查在彼弹压之军警，有内右一区于署长保安一队戴队长，右翼吴邦带等，各率军警在彼弹压。至午后七时，各学生拟欲燃灯出发，灯上有打倒军阀，驱彭等字样，经于署长等婉言劝阻，如欲游行须将灯上之字去掉。往返磋商多时，复经学生代表陈定远召集学生，开临时会议，始将灯上之字改写云，受强制之涂改。此时学生散去多数，只有学生二十余人，内有女生四人，遂即结队出发，有军警尾随监视。其余小灯笼以及传单等物均被巡警没收，经过府右街、西长安街、法部

街、西交民巷 此时该学生等闻及北大学生被打，受伤多人，又兼该学生人数较少，遂在此处抛灯散去。各等情。理合缮呈宪鉴谨呈
京畿卫戍总司令王

附呈传单八纸〔缺〕

中华民国十二年三月二日呈

侦察处处长 王光宇

〔京畿卫戍总司令部档案〕

27、京汉路石家庄警务处解送罢工的电工张宝和公函

(1923年3月4日)

径启者：本月三日奉警务第一总段密电开：顷奉警察处密代电开：顷奉局长电开：据报高邑县电匠张宝和曩罢工期内毁坏电线，仰即转饬捕交保定军法处讯办等因。仰即转饬遵照严密办理具复备查等因。奉此。当即遵电遴派官警驰往高邑，将该电匠张宝和捕获到段，相应备函，将该电匠张宝和一名解送贵处，请烦查照讯究惩办为荷。此致
直鲁豫巡阅使署军法处

京汉铁路石家庄警务办公处启

三月四日

计解送电匠张宝和一名

解批京汉铁路局警察第一总段第三分段，为发给解批事：兹派警押解后列人犯 送交保定军法处查收。交纳后取得印收回照，立即回段销差，毋得无故逗留，致干未便，须至解批者。

右差巡长姜永庆等准此

计开人犯张宝和一名

中华民国十二年三月四日

分段长刘 朴

〔直鲁豫巡阅使署档案〕

28、京汉铁路局关于张宝和在罢工中制造停电经过情形函

（1923年3月7日）

元字　第五七七七号

敬启者：敝路工人前次罢工，擅毁彰德电线，经饬车务处派员密查，兹据呈复。据电务课函称：前派试署总匠首于恩荣赴路密查，兹据复称：顺德电匠张宝和于本月四日，奉工会令押开支车赴彰德，次日约同该站工匠石金川在第五百零五号道牌处，将地线割断，并将五项电线用铁丝连束一处，以致交通断绝。当经彰德旗夫邱某等瞥见，旋于无人时，正欲收拾，忽被工会纠察队查觉，当将该邱某带至工会，横加殴辱至一昼夜，始行释放等语。又据另一报告：张宝和等所以敢如此举动者，实系有人受意等情。前来。当以此种举动不能视同罢工，且本处于罢工之初屡经电饬该管电务人员，对于沿线电线严加防范，不啻三令五申，何以发生此项暴烈行为，该管段长竟无报告，且亦不即时派匠修理，殊属有负职责。当即密派学习分段长高树桐赴路严查，去后。兹据复称：案奉钧令密查第八〇八号道牌地方地线被割情形，遵即驰往会同分段长许奇坤逐一细询，据该站旗夫邱长清所言与于恩荣所禀无异。惟声称当其被殴时，张保和曾当面指责曰：你既明知地线是我割断，竟敢私行收拾，是何道理等语。复据该站电匠张国玉声称：张保和于事前曾向伊借用升杆铁钩，伊拒绝未与，事后即向伊曰：吾已将各路连成一齐，交通全断，看彼等如何行车云云。及张国玉由巡警保护收拾断线之际，始悉非特地线割断，且将各电池中之铅棍均行取去。又据顺德电务厂内工匠沈又年电告张国玉云：张宝和自彰德回顺德曾夸耀其断线之功。据以上各节，足证于恩荣所禀完全属实。至于张宝和以高邑电匠而赴彰德，举动如此，似系有人授意。该张宝和现仍照常服务高邑车站，若能拘讯，以电匠张国玉、司旗邱长清证之，当不难水

落石出等语。前来。查该电匠张宝和于罢工之时有如此行为，显系激烈份子，应否拘讯之处乞核等情。除将该管电务分段薛毓英先行撤差，听候惩处，並将张宝和拿交地方讯办外，相应函达。即请查照为荷　此致

直鲁豫巡阅使署军法处

京汉铁路管理局启

中华民国十二年三月七日

〔直鲁豫巡阅使署档案〕

29、曹锟令防范罢工扩大致王怀庆等密电

（1923年3月8日）

急。北京王巡阅使、冯检阅使、洛阳吴巡阅使、南京齐督军、武昌肖督军、济南田督军、太原阎督军、蚌埠马督理、开封张督理、南昌蔡督理、张家口张都统、归化马都统、天津王省长、赵镇守使鉴：昌密。顷据探报罢工风潮酝酿甚盛，现闻有九路罢工之说，消息甚为风涌等语。近日时局未靖，险象环生，野心者流到处鼓惑工人，希图掀起政潮，偿彼大欲，阴谋叵测，殊堪痛恨。此项罢工消息，无论是否确实，务宜特别注意，弭患未萌。特此电达，希即密饬沿途驻军随时侦察情形，严加防范，以重交通而免他虞，是为至盼。曹锟。齐申印。

〔多防镇守使署档案〕

30、曹锟饬派得力队伍守护京汉铁路致张福来密电稿

（1923年3月25日）

开封张督理鉴：永密。查京汉交通重要，工潮近虽平定，尚须慎防破坏，俾便运输，望酌行抽派得力队伍，将黄河桥梁及紧要处所妥为守护，以免他虞，是为至要。曹○。有。

〔直鲁豫巡阅使署档案〕

31、议员张国淦等请释放被捕工人电

（1923年10月9日）

保定曹大总统钧鉴：本届大选，我公以民意所归膺承重任，济民经国从此有人，此不仅为我公贺也。工潮一案，曾有少数工人误干法纪，我公恩仁厚宥，该工人等及其家属均知感悟前非，甚冀我公宽其既往予以自新。国淦等曾以东电将此情形代达钧座。旋奉我公佳电敬悉。已饬军法处提出情轻之王永盛、王永福、刘永谕、万玉林、召文德、刘振知、彭占利、赵翁培、杨夕珍等九名取具妥保释放，其余拟俟察其自身有确实悔悟情状时，再为依律省释。捧读之下，感谢莫名，今我公躬膺国位，似宜以宽仁昭示天下，彼工潮诸犯，我公既有审察省释之言，今逢国庆盛典，必亦在网开三面之例。谨此电请，恭候明教。张国淦、张云阁、童效先、王双岐、马英俊、杜济美、张书元、张鼎彝、张砺生、吕泮林、崔怀灏、刘冠三、陈纯修、张则林、刘祖尧、李东壁、胡源汇、张敬之、耿兆栋、韩增庆、贾庸熙、杨式震、王吉言、马文焕、张官云、谷芝瑞。青印。

民国十二年十月十一日

〔大总统府档案〕

32、时全胜请核发镇压罢工费用呈令

（1923年9—10月）

（1）旅长时全胜呈　（9月6日）

呈为请发维持路潮用款，俾资归垫，恭呈仰祈鉴核事：窃查今年二月间　京汉铁路工人全体罢工，奉大帅电令　京保间三百余里，由职旅酌派各团、营、连官长、目兵分驻各站。当将维持路潮恢复旧状情形，先后电禀在案。惟时值阴历年关，天气严寒，商民索债络绎于途，必须赶派官兵积极办理，方足以维秩序而利交

通。故对于官长、目兵应用各项首先筹给，藉示体恤。所有旅费、运费、给养、铺草、杂费、津贴各项用洋一千九百一十元零一角一分二厘。兹已饬承造报前来。旅长覆查属实，理合检同清册暨粘存簿，备文呈请鉴核。伏候指令遵行。谨呈

直鲁豫巡阅使曹

陆军第十四混成旅旅长　时全胜

附呈清册一本〔缺〕

粘存簿一本

中华民国十二年九月六日

（２）直鲁豫巡阅使署指令（10月）

直鲁豫巡阅使署指令　第九五〇号

令第十四混成旅

呈一件请发维持路潮用款，俾资归垫祈示遵由。呈暨册据均悉。所有该旅呈报维持路潮用款数目，尚属相符，应准支销。仰即遵照可也。此令。

中华民国十二年十月　日

〔直鲁豫巡阅使署档案〕

33、申振林奉令追捕罢工工人报告

（1923年11月25日）①

呈为报告事：于十一月二十五日据探员高维汉报称：奉派调查京汉路鼓惑罢工在逃之头目张德会、吕寿彭、王庆林、刘虎臣、毕保祥等有潜行来京情事。奉此。一面在公寓等处秘密调查；一面在京汉路各站探闻消息。据西便门车站浇油工人孙长发云：今岁秋间有素识之曾充路工头目王庆林到此，景况甚是不佳。据

① 此件系收文日期。

王庆林自称：去京绥路上谋一事件，如无成效则去粤汉路谋生等语。以后並不见王之信音。又闻得保定有一营士兵专练习铁路开车各项工作，以防再有罢工挟制之发生。其所聘之教师名郝铁生（郝系天津人，现充车务处稽查，于路工上最有经验者），所以京汉路上各项工人得此消息再不敢有罢工之想念，是以京汉路上决不能再发生罢工之情形。今分投在各公寓调查，並无张德会等之踪迹，除在各处再详细调查外，理合谨将所查情形先行报告前来。据此理合呈报

巡帅钧鉴

〔直鲁豫巡阅使署档案〕

34、京师稽查处关于京绥铁路员工要求加薪罢工经过复呈

（1924年2月2日）

为呈复事：案于二月一日奉宪台交下报告一件内开：据一月三十日报称：今闻西直门车站车务处佘总段长及各分段长、车守工人等，于今日午后一时在该站休息室会议，闻因历年岁暮，京绥路职员工人等，除发本月薪金工食外，另加发薪金工食一份，额外仍分花红。今岁年关已迫眉睫，不但加薪花红无望，即是月之薪金工食有发四成之说。是以全体职员群起反对。今日西直南口、张家口等站均有会议，议决定于明日全体要求发薪，如不得要领，明后日全体罢工以资抵抗等情。奉批交马处长注意预防等因。奉此。遵即专派稽查员孙治邦前往密查。旋据报称：据京绥路巡官王某云，京绥路职员工人薪饷已经积欠两月之多。兹届年关，需款尤亟，所以该路职员工人要求双支，并要求分给花红，否则全体罢工。该路管理局闻此风声，恐生意外，当即拟定照章分期发放全路职工人员双支薪饷，并花红四分之一。定于一月一日放京张段，二日放张同段，三日放同绥段，四日放绥包段。现

该路职工人员因所要求已均达到目的，而罢工风潮已归乌有等情。前来。复查无异，理合具情详复，呈请宪台鉴核。谨呈
京畿卫戍总司令王

京师一带稽查处处长马履恒印

中华民国十三年二月二日

〔京畿卫戍总司令部档案〕

35、步军统领衙门饬属侦查纪念二七罢工活动令

（1925年2月4日）

二月四日顺天时报登载京汉路工筹备二七纪念举行大规模追悼会

民国十二年二月七日，吴佩孚以武力压迫京汉路工人组织团体，在汉口郑州长辛店等处，用乱枪击毙工人四十余名，封闭工会，拘捕工会重要分子，至今已两年矣。京汉路工人前因在武力压迫之下，反抗无方，故莫不暂取容忍态度。现吴佩孚势力已去，被拘者已全体释放，失业工人又经交通当局允许回工，彼等回思被害诸工友，不可无所纪念，特定于本月七日，为各工友被害二周年纪念日，在长辛店举行大规模追悼会一次。並在彰仪门内教子胡同十四号，成立筹备处，日内拟用公函通告各团体，请其赠送挽联，且将有代表来京参加，並邀在京名人到京讲演之。奉谕学界方面，对此有无表示，是日本校内有无他项举动，著令一、二路五七段详细侦查，来署声复，毋得含混。

第一路　第二路

二月四日

民国十四年二月四日

〔京畿卫戍总司令部档案〕

36、王子壮关于调查二七惨案烈士及发放抚恤函件

（1929年12月13日）

（1）王子壮致马超俊函　（12月13日）

超俊先生：兹抄奉平汉路特别党部八月间寄来之公函一份，所送调查表内容太多，只开姓名单一份。查此案前经先生提案，经抚恤委员会决议，每人抚恤二百元。惟以遗族之姓名及地址颇不详尽。故经令饬平汉铁路特别党部查复。兹附上抄函即其查复之结果。抚恤会以彼等查复与以前之根据决议之名册颇多不符，故决候先生回京，再行核议，究所开列名表，有无错误之处，敬请审核见复为盼，此请

刻安

王子壮谨上

十二月十三日

附抄公函壹件

中国国民党平汉铁路特别党部筹备委员会公函　第528号

径复者：案准贵处第一〇一七四公函内开：查"二七"惨案死难工友之抚恤,业于本年三月间核定。惟以各该遗族之姓名、住址多未详悉，无从通知来领。兹检同名单一册并调查四十一纸，即请贵会按照名单，将调查表分发各该遗族，依式填明，转呈中央,以凭发给。至于领取抚恤金手续,应依照中央颁发之党员抚恤条例施行细则第六、七两条之规定办理（施行细则附送参考），特此函复，即希查照办理等因。附"二七"惨案死难工友名册乙本，暨调查表四十一纸，党员抚恤条例施行细则一份。准此。比将调查表交本路江岸工会分发死难工友之遗族，依式填明。去后，并派敝会干事阎夏阳负责考核汇收。同时依照贵处寄来之

"二七"惨案死难工友名册，对照清查。兹据该员将调查结果报称，职奉派后即会同本路江岸工会常委柯台生等按照该死难工友名册，逐户调查。但调查结果与中央秘书处发下之"二七"惨案死难工友名册所载错误之处甚多。除无重大关系者外，最要者即名册中，原载有工友胡如树亦系死难工友之一。但查该胡如树现仍在江岸厂中工作，并无死伤情事，余如李归发、刘长发、张春喜等三名，事实上确无其人。此外则另有确系毙命于"二七"惨案之工友邱在坤、姜鸿星、黄子章等三名，该名册内又未载其姓名，查邱在坤于"二七"惨案发生时，被枪毙于前江岸工会门前。姜鸿星因身受重伤，返家即毙。黄子章充前江岸工会秘书，因惨案发生，在汉被捕，惨受非刑，押解洛阳，病于狱中，出狱即毙，事实彰然，江岸工友人所共知。不审该名册内何故遗落，或系将邱在坤等三人姓名讹误为李归发等三人之姓名欤。职因该邱在坤等三人同为死难工友，亦嘱该家属等将调查表同填三份，连同其余三十三份汇呈钧会鉴核，转函办理等语前来。据此因该员所调查结果与贵处寄来死难工友名册所载姓名稍有出入，为慎重计，经派员复查，确如前报。至长辛店死难工友葛树贵等五名，因现时交通阻滞所有调查表无法调查转交，应请暂行保留。准函前因。相应将敝会调查得情形，连同死难工友家属所填调查表三十五份，据实函复，并希转呈中央。将未死工友胡如树以及事实上确无其人之李归发、刘长发、张春喜等四名之抚恤金撤销，将确系由"二七"惨案毙命之工友邱在坤、姜鸿星、黄子章等三名补入，以免该三工友遗族有向隅之叹，而昭本党抚恤之公，实纫党谊。又所有江岸死难工友遗族咸为穷苦无助之流，远道跋涉，往京领取恤金，实感不便。拟请援照党员抚恤条例施行细则等六条之规定（一次抚恤金及年抚恤金均由受领人向中央执行委员会具领。但其住所较远交通不便者，得呈请中央执行委员会拨交该地党部代行给领），将该项恤金汇交敝会转发，以便利该死难工友家属等

就近领取，而免赴京往返之劳。如何之处，尚希裁夺示复为荷。此复

中央秘书处

附调查表卅五份

二七惨案死难工友姓名册

黄子章　　对

姜鸿星　　对

叶志松　　对

邱在坤　　对

林元成　　对

刘寿贞　　对

刘幼亭　　对

钱惠和　　对

叶清山　　对

陈道忠　　对

杨庆寿　　对

胡兴顺　　对

龚德泳　　对

丁道启　　对

陈芝怀　　对

刘文银　　对

王起鹏　　对

姜和顺　　对

梅启发　　对

张福狗　　对

宴佑来　　对

朱仁斌　　对

邵承膺　　对
吴彩珍　　对
林开庚　　对
陈端炳　　对
王先端　　对
柳成友　　对
吴海发　　对
李开元　　对
徐延发　　对
陈年伯　　对
曾玉良　　对
林祥谦　　对

（2）王凤岐等复马超俊函

顷据来函，着将“二七”死难工友姓名人数调查确实呈报，并附平汉铁路特别党部筹备委员会第528号公函等因。兹据平汉铁路各工会联合办事处执行委员会咨令所属各工会调查所得之确实情形，经再三审查，确无遗漏及误书姓名等事。谨此敬复

中央党部马委员台核

平汉铁路各工会联合办事

处执行委员　王凤岐

梁茂林

刘文松

前平汉铁路总工会

驻沪办事处主任　陈　天

（附呈平汉铁路“二七”事件死难工人调查表一份）

平汉铁路“二七”事件死难工友姓名及事实调查表

姓名	牺牲时之年龄	籍贯	生前职务及服务地点	牺牲原因及经过情形与葬地	现遗家属	家庭状况	备考
赵长润	二十五	北平	总务处印刷所	因受枪伤在平医治未愈身亡	老母寡妻弱子	生活无法维持	
高顺田			高碑店司机	因“二七”罢工被捕瘐亡狱中		同上	
佘荣辉			顺德府工人	因“二七”罢工充顺德工会委员长被捕失业所迫而死	妻一子一	同上	该工友之子现已成年拟请补工职
翟连贵	二十三	彰德	彰德机厂抬煤夫	在彰德被捕受惊身亡埋彰德站西花园	兄一弟一妻子共十一口	同上	
王长保			郑州工务处工友	因办工会被该地劣绅击杀		同上	
韩玉山			同上	同上		同上	
汪胜友			同上	因办工会被吴佩孚斩首示众		同上	
司文德			同上	同上		同上	
黄子章			江岸机厂车床匠	因“二七”罢工被捕身死	父一母一妻一女一子一	同上	
林祥谦			江岸工友	因“二七”罢工被杀于车站	妻一子一女一子年十五岁		同上
曾玉良			同上	同上	妻一子三女一长子十八岁次子十六岁幼子一岁	同上	

续上表

陈年伯			同 上	同 上	母一妻一子一	同 上	
林开庚			同 上	上	母一妻一子二长子廿岁次子十八岁	同 上	
林元成			同 上	同 上	妻一子一	同 上	
叶志松			同 上	上	妻一子一女二子年十二岁	同 上	
王先端			同 上	同 上	妻一子二女一长子廿岁次子十六岁	同 上	
钱惠和			同 上	同 上	母一妻一子一女一子廿三岁	同 上	
刘幼亭			同 上	同 上	母一弟一	同 上	
邱在坤			同 上	同 上	妻一子一子年十八岁	同 上	
刘寿贞			同 上	同 上	子三 长子卅三岁次子廿二岁 幼子廿一岁	同 上	
杨庆寿			同 上	同 上	妻一子一子廿四岁	同 上	
胡兴顺			同 上	同 上	妻一子二女二长子廿四岁次子廿二岁	同 上	

续上表

龚德永		同　上	同　　上	弟　一	同　上	
丁道启		同　上	同　　上	父一母一弟廿五岁	同　上	
陈瑞炳		同　上	同　　上	父一母一妻一子二女一长子廿岁次子十六岁	同　上	
陈道忠		同　上	同　　上	妻一子二女一长子十八岁幼子十一岁	同　上	
邹承鹤		同　上	同　　上	母一弟一	同　上	
刘文银		同　上	同　　上	妻一子二女四长子廿二岁次子十三岁	同　上	
吴彩贞		同　上	同　　上	母一妻一子一女一子廿二岁	同　上	
朱仁斌		同　上	同　　上	妻一子二长子十七岁次子十四岁	同　上	
徐延发		同　上	同　　上	父一母一	同　上	
李开元		同　上	同　　上	子二　长子十二岁次子十岁	同　上	

续上表

吴海发			同　上	同　　上	子二　长子十二岁次子十岁	同　上
柳成友			同　上	同　　上	子一十六岁	同　上
王起鹏			同　上	同　　上	妻一子二长子十九岁次子十岁	同　上
张福狗			同　上	同　　上	父一母一女一子一	同　上
晏佑来			同　上	同　　上	妻一女一子一	同　上
梅材咏			同　上	同　　上	妻一女一子一	同　上
姜鸿星			同　上	同　　上	子一十岁	同　上
叶青山			同　上	同　　上	子二　长子十九岁次子九岁	同　上
姜和顺			同　上	同　　上	母一妻一子一子十七岁	同　上
梅启发			同　上	同　　上	子一十六岁	同　上
陈芝怀			同　上	同　　上	妻一女一弟一	同　上
高　斌			郑州修机厂机匠	同　　上	妻一子一	同　上
郑有成			郑州火车房升火夫	因“二七”被军阀抄家受惊死	妻一子一	同　上

续上表

肖振芝			同 上	因“二七”被摧残而死	子 一	同 上	拟请其子补工职
周宝瑞			同 上	同 上	子 一	同 上	
辛克洪			长辛店修机厂工友	同 上		同 上	
葛树贵			长辛店修机厂工友	同 上	子 二		
吴 珍			同 上	因“二七”被捕死于监狱		同 上	
李 玉			长辛店工务修理厂工友	同 上		同 上	
刘振海			同 上	因“二七”罢工当场受惊而死		同 上	
杨世田			长辛店修机厂工友	因“二七”罢工着弹毙命		同 上	

计有　江岸　卅五人
　　　长辛店　七人
　　　彰　德　一人
　　　郑　州　八人
　　　顺　德　一人
　　　高碑店　一人
　　　合　计　五十三人

〔国民党中央执行委员会档案〕

（三）北洋政府阻挠工人组织活动与镇压措施

1、国务院关于议员质问为何不准人民派代表参加国际劳动大会函件

（1919年8月12日）

国务院公函　第一千四百五十八号

径启者：奉大总统发交众议院咨送议员何海鸣等，为政府对于国际劳动大会劳工及雇主应派代表，何以不通知人民选派，而劳动专部是否筹设，劳工结社是否干涉，提出质问书一件，咨请答复。等因。除分函农商部外，相应钞录原质问书函请贵部查照，速拟具答复送院，以凭议定转咨可也。此致

内务部

司长

中华民国八年八月十二日

附件：

为质问事：近顷国际劳动大会（即万国保工大会），在美国华盛顿举行，按照巴黎和会内劳动法委员会之规定，各国应派政府代表二人，劳工与雇主代表各一人赴会。现美国已有电来政府，亦已专派顾公使维钧为委员。奚惟劳工界及雇主之代表竟付缺如。美国电中之询及劳动团体，农商部竟谓中国现为家庭工业，並无劳动团体，似无凭答复四字了之，如果属实，殊属不合。夫中国工业现虽在幼稚时代，然通商大邑，工厂林立，人所共见，岂一一皆为家庭之工业。纵使现时尚无劳动团体，然此次大会劳工界及雇主应各派代表，既为万国所共同规定，政府接到此项召集代表之电，理应咨询工商界各旧有团体及商会有无举派代表办法，何以蒙蔽人民而径自于无形中消灭劳动界、雇主界等选派代表之权利，此应质问者一。且现时虽已派顾公使赴会，然我国上无劳

动事务局，以调查、统计、记录状况下，无劳动团体以请愿陈情协同进行，顾公使在大会席上宣言，究有何话可说。况各国应有劳动部以保障国际同盟所拟定劳动法规之实行。又劳动者应有集会、结社之自由。在此次巴黎和议上已见诸法纲所规定。中国此时究竟曾筹及劳动部之设立及劳动法规之编订否。又劳工结社如宗旨纯正，完全为谋自身之福利者，政府理应不得干涉。但从前严禁工党之禁令，究尚存效力否？此应质问者二。总之，此事为世界共同之问题，中国既为国际同盟之一员，不能自外于人，且亦关系于普通人民权利者甚巨，不能视为等闲。谨依院法规定，提出质问书，请咨政府限三日内切实答复。

提出者　何海鸣
连署者　朱后烈　安大荣
张　超　贺得霖　陆冲鹏
敏翰章　贺培桐　向乃祺
杨伯荣　李道在　罗正纬
岳　维　廖名缙　吴德润
高焕章　易克臬　陈琢章
贺色畚　钟允礼　唐乾一
卜兆瑞

〔内务部档案〕

2、劳工同盟会郑浩然等抗议政府不派代表参加万国保工会电

（1919年11月25日）

北京徐大总统、靳总理钧鉴：此次华盛顿开万国保工会，传闻我政府决议，不派劳工代表，殊深骇异。现在劳工问题关系世界安宁。中国劳工供给居世界第一，对于善后决议，独不能置喙其间。我政府虽甘放弃国际上应享权利，损失国家地位而不惜，我中国劳工此后岂任人处置乎。若谓此事无关重轻，则欧战期

内，我政府方以赴欧五十万之华工以自豪，藉博欧洲和会一席。若谓无人派遣，国内国外洞悉本国劳工状态，明世界大势者实繁有徒。得鱼忘筌，牛后贻羞，诚不知我政府是何用心。现在时机危迫，稍纵即逝，应请政府迅图补救，速派劳工代表与会，为国家挽回权利，为劳工筹议善后。幸甚。劳工同盟会郑浩然等叩。径。

〔北洋政府全宗汇集档案〕

3、段祺瑞严禁美国过激派来沪组织农工联合会等情训令

（1920年2月4日）

督办边防事务处训令第玖号

令督理边防军训练处

准陆军部咨开：案据宪兵司令官陈兴亚呈，据驻沪第三营报称：十二月三十日探闻美国过激派来沪，联络中国工党首领及全国工界协进会主任陈家鼎、于亚龙並孙文等，在法租界贝勒路原总会地址，组织农工联合会。其宗旨以社会共产主义为目的，一俟组织完全后，即扩充为全国农工联合会，以厚其势力。兹将该会拟定草章一并报告，前来。除饬该营严密侦查外，理合将该会草章开列于左，密报鉴核等情。暨抄录该会拟定草章到部。查过激主义实为召乱之媒，亟应严密查禁，以消隐患，除分行外，相应抄录该会草咨请查照，饬属严禁等因。到处。合行抄录原件，令仰转饬所属一体遵照。此令。

附抄件

督办段祺瑞

中华民国九年二月四日

抄中华全国农工联合会草章

一中华全国农工联合会，以农工为其直接统治机关，中央及地方之权力，皆以农工联合会掌之。

一中华农工联合会，以民族自由结合为基础，合全国平民自由团体，而成一联邦。

一为防止以人类剥削人类，与夫社会中阶级之区分，且为施行社会主义之组织，与夫确定各国中社会主义之胜利。（甲）土地为社会所有。土地私有之制废止之，一切土地宣告为公产，公平分配于农人，但有使用之权利。至对于原地主不与以赔偿。（乙）森林、矿产、水道关系全国公益，六畜以及田地附属品，宣告为公产。（丙）本会受劳动监督。（丁）本会农工政府，以及资本主、地主所募债务之取消法案，及对于国际资本主义第一打击，深望农工政府继续进行，使劳动者对于资本之反抗完全胜利。（戊）中国全国各银行，移归农工政府，是为劳动者脱离资本主义之第一步。（己）有益团体之工作，为人人共有之义务，如是乃能铲除社会中寄生阶级，並图生计组织之健全。（庚）本会议决对于劳动者，与以武装。並组织国民义勇军，俾劳动者处于优等地位，而剥削阶级使之不再炳政权。（辛）在此过渡时期内，以确定所联合而成之城乡工人与勤困农民独裁政府为目的，以破坏资本主义，铲除人类剥削人类之恶习，实行社会主义无阶级之分，无国家强迫之苦。

一本会所拟章程，有未完善处，则由各代表会议增加修改之。

〔督办边防事务处档案〕

4、交通部一等电报线路工人雇用规则

（1920年2月14日）

第一条　本规则所称工人如左：

一　工头

二、工匠

第二条　工人须年在十七岁以上四十岁以下识字之男子，体质

健全，品行端正，确能从事于电线上之工作，经由专务总管考验合格者雇用之。

第三条 雇用工人经考验合格后，应令填具志愿书（书式工字第八号），並令取具保证书（书式工字第九号）。

第四条 工人之保证人，须有左列各款之一，经本管事务总管许可者：

一殷实铺户；

二在职之电报局局长或总管领班；

三在职之巡线员；

四本职以上之工人二人之联保。

第五条 各路工人额数由专务总管规定，呈部核准后分配服务。

第六条 工人职务如左：

一工头装置建筑及巡修电报线路，並整理电池及一切附属事项。

二工匠帮同工头巡修电报线路。

第七条 工头分为四等十六级，工匠分为二等六级。

第八条 工人之工食，依照本规则附表按月支给之，不满月者以日计。

第九条 工人初给工食时，均自最末级起支。惟曾充他项相当事务资格较深者，得变通之。

第十条 工人出外巡修，不能即日回原驻地时，得每日支给宿费洋二角，途中如须乘火车舟船时亦得核实开报（书式工字第五号）本管巡线员查核支给，但同时必须步行。

第十一条 各区因工作上之必要，得由本管总管呈报于核准定额外，招收学习工匠。

第十二条 学习工匠，得由本管总管呈部酌给洋五元以上七元以下之工食。

第十三条　学习工匠以满六个月为期，期满由本管总管考验合格后，呈部得以试用。工匠录用每月支给工食八元，遇有工匠出缺时，再由该总管择优补充。

第十四条　工人应常川在差服役。凡遇例假日，本管工务办完后，得请由驻在局领班或本管巡线员许可暂为休息，不得擅自离差。

第十五条　工人请假在一日以上者，须开具请假条（书式工字第六号）书明事由呈请本管巡线员核准，方可离差，假满回局时，並应开具销假条（书式工字第七号）呈请销假。

第十六条　工人因事请假，在假期内按日扣支工食，其因亲丧娶妻请假，在半月以内准免扣工食，不给川资，如路途过远，经总管巡线员证实者，得给假一月免扣工食。

第十七条　工人因病不能服役时，准给病假。在半月以内，照给工食，半月以外即行停给。

第十八条　工人病假或事假在一星期内，其职务由巡线员派上下段工人兼理。在一星期外，酌派试用工匠代替。

第十九条　工人病假或事假逾两个月仍不销假，非经证实确有不能销假理由者开除。

第二十条　工人确系因工作上致病或受伤者，准给假休养。于假期内不扣工食，但至多不得逾两个月。

第廿一条　工人服务满三年，並未请假者，准休息一个月，不以请假论，工食照给，如不愿休息者，奖给工食一个月。

第廿二条　工人自受雇后，不得兼营他项职业，违者斥革。

第廿三条　工人擅离职守，在七日以内者，罚扣工食或记过，七日以外者斥革。

第廿四条　工人出巡时，如见线路有毁坏及不完全之处，既不修整又不报告者，酌罚工食五天至二十天。凡因服务不谨慎或无正当理由致不能通电者记过。

凡线路发生障碍，历时较久，方能修复，工人等互相推诿，不认障碍地点，该二局间工人一律酌罚工食。如事后查出障碍，确在某段，该段工人即行斥革。其余各工人所罚之工食，准予发还。

第廿五条　工人无正当之理由，于规定时期不巡视本辖线路者，罚工食半个月。其谎报出巡者，初犯记过，再犯降级，三犯斥革。

第廿六条　工人从事工作，无正当理由不能如期完竣或草率者，酌量罚扣工食。其捏报工作或浮报费用者，罚工食半月至一个月。

第廿七条　工人不受指挥命令者记过。

第廿八条　工人对于所管材料及其他一切机器、物件，故意怠忽以致遗失损坏者，除照数赔偿外，並应记过，其盗卖者，应斥革並追回原物。

第廿九条　工人为营利或意图阻碍通电、折毁电线电机者，无论已遂未遂，均予斥革。並按妨害通讯之罪，送交法庭究办。

第三十条　工人无论在局在外，若犯有不法情事或非因自卫而与人斗殴者斥革，无理谩骂者记过。

第卅一条　工人每记过二次者，降一级，无级可降者，停升一次，记过至六次者斥革。

第卅二条　工人每年于六月及十二月，由本管巡线员就本届办事情形出具考语（书式工字第十八号）呈由总管复核，凡服务勤慎，品行端正，技术精进者记一功。

第卅三条　凡杆线被窃，由工人访查破案，经审讯确实者，由本管巡线员报明总管，呈部核给奖金或记功升级。

第卅四条　凡因临时事故，有特别劳绩者，由本管巡线员报明总管，经总管证实后，得呈部核给奖金或记功一次。

第卅五条　一年之内，无特殊功劳者，不得升二级，其绩有余功者，据推至下届办理。

第卅六条　工头工食，依照工头等级工食表，自四等丁级起，每绩至二功得升一级，升至三等甲级后，须绩至三功得升一级，升至二等甲级后，须绩至四功方得升一级，其所管线路在三条以下者，得升至一等丙级，在四条以上者升至一等甲级。

工头工食依照工匠等级工食表，自二等丙级起，每绩二功升一级，均得升至一等甲级。

工头工匠升至最高等级而绩有二功者，年终得由本管总管保给奖金一次。

第卅七条　工人功过得互相抵销。

第卅八条　工人在电报局服务满二十年以上，因精力就衰不堪服务，而令退差者，得由本管总管呈部核给现支工食三个月以上，半年以下之一次劳金。

第卅九条　工人因工致疾或受伤者，由本管巡线员证实后，得由总管酌给医药费，但数逾十元以上者，须呈部核准。

第四十条　工人因工受伤致成残废者，以左列区别给予终身养老金，其愿回原籍者，並得呈部核给川资。

工头　每月洋三元。

工匠　每月洋二元。

第四十一条　工人在差绩劳病故，服务满十年者，照现支工食数发给抚恤金一个月，满二十年者二个月，嗣后每满十年追加二个月，其因工受伤立时毙命者，给以三个月以上一年以下之抚恤金。前项之抚恤金，由该故工人亲族之最近者具领。

第四十二条　工人在差身故，其服务年限已至二年以上者，一律给以棺殓费洋三十元。

第四十三条　本规则自公布日实行。

〔北洋政府公报一九二〇年五月十一日第一五二五号〕

5、交通部沪汉、沪福电线工程处招收学习工匠简章

（1920年3月17日）

一宗旨　以养成修设水陆电报线路工匠艺术为宗旨。

一资格　年在十七岁以上，三十岁以下识字之男子，体质健全，性质和顺经总管考验者为合格。

一志愿保证　考验合格者，应令填具志愿书並取具保证书。

一学额　以全路工匠五分之一为标准，由总管拟具呈部核准。

一学期　以六个月为学习期。

一学课　计分四项如左：

（一）陆线工艺

（甲）设线　插标法　掘洞法　装钩碗法　装扁担法　装订拉线法　装订地线法　竖杆法　各种接杆法　根固横杆法　装撑木法　有器爬杆法　无器爬杆法　放线法　接线法　铁线钢线互接法　挂线法　紧线法　扎线法　地板线接埋法　引入线钎接法　油杆法。

（乙）修线　扶正法　截栽法　换杆法　装邦桩法　修接拉线法　修接地线法　更换撑木法　倒杆修正法　移设杆线法　根腐重油法　松紧线条法　磁碗清洗法　旧线收卷法　地板线修接法　引入线修接法　各种修正法。

（二）水线工艺（但无水线地方此项免授之）

盘线法法　放线　开沟法　埋线法　冷作心接法　热作心接法　冷热作心互接法　煮胶法　拆卸外壳法　包接外壳法　各种捞修法。

（三）装置工艺：

清洗电池法　装接电池法　互换器接线法　避电器接线法　粗细胶线装订法　水线地线房机件装置法　莫尔斯机及途用机寻常装接法　揩刷各种机件法。

（四）填造报告

各种报告用法及填造法。

一甄别　学习三个月后，由总管举行甄别试验如艺术不进，性情玩梗者开除之。

一试用　学习期满，经总管考验合格者，呈部派赴各区试用，月给工食八元，遇工匠出缺，择优派补。

一教习　设技术兼国文教习一人，指授线路技术事务及填造各种报告，以技术优异之工匠兼充，均由总管酌派。但无水线地方，其水线教习免设之。

一薪伙　技术兼国文教习月给津贴十元，水线实习教习月给九元，陆线实习教习月给八元，学习工匠每人月给五元以上、七元以下之伙食，由总管按照地方生活程度酌定，呈部核准。随工实习时，每日加给宿费一角。

一服务　试用工匠补入正额后，在十年以内不得无故告退或改就他业，违者追偿教练费洋一百元。

一房舍　就原有工程处设立。

一制限　学习工匠非遇必要时概不续招。

〔政府公报一九二〇年五月十一日第一五二五号〕

6、何丰林报告苏联派员援助中国工会应严行查禁及英捕房请检查等情密电

（1921年4月16日）

北京国务院靳总理密鉴：顷据探报俄共产党果尔克夫，以俄旧党占据库伦，势力日见扩张。我政府迄未派兵讨平。且中东路一带旧党亦异常活动，深巩日久蔓延，危害彼党根据地。特派党徒阿黑阔廷来沪运动中国各党会群向政府责难，並宣传共产主义。现已联络中国工会总会、工商友谊会、电气工业联合会、中华全国工界协进会、各马路商业联合会、全国各界联合会等十数团体，拟组织公民大会，责备政府，即日削平库难。曾于日前在中国工会秘密会议，讨论办法。其发起人为童理章、陈国梁等，现正在接洽筹备中。並闻该阿黑阔廷又与曹亚伯等勾结，密派党徒运动各工厂工人，拟于五月一日假庆祝万国劳动纪念节有所举动各等情。业经分行军警严行查禁，並密令上海县转知各工厂，设法预防矣。知注谨闻。又据英捕房密报称：查得俄激党在沪者不下数十人，惟行动异常诡秘，不易侦查其内容。闻该党近日运送秘密文件来沪，专用妇女携带，由哈尔滨经津浦路南下，此辈妇女服饰极其阔绰，请转知注意检查等语。除密电齐苏督，于浦口车站设法检查外，合并陈明，伏乞督核酌转一体注意，是所至祷。何丰林。铣印。

〔内务部档案〕

7、国务院严令取缔罢工公函

（1923年2月9日）

国务院公函　第四百二十七号

径启者：查近来各处时有聚众肆扰情事，殊于地方治安有关。兹经国务会议议决，对于煽乱行动应由内务部严饬各警厅依

法取缔等因。相应函达贵部查照办理。此致

内务部

中华民国十二年二月九日

〔内务部档案〕

8、内务部令严密防范罢工罢市致各省市警务处密电

（1923年2月9日）

天津、南京、武昌警务处
上海、汉口、济南警察厅长：内密。迩年过激党人到处煽惑，迭经本部通令预防在案。近复有罢工风潮，诚恐奸人鼓煽，辗转效尤，影响地方治安，损伤商民财产，关系至为重要，各该厅、处长负有维持地方之责，对于聚众演讲过激主义及煽惑罢工、罢市等事，务须随时切实查察，严密防范，以期消灭无形。如有劝导不服，甚或有轨外行动，应即依法取缔，严重办理，以弭乱萌，是为至要。内务部。佳印。

〔内务部档案〕

9、杨以德奉令严办罢工工人复电

（1923年2月10日）

内务部总次长钧鉴：内密。佳电奉悉。职处前当滦矿罢工时，即恐过激潮流日剧，通令预防，並解散非法团体。一面剀切布告，痛言利害。至集会结社，事前尤必切实查察，以期弭患无形。嗣因京汉工潮突起，又切电临榆、唐山各厅认真严防。奉电前因，除电令所属查照，倘有奸徒煽搆，定即依法取缔，严重办理谨复。杨以德叩。蒸印。

〔内务部档案〕

10、热察绥巡阅使遵令严加防范工党活动函

（1923年① 5月22日）

径启者：顷奉巡帅交下大总统军事处函一件。内称：顷奉大总统交下密探报告一件。内称：一昨日工党在沪上天后宫开会，由徐锡麟主席，英捕房事前曾往禁止，由汪兆铭奔走护军使署并疏通捕房，谓中英国交谊，劳工系请求民权演说，並无轨外行动，何使电话准其开会。到者约三百余人，注重五七运动，宗旨秘密传布，与报纸所载演说完全不同。闻其主义仍希运动工人推翻资本家，联络青年会、少年宣传团，一力宣传劳工制度，以期全国一致为大规模之示威举动。二苏俄欲发展远东劳农主义，早已与孙文携手，刻有决定汇巨款接济劳工捣乱，各派以上海为全国传播之总机关。现孙文党徒陈独秀、汪精卫已着手进行，实含妨害大局，扰乱长江之计划。内地各省代其宣传者大半皆系青年会、教育界激烈份子。其办法则假工人同乐会或用幻灯影戏令人不疑，防不胜防等语。并奉谕严加防范等因。除分函外，相应特达，即希查照等因。并奉批分函各署等批。奉此。除分函外，相应函达贵处，即希查照饬属严加防范为荷。此致

秘书处

热察绥巡阅使公署军务处启

五月二十二日

〔督办边防事务处档案〕

11、张知竞等为重庆警厅违法解散工会请查办呈

（1924年7月）

敬启者：吾川向为手工艺繁盛地方，民国以来，各地大小工业

---

① 原文无年代，据内容分析当在1923年。

力谋改良，各种工艺，亦逐渐发达．其时各县小资行业同各业职工，因感受经济侵略，生活压迫之痛苦，乃不得不通谋合作，起而为各县工会之组织。同时成都、重庆两特别市区，遂有两总工会之设立。因此惹起权限争议。前省长刘乃将本案咨交四川立法机关之省议会议决。吾川民国二年，本有省议会议决之单行工会法，虽民国四年十二月袁政府曾颁有商会法，令饬工会与商会合组之语。然因此项法案系非法参政院所议决，又未经民国五年正式国会所追认，故省单行工会法並不因之而废止。省议会对于省长咨交原案鉴于地方情形之需要，仍议决沿用民国二年之单行工会法，以为各县工会之根据，历今无异。突本年七月重庆警察厅向厅长乃无端以军事尚未解严为理由，发布解散重庆工会之命令，本会乃向省长公署提起警厅违法滥权，蹂躏法团之行政诉讼。不意省长否何为左右群小所煽惑，竟小题大做，将本案急电农部请示办理，希图朦蔽上聪。查省署原电即以民国四年十二月十四日中央公布商会法第四十四条有本法施行前各工会应即裁撤，与商会合组一语。为推翻四川省议会单行工会法案，並解散全省一百数十县工会之根据。不思该商会法系帝政时代，非法参政院代行立法院职权时所议决公布者，依据民国五年正式国会之议决案，凡袁政府时代所颁行之一切法律条例，非咨交国会议决追认者，不能有效。是商会法即未经正式国会议决追认者之一种，不能即认为有效之通案，更何能妨害各省省议会议决单行法之效力乎。今四川省长对于本工会所提议之行政诉讼，不与以适法之裁决。乃用借刀杀人之伎俩，谋卸责于农部。讵知四川省议会系根据省议会暂行法而产生，其据有一省最高之立法，实为国家统治权所赋与，其议决单行法之效力，不因地方内讧之情形为转移，不因当局爱憎之意思为去取，是知省议会议决之单行法，非仍由国会或省会用废止法律之手续，无论中央或地方不得以命令变更或废止者也。事关法律解释问题，自非请由大部拥护国宪，尊重民意，依照适法手续，将省长请示原电提出阁议，咨交国会议决，复示遵行，不足为彻底的根本之解决，而免除政府法律上重大之责任。敝会恐大部于阁议时不明本案经过之真象，为川当局含混之原电所蔽，故特肃函上达请求大部特加注意，以保障人民依法集会之权利，不使宪法上之法定职业团体，受若辈无政法常识之滥竽官吏，非法暴力之蹂躏也。耑此呼吁，统希垂鉴，伏候钧裁，不胜迫切待命之至。谨陈

内务部总、次长公鉴

四川众议院议员现任重庆工会会长张知竞副会长杨席子等公启

计抄附诉讼呈文快邮代电省长原电各一纸

中华民国十三年七月 日

致四川省长邓锡侯的呈文抄件

呈为警长滥用职权，违法解散工会，触犯刑事处分，恳予伸张正义，拟任查办，以护国宪而重法令事：窃工会为宪法上职业团体之一，亦即选举职业代表之法定机关，无论何人不能任意蹂躏者也。吾重庆总工会缘前刘禹公驻渝时，政府所在地在渝，故前会长于守成等创办总工会于重庆。后刘禹公继任总司令兼省长，政府所在地仍在省城。故钟岳等复设四川总工会于成都，两会遂起争议。嗣经省长将本案交由省议会议决，咨复照民国二年工会章程办理，曾经节以第二一五三号通令、第一四四五二号指令，饬令前会长于守成等遵照办理，延未履行。本年三月知竞等受总工会大会之选举，屡辞不获。就职以来，垫款既巨，解纷亦多，县署有案可核。嗣于六月二号奉到重庆警察厅巴县公署会衔训令一件，内开：为遵令事：案奉四川省长公署指令第六九四四号开：拟呈已悉。查恢复工会办法，前经四川省议会议决咨复，业经本公署以第二一五三号通令遵行，前拟巴县于守成等节次呈请

组织工会前来，均经批令，並以第一四四五二号令饬巴县知事转饬遵照办理。现据张知竞等以就职重庆总工会正副会长日期具报到署。复经以四川省议会原咨，四川总工会应以设于成都者为合法之总工会，所有该于守成等前请设立之重庆总工会即应解散，依照前发工会分会条件，另行组织。指令巴县知事遵照，即令分别办理各在案。仰即转饬遵照办理，并候令巴县知事查照此令。本公署第二一五三号暨第三二二二号训令一四四五号指令，抄发等因。奉此。合行令仰该会即便遵照勿违切切此令。计抄发省署训令二件、指令一件各等因。同时並奉到巴县公署公函一件，词意略同。知竞等遵即于六月四号召集县属各同业分会代表大会，将宣告遵令自行解散，並将总工会图记截角缴销。同时依照分会条件另以组织县工会各理由报告大会，当经大会一致议决通过，定名曰“重庆工会”並当场公同举定知竞席子等分任重庆工会会长、副分会长及各课职员等职。曾将遵办情形分呈警厅县署有案。复于六月廿一号召集各同业分会代表大会通过，依照分会条件，拟定重庆工会简章已经缮具清册呈报巴县公署，转详省长公署备案，並分报四川总工会各在案。七月六号业经奉到巴县公署批准核赐转详指令一件。乃七月四号突据商务日报及各报载重庆工会连日正举行提灯会庆祝各省长就职，昨重庆警察厅忽有牌告，饬将该会解散，云云。午后，复接到警察厅训令云，照得军事尚未解严，禁止集会结社，该会所有会员职员立即一律解散。除派军警监督解散並牌告外，合行令仰该会即便遵照解散勿违。切切此令。等语。阅之殊堪怪异。查援川各军去岁克复重庆时，並未宣布戒严，有何解严之可言。乃向厅长以尚未解严禁止集会结社为理由，其种种违背法令，滥用职权，触犯刑事处分之理由，详快邮代电中，附粘呈鉴，兹不赘述。惟是吾人以法治国家之国民，乃不能得法律相当之保障，向厅长以奉法承命之地方行政官吏，乃敢目会长官挟持淫威暴力残民以逞，假藉名义苛刑监罚，不恤以人为鱼肉，而已为刀俎。今更蹂躏人权　进而摧毁吾正当职业之法团，直使吾重庆市民生命、财产、身体、居住之自由，日在惊涛骇浪，祸悬眉睫之中。几无时无地不慓慓危惧，如有大难重忧之将至者。重庆有一向厅长，而一切国法省会皆失其效用，人民亦绝少安居乐业之生趣。嗟夫！吾市民在法治统一政府下，所享受之幸福乃如是乎！尤有甚者，向厅长以有官守言责之人，乃不查明工会之真象，根据事实遽敢含沙射影，造谣栽诬，任意向各长官作危词虚伪之报告，希图故入人罪，谋兴大狱。夫人民诬告尚必科以严刑，讵身为官吏便可自由倾陷耶？不有公正廉明之上级，直接监督行政首长如我公者，则吾人不将穷于告诉耶？除分呈督理各督办行署外，再据实缕呈，伏维我公爱护国宪，尊重民意，夙为乡邦矜式，群众依法，尚望本保障人权，铲锄贪暴之正义，对于本案予以公平适法之裁决，以除民贼而儆官邪，使不再为害群之马，则造福者固不仅一工会已也。不胜迫切待命之至。谨呈
四川省长邓

附呈快邮代电一份

重庆工会会长职员张知竞、
中华民国十三年七月七日　　杨席子、王用九等同叩

致四川各机关团体的代电抄件

重庆邓省长、刘督办、袁督办、刘督办、陈师长、李师长、唐师长、张卫戍城防司令、傅宪兵司令，高、地、审、检四厅长，各机关，各法团，各报馆，成都省议会，杨督理、陈政务厅长、严高审厅长、黄高检厅长，各机关、各法团、各报馆、新津刘督办，资州田会办，内江赖师长，嘉定陈师长，叙府刘师长，泸州杨师长，顺庆何师长，合州李师长、陈师长，各总副司令，各总副指挥，各旅、团、营长，成渝教职学生各联合会並转各学校钧鉴：敝会自成立以来，业经二载，今春知竞等受百数十帮代表大会之选举，屡辞不获，就职未及三月，排解讼件多起，並筹划建设关

于教育之职业补习夜课学校，关于经济之平民银行，消费协社，义迫桑梓，债累数千，自信可告无罪于国人。顷因军民各首长先后就职，各帮望治情殷，正办理提灯庆祝之际。突于七月四号奉到重庆警察厅向厅长成杰解散训令文曰：照得军事尚未解严，禁止集会结社，该会所有会员职员，立即一律解散，除派军警监督解散並牌告外，合行令仰该会，即便遵照解散勿违，切切切令等语。阅之殊堪怪异，窃集会结社本人民自由权之一，为宪法明文所保障，非依法律不受制限者也。集会结社有二种，一即自由的如政党、学会、教会、慈善会各团体，其组织之条件，以各个人合同意志为根据，以不妨害治安秩序，公共利益良善风俗为范围。故以治安警察法绳之，一即法定的如农、工、商、教育、职业各团体，其成立之条件，以法律为根据，明文规定之权限为范围，由议会制定之。政府公布之职业团体，既尽履行本身法之义务，即无再受治安警察制裁之理由。准上述理由，则解散会社，若在平时对自由组织的，以是否违反治安警察法为先决问题，对法定职业的则以是否违反其本身法为先决问题。今工会既为依法改组之法团，岂容有不令法轨之干涉。至战时解严，关系集会结社，亦有极明确之规定。查戒严法第十四条，戒严地域内司令官有执行左列各款事件之权：第一款云，停止集会结社或新闻、杂志、图书、告白等之认为与时机有妨害者。又同法第二条，戒严地域内，分警备地域与接战地域二种。又同法第八条，戒严宣告之地域，应时机之必要得改定之。又同法第九条第一项在警备地域内，该地方行政及司法事务限于与军事有关系者，以其管辖权移属于该地之司令官，第二项于前项情形地方行政官及司法官，须受该地司令官之指挥。第十五条戒严之情事终止时，应即为解严之宣告。现重庆地域早入戒严情事终止之时期，若应时机之必要，亦当改定为警备地域而非接战地域，工会管辖虽属行政事务，然确与军事无关，又与时机历来毫无妨害，且停止集会结社之权，属于戒严司令官，不属于重庆警察厅。今向厅长本受司令官指挥之人，乃越级滥权，以重庆尚未解严为理由，擅发无权发布之解散命令。不惟违及宪法及戒严法之明文，并且触犯刑事处分。查刑律第一百四十八条官员于前四条所列情形外，滥用职权使人行无义务之事，或妨他人行使权利者，处四等以下有期徒刑；又同法第一百五十条第二项犯第一百四十四条至一百四十八条之罪者，并免现职。又查官吏服务令第一条，凡官吏应竭尽忠勤，从法律命令所定以行职务。又第二十二条官吏于该管事件不得滥用职权；第二十九条凡官吏有违上词各条者，该管长官依其情节轻重，分别驯告或付惩戒。各等语。今向厅长並不依法律命令所定以行职务，乃挟持我爱者生，我憎者死之谬见于李师长□相、廖君崧高等，所呈请立案之职业合作社、劳工合作社、商界之商业共进会、屠帮之承庆公会，均彰彰在人耳目。纯在戒严期内自由的组织成立者，则一律准之，于依法继续存在之重庆工会则非法强迫解散之，且同隶一省之工会，並未闻解散四川总工会及其他各县工会，乃单独解散重庆工会，同一形〔性〕质之事件，乃因人因地而异其效用，闻更捏造黑白，颠倒事实，向各当道作诬伪之报告，危词耸听，险欲藉兴大狱，不识是何居心。故敝会对于向厅长之非法解散命令，认为违宪、违法、违令，为滥用职权，为蹂躏法团，破毁公益，不惟强迫吾人受不应解散之义务与损害，並妨害吾人行使依法集会之权利，吾人为数百帮之小资行业，数十万之良善职工争国法保障，争人格自由，争公安公益，誓不承认，除由敝会将向厅长滥用职权之行为同触犯刑事处分之行为提起行政诉讼，请求上级直接监督行政长官之省长，即予合法裁决，令饬撤销其训令牌告暨交付惩戒並恳并案发交巴县地方检察厅，依法提起公诉，並附带私诉，明令解职，归案讯明，分别究办，以护国法而伸正义外，合再电陈。优乞各界诸公主持公道，伸张正义，力予援助，无任主臣，诸公砥柱狂澜，乡邦望重，于向厅长治渝政绩，自必早悉闻之，谅对此不平之鸣，必一表示同情也。特此布臆，统希衡鉴。重庆工会会长职员张知竞、杨席子、王用九、陈舫等同叩。鱼叩。

邓省长致北京农商部电抄件

急。北京农商部鉴：查民国四年十二月中央公布商会法第四十四条，载本法施行后，前成立之工务总会或分会一律裁撤，与商会合组等语。此后並未奉规复工会之明令。惟川省年来多故，半沿用本省单行法，以致各县工会仍未撤销。现重庆警察厅因解散重庆工会发生争执，究竟工会能否存在，各省工会是否一律撤销，事关通案，盼复遵行。邓锡侯叩。皓印。

〔附〕 中国各省区工会联合会组织经过及章程

为呈请立案事：窃欧战以后，国际经济竞争愈形剧烈，因之国内产业亦有日渐发达之势，各业劳工遂居社会重要之地位。惟惜知识技能均甚缺乏，往往不免受外界挟有野心者之利用，影响所及，劳资双方已蒙多少之不利。而考其实际，关于教育之增高，劳工地位之改善，在国法上一般劳工所应得之保障，反因误入歧途，发生障碍而莫由实现。同人等愚虑及此，以为吾国劳工关系于国家社会之繁荣及治安者至为重大，不得不有一正轨以为指导，而端趋向。爰特集合各省会及特区或商埠业已成立之工会，选派代表来京，发起各省区工会联合会，以贯输劳工知识，改良劳工生活状况，使全国工友对于自身之地位及利益，在国法为合理的适当之要求，而获得国法上相当之保障为宗旨。庶劳资调协，国内产业得为有秩序的发达，工界前途亦日进于光明和平之域，裨益社会，实非浅鲜。用特拟具简章暨发起人姓名略历呈请大部鉴核示遵，实为公便。除呈农商部、警察总监外，谨呈

内务部

计呈简章一份暨发起人姓名略历列后

马超骏　洪忠恺　周元亮

发起人张知竞　谌小岑　陈　天　谢作舟
杨德甫　袁正道　张德惠

计开发起人姓名及略历于左

四川重庆总工会代表张知竞，众议院议员，重庆总工会会长。

广东总工会代表马超骏，前广东兵工厂厂长，广东机器工人维持会会长。

安徽省工会代表洪忠恺，前安徽制造局局长，水电厂厂长，省工会会长。

陕西省工会代表周元亮，日本早稻田工科卒业，陕西省工会执行委员长。

湖南劳工会代表谌小岑，北洋大学毕业，湖南劳工会宣传主任。

湖北工团联合会代表陈天，扬子厂工程师，湖北工团联合会委员长。

上海工团联合会代表谢作舟，武昌中华大学毕业，上海工团联合会宣传主任。

京汉铁路总工会法律顾问袁正道，现任临时法制院调查科科员。

京汉路第一段机车厂匠目张德惠，现工务处住局办事。中华民国十四年四月二十二日

中国各省区工会联合会简章

第一章　定　　名

第一节　本会由中国各省区正式成立之工会团体，举出驻京代表组织而成，故定名曰中国各省区工会联合会。

第二章　宗　　旨

第二条　本工人自觉自决的精神，团结各地劳动者，协谋增高劳工知识，改进劳工地位，期获得工人健全的幸福为宗旨。

第三章　会　　所

会及特别区设立分办事处。

第三条　本会为办事便利起见，在北京设立总办事处，于各省

第四章　入会资格

第四条　无论职业工人或产业工人所组织的团体，会员满五十人以上者俱得加入本会。

第五章　会员权利义务

第五条　凡加入本会之团体，得派代表参预本会年会之大会，享有选举及被选举总办事处执行委员之权，同时对于本会章程及大会或执行委员会之议决，应尽服从义务。

第六章　组　　织

第六条　本会以各省区工会代表全体大会为最机关，每年开会一次，其职责如下：

（甲）议决本会及各分办事处一切进行事宜；

（乙）议决本会预算决算及各省区经费之分担；

（丙）选举总办事处各部主任；

（丁）审察各分办事处及各工会的报告；

（戊）议决各省区工会的重要提案；

（已）裁决各省区工会间的纷争。

第七条　本会设执行委员会，各省区代表组织之。

前项代表每省及商埠特别区以一人为限。

第八条　执行委员会之职责如下：

（甲）执行大会之议决；

（乙）大会闭会期间，遇有紧要事件发生时，得代大会议决执行，请求次届大会追认；

（丙）审察入会资格；

（丁）对外代表本会；

（戊）招集代表大会；

第九条　执行委员会之委员，得兼任各部主任，均由代表大会选举之，任期一年，得连举连任。

第十条　本会总办事处设总务、组织、文书、教育、交际、调查六部，每部设主任一人，部员若干人。

第十一条　总办事处及各省区分办事处，除有紧要事故须随时通告外，每月至少须将各本处会务情形于月终互相通告一次。

第十二条　本会经费由各省区工会分别担任之，但遇特别事故有募款必要时须经执行委员会之议决。

第八章　惩　　戒

第十三条　凡加入本会之工会，如有不遵守本会会章或议决，及有毁损本会之行为时，得由各该省区分办事处查明确据，陈报本会大会或执行委员会议决，予以相当之惩戒。

第十四条　本会执行委员，如有违反本会会章，不尽职责或假本会名义在外招摇时，得由所在地各工会查明确据，随时举发，报由该管分办事处转报本执行委员会公决，停止其职务，提交大会裁决之。

第九章　会　　议

第十五条　本会各省区工会代表全体大会，每年夏历春初举行一次，由总办事处执行委员会择定相当日期及地点招集之。但遇特别重要事故，临时发生须经大会解决时，得由三个以上工会之连署请求执行委员会临时招集。

第十六条　本会会议及各部办事规则另订之。

第十章　附　　则

第十七条　本简章有修正必要时，得经由执行委员会提出大会修正之。

第十八条　本简章经代表全体大会议决后，呈请主管官厅核准立案实行。

〔内务部档案〕

12、上海男女劳工反共同盟会代表条陈反共办法及毒化工人呈

(1925年9月5日)

为请愿事：窃维上海一隅，完全受共产党包围，该党组合纯粹利用青年学子，勾结少数暴烈工人与多数帮匪，藉爱国运动为名，既可鲸吞救济费，又可取得苏俄津贴。检货之间予取求无往不利，其金钱势力足以操纵一切，十里洋场遂成黑暗世界。对于敝会破坏手段，无所不用其极。宗昉应付敌党，志在潜移默化，不顾构成激战之势，直至避无避时，惟有诉诸法律而已。总之，共产党恃有奥援，反共产党毫无协助，非得具体办法，虽费牺牲，终无效果，不得不审慎从事来京请愿。谨将要求之点，上呈钧鉴

（一）缓布条例　工会条例现在公布，即授共产党发达之机，为害甚烈，必俟布置妥帖，风平浪静时，再行公布方无危险。

（二）参加意见　美国工厂工人，不取工资，专分利息，资本与劳力平均，平时生活有相当付给，结算扣除。山东商业分东西股与美国同。劳工血汗亦算资本，为劳资合作真缔，恐一时猝难办到，应于年终提出利息十分之几给工人分派，各皆有红股希望，与资本有连带关系，自视厂家如自家，工作益勤，有何意外举动，如此办法双方俱利，特提出意见，请参加工会条例中。

（三）暂予备案　敝会由反共产同盟会改称中华工会，现由各方同志集议改为中华工会联合会，工会条例未公布前，工会立案似有未合，惟敝会在五卅案未发生前两月，即来京陈述工人困苦情形，要求解放並拟根本消弭工潮章法，久昭洞鉴。敝会设立意在弭患无形，具有特殊性质与普通工会自由集合者不同。沪上厂家赞成敝会者与工界稳健派同一观念，惟必需案准后趋向方专，

应请稍予变通，暂准备案，遵照条例从容组织，将不良分子从严取缔，各方安置妥洽，而后公布条例，共产党自无从入手，防微杜渐，似以此为争先着非擅专也，实与国事前途关系至巨，恳即据情转知农商部查照办理，並祈令饬苏省军政长官转饬所属一体保护，以利进行。

（四）庚款办学　工人目不识丁者多，非立劳工义务学校知识无由增长，工艺无以振兴，其教科自应新编，将共产之害，勤劳之益，与劳资密切关系，列入其中，使之安分守己，不受何种煽动。至基金问题，应由庚子赔款项下拨充。查庚款由华会退还华会，系参战结果，功在工界不在学界，工界于庚款当然取得优先权，即不以功绩言，工人亦国民分子，劳工学校亦教育机关，毫无不可分润缺点，除由宗昉与学界据理力争外，请交农商、教育、外交、财政各部妥筹方法，並派专员主管其事，名为办学，实则监视赤化，又不动声色，一举两全。以上认为切实要图，如蒙赏准施行，反共产方能策进，不胜惶恐待命之至。谨呈

总执政

上海男女劳工反共同盟会

代表孙宗昉

中华民国十四年九月五日

〔临时执政府军务厅档案〕

13、许沅报告取缔上海各工厂及邮局罢工电

（1927年2月23—25日）

（1）二月二十三日　电

上海特派员电　二月二十三日发　第三九九号

外交部钧鉴：十九日本埠工潮突起，各工厂及邮局罢工者约六万余人，公共租界及华界电车同时停驶。次日即趋和缓。本日邮局声明已回局邮差仍未上工。中外各工厂陆续复工者，昨今两

日已及三万七千余人。电车一部份已开行。申新两报因邮政停滞，材料缺乏，又工会要求刊布宣言，是以自动停版。查此次工潮系由总工会主动，呈有政治作用。除由军警各机关设法消弭，并对于煽惑罢工者严加取缔外，诚恐传闻失实，谨此电陈，伏乞垂察。许沅叩。二十三日。

（2）二月二十四日发　电

上海特派员电　二月二十四日　第四〇四号

外交部钧鉴：二十三日两电计达。本日邮局复工者二千余人，余明日可复工。各工厂本日复工者三万七千余人。电车及公共汽车复工者人数增加，地方安谧。谨陈。许沅叩。二十四日。

（3）二月二十五日电

上海特派员电　二月二十五日发　第四一四号

外交部钧鉴：本日各工厂复工者人数增加，未复工者仅一万人，英工厂占七千。邮局已完全复工，恢复原状。英国及印度兵到沪者，前后共四千四百名，法兵四十名，安南兵三百名均登岸。美陆战队一千三百名，日本二千名未登岸，英、美、日兵舰各六、法四、意二、和〔荷〕一，二十五艘均停泊黄浦。谨并续陈。许沅叩。二十五日。

〔外交部档案〕

14、财政部印刷局长报告平息罢工经过呈

（1927年8月6日）

呈为局长到任平息工潮，整顿局务经过情形暨营业概况，胪条具陈，仰乞钧鉴事：窃局长遵奉部令于本年七月七日接任印刷局职务，业经呈奉大部指令在案。伏查局长接事之初，正值工潮沸起，局款枯竭，劝导抚循，腾挪应付，数日之间，工朝幸息。然当此时局，营业已自萧条，英美各钞票公司与我竞争之影响，致以前大多数印费之收入已不可指，其可指之邮票、印花两项，

医时局关系，已权与不承有减无增。並查局存合同，濮前局长任内欠交各方印品为数甚多，为期亦甚促，局中既无成本，更乏原料，补前工作日需购料购煤。既押借之无方，直买日以为话，如此国立营业变为债务机关，思之痛心，言之可慨。局长昕夕筹维，仰屋乏策。惟既承委任，职有当为，举凡本局应兴革诸大端，如营业之招徕，工务之整理，消息之撙节，冗员之裁汰，购料用料之核实，收入支出之精算，内外归欠之清理，印刷权之挽回。十数日间，督饬员司次第进行，竭虑殚精，明效颇著，再迟月日，企业似无所难。惟当代谢绝续之交，欲维现状，行之惟艰，势非综前数事，开源节流，标本兼施，不足以资救济，而冀将来。兹谨将接任局务至今经过情形，胪列条文为大部觌缕陈之。

关于报告事项

一罢工 查本局匠徒一千九百余名，先例每届半初三、十八两日发放工资，濮前局长于六月二十间，呈请辞职，当经布告工人所欠工资担负全责，不必疑惧，滋生他节。嗣濮前局长多日未经来局而去职之说已确，全体工人恐惶，当向主管各科、课请示办法，维持时局中，无人负责。由此种因迟至七月三日，工资果未发放，遂即全体罢工。

一复工 局长于七月五日，接奉委任，当延见各科长、课长，查悉罢工真相，实系迫于生计，並无轨外行为，且积欠工资至三个半月之久，以前措施，亦未免失当。当经谕饬各科长、课长立刻回局，善为开导，俟为筹拟办法，必不令众工失望。惟应照常上工，以免公私两误，並即布告，准发工资一个月之五成。越日仍未上工，当另派妥员前往查视。维时工潮汹涌，不可理喻，意在要索扫付所欠全部工资之总额，复经剀切布告，允于上工后，先发五成，十四日续发二成五，十八日再发五成。如再不到工，即照定章，按日照扣工资，勿再自误。众工多数了解，局长初七到局，复经面谕众工，晓以大义，群众释然。惟以尚未实得工资，仍延不上工。十一日局长由各方借得款项，将五成照发，工人即日复工。其十四、十八之二成五，五成亦已分别如期发放，现在全体复工，照常工作或不至再有风潮。

一营业 〔略〕

以上数端仅就局长到任十数日间考查所得经过事实，略陈数意，祇候钧裁……伏请鉴核指令施行。谨呈

财政总、次长

印刷局局长 米春霖

中华民国十六年八月六日

〔零散军事档案〕

(四)五卅惨案

一、惨案发生与各地的声援

1、京师警察厅关于英界罢市后密电

(1925年6月1日)

英界罢市后，至午秩序混乱，海军上岸，商团出访，各通衢横陈炮车。顷大马路探捕又行开枪，据闻死伤较前更多。昨总商会有赵金生演说，言辞激愤，心血上冲，立时殒命，各界受此刺激，因决罢市。现松、苏、宁一带，已纷起援助。东日发。

〔临时执政府档案〕

2、沪海道尹张寿镛等报告公共租界罢市乞复办法与内务部往来电

(1925年6月)

（1）张寿镛等电（6月1日）

外交部、内务部、教育部钧鉴：公共租界罢市决议后，寿镛等会同知事、总商会、各路商界联合会劝阻无效后，南京路一带实行罢市，情节甚重，捕房戒备甚严，学生等尚非暴动。除由寿镛等即赴领事领袖处切商释放在押学生，惩办开枪巡捕，偿恤被害学生等项期弭风潮外，谨先电陈。再，学生等要求收回会审公堂，取消领事裁判权，华人设市议会管理租界市政，承认工人要求等十款，范围甚大，双方坚持，风声益烈，诚恐再酿巨变，不可收拾，乞复办法，不胜感祷。张寿镛、陈世光、常之英叩。一日。

（2）内务部电（6月4日）

上海张道尹、常厅长鉴：一日电悉。已奉令派蔡督办廷干、曾次长宗鉴前往查办。并由外交部提出严重抗议。即希剀切劝导，勿任风潮扩大，以维治安，仍将办理情形随时电告为要，内务部。支。印。

〔内务部档案〕

3、外交部关于五卅惨案致各使馆电

（1925年6月2日）

外交部来电　十四年六月三日到

五月三十日，上海各大学学生因日本纱厂华工受伤事，在公共租界游行演说，捕房竟以武力干涉，捕去学生四十余人，登时击毙学生四名，击伤学生六名，先后死四人，路人受伤十七人，已死三名。六月一日复击毙一人，伤二十人，已死二人。但以学生等均系青年子弟，热心爱国，并不携带武器，无论其行动性质如何，断不能以暴徒待之。乃捕房未曾采取适当方法，和平劝阻，遽用最激手段，实为人道及公理所不容，自应由租界官吏完全负责。于一日向驻京使团提出抗议，并声明保留俟查明详情再提相当要求。请其迅饬沪领团速将被捕之人全行释放，就地与沪特派员妥为办理。本日沪地罢工、罢市，政府已派蔡督办廷干及本部曾次长克日赴沪调查，希即与所驻国接洽，并酌布各报，免致传闻失实。外交部二日，并转欧洲各馆。

〔外交部档案〕

4、交通部抄送南洋大学凌鸿勋关于租界巡捕开枪伤毙学生请严重交涉电

（1925年6月2日）

照录上海南洋大学凌校长鸿勋来电

交通部总次长钧鉴：世日电谅邀钧览。沪上各界，因前日学

生游行被租界巡捕开枪死伤多人，群情愤激，今日已罢市、罢工、罢课。风潮扩大，死伤更众。本校前日受伤之陈虞钦一名，业已殁于仁济医院；各级学生，为目前时势所迫，亦均罢课。校长一面约束学生不得出外有激烈举动；一面通知各生家属，将其子弟暂行领回，并会同同济、大同、复旦、文治等大学校长，分电府部，请向领袖公使严重交涉，以平众怒。现在校中秩序，督同职教员竭力维持，尚属安谧。谨此电闻。凌鸿勋。东印。

交通部抄送　六月二日

〔内务部档案〕

5、执政府秘书厅为上海巡捕枪杀学生情形致内务部公函

(1925年6月2日)

临时执政府秘书厅公函　第一千一百四十七号

迳启者：奉执政发下外交部抄送上海陈交涉员卅日电开：目前文治、上海两大学学生为工人顾正红募捐追悼，被捕六名，今晨甫释。下午二时余，又有南洋、法政、同济、复旦、上海等大学学生，因工人受伤、学生被捕两事，在公共租界散布打倒帝国主义传单，被捕四十余名，人数愈聚愈多，捕房开枪击毙五名伤八名。特派员已亲与领袖领事总巡交涉，允先酌释若干名，详情续陈。又三十一日电开：顷查明昨日老闸捕房，因学生散布传单，游行演说，不服干涉，并环集捕房门首，饬捕开枪，登时毙命者四名。又赴医院查明，受伤学生六名，已死二名，路人十七名，已死三名，被捕者已释三十名。本日下午，又有学生等在南京路散布罢工、罢市传单，被捕房拘去数人。除继续严重交涉，并会商道尹、警厅长设法制止暴动外，谨先电陈。又同日电开：今日下午三时总商会开会，有工、商、学生千余人前往要求方副会长签字，于明晨一律罢工、罢市，除会同道尹、警厅设法消弭外，谨陈。各等语。

现奉执政令：派税务处督办蔡廷干、外交次长曾宗鉴前赴上海查办。此令。等因。除分函外交、教育外，相应函达贵部查照可也。此致

内务部

中华民国十四年六月二日

〔内务部档案〕

6、执政府军务厅查询上海罢市情形与卢永祥往来电

(1925年6月3—4日)

(1)军务厅密电稿(6月3日)

电卢子嘉、郑鸣之

特急。南京卢宣抚使、郑省长：宣密。据报学生开会，决再扩大罢市，割断电灯、电话之线，并挖自来水管，不与外国银行来往，以为暗中抵制。法界已有四十四家相继罢市。奉军三十旅，昨晚由镇开来一列车约千人。上海谣言孙传芳借维持上海名义，驱逐奉军。等语。是否属实，特即电达，希确查详报为荷。临时执政府军务厅。江印。

发六月三日

(2)卢永祥等复密电(6月4日)

北京执政府军务厅鉴：宣密。江电奉悉。据三日上海方面报告：英界虽经罢市，秩序较前稍靖，电灯、电话、自来水照常。法界虽有少数罢市，似不致受影响。奉军并未由镇开沪。浙方军事行动 或属谣言。知荷远廑，先行电复，容俟查 报，再 行 续陈。卢永祥、郑谦。支印。

〔临时执政府档案〕

7、外交部为沪案罢市请驻在国政府速令释放被捕群众致驻外各使馆电

(1925年6月3日)

外交部来电　十四年六月初四日到

二日部电计达。一日部致义翟使照会，洋文如下：（洋文另钞）日来商工罢市，租界戒严，人心愤激，形势愈趋严重，领团、捕房均尚无退让之表示，希切商驻在国政府，电令驻华公使容纳中国政府之请，转饬迅将被拘之人令行释放，勿再操之过切，期得公平解决，並设法使舆论赞同，除电驻义唐公使外，並转欧洲各馆，盼电复。外交部。初三日。

〔外交部档案〕

8、浙江省议会等抗议英政府庇护凶手致公使电

(1925年6月8日)

照录杭州来电　十四年六月八日到

陈公使鉴：並速电驻欧各公使，各代办均鉴：请各速转驻在国政府、议会、报馆鉴：上海学生因日商纱厂无故残杀华工顾正洪〔红〕。又因工部局码头捐苛订印刷附律，于五月卅日分组游行演说，並无违法行为。乃英捕房擅用排枪击杀徒手学生、工人、市民多命，连日英捕、日商迭在各处任意惨杀，竟不以人类待遇华民，华报被监，纪载难评，彼报庇凶，虚构事实，甚至以排外过激等语耸听。又？于杭沪密迩，见闻较确，因此人心愈形愤激，应请辩明是非，主持正谊，藉为世界维护人道，全国公感。中华民国浙江省议会、省教育会、总商会、公安、农会、工会、律师公会及五十八公团启。六日。

〔外交部档案〕

9、朱兆莘① 关于英国会质问外相如何处置沪案密电

（1925年6月）

（1）八日极密电

电外交部　十四年六月八日

极密。国会明日复开，尊电密托提案如下：一质问外相上海枪击学生，有无违法，应否查办。曾否训令英官勿用武力干涉民众游行；二质问外相，上海租界巡捕开枪，法律如何规定，是否用中国法律抑用英国法律。曾否先发警告；三质问外相，上海被击之群众是否携带武器。根据何种法律开枪，曾否预先布告。被拘学生几人，曾否全数开释。如将来查明开枪违法，负责者应受如何惩处；四质问外相，能否说明上海及中国各处风潮由何肇衅。交涉情形如何，英国抱何政策；五质问外相中国罢工蔓延，商务受何损失。此次风潮是否由工界问题而起，何以英国被卷入漩涡；六质问外相，他国对此次风潮抱何政策，是否与英国政策相同；七质问外相，上海租界领事团议事是否须全体同意，抑多数取决，能否免商务较小之国代决，政策损吾商务；八质问外相，上海风潮传闻由苏俄煽动，是否得有确实证据；九质问外相驻北京公使及驻沪领事，对沪事意见如何？莘。八日

（2）九日电

电外交部　（十四年六月九日）

本日英议院复开，外交次长答复质问案，略谓：此次上海风潮突起，租界官吏未及向政府请示办法，详细报告未到，大约因学生进逼捕房　喊杀洋人，故巡捕开枪。英领事与美、法、义、日本等国领事均认此为不得已之举。中政府已向驻北京使团交涉，并迳向英政府交涉，中政府及北京使团均经派代表赴沪，协

①朱兆莘系中国驻英国使馆代办。

同调查，以期圆满解决。此痛心之举，当地英官为维持治安起见，政府无不赞同，且对于误入歧趋而丧生命者极为悼惜。中国为文明古邦，又为协商国之一。英人对华人爱国感想自表同情。英国对华政策无非希望中国和平兴盛。关税会议将开，是予英国与列强以辅助之机会等语。前首相马冬那及他工党议员质问，上海风潮是否由工业问题而起。答须俟详细报告始知等语。莘。九日

（3）十一日电

电外交部（十四年六月十一日）

政府答复议员质问各案，略谓：上海租界发紧急命令非由领事团，系由工部局决定。现任工部局主席为美国人，工部局会员由纳税人选举，议事取决于多数，但英国列席票数足以自保利权。又谓：此次肇衅原因复杂，中政府权力薄弱，连年内讧，伏莽四起，于是有人煽惑取消条约。又谓：全国工业未兴，上海较为最重要。此次风潮由日本纱厂劳工问题而起，英政府早注意改良工人待遇，优待童工。又谓：罢工是否蔓延，抑将消灭尚难逆料。但列强协同保卫生命财产，不致遽受危险。又谓：一面维持租界治安；一面设法和平解决上海风潮等语。莘。十一日

（4）十二日电

政府答复议院质问各案，略谓：群众未带武器，但巡捕被吓，危及生命，进逼捕房。欲释放被拘学生，带有武器巡捕先发警告，然后开枪，至枪击实在情形，尚未接正式报告。又谓被拘几人已释几天业已电询。又谓巡捕开枪是否用中国法律抑用英国法律一节，上海租界巡捕章程由纳税人制定。又谓：风潮由苏俄煽动一节，果有其事等语。莘。十二日。

〔外交部档案〕

10、萧耀南关于英人枪杀华民民意激昂电

(1925年6月13日)

各部院、各省军民长官、各法团、各报馆钧鉴：窃沪案发生，风潮震撼，武昌学界得讯，拟与沪上取一致之行动，作演讲、罢课、游行，大抵与各省普通情形相似。耀南迭电教育、警察各厅竭力化解维持，幸尚未越范围。至汉口五方杂处，又与沪上消息相通，深恐受其传播，卷入漩涡，曾迭电该管警察厅及军事各机关严密防范，亦复恪守秩序。惟正值沪潮澎湃之际，忽有英国太古公司过磅人，殴伤码头余金宿之事，以致激起众怒，抛掷石片，已调解无事。忽又有英捕房副保正，由太古行经江岸，因误会争嚷，辗转入于租界，军警探知飞奔弹压，而武装例不得拦入。英商团与华民冲突，忽开机关枪，向众射击，竟毙华人七名，有年岁、籍贯、姓名可查，并经地检厅相验拍照。华民人众虽多，然皆徒手，机关枪乃抵御大敌唯一利器，竟不顾人道，施此激烈险毒手段。耀南恐群情忿极，复酿意外巨变，仍漏夜分防，安慰消弭。奈剧〔创〕巨痛深，民意愈为激昂，惟有一面设法镇抚；一面力与交涉，已饬提出严重抗议。耀南承乞桑梓，同深义愤，誓必力申公理，以报国人。除已报告中央外，合再通电奉达，即希公鉴。萧耀南。元。

〔内务部档案〕

11、外交部关于镇江游行已为军警镇压电

(1925年6月13日)

外交部来电（十四年六月十四日）

十一日电悉。五日午后，镇江学生游行，忽有暴民闯入租界，致将英人克利住宅器具焚毁，军警当派队弹压保护。现已秩序如常，地方官厅处置，英领认为满意。英领被殴，实系误传希

更正。外交部。十三日。

〔外交部档案〕

12、朱兆莘请设法批驳外电诬蔑攻击沪案极密电

（1925年6月14日）

电外交部（十四年六月十四日）

极密。英国报载，沪事蒙头盖面，除工党机关借题发挥讯详政府外，无真舆论。风潮煽动咎在苏俄误一。巡捕开枪，认为适当自卫误二。诿责于工部局，美员自文其过误三。答复议员，指学生逼捕房时，携带武器，言伪而辩误四。袒护少数官吏，置商务大局于不顾误五。继续持用武力，对抗群众，命案愈多愈难和平解决误六。除在英设法暂移舆论为我声援外，请上述六误，密托驻华外报访员或团体私人能与英人通电者逐一驳辨，以明真相。嗣后此等明电，请嘱迳致驻伦敦总领事馆收转，既可与使馆通气，发表后亦可避嫌疑，免碍外交，如何进行乞密示机宜，俾有遵循。莘。十四日。

〔外交部档案〕

13.朱兆莘转报英工党声援中国罢工电

（1925年6月15日）

电外交部（十四年六月十五日）

工党机关报载，英工会总部电中国劳工干事部，赞助中国工人抵抗资本主义之压制，工党总部发通知至各分部，一致主张如下：一英国道德上无权占据中国土地；二运售军械入华为致乱之源，应禁绝；三要求修改条约令中国人自理国事云。莘。十五日。

〔外交部档案〕

14、江汉关税司为汉口声援罢工请派军保护与湖北督军署往来函

（1925年6月）

（1）江汉关税务司函（6月11日）

照录致监督① 函　第四三五五号

迳启者：日来上海发生风潮，武汉人心因之摇动，本税司已饬本关查验轮船及验关马头各职员于办公时格外谨慎，避免冲突。惟现在各处暴动谣言日炽，或多属伪造，或言过其实，而人心每为所扰乱。纵关员戒慎将事，而无论何时仍恐有误会之事发生。万一遇有在本关关廨附近聚众生事时，拟即用电话或派关役到最近之警察六署及镇守使署，请其派人飞速前来保护。特此函达贵监督，请烦查照，希即先行通知为要。查本关系中国政府湖北一部分收税机关之重要总枢，与政潮绝无关系，本税司为中外公益起见，惟期办事手续不致阻滞，关廨不受损害而已。耑此，即颂日祉并盼示复。六月十一日

（2）税务司复函（6月12日）

税务司复函　第四三五七号

迳复者：顷准复函以现在各处暴动谣言日炽，诚恐关廨附近发生聚众情事，除函请镇守使酌派兵士数名暂时常川驻关保护，并分函警厅外，函请查照等因。准此。本税司阅悉之余，至深感佩。查本关关廨东侧，並北面正门一带，现有闲杂人等围观如堵，此项人等既非与本关有何项事务接洽，亦无在该处麇集之正当原因，实为钩引冲突与发生误会之隐患。本税司以为此等闲杂人民聚集本关附近一带，殊于治安有碍，且人数聚集既多与关廨尤为危险。缘关廨系属中国政府之产业，拟请贵监督主持，函知

①江汉关税务司监督梅乐和。

军警当道，将此类闲人立时驱散，並派得力军警在本关关廨东、南、西三面常川驻守，以免再行聚众，发生危险。至于因事来关接洽者，自未便干涉。但闲人成群结队，于现在最易发生误会时，自应随时遣散，俾免再有滋扰情事，致本关关廨受有何种损害也。相应函达贵监督，请烦查照办理为荷。此颂

日祉。六月十二日

（３）税务司呈（６月12日）

照录呈湖北督办公署函

敬启者：日来上海发生风潮，汉口因之亦起暴动，有多数无业莠民聚集本关附近喧嚷生事，势极危险，税务司于今晨先电请本关监督保护，又嘱本关文案亲赴杜镇守使公署，请派得力军队来关防守关廨，并请常川驻扎廨内，以资镇摄。当由杜镇守使①派军官率军队约一连到关，立将莠民驱逐几尽，足见纪律之严，军威之肃无任感佩。查海关为中国政府收税之重要机关与政潮毫无干涉，当在洞鉴之中。现在人心浮动，岌岌可危，税务司为保全国课及维持华洋贸易起见，惟愿关务照常进行，不至阻滞。用特函呈钧座请饬杜镇守使，将该军队暂行留驻本关，俟地方局面完全平静，再为撤退，否则仍恐关廨受重大损害，且于华洋关员亦恐危险，不胜迫切待命之至。肃此，敬达谢忱並颂

勋祉。六月十二日

（４）湖北督办公署复函　（６月13日）

湖北督办公署复函

径复者：接展台函，诵悉一是。承示贵关由杜镇守使派队驻扎，深资维护，嘱为转饬该军暂行留驻，俟局面平静再为撤退，

①杜镇守使名锡钧。

自应照办。除令杜镇守使查照外，耑此复达。顺颂
时绥。六月十三日

〔海关税务总署档案〕

15、萧耀南为汉口惨案与朱兆莘等往来电

（1925年6月）

（1）萧耀南致中国公使电（6月15日）

湖北萧督办来电（十四年六月十六日到）

中国公使大鉴：蒸日太古公司过磅人打伤我国苦力，激起众怒，复由该国副保正持自由棍察视，与群众争论，辗转误会，复起纠纷。华民虽多，然入租界皆徒手，英商团竟开机关枪向人丛射击。当被轰毙八人，伤无数，其伤重而死于医院者近复数人。彼国复耸领团派舰兵登岸，界口架大炮、布铁网，如临阵对敌。窃自华府会议，国际大同，中英睦谊素敦，汉口尤为彼国最要通商场，乃对于商民人等竟施此万分残酷辣毒手段，何以服国际而昭大同。现呈会京汉分提抗议。恐道远英京不知实情，飞电贵馆，面为详述。请彼外部电驻华使转饬汉领，严惩凶犯，撤退水兵，守公法而警效尤。其该国言论各界並望设法宣传，俾明真相，尤纫公谊。特电抒忱，希电复。萧耀南。咸。

（2）朱兆莘致萧耀南复电（6月17日）

电湖北省长（十四年六月十七日）

萧督办鉴：汉口英商团枪击华人事，咸电敬悉。莘经根据外交部照会驻北京英代办抗议原文向英外部交涉，並将尊电事实面为详述，现设法向舆论界宣传，以明真相。知注特复。莘。十七日。

（3）外交部电（6月17日）

照录外交部来电　六月十八日到

据鄂省先后报告，本月十一日午后八时，有英捕房副保正等行

经江岸，适有苦力人等以石抛击，当由商团及镇署加队弹压，并经英捕将前后花楼及河街铁门关闭，始免阑入。惟英界新昌里一带，忽有群众向日本商店肇事后，英国义勇队开机关枪向群众轰击，毙华人八名，伤十一人，并伤中国巡士二人。是日午后，曾经交涉员面商英领，嘱其务用和平手段得不放枪，该领已允照办乃仍发生此项惨祸。当于十五日由部照会英使提出抗议，该使照复，英官不应负有何项责任，现已电令湖北特派员详细调查，严重交涉。再，准江西方督办、李省长十五日电称：本月十二日九江有少数工人与租界巡捕龃龉，行人不平，遂多附和，讵久经闭歇之台湾银行屋内突然火起，秩序因之稍乱，军警入界弹压，将火扑灭，未伤一人。惟英日领署及一、二商行因一时忙乱，什物略有损坏。现对于租界内外附近已派军队协助警察严密保护各等因。查沪案现正进行讨论，而鄂赣又复发生以上情事，外报多以排外为藉口，不知此种情形均因沪案未结，群情愤激，致易发生龃龉。现沪案业经开议，希切商驻在国政府，电饬持平容纳我方条件。鄂、赣事外报如有纪载失实之处，并盼随时更正。外交部。十七日。并转欧洲各馆。

（4）外交部电（6月23日）

外交部来电　（十四年六月廿三日到）

十七日义使面交照称：沪案发生后，汉口、九江、镇江又扰乱，上海並有击毙外人之事，请特别注意等因。业由部于二十日照复，全文摘要如下：汉口事当肇事之先，群众在大智门一带集会，交涉员与领事面商防卫，曾声明无论何时，不得开枪，英领业经面允。乃仅逾数十分钟，英、义勇队竟径行开枪击毙华人八名，伤十一人，並伤巡士二名，此项群众均系徒手，租界当局实属处置失当，应负全责。九江案系因少数工人拟在太古码头登岸，租界巡捕干涉，致生龃龉，适久经闭歇之台湾银行屋内起火，秩序微乱，军警入界弹压，将火扑灭，始得无事。事后查悉英、日领事馆及一二商行，因救火忙乱，什物略有损坏，此系偶然发生之事，並无他项目的。镇江案学生因沪案游行租界，已得英领允诺並饬巡捕缴回枪械，学生游行时，並未穿入租界，讵租界内铁路工人在工部局旧址弃处发生冲突，当时有便服西人向空放枪数次，市民受有伤害。至上海英人被击，出事地点系在工部局越界新筑之开司惠克路，凶手究系何人，持何目的，尚在侦查。总之除上海英人被击原因尚待查明外，其余各处事故发生无不由沪案未得公允解决所致，绝无所谓排外或破坏之倾向，且自沪案发生后，虽奉明令严饬率循正轨，並通电各省维持治安保护外人政府，深冀对于上海惨案迅依公理人道原则早日解决，则不平民〔众〕自归静止，应请特别注意，至对于沪案迭次所提抗议，仍当续继维持等语。特电接洽。外交部。二十三日

〔外交部档案〕

16、朱兆莘关于英商联合会议决速开列强会议中国各省应派代表参加电

（1925年6月17日）

电外交部（十四年六月十七日）

英国商会联合会讨论中国风潮，议决请政府从速商同列强开一会议，中国各省均派代表与会，共谋一圆满永久之解决等语。莘。十七日。

〔外交部档案〕

17、直隶省议会为沪案请主持公道致英议院电

（1925年6月18日）

转下议院诸大议士公鉴：敝国不幸，因上海公共租界捕房以不合法之手腕处分工潮，惹起全国工商学界之义愤，遂致不惜牺牲其事业罢工、罢商、罢课奔走哀呼，为世界人格平等之争，热血沸腾，不可遏止，设使杀人之案逾演逾烈，有碍邦交，谁负其咎。敝会忝属人民代表，谨以至诚勤痛切之意，致书于诸大义席

之前，将此次上海肇事原因，略述颠末，以供评判。查本年五月十五日上海〔……〕顾正洪之惨死，以及三十日各校学生激于义愤游行演讲，此类举动不过表示哀感唤醒人民，皆文明各国所不禁。乃公共租界之英捕竟先后用枪击毙十一人，伤十人，拘捕二百余人。六月一日公共租界商人全体罢市，租界当局复调商团巡捕在大马路枪杀市民及学生、工人十余人。二、三两日，在小沙渡、杨树浦等处，枪杀工人、市民二十余人。四日复调海军陆战队将南方上海、同德等学校强行侵占，捣毁校具驱逐学生。五日夜更无端捕获男女老幼市民数百人任意殴辱。十一日汉口工学各界游行讲演，又为英国义勇队暨海军队用枪追射，击死华人八名，受伤人数不计，以上种种直是杀人致死，不许声嘶，以征服沃腕，对待吾国人类，惨痛满逾此者，各该地租界当局亦明知对于秩序整然徒手游行，不持寸械之工人学生加此暴行未免失当，不得不捏造事实通电张惶。因之贵国政府以及事外各友邦竟纷纷派遣兵轮二十七艘麇集上海，名为保护侨民，无非示威初现。贵国在环球上夙称先进，举止文明。若该棉厂之厂主暨公共租界之当局，如此残忍横行，灭绝人道，不独增敝国遭遇之悲，亦恐为贵国盛德之累。深盼诸大议士主张公道，爱护人群，督促贵国政府，莫听租界当局一面之词，报界不实之论，切实察考，务求真象，然后双方公议，早日解决，不使公绊压于强权，东亚幸甚。世界幸甚。中华民国直隶省议会。巧印。

〔外交部档案〕

18、上海中国银行为沪案金融停滞请准开市函

(1925年6月20日)

照抄沪行不列号来函　十四年六月二十日

总、协理示钧鉴：敬启者：查沪埠自五卅惨案发生，银钱两业一致停市，金融周转因以滞钝。当其始也，同业之中有前来请领本行钞券藉资调剂者。沪行以彼时风潮正烈，舆论激昂，辗转流

通而入于外国银行之手，徒贻口实，且损行誉，故即经婉却，以免意外之虞。盖目击当时情形，沪行同人皆以本行不受影响为前提也。乃半月以来，罢市如故，金融滞积已达内地，加以新麦登场，新丝上市，影响所及关碍实巨。而细察外国银行状况，则外埠应援日有到来，收付之间已无所需。一面钱业中之素有往来者，因内地需钞之殷，又复前来商领。沪行审视时势，权衡利害，爰准如所请，并设办法如次：

（一）以停市日厘价7355折合规元。（沪行观察原价趋势，当有微利可图）

（二）以各行庄本票暂相抵用，准开市日兑换现银。

（三）声明不得转入外国银行。

数日以来，计已陆续发出本行钞券二百万元左右，所有领用行庄均属沪埠殷实之家，且与沪行平日往来最多，信用卓著，绝无危险，抑沪行于数日间发此巨额钞券者，不独利用时机推广发行，亦以杭厂铸币为数已达二百余万元，只因罢市之故尚未作价，两两相抵亦酌盈虚之意也。除于日报中杂项欠款项下详细备载外，用特奉阅，敬乞钧察是荷。顺颂

钧绥

沪行谨启

〔总理批〕是。

〔中国银行档案〕

19、朱兆莘关于英工党报刊罗素对沪案态度电

（1925年6—7月）

（1）六月二十二日电

电外交部　（十四年六月廿二日）

工党新导报登罗素论文略谓：沪案事实为报纸及政府所蒙蔽，幸有北京大学教授团通电，及美国教会报告辞而辟之。此次风潮非仇视外人，非受俄煽诱，实新少年中国之爱国心所激成。肇

事原因确由于日本棉厂薄待工人。故劳工问题亦关重要，上海工部局组织对华人极不平等，华人感受外侮忍无可忍。倘英政府不知醒悟，战事恐难幸免，白人在远东无立足地云。莘。二十二日。

（2）七月十九日电

电外交部　（十四年七月十九日）

工党报登罗素函，略谓：接中国消息，教士三十人对沪案发表宣言，认英官应负责，驻北京外交团及各国舆论均同此意见，英政府宜依法查办，惩罚凶手，並赞成美国提议开一会议，审查外人在华地位，白人欲顾全面子，但此非滥杀可能，因华人今非昔比等语。莘。十九日。

〔外交部档案〕

20、冯玉祥对沪案通电及英国各界的反映电

（1925年6—8月）

（1）冯玉祥通电　（6月27日）

北京执政钧鉴：各部院、各省区督办、省长、都统、护军使、镇守使、各总司令、各师旅长、各法团、各省学生联合会、各工团、各报馆钧鉴：电传政府已于本月二十四日对八有约国提出要求根本修正不平等条约之牒文。主张取消列强在我国从前以强力取得之一切政治上、经济上不平等之特权，如收回租界、各租借地，撤废领事裁判权，恢复关税自由，铁路、盐务、邮政等管理权诸大端，皆我国民所感受历八十余年，妨害国家生存之致命伤，其惨苦不堪言状。今于最近之五卅血案，一旦暴露侵略主义之残忍凶横万恶现象。我国于上海、汉口以及最近于广州遭侵略主义代表者之惨杀，流无限之血，而结晶于此要求取消一切不平等条约之主张。政府鉴于全国民意及世界潮流不可遏抑。毅然提出此负责任顺民心之照会，正如雄鸡一声，天下破晓，此要求若能达到，则我国民从此脱离

侵略主义之压迫，而我民国始能适于世界之生存。玉祥忝属军人，心存报国，顾念民主。国以人民为主，今主人无辜被杀，而仆人断无旁观之理。我国号称四万万同胞，今如手如足之同胞，横被摧残，即为不共载天之仇。誓将竭全军之力，之〔为〕国民纾积愤，为政府作后盾。明知我军军械不若人，军实不若人，外交之手段奸滑不若人，然与其任人宰割，置万劫于不复之天，何若拼命牺牲于万死求一生之路。故惟求败求死以雪耻，而不计利计成以求荣，以血肉为干城，非战至全军无一人，永不畏缩。并请由全国之民奋斗到底，以求此主张之实现。至近者英外交总长所藉口恐吓我国之关税会议，彼维以此为挟持，而不知我国民决不欲此骗小儿之一枚糖果也。使我之关税主权完全恢复，则加税我国固有自由，何待列强之协议加税。关税会议乃趋于列强共管之趋势，较之从前缔约两国间之协定关税尤恶。此亦我国民根本修正不平等条约之要求不能不贯彻主张者也。区区之愚，是否有当，愿爱国军人一致速息内争，明渔人之用心，移其目光以对外。因不平等条约一日存在，使我民国不能生存及发达，故非乘此时机废止不平等条约不可。凡属军人务联合全力为政府及国民外交之后援，深信政府亦必能指挥各省，一致反对从前不平等条约而与列强为根本之修正。全国国民亦必竭力拥护政府，并拥护全民众之要求，庶几国难早已，联合可期。迫切陈词，诸惟公鉴。冯玉祥叩。沁。（张家口来电）

（2）冯玉祥通电 （6月29日）

拾万急。各省区督办、省长、都统、各护军使、各总司令、各师旅长、各法团、各省区学生联合会、各工团、各报馆钧鉴：此次沪案未了，汉沙之变旋生，全国愤慨，誓与终始。戮力同仇，国魂未泯。惟沪此案之远因，虽由日厂，论残杀之专责，实在英人。盖租界虽日〔曰〕公共，实权久归英领。吾人不得已而谋应付，自应认定目标，其他各国邦交犹昔，友好无嫌。诚恐城曲纤民，有一二无知，未能识别，一律仇视，以致玉石不分，特非交邻之道。诸公明达，务请严饬所属军警，加意保护侨民，并请各法团力持大体，劝告同胞，优待外侨，以表示吾人仅以抵抗横逆为止，决非故意所〔寻〕衅。俾各国侨民安居乐业，一挠〔？〕畴昔，以固邦交，以彰公道。区区愚忱，幸垂意焉。冯玉祥。艳。印。

（3）朱兆莘电　（7月1日）

电外交部　（十四年七月一日）

泰晤士报北京专电：冯将军通电，誓死报国，不计成败等语，响应暴民，极为激烈。……路透电冯将军通电，主张废除不平等条约，收回海关、盐、邮等机关，宁战死不为屈等语各报转载 英人谈及且怒且惧。莘。一日。

（4）朱兆莘电　（7月6日）

电外交部　（十四年七月六日）

泰晤士报北京专电：冯将军加入排外运动，博得爱国虚名，宣言誓复国耻，排斥外人，其部下驻扎河南者多是土匪出身，闻此言必更猖獗，外人尚有立足地耶。……每日电报著论中国今日不如庚子有一政府可以控制，全国风潮日见险恶，日本内患地震，外畏俄、美，故不欲在中国有所举动云。莘。六日。

（5）朱兆莘电　（7月29日）

电外交部　（十四年七月廿九日）

满切斯德报登，实业界要人斯得顿函：略谓：冯将军宣言，注重和平解决，但英国如仍倔强则诉诸武力云云。视同对敌，言出至诚，实由中国已聘用德国化学专家教制毒气，其兵工厂日夜赶造军械，欲求机会逞其凶锋。沪案起后，中政府被迫将行对英绝交之策，罢工救济，学界奔走，无老无幼，无贵无贱一致对外，为保全邦交计，沪案法律调查，宜速办结，迟恐无及等语。莘。廿九日。
〔外交部档案〕

21、张寿镛等报告上海开市情形并请将各项悬案严重交涉电

（1925年6月26日）

执政、各部总长、税务处蔡督办钧鉴：沪案久悬，商市停辍，牺牲过巨，业由郑省长劝告各业先行开市。本日寿镛等亲历公共租界，以政府负责交涉，商店请先开市字样遍处晓告，现一律开市。惟虹口一带，广帮居多，因沙面问题尚在考虑，似有稍缓之意。仍请俯鉴民情，将各项悬案迅赐严重交涉，并宣示办理情形，俾便随时通告。理合电陈，伏乞垂鉴。江苏沪海道尹张寿镛、江苏特派交涉员许沅、淞沪警察厅长常之英、上海知事李祖夔叩。宥。
〔临时执政府内务部档案〕

22、中国国民党对五卅事件宣言

（1925年6月28日）

五月三十日，中华民国爱国之学生与工人为人民争主权，为上海市人民争自由，为被杀无告工人鸣不平，赤手空拳出而演讲，上海英租界捕房，竟篾〔蔑〕视中国国权，世界人道，对此无抵抗之群众，开放排枪，杀伤人命至数十人之多，演古今中外所未有之惨剧。中国之国威，英国之人格，二十世纪人类之文明，皆随此排枪之声而俱消灭。此不特为中华民国人民之奇耻大辱，亦自命文化先进之不列颠人之奇耻大辱。世界各国人民，睹此帝国主义者惨无人道之行，不能起而为华人仗义主张公道者，为亦将蒙同一之耻辱。乃英捕房又于六月一日更演第二次之惨剧，杀我独立自由之中华民国人民竟同蝼蚁。天日犹存，黑暗至此，人类前途，何堪设想。中国国民党谨大声疾呼，正告中华民国同胞与全世界主张公道之民众曰：五月三十日之惨剧，英捕房以对待

贼匪敌军之枪弹，对待我争自由保主权无抵抗之学生、工人与市民，其残酷蛮横，视庚子年之拳匪行动尤甚。乃犹强以排外赤化名词污辱华人，淆惑世界观听。其言行应为崇奉耶教爱自由独立之撒克逊人所羞为。吾人当知此次上海人民以讲演文字乃至罢市、罢工所争者，乃为保障人权拥护国威。中华民国人民非亡国之民，上海英租界非英国殖民地。英捕房以对待牛马所不忍用之手段，对待同是人类之华人，是曰无人道。以对待盗匪敌军之枪弹，对待赤手无抵抗之学生、工人，是曰无公理。以侨寓中国之外人，任意杀戮在中国之中国人民，是曰污辱中国国威，蹂躏中国人权。此可忍，孰不可忍。中国国民党愿助全中国之爱国爱平等自由之民众，对此惨无人道之行为，及其所代表之武力侵略政策，以全力奋斗，伸张人权，恢复国威。夫民心未死，公理犹存，中华民国争自由独立平等之人民，终以获得最后之胜利。中国国民党。

〔陆海军大元帅大本营公报第十四集14号〕

23、京师警察厅关于上海各界召开沪案烈士追悼大会密报

（1925年6月30日）

据密报：追悼五卅惨死大会，本拟早日举行，现值戒严期间，邢、常二司令不准大众集会。嗣经工商学联会代表一再要求，始行允许。故今日午后二时，在西门公共体育场举行。邢、常二司令并派军警弹压，计到者约数万人，至五时散会。商民并悬白旗志哀。〇。陷。七月一日到。

〔临时执政府档案〕

24、关于河南焦作福公司罢工与复工经过函电

（1925年7—9月）

（1）道清路局长陈达华密电（7月13日）

交通部总、次长钧鉴：甲密。真电敬悉。林交涉员今早四

时抵焦，堪经理自顺德府折回。现在福公司罢工人数约二千三百人，中原公司允收五百人，六河沟煤矿允收一千人，余八百人有少数已回籍者，刻正妥筹安置。当地竭力筹款接济，自罢工之日起，每日仍照各工人所得俸薪给与。各工人举动文明，军警设备周密，本路洋员断无危险。其厨役亦经局长剀切开导已恢复工作。本路医院洋员已去，现专聘怀庆医院洋员挹加利医生驻焦暂承乏。特闻。陈达华叩。元。

（2）朱兆莘致外交部电　（7月14日）

电外交部　（十四年七月十四日）

泰晤士报北京专电：河南福公司洋员被逼矿务停办，华官全不保护。中政府助北京大学生军枪一百枝亦属不合。〔下略〕

（3）外交部电　（7月17日）

外交部来电　（十四年七月十七日到）

十四日电悉。福公司矿工罢工，纯出自动，政府迭电豫省当局，力与维持保护地方秩序安谧。洋员本无离焦必要。该公司财产现留有代表保管。河南特派员亲赴焦作会同地方官订保护办法四条已实行。现福公司总经理堪锐克已赴焦，部电交涉员即与妥商善后，士泰晤报载各节均非事实，希更正。余另达。外交部。十七日。

（4）林实致曾宗鉴电　（8月20日）

外交部次长钧鉴：前奉元电，遵即返汴，进谒岳督，面陈一切。岳督之意　以当此沪案交涉尚未解决，人民爱国思潮热烈之际，福公司在焦财产，一切自应遵照中央命令切实保护。至工作与否，属于工人自可，须工团对于公司有所谅解　原状自易恢复．否则于公司转多枝节。盖症结所在，既系工团，隔阂未消，即来恐亦无益，希转告前途于此加意，并予曲谅。等因。嘱为转呈，伏祈鉴察。至前函交福公司所送节略，亦已转呈岳督察阅，俟奉核示另行电呈。特派河南交涉员林实叩。号印。

（5）曾宗鉴致张树元函　（8月22日）

少卿[1]将军麾下：顷得河南交涉员电报，似愿帮忙，但无意请堪君前往。兹送上原电并部致堪君说帖各一件，乞察收。最好能由尊处派崔君于星期一日赴豫，行时并祈嘱其到外部一行，弟当将前后情形再为详细面说。如贵处欲得一说帖，弟亦可代拟，乞示及为叩。肃颂台绥。

弟曾宗鉴顿首

八月二十二日

〔张树元批〕择要备函派崔汉章携往，请岳督对于该矿设法维持，裨得电灯及抽水工程复业。并复。

附件一[2]：

齐电悉。福公司经督地方军政各员维护有方，良深佩慰。现该公司总董那森来部备陈焦作停工情形，甚为安谧，惟汲水机、发电机及擦工三项，不宜停闭太久。据称：该公司水电并供地方公用，按照福中公司合同，该矿与中国利益原属互有关系。将来合同期满所有机器即归中国，现若无人刷擦，坐令锈坏，中国利益实。受损害。从前欧战时，以中德关系井陉煤矿停办，而汲水仍旧工作今焦作非当时井陉可比，且所需工人不过四五十人。请电商军民长官，设法劝令水电等部分先行上工等语。查该公司汲水发电既同时供给地方公用，且需工仅数十人，所请设法先予一部分上工之处，希电李旅长察看地方情形，量为设法办理。又闻该公司矿税现已积欠多月，上项请求如属可行，当令其速缴欠税，必可办到。上述各节系从共同利害方面着想，仍候酌办，并盼电复为荷。外交部。蒸。

---

①张树元字少卿。

②此件系外交部致河南交涉员电。

附件二：堪锐克备录

（一）福公司总理对于军民长官设法保护矿产，曾不致有被窃或故意损坏情事，业经承认，并为此曾致谢有关系各官员等。

（二）惟以无人照管，厂中机器之损坏，及井内业务被水之损失，所施保护对之并无补益。且若长此以往而不顾其结果，将损失全矿。

（三）保护机器及矿厂不致损坏，及维持井内不受水淹，须常有该项专门工人，是以福公司请求当地军民长官，筹措办法，俾使该项工人恢复工做。

（四）此矿系一重要实业，雇佣数千工人，供给数万生命上之需品，其损坏非特河南一省受其损失，即全中国亦不无影响，是以尽各事之可能，以防此损失乃系有关各人利益，罢工人亦在内也。

（五）福公司现所求者，并非恢复至产煤工做，仅请军民长官之保护，扩充范围至保持机器不坏，及维持井内业务，以防全矿之损坏也。

（6）张树元致岳维峻函稿　（8月23日）

西峰①仁兄督办阁下：昨得外交部函，备悉焦作福公司事经督饬地方军政各员维护宁静，至为佩慰。现该公司总董那森到外部面陈停工安谧，并汲水机、发电机之保存及机器随时擦洗上油等工不宜久停，且俟期满机器仍归我有各情。曾经外部酌订办法，蒸日电商阁下。查该公司汲水发电既同时供给地方公用，且需工人不过数十，似无妨量为设法，先予一部分上工。今派崔汉章雯前与阁下面商，到时幸祈查照接洽，仍望鼎力维持为荷。专此奉布，敬颂勋绥。惟照不既。

弟张树元拜启

① 岳维峻字西峰。

八月二十三日

〔张树元批〕期满该矿内机器仍归中国所有，此事已载于约内。所闻如是，但未见约也。

（7）朱兆莘致外交部函稿（8月25日）

函外交部　十四年八月二十五日

敬启者：河南福公司矿工罢工一案。前以泰晤士报登载失实，电奉大部电示经过事实並电饬河南交涉员与该公司总理妥商善后各情形，当经向报馆更正，伦敦福公司函询详情亦将专电抄送一份去后。兹准该公司副总理来函声叙，该公司所接驻华经理报告情形，並谓此项罢工继续不止，实于公司利益影响重大，恳为转请政府力予维持，俾得照常营业等语。相应抄同原函函达大部察阅。此颂

公绥

如地方官对于该公司保护周全，果能照常营业，尚乞示复，俾转告该公司副总理並向报界发表，以祛误会。为荷

驻英代办使事朱〇〇谨启

附件〔缺〕

（8）岳维峻致张树元函　（9月15日）

少卿仁兄厅长阁下：崔委员到汴，赍示华函，祇悉种切。福公司请求恢复局部工作一案。前准外交部蒸电并派参事罗忠治来汴接洽，益以谆嘱。已电知李旅长、林交涉员会同设法办理矣。专此奉复，祇颂勋绥。惟照不既。

附抄件：

弟岳维峻拜启

九月十五日

照抄焦作李旅长暨林交涉员电

焦作李旅长①，开封林交涉员：前准外交部八月蒸电，经饬该旅长酌量办理，并由部径电该员遵照。顷复准外交部略称：驻京法使玛德在部谈及福公司虽为英国注册营业，但与法商关系甚深，并介绍该公司总董那森到部面称：焦作矿中抽出之水，向有益于居民，电力兼供市中电灯之用。该矿机器期限届满，亦归中国所有等语。查焦作停工，本系爱国举动。该公司所陈各节，尚属从共同利害处着想。并表示在罢工未解决之前，不出分毫之煤，请转知李旅长设法给予工人数十名，俾得从事抽水、发电、擦工三项工作等因。查自沪案发生，豫省各界积极援助，自系爱国举动。惟准外部声称：福公司虽系英商营业，但法人关系甚深。值此外交紧急，关税预备开议之际，交涉事项息息相通，外部颇望法使随时赞助。为国家利益着想，自不得不权衡重轻。况据福公司在部声明各节，亦与中国利权地方公益均有共同关系。不知该工人能否谅解，先以大义晓之。仰该旅长、该交涉员查照电开事宜会同设法办理，务在兼筹并顾，以期悉臻妥协。仍将遵办情形会呈核夺为要。督办岳〇〇印。

〔临时执政府档案〕

25、杨森关于成都声援沪案一律罢工罢市电

（1925年7月23日）

执政钧鉴：各部院钧鉴：此次沪案发生，举国莫不义愤填膺，一致起而表示反抗，以为政府外交后援。成都工商学界暨各法团约计百十余团体，开会讨论抗争，议决并于马日省城一律罢工、罢市，并于省垣各街游行演说，激昂悲慨，声泪俱下，群众闻听之余，皆横心切齿。森驻守斯土，职责所在，一面善为开导，许代力争，劝其照常复业；一面严为戒备保持治安，幸不致有轨外之行动。惟似此爱国之热烈，隐忍之众忿，尚望我中枢政

① 李旅长系指李风翥。

府，仗民意以与日严重交涉，并望我各省一致协力抗争，以为政府外交后援，以保我人民而固我国权。谨此布达，敬祈昭鉴。参谋总长督办四川军务善后事宜杨森叩。漾。

〔临时执政府档案〕

26、关于南京和记洋行罢工及英舰镇压经过文件

（1925年7—8月）

（1）王桂林呈（7月6日）

呈 第二百陆拾伍号

呈为南京和记洋行买办罗步洲，始被学生邀进城内，继被工人纷扰拥逃始末各情形，具文报请鉴核事：本年六月廿八日晚十时，据法政大学校长王伯秋电话云：和记劳工会代表，到下关学生所组织之罢工委员会质问云：现在本会工人生计断绝，请速筹完全救济办法，否则诚恐各工人等因生计问题自由上工等语。当派赵科长永平前往接洽。旋据复称：适与王伯秋接洽间，有学界上海惨案外交后援会河海学生张丹如、一中学生华畹同到王校长处，云及请与警厅赶紧设法阻止上工，否则工人无知，倘若无条件上工，即与国体大有关系。明日上午，并在门帘桥学界上海惨案外交后援会开会研究妥善办法，再请警厅协商办理等语。至廿九日下午三钟，有学生上海惨案外交后援会代表葛天民、刘昌威、顾春山、华畹及下关学生外交后援会罢工委员会代表宛希俨、曹壮父、王觉新到厅，请将运动上工之劳工会代表张汉卿、李松山拘押。当告以若将该二人拘押，高压手段必惹起反感。惟有由警厅、下关商会、学界上海惨案外交后援会学生救济罢工委员会、学生联合会并和记洋行工会、和记洋行劳工会联合讨论公平办法，并就所提出之十三条详细研究，以杜工人、学生各有冲突而免无知工人无条件、无保障零散上工，以维体面。该代表等认为满意，允为照办而去。本月一日上午十钟，由学界上海惨案外交后援会救济罢工

委员会顾春山来电云：下午二钟，请派代表集合在下关商会会议救济罢工事。复派赵科长永平前往与议。至下午四钟，据下关区报称：下关商会代表叶楚卿及赵科长、学生代表等同赴罗买办公馆接洽条件。正磋商间，学生陆续结队而来，屋内及院内几无立足之地。且大门外和记工人亦约千数百名，人声鼎沸。有人喊称：带同罗买办到东南大学内再议办法。有人喊称：如将罗买办劫去，工人必死力夺回。当时呼打之声纷起，秩序非常紊乱，警察尽力维持，致未发生冲突。现在罗买办已被一般学生使坐马车拥往城内等语。厅长闻报，遂赶到鼓楼以南，百般理解，并饬官警沿途维持至东南大学门前。一面饬将拖车之马卸下；一面向学生切实解说。正反复辩论间，忽有少数学生强拖马车进校。厅长力为开导，始任在场官警将罗买办带至职厅，以便磋商公平办法。时至夜二时，又有学生百余人，到厅交涉。厅长召进代表二十人，露天讨论，学生代表等提出书面质问五条：第一条云：在外交协会或学界后援会、学生联合会未提出具体办法以前，警厅不得擅自处理罗步洲。遂口头答曰：警察将罗买办带厅，系保护人权，维持公安，不顾学生再三拘送同胞至东南大学，致有法庭政府之讥。爱此学校，所以如是护持。第二条云：警察以刺刀、枪杆、皮带向学生乱击，厅长并连索手枪对学生，应如何表示。遂口头答曰：警察具有良知，何曾有以刺刀、皮带乱击学生之事实。彼时我虽未携手枪，如至除莠安良时，一字命令出口，则当场官警便须遵行，何以另要手枪对待爱国学生。第三条云：厅长亲谓事已破裂及不愿东大为大理院审判厅等语，似非和平本旨应负责声明。遂口头答曰：工人与工人，学生与学生意见不同，有愿上工救济者，有不愿上工救济者，罢工既不能一致即是破裂。如不自居为大理院审判厅，何以再三向校内押解同胞，有审讯裁判之形迹。第四条云：各校学生拥罗步洲向外交协会之意，并非东大单独行动，且敝会曾面向厅长声明，不愿拘罗步洲在校。遂口头答曰：不愿拘罗步洲至东南学校，何以强向校内拖拉。第五条云：厅长去后，有自称英国人五辈拦入东大，当由北区警察署带去警厅，应确实调查真相，以免淆混。遂口头答曰：英籍五人，初闻罗步洲到校，故向校来索要。后知罗在厅内，故本来厅索要。不用调查，便知其为英人。学生代表等又要求三事：一、三日内未经学界上海惨案后援会及市民等妥商前，不得放出罗买办。二、三日内和记不得无条件上工。三、救济罢工委员会下关办事处，应由警厅保护安全。等语。经厅长一一应允，时已天明，始各散去。至二日上午九时，据报有和记工人约一千余人，手持布旗，前往东南大学索放罗买办。厅长恐生事端，即至该校指挥弹压。有人告知该工人等，罗买办在厅。该工人等遂经过该校，至十二时到厅要求释放罗买办，气势汹汹，加以闲杂人等，愈聚愈众。复有六英人要求见罗买办一面。允见之后，再四要求开释。厅长未允并让其外出，此时工人等在厅前跪香喊叫，非常纷扰，百般理喻，坚索不去。延至下午六钟余，正与上海惨案后援会代表王治安，翟凤阳、鲁学瀛、华畹商定，约罗同至厅长寓所双方面洽时，该工人等忽拥至厅内，逢物便毁，官警合力制止间，罗已行至寓所院中。不意又有多数工人，绕至厅后门，直扑厅长寓所，少数守罗之警，知难抵抗，遂即闭门。不意由外攻门者人多势众，门已砸开，蜂拥入院。六英人与罗买办皆已参入人群，仓猝纷乱之间，厅长奔至门前，力阻罗等外出，忽被工人拳击右胸，力与抵御时，又被踢右胁及肾部，疼极坐地。少顷据报英人、罗买办等无踪。又据报称：当场捕获工人李汉文等廿五名。而职厅官警受伤者计廿八员名。又查厅内损伤器具计办公室玻璃四块，大客厅风门玻璃四块，格门五扇，圆桌一张，椅子一张。厅长寓所小门击破，大门砸倒，并毁门窗玻璃二块。除饬科将捕获工人李汉文、余安隆、陈起明、高云清、黄秀保、郑广运、张小留子、张小五、秦得胜、沈金寿、刘海山、张风明、罗焕春、黄和尚、杨中心、钟有胜、殷家新、高长会、薛春山、汪隆发、邹协珍、李连珍、王连升、哑叭等廿四名及魏祖武一名计廿五名，分别提案讯取供词，一并咨送江宁地方检察厅，依法讯办，并呈请宣抚使省长核示办法外，理合具文呈报总长鉴核。谨呈

内务总长龚

江苏全省警务处兼省会

警察厅厅长　王桂林

中华民国十四年七月六日

（2）江苏省会警察厅呈稿　（8月）

江苏省会警察厅呈报和记工人事件呈稿

呈为和记洋行争执工资发生冲突经过情形，及下关区署长呈请转呈饬拨相当军队分驻防范，报请鉴核示遵事：本年七月卅一日据下关区署长许桐呈称：本日下午三时接和记洋行电称：今因厂内无货可作，所有各工人应发半月工资，工人要求非一个月工资不可，情势严重，请速派官警维持，以免影响地方治安等语。当即饬该管分驻所三等巡官周书润率同一等巡长梁恩诚、三等巡长吕怀恭、三等巡警赵玉和、韩先海、备补巡警陈子衡等十余人，会同该派出所长警前往弹压，该官警等奔至该行门前，见工人等云：按约计日，应发一月工资。彼时工人有九百余名，英舰陆战队业已登岸入厂，罗买办坚请周巡官进厂力劝工人今日出厂，明日再议，劝后双方争执约三小时之久，各工人方现和缓，且多有出厂者，突因该行洋人驱逐工人，并有将工人殴打者，于是内外工人因此大起纷扰，并扬言外人枪毙三人，打伤十六七人，声势汹汹，忿不可遏。又有二人高叫外人欺辱同胞，警察仍压抑工人，须将打死，纷纷呼打，拳足交加，甚至木棍、铁器等物，仍〔任〕意乱殴，致巡官周书润身受棍伤五处，左眼被铁

钩钩二处，深一寸长宽五分，能否成残疾，尚未可知。巡长吕怀恭右腿受有铁棍伤，皮破伤骨，亦流血如注，巡长梁思诚被殴内伤，吐血数口，巡警韩先海、赵玉和及备补巡警陈子衡、刘金胜等均受棍打轻伤。当时并撕毁巡长梁思诚、吕怀恭，巡警赵玉和、陈子衡等军衣四套，失落长警吕怀恭等铜质佩章六面、佩刀两柄、刺刀四柄。当纷扰乱打之际，该行写字房英人密司克勒克一名，经工会副会长王海潮及工人数名拥上汽车，驰往城内。寻又有工人三百余人驰至商埠街罗买办住宅，在该宅门前请愿。巡警张传灼见人甚多，人声嘈杂，势颇凶猛，当将铁门关闭。并一面向大众劝告。各工人竟将铁门冲开，一拥而进，将该警张传灼一名连同手枪一支，无子弹有皮带，全副佩刀一柄，架至中西旅馆，交由学生提倡国货抵制仇货协进会办事处看管，并将罗宅门内之大厅玻璃纱窗、花盆、包车等物打毁。署长驰往中西旅馆与该办事处之检查队长任云祥及姚尔宽等并工人多名严重交涉，竟将该警张传灼连同手枪、佩刀及皮带等件一并索回，乃彼等互相推诿，坚不交出手枪等件。复经奉军宪兵司令部及警备司令部职员并赴代厅长会同交涉，依然无效。又据第八派出所巡警魏文贵报称：顷值宝塔桥守望时，见工人将周巡官、吕巡长打倒，带去长警数名亦被工人群殴，警亦被打。喊杀喊打之声趋向街市。警因情势紧急，遂将子弹装入械，触动机纽，走火一响，那时警被人打倒于地，曾否伤人故不得而知。合亟报告。等语。署长当饬该管署员赵寿祺前往调查。据称：查见一人受伤倒地，系和记工人徐麻子徐长贵，所受枪伤系在左腿，业经抬往鼓楼医院医治。复经署员前往该医院询问，据受伤人徐长贵云：所受之伤系当时被魏姓巡长枪击等语。受伤之巡官周书润，神志不清，呼吸短促，连同受伤之巡长吕怀恭抬至下关协和医院诊治。经医士在吕怀恭腿部取出新铁片一小块。并查明常川在中西旅馆办事处办事之工人代表系薛发德、李兴旺、李知发、黄金贵、新玉德五名。再查和记男女工人，其数约有数千之众．平素赖以生活相安无事者，全恃此作工以为衣食住之需要。前次罢工期内，尚有学生筹资按名发给接济费，暂可勉维生计。兹该行以缺货停工，既难期开工于何日，更转念接济之未能。似此多数贫乏工人，终日荒荒，将何为继，保无不藉端生事，妨碍安宁。查下关轮船交通商务报盛，往来行旅丛集其间，诚为省垣出进冲要之地，署长身膺斯职，自当随事随时竭力维护。第以警力究嫌单薄，设若此等闲散工人在外遇事生风，妨及治安，扰害行旅，实属防不胜妨，务请转呈军、民两长饬拨相当军队，分住东炮台、宝塔桥、煤炭港等处，严行防范，以维危局。又接北区署长刘焕章呈称：七月卅一日晚六点钟余时，据第一分署员王炳南电报：顷据东南大学请愿，巡长尚仁电称：有下关和记洋行工人五、六人同该行一英人密司克勒者，乘坐汽车来至该校，该工人等以该英人不履行所议条件，及有不法举动，送请该校内外交后援会办理。署员带同官警驰至该校后，见学生宛希俨、吴致民、王恒潜等代表后援会出而接洽。署长闻报，以事关外交，遂约同交涉员署黄主任宗仪即赴东南大学，到时水陆警备司令部副官长陈毅亦已到校，同与该会代表等交涉。是时学生围聚甚众，该工人等参杂其内，莫能分辨。旋经议妥条件，该英人可由警备司令部带去，惟无后援会及工人同意，不能将该英人送回。当由陈副官长、黄主任面允负责，该代表等始允照办。当时赵厅长亦即赶到。该英人随由陈副官长、黄主任及工会副会长王海潮并学生二人同乘汽车送至警备司令部，理合报请鉴核。各等情到厅。当经饬令司法科长郝达仁前往鼓楼医院，讯据受伤人徐麻子即徐长贵供称：年卅四岁，淮阴县人，老家住淮阴闸口地方。家有父亲名耀富，小的出外多年，现时存亡多未知。小的从前在新胜营当兵五年，复又在三十五标当兵二年，小的向住下关宝塔桥和记一号门姊丈段有才家，姊丈与我姊就在和记一号门旁搭盖草篷卖荒饭为生，小的曾在该饭篷照料。于本年三月二号进和记堆货房作工，每月工价钱十六千文。自罢工后，经工会、商会、冷司令调停，每月工价洋九元。于本月十七号进厂作工，当时与该厂人说明工作无多，无论十天半月，按照一月工价计算。本月三十一号下午六钟，各工人下工后，即至和记四号门索取工价。该厂发钱人每工人仅给洋四元三角，各工人不允外出，均将钢种牌放在那里，小的亦将十三号做工牌子已放在厂内。惟时工人均说隔一半天再说，出来工人不少。有许多工人仍在厂内四号门争执。小的闻外国人在那里开了一枪，即回饭店，当时人众纷扰，忽被魏姓大个子巡警，用枪将我腿部击伤倒地。现在医院诊治。等语。当时查验该徐长贵即徐麻子所受伤处，业由医院用布包裹，询据该院张医士声称：徐长贵系左大腿后面受枪弹击伤，穿入口四分余，出口炸伤约四五寸，伊虽神志不清，或不致有大危险等语。复经提讯巡警魏文贵供：年卅六岁，天津县人。现在下关第二分驻所宝塔桥第八派出所充当三等巡警。七月卅一日下午巡值五至八之三十八号守望，适有和记洋行工人因事争执工价，与该行外人争闹，当时周巡官率同长警前往，维时不知因何故被工人将巡官打倒，带去之长警数名亦被工人群殴，警亦被打。喊打喊杀之声趋向街市。因情势紧急，遂将子弹装入枪膛，喊曰：枪弹无眼，大家快散。讵有工人居然奔来夺取枪械，触动机纽，走火一响。那时警被人打倒于地，曾否伤人故不得而知。所供是实。据此。除呈报宣抚使、省长鉴核施行指令祇遵外，所有和记洋行争执工资发生冲突经过情形，及下关区署长呈请转呈拨发相当军队防范各缘由。理合先行据情具文呈请宣抚使、省长鉴核施行指令祇遵。谨呈

苏皖宣抚使兼办江苏军务善后事宜　卢

江苏省长　郑

（3）南京和记洋行报告　（8月）

南京和记洋行报告七月卅一日工人肇事之真象

工人无理取闹，和记并未违背条件，未放一枪，未伤一人。工人不服警察劝导，在煤炭港发生冲突。望大家注意当时真确的事实，勿轻信虚伪的宣传。

本行所办的鲜货，因为罢工的原故十成坏了八成（损失洋一百多万），只有二成能用，所以工作时间不能延长下去。本行初意本想多作二、三百万银子的生意，今年暑期不停厂，继续办下去，无奈所设的各处分庄，受了抵制的影响，不能买货，都已撤回。厂里存货既已作完，新货又不能来，拿什么去工作呢？所以没法想只得停厂辞退职工。有少数不安份的工人，额外强索七月份全月的工资，不准辞退职工，放工时不肯出厂，发给半月的工资不肯拿，哄闹不休。查七月十七号复工至卅一号早晨工作完毕止，共计工作十四天半，当日下午发半个月的工资，本系依照第十一条的规定。第十一条载明：头老、写字、过磅、发筹人等不满一年，不得辞退。工人不满十五天辞退者，应给半月工资，过十五天辞退者，应给工资一月。如因无工作停厂或停一部分之工作，所有辞退职工，不在此例。

诸位想想：他们这种要挟，是不是无理取闹。当时由警署所派周巡官，第十师所派李连长和厂内的工头，向他们宣读条文，一再劝导不要暴动，他们不但不听，反将打蛋用具捣毁，我们见情势险恶，为保全生命财产计，不得不请兵舰水兵到厂弹压。后来他们走出厂去，我们正庆幸没有闹出事来，不料他们到了煤炭港，因不服警察的劝导，殴瞎了警员一只眼，才发生冲突打伤的事情。本行写字克那克因事后乘人力车想回城里的寓所，被他们工人抓下车饱打，架到东南大学去了。这回事我们和记英人及陆战队自始至终决没有放一枪，决没有殴伤一人，务望各界人士注意当时真确的事实，勿轻信虚伪的宣传。

（4）和记洋行克莱斯报告　（8月）

英商和记洋行致英总领事函报告该行工人肇事情形

为报告本厂工人肇事事：本日（即卅一日）本厂正在准备发放半月工钱时，忽闻工人有不服之谣，并要求全月工钱，当时除已发放工人二十余名半月工钱领去后，并通知厂内各部工人领钱时，不幸工人众口一声，要求全月工钱，非达到目的不出厂云。其时系在下午五点，即由英舰豆尔本号派水兵二十名上岸进厂内第四号门，当水兵进厂时，英舰长号令水兵镇静，本厂同人即与商量以稳妥办法驱使群众出厂，舰长即发表意见云：于工人未先行毁坏厂内财产与危及英人生命时，决不用武。嗣即派英弁目二名及印巡三名上楼与工人理论。不料未及登楼，工人即以洋铁箱等物掷下相击，英弁目一名即邀水兵上楼。其时工人见水兵在场，不敢声张，遂驱使出厂。工人出厂之后，即在江边聚群，渐次纷散。二十分钟后，始得本厂第八号门外警察与工人发生冲突之消息，以致有警官一名受重伤，继有警察到场弹压，亦被攻击，警官即号令开枪，以致工人一名，闻饮弹而死，此当时肇事情形也。

和记洋行克莱斯

（5）英舰长斯派尔报告　（8月）

英舰长致英总领事函报告和记洋行工人肇事水兵登岸保护情形。

为报告和记工人肇事，奉示派本舰水兵登岸保护事：查于三十一日下午五句钟，本舰奉示派水兵二十名至和记码头登岸，当由该行副办接见，以现有被辞退工人六百名，因不愿领半月工钱，要求全月工钱，不达目的不愿出厂，尚有多数工人，仍在厂内，遂由副办指导至人群会集之处，系在厂内大堆栈一间，因工人数百聚集一处，难以辨明其已被辞退与未辞退者，并机器厂内亦有聚集多人。当时因副办见问，舰长答以不便用武驱逐工人出厂。万一厂内执事因驱逐工人出厂，而致危及英人生命财产，本舰长自有相当办法保护之。当时本舰长不以进厂为然，惟在厂外守望，以便指挥，遂遣弁目一名，随该行西巡头目及他们西人三名进厂，驱使工人出厂，以便传达消息，复派兵数名把守栈门，以防工人拥入。正布置间，即有省会警察二名到场与工人争论，而本舰长仍整余队未动。续得弁目报告消息，栈内工人不服理论，竟将毁坏机器并攻击进栈之西巡头目以及他西人，遂领一部分水兵进栈，意在以实力驱逐之。到肇事之地点时，则见工人分散出栈而去。又据弁目所报告，当进楼上时即有激昂工人持洋铁箱向其掷击。为自卫计，乃以枪梢回击工人，西雇员亦持武器以抵御，以致被打而无受重伤者，不一时工人遂散。嗣经楼下工人多数出栈后，群聚江边。又得报告，工人拟向厂内接江面水管方面攻击，本舰长遂又领水兵驰往防止，工人见水兵赶到，工人虽激昂险恶，然亦渐次退去，中国警察亦促其速散。本舰长续以厂内外工人确已离去，遂撤回堆栈防守水兵，遣进办公处。复得中国警察于东南门外与工人冲突，因被工人攻击，开枪击死工人一名之消息。本舰长遂出外调查真相，于六七十码内见有工人多名，围绕被击工人，本舰长于下午八点半消差后，仍见该工人一名被击躺卧于门外。移时又得报云：和记西人克勒出厂，途中被击，并被掳去，和记买办住宅被毁，岗警亦被护去云。所有以上肇事，均经随时报告英总领事及中国警察。现厂四周均安靖，本舰长已有准备，遇有暴徒冀图破坏或毁坏机器等情，本舰长自有相当办法防止。本舰长消差后，于八点半由英舰小队少佐接替保护。再者当肇事之际，水兵未开一枪，且只有弁目一名与中国人接近，此肇事时水兵上岸保护之情形也。舰长斯派尔。

〔广州国民政府档案〕

27、外交部为英水兵枪伤和记工人与廖恩焘来往电

（1925年8月）

（1）廖恩焘[1]电　（8月1日）

三十一日下午四钟，英商和记厂因发工资冲突，英舰兵登岸枪伤华工多人，无毙命者。英人克勒受伤非要害送医院。当时警队在场弹压，亦有伤者，情形纷扰。英总领谓伤人系警察所为，学生则坚持英兵所为，一面切实调查，本日先向英总领事提出抗议，谨闻。余函详。焘。一日。

（2）外交部电　（8月3日）

电悉。英馆称：据英领报告：此案因上月卅一日和记发给工人薪资，工人要求全月，不允自十七日起算，抗不离厂，经军舰水兵登陆，将其驱逐，并未发生事故。讵工人离厂时，忽与警察冲突，警察被击受伤，因而开枪伤工人数名。旋有英人克勒乘车出厂，被工人拖下殴打，至学生总会，嗣经释放。此英人情形若何未得详细报告。今得警报：若和记将工人给资解雇，恐再发生扰乱，经据请华官注意云云。核与来电详略不同，究竟英兵是否开枪伤人，暨当时实在情形若何，除电省长外，希查明详晰电部，俾明真相。外交部。初三日

（3）廖恩焘电　（8月6日）

三日电敬悉。和记工人因工作半月，索一月工资，经英兵弁遣散出。旋与中国警察冲突，殴伤警察三名，警察开枪伤工人三名。英兵并未开枪。英人克勒被工人殴伤不重，送医院。学生散布，谓英兵枪伤工人多名毙三人，均非事实。英总领事要求取

---

① 廖恩焘系江宁交涉员。

缔，省长已饬警备司令设法，俾明真相，免内地人民误会。谨复。焘。六日。

〔广州国民政府档案〕

28、河南焦作煤矿工会声援沪案之罢工宣言

（1925年10月22日）

主席委员赐鉴①：

我焦作煤矿工人，自五卅事件发生，痛帝国主义之横暴，与本身深受英资本家之痛苦，即起而罢工，以反抗帝国主义之惨杀，藉谋自身之解放。兹罢工已逾三月，而强顽帝国主义尚挺其外交手腕与贿买媚外军阀之能事，在我焦作则收买工贼，与散布种种谣言，以图破坏罢工。近日外间竟有谓工人已有条件与公司秘密商量。窃敝会自罢工以来，只求沪案之胜利，并未提出任何复工条件，当更无秘密商量条件之举。此种谣言，显系破坏工人团结。即有工贼秘向何方提出条件或商量等，敝会工友全未与闻，当然不能承认。

沪案当有解决之日，我工友自当有复工之时，但自身在英商福公司受数十年之痛苦，所应要求改良待遇，改良生活之条件，此时亦不能不向各界声明。即使沪案解决，而福公司对于敝会工友之条件，未加承认，则我工人誓不复工，非达到最后之胜利不止。尚希全国各界同胞，予以势力与经济上之援助，则国家甚幸，工人甚幸。今将敝会全体议决所要求之条件列后：

第一条　公司须承认工会有代表工人之权。

第二条　公司不得无故开除工人。如因故开除工人时，须先将理由函知工会，得其同意。并不得因此次罢工，托故开除工人或更换工作。

---

①　此件系河南焦作煤矿工会致广州国民政府委员的宣言。

第三条　工人工资，每月在三十元以下者，应增加洋六元；在三十元以上者，应增加洋五元；包工工资；照原有工资另加十分之六；小工工头工资，应增加至三十元。

第四条　罢工期间应照原有工资按日补给，并于复工之先全数发给。

第五条　公司应拨适宜房屋一所，为工会及工人学舍之用，并每月津贴工会经费二百元，学校教育费洋五百元。

第六条　工人应实行每日工作八小时制，日夜工作不停者，应分三班工工作，童工（十六岁以下）每日工作不得过六小时，工资应与成年工人同样工作者一样。

第七条　公司应实行小礼拜制，礼拜日停工照发工资，如照常工作者，须发双薪。

第八条　工人因公受伤，及有疾病者，公司应送医院医治，不取医药费，并须照常发给工资。因公受伤成废疾不能复原工作者，公司应另安置他项轻便工作，或按月发给原有工资。

第九条　工人因公伤而死者，每名公司应给抚恤费洋六百元，因疾病而死者，每名应给抚恤费洋三百元。

第十条　每年年终，公司应发给双薪一月，并每年每人给假期一天，不扣工资。

第十一条　工人婚假一月，丧假一月，均不得扣工资。

第十二条　各节期——国家纪念日，劳动节及春秋节日一应放假一日，年假放十日，均不得扣工资。假期照常工作者，须发夹薪。

第十三条　职员工头工人，一律平等待遇。公司职员工头，不得侮辱与无理责罚工人，以前所有剥削或压迫工人　强索礼物及无端扣除工资与罚工等弊，应一律革除。

第十四条　包工工头，一律取消，由各工作处工人组织委员会，推举负责人，向公司承包，共作分账。

第十五条　公司因事增减工人时，须先得工会同意。又增加工人应由工会劳动介绍所介绍。

第十六条　公司每年应增加工人工资一次，即按第三条所列等项应加之数为比例加以四成。

第十七条　工人在公司作工三月以上，因故辞职或被公司开除者，公司应酌给旅费。

第十八条　各工作处之工头监工出缺时，应由工作处工人及工头中择有经验者补充之。

第十九条　虐待和剥削工人之职员工头及工贼（名单另列）等，公司应一律开除，以平公愤。

第二十条　公司每月应发给工人每名烧煤半吨。

第二十一条　公司应于焦作、王封、李封各处，设工人寄宿舍，以便工人居住。

第二十二条　以上列款，由双方及证明人负责签字后，即生效力。

河南焦作煤矿工会印章

中华民国十四年十月二十二日

〔广州国民政府档案〕

29、汕头税务司报告该市民众反对英日斗争呈

(1925年11月4日)

呈为游民聚众肆意暴动事：窃中华民国十四年七月一日时近半夜　汕头市面多人聚集忽起暴动，冲进悬挂英日国旗之酒店暨铺户，捣毁器皿，损失银物总计不下三万元。适海关泅水匠崔普门奉差在本口　炸起北和沉船，带同侍役一名　寄宿英籍大英酒店，亦遭殃及，被暴徒撞入房内，将所有器具物件任意毁坏，该泅水匠梦地惊觉，几经危境，始得从后门僻巷随同西人救护出险，径奔海关公寓躲避。是时该酒店前门人众围满，声势汹涌。兹事呈凶

暴徒无算，主仆行李银钱，一时概归乌有。事后由前任税务司甘福履驰函本关监督，酌商筹赔。旋准复函内称：当时事变，並非华人抢掠，该泅水匠是否受累，应由税务司呈请总税务司核夺办理。等由。此乃根据汕头工会所称：是晚事变乃由各该店东自行将物捣毁之报告者也。惟该泅水匠所有银物概被毁掠则毫无疑义矣。至该侍役报失银币壹百陆拾元，代理税务司再为研讯，据该泅水匠复称：当日奉差来汕炸起沉船，第恐需时日久，且未知寄宿何所，曾经面嘱该役多带银钱以备日用及包办伙食，並来汕后所得赏号各项，故有此数等语。代理税务司以为所开失单尚足凭信，除前经函致本关监督外所有泅水匠崔普门及该侍役银物被人毁掠各缘由可否酌予赔偿之处理，合另缮失单二份备文呈请鉴核祇候示遵。谨呈

总税务司

附失单二份 〔略〕

代理税务司马多隆

中华民国十四年十一月四日

文案孙宜绳主笔

〔海关税务总署档案〕

二、谈判与交涉

1、外交部报告与使团交涉经过通电

(1925年6月4日)

天津东北边防督办、张家口西北边防督办、南京卢宣抚使，各省督办、省长，承德府都统、张家口都统、归化厅都统：五月三十日，上海各校学生因日本纱厂华工受伤事，在公共租界游行讲演，捕所以武力干涉，捕去学生多名，并开枪击毙学生及路人共二十余人。一日即由本部向使团提出严重抗议，并声明保留，

俟查明详情，再提相当要求。请其电沪领事团将被捕之人，全行释放，就地与华官妥商办理。执政特派蔡督办廷斡、曾次长宗鉴克日赴沪调查，并由本部分电驻外各使，切商各国政府，电令驻华各使容纳中政府之请，期得公平解决。乃续据沪电，本月一日，学生、工人在租界游行，捕房复开枪击毙三人，伤十八人，所有伤毙之人，枪弹多从背入，巡捕无一死伤，显系任意枪击，蔑视人道。本日再向使团提出第二次抗议，促其迅电沪领停止枪击，以免再肇惨祸。特将办理此案情形，电达查照，希宣布。部致使团照会抄寄。外交部。支印。

〔临时执政府档案〕

2、蔡廷斡报告调查沪案经过密呈

(1925年6月)

呈执政文稿

呈为奉令调查沪案经过情形密陈大概，呈请鉴核事：窃廷斡等于本年六月二日奉执政令派税务处督办蔡廷斡、外交次长曾宗鉴，前赴上海查办事件。此令。等因。奉此。当即速装就道，于六月七日行抵上海，惟时沪上戒备森严，群情震动，廷斡等抵沪以后，各界人士纷纷投见，多所陈述，当告以如有目睹确实情形，尽可详细报告，一面督同特派江苏交涉员许沅分别调查，并知上海地方检察厅、上海县知事及淞沪警察厅厅长协同搜集证据文件，以为交涉根据。惟此案原因复杂，而当日事起仓猝，商民惶骇，纷纷逃避，事后人证星散，踪迹湮灭，且事出租界多为中国官厅权力所不及，并有明系死者家属而畏累隐忍不肯实告者，仅就调查所得撮叙大概胪陈钧鉴：查此事发生之始，由于上海日商内外纱厂有殴毙工人情形而起。先是本年三月间，旅沪日本人所设之内外纱厂工人，因待遇苛刻发生罢工风潮，经官商尽力调停，旋就平息。至五月初内外纱厂第十二原料厂，日本人因工人不遵指挥，将为首者开除五名，致激动全体工人公愤，又复罢工。由工人所组织之内外纱厂工会委员会派出代表提出条件，与日厂经理人冈田一再磋商，各走极端。五月十五日晚，有工人数百拥入，该厂守卫巡捕驱逐不散，用木棍殴击，仍不肯退，致厂内日人，厂外巡警有开手枪击毙工人顾正红一名，伤十余人。上海一部分学生，以日厂平日待遇既苛，临时又开枪，致毙人命，有乖人道，愤激异常，二十三日厂工于潭子湾地方开会追悼，有文治大学、上海大学少数学生前往预会，二十四日复往苏州路内外棉纱厂前公开演讲，听者甚众，捕房派捕上前干涉，学生不服，捕去六人，交涉公署闻知即与交涉。旋于三十日上午由会审公堂开庭讯问，将被捕各生交保开释，此事前酝酿之情形也。各生虽开释，而沪上各学校事前闻讯，业已同声愤激，同日集议决定游行演讲，其时尚不知各生有释放之事。是日午后，徒手出发，分组演讲，散布传单，并以租界工部局前此提议之印刷物附律、增加码头捐及交易所注册等案，虽未通过，而六月初纳税西人将开特别会议讨论及此，爰于演讲之际，连类发挥根本反对，行至英租界南京路地方，其地市政厅巡捕房等处英人防卫本严，至是捕房以该生等集会演讲，事前并未具报，向之劝阻，学生不听，群众围集，西捕一再驱逐，旋散旋聚，遂将学生二人逮入捕房，学生演讲如故，续又被逮学生数人，工人多名。于是群众追随麇集于南京路捕房门外，要求释放，路人驻足而观，顷刻之间人数愈众，捕房加派中西印度各捕分途驱逐，并以警棍手杖痛加殴击，众仍不散。捕头爱活生对众宣言，十秒钟内全部人众应完全退散，否则开枪。然当时群众拥挤，十秒钟内万难退散，且声音嘈杂，捕头语言亦不能人人领会。霎时间枪声骤发，连放数十响，当场立毙四人、重伤七人，此外受伤者为数甚众，当分送各医院医治，旋在医院身故七名，计此案当场事后已死者十一名，内有学生四人。至现住上海红十字会总医院中养伤之四人验其受弹情状均由背入。此当日肇事之情形也。三十一日上海总商会开会讨论此案办法，突有学生及工人等二千余人拥至，要求各商店各工厂一律罢市、罢工，副会长方积蕃以事关重大，须待会议公决，而秩序已乱不能再议，致被迫签字罢市。六月一日金融停顿，市面恐慌，兼以众情愤激，遂先后相率罢市，英工部局添调海军陆战队、商团、义勇队等分别布防于南京路附近一带，并架设机关枪。是日南京路、浙江路口有多数学生、工人演说，散布传单，有掷石击碎电车玻璃窗及禁阻人勿乘电车者，西捕始则以木棍手杖乱击，继则以救火车喷水驱逐，此散彼聚，纷扰异常，西捕及外国商团遂开枪轰击，计毙四人伤二十余人，逮捕学生、工人四十七名，解赴公廨，旋即开释。二日潭子湾地方有工人与日警冲突，为日警开枪击毙一人，落水溺毙一人，伤三人。七时新世界楼上有人开枪，伤美国商团一人，该团机关枪伤毙多人。三日普陀捕房击毙罢工滋事工人一人，新闸捕房击毙工人一人，又杨树浦兰路及平凉地方有学生工人等聚众讲演并劝罢市，西捕、印捕驱逐不散，开枪击毙二人，伤数人。四日杨树浦捕房又击毙滋事二人，一人，计自本月一日起至四日止共击毙十一人，其因伤而死者续有所闻，惟至今尚无确数，至随时逮捕之学生、工人，现已陆续讯明，尽数释放，自公共租界罢市以后，继之以华界、法租界罢市。又继之以各处工人罢工，除华界商店经官商对谕旋即开市。法租界以法总领事力主平和，亦照常复业外，其各处罢工人数据上海总工会报告，截至六月十三日止计属于日本工厂者三十九处，约六万三千余人，属于英工部局及英工厂者三十四处，约四万人，属于海员及其他各国工厂者三十五处，约二万七千余人，而属于本国工厂者亦有一万余人，总计十五万六千余人，经京沪各处募捐接济，竭力维持，幸尚无暴动情事。此事后经过及分别调查之情形也。自六月四日以后，公共租界各私立学校捕房陆续搜查，并占据校舍分驻水兵，现据查报有案者，一为上海大学在西摩路，在校男女学生一并被逐出校，名誉校长于右任、校长邵力子均系民党，工部局素所注意，现校内驻有美国水兵数十名；一为同德医学校在麦根路，六月六日被西捕会同美国水兵前往占据扎营，勒令各生立即迁出，现驻美兵三十余名；一为南方大学附属中学部在麦根路，与同德学校同时被美兵占据，校长江亢虎，捕房以其为社会党领袖，谓有过激嫌疑，但检查物件並无证据；一为文治大学，该校闻水兵分占各校后，校内员生即自引避让，现有少数美国水兵驻校看守；一为英文专修高等学校，在静安寺路张氏味莼园原址，被英国水兵占据，学生即悉数迁让；一为大夏大学，在小沙渡路，六月六日被万国商团迫令于三小时内完全让出，现有外国水兵占据，并据该校校长马君武呈报，当时横被压迫，仓猝迁移，所有校具、仪器、图书等物损失不赀，开单呈请交涉赔偿，此皆在租界以内者。又据交通部南洋大学学监胡善继具报本校学生严宽，行经大西路，并未讲演，被捕解送公堂。查大西路地在华界，系工部局越界所筑，此外洋兵携械经行华界之事，日有所闻，据淞沪警察厅长常之瑛具报，遇有侨民经过内地，均饬令岗警，护送出境，幸未发生事故。现在调查租界内外学生罢课人数约在五万左右，此事后闻于学界一部分调查之情形也。窃惟此次案情重大，其远因在积年受外界刺激，蓄愤既深，一旦触发，遂致不可复遏，其近因则如以上所述而会审公堂丧失主权，及印刷附律等案，尤国人所痛心疾首，以故事变生牵连广泛，感情所激，万众同声。廷幹等驻沪旬余，睹商市之萧条，抚人民之痛创，百感交集，心骨为摧，所有先后与驻沪各国领事接洽，及与外交团所派各委员迭次晤商各情形，现已另文呈报外交部察核办理，除将搜集各项证据文件送外交部查核外，所有调查沪案经过大概情形理合胪列密陈，并钞呈调查证据清单，伏祈钧鉴训示。谨呈

〔外交部档案〕

3、外交部关于谈判委员组织电

（1925年6月15日）

外交部来电　（六月十六日）

义使因沪案面谒执政称：使团已训令赴沪委员团授予就地与主要委员讨论解决之权，並决定不令沪领团加入，一面饬知外侨静候办理，俾得从速了结等语。查此项办法系为迅速解决沪案起见，我亦应遴派妥员就地会商办理。本日奉派蔡廷斡、郑谦、曾宗鉴、虞和德与使团所派委员根据事实克日开议，並派许沅随同办理等因。特电达。外交部。十五日。並转驻欧各馆。

〔外交部档案〕

4、京师警察厅关于交涉中断外委返京密报

（1925年6月19日）

据报：○密。沪案交涉，昨乃进行，嗣为条件争执，乃致停顿。在外委方面谓自六条后各条件无权（码误）办理，中委逐条辩论，据理坚持，至无结果而散。六委员已于昨晚返京，形色匆匆，表示谢绝。张学良并派教导团五十人，随车护送。外委既去，人心惶惶，谣言遂因之而起。昨夜沪西一带，尤趋严重。○。皓。六月十九日到

〔临时执政府档案〕

5、蔡廷斡等为外国使团拒绝我国条件中止谈判宣言

（1925年6月）

中国委员会协同公使委员团，研求永久根本解决此次上海惨剧案，深信唯一办法，当将华、洋两方在沪发生误会之各种问题，先行铲除，故特提起数点，如：一、收回会审公廨或另议一定期

限收回。二、改良工人生活。三、华人在租界纳税最多，应加入工部局。此项根本问题，并不违背现在条约，极为沪上华人所渴望。第一次会议时，即向该委员团提出，以备彼方可向公使团请求授与讨论此项事件之权，乃未经照办。在后二次会议中，该委员团表示御责，以引起开枪事件之间接原因，归诸中国官厅。本月十八日第三次会议时，该委员团又称：此项问题，含有国际性质，实无权可以继续讨论，惟有迅速回京，各向公使报告。因此会议停止。中国委员团以国交所关，形势重要，勉力解决，竟不克达圆满结果，深用疚心。特此奉闻。蔡廷幹、郑谦、曾宗鉴印。

〔广州国民政府档案〕

6、外交部关于沪案谈判条件与驻英使馆往来电

（1925年6月）

（1）六月十九日电

外交部来电　（十四年六月十九日到）

沪案十二日由总商会议定办法，由许交涉员向领团提出条件，摘要如下：（一）撤销非常戒备；（二）释放此案被捕华人，并恢复被封及占据各学校原状；（三）惩凶；（四）赔偿；（五）道歉；（六）收回会审公廨；（七）所有罢工工人仍还原职，並不扣薪；（八）工人工作随其自愿，不得处罚；（九）工部局投票权分两项：甲，董事会及纳税人代表会，华洋共同组织，一律平等；乙，真正业主方有投票权，代理者不能享有。（十）制止越界筑路，已筑者无条件收回；（十一）撤消印刷附律，增加征急迫捐，交易所领照案；（十二）华人在租界有言论集会出版自由；（十三）撤换工部局总书记始和，并声明外交部将来对于此案续提条件，应请保留等语。于本月十六日根据上开条件在沪开议，特电接洽。外交部。十九日。

（2）六月二十日电

外交部来电 （十四年六月廿日到）

准上海本团委员电称：使团委员于十八日宣告交涉停顿，当日离返京。十九日准义使来部，面交使团宣言，原文已见各报。本日本团委员在沪发表宣言，全文如下：〔见前〕

（3）朱兆莘电 （6月20日）

沪案十七日、十九日电敬悉。遵经迭向英外部接洽，但远东股长称，十三条未接详细报告，莘将大部电示各条及上海商会来电送阅，渠谓今晨再约谈，其中有数条经驻北京代办电述，认为北京使团无权讨论，须各向本国政府请示。但使团俟再经一度会议始向各本国政府报告。莘请迅电驻华使领尽量容纳。渠答十三条中，如六、九、十、十一等条与本案无关应俟有机会改组上海租界权限问题时，另案提出。莘谓：旧约不合时势者，非速行修改，难免人民再生恶感。渠答：修改条约为它不可免之事，英政府已有觉悟，但十三条连带提出太予人以难堪。莘谓：要求各条，据报载尚有一部份舆论认为太宽，非尽量容纳中政府及商会均无法帮忙，多延一日解决多生一日枝节。渠亦叹息，允于星期一日将全案呈外相考量，然后电驻北京代办等语。谈及报载冯将军〔玉祥〕对英开战愿效前驱之宣言，颇有谈虎色变之惧。在华商务债权如此重大，何敢作孤注一掷。故中国舆论愈激昂，英政府愈畏虑愈谦恭，自知越国鄙远，胜负难知，且不易调大兵与我相见疆场也。渠谓：报载张、冯必出于一战，询将来谁胜谁负。莘答：冯将军已有宣言，不作内争。渠似不信。莘询关税会议约何时可开，渠答：北京政府太不象样，恐不能与开会议。莘以其意见牢不可破，不与驳论。探悉英政府连日与法大使接洽，催法国早日批准华约，议院迭有宣言，英商力加督促，朝野一致，以关税会议饵中国，冀缓和风潮。莘以为英人口吻看不起我国政府，声言须召集各省代表参预会议，越俎代谋，请勿容纳，且开会则列强一致以谋我，此层更须注意。英政府对旧约既有觉悟，似宜以上海流血为新约之代价，勿再让步。列强纸老虎已被华人看破，民气能作后盾，军人愿效前驱，国际地位升高，关键在此。密贡所知敢乞示夺。莘。二十日。

〔外交部档案〕

7、朱兆莘报告英国向日本提出一致对华极密电

（1925年6月26日）

电外交部　（十四年六月廿六日）

极密。顷在日本大使馆探悉英国向日本提议对华事一致行动，于不得已时，请日本就近出兵镇压。日本不允出兵，只允互保侨民，于不得已动兵时，日本将有自保办法，不作被动。英日联盟已成过去，日本对华政策与英无连带关系云云。查此次英日同排，不能谓得计，知彼知己，采近交远攻政策，全力对英，再接再厉，坚持到底，胜算可期，附贡愚诚，伏乞察纳。莘。廿六日。

〔外交部档案〕

8、驻法使馆陈述对沪案三点办法电

（1925年6月27日）

径启者：兹有致国内电文特抄一份寄请查阅。此致

驻英使馆

驻法使馆启

六月二十七日

附一件

沪案发生后，各省民气激昂，向所未有。英报虽诋为排外，然欧美一般舆论亦有认为爱国举动者，可见列强对我近事渐有觉悟。但迁延过久恐生支节。兹拟办法三端，以备采择：一、各省军

民长官化除畛域，联合一气，对内担任保护外人，对外表示一致行动，为舆论之后盾。二密商美政府出任调停，召集第二次华盛顿会议，将前次已决未行各案，限期实行，並修订所有不平等条约，以为根本解决。三群众运动对外须严慎分别，免蹈排外之嫌疑。是否有当，幸垂鉴察。陈箓。二十六日。

〔外交部档案〕

9、朱兆莘关于英工会等认为解决沪案应废除领事裁判权电

(1925年6月29日)

电外交部 （十四年六月廿九日）

工会总干事部暨工党行政部联席议决案如下：中国风潮由于工厂状况不良而起,故第一须即设法助中政府实行工厂管理章程，並提高工人生活；第二须由美国主动速开国际会议，废除在华领事裁判权,此举即借关税会议之机会,提议便合等语。莘。廿九日。

〔外交部档案〕

10、驻长崎领事馆关于沪案与长崎的临时报告

(1925年6—7月)

临时报告 沪案与长崎

长崎与上海，相隔一衣带水，航程二十六小时可达。中日联络船每四日往复各一次，其余日本邮船会社港美线、昌兴公司、联大平洋线、东洋汽船会社各船均寄港，遂为中日交通之孔道。此次沪、汉、粤英侨、英捕、英兵，一月之内迭次枪杀我国人,死伤至二百余名之众，世界人类莫不惊骇。邻邦日本，尤为注意。自五月三十日、六月一日，上海公共租界两次枪击我国人民后，日本公私人员至本馆探听真相者，几于无日无之。吾国侨民尤一致

悲愤。惟英国宣传政策向称巧妙。日本报纸受其蛊惑，每多以讹传讹，指为排外暴动，过激主义等等。本馆既居交通孔道，密迩本国地位，不得不以种种之方法对日声明真相。一面以日本人士之正论传至本国，俾国人认清目标，专力对英。兹将一月以来经过事实暨发出文件汇为一编以当报告云尔。

本馆因沪案应付各方面纪事

六月五日，长崎民友记者原郊月来馆，探询沪案状况暨罢市原因，以益据实告以梗概，由原君笔记，翌日登民友报，其大意如左：

此次罢市之根本原因，决非俄国煽动，实缘英国多年在我国逞其凶威，而以上海为尤甚。故国民郁结已久，试一度插足上海，则其地究属中国，抑属英国，苦难判断，英势力之扶殖，于此可见一斑。又如会审衙门，明明为中国官厅，英人夺而有之。由英国领事夹袋中任命中国裁判官，其他一切实权均归英国，名为共同租界，实则一国掌握，美国仅谋经济的发展，英国确抱政治的野心。此次之举，乃我国识破其横暴，于是学生暨知识阶级，群起抗争，决不受任何外国之煽动，可以一言立即证明。盖英人杀害我国人，始激成此变。在国人未被杀前，绝无何种朕兆也。今中华民国之思潮，方吸收新空气、新日光为贯彻民主政治之大改造，蓬蓬勃勃未可限量，此其思想表现之一端而已。我政府亦已打破软弱外交的旧习，以强硬的态度，为彻底的要求官民一致，以抗强英。然就实际上言之，吾等绝非排斥英人，不过反对英帝国主义耳。

同日译日本法学博士今井嘉幸论沪案一件。呈送外交部（译稿附刊于后）。

六日，留崎学生在片渊町新民寄庐开会，议决援助沪工，並举定徐月波等六人为募捐员，由陆以显来馆报告。

是晚，赴控诉院长、裁判所长宴会于迎阳亭，英、美、法各领事在座，均以沪事相询，英领事斯密启並谓其妻翌日赴沪，不知有无危险。以益告以国人绝非排外，决无危险，斯氏亦以为然。翌日，其夫人果赴沪，十五日安然而归。

七日，长崎县厅外事课大胜芳造来馆，询问沪案，並言即日赴沪。

八日，长崎日日新闻近藤调一长崎新闻柳井春男来馆，询对于沪案意见，当答以声明书正在起草中。

十日，声明书脱稿，即呈外交部一份，寄郭领事一份。（声明书见后）

十二日，将声明书译成日文，发交长崎东洋日之出新闻、长崎日日新闻、长崎新闻、民友极，另寄福冈日日新闻、门司新报、上海日报、上海日日新闻、北京日文周报、华北正报。翌日，长崎各报一律登出。后悉上海两日文报亦照刊。此项声明书並分寄东京外务省亚细亚局、北京日本公使馆，义阪西中将、上海日本总领事馆、长崎县知事各一份。

同日，大阪朝日新闻驻崎特派员川崎荣一郎来馆索取声明书。

十五日，长崎政友会支部长森肇，偕柏田特派员来馆交换意见，柏田系众议院议员，由政友会派往我国调查血案真相，本日过崎赴沪，到馆时适以益往访长崎民友社长西冈竹次郎谈沪案，故森、柏田二君，由本馆书记林中金接见，柏田谈话大意与长崎日日新闻所登相同。

十九日，译柏田特派员谈话一件，呈送外交部。

同日，以益捐助日金拾圆、魏主事锡赓捐五圆，均交高商学生徐月波。据徐君云共捐得日金叁佰五十五圆十七钱，本日交源丰号汇沪。

二十一日译宪政党特派员望月小太郎谈话一件。

二十二日，将柏田、望月二君谈话油印分寄京、津、沪、汉各报，並系以函云，上海日纱厂因工潮伤害顾正鸿〔红〕一案，与沪汉两地英警、英兵屠戮华人，死伤至百余名之案，本属截然两事，未可并为一谈，政府既分别交涉，国民须认清目标，盖情节有轻重之不同，应付亦缓急之宜别。兹有日本政友会特派柏田议员、宪政特派望月总务，于本月十五、十九日先后过崎赴沪调查。兹将二君谈话译寄贵报，希为刊布俾我国人知日政党之对华意见等语。（柏田等译稿见后）

二十四日，北京卢次山寄来对日宣传文三十纸，当为分送各报馆及国民党。又清华学校寄来英文沪上危机（Shanghai Crisis）二十份，当即分送英、美、法、挪、葡、巴西各领馆，长崎外国人俱乐部既西人所设海星、镇西、东山各校、活水女学校及英文长崎报（Nagasaki Press）。

二十九日，中华总商会特开大会，募捐救济上海罢工工人，本馆由魏主事前往列席，议决分三次接济，第一次可拨千元之谱。又接上海万国道德会来函，募捐当即复函，将由商会设法。

三十日，将道德会函转商会，并将道德会寄来"时局和平根本问题"分送商会、时中学校及公余俱乐部。

同时，美领事沙士培利来访，谈及沪、汉、粤案，问有无新消息，並称美国对于华人此种运动极表同情，因向来对于中国绝无野心之故云云。

声明书

述沪案真相告日本人士

上海事件发生以来，已十余日矣。日本人士间有未明真相，误为排外暴动者是不可以不辨，因此举华人既未尝排外，更绝无暴动，暴动者乃工部局及英捕耳。

上海为中华民国之领土，然若一游上海公共租界，则其地究属中国抑属英国，颇难辨别，此日本人士曾赴上海者所共见也。所谓纳税人会之市议会，华人无选举及被选举权。公共租界内之公园，揭示华人与犬不准入内。租界当局待遇主人翁之华人不如待其所豢养之犬。又复蔑视中国政府，违反租界约章，越界筑路，漫无限制。所谓会审公廨者，依据条约，领事仅得为华洋诉讼之陪审官，公廨本体仍为中华民国之初级司法机关。乃英人于宣统三年，无理占领，断绝上诉，表面上虽仍有民国裁判官，而此项官吏系由英国领事委任，公廨成为英领事附属机关。近年中国政府屡次提议收回　彼犹抗不交还，此皆不可掩之事实也。

上海公共租界，名义上为各国公共居留地，然其行政权及司法权，全在英国人之手，其市行政机关之工部局，完全为英人所主持。会审公廨之中，各国领事虽轮流出席，而管理公廨者，英领事也。至于日本人之在上海人数，十倍于英人而所得权利不及英人十分之一。欧战以前，日本人不得为市议员。欧战时，德人议员名额取消，经日本总领事力争，始获以日本人补充。但此项名额仅有四人，发言不生效力。又如日本巡捕，亦欧战后始有，其数限四十人，悉听工部局指挥，毫无实权也。

至于公共租界之安宁秩序，经大不列颠之管理，其成绩又何如乎？白昼抢劫，闹市杀人，既视为固常。吸食鸦片，调戏妇女，则一律放任。久在美德二国研究法律之日本法学士柏田忠一尝作一论刊于上海日日新闻题曰：“上海公共租界者无警察之地也”，公共租界之黑暗腐败即此可以想见。英人每言中国警政幼稚，试问上海华界及内地各都市曾有白昼打劫，闹市杀人、盗贼、折白横行无忌，如公共租界者乎！

此次上海学生之爱国宣传运动，既未违背法律，更不携带武器，英捕竟开枪轰击，一再屠戮，死伤至百余人，其残忍惨酷有过于未开化之蛮人，谓之兽性之发挥可也。吾人为中国自卫计，为东亚和平计，主张将公共租界收回，盖理之所当然也。

虽然公共租界文明之破产，不自今日始也。前年有一号英捕抢劫土行，去年有三十四号西捕，强奸华妇顾吴氏。又有副西捕头英人殴打华人叶乾章致毙，距今数年前有某英人固其幼孩暴毙，竟将佣妇钉死以殉，此等事迹均深印于华人脑筋中。至于沿途殴人、酗酒滋事，则租界中所习见几于无日无之耳。

华人在上海公共租界，受英人种种欺侮，种种压迫已六十年，隐忍复隐忍，直至此次英捕公然开枪击毙多人，仍含垢忍辱未尝以暴力报复。故虽华人死伤百余人，而外国人並无一人被害，可以证明华人绝无排外暴动之事。至其罢工、罢市，不过一种消极反抗，希望工部局之反省，所牺牲者仍华人自身之利益。仍租界当局，不知悔悟，反宣布戒严，调兵遣舰，滥用枪炮，如临大敌，俨然欲以武力立即压服中国及东亚焉。

或曰：中国十数年来，内乱频仍，自相残杀，故招外人之轻侮，是宜先谋安定，徐图对外，此言似具有片面的理由，然未知内乱之真因也。

盖中华民国之内争，乃帝国主义下之副产物。试观军阀、土匪所用之武器，大半由国外输入。而迭次战事均有外人随时煽动，从中谋划。尤以去年英人助陈廉伯，今春英人助齐燮元，两次作乱为最显著。而帝国主义影响所及，足令华人生计困难，道德堕落。例如国家财政陷于绝境，国内贸易不能自保，均系协定关税之害。又如民不聊生，流为土匪，甚至发生前年临城劫车之案，则系治外法权之害。外人既可不受法律制裁，土匪始敢掳得外人居寄。中国政府之统治权，受帝国主义之侵害，致不能完全行使，更何从负责保护，此岂中国之过失哉。最近上海城内，发见大宗阿片贩卖者固中国人，输出地则英属印度也。吾人更引起鸦片战争，割地赔款之旧痛，且联想南洋英属大开烟禁之新猷也。因以上种种情形，华人始大觉悟，知帝国主义一日不去，则中国及东亚一日不安，故欲挽救中国，保全东亚必先解除不平等条约，取消关税协定、领事裁判等等。若夫邻国之日本，则曾经过此种痛苦，自当竭力援助中国，使中国完全恢复其独立，庶东亚永久克保其和平也。况中国与日本有同文同种之关系，居共存共荣之地位，日本对华外交应树特殊方针，若谬与帝国主义者一致行动，则协调其名，服从其实矣。日本还青岛，英不还威海卫，所谓协调者果何存乎？

更有一事，为日本国民所当知者，民国五年以后，上海公共租界屡有排斥日货之示威运动，英人不但未肯取缔，且暗中主使之，则以日本商业发展于中国，有碍于英帝国主义也。此次日本各纱厂罢工，英人忽严重干涉，非有好意于日本，惟恐罢工之波及英商工厂耳，此不可不知也。今日厂华工，值全租界罢市、罢工之际，反有自行复业者，此乃华人深知兄弟阋墙，外御其侮之义，故一改其态度。然则日本方面应如何深表同情，酌量优待，以期中日亲善之实现乎！

总而言之，上海为中华民国之上海，上海亡则中华民国亦亡；中华民国亡则东亚民族危。彼英国之帝国主义派，向以殖民地遍全界自豪，我亚细亚之印度、之缅甸、之马来半岛均为彼所占据矣。今其志非仅并吞中国，实欲征服全亚细亚者也。试问彼在新嘉坡筑军港胡为乎？彼昔年宣传德国欲独霸全球，殆以己度人耳。

噫！亚细亚危矣！非复亚细亚人之亚细亚矣。凡我亚细亚人，可不猛省乎哉！善哉日本法学博士今井嘉幸之言曰："此次运动之起源，由于民族自决思想，其大体发于华盛顿会议，决非无谋之行动。将来此种运动必为常起之事，各国对此若妄视为团匪一流，处以高压手段，出以直接行动，则为吾人所不取。"（见大阪每日新闻）博士评论此事可谓中肯，以益代理馆务，人微言轻，然良知所及，不敢存五日京兆之心，邦交攸关，聊以示两国亲善之意，为此详陈始末，郑重声明如右，惟贤明之友邦人士共垂察焉

中华民国十四年六月十二日

陈以益稿

〔附件〕

日本法学博士今井嘉幸之谈话

（见大阪每日新闻）

此次上海之举动，系学生团体、商人团体要求收回会审公廨，撤废领事裁判，取消西人纳税会等，故其运动非仅为暴动的，盖颇有根底者也。考会审制度根据领事裁判，若取消领事裁判权则会审公廨自无存在之余地。裁判权视被告而定，外人为被告，则其权属于该国领事。华人为被告，则其权仍属本国官厅，此领事裁判之原则也。而会审制度则更进一步，若外人为被告，仍归领事裁判，自无疑义，即华人为被告时，其原告或被害者之该管领事，亦得干与，于是中外裁判官同席审议，是为会审衙门制度，实一种领事裁判权之扩张也。（译者按博士所解释者乃会审制度在条约上之原则，事实上外人得步进步。前清时代，凡原被告均属华人之案件，领事亦辙干涉，已越条约范围。至光复时，英人完全将公廨夺去，今日公廨中之所谓华管，均由英国委任，会审公廨早已名存实亡矣。）故为中国方面计，则其收回会审公廨之要求，自较领事裁判之撤废为更有意义。同时若将领事裁判权撤废，则会审衙门亦且随之而废。至撤废领事裁判之大体方针已在华盛顿会议决定，则目下之要求固有理由，而会审公廨之收回尤不足怪。此项制度之精神，起于一八五八年之天津条约，固非限于上海一地。然上海为华人自觉的气运最盛之地，而会审制度又最触目，则其冲突不可谓非当然之事。其次西人纳税会为居留地之行政机关，上海之居留地分为公共租界与法租界，此二区为上海繁华之中心，即谓为全上海亦无不可。其行政权为居地民之自治制，在各国领事团监督之下，形成一大市制，此自治制之议事机关，即西人纳税会。若将此机关撤消，不啻欲废外国行政权，故总括以论之，则领事裁判及会审衙门之撤废，可作为司法权之恢复。西人纳税会之取消，可认为行政权之恢复。当华盛顿会议之时，虽未言及行政权，而两者撤废之精神，实属同一气运，盖自然之数也。由是观之，此次之排外运动，系对于各国而起，至日本纱厂之罢工，不过为其导火线而已。然团匪事件之排外运动与此次之性质迥异，前者以无智文盲之徒为中心，后者乃智识阶级所为，此次运动之起缘由于欧战后之民族自决思想，其大体发于华盛顿会议，决非无谋之行动，将来此种运动必为常起之事，各国对此若妄视为匪团一流，处以高压手段，出以直接行动，则为吾人所不取。更有进者，日本曾经过此种境遇，则对于中国此种境遇，则对于中国此种运动，尤宜与以十分之同情，此日本及上海资本家所当反省者也。

日本众议院议员政友会特派员柏田忠一之谈话

（译长崎日日新闻）题曰：民族自决之空气横溢于全国

民国之骚扰，渐弥漫于各地。此次余受政友本党之特派为民国时局之视察。余尝居民国历九年之久，冀仗相当之自信下公正之观察，作真相之调查。政友会前此已派倪玉君赴华宪政会，约于本月十八、九日派望月君赴华，望月君之对于民国其造诣当有可观者。余于出发之先，曾与民国留东诸君子交换意见，佥谓此举既非对日，而日本之对于民国，乃以协调之名行追随之实，窃为日本所不取云云。余深韪其说，我国人（日本）偏欲加入旋涡，致受经济排斥，甚至危及侨华日人生命，诚憾事，亦怪事也。余调查民国南方后，拟再北上与民国当局共商善后之策，盖日下之时局决不可轻视，祸因固深，势将持久，总期详细公正加以视察，尤当注意于日人在华之纺绩事业，诚以此项事业，锭数凡一百二十万，资金达二亿圆，一旦偶受打击，其影响于国家经济上良非浅鲜（中略）要之中华民国近时之行动，乃民国人渐向自觉之域，民族自决之空气横溢于全中国，此等空气已显露于种种方面，故对华政策不可不从根本上着想。近来民国学者及学生颇知研究本国文化，而其游学于外国者，尤能洞悉欧洲文明之表里。是以对于宗教方面有非宗教同盟；对于政治方面，有取消治外法权问题；对于经济方面，有产业独立，关税自主运动。此其近因有二：一为欧战后之自觉，知“东方为东方人之东方”之义，而急激抬头；二为外人历来横暴行为之反动力，实根本的问题也。

日本宪政党总务特派中华现状视察员望月小太郎之谈话 （译东洋日之出新闻）

余此行期与民国人士会晤，谋中日二国政治上、经济上之接触缓和，並将我国对华政策真意之所在披沥以告，藉为有色人种结合之端绪（中略）余对于现今中国人之呼号，实抱有满腔之同情，其政界及舆论界最大之要望为恢复国权。自美总统威尔逊提倡民族自决后，此种运动随之愈强，至如上海租界竟禁止华人入公园，尚得谓中国领土乎，宜其悲愤若是耳。为我国计，应先率直容纳华人思想作有理的，同情的团结，而对华观念及政策，不可不为根本上之革新。若我国真能与中俄二国融合协调，则足以对抗白色人种之压迫可无疑义也。（中略）上海事件有俄国从中煽动之说，实属无根之谈，早经弊原外相声明矣。（下略）

中华民国十四年七月二日

代理长崎领事馆务副领事陈以益呈

〔农商部档案〕

11、朱兆莘报告英政府对谈判条约不表态电

(1925年7月)

（1）七月一日电

电外交部（十四年七月一日）

修改条约事，一日洋文电敬悉。遵用口头转达。据称北京使团现正会商，俟妥定办法即报告各该国政府认可始能正式答复。莘恳其电北京英代办表示承认大纲。答称：此事须与列强一致行动，英政府不便先有表示，目前最要者为中政府竭力制止排外举动，保护外侨。英政府已力催法国速批准华会条约，以便早日开

关税会议。但中政府如无力制止杯葛罢工风潮，列强亦不能与全无势力之政府开会议，如会议果开，其十三条要求中有不能与上海惨案同时解决者彼时尽可提出，以待列强公议。莘谓：关税会议尚遥遥无期，为目前计英政府如允电北京英代办表示改约承认大纲为各国倡，中政府认为莫大助力，华人亦感激高谊，商务邦交必多裨益。答驻北京英代办人甚机警，必能就地体察情形，表示善意，是在中政府能否制止风潮，令使团满意。莘谓：欲息风潮莫如先表示善意，承认改约，华人忍耐待时，风潮自息。答允电驻北京英代办表示俟关税会议开会时，他种问题，如会审公廨、工部局投票权等提出讨论谅可副华人期望。莘询对改约问题如何，答中国现状如此纷乱，领事裁判权租界管辖权等万谈不到，关税问题当然可照华会议决案办理。报载美国人主张开第二次华盛顿会议，但据驻北京英代办报告，乃中国驻美施公使所主动，施公使发表意见，已见美报，英政府只知遵守九国条约，在中国开关税会议。不知其他等语。莘。一日。

（2）七月二十二日电

电外交部　（十四年七月廿二日）

外交次长答议员质问案。沪案供证正式报告尚未寄到，将来刊布与否及如何办理，未便发表意见云。莘。二十二日。

〔外交部档案〕

12、朱兆莘关于英外相对在华特权答议员电

（1925年7月）

（1）七月二日电

电外交部　（十四年七月二日）

外相答复议员质问案略谓：取消在华领事裁判权仍照华盛顿会议议决案办理，先派国际委员团调查，无须提交国际联盟等

语。莘。二日。

（2）七月二日电

电外交部 （十四年七月二日）

外相答复议员质问中国提议修改条约案，略谓：英政府现正与关系各国商议一致答复，非俟中政府制止排外，维持治安，尊重外人享有条约权不能讨论改约大问题，亦不便与开关税会议等语。莘。二日。

（3）七月三日电

电外交部 （十四年七月三日）

议员质问外相，是否商同列强，撤销在华租界特别权利，与前待遇土耳其一般。答前经答复类似质问请参考。又议员质问外相，上海巡捕枪击学生，死者由背入是否用新法验尸，其报告是否公布。现北京开议沪案是否得有确实报告。答验尸公开，北京开议系根据各种调查报告。又答复保护英侨质问案，谓：扰乱地方如广州、镇江英国妇孺均护送出境，领事已警告教士，认为危险时，速离内地等语。莘。三日。

〔外交部档案〕

13、关于美国对沪案态度英国不满电

（1925年7月）

（1）朱兆莘电 （7月6日）

电外交部

星期日泰晤士报登濮芝德论文略谓：美国人对华有意讨好，但言行相反，华工禁例其表征也。表示取消领事裁判权，莫先于英马凯条约载明，俟中国法律修明即取消领事裁判权。无如频年内乱，外人生命财产难得保障。故开议取消条约特权，必以中政

府维持治安为前提等语。莘。六日。

（2）外交部致驻英使馆电　（7月7日）

外交部来电　（十四年七月七日到）

三十日电悉。修改条约，部意原拟分国办理，惟现为时势所拘只得相机进行。闻美政府召集第二次国际会议之提议为英政府反对中止，确否密探电复。外交部。七日。

（3）朱兆莘复电　（7月9日）

嘱探英是否反对美召集第二会议事，七日电敬悉。顷与英外部东方股长无意中谈及，渠极怪施公使在美向报界提倡召集会议，此种宣传徒增国际误会有损无益。美国政府决定照华会议决案办理，只有在中国开关税会议之规定而无在美国开他项会议之提议等语。已托议员质问此事。俟答复再电闻。莘。九日。

〔外交部档案〕

14、朱兆莘报告英教会总干事等认为沪案系由不平等条约引起电

（1925年7月8日）

电外交部　（十四年七月八日）

上海英教会总干事鹤京，山东教会大学校长巴密应工党议员之讲演，讲中国风潮，认为非劳工问题乃列强以不平等待中国，多年愤恨所酿成云。莘。八日。

〔外交部档案〕

15、朱兆莘关于英前首相主张对华政策要除旧布新电

（1925年7月11日）

电外交部　（十四年七月十一日）

前首相马丹那演说：中国风潮不过借经济问题作导火线，对

华政策亟须除旧布新，以尊重中国为主。中国为独立国，当有权自理家政，华会产生之关税会议，宜扩充议案范围，不仅工业外交专家列席，须派有远见之政治家赴会，加拉罕在北京用使馆作宣传机关，大为不合等语。莘。十一日。

〔外交部档案〕

16、朱兆莘关于法大使认为非有外助中国不敢排外等情电

（1925年7月15日）

电外交部 （十四年七月十五日）

法大使傅乐猷演说：华人非有外助不敢排外，列强宜一致对华，不仅互保侨民，並共同维持条约权利。非俟中国确能保护外人生命财产时，不可让步等语。俄代办向报界声辩，加拉罕在北京演说，並无反对英国等语。

〔外交部档案〕

17、朱兆莘关于英美法日讨论对华方针电

（1925年7月16—17日）

（1）七月十六日电

电外交部 （十四年七月十六日）

昨英开阁议讨论对华方针，外部两次长亦列席，先审查驻北京英代办报告，使团会议结果，次谈及上海工部局与北京使团争上海权限问题，认为英政府不宜干预，听其互商解决，关税会议主张速开，仍以中国排英风潮终了为条件须扩充议案范围，征求关系各国同意，办理在华领事裁判权仍照华会原案，劝美国一致先派委员团考查，无另开国际会议之必要。莘。十六日。

（2）七月十七日电

电外交部 （十四年七月十七日）

昨法、美、日本大使赴英外部商议，公同对华方针及关税会议召集日期、议案范围等问题，主张列强对华一致行动，关税会议开会之迟早以中政府能否制止排外举动为断，决定训令北京使团向中政府继续抗议。莘。十七日。

〔外交部档案〕

18、朱兆莘关于英外相谈论中国现状电

（1925年7月23日）

电外交部　（十四年七月廿三日）

外相答议员质问中国现状，谓：前星期内各口岸尚无暴动，上海、南京等处罢工势亦稍杀，北京游行示威未成功，但教育部给予学生乘车免票，四出鼓动。四川军阀互斗，英侨已迁避。广东独立不奉北京命令，仍要求交还租界，撤退军舰。张将回奉，冯主排英，英货由包头运蒙古，为冯军所阻，驻北京英代办已提严重抗议。上海公廨审理俄人铎雪，证据不充分，案已注销。但确受俄政府委任，状判驱逐出境。俄医生行贿案仍未讯结。五月三十日沪案如何解决已与关系各国商量，英政府必求各方均得公道等语。莘。二十三日。

〔外交部档案〕

19、外交部关于日使提出八项请转达各使馆电

（1925年7月24日）

外交部来电　（十四年七月二十四日）

修改条约事，十四日使谒见执政，面呈节略一件，内分八项节译如下：（一）谓执政就任内外诸多难件，业已从事国民、关税两会议，将来成功可为忻幸；（二）谓近来○○青岛某派份子煽惑罢工变为对外政治运动，似将以暴力打破现存国际协定及惯例，以致外人被害○○○；（三）谓中国官宪于禁阻暴行中，对于群众运动有加以保护及经费援助之情形，外交总长六月二十四

日来照，欲乘沪案机会向列国提出无直接关系之要求；（四）谓日本曾受治外法权之痛苦，对中国希望不惜予以同情。此次日本损失虽大，仍能隐忍自制谅为洞悉；（五）谓国民正当希望须由正当方法达到，中国政府宜仿日本前例，改善司法以为准备，日本当与各国共同协助；（六）谓此次民众运动杂有破坏现？状目的，为中国计认为有重大危险；（七）谓日本意见应将沪案直接关系事件先行从速办结，次将会审公堂、工部局等问题随地方情形妥筹解决，然后再将法权、关税问题按照华府协定条项及精神办理。至劳资争议可由劳资代表直接商办，並望切实保护外人；（八）谓执政若能依妥当手段次第进行解决，日本当谋诸各国尽力维持。全文邮达，特电接洽，並转驻法、葡、和、意、比各馆。外交部。二十四日。

〔外交部档案〕

20、朱兆莘报告与英友人密商十三条解决办法电

（1925年7月28日）

电外交部　（十四年七月廿八日）

连日与对华好感之英国友人密商解决沪案十三条及修改不平等条约问题，拟向英政府议院及舆论界分途鼓吹，但欲知中国要求最低限度方易著手。一英主张用法律手续调查沪案，报载王、蔡不赞同，政府对此采何方针；二用法律调查中国是否要求派一法官协同办理；三关税会议中国是否即行召集；四中政府对关税会议扩充议事范围，以何程度为满意；五中国现时舆论对华盛顿议决案，关税增加限制及国际委员团调查司法情形两层是否满意；六如对华会议决案，关税加额不满意是否绝对主张关税自由；七如取消领事裁判权，中政府允否设特别法院，聘中立国法律家暂充帮审官，以若干年为限；八修改条约政府是否坚持与沪案要求同时解决，抑充分别缓急办理；九如英政府表示愿与列

强在中国共同解决，中国允否取消单独对英之举动；十沪案十三条要求中，最要者为华人在工部局有投票权及收回会审公廨两条，如英政府表示让步之意，仍候与各关系国商决，华人能否满意，立即中止对英杯葛举动；十一工部局华员限制不得过半数，华人能否满意；十二庚款用途顾问委员会只有两华委员，但英政府允另在中国组织委员会，华人占多数，用途计划由中国方面决定，华人能否认此为友谊的表示，立即中止对英杯葛举动。以上十二项经英国教会总干事鹤京、济南大学校长巴密等来馆密商，允俟探悉中国实在意向即分途进行，以免影响邦交，摧残商务。渠等昨应政府党议员之请在下议院开秘密讨论一次，旋又与工党领袖议员接洽，认为非从中斡旋请愿政府勿失机宜，恐英国在华数十年通商基础从此动摇。因与莘有旧特来密谈，征求意见，乞酌夺电复。莘。二十八日。

〔外交部档案〕

21、朱兆莘为沪案与安格联辩论电

(1925年7月29日)

电外交部　（十四年七月二十九日）

安格联来馆谈及孙前总理因沪案电请援助，谓为老糊涂。又谓：赵尔巽亦受人迫胁加入游行，政界要人赴公园吊祭均不要脸，中国单独排英最不公道，英人岂肯干休，势必有以对付。莘谓：沪案含冤，全国公愤，华人必坚持到底。渠谓：财政上、经济上英国足制中国之途甚多。莘谓：数年来英国何尝丝毫助中国。渠谓：关税会议将开，帮助时机已至。莘谓：二五加税不过开会算一笔账，中国财政非俟修改条约，自定关税率仍无计划可言。渠谓：各省税收不少，何以中央不令解京。莘答：君久任客卿，岂尚不知此等难处。渠谓：段执政绝无权力，其政令不特不出城门一步，城门亦不尽奉行，询中国现在要求目的。莘答：修改条约为唯一目的。渠谓：中国司法腐败，列强岂有将领事裁判权拱手让回。莘谓：

目前最要者为多加关税。渠谓：华会已有议决案，岂能任意加税。莘谓：修改条约后，自有加税自由权。渠谓：中国未学行先学跑，必无效果。莘以其成见太深，姑不与辩，此等客卿不特不能得其援助，英政府聆其论调，于修改条约事反生阻力。谨据实纠参，乞察核。莘。二十九日。

〔外交部档案〕

22、外交部不同意各国司法委员调查及修改条约内容电

(1925年7月)

(1)七月廿九日电

外交部来电 （十四年七月二十九日到）

沪案牒催使团开议又逾半月，尚未确答。近闻伦敦已向法、美、日各国提议，有选派司法委员赴沪重行调查之举。查此案学生并非暴动，早经公廨判决，捕房擅行开枪，有麦伏生供词为证。且经中国及使团派员调查，在沪开议时，对于此案责任並经六国委员承受。若再派员调查，不惟抹杀经过情形，交涉必至延宕，中国政府决难承认，希本此旨向驻在国政府声明，务使沪案得早开议，是为至盼，並电复。外交部。二十九日。

(2)七月三十日电

外交部来电 十四年七月三十日

此次提议修改不平等条约内容，即系前在巴黎华府两会议提出各希望条件，其目的如下：(一)关税自由；(二)撤消治外法权；(三)归还租借地；(四)归还租界；(五)撤退外国军警；(六)撤消外国有线无线电；(七)取消势力范围，此项虽系过去事实，惟因中外所订关于某某地方不割让之条约宣言，至今未正式取消。关于此项条约宣言应予一律废止。再上列七项中国政府及人民所最注意者，厥为关税自由及撤消治外法权，特电接洽。並

转驻法、义、和、比、葡各馆。外交部。三十日。

〔外交部档案〕

23、朱兆莘认为英政府秘不宣布调查报告请速刊布致外交部电

（1925年7月30日）

电外交部　（十四年七月三十日）

外相答议员质问：沪案使团调查报告，经委员全体同意，计期八月中旬寄到，刊布与否不能遽答等语。查英国会八月八日休会，十月复开，外部接到沪案报告秘不宣布，以免议员责难。八日电请将该报告寄英，以便设法刊布，曾否付邮乞电复。莘。三十日。

〔外交部档案〕

24、朱兆莘关于外国报刊反映英商界为沪案受损要求速决等情电

（1925年8月）

（1）八月四日电

电外交部　（十四年八月四日）

捷报上海专电：上海英商会宣布，英货未受杯葛者只余百分之二十，英政府宜速办结沪案，迟恐商务全停。学生运动罢工，政客高唱改约，军阀对外尚称一致，惟闻浙苏奉直一月内或有战事云。莘。四日。

（2）八月十四日电

电外交部　（十四年八月十四日）

泰晤士著论：华人排英商务全停，罢工杯葛，彼此受损。英向

尊重中国主权，武力干涉不成问题，沪案用法律手续调查与各国协商办法，过于迟滞，英在华事业最大，何可事事仰赖他国，宜要求政府自动办理。戈斯福在贵族院主张派一大人物赴华参预关税会议，宜派熟谙华事，誉望素著之员前往考察报告，以资镇摄。莘。十四日。

（３）八月十六日电

电外交部　（十四年八月十六日）

星期日泰晤士报著论：英商界对沪案久悬，指摘政府不留余地，当此危急存亡之秋，以白代办当其冲，何能与之反英运动之克拉罕战，何能与乘机攘夺商务之其他公使战，驻华外交官之卑劣，不能贯彻主张，不能联络列强，以致废时失事，体面商业同归于尽等语。观察报著论：罢工抵制，中英均受损失，前曾建议派一大人物赴华，政府已有意容纳，解决愈迟损失愈不堪问等语。莘。十六日。

（４）八月十八日电

连日英舆论界抨击驻华外交官不能解决悬案。鼓吹派一大人物赴华，有主张派朱尔典者，政府无此意，朱尔典告人老病不能远行；有主张派前首相爱斯葵士者，但此老属自由党，恐难与政府沆瀣一气。英商中国协会主张派枢密院长白福，政府已纳其议，但尚未得白福同意。我国对此如有意见，乞速电示，俾向舆论界宣传。莘。十八日。

（５）八月二十一日电

电外交部　（十四年八月二十一日）

满切斯德报著论：华人抵制英货商务全停，广州赤化更禁英船入口。沪案久悬既不容纳使团委员报告，又不能速办司法调查，自当用外交手续解决。乃日延一日绝无办法，政府实难解咎。沪案罪在英吏，似无可疑，英宜引咎以回复华人感情等语。莘。二十一日。

（6）八月廿五日电

电外交部 （十四年八月廿五日）

实业界要人斯德顿投函泰晤士报略谓：沪案调查应早办，案悬不结而藉口司法调查是为顾全上海工部局面子起见，不惜商务为牺牲。吾与棉业关系密切，故反对此等政策等语。此函与莘谈话结果所写。並闻。莘。廿五日

〔外交部档案〕

25、朱兆莘关于英使密谈中国问题电

（1925年8月3日）

电外交部 （十四年八月三日）

麻使应满切斯德商会之请，密谈中国问题略谓：沪案主因非劳工问题，系少年中国不满意外人势力问题，废除不平等条约呼声日高，旧约实不合时不能不修改，华会议决案加税裁厘惜未实行，领事裁判权须稍让步，刑事案不能受中国法院管辖，民事案可先在通商大埠特设国际法院审理等语。原稿邮呈。莘。三日。

〔外交部档案〕

26、朱兆莘报告向英政府催议沪案及英态度电

（1925年8月）

（1）八月四日电

电外交部 （十四年八月四日）

催议沪案事二十九日电敬悉。适值连日假期，英外相下乡嘱次长代见，而次长约明日见，今日特再访远东股长，力言司法调

查废时失事于本案无补，于感情有损。渠答：司法调查办法已与各国交换意见，事在必行，势难中止。莘谓：调查结果谅与六国委员所查者无异，而各国派兵法官费若干时日，开庭又费若干时日，在此时期中舆论激昂，中政府不负责。渠亦谓：事贵速了，接各方报告，稳健人物亦加入排英运动，殊出意外，但司法调查经各国决定，英国不便忽持异议。莘谓：华人闻英国主张重行调查，易滋误会，咎将谁属。渠答：英国拟请加入中国法官以祛误会。莘仍以迟误无益为言。渠嘱见次长时详加讨论，视有无补救方法。莘。四日。

（2）八月五日电

电外交部　（十四年八月五日）

顷见英外部次长力言沪案重行调查之无益。渠答：此事经与各国商妥，势难作罢。莘谓：重行调查，断难抹杀六国委员调查经过情形，徒使交涉延宕。渠谓：调查非仅在事实並在法律，非此不足以服罪人之心，中国要求直接关系沪案数条非有根据不能开议，其间接关系各条更谈不到。莘谓：华人在工部局有投票权，交还会审公廨两条，上海英商会经向华商总会表示可允，此为十三要求中最重要者，何不先开议，表示好意，华人不平论调可望渐息。渠谓：各国协定对沪案步骤以司法调查为第一步，根据调查审议十三要求中前数条为第二步，沪案直接事件确定办法继议，间接关系各条以资善后为第三步，此时先与中政府开议，有倒果为因之嫌。莘谓：停议恐滋误会中政府不负责，可否省略重行调查手续，以期速了而慰众望。渠答：调查万难中止，当设法表示好意。莘谓：除开议外，无他善法可作满意表示。渠颇以为然，允再考量或可办到一面调查，一面开议。大部是否满意，乞示夺。莘。五日。

（3）八月十一日电

电外交部　（十四年八月十一日）

七日电敬悉。遵经向英外部接洽，适电到时系星期六，日昨远东股长始收到节略，约俟外相考量后约见。今日因法外长在伦敦，外相仍极忙，允下星期内面一次，嘱副外长先见。副外部谓：外相仍坚持重行调查沪案，但允先开无直接关系各条，如交还会审公廨，工部局准选华董事，已电驻北京英代办遵照。莘谓：中政府反对重行调查实无商量余地。渠谓：关系各国均已赞同，派法官调查，若中国不派法官，世界必以为中国畏用法律手续。莘谓：案经六国委员调查，报告证据详备，若重行调查，岂非不信任使团。渠谓：各国派历练法官秉公调查，主持公道，彼此均须遵守。中国如不派法官或禁阻与案有关系之华人到庭，致调查不能进行，均足令世界舆论误会。莘谓：中政府完全信任前报告，认为无重行调查之必要。渠谓：沪案责任谁负，非经法律手续调查不能开议，英国主张调查，只求公道，並无借端推翻报告之恶意，结果或与六国委员报告相同亦未可知，于中国何损。莘谓：悬不结难免人民误会，为恢复感情起见，非速开议不可，若开议后有必需调查之点，中政府亦可就事会查。渠谓：已训令白代办一面开议其他各条；一面调查枪击情，华人当可谅解。莘谓：经各国商洽，中国方面反对重行调查态度坚决。渠谓：调查势难中止。将上述理由电部考量，请勿反对等语。乞速核夺。电复。莘。十一日

〔外交部档案〕

27、朱兆莘关于英议员等对沪案态度电

（1925年8月）

（1）八月六日电

电外交长　（十四年八月六日）

英贵族院议员戈斯福侯爵动议，讨论中国问题，略谓：中国发生杯葛罢工风潮，商场已死，条约亦死，应速开国际会议，中国治安须先维持其商场之大足以救济英人失业等语。枢密院长白福答称：中国最大难题即在无中央政府，中国向来处于主人地位，自理家政，其纷乱情形外人不负责，即以现政府言之，自认为临时政府号令不出北京城门。沪案须公开调查，令中国与列强均满意，但欲与中政府订一办法而能得全国遵行，殊非易易，华盛顿条约即修改旧约，如能实行，中国与列强均有裨益。英对华极表同情，但中国须自统一成立一强固之中央政府，始能使华盛顿条约生效力等语。莘。六日。

（2）八月十三日电

电外交部　（十四年八月十三日）

英议院急进团干事投函星报略谓：华人怨英由来已久，条约束缚，财政垄断，其最难堪者也。中国利用沪案提出要求，俄亦乘机宣传反帝国主义，张伯伦如木人骑马，畏葸不前。为中英邦交，宜速调查沪案並表示允选华董入工部局，交还会审公廨，实行华盛顿议决案，修改种祸条约，另订新约等语。莘。十三日。

（3）八月十四日电

电外交部　（十四年八月十四日）

前在贵族院动议讨论中国问题之戈斯福侯爵欲与莘密谈华事，莘约午餐，渠偕前驻华商务参赞罗斯来谈略述于下：一重行调查沪案。莘谓：中国极端反对。渠谓：反对理由未必充分，但案悬不结，商务受伤，殊为失计；二关税自由。渠谓：列强断难让步。莘谓：华盛顿议决税率增加，限制中国，断难满意。渠谓：比华会再增加若干，必须实行裁厘，並予以保障外货入内地不再加抽。莘谓：关税自由，当然裁厘。渠不信权力薄弱之北京政府能禁各省加抽。莘谓：中政府能自定税率，整理财政，中央自然强固，各省自然听命。渠仍不放心。莘谓：主张关税自由，全国一致，列强不允解放，势难相安。渠谓：列强恐骤加重税，阻碍销路，必不同意。莘谓：不同意是否诉诸武力。渠谓：武力干涉在今日不成问题。莘谓：中国要求解放，不达目的不止。列强如能如欧战以前团体团结，实力充足或能使中国让步，否则华人认关税自由为独立自主国应享权利，坚持到底，列强亦无如何。渠亦恐会议时，对此点相持不下，相与一叹；三治外法权，主张酌订过渡办法，设特别法院，暂聘外国法律家帮审，仿土耳其例请海牙国际法庭审定法官资格送名单交中政府选聘等语。此两人与政府通气，其主张颇有关系。大部如另有意见，乞电示俾驳正。莘。十四日。

〔外交部档案〕

28、中国外交部反对重新调查沪案有关电

（1925年8月）

（1）八月五日电

外交部来电　（十四年八月六日到）

四日电悉。本日英代使来部面称：各国拟派司法委员调查沪案，闻中国表示反对确否，当答以此事前据报纸所传，伦敦有此动议，即经电致驻伦敦代办告以中国政府决难承认。今始闻贵代使言及究竟派员理由安在。渠谓：今非正式谈话，闻此举系因使团委员所调查者尚不充分之故。当告以沪案既经双方派员调查，中国政府完全信任中国委员之报告，余度使团亦必信任六委员之报告，速将双方报告提出开议讨论，则充分与不充分自有公评。现六委员之报告既未公布，而贵国重新认为不充分，延不开议，殊难索解，请迅将中政府之意电达贵政府即将重新调查之议撤销。渠谓：此乃本国政府与各国会商之事，恐去电无效，仍请电朱代表向

政府商办等语。今日晤副外部结果如何，希本上述各节，切商英外部，设法打销，並请其电令即日开议为要。盼电复。外交部。五日。

（2）八月七日电

外交部来电　十四年八月七日到

五日电悉。沪案无须重行调查，理由已详迭电，推其结果无非推翻六委员之报告，或竟藉端延宕。总之，于我不利，目前惟有促其先行开会。至会议时，如有认为必要调查之点，亦可就事会查。若另组织调查而延不开议，中国政府决难承认，派员一层更说不到，仍希查明五日部电切商英政府，请其同意，迅电白代办早日开议，盼电复。外交部。初七日

（3）八月七日电

外交部来电　十四年八月七日到

二十八日电悉。一、英主张用司法手续重行调查沪案决不承认；二、中国既反对司法调查，派员一节自不成问题；三、关税会议中政府依约在北京召集；四、如能在关税会议中商议修改一切不平等条约，中国可以满意；五、中国现时舆论对华盛顿议决关税增加限制及国际委员团调查司法均不能满意；六、华会议决案，关税加额太少，不能满意，中国主张关税自由，即有制定公平国定税则之权；七、取消领事裁判权后，中国政府能否通法庭内聘中立国法律家为顾问官，关于华洋讼事暂行帮审，以若干年为限，似可办理。惟不必设特别法院；八、沪案问题与修改不平等条约有密切关系，时间容有先后，惟不平条约如不修改，则类于沪案之事仍虞随时发生；九、对英举动本系出于人民之自由，如英国能以公道待遇中国，允予修改不平等条约，人民对英自有好感；十、十一、英国如能出以公平办法，工部局加入华董及

交还会审公堂，华人可以满意；十二、庚款用途，英国如能仿照美国办法，表示友谊，中国自可满意。希酌量转复。外交部。初七日。

〔外交部档案〕

29、沈瑞麟关于沪案与日领事谈判签订条件经过情形呈

（1925年8月24日）

呈为上海日本纱厂工潮一案，现经特派员与日本总领事双方签订条件，谨将本案办结情形呈报鉴核事：窃查此次沪案发生之后，工人激于义愤，先后罢工者不下数十万人。为图早日回复原状起见，自不能不迅行交涉，磋议结束。除关于工部局等案，情节重大，应由本部会同特派各大员向使团交涉解决外，其日商纱厂风潮一案，业由特派江苏交涉员商承江苏省长并会同当地官商议定条件，向日领交涉在案。兹准江苏省长真日代电称：日本纱厂风潮一案，据上海许交涉员阳电称：此案经与日本矢田总领事继续议商，为最后之谈判，事前曾与虞会长、张道尹及工商学联合会代表等，讨论妥协，逐条注明修正意见，藉作根据，始往与矢田交涉，历四时之久，结果幸尚就范。计议结条件六条，附则一项，又正式条件外三项。同日又据该交涉员会同邢司令、张道尹、常厅长等阳电称：日本纱厂风潮案，议结条件六条如下：一、工厂俟治安维持确定后，得承认遵照中国政府颁布工会条例所组织之工会，有代表工人之权。二、罢工期内之工资，不便发给，惟对于良善之工人，因长期失职所受困苦，各厂表示怜惜同情，当予以相当之帮助。三、各人之工资，除依照技术进步之程度当然予以增加外，其余应斟酌工人生活情形与中国纱厂协议办理。四、工资向以大洋计算，惟其零数照习惯以小洋交付，以后将零数滚入下期，一律付以大洋。赏金登记工摺者，亦付大洋。五、工厂日人平日入厂，当然不带武器。六、工厂

无故不得开除工人，并留意优待工人。附则一项如下：各厂自有电机者，一律先行开工，其余复工须在工部局送电开始以后。又正式条件外三项如下：一、日外棉纱厂抚恤伤亡洋壹万圆，由日本总领事署送交江苏交涉公署收转，交由上海总商会支配给发。二、内外棉纱厂职员元木等二人，由该厂自动撤换，将办理情形禀由矢田总领事转函特派交涉员备查。三、罢工期内，各厂应给工人补助金，其总数约洋拾万元左右。至如何支配发给手续，另商。上述条件，应否就此了结之处，伏候核定电示，以便即日签订。再日厂方面，深虑复工以后或再有煽惑迫胁罢工情事，希望戒严司令部出示严重取缔。诚恐不久又生纷扰，致条件难以履行，士廉对于强弭罢工及阻挠上工，曾经布告严禁，此次日厂上工，自当重申禁令，切实防护，以维秩序，而保治安。谨代附陈。各等情。除电复：阳电均悉。此次议结条件六条附则一项，又条件外三项，事前既经各方讨论妥协，事后又无发生异议，自应就此了结。希即查照，妥为签订。至复工后，恐有煽惑迫胁罢工情事，拟由司令部重申禁令，以资防护，办法甚是，并希照办。等语译发外，敬希查照备案。并乞代呈。等因。并据特派江苏交涉员电同前情。所有日本纱厂工潮一案办结情形，理合备文呈报鉴核。谨呈

临时执政府

外交总长　沈瑞麟

中华民国十四年八月二十四日

〔临时执政府档案〕

三、北洋政府镇压人民爱国行动

1、内务部通令各省区设法劝导各界免除游行或派军警保护等密电

（1925年7月13日）①

各省督办、省长、各区都统鉴：昌密。奉执政府交下松江国货维持会等宥电一件，内称：沪案起后，血案继生，请通令各省，凡有租界及通商巨埠之处，剀切劝导各界免除游行示威运动。万一不能，请援照直隶天津及福建鼓浪屿之例，临时派武装军警保护入租界，庶惨案可免再生，而交涉范围不致扩大等语。希即查照，参酌办理。内务部。元印。

十万火急。北京段执政钧鉴：五卅惨案影响各地，始而汉口，继而九江，今则祸及沙面，惨祸蔓延愈久愈烈，交涉进行愈烈愈艰。虽咎在对方，而地方文武官吏保护无方，致酿惨变，殊难辞咎。现各地为沪案风起云涌，潮流澎湃，势正无可遏止。万一再酿剧烈巨变，糜烂全国，恐我执政亦难收拾。为特电请火速通令各省大吏，凡有租界及通商巨埠之处，剀切设法劝导工、商、学各界得能免除游行示威运动则已，万一不能免除时，请援照直隶天津及福建鼓浪屿之例，临时由中国大吏派武装军警保护入租界庶惨案可免再生，而交涉范围不致扩大，或可速了，否则血案之继续发现无已时，我执政虽宵肝忧勤，恐徬徨无计也。万急迫陈，词不暇择。松江国货维持会、承志中学张藩、朱树基、周绍康、沈兆熊、邱曾尧等公叩。宥印。

〔内务部档案〕

---

① 此件月份系依据内务部文稿时间。

2、上海学生联合会代表彭腊寿要求恢复被封团体保护爱国自由惩办邢士廉请愿书

（1925年7月27日）

呈为保护爱国自由惩办勾结英日压迫爱国运动请愿事：沪案发生，举国鼎沸，凡有血气莫不发指。自五卅以来，人民知英、日不可以理喻，不作无代价之牺牲，一切爱国运动皆以华界为限，盖以为我国官厅必能保护人民爱国运动也。孰意上海戒严司令邢士廉，竟然昧尽天良，勾结外人，压迫爱国运动，封闭上海工商学联合会、总工会及洋务工会，并捕去办事人员若干名。当此外交紧急之时，交涉胜负全在民气。今上海工人、学生皆以最和平之方法宣传爱国运动，自始至终并无越轨行为。而邢士廉不顾大体，为所欲为，民权何在，国体安存。且当沪案初发生之时，即群情激昂之时，而上海市民犹能谨守秩序，未曾越轨。今距五卅已将两月，群情之胜决无如初之理，即有继续工作亦不过欲保持固有之状态，以免五分钟热度之消耳。今邢士廉为工部局所买，与英人鲁和联名出示，摧残爱国运动，倒行逆施，莫此为甚。我执政爱国爱民，素重舆情，谨恳乾刚明断，迅令戒办邢士廉，恢复被封各团体，释放被捕人员，取消一切戒严令，保护人民自由爱国运动，则朝野一致，外交有望矣。为此谨呈

临时执政

上海学生联合会驻京代表

彭腊寿

中华民国十四年七月廿七日

〔临时执政府档案〕

3、北京学生联合会抗议邢士廉封闭上海各团体并提出七项要求函

（1925年7月27日）

芝泉先生钧鉴：敬肃者，五卅后，国祸愈急，起而救亡，且恨其缓。矧同一国人，一方则奔走呼号，死生置之度外，而一方乃借武装之暴力，肆意蹂躏，此种怪诞之现象，竟发现于五卅惨案肇事地之上海。而压迫群众爱国运动，封闭工商学联及海员各团体机关者，即今日张作霖之部下上海戒严总司令邢士廉。敝会闻耗之余，倍加悲愤。夫在此英、日人蛮横强硬一步不让，而我外交胜败毫不可定之时，国人救国，以为外交后盾，尚忧力薄，而一般年耗国人金钱巨万之各地长官及军人，正宜效死努力，为国捐躯。乃事有出人意外，胆敢犯天下人之大不韪，是种兽行，岂国人痛恨而已哉，即仇人友邦亦且嘲笑而不我齿矣。先生明达，观于此，能不有动于中。敝会于愤极之余，不揣冒昧，谨为先生约者七项，幸望垂察允行：（一）恢复上海被封各团体机关。（二）惩办邢士廉。（三）惩办媚外军阀。（四）取消上海戒严司令机关。（五）通令各地军政长官，不应压群众运动及封闭任何民众团体机关。（六）由政府每星期接济各地罢工工人十万元，至各地交涉完满为止，并请即日速汇十万元至申。（七）请勿任张作霖之部下杨宇霆为警察总监。以上七项，皆系敝会全体公决而急待进行者。兹特派代表进谒崇阶，请示一切，幸祈赐予接见，实深盼祷之至。端肃，敬请钧安。

北京学生联合会敬启

七月廿七日

〔内务部档案〕

4、救国团揭露李景林媚日镇压天津工人罢工罪行呈

(1925年8月21日)

呈为直隶督办李景林残民媚日，捕杀无辜，恳请明令制止，以保命事：缘天津裕大纱厂系日人所开办。平时待遇工人异常苛刻，薪资尤为很少，致工人生活均感困难，更不足仰事俯畜。该工人等迫不获已，遂于八月十一日一致罢工，要求厂主增加薪资，改良待遇。乃不料该厂主一面承认工人要求；一面以电话请军警到厂，以武力压迫工人。当时厂主日人与军警共同开枪击毙工人数名，伤者无算。违法悖理，莫此为甚。乃该厂主犹以为未快，复于同月十六日乘宝成、北洋两纱厂工人开会援助之际，竟勾结李景林，突以三千军警，将工人四面包围，当场被枪毙者数十，被捕者更有千余之多。天津各界联合会派代表六人，往见李景林，要求释放被捕工人，亦被拘押，实属暗无天日，开从来未有之奇祸。窃李景林系封疆大吏，对于人民生命，应如何切实保护。今以欲见媚于日人，竟不惜捕杀无辜，残民以逞，至于斯极。此不独国家法律所不容，亦正义人道所不许。我执政既宣言为国为民而来，对于国家大吏此种乱行，理难坐视。万恳政纲断难，迅明令李景林即日停止此项残民之举，并将死者善为抚恤，被捕者早日释放。庶几民命可全，而国脉可保也。不胜迫切待命之至。谨呈

临时执政段

救国团谨呈

中华民国十四年八月廿一日

〔临时执政府档案〕

5、京兆尹薛笃弼关于李景林防范纱厂罢工经过复呈

（1925年8月25日）

呈为呈复事：案奉钧座罥电内开：据兼直隶省长李景林电称：本月八日，宝成纱厂罢工风潮当经妥为调解。嗣于十一日裕大纱厂工人因受煽动亦有争加工资之举，军警正在维持之际，忽有自称学生联合会及各界联合会多名，啸聚群众五千余人，混入工人之中，当场发纵指示，殴伤厂内警卫及外国技师，并毁坏厂内机器，情势险恶。经由警厅报告，不得已加派警备队驰往保护。该学生、工人等复敢开枪并用铁棍斧刀乱击，以致警长、士兵等受伤者八名，又殴伤日本技师、医士各一名。其余外国技师，竭力抢救出险。此次该联合会代表等以声援沪案相号召，乃竟鼓动工人罢工，其非为声援沪案可知。且雇用乞丐流氓加入其中，又沿途有抢掠情事，其非纯为罢工争资又可知。工人中竟有暗藏枪械武器，不服维持，胆敢行凶，尤见存心为乱。除将当时暴动最著之乱徒十余名，当场拘捕审讯外，其余工人已饬妥为安置。等语。查裕大纱厂系华商集资创办，与沪案无关。而工人争加工资，尤与所谓学生联合会者毫无关涉。乃竟假借名义，煽动罢工，聚众至数千人之多，毁厂行凶，伤害医士、技师，砍伤军警，实属目无法纪。须知我国实业方在萌芽，凡属国人均应同心维护，若如该学生联合会所为，是直以国内之人民摧残本国之生产，结果于沪案毫无裨益，于国际徒贻讥笑。是诚有意扰乱治安，破坏实业，言之殊甚痛惜。现在宝成、裕大纱厂风潮虽告平息，惟念各省区工厂林立，均为国人资产所关，当此人心不靖之时，难保无奸徒从中煽惑觊生事端。特行一体通饬嗣后各省区遇有假借名义，号召罢工情事，应即责成各省地方长官严切制止，其行凶抗拒者即当场捕拿，尽法惩治。再目前工会条例尚未颁布，如有擅用工会总工会各种名目希图构乱者，尤应立予解散，

以靖乱源。此令。等因。奉此。除督饬所属加意防范，遇有上项情事遵即照办外，理合具文呈复，祇请鉴核备案。谨呈
临时执政

京兆尹　薛笃弼

中华民国十四年八月二十五日

〔临时执政府档案〕

6、山东驻京各团体代表团关于张宗昌破坏罢工枪杀爱国人士请一致声讨电

（1925年8月26日）①

北京段执政、广州国民政府、张家口冯督办、河南岳督办、陕西孙军长、浙江孙督办及各省军民长官，各团体、各报馆钧鉴：当此帝国主义者狰狞残暴，向我民族猛烈进攻之秋，凡有血气莫不发指。乃竟有认贼作父，为虎作伥之张宗昌，仰英、日之鼻息，受奉张之指使。初助纱厂残杀青岛工人百余名，继封济南学生联合会，禁止一切爱国运动。近于月之廿九日奉青岛日资本家之命令，武力逮捕工人，解散工会，并枪毙主持正义之新闻记者及教员李慰农。更复多方株连，大兴党狱，通缉大批爱国运动者，为一网打尽之计。吾鲁文明之邦，一变为罗刹之国，暗无天日。呼息不能，亦云惨矣。吾人须知，奉张前此受日本之卵翼后，复勾结强兵，以故凶焰日张，无所忌惮。其残杀民众，压迫民众之举动，虽直接演之于奉系军阀，间接实操之于英、日。故欲打倒英、日帝国主义，必先打倒奉系军阀。时机紧迫，一发千钧，帝国主义者已指挥其走狗，反噬我民众矣。吾民众为国家独立计，为民族解放计，惟有下最大的决心，坚固民众之组织，一致与帝国主义者及其走狗——奉系军阀拼死决一死战。除将张宗

① 此系收文日期。

昌详细罪状另行宣布外，先此电陈，不胜迫切待命之至。

山东驻京各团体代表团公布

〔广州国民政府档案〕

7、叶恭绰报告上海邮员罢工经过情形呈

（1925年8月31日）

为呈报事：本年八月十七日上海邮员罢工，本部接到紧急电报后，即饬令邮政总局迅电上海邮务长，妥速设法早日消弭，以免蔓延。旋于十八日晚间，接上海张道尹暨总商会虞会长等来电，知业已调解，定十九日一律复工。其大略情节当经郑省长于效日电呈执政钧鉴，并分致本部在案。兹谨将此事之始末情形为执政详晰陈之。查此次上海邮局华员罢工，完全为生活程度日高，要求增加薪资起见，与普通大罢工之举截然两途。据上海邮务长多福森来部面陈，当沪上五卅惨案发生之后，有所谓学生联合会代表者到局，坚邀邮员全体加入，下级人员颇为所动。经该邮务长多方劝导，邮员方面均知省悟。而联合会代表犹坚请加入，且有恫吓之语。该邮务长告以邮局系通信机关，为政府设立，与别项工业不同，若一旦停滞，匪特于公众有妨，即现时沪案要闻亦何能通达，该代表等始各谅解，允邮局除外，故沪上大罢工风潮邮局人员未曾牵引。及至广州邮员罢工事起，当局有筹议加薪之意。其时部中已核定新章，凡在次级以下员生及差役人等，悉数增加，全国一致。此项通知已经发出，而沪局人员犹未知悉。遂闻风继起，潜相约定，骤然于是月十七日早，自邮务生、拣信生起以至邮差、夫役等一律罢工。邮局地处英租界北四川路，工部局闻讯即派武装巡捕，并调英国水兵到局弹压。该邮务长以罢工人数众多，恐双方误会，容有冲突或有复演五卅之惨剧。爰向工部局声明，此系邮局内部之事，容易解决，请其将武装巡捕及水兵撤退，以免危险。一面接受罢工人员所提条件以为商榷，计提出

者有七件：（一）组织工会。（二）邮务生薪水自三十五两至二百两，拣信生薪水自二十五两至一百两，信差薪水自二十五两至八十两，杂役薪水自十五两至五十两。（三）服务时间限为六小时。逾限作工，另有条件。（四）养老金普及一切员役。（五）罢工首事各人担保免其惩罚。（六）工会有抵拒不公待遇之权。（七）民国十五年之后，不得录用洋员。嗣经上海道尹张寿镛商请上海总商会会长虞和德出任调停，先议决两条：一系加薪，除照部定新章外，另给特别津贴。一系承认设立会所，惟名目应改为邮员公会，以邮政人员为限。双方承认翌日复工，本部对于上列两项，以上海邮局设在租界，凡下级人员均住华界，生活程度如房租费用等，均与别处较高。公会一节，亦现时通行办法，均即照准。此上海邮员罢工之始末情形也。上海一隅，为华洋商务总汇，不特关系全国，抑且影响全球。幸此次邮员罢工仅有二日，故于本国邮件尚无妨碍，外人邮件第二日晚即先行递送，兹事结束尚属妥速，堪以上纾廑念。惟经过此事之后，将来缩短工作时间，势必多用员役，加以薪资改定新章以及特别津贴，嗣后全国邮政支出项下，每岁骤增巨款约须一百六七十万元左右，本部容当另行筹划抵补方法，俾资维持。理合详叙缘由，呈请鉴核。谨呈
临时执政

交通总长　叶恭绰
八月三十一日①

中华民国十四年九月②

〔临时执政府档案〕

① 此系叶恭绰签字日期。

② 此系发文时间。

8、交通部关于电话生要求加薪罢工经过密电

（1925年10月1日）

北京执政府秘书厅及各部院，盛京东北边防督边，张家口探送西北边防督办、邦办、省长、护军使、镇守使均鉴：昌密。艳电计达。查此次有数局电生受少数不良分子煽惑、以致罢工。经本部分别劝导宣谕，所有沪、汉、徐州、青岛、哈尔滨等局均已次第复工。郑州一局据该监督报告，亦只有少数电生扰乱，日内自可解决。关于该员生薪级章程已着手重行厘订，并通电交通较为便利之局，拟选代表来京，预议在章程未经修正公布以前，并经将各省生活较高，报务较繁之一等电局及转报局，凡办理报务及洋帐各生，先行酌加津贴，其余各局俟章程修正一律另定在案。惟是全国电生数达八千余人，此后年有增加所有原日薪级既经重行厘订，预计每年支出约须增加百万至二百万有奇。电政自开办以来，向恃收入以资挹注，国库别无补助资金。近年度电政收支之状况，艳电业已详述。现在电局按月薪费万分竭蹶，材料尤非现款购办不可。电务员生加薪以后，更不知从何取给。开源既难，猝办节流又所难能计惟有整顿固有收入，方能救济。查每年度电报收入，官军电报实居其半。各省欠费至二千余万元之多，一时自难清偿。然若能将旧欠按月酌还数成，新者勿再蒂欠，在各省不过增毫末担负，而电政一切开支受益匪浅。否则收入益绌，支出骤增，即予加薪，无从支付。索薪风潮势必叠见，仍非彻底办法。拟请贵督理，省长及诸公俯念电报关系军事、政治罢工则影响秩序安宁，务望将上述官军欠费，按月如拟照拨，并拟定清还前欠办法，协助本部，即维持全国通信。临电不胜盼祷，并希见复。交通部。东印。

〔临时执政府档案〕

四、赔偿与抚恤

1、朱兆莘关于英外相谈为沪案已经辞退警长并赔偿恤款等情电

（1926年2月11日）

电外交部（十五年二月十一日）

外相答议员质问沪案略谓：司法委员三人重查沪案虽多数认巡警为无罪，而工部局为交欢华人起见，经接受警长及稽查长辞职。七日同时对受害华人表示歉忱，並送恤款七万五千元，惟北京外交部认为未先商洽，令上海交涉员退回恤款，所有沪案文书及司法委员调查极告，已于十二月二十三日在北京刊布，此事如采忍耐和平政策，必能使沪案发生之恶感，渐归消灭等语。莘。十一日。

〔外交部档案〕

2、五卅惨案烈士家属会要求拨款济急和发还抚恤金函件

（1929年10月—1930年2月）

（1）五卅惨案烈士家属会代表胡长生等代电　（1929年10月17日）

国民政府财政部宋部长钧鉴：前奉外交部青电内开：业已据情函请财政部垫足五万元，俟得复后再达外，特先电复等因。奉此。窃家属等流离颠沛已非一日，既蒙国府俯念民瘼，赐予救济。并蒙允垫五万元，尤为感激涕零。但家属等嗷嗷待哺已久，决难延缓。且天气渐寒，冻馁堪虞。除已另电外交部催促外，特再电恳钧部迅予如数拨下，以救残命，而慰群望，毋任感祷。肃此顺请勋安。上海五卅惨案被难烈士家属会代表胡长生、陈甫才暨全体家属同叩。筱。

中华民国十八年十月十七日

（2）内务部咨 （11月22日）

内务部咨 礼字第二七六号

为咨请事：案查前奉行政院第二七四号训令内开：为令行事。案据江苏省政府钮永建呈称：为呈请拨还五卅惨案垫款，仰祈鉴核事。窃准国民革命军总司令部公函开：准国民政府财政部函开：据前上海总商会会长虞和德呈称：窃五卅惨案发生适值和德忝长商会，综计是案经过，其支出之款除各省暨海外华侨捐助外，所短计由商会垫借及另欠各户计拾壹万数千元。又如丧葬五卅烈士建筑坟墓计四万余元，共计拾伍万数千元。已有商会造具清册，早经呈部有案。此项借垫之款，前政府既允拨而未拨逮。国政奠定，虽屡经呈请钧部酌拨，迄今未蒙惠拨。各债权人以事系和德经手，催迫集于一身，索还急于星火。为此迫不得已，务请钧部俯念五卅惨案关系国家租界主权之重大，与夫影响国民政府外交之胜利，及和德应付之为难，拟请将五卅惨案及丧葬五卅烈士坟墓费先行拨赐五万元，俾偿急欠，而免逼催。务恳迅赐批示祗遵。等情。据此。查上项垫用款项，系抚恤性质，所说先拨五万元一节，应如何办理之处，除批示候转总司令部核转等由。准此。除复函外，查此项费用纯属抚恤性质，不归军费内开支，该会垫付各款应如何拨还，相应录函转达查核办理等由。查五卅惨案为党国运动之基础，此项费用应由中央拨还，以符崇德报功之至意。除函复外，理合转请鉴核，转饬内政、财政部核明拨给，实为公便。等情。据此。除令并分令外，合行令仰该部即便遵照会同财政部查核办理。此令。等因。奉此。当经本部以该总商会垫支五卅惨案各款未据呈报，无案可稽。拟请转饬补具清册，以凭会同财政部核办等情。呈复在卷。兹据该前总商会会长虞和德补呈清册前来。查五卅惨案为救国运动之义举，该总商会借垫款项设法救济，诚足嘉尚，所请先行赐拨五万元，俾偿急欠之处，似应予照准，以示体恤。惟原呈称借垫系由该总商会借垫及另欠各户计十一万数千元，又加丧葬五卅烈士建筑坟墓计四万余元，共十五万数千元。而建筑坟墓费一项，该册并未列入，又未另册具报，究竟可否准予先拨或应如何办理之处，相应检同清册咨请查核见复，以便拟稿念呈，至纫公谊。此咨

财政部

计送清册一本办毕仍请缴还

杨兆泰

中华民国十八年十一月九日

（3）国民政府财政部令稿　（1930年1月8日）

训令　14976

令江苏财政厅

为令遵事：案准内政部咨开：云云至纫公谊。等由。计送清册一本到部。并据上海五卅惨案被难家属代电，为天寒冻馁，祈速拨五万元，以救残命等情。准据此。查此案前准外交部函催饬拨，当经电饬该厅先行借拨一万元应用，并函知虞董事造册，径送内政部核办各在案。兹准咨复以所请先行赐拨五万元，俾偿急欠一节，似应照准，以示体恤。除咨复并函致虞董事转知洽领外，合行令仰该厅长即便查照前案酌量拨付具报察核。此令。

（4）上海五卅惨案被难家属会呈（2月24日）

呈为呈报事：窃各家属自五卅惨案发生以来，延悬四年，冻馁难忍，故于去年春间组织属会，继续请求交涉，讵至岁底仍无办法。蒙钧部拨给壹万元先行救济，固甚感载，无奈家属众多，不敷支配。且家属生计危在旦夕，急不暇择，乃恳请五卅公墓董事虞洽卿、袁履登、成燮春等诸董事，以家属生命为重，迅予向

工部局交涉，将抚恤部分先行解决，业已呈明在案。现是项抚恤金比前加倍增为银拾五万元，已于本年一月二十五日，由上海商会及五卅公墓董事会为证，向工部局如数领到。其支配情形计（一）拨付前上海总商会对惨案代垫款项之一部分。按该项垫款共有拾五万余元，内由三北公司代垫最多，现在三北公司本身困难，且代付重利应先垫还银四万元，候政府拨还商会时再行分配。（二）拨还五卅公墓建筑费借垫款项银壹万元。（三）拨付建筑五卅公墓未曾完备之工程银壹万元。（四）家属方面抚恤部分共得银玖万元。计死者三十二人，每人贰千元。伤者三十人，每人五百元。终身残废者二人，每人五千元。尚有未曾领去之家属，其恤金暂由五卅公墓董事会保管，待日后具实报告与以前调查事实相符者，得觅保具领。属会四年办公经费银二千壹百捌拾五元。各代表奔走四年，生活费银共壹千柒佰拾元。属会以后继续办公费银壹千元。以上各项支配计算透支银叁千捌佰玖拾五元，暂由三北公司代垫，俟政府拨还商会时再行归还。再有死者之中查有无名氏而不知其家属所在者，其恤金决定提充五卅公墓永远基金，由该墓董事会保管生息，将来只准动息不准动本，其利息给看墓人薪工及每年祭扫坟墓等用。日后如有无名之家属来会领取恤金时，由公墓董事会调查确实，然后觅保发给。以上各项支配均由公墓董事会赞同及属会一致议决通过。所有五卅惨案恤金收领及分配情形，理合检同收据副本呈请鉴核备案，实为公便。谨呈

财政部长宋钧鉴

上海五卅惨案被难烈士家属会叩

附呈收据副本　念叁份　〔略〕

中华民国十九年二月二十四日

〔国民党政府财政部档案〕

[二]农 民 运 动

(一)各地响应白朗起义及北洋军阀的剿办

1、徐瑞昌等为白朗起义军得到群众拥护并有学界参加请速加镇压函

(1912年4月)

都督①大人钧鉴:

汝属一带,土匪为害,鲁山尤甚,其惨毒之状,屡经官绅陈明。兹查鲁之现象,更有异日不良之结果。现有主持收服者谓以人道主义,不忍残杀同胞。土匪闻之,自谓得计;愚民闻之,景仰风从。故近日以来,土匪益多,劫寨攻城,较前尤甚,是不可收服者一。民国初定,百端待举,即现有之兵,尚虑饷无所出,安能以经济困难之政府收养多数之土匪?是不可收服者二。有谓与其扰害地方,不如就地筹款以养之,庶免糜烂。然数月以来,鲁民脂膏已被剥尽,凡巨镇、村落焚烧几尽,正有野居之叹!饥饿残氓,以何筹款养此死有余辜之寇仇?是其不可收服者三。土匪素无正性,田令曾于上年七月收匪首姬占先、张金芝等百余名,旋于九月间谋变,杀巡防第二营哨官石耀先,挖眼剥皮,刀割万块;十二月间,又收匪首张建德、冯心诚等百余名,嗣于旧历正月初五日攻击鲁城,屡收屡变,此其明证。今复使全数土匪四千余名,均就范围,能保其恪守军律以终其事乎?倘再有意外之变,谁能驭之?是不可收服者四。其最可虑者,土匪中有学界数人潜谋其间,希图收复后,即以有名之师参与河南政权,是不可收服者

①都督系张镇芳。

五。种种滞碍，难以枚举，而主持收服者，犹且今日会议，明日要求，徒延时日，以增匪势。今试料诸异日，必至守分之残弱老幼尽被土匪杀戮而后可；必至丁壮良民尽为土匪而后可；必至漫〔蔓〕延州县遍于全省而后可。旷日持久，终必酿成尾大不掉之势，将来结果不堪设想。呜呼！周余黎明〔民〕，靡有孑遗，何共和之民，亦罹此辜！谁为为之？孰令致之？此汝属人士所以仰天痛哭者也，亦全省人士所以仰天痛哭者也。大人莅任伊始，心切民瘼，请速设法以拯救水火，杜防微渐，不胜悚惶待命之至。

中华民国元年四月　日鲁山代表徐瑞昌、李景曾、朱从先、赵永年、赵绎、许常年、高文清、许松年、禹汝贤、杨道传同叩。

〔张镇芳档案〕

2、成慎关于许临等地农民支援起义军及镇压办法致张镇芳禀

（1913年3月10日）

都督钧鉴：

敬禀者：团长窃查许、临、襄、郾一带各村寨之居民，富者率多逃走，贫者从中染指。向附近问之，无不畏其威势代为袒护。况查得柏家及河沿一带，各村寨之墙垣房屋内挖有窟窿，作为炮眼者十居八九，其通匪概可想见。更有向系窝匪各村，每日供给匪人饮食，见有面生者，该匪即疑为侦探，必肆其责难。而匪遂以各村为依据，益肆其妄杀，而张其气焰。……察此情形，非将该窝匪各村，尽行剿洗，不足以昭炯戒。团长故于日昨拟定告示一纸，照会各县知事，作速会同赶办清乡。如某村有匪，该村长不先为出首，一经查明，除将该村长枪毙外，余皆处以死刑。并在繁华城镇，将拟定之告示遍行粘布，俾其周知。如该匪有缴枪投诚者，除将枪价照发外，且免其以往之罪，为该匪开一自新之路，以期招徕底线，多获巨匪，而安地方为目的。除将许、临、襄、郾一带情形及剿办手谕禀呈外，谨肃芜禀。敬请

钧安，伏乞垂鉴

第四团团长兼理亲军左右营成慎谨禀

三月十日

附一：填写清乡详册凡例

一、此册为办理清乡标准，各处须详细查填，不得遗漏一户一名。俟造清册一式两份，分别送县存局，由本县会同军队亲诣各处，按册清查。凡本村人未列入此册者，即以匪论，就地正法。查有藏匿匪人者，全家治罪，并罪及首事。

一、此册虽注重剿匪，仍以保全良民为重，如有遗漏，临时经众证明，该漏户并非匪类者，罪坐原查首事。

一、家户号数、以“全村、寨、庄”统计，可由东而西，由南而北，随意编列，并将号数制成门牌，粘贴该户门首能避风雨处，所以免损坏而资调查。

一、各户如有一人为匪者，应将其本名下填明“匪”字。

一、各户有在外雇工者，应在其本名下填明“在某处雇工”字样。

一、一门内居住数家者，则以一家为正户，余为附户填表，例如：第一户有数家同居者，则将一家为正户，填作第一户，家长、弟兄等姓名、年岁、职业；以次填作附户，家长、弟兄等姓名、年岁、职业；照式挨次填写。第一次内附户填完，然后再列第二户门牌内，亦即注明正、附户共几家。

一、家内並无男丁者，即将其年长妇女列为家长，表内注明“无男丁”字样，门牌内亦填明“女儿口，并无男丁”。

一、此册无论本籍、客籍，一律填入。

一、此册造齐送县后，各户如有新增及迁移、死亡、该首事随时注明存局底册内；俟亲诣清册时，先时呈明。

一、此册与先前发之良民、自新各册，并行不悖。所有前项两册仍须按章。

一、此册每年春季汇造一次，秋季补报一次。

一、此次第一期清查关系最要，务各精核详慎〔填〕，毋稍疏忽。统限十日填齐送县，违者查究。

附二：正堂郑视查员第一次应办事件

一、凡该员本视查区内，无论大庄小村，必须一律亲到，按照委任，实力奉行。

二、无论大庄小村，统限十四日催齐。按照定式、将良民自新及清乡详册一并造齐，送县备查。

三、该员每到一庄村，一面令其自行照抄清乡详册式及凡例；一面按照委任，指示各首事。

四、宣布守望清乡意旨。

五、指示各处首事，办理守望清乡及造册方法。

六、督催各庄村即日团起，并指示以互相联络之法。

七、一月以后，本县督队亲诣各庄村按户清查，凡未列入清乡详册者，概以匪论，就地正法，查有匿藏匪人者，全家治罪，并罪及首事。务将此意向众宣示明白。

八、各视察员随带记事簿，逐月照式填写，并将闻见关于地方治乱者，登入附录。五日报告一次，由各处社丁转送总局，满二十日回城面禀一次。

〔张镇芳档案〕

3、王安澜报告官军溃败密电

(1913年4月23日)

特急。北京陆军部、参谋部钧鉴：拱密。电已向都督取索电本待译。顷接驻随县胡团长及李知事报称："团长率部队百五十名攻击天河口，奈该地均系崇山峻岭，贼伏四出，陡冲抗战及五时之久，苦于官兵子弹缺乏，兵力单薄，贼兵凶猛异常，恃用白兵直闯乱杀，官兵支持不住，以是溃败。团长暨所带连排长五六人，均受重伤，兵士受伤十余人，死司务长一人。据掳去士兵称："该匪首名白朗，身着黄衣，老于军务，于释回士兵且给川资。并查受伤兵士系德国快枪……"等情。当经本师飞饬该团固守高城要隘，一面由本师派步队三百押送子弹前往应援；一面电饬襄阳派步队四百人驰往随属三合店等要隘驻守，以防蔓延内窜。应请贵部电饬河南都督迅派桐柏附近队伍兜剿。再查，该匪多系退伍兵士附和其间。专此电闻，并乞指示。湖北第三师师长王安澜。漾印。

〔陆军部档案〕

4、黎元洪为白朗起义军力量强大需联合围剿致袁世凯电

(1913年6月20日)

北京大总统钧鉴：陆军部、参谋本部、开封张都督鉴：拱。据王师长安澜霰电称："顷据覃团长捕获匪探陈光有一名，经澜亲加严讯，供称：小的系匪党白朗所派，并给安家银十两，命扮商人，到南方探听军队情形。以白布口袋为暗记，入党时非有人介绍不收。此次南下共二十余人，并有装卖武者多人。该匪自天河口退后，即窜踞泌阳属别店子山等处，共八百余人，快枪六百余枝，炮四尊，内有山东大个百余人，专用白兵战斗。查此匪现虽往河南，恃有快枪，善走，势仍猖獗。若不尽力剿灭，此缉彼窜，防不胜防，长此以往，鄂、豫人民何堪其扰！拟请转报大总统、陆参两部，无分鄂、豫省界，责成一军痛剿，务绝根株"等情。查随县天河口匪乱，前据王师长报告，系匪首白狼主使，当经电请陆参两部、张都督饬据台〔南〕阳、桐柏、泌阳等处，会师兜剿各在案。兹据前情，系为专一事权，便利行军起见，应否责成一军，抑仍会师兜剿，以免滋蔓之处，应请察核，令饬施行。黎元洪。号印。

〔张镇芳档案〕

5、参陆两部转达袁世凯令各军堵截白朗义军致张镇芳等密电

（1913年6月25日）

开封张都督、许州雷护军使：拱密。奉大总统令：“参谋部转呈王师长安澜皓电：‘白匪倡乱，行同流寇。该军追至宾镇、姚梁一带，匪窜南召、鲁山，深入河南腹地。匪党所掳甚丰，枪械亦伙，并密在各处招募退伍官兵’等语。白匪虽经屡挫，首恶未除，余焰尚炽。仰即责成所部各军队堵截剿办，务使一律肃清，勉续前功，勿贻后患，是为至要”等因。特达。参、陆两部。有印。

〔陆军部档案〕

6、吴家珍关于白朗起义军攻克禹县情形致张镇芳禀①

（1913年6月）

都督钧鉴：敬禀者：六月十五号黎明时，忽闻城内外枪声不绝。惊觉，正拟遣人探视，据巡丁奔告：“刀匪白狼一股，乘开门之际闯入城，随后匪众蜂拥而至，现在南大街抢掠”。职仓卒闻报，局中巡丁只二十余人，分驻四门，不及调回，且毛瑟枪四支，万难御敌。正在布置守防，已有刀匪二三十人，各执快枪，由南街之东径来厘局，撞门而入，巡丁竭力抵御不住。职见事机危迫，当将钤记用布包固，交跟丁孙升、李喜二人，令其逾墙避去，俟事定即回。职即由马号入附近民房暂避。讵料该匪大肆抢虏，将本局征存税厘钱文及衣服用物搜劫一空；临行复将局门罩棚、巡丁房、验货房放火焚烧。职即拟赴县商筹办法，因知事陈令已率勇御匪，且匪人往来梭巡，局门火势已炽，不能前往，只

①此件无年月日。查白朗起义军攻克禹县是一九一三年六月十五日。此件当于十五日后发。

可仍避入后街。而南街枪声如雨，过午不绝。匪复在东南街放火，延烧民房，夜尚未熄，居民纷纷逃避。匪势至日夕时始行南窜。职即回局招集书手、巡丁查点，银钱衣物均已被劫无存；卷宗、照票亦散失过半。局房前半皆被焚毁，当即督率救灭余火。旋闻巡丁报称：家丁李喜在十字街口被枪子穿胁身死。当即亲往查看属实，由职派丁购棺敛埋，插标记认，俟其家来人再由职筹给恤赏。至孙升未见回局，必因避匪远逃，如至夜不归，则钤记恐有遗失。已派人四出寻访，俟查有下落，再行专禀。至此次事出仓卒，商铺不及移避，损失过多；城内居住富家大贾，搜刮殆尽，元气大伤，商贩大失所恃，裹足不前，恐税务实难起色。惟有会县抚恤商户，妥筹安辑，待各街开市贸易如常，局房修整，即行遵章办理。除俟查明卷宗、照票散失数目另禀外，所有职局被刀匪劫去银钱衣物各缘由，理合禀恳都督查考训示。肃此。恭请钧安

禹县厘局委员吴家珍敬禀

〔张镇芳档案〕

7、袁世凯为白朗起义军连攻连捷下令镇压密电

（1913年7月28日）

开封张都督：拱密。据参、众议员王印川等二十六人呈称："白狼破淅川后窜郧，经郧鄂军截击，仍折入邓、淅、镇内之交，贾家寨、李官桥、石佛寺、安皋诸镇相继失守，大有长驱入汴之势。该匪受乱党指挥，希冀非份，倘防御稍疏，或至扰及铁路，于南征大局关系重要。敬恳大总统迅饬豫督调得力军队四面兜剿，务绝根株。并严饬各州县如有造谣倡乱，确有证据者，无论系何党类，均讯明尽法惩治。再，周符麟现无兵队，可否令其招募数营，以资镇慑"等语。即由该督查明所开各节，酌量办理，是为至要。大总统。俭印。

〔张镇芳档案〕

8、张镇芳报告白朗起义军撤出枣阳及释放教士等情电

(1913年10月9日)

特。大总统、参谋部、陆军部钧鉴：顷据张师长锡元等虞电称：白匪于十月六日下午五钟，全力闯出枣阳北城，与豫军鏖〔战〕至晚，匪即向西逃窜。李治云带领支队跟踪追击，赵福汇同五团陈营长留守枣城，会同官绅办理善后事宜。师长亦带领全部跟踪追击。至于枣城被困之美国牧师大小八口，一人未伤，一物未损，完全无恙。其由枣城桐柏所来之美国牧师约人深、宋克敬、文大能、安道克等四人，亦经我队保护进城，堪慰廑念。特此飞闻。张锡元、李治云、赵福汇叩。等情。谨先电陈。仰慰廑系。张镇芳叩。佳印。

〔陆军部档案〕

9、张镇芳报告白朗起义军攻克潢川惩办帝国主义教士等情电

(1914年1月21日)

特急。北京大总统、参、陆、外交部鉴：华密。马电敬悉。潢川失陷后，据赵护军使倜铣电称：十六号至潢川，匪众已向东南窜去。查知城内教堂有三洋人，均行逃匿，倜恐酿交涉，即由民家寻出，问悉美人黎立德肘受刀伤，幸不甚重，其两英人均无恙，堂内稍有损失等语。当即派朱委员正本驰往抚恤，並查被抢各情形，俟得复后，再行电陈。张镇芳叩。马印。

〔陆军部档案〕

10、段芝贵在信阳策划镇压白朗起义军往来电

(1914年1月)

(1)一月二十二日密电

大总统钧鉴：院密。贵廿二辰抵信阳，晤宋参议等，知赵护军使等均尚未到，且未知追贼何所。电报仅通罗山，已派马十余匹往觅赵军，请其前来，以便通筹办法。刻下匪在商州、光、固之间。昨晚今早已电豫督，嘱其严防汝南埠、新蔡县，以免北窜沈、项；並电皖督，严防六安，以防扰皖。並电段总长，嘱其饬吴庆桐一军由黄州进麻城一路，此到信大概情形也。俟赵护军使及各军官到信面商详细办法，如何分防合击，再行电陈，以慰慈廑，除已函电各军官来信就商外，拟请大总统再电饬各军官速来为恳。芝贵呈。祃印。

（2）一月二十二日密电

大总统钧鉴。院密。早间发电，计邀鉴及。刻下各军官尚未到，且未知各军驻所。愚见此股匪徒强悍慓疾，若照现在各军分剿，赵护军尾贼跟追，似非办法。贵到信既已分电皖于颖、寿、六安；鄂于黄州、麻城；豫于新蔡、汝南分防匪窜。然后由赵护军使集合各军作一大枝，即以光山为中心，蹙贼于光、固一带，相机痛剿。如此则光、固不过忍暂时之痛苦，而积年之匪，可以克期就擒。惟现在各军官尚未到，务恳大总统严催赵倜、高文贵、吴庆桐等。即刻迅速前来，就商一切，吴庆桐一军，拟令以一团由黄州、麻城进防，其余巡防队五营，由吴庆桐自带，随同赵护军听候调遣。陈文运马队亦恳大总统催令迅速前来，与赵合军，尤为紧要，愚见如此，是否可行，伏乞训示。芝贵谨呈。祃印。

（3）袁世凯复电（1月23日）

段道军长：拱。祃电悉。豫皖之间，匪正吃紧。各军追剿堵截，皆有责成，遽将各将领调信，似不相宜，望即妥筹办理，派员分往接洽为妥。大总统。漾印。

（4）参陆部致段芝贵电（1月23日）

段军长：拱。奉大总统令：祃电悉，筹画甚为周妥，赵倜正在追贼，未便折回，该军长可即派员前往商酌。陈文运马队已催令日内即开拔矣等因。特达。参、陆两部。漾。

（5）段芝贵致袁世凯密电（1月24日）

大总统钧鉴：院密。参、陆部漾电谨悉。当已遵谕派宋参议玉峰往赵护军酌商一切矣。吴旅长庆桐、高统领文贵，今日均已到信晤面。吴旅长所部，一时集合恐不能遽齐。鄂已另派混成第六团，明日即可到信。拟令暂赴罗山，听候指挥。高军已到潢川。高文贵自带排尾，明后日亦可前往。惟各军均到，无所秉承，而赵护军既未前来，亦未来函，究竟刻下追至何所，匪势如何情形，均未得有确音，大约贵奉命过豫统筹全局一节，赵护军或尚未知也。贵初到信，即电鄂、皖、豫各派队在要隘严防，正欲将外围防堵坚固、留光、固一带，暂令盘踞，然后集合兵力从中痛剿，所谓一隅居民虽暂受痛苦，而积匪不难歼除也。若照赵护军带少数军队、马只二百，步军不过百名，尾追此种流寇，不但匪前兵后，徒令滋蔓，蹂躏地方，且恐逼匪入山，转难着手。因匪本有茶山过年之说也。况外围各要隘，军队尚未布置齐备，驱之入鄂、皖之境，乃势所必然也。若谓驱出豫境便可卸责，则所见左矣。刻下已遵谕派宋参议前往，俟见赵护军后，确知赵军现在何处，匪在何处，距皖、鄂何处最近，然后酌饬高军及混成第六团前往，相机会合皖、鄂，分进合击。正译电间，接到钧电，以各军追剿堵截，正在吃紧，未便调信等因。然高文贵、吴庆桐均在信，混成第六团尚未到齐，至鄂、皖各军甫经调动，尚未到防，所谓追剿堵截，恐只有赵部少数马步二三百人，则无劲旅也。好者高、吴已均会晤，赵处已有参议前往告知，严布外围。集合劲旅，在内痛剿，作为分进合击之法。余俟得各处报告再行续陈。

芝贵。敬印。

（6）段芝贵致袁世凯密电（1月26日）

北京大总统 钧 鉴：院 密。芝贵到信已五日，尚未接赵护军函电，闻其现在固始一带，宋参议玉峰约今日可到。熊文朗所部一团，已饬进驻商城，与鄂之黄安，麻城军队联络，以防西窜。混成第六团已催令进赴潢川。陈文运马队今日自带头队到信，今夜准可到齐，明亦开赴潢川，均听候赵使指挥。已电嘱赵使，令其联合皖、鄂相机痛剿，以期一鼓歼除。昨接豫督转到钧电，以据洋人报告，谓：白狼在内乡、赊旗镇一带，並述南阳一带匪情等因。铁路东之匪，本系窜出之一股，西路老剿仍有匪党蛰伏，自系实情。吴庆桐闻已放南阳镇守使，但其所部在襄阳之一团，並巡防营均零星分驻，不能遽调。据称：在旧历上元前后，可以调集赵福汇之一团，驻扎唐县。唐县距南阳甚近，且距内乡、裕州、赊旗镇等处恰在适中。加之豫省原有之南阳九营，又四营若运用得宜，似可敷用。将来俟铁路东廓清后，即可移兵西来，再办西南。唐县正为适中之点，总司令正可驻此运用一切也。昨又由豫转钧电：准以徐占凤全队填扎洛阳河东，调赵倜全部赴光、固剿匪。並以唐天喜驻京各营开拔沈、项各等因。铁路以东兵力似嫌过厚，将来赵部调到后，似可令混成第六团回鄂。缘鄂经此番调防麻、黄、蕲、罗等处，省城兵力太单故也。是否有当，伏惟训示。芝。宥印。

〔陆军部档案〕

11、内务部为白朗起义军在六安焚教堂惩办教士命各地保护训令

（1914年2月13日）

内务部训令第　号

顺天府

令各省民政长

京师警察厅

二月八日奉大总统令：据安徽都督倪嗣冲电称：豫匪窜陷六安，焚掠教堂，教士奚凤鸣被戕害等语。各国教会在中国内地传教，载有约章，地方文武应尽保护之责，岂容匪徒恣意焚杀，仇及外人，该教士奚凤鸣遽遭惨害，殊深惋惜。著倪嗣冲妥为安置，並将防范不力之员查明参处，以示惩儆。现值土匪乱党勾结思逞，惩前毖后，恐再有此等蛮暴行为，所有各处教堂、教士，著各都督、民政长、护军使、镇守使饬属一体加意保护，毋得疏虞干咨。此令。等因。奉批，合亟转饬遵照。此令。

〔内务部档案〕

12、江汉关监督关于帝国主义企图藉白朗起义时期扩大汉口租界致徐树铮函

（1914年2月14日）

又铮老兄大鉴：顷展大示，只悉智襄贤劳为慰。此间近获机关不少，香帅已斩决十人。陆稷臣已任军政执法处长，武汉可望安枕矣。所虑者，汴省匪尚未平，费我军力有二师三旅之多。昨法使自申来，弟往见面，彼谓：总长不宜久驻汴，宜速回京，其武官高赍德少校且谓：八师及陈独立马队暨拱卫军南调太多，京师及张家口附近，似嫌空虚。彼等所说之话甚为婉转，此不过其要耳。此间有两英报，其英文楚报颇不安分，其访员、其主笔显示左袒。现在拟设法借应酬其他一报，能使彼此辩难庶邪说退避。质诸高明，当以为是。闻汉口外人，又有要求中央推广汉口租界事。以弟所知，如“中央准外人在租界外购地，设立货栈，但须守中国警章”，则此难题，便可打消。因此间商务日兴，租界内货栈，实有无地可容之叹。如能如此通融，外人便无词可藉矣。拉杂奉布，祗叩大安。惟照不荘。弟士源谨状　二月十四日

〔陆军部档案〕

13、陆军部差遣员企图混入起义军进行破活动报告

（1914年2月21日）

差遣员程海峰为报告事：窃于一月十七号奉总务厅长命令，因河南白匪纠众扰乱，到处抢掠，蹂躏不堪。饬即前往该省查看情形，设法暗中缉获等因。奉此。差遣员即选带随人六名，扮作商人，暗带手枪于十八号，即阴历十二月二十三日，由京乘车南下，至郑州下车访查。白狼余党崔占标率领伙匪窜扰驻马店西山一带，肆行抢掠。即于次日早车赴驻马店，暗中严密访悉该匪等。距该站西北六十里吴集、沙河店一带焚抢。正欲前往密访底蕴，乘其人单，设法投入，以便混入白匪股内，相机行事。彼经第二师军队在驻马店南京汉铁路突遇该匪，两相接仗，匪势畏〔？〕，分途逃窜，因而中止，需图别计。即闻白狼得取光山消息时，经确实侦察，白匪不满两千人，枪械不齐，半恃快枪半恃大刀、洋炮者。差遣员随即登车至信阳稍息一夜，次早即催人拉车驰赴罗山，沿途询悉该白狼于阴历正〔十二〕月十五日攻击罗山，当以该县守备甚严，两相攻击两小时之久，未得进城，匪即败走。嗣于阴历十二月十六至三十等日，该白匪连得光山、潢川、商城、六安诸县，并將商城许知事枪毙，尤复焚烧县署……枪毙宦绅，开放封狱，小民尤〔不〕堪设想，种种恶事非行，惨不忍闻。该匪连得数县，虽未久据，搜得枪弹银钱为数甚巨。因之匪势愈彰，以致本地游民无赖之徒，随从者甚多，良民被裹者亦复不少。现在可满马步四千之数，枪械仍属不齐。至该匪连占四县之原因，一由于兵力单微；一由于内外勾合，其中详情谅已早经各县电达钧前。及至罗山访询该匪抢掠四县后，即窜扰叶家集一带，随取道至潢川县，查探情形于前相符。于阴历正月四日始抵固始县，彼经拱卫军熊团长督队在叶家集东五里许与匪接仗。弗料仲

〔中〕其诱敌，该匪掳去机关枪弹以及快枪子弹甚多。熊团长急退回固始县，白狼仍窜扰叶家集一带。此情早经该军详细电知。查白狼获胜后，增加兵力，势难稍缓，随即拟定四人分为两班，扮作游勇，冒死先后投入匪夥，意图在内乘便行事，并侦察一切虚实。头班即差遣员并随员一人，贪夜潜入固始，于阴历正月十三日行至叶家集、霍邱边界地。即入白狼卡兵，被其拦阻，带见其马兵杆头陈海清，经伊详细盘诘，差遣员答云：先系关外胡匪，被兵击散，无容足之地，远闻白爷盛名，故来投降，既死无怨。弗意该匪狡猾异常，乃以南北口音不符，必系民国侦探，不容分辩，周身搜验，意在用刑威吓，差遣员并未稍露破展〔绽〕，幸未损伤，遂即逐出。其后去二人，因未带护照，沿途被熊团长探兵卡回，通知差遣员派人领回。复查白狼每日护从极严，外人不得进前，明击则易，暗谋似难。差遣员奈人单势微，几方设法终未收效果。未便久延时日，即于阴历正月二十六日抵京，理合据实报告，伏乞厅长先生鉴核，不胜待命之至。谨呈

中华民国三年二月二十一号

〔陆军部档案〕

14、参陆两部转达袁世凯令加强镇压白朗起义军等情电

（1914年3月11日）

万急。开封段总长、武昌段都督：华密。奉大总统令："白朗潢池小丑，乘隙蠢动，近日发兵二万人，奔驰两阅月，卒未殄灭。各国视之，大损威信，极为军界耻辱。老河口又生戕杀外人重案，若不迅速扑灭，恐起交涉，牵动大局。宜拔健步壮儿两三支，酌配利器，使力足以当一路。加饷费责令兜剿，严定惩罚，不准因循纵寇，以殄灭此股为目的。又选调马队两三支，与步队相辅进行，使匪不及秘匿。并暗悬重赏，诱其同类，自相攻残，当可早日荡平，望妥筹迅复。近日匪之内容毫无所闻，是侦探太不得。

力。望注意等因。特达。参陆两部。真印。

〔陆军部档案〕

15、白朗起义军在荆紫关张贴之安民告示

（1914年3月15日）

中原扶汉军大都督白，为布告事：照得我国自改革以来，神奸主政，民气不扬，虽托名共和，实励行专制。本都督辍耕而太息者久之，用是纠合豪杰，为民请命。惟起事之初，无地可据，无饷可资，无军可恃，东驰西突，为地方累，此亦时势之无可如何，当亦尔商民人等所共知共谅者也。往岁大军过境，未尝过于伤害，尔商民等输助义饷，似亦粗知大义。大都督深为嘉慰。不料狼心狗肺，以德为怨。迨大军去后，我军士之阵亡掩埋兹土者，乃竟发冢开棺，剥衣焚尸，实属惨无人道。已不以人道待人，而欲人以人道待之，难矣。此次之来，我军士皆痛心疾首，感欲铲除，寸草不留，以泄前愤。经本大都督再三诰诫，始获保全尔等生命，仅焚烧房屋，以示薄惩。夫雨露所以施恩，雷霆所以示威，不有雷霆之威不知雨露之恩，尔商民等当思孽由自作，无徒致怨本大都督为也。嗣后本军过境，尔商民等但能箪壶迎师，不抗不逃，本大都督亦予以一律保护，决不烧杀。仰即通知。此布①。

〔邮政总局档案〕

① 此件系北洋政府邮政总局英文档案中所附之中文抄件。无年月日。该件系开封邮政分局邮务总办意大利籍阿杜能1914年3月31日致北京邮政总局总办法籍帛黎函之附件，並说明系在河南荆紫关所张贴者。又据“商务日报”所刊载之布告是英文译件系民国三年二月十九日。此日期系阴历，即公历1914年3月15日。由于译文，文句则有不同。有的仅录布告之后一部分。此件系中文的原抄件。

16、内务部关于孙文派人与白朗联系及起义军反帝等情训令

（1914年3月19日）

内务部训令　　　第　号

令各省民政长

三月十三日奉大总统令：豫省南阳一带，山麓丛杂，素称盗薮，改革以来，游勇散兵，啸聚尤众，迭经军队剿捕，而地当豫、鄂、秦三省毗连，此击彼窜，迄未尽除。近据豫、鄂各都督等报称：查有海外逋匪分遣党徒凌钺、刘天猛、刘承烈、熊灌香等勾结煽动，授白朗等以司令、都督各名目。并由孙文作书与该匪所派代表窦宪民等介绍，私购军械，分投接济，以致匪焰骤张，残毒愈甚。在皖、豫、鄂边界袭掠城邑……该乱党等侈言共和，口谭幸福，而暗结悍匪，伤残人道，处心破坏，竟至于此。迭经军队追剿溃散，而随处纠合，聚散无常，避实袭虚，蹂躏生灵。前在六安戕伤教士，极堪痛惜。昨据署湖北都督段芝贵电称：匪窜河口，防营卑弱，突入焚掠，戕害那威国费医士，并伤及沙教士，凶悍情形，殊堪发指。该教士等导人从善，遭此惨毒，悯悼尤深。其在河口防范不力之文武各员，著段芝贵查明从严参办，以儆疏玩。所有受伤之教士善为救治，其被害人民一律妥为抚恤。至匪踪飘忽，旋扑旋逃，应由河南、湖北、陕西各都督责成剿匪，各军队协力搜捕，务期尽绝根株，以安地方。并饬该管军官暨地方官，凡属各国教士一律妥为保护，毋任稍有惊扰。此令。等因。奉此。查各国人士遵照约章，在本国境内传教、行医者，各该地方官皆有保护之责。现在乱党敌兵勾结煽惑，若非切实防护，难保不滋生事端。兹奉大总统命令，故责成各该长官严饬各地方官遵照办理毋稍疏忽。此令

〔内务部档案〕

17、统率办事处转达袁世凯令对白朗起义军驻处进行焚毁电

（1914年7月13日）

开封田巡按使、许州王总司令，并速转送赵护军使：华密。奉大元帅训令，匪股由陕入豫，选据各军报告匪破剿拿，业经溃散。乃各处仍时有匪踪出没，……嗣后匪窜入山麓，应分派队伍扼守各处要口，另抽拨精锐支队，多购眼线侦察，随处分报〔投〕搜捕。遇匪巢穴，酌量焚毁，使匪无可掩藏，方便速就殄灭。仰该使、该司令等督饬所属，妥速办理，切要。等因。特寄。统率办事处。元印。

〔陆军部档案〕

18、统率办事处转达袁世凯洗劫鲁山一带农村密电

（1914年7月14日）

开封田巡按使、南阳飞送赵护军使：华密。奉大元帅训令：据田统领作霖电称：鲁北宝南地形远则高山深谷，近则峻岭密沟，形同窑穴天然匪薮。村内妇孺，安如平常，现〔视〕匪如家人，视兵如仇雠。匪在村后，兵在村前，讯之则云：并无匪踪，近已三次吃亏，兵多则弥山耕夫，兵少则周村皆匪。查鲁、宝、郏、伊匪巢，方图〔圆〕不过百余里，方、舞、泌匪巢不过百五十里见方，宜分驻重兵，清乡严洗，俾匪无巢可回，无地可居，匪种自绝等语。豫省匪徒出没无常，至官军疲于奔命，良由盘踞深固，有恃无恐。揭其巢穴，廓清艾夷，则匪失所依据，不难聚而歼之。该统领所陈驻兵清乡办法，不为无见。仰即与赵护军使、匪田巡按使妥商，采择施行等因。特寄。统率办事处。寒印。

〔陆军部档案〕

19、统率办事处令各军在白朗起义军活动地区分路搜索密电

（1914年8月1日）

开封田巡按使、许州赵护军使并转送张旅长敬尧：华密。据王汝贤卅一电称：狼匪狡诈，兵多则散股逃匿，兵少则聚众死战，是以搜捕迄未见效。现已觅雇与白狼素识之妥实土人二十名，作为眼线，酌派敝师干练官兵共四十名，便装入山搜索，另派兵一营，相隔五六里，遥为声援。所有高粱砍伐及严查接济子弹之土棍，均饬入山官长遵办等情。查所拟办法甚是，惟一支太少，应由该使等督饬选剿军队各编一二支，分路搜捕，庶狼匪易于成擒，仰即迅遵办理。等因。特寄。统率办事处。东印。

〔陆军部档案〕

（二）各地农民抗捐抗税及反对占地夺佃的斗争

1、福建浦城建瓯等地因米荒暴动被镇压情形电

（1913年5月）

（1）福建都督致内务部电　（5月18日）

国务院、内务部钧鉴：顷据北路观察使蔡凤机电称：上游自浦城闹米后，建瓯、崇安、松溪相继而起，甚敢鸣锣纠众，抢夺绅富，其故多由匪徒藉端从中煽惑，非将匪首严办一二恐酿燎原，可否电饬营县遇有匪首号召攻劫，按照军法从事，其当场拒捕者格杀勿论。请示前来。查上游一带近日闹米之案，层见叠出，自非从严惩创不足以息风潮，而遏乱萌。拟请嗣后拿获号召攻劫匪首，按照军法惩办，其持械抗拒者，准予当场格杀，是否有当，伏祈电示遵行。福建都督孙道仁、护理民政长江畬经。巧。

（2）孙道仁等致内务部电　（5月25日）

国务院、内务部鉴：顷据延建徐总司令镜清电称：据松溪县陈知事祖谦呈称：聚众闹米迫胁罢市，逼勒减价，每角五管，业经电禀在案。现复由县买米数百石到松，价若八元有余，若依一角五管，每石只得五元有奇，约亏三元，每日约买五六十石应亏一百七八十元，款巨日长无从设法，若不严拿首犯重惩，则刁风益长，地方不堪设想等情。並据该县社员黄雄西、李滋蕃、范绍发等前来面禀，亦同前因。查该县农米之时，並非无米，实藉闹价围攻县署抢劫。刘家坐聚匪徒，暗图起事，皆由浦城要挟之案影响及于十处，若不严拿为首倡乱之人，照军法从事，恐养痈贻患，以至蔓延，地方治安，何能保护，果应如何办理，方足以维秩序而儆效尤。该绅等约在建

热候合亟电请示遵前来。查延建一带，土匪近已藉端四起，防微杜渐，端在事之初生，如该吏令官所陈情状，若不痛加惩办，诚恐势成燎原。用特专电奉达，务迄转呈大总统俯赐批准，严拿首要，照军法惩办，以保治安，是所盼祷。福建都督孙道仁、护理民政长江畬经叩。有。

〔内务部档案〕

2、山东乐安县农民抗税被镇压情形电函

(1914年2—3月)

(1)山东都督靳云鹏电　(2月26日)

大总统、国务院、参谋部、陆军部、内务部钧鉴：据乐安县总务科员王炎电称：各保村庄文契投验已至七分数，惟北乡崇一、二、三保观望不验，二月二十三号县知事王文珹前往祃寺□庄劝谕坐传。讵料一、二保各庄于二十四夜间聚众将知事围困，性命不保，请速委员派兵震压。同时又接急电知事王文珹在北乡催验契被乡民聚众伤害身死，请速委员并派兵惩办各等语。当即连夜派岱北观察使夏继泉、参谋长王学彦带步兵两连、马兵两队，立刻驰往该县严拿首要，按律惩治。如有乱党主使煽惑，冀图起事，即行相机剿办，除业由积炳遴员驰往接署县篆，并将办理情形续报外，谨先电闻。署山东都督靳云鹏、护民政长龚积炳叩。宥印。

(2)胶东观察使吴永函　(3月14日)

内务总长钧鉴：昨据本署科员王文琦称：接家电伊兄乐安县知事王文珹，因催北乡验契，乡民聚众受伤身死等语。查聚众戕官，非常重变，永立即乘德轮上保，时由青岛乘火车至青州驰往查办。除电都督民政长商派陆军前往外，谨此电闻。胶东观察使吴永叩。宥。

〔内务部档案〕

3、山西盂县农民抗办煤厘被镇压经过文电

（1914年3—5月）

（1）山西都督阎锡山电　（3月16日）

大总统、国务院、内务部钧鉴：三月五日据调署盂知事米庭珍来省面称：该县乡民因抗办煤厘验契各项，聚众暴动，请派兵防范等情。当经令派副官董化时带队偕往弹压。去后。嗣据该知事副官等文电叠呈，该乡民沿村追胁聚众日多，执持枪械势欲围城，请派重兵弹压。当即会令内务司长崔廷献暨团长刘文垕带队二连前往，尚未到盂，即于十五日据该知事副官等电称：十三日匪等蜂拥围城，各持抬枪、快枪、鸟枪向各门放击，知事等见匪势众，先在城上用好言抚慰，该匪置若罔闻，放打愈急，下午三钟匪等将东北两门放开，复开枪放打东、西、南门，知事等万不得已只有开枪抵御，击毙四十余人。该匪始行退散等语。查该县民情素悍，在前清时代叠次聚众，上年因抗办民警学堂等项，聚众焚抢县议长季华龄房屋一案，经由会派中路观察使朱善元查办，並将肇事之乡约社首杨培玉、张公保二名送交地方审检厅，按法惩办。甫经数月，乃复有此次抗捐之举，並持有抬枪、快枪，意图破城，诚属愍不畏法，显有匪徒从中煽惑。地方多事，不可不预为防范。现已电饬该司长等严拿首要，解散胁从，妥办善后事宜，以保治安。豫晋毗连，匪氛未净，恐远道传闻失实，特先电闻，以纾廑念，余续呈。山西都督阎锡山、民政长陈钰叩。铣。

（2）山西都督阎锡山呈　（5月20日）

为呈请事：案查前据调署盂县知事、怀仁县知事米庭珍来省面称：盂县乡民因抗办煤厘验契各项，聚众暴动等情，当经锡山派副官董化时带队偕往弹压，並经会令内务司长崔廷献暨团长刘文

垦带队前往，尚未到盂，即据该知事等电称：乡民围城，并开枪抵御情形，曾经会电呈奉大总统令饬从严惩办，仍将善后事宜妥为办理等因。由参、陆两部电令遵照在案。嗣因内务司长崔廷献另案奉令免官，复经另委中路观察使朱善元前往查办。兹据呈复查明盂县聚众一案，始因前次该县乡民杨培玉、张公保等商同把持煤厘，并迫胁铁炉窑户一律罢工，聚众滋事。经米知事调署到任查明，将杨培玉、张公保拿获解省讯办，而前次同谋聚众之王从新纠集二十二堡，正拟定聚众要挟，索回杨、张二人，並抗煤厘验契，禁种烟苗等。事先聚众于台子梁，复集议于风波寺，经米知事驰往劝导，业已解散。有北乡椿树底人梁正全者绰号铁头大王，面向王从新诘责，王从新复编发传单，于三月十号在风波寺聚集数百人，至清城镇供勒粮食，并迫胁同行，不从者勒罚烧房，民莫敢抗。计勒该镇供米二石八斗余，次日至元吉堡勒索如前，並索科长张觐丹欲与为难，幸其弟饰词得免。是日勒供米八石有奇，复胁迫同至乌玉、乌沙等村勒供米十石余。十二号率众至城关，因大雪分往城南三义庙及火神庙庙巷村等处。十三号上午遂蜂拥围城，约五、六千人，西门人势最众，多持木棍器械，间有持抬枪、鸟枪者，米知事登城劝谕，並掷白话信二件，暴民等置若罔闻同声要献出知事、绅士，势甚汹汹，並有以鸟枪瞄击米知事情状。米知事遂退回县署。查米知事于十二日晚间以事机危迫，曾给副官排长咨文内称：该土匪等业经聚集城下，倘在蜂拥而进，即请督队格杀，本知事负完全责任等语。当米知事回署时，稽探队及巡警分驻城上，副官、排长、警长及厘金委员来往其间，城下暴民众多，肆口詈骂，西门下有人先向上开枪，兵警等开枪还击，倒毙多人，並将梁正全登时拿获。又有由外城小北门底空处钻入捣毁锁链，拥至城内东门口攻闹，复经击散。又有从小南门城墙塌陷处扒进，将小东门、小南门扭开齐扑，东门口见已击毙数人，遂纷纷散去。计城下登时击毙者六十四人，内由乡民舁回掩埋者十六人，当时验明尸身者实系四十八人．又因伤逃回身死者十二人，计共七十六人又受伤者一百二人，所遗抬枪十杆，查系掠取三官等庙内团练局旧存器械，验明尚无施放痕迹。王从新聚众胁迫有传单存卷可查。至东关铺户十三日滋事之时均各闭门並无被暴徒抢掠，暨用干草焚烧情事。米知事十七日报呈未免张夰其词，言过其实，经职使督同随员康克明分赴城乡，确实调查搜查证据，理合据实呈请鉴核等情。呈复前来。锡山等伏查盂县民情素悍，在前清时代即叠次聚众，此案滋事原因，实王从新、梁正全纠合各堡正藉索杨、张二犯，並抗收煤厘验契及禁烟功令胁令蚩蚩之氓，竟敢暴动围城，其首要王、梁二犯，经米知事先后拿获在案，米知事对于此案，迭次赴乡劝谕，业经解散，该暴民等仍无理要求，散而复聚，公然暴动。查验契禁烟通国遵办，关乎统治大纲，该犯王从新等意图违抗，强暴迫胁，殊属不法，至敢聚众围城，先行开枪，破毁外城门锁，拥入内城，並掠取团练局抬枪暨向乡民勒索供应米石，危及社会，实同土匪行为，据供先行开枪抗拒，是其紊乱国宪罪已成立，王从新等肇衅殃民，酿成巨案，为此案首要，既经获案，自应讯取确供，尽法惩办，以昭烱戒。米知事当暴民围城之时，一再谆谕，均难情喻理劝，並有暴民以鸟枪描击始退回公署，极形危险。且据梁正全供系暴民等首先开枪，迫兵警以枪还击一发难收，其一般乡愚有由王从新等逼胁而来，亦遭伤毙，情殊可惨。惟查米知事先事发给咨文，並不周详审慎，事既决裂，复仓卒回署且，事后呈报情形言之亦多太过，办理失当，咎无可辞，业将该知事先行撤任，应请交高等惩戒委员会审查，予以惩戒。副官董化时、警长屠忠实于暴民围城之际，恃有米知事咨文枪毙多命，虽属迫于抵御，究嫌操之太蹙，副官董化时，警长屠忠实均经锡山等批换示惩，至善后事宜已饬由该观察使督饬，现代理知事张秉彝传集各村乡约，令其传谕村民，务须惩前毖后，痛定思痛，勿再受奸民胁迫，致罹国法，並令将国家税项照常交纳，禁烟事宜遵令严查，具结存案，其受伤未送局之人，亦令具舁局医治，酌给川资饭费，以期调养速痊。查迭次聚众各堡正、立有合同均经追缴涂销存案。首要既获，其余请免株连，以示宽大。又有西关民妇赵张氏因中飞子受伤身死，已酌给恤金二十元，且登时毙命之人，前经崔前内务司长令饬备棺装殓领埋，地方现极安谧。又查该县各堡正前为征收草豆而设权力甚大，乡民唯命是听，该县迭次聚众，皆由奸猾堡正胁迫而成，现驿站既裁无所事事，且聚众酿事相习成风，亟应将各堡正一律取消，以弭后患，除已饬该观察使遵照外，所有饬查盂县聚众确情及办理善后事宜理合呈请鉴核示遭。除径呈大总统外，谨呈
内务部

山西都督阎锡山
山西民政长陈钰

（3）内务部咨稿　（5月30日）

内务部为咨行事：准政事堂函开：奉大总统发下山西都督、民政长会呈内称：遵令饬查盂县乡民因抗办煤厘验契各项，聚众暴动确情又善后办理情形，请核示等语。奉批。据呈已悉。该知事米廷珍于该县乡民聚众一案，办理失当，著交文官高等惩戒委员会议处，余如所拟办理。此批。除函交文官高等惩戒委员会核议外，函达查照并转行知照等因。到部。相应咨行查照可也。此咨
山西都督
巡按使

内务总长　李权
五月二十八日拟稿
〔内务部档案〕

4、许世英关于镇压福建长泰县农民抗粮斗争咨

(1914年12月8日)

福建巡按公使署为咨陈事：据长泰县知事刘岳仑详称：县属山重、林墩、江都三社蛮悍负嵎，素不纳税。前清道光以前，迄无可考。咸丰年间官军剿办发匪，曾勒令纳粮一次，其后亦遂莫敢过问。俗有山重带林墩府之称，近数十年勾结土匪，掳人勒赎，无所不为，知事到任查悉前情，亲率县警分别往查江都、林墩两社，始亦负嵎自固，聚众抗抵，其势汹汹，危险万状。知事设法劝导，乞不听从，遍请家长亦无一至者。迨至电请饬思明县将林墩族长林泉拿获，介追该社，始知事无可为，众始解散。乃遣家族自治会长林懋修出与接洽，知事复又多方开导，允将逃亡死绝之户查明缓纳，伊等始行应命。旋饬粮胥挨户清查，共计征收积欠钱粮二百四十四两。山重一社山深路窄，绝垒石城，其蛮悍尤较林墩、江都为甚。知事甫抵该社即聚众数百人，各持枪械将知事围困，殴伤县役一人，凌辱毕至，并绝断水米饥饿，自知事以寡众不敌，无由突出重围。幸有豫印公文密遣差警飞咨陆军第五十三团六连连长张燊，并电省派兵援剿。去后。未逾一时，该匪等侦知又复鸣锣聚众包围愈急，时近夜半，张连长派谢排长增荣来援，甫抵社口，该匪等开枪抗拒，知事闻声率所带兵役接应，擒获匪徒三人，起出被掳二人，一并带由该社后山越岭回署。迨十月七日奉饬陆军第五十三团团长沈国英派排长谢增荣带兵二排同赴该社，至则男丁均已避逸，匪首远飏，遂查起被掳未释之人传集该社，各家长回社晓以大义，令将枪械缴出，限两个月将匪首薛上即薛赏、石虎两犯拿获送案，并就该社设立禁烟分区，由各该家长出具切结，以后不准种烟吸烟。至该社民国元二、三年钱粮共一千七百余元均令出具限结，限一个月缴清验契一项亦汇送二百

余张，以上三社皆著名蛮悍之区，知事办理以来，以后将近月余，冒弹冲锋，风餐露宿，未犯民间秋毫，随办之军警未便没其微劳，详请核奖等情。并请将此次垫用夫马各费，准其作正开销。前来。查山重、林墩、江都三社均百余年负嵎自固，不纳钱粮之区，历任地方官苟且因循遂成积重难返之势。吏治之坏由来已久。此次该知事刘岳仑不避艰险，躬亲率警会同军队逐一惩劝帖服，百年积患一旦全消，于公家增巨数之收入，于民间无纤毫之扰累，其勤勇奋勉实心任事实为不可多得之员，所有在事出力之兵警，业由本使会同护军使李厚基分别给奖，基垫用夫马各费，已批饬造具临时支付算预书，准其饬财政厅核办。至该知事刘岳仑之办事勤能，似未便壅于上闻。伏查知事奖励条例第八条第二项特著奇能，有福国利民之效者，奖以第一等奖励等语。该知事刘岳仑此次办理剿服山重等社巨匪，征收积欠钱粮著有成效，实属福国利民，按之知事奖励条例，洵属相符，拟请将该知事刘岳仑给予三等文虎章，以昭激励。除呈大总统暨咨陈财政部外，相应咨陈贵部察核施行。再此案在事出力之排长谢增荣业由护军使李厚基核请奖励，合并声明为此咨陈

内务总长

福建巡按使许世英

中华民国三年十二月八日

〔内务部档案〕

5、吴光新转报镇压朝阳缸窑岭农民反抗军队藉禁烟苗而欺压经过情报①

（1915年6月30日）

一据范旅长报告，所派密探报称：此次事起，系由于巡防营

①此件系摘录陆军第二十师第四十旅旅长范国璋给该师师长吴光新的情报。

帮带张容九，带兵数名赴托记沟查禁烟苗，在郭翠九家因饮食招待不周，所带之兵谩骂，值郭翠九之子耕田回家，瞥见官兵欺压伊父，遂愤怒出言相抵，张帮带见势不佳，躲避邻家，孰意郭翠九之子彼时手持菜刀，找至邻家将张帮带胳臂砍伤，张帮带即至缸窖岭调该处驻防第一连目兵数十名，持械找郭翠九。讵其家所雇伙计相向抵抗，正官民交斗之际，邻近各屯在山上观望之人，不无当年胡匪，遂以枪击官兵，闻伤有六名。该匪等以缸窖岭为巢。嗣经朝阳知事陈敦诗亲到弹压，匪等竟将该知事轿车捣毁，县官亦逃，巡防队遂与该匪互相攻击，该队因势不敌，遂退回二十家子，匪等亦未追击。现下两方面闻经朝阳县知事说合了结。巡防队伤六人，每人给养费百元，赔偿该连损伤，连底一千元，两方认可。张统领与该民等具有字据，业经画押，匪已消灭。前后所派之探报，并据该处士绅李秀林、李鹏彩等声称，情形大略相同。惟事关重大，复派马一营营长周鼎顺赴该处邀同公正士绅详细调查，俾得真象而免枉纵。俟取据该士绅切结及张怀斌确据再行续报。

一据马兵营长周鼎顺报告，杜马营子乡长包善在起事之先，宣布云：县长不日到乡验契，每张契纸出洋两毛，作为县长到境馆驿费，如有不愿出者，可赴会磋商抵抗。

一据三等参谋官周书铭报告，该乡区长武杨烈于禁烟苗一事，有人投以金钱则隐匿不报，不给金钱者，则报县勒令铲除，以致民心不平，遂起风潮。

一据报该处联庄会原系三十余村，此次起事附会者仅十六村，约一百数十人，枪械不齐，子弹亦无多。

一据报该处附近村庄之民，自起事后逃避在外者甚伙，所留者皆年老之人，窥其情形似已畏惧悔罪。

一旅长于二十八日早，由沙锅屯驰抵缸窖岭，本拟与张怀斌统领及朝阳县知事会晤，及到该岭张怀斌等並未至缸窖岭，只有住赤峰姜军步兵两营分扎各处，旅长当询该处人民所有情节，均须确实，大略与前报相同。

一职旅所住之处地势低洼，近值夏令时，有山水暴烈之虞，且道路崎岖，给养维艰，军队久住其间，洵非所宜

中华民国四年六月三十日

〔陆军部档案〕

6、河南洛宁县农民抗税暴动被镇压情形呈令

（1915年7月）

（1）豫督赵倜等呈　（7月）

赵　倜
田文烈　谨呈为洛宁县聚众抗税，拿办首要，解散胁从，恭呈具陈，仰祈钧鉴事：窃于五月十九日据洛宁知事贾毓鹗电称：东北乡杨坡里民人被匪煽惑，以税重为词，于十四、十六等日先后聚集经营县解散。又据镇嵩军统领刘镇华、河洛道尹赵基年同日电称：洛宁聚众，各缴农具，经该县警备队开枪击毙，不识姓名一人，镇嵩军护兵一人，散后复聚各等情。当即饬委分发道尹陶炯照驰往查办。兹据该道尹与统领刘镇华先后详称：查得国民党马腾蛟先在该县公款局充当局绅，后经县民梁吉星讦告国民党张运铣等不法行为，经前都督张镇芳、前民政长张凤台削夺公权，马腾蛟之局绅由是取消，以是恨之刺骨。又梁吉星经理万箱渠与马腾蛟涉讼数次，嫌怨素深，令马腾蛟撤退，而梁吉星进用且充该县警备队长，因此更为仇视，顾其势莫能相抗，乃以税重为词，鼓动乡民要求减免。洛宁民情向来浮动遂为愚。五月十日前后即通发传单，约期于十四日呈缴农器，经营县查知，当即戒备出示晓谕。是日果有六宋、杨波、吴村等里乡民盘踞北坡一带，东南乡之在礼村亦聚众百余人，经营县分途解散，势不得逞。十六日杨坡各里又聚多人，沿途迫胁继以烧抢，行至余庄地方，驻军管带张振甲与该处绅耆问其来意及解决方法，遂各纷纷要挟：一、验契从

宽；二、印花税缓办；三、房地契官纸、白纸听民自便；四、警备队经费每两二百文全免；五、二年分未完地丁不催；六、呈捐免缴。该管带允商知事转详，遂各解散。当张管带排解之时，见前者悉掮锄犁，后者暗挟枪弹，且其中有青衣大带腰插手枪者数人，知其为匪，当即喊拿逃逸。至十七日复有多人聚集城东五里堡，张管带出城劝阻，贾知事亦带警备队前往弹压，众人望见指为梁吉星，一拥上前棒石交攻，贾知事既困处重围，万分危急，不得已仰天放枪，意在吓制。不意，适毙占据高处之青衣一匪，镇嵩军护兵梅先甲亦误中弹殒命。据张管带指称：青衣者衣装状貌即系前日腰插手枪喝拿未获之人，时警备队长梁吉星守城未出，马腾蛟等即分出一枝径赴坞西村梁吉星家放火焚烧房财产悉为灰烬，竹园麦地毁坏一空。又将其胞侄年甫三岁之幼孩，掷入火内焚毙而散。复于十八、十九、二十一、二十三、二十四等日运动东仇、西冯各里，谣言四起，风鹤皆惊。幸统领刘镇华及省委道尹陶炯照等先后驰到，沿途劝说又招集绅民晓以大义，地方始获敉平。此洛宁聚众滋事之实在情形也。当十四日各乡民之齐集在礼村也。马腾蛟系该村之人，知事贾毓鹗是日到彼即疑其有煽诱情事，严加诘责，马腾蛟意恐败露即上禀，愿往演说解散以掩其迹，时警长何芹堂密派侦探相随，马腾蛟在近城各处尚多劝解之词，及至远村，则宗旨立变，且过一村，一村即行出发，固足为其主动之明证。及至十七日赴坞西村焚烧梁吉星家，马腾蛟不暇避匿，该村素识甚多，据乡农蔡永清等指称，确见其在场与余庄之李瑞来同时下手放火，曾经伊等解劝等语。此陶炯照、刘镇华访明情形与梁吉星在县控呈情节适相符合其主动尤无可疑者也。该道尹与该统领查明后，即严密侦探马腾蛟荐匿处所，多派兵警分路捕拿。旋经镇嵩军于是月三十日在洛宁河南樊村将马腾蛟拿获，电经倜、文烈饬由河洛道尹赵基年提同全案人证，研讯环质，供证确凿。该道尹以马腾蛟假国民党，藉借端煽乱，聚众抗捐，放火杀人，妄起暴动，实属紊乱国宪，罪不容诛，请依新刑律第一百零一条内乱罪首魁处死刑或无期徒刑，例宣告死刑等情。电请前来。当由倜、文烈电准执行，依法枪毙。俟查民国初建之时，洛宁国民党势力极盛，自取消后名为销声匿迹，实则包藏祸心，当马腾蛟藉词鼓动乡民意在破坏大局，迨经营县弹压始移祸于一梁吉星以快私仇，其居心实不可问，今幸首魁业已就获，胁从亦均解散，地方安谧，堪以上纾钩廑。该县知事贾毓鹗办理验契等事，悉遵部章並无违悖之处，应请毋庸置议。梁吉星因公受累惨及婴孩，已饬县从优抚恤。护兵梅先甲照阵亡例给予恤金，除分饬营县严缉李瑞来务获究办外，所有洛宁县国民党煽乱聚众滋事业经弹压解散，並拿获首要讯明惩办缘由。谨合词具呈，谨乞大总统鉴核训示只遵。谨呈。

（2）大总统批令　（7月）

大总统批令

德武将军督理河南军务赵　倜

河南巡按使　　　　　　田文烈

聚众抗税拿办首要，解散胁从讯明惩办情形乞鉴由。呈悉。该知事贾毓鹗于验契等事办理既无不合，应准免予置议，余如所拟办理，交内务部、财政、陆军、司法各部查照。此批。

国务卿

中华民国四年　月　　日

〔内务部档案〕

7、甘肃武都农民抗烟税殴毙官员被镇压经过呈令

（1915年8月）

（1）甘肃巡按使呈（8月）

张广建谨呈为武都宁县乡民聚众殴毙员弁，现已分别解散，

严饬拿办，先陈大概情形，仰祈睿鉴事：窃甘省地处边隅，民多贪利，知识既极固陋，性情尤习于强悍。自前清末造十数年来，全县曾有群殴兰州首府崇信，曾有殴毙县官之案。敦煌武威等处聚众围攻衙署尤为数见不鲜，习惯所成，有触斯发。本年厉行烟禁，忽有他省尚准种烟之谣说。比时方虑小民藉口他处弛禁，以相抵抗，曾经略举民情电陈外部在案。所幸自春徂夏各属禁种，一律报告尽净，部员洋员现正履勘，无一茎发见，确已断绝，成绩不难共证。刻下办理五项新税及内国公债，並本省新章改折办法，民间对于禁烟已有难言之忿，对于新税改折之政令，虽百般劝谕，尚多不明，为应尽之义务而疑为厉己之行为，迭经派员分途演说，切实开导。不意七月八日，忽据代理武都县知事龙霖详报该县属麻柳滩地方，有乡团聚众轰殴委员丁延年及随从丁役警兵毙命情事。丁委员密查陇南各属禁烟及一切新税事项，前在文县有苛诈民间被控之案，早经撤差饬其回省听候惩办。因距省千里该委员未及奉文，由文县行至武都遂遭此变，得报后一面电饬该管镇道驰往弹压；一面由省派员前往查办。续报告该处烟苗早经禁绝，丁委员供词苛索，激动风潮。该县为哥匪渊薮，乘机附和，致生事端。现经设法解散，地方安谧，详情另报等情。正拟呈报间，复据宁县知事邓毓桢电称：该管北乡盘客镇有乡民聚众多人.挟从前禁烟之怨反抗近日验契新税，殴杀驻扎该处之警备队长岑超俊及兵丁等情。当经电饬该管泾原道尹王学伊就近前往相机妥办，力维现状，並饬陇东镇守使酌拨军队以资弹压。近据报告所聚之众亦已解散等情。查甘民贪图烟利已成痼习，从前官家忽禁忽驰，威信已失，本年又受有影响，几费周章，幸能达廓清之目的，而民间之积怨宿怒勃不可遏。至新税关系国计无可延缓，甘民狃于昔日担负之轻，一旦增重数倍，缓则难图，急恐酿变。所以前派禁烟及办税委员出省后，先接踵巡按使无一不当面谆谆诰戒，勉以认真之中慎防操切之弊，期于事可集而民仍相安。此次武都、宁县两案出于意外，该员弁等之办理不善，地方官之防范太疏，均难辞咎，第民情顽悍，聚众殴毙官员，目无法纪，非痛加惩创不足以示烟戒而挽刁风。武都、宁县与川陕交界，在万山之中，距省约二十站，道路崎岖，文报梗塞，案中详细内容未据续报，除飞饬谓川、泾原两道尹就近督饬印委勒限访拿首要，务获尽法惩办，另呈详报外，理合先将两案聚众殴官，现已解散大概情形呈请大总统鉴核，训示遵行。谨呈

（2）大总统批令　（8月26日）

大总统批令

甘肃巡按使张广建呈，武都、宁县乡民聚众殴毙员弁，现已分别解散，严饬拿办，先陈大概情况请鉴示由。此次武都、宁县两案，该委员等操切从事，实难辞办理不善之咎，丁延年供词，苛索既经被控有案，仍应由巡按使查明惩办。至该处民情顽悍，胆敢聚众殴毙官员，殊属目无法纪。此风亦不可长，并应督饬勒拿首要，务获讯实，严惩毋稍宽纵。交内务、财政两部查照。此批

中华民国四年八月二十六日

国务卿

〔内务部档案〕

8、山西和顺县农民抗捐被镇压经过呈令

（1915年8月）

（1）山西巡按使金永呈　（8月）

呈为和顺县人民聚众抗捐，捣毁厘卡，焚掠盐店，逼官拒捕，谨将聚集解散各情形恭呈具报仰祈钧鉴事：窃晋省冀宁道属和顺县地方人民素称强悍，曾于前清末造民国初年屡有胁迫委员知事出具印据，裁撤厘卡，永不设立情事。事后未经惩办，以致养成风气，民情日涉嚣张。本年五月间，马岭关厘卡委员详情

财政厅，议将县城东关分卡仍行移设松烟，规复旧制，彼时即浮言四起，邻近各村声言，倘再设卡，定即打毁。又自盐务改归官运以来，城乡分设官盐店，人民不得自由运售，加以缉私严厉，巡役人等不免时有藉端苛罚，因之人民渐生仇视之心，当乡民等声言抗拒之时，即经该县署知事董清岫带同地方绅士分赴各村，召集乡牌社首等演说开导，剖陈利害。幸该乡民等各愿安分守业，並无异言，风潮已略平息。乃突于五月二十九日午后，城西扒头村地方聚集约二三百人，该知事当即驰往开谕，遂皆解散。三十日又有远村乡民续至扒头青岗寺内八百余人各携木棒、炊器卧具以为持久之计，而来者方相踵来，已会议于三十一日入城，痛肆焚掠，该知事闻警复带同员绅巡警等前往弹压，即就该寺佛殿，当众剀切劝导，许其面陈疾苦，切勿违法骚动，自干罪戾。无如来者愈众，至傍晚间已约有一万余人，而乡牌社首等则皆避匿不到，该民人等对于该知事均称，感念仁廉，尚不敢公然侮辱。惟藉口厘卡盐店及一切税捐，皆由绅士主谋举办，要求将绅士交出听其处置。该知事不允，该乡民等即肆咆哮，登时拥入将门窗桌椅尽行打毁，随带员绅丁警各受微伤。惟于该知事始终未加非礼，但胁迫订立条款，要求豁免一切税捐及封闭盐店等事。该知事恐激巨变，暂予照允。延至三十一日早间，乡民已大半散去，旋复经首祸奸民张三疙瘩即张保寿、药寿山等从中嗾使，重行啸聚，又分众入城，将城内盐店焚烧净尽，东关厘卡毁掠一空。该知事闻风复急驰回城督同警佐等扑灭余焰，极力维持，登时拿获劫匪祁观音、任小小、药成保、杨拾翻、余大改成、李二劳等六名，祸乱始免，蔓延而全城得不糜烂，党徒渐散，地方略就谧安，所损失者仅盐店、厘卡二处。永先后据该知事及邻封各县电禀前情，当即派警备队分统领孙秉彝前往弹压，驰至众已解散，惟留一队镇慑地方，並由永出示取消胁订条款，意可防杜后患。不料乱首张保寿于六月二十二日意图抢劫获犯祁观音保等，二次胁集余众在秃联坪、冯家庄村两处约三千余人，议欲攻扑县城，县中闻报，留驻警备队官，即带队出城迎阻，意在查拿首犯，解散胁从。旋据眼线在众人中指出张保寿，该队即往捕拿，该匪首知已露迹，当即开放手枪拒捕，並令胁从均用棍石肆行乱击队兵，当亦开枪对敌时，以乡民聚集颇众，良莠难分，未敢即予痛击，尽将当场群殴官兵之匪徒巨黑蛮等六名登时枪毙，队兵亦受微伤。该匪首得以乘间免脱，复经永饬队力筹防堵，直至二十五日乡民等始各散尽。谋乱未成，而该匪在逃，迄未捕获。嗣据该县将匪徒祁观音保、杨拾翻、任小小、药成保、余大改成、李二劳等六名解省由永发交警备营处详加鞫讯。据各匪供称：此次聚众实因抗拒盐店厘卡而起，对于知事向无恶感等语。旋据判定该匪祁观音保、任小小、药成保、杨拾翻等四名处以死刑，依军法枪毙，饬即执行，其余大改成、李二劳等二名情节较轻应俟另案办理，並悬重赏严缉在逃之张二疙瘩即张保寿、药寿山等二名务获惩办。查此次该县乡民被胁聚众滋扰几成巨变，实因该县民风愚悍，半由势胁，半由盲从，加以警力单弱，遂启乱窥伺之心。该知事董清岷于事前置措尚无不合，事后复能尽力维持，应请免予置议，所有乡民聚众捣毁厘卡，焚掠盐店，逼官拒捕各缘由，理合恭呈据实呈报，是否有当，伏乞大总统钧鉴。训示施行。谨呈

（2）大总统批令 （8月12日）

大总统批令

山西巡按使金永呈，和顺县人民聚众抗捐，捣毁厘卡，焚掠盐店，逼官拒捕，谨将聚集解散各情形，恭摺具报由。

呈悉。仍著督饬严缉在逃首犯，务获惩办，毋任漏网。至该知事董清岷于此次措置尚无不合，应准免予置议，交内务、财政、司法三部查照。此批。

中华民国四年八月十二日

国务卿

〔内务部档案〕

9、关于河北涿县等地结社抗捐及反抗清丈地亩文件

（1916年5月13日）

国务卿为咨行事：据京师警察厅迭次报告涿县地方因经界分局清丈地亩，致有多数人民藉践踏禾苗为词，分往各村肆意滋扰情事。並据京兆尹呈报查办大概情形，前来。查经界为国家大政，岂容中止。丈测员役切实履勘来往田间，然试问工作之时，彼农人亦岂能越畔行走乎？是践踏禾苗之说显系饰词，其意盖恐从前黑地一经丈出，势必充公，故为此铤而走险之计，惟念农忙在即，清丈尚非其时，姑准缓至秋后举行，以示体恤，相应抄录原文四件咨行贵部，希即转饬京兆尹迅饬该县明白剀切，晓谕乡民，俾各安分归耕，勿得有心违抗。该县知事亦不宜固执成见，再酿争端。一面仍将为首滋事之人严密拘拿，分别惩办，以申法纪，而遏刁风，是为至要。除原文所报易县等处聚众抗捐一案，另咨直隶巡按使彻查究办外，合行咨请贵部查照饬遵可也。此咨内务总长

附抄原文四件

国务卿　段祺瑞

中华民国五年五月十三日

附一

敬陈者昨闻涿县人民有扰乱情事。当派探前往确查。兹据查得该县于去年冬间，经京兆尹设立经界局派雷振镛为局长，总局在城内火神庙，並于各乡设分局二十余处。至本年三月间，开始丈量，绅民以禾苗在地，曾禀恳知事朱元炯缓期办理，迄未批示。本月四日有司法巡警持票知照，各村村正副克期分投清丈。五日午后西北乡胡宁村一带，村庄聚集男女五、六百人，齐至北门外大石桥

地方求见知事，仍恳缓期，以免践踏禾苗，朱知事遂带警员及巡警多名前往对众宣言，丈量一事不能再缓，各乡民闻之未免喧哗，大石桥地方有住户陈五年七十余岁素日多病 家道颇称殷实，朱知事以此事发生或系陈主动，当往其家欲行带署鞫讯，而陈之眷属抗不放行，警员班连奎谓陈年老多病，从旁劝止。朱知事回署即知照巡防营兵保卫衙署，该营陈管带暨警员班连奎阶同商会会长周宝钰，城绅万某出城排解，乡民始各散去。至七日大石桥地方又集有乡民千余人，经陈营长等复往劝解，该乡民等因跪地恳求不已，陈营长等允为维持而散。现城内各商号照旧营业，秩序如常，城门各有巡警三四名逻守，并有京兆西路司令王文锦带步队二十名马队四名巡缉弹压。又查乡民等两次请求缓期量地，既未进城亦未持有器械，且无为首人带领举动，尚称驯顺，陈营长等正在办理善后，惟闻朱知事有坚持到底之说。等情。具复。前来。理合陈报。

钧鉴

吴炳湘谨上

五月八日

附二

敬陈者：据探员报称：闻直隶、易县知事有被掳情事，当往确查系该县村民人前因违抗核桃捐，经县拘拿下狱，该县所属有山北社为多村联合会议之所，本月七日遂由该社聚集多人，往见知事要求将被拘村人释放，知事出见，竟被掳去不知何往等情。

理合陈报

钧鉴

吴炳湘上

五月八日

附三：

敬陈者：涿县民人因清丈地亩，激起风潮一事，业将探报情形具陈察阅。兹复据另探报称：前往实地调查，该县于五月六日十钟余城外大石桥地方陡众男女七八百名口，将卢家场经界局中丈量器具抢走，并捆去书记二名，夫役四名 随即放回。七日经本地绅董马洪升，淮军三营管带陈长清、商会总理周保全，出为调停解散。又侦得易县、涞水、广昌今改来源三县，民人每户出一人，约集三万余名，于七日将易县尹知事用车拉至涿县北门外胡良村，现仍于涿县西北门外，麇集三万余人，声言将尹知事拉集京内，与之起诉。详查起事之由，系因尹知事科收果捐激起事等情。理合并陈

钧鉴

吴炳湘谨上

五月八日

附四：

谨将涿县人民因被煽惑反对经界测量，聚众要挟一案。所有本月八日以前查办大概情形缮具节略恭陈钧鉴。

窃达前闻易县山北社一带，秘密结社，宗旨不正，迹近联庄会性质，渐次延及涞水、涿县等处。当经飞函直隶巡按使，饬县查办。一面密饬所属二十县预为防范。嗣闻涿县人民因受山北社影响，被人煽惑反对经界测量，即派警备队总司令处执法科员黄承瑞同会涿县知事朱元炯妥速相机办理。并饬警备队西路司令王国翰酌带队伍前往弹压。迭据先后报告，五月五日午前经界分局雷局长，涿县朱知事 因该县大石桥村民人曾有阻挠测量情形，同往该村晓谕开导；一面带领班长、班员赴地测丈，安静无事。十二钟时朱知事回署后约一钟时村内忽鸣锣聚集二百余人、遽将雷局长及班员等围绕要挟各该员，因其不可理喻，分避回局通知县署，朱知事闻信带同警佐驰往弹压，彼时人已星散，村正亦已逃

避，测丈亦即暂行停止。六日大石桥人民聚众数百人，声言入城要求先至埝头村分所滋扰，继至沙坎村分所，携去衣服器具多件，最后在莲池村挟去调查员一人，测夫数人。又赴芦家场分所滋扰，维时黄委员亦已抵涿县；城四门业经印委布置周密，并由警备队驻兵防守，黄委员即与朱知事会同军警、绅商驰往大石桥劝谕解散。令将经界局被留人员先即时送回，遗失物件全数缴还，并将为首滋事之人送出究惩，该村人等于前二事均经承认，其为首之人允俟查明，再行交出，乡众既未进城，秩序亦未扰乱，正在商办善后间，七日下午又闻易县人民挟同易县知事赴京控告，路经涿县并经该县印委竭力劝阻，幸未入城滋事，闻系保定道尹许元震已赴易县查办。又经分别函电直隶朱巡按使，保定许道尹查照，并饬涿县印委加意防范，务保无虞。兹于八日下午六时，据涿县印委朱元炯等本日电禀，涿县乡民业已解散，惟易县乡民聚集多人，仍在涿县逗留，保定道尹亦已奉委到涿，除再电商直隶巡按使迅将易县乡民设法解散，一面通饬涿县及附近各县一律严防，并随时将查探情形报告外，理合先将大概情形驰报鉴核。

京兆道尹王达谨呈

〔内务部档案〕

10、京师警察总监报告涿县等县农民设团立会联合抗捐情况摺呈

（1916年5月13日）

敬陈者：据探报称：涿县城南十二里许胡宁村其地与涞水县毗连，现在该村乡民因抵抗新行税捐起见，在本村娘娘庙设立公议保卫团，联络各村入会，每村须带有发辫者五六人，立有合同保证章程，其宗旨欲将各项新章捐款及果木税项一律要求取消，仍照旧例差徭办理，否则议决反对，以期达到目的。又有房山、固安等县属村庄纷纷入会，均有合同列名签字，如临时会议不到，

载明罚银百元，该团並与易县山北村及涞水源等互相联络，要求取消新捐，必俟官署认可出示后，方能解散等情，理合陈报钧鉴

炳湘谨上

五月十三日

〔内务部档案〕

11、京兆尹关于易县山北社农民结社合同及镇压办法摺呈

（1916年5月）

谨将密查易县山北社结社合同底稿录陈钧鉴：立合同各村人等，因前清退位，新政兴诈骗，杂捐层层迭出，不知如何禁止。因此各村公同商议有事相助，有祸同挡，连络通气，以鸣锣为计，如一村不到，定罚洋一百元，一家不到罚洋十元，如为公事被伤者，大家共同赡养，为公事伤命者公助洋五百元，此系共同商议，各无二心，恐口无凭，立合同为证。

谨将易涿乡民聚众一案筹拟根本办法，缮摺陈请鉴核。

窃查易涿县乡民前次聚众一案，所有派员弹压解散各情形节经陈报在案。达详查案情及迭据探报易县山北社秘密结会，现时虽无举动，实际尚未解散，连日派员侦查，山北社煽惑勾结易、涞、广、涿等县，入社者实繁有徒並确有订立合同，散布牌单，专以反抗新政，减免捐税为目的，随时用牌单召集，违延不到定有罚约，聚集甚易，隐患甚深，倘不及早注意，惩劝交施，窃恐潜滋暗长势必蔓延益甚，似与地方治安及政务进行前途均有莫大关系，除饬所属各县知事及警备队随时妥慎防范，並委员会商直隶巡按使，迅从易县山北社根本解决外，兹由达筹拟办法数则，条列如左：

一闻直隶巡按使日前曾电钧部，派队向易县山北社出发，一俟

拔队有期，务乞预先见示，以便转饬涿县警备队同时预备，免致窜入。

二拟择涿境与易县山北社附近扼要处所，酌驻警备队以资镇慑，並侦查该社之秘密行动。

三军队或警备队驻扎地点，既有兵力弹压，即可与此时机迅速由该县知事晓谕各该地点之村镇，将已入山北社之名册缴出焚毁或将合同牌单即时自行缴销，具结完案，不究既往，其未入社者即责成村正副具不再入社切结，俾一般人民咸知秘密结社系属违法行为，而附和入社者得以安然无事，免致胁迫盲从。

四具结时所有结纸，不得征收纸费，並严禁需索分文，以免办公者藉端科敛。

以上管见所及，是否有当理合陈请钧部鉴核示遵。京兆尹王达谨陈。

贵省拟派队出发，务请先时电部，以便饬遵可也。此咨
直隶巡按使

内务总长

〔内务部档案〕

12、京兆尹报告镇压易涿两县农民并调查反抗情形致内务部摺呈

(1916年5月19日)

谨将易涿两县人民聚众解散后调查情形开具清摺恭陈钧鉴。

窃查易、涿人民聚众滋事，前经会同直隶先后解散业将办理情形两次摺报在案。此次涿县人民原止要求缓办经界测量一经劝

谕即行解散，並先将挟去班员、夫役以礼送回其分所，遗失物件，並允查明缴还。际此瞬届农忙青苗在地，业经会商照准将经界事宜缓至秋后再办，已于月之九日饬令涿县出示晓谕周知。至清查田赋一事，前奉通令照办。达以京兆既有经界局创办经界，曾咨准财政部缓办，以纾民力，且免重复。而经界开始亦只涿县，现既照准缓办，众亦解散，原可相安无事。惟易县人民解散以后，所主张者系在减免新增捐税，如清查地亩及屠宰税、蓆蓬捐、香核桃捐等项目下，並有传言，非尽毁易县学堂、警局不可，该县学生多已闻风回家，甚至以抗办新政为最后之要求，並由山北社散布传单，联络邻县，秘密结会，易县、涞水、涿县、涞源、涿县、房山、固安等县均已联合一气，订有合同，当即分派员弁暗地侦察，並饬涿县知事设法遏绝。自十三日起至十六日止叠据该知事及派出员弁按日密报，实系易民为之主动，涞水、涞源、原隶易州连带关系，由于习惯即涿县之事亦导源于易县，房山、固安不过附近数村受其煽惑，其总机关即在易县山北社，涿县南胡凝村亦有分机关，闻系王、杨二人为首，以易县山北社为进退，达已派人购山北社公议合同一纸，另纸录陈鉴核。察其内容团体，既甚坚固亦非一无知识，原拟派人改装入会，藉以侦察真相，惟该社防范极严，非有发辫並有五六人之妥保者不许收留，未能得手。至前次附和滋闹，经界局之人已据涿县知事拿获李长永、李辉、任义和、朱万成、薛福海五名，並起获经界分所失物多件，当即派员驰往涿县，密谕该县知事暂先严押，俟事定后再行分别审办，以免操之太急别滋事端。一面随时防范，首以杜绝山北社勾结煽惑为第一要义，所有向办新政各绅该乡民等业已表示反对，现在系派商董耆老分投劝解，此中利害情形並已由达备具简明告示，分发所属各县张帖晓谕，民心颇形安定，日前奉文停止兑现，涿县设有中国分银行，诚恐藉端滋事，达又饬县出示晓谕，並与商会设法维持，凡完纳钱粮租税及一切公款，县署概收钞票，並由该分行仿照京师办法，准其兑换铜元，市面亦尚不恐慌，所有涿县境内仍由京兆西路警备队分防驻扎，地方安谧，秩序如常。惟易事一日不决，则邻县蔓延仍属在在堪虞。昨又派员驰赴易县实地调查，尚未得复。正在具文报告间，适于十六日承准统率办事处函开：以准大部转据京师警察厅陈报，易县、涿县现在情形，饬即筹商抚缉解散办法，並以该处密称迩京畿，关系重要，诚恐再有乱徒混入其中，假藉名义生事滋蔓堪虞，函嘱转饬所属营县严密防范，以杜党徒勾煽等因。除委员商请直隶巡按使对于易县速筹根本解决方法，並分饬所属各县及警备队严密防范，力杜勾煽，暨函复统率办事处並分报国务院外，所有涿县现在情形，理合驰报，伏乞钧鉴。京兆尹王达谨呈

〔内务部档案〕

13、王揖唐建议以镇压方法治理易涿两县抗税与朱家宝来往密电

（1916年6月）

（1）王揖唐密电 （6月9日）

直隶朱经帅尊鉴：宪密。易、涿乡民聚哄一案，业经尊处派委许道尹前往抚缉，並由京兆尹派员赴涿双方设法解散在案。微闻易县乡民当时要求各款，许道尹仅许查案批示，而该民等竟误会为概予承认。现在山北人自诩此案要求已得胜利，扬言附近各村如欲加入社因，须以四月望前为限，颇闻直之新城、定兴及京兆之固安、房山已有数村加入，暗中纠合，恐益蔓延，设再有乱徒从中煽惑办理必更棘手。总之，此案以山北社为紧要关键，我帅卓识自已筹及，除由京兆尹将涿县及固房附近各村设法镇抚，竭力消弭外，用特电商帅座，应否酌用镇摄方法　为治标之计并祈察度近情酌核办理，愚虑所及，统候卓裁。揖唐叩。真印。

（2）朱家宝密电 （6月12日）

内务部王总长鉴：宪密。真电悉。此案发生时，本派有第三路统领杨世元酌带兵队会同许道尹前往查办，一面劝导；一面镇摄。许道尹与杨统领当时不能带兵前去，未始非慎重之意，易民要求条款若何，许道尹现正查办，尚未详复，承电各节，当转饬许道尹遵照。朱家宝。文。（天津）

〔内务部档案〕

14、直隶巡按使关于镇压易县山北社民抗捐经过咨

（1916年6月24日）

将军衔督理直隶军务巡按使为咨陈事：案查易县山北社民众聚抗捐掳官要挟，前经电饬保定道尹许元震，第七路巡防营统领杨世元，酌带兵队同往查办。维时易县知事尹宏庆已被拥至涿县距城五里许之东沙沟地方，涿民先有聚众反对测量经界之事，声言将拥该知事暨涿县知事到京赴大理院控诉，经许道尹等探明驰赴该处晓以利害，一再开导始行解散，被掳之尹知事及差役人等亦均送回，当由本巡按使将此案起衅，並严惩首要，停办清查地亩事宜，酌量减免烦苛税捐情形，分别电陈准统率办事处转奉电谕所办甚是等因。旋据许道尹电称：易民暴动虽名果捐，实因近来新税繁苛，加以清查地亩，民心早已骚然，嗣有山北社姚创儿者因抗果捐致起冲突，经县票拘而所派差役难免骚扰，益触乡民之怒，遂有五月五日聚众要求缓办清查地亩，从轻征收屠宰、花果等捐情事。该民等甫至县署，尹知事出为解说致被拥去，七日下午被拥至涿，适在涿民聚众反对测量经界之后，当与杨统领竭诚开导，全体始散。尹知事亦即回署，差役三名并交尹知事带回暂押。但刁风断不可长，应与骚扰之差役分别查明酌办，并据声称：次日忽有多数涿民环求减轻各项税率，力劝始退。现无易、涞人民在涿逗留等情。当以该民等藉口反抗捐税、清丈，勾结数县之人聚众要挟，必有地方痞棍从中主谋，饬即查拿首要酌予惩儆，其收数无多迹近苛扰之席棚等

捐，则令分别减免，嗣尹知事因病迭电辞职，随委分直任用道尹陈光麟前往接署，并闻该民等外表虽已解散，内容仍然勾结，深恐复滋事端，正在饬委巡防统领杨世元复赴该县会同陈知事妥为查办。承准国务院来咨以京兆尹呈报调查易、涿两县，聚众人民解散后情形，涿民不过要求缓办测量经界，而易县则以山北社为总机关联络涞水、涞源、房山、固安订立合同，固结团体，目下虽已解散，终以抗办新政为最后之要求，涿事亦由该县为之主动等语。请饬严密防范，杜绝勾煽等因。並准贵部暨京兆尹咨同前因。又据涞源、涞水两县以受易县山北社影响，群起效尤等情。先后具报迭经分饬妥为解散，无任蔓延。兹据第七路巡防营统领杨世元会同现署易县知事陈光麟电称：遵即开诚布公，躬亲开导，该社与各村咸知悔悟，现在首要均畏罪远飏，被胁良民愿具再不生事切结，由城乡绅董来县求免前愆，所有粮赋杂税及学警各捐，赶均交纳，由该绅董等完全负责。一面出示晓谕各村，宽其既往。将该会实行解散，邻封各县有再冒山北社之名聚众滋事，请责成各该管知事自行办理，毋得牵涉推诿等情。查易县山北社民结会抗捐，掳官要挟，虽维该统领等躬亲开导，实行解散，而首要各犯一无弋获，仍应严缉究征，以昭儆戒。至该县此次风潮邻封各县城难保不受其影响。惟涿民聚众反对测量经界系在易民拥尹知事至涿之先，且许道尹等到涿之时，涿民曾环请减轻各项税率，其不仅要求缓办测量经界已有明证，所称涿事亦由该县为之主动，未免意存诿卸。除分咨外，所有易县山北社民聚众抗捐掳官要挟查办始末情形，相应咨请贵部查照。为此咨陈

内务部

朱家宝

中华民国五年六月二十四日

〔内务部档案〕

15、孟恩远等转报吉林舒兰县霍伦川人民反抗皇产局清丈发生暴动电

（1917年4月27日）

吉林来电

北京国务院、内务部、陆军部钧鉴：据舒兰县知事暨吉林皇产局报称：该县霍伦川人民日前因皇产局清丈，聚众反抗至二千人之多，並有焚毁局所，伤亡人民情事，当由军署飞调么团长带兵前往弹压，一面由宗照遴委干员趱程会县，就地调查办理，尚未据复，谨将大概情形先行电达。孟恩远、郭宗煦。沁印。

〔陆军部档案〕

16、国务院严饬追捕抗交警税的农民致姜桂题密电

（1917年11月16日）

致热河姜都统电十一月十六日

热河姜都统鉴：正密。元电悉。匪众既经击散，所有在逃为首之高四棒子等，仍望严饬踩捕，务获究办。胁从应准免究。至此事本以警款而起，因何抗缴聚众致滋事端，並希查明具报。院部。铣印。

〔内务部档案〕

17、江苏邳县农会反对典业加息有关呈文

（1919年1—3月）

（1）江苏邳县农会呈　（1月9日）

呈为典业加息会议否决陈请令省准免以恤民事：窃本会接奉邳县公署八月三十日公函内开：奉江苏省长公署训令第一九一七号内开：江苏全省典业公会呈称：各节沐批，淮北迭遭兵燹，小民生计维艰，而典商财力支绌不敷周转，亦属实在情形，候分令邳县、铜山、宿迁、丰县、砀山、睢宁、灌云等县，转知各该农商会

会同核议兼筹並顾办法，转复核夺，仰即知查照此批。等因。到会。奉此。遵于九月初六日开会，到会者二百余人，当由会员杜树椿等二十七人具书陈请，内开：为建议事：窃思生财有道，仁者发身，纲利贻讥，贱夫垄断，故理财学谓之准计学，必如准之平而后始可言理财，否则一失其平而祸有不可思议者。吾邳人民恃农业为生活，故人民中农业实居百分之九十九。近年来生齿日繁，生计日促，冬暖号寒，年丰啼饥。每至青黄不接之日，忍冻典衣，乞命于碾湾官湖宝丰、裕丰两典。虽自知挖肉医疮其计甚差。然欲救燃眉不得不尔也。刻该两典忽提议加息，道路传闻，群相骇怪。鄙见所及，有不能于言者。夫营典业者均系富商，虽为利己亦须便民，故其门额大书“裕国便民”字样。如骤加重息，是非便民，直剥民耳。天下有乌有剥民之事而行之无弊者，此以理论不可加息者者一也。或谓近年兵匪交乘，典业多受影响，若不加息，无从取偿。不知典业受兵匪影响固实在情形，然视民间全村焦土，鸡犬无遗者，其影响何如乎？若贫民以加息之故，絮衣难赎，以致冻死沟壑其影响又何如乎？吾闻地方有灾难，富者出资以济贫矣。未闻地方有灾难，富者益吸贫民膏血，以继富者也。此以情论不可加息者二也。典商每援引部令月息不得过百分之三为加息标准，不知国家之法本兼筹並顾。故每一条文其中必多差等，如刑法几等至几等，欲用法者自权衡耳。其曰不得过百分之三者，禁奸贪者之婪取也不曰必及百分之三者，示体恤贫民之余地也。况今民国成立七年，该典不用阳历而用阴历，于五年内暗中已加二月之息，典当衣物过月五日，回赎即加息一月，以此二项核项核算 月息已暗加百分之一有余。如再加五厘合原有之一分五厘已至百分之四有余矣，奸商取巧弄法随私，显背立法之本旨，此以法论不可加息者三也。且目前时局富者日富，贫者日贫，极目闾阎，无业游民十居七八，此时有资财者正宜举办公共事业，使贫者出力以自养，富者得财而无害人已兼利社会。庶因调剂而得其平，乃典商不此之图，惟思取重利于贫民，势不使卖儿贴妇之钱尽入囊橐不止，长此以往则贫民之生机日绝，仅少数富商而独能成为社会乎？此以时论不可加息者四也。况压力愈大，反动力必愈烈，贫民生路既绝，弱者或安沟壑，强者必为盗贼。目前匪患虽不尽归咎于富者，而贫民生计日窘，实为盗贼日多总因。或谓盗即日多焚杀抢掠之祸不过乡民受之，如典商以财自卫，保护力充足，固无虑此也。不知象有齿而焚身，麋蒙皮而见厄，悖入悖出，古训昭然，此以势论不可加息者五也。不特此也，贫民既无生业，遇困阨止，仰鼻息于两典。故典业异常发达，平均计算每典上架之货，岁约五十万千。如加息五厘岁可增利三万千两，典可增六万千。吾邳地丁岁收不过三万两，然犹取自富室，遇有灾荒，尚议减议赦，惟虑不能负担。兹乃岁加六万千于贫民，试问何以担负乎？吾恐行不十年，邳境贫民无噍类矣，否必皆为盗贼矣。省长体恤民隐，对于典商之请求，批令征求地方农商会意见，吾邳商界仅居百分之一，其中客籍者又居十分之九，是邳籍农民直居千分之九百九十九，而几占全数。今既下议于农界，农民虽愚断不肯见地方之公害而忍受不言也。为此陈请伏乞会长先生列入议案，即希大会公决施行等因。到会即交大会公决，佥谓：邳县典商向日二分五厘起息，已较南之扬州，北之郯城等处加重五厘。现在民生凋敝已达极点，何堪再行加重以蹙生机社会，员等陈请各节均属实在情形，全体赞同，举无异议。当由本会呈请县知事转详，並由本会胪具前情，呈请江苏省宪沐批。呈悉。该农会所陈各节，是否与商会意见相同，候令行邳县知事招集该会与商会会同筹议。呈复核夺。此批。等因。其体恤穹黎，尊重民意之至意，溢于言表。一面由公民杜树椿等以典业加息有碍贫民生计，陈请省会公议，咨省禁止。且有省议员卢翰萌等提议，严禁江北典商加息，並有常熟县公民席庆云及沈朱轼等陈请省会剔除典商积弊，凡四案均由省议会全体通过咨省严禁在案。不知何故而邳县宝丰、裕丰两典忽于本月七日悬灯结彩，鸣炮放鞭张挂告示庆贺加息。是日也，富商快意之日，即贫民疾首之日，亦即贫民毕命之日也。本会为贫民请命起见，所有缘由除呈请农商部外，理合呈恳大部训令江苏省长准予免加，体恤孑黎，实为德便。谨呈

内务部总长钱

江苏邳县农会会长戴化行

中华民国八年一月九日

（2）农商部致内务部咨　（1月27日）

农商部为咨行事：准咨开：据江苏邳县农会呈称：典业加息，农会否决，並经省议会咨请严禁在案。乃邳县宝丰、裕丰两典忽于本月七日张挂告示，庆贺加息，请转行江苏省长准予免加等情。应否行查该省之处，咨请核办等因。前来。查此案前据该农会呈同前情，当以该县典业加息是否有碍贫民生计，抄录原呈咨行江苏省长查核办理在案。兹准前因。相应咨复贵部查照可也。此咨

内务总长

农商总长　田文烈

中华民国八年一月二十七日

（3）农商部致内务部咨　（3月26日）

农商部为咨行事：案查邳县农会请禁典业加息一案，前经本部咨行江苏省长查核办理。兹准复称：淮北各县从前有典四十余家，近年兵旱迭告。亏折甚巨，闭歇已四分之三，余存之典，周转为难，苟不力予维持而亦歇业，小民缓急将何所恃，姑准暂行加息，以恤商艰。一俟地方安靖，金融活泼，仍当照旧取息，以利贫民等因。前来。除批示该会遵照外，相应抄录原咨及附件，

咨行贵部查照。此咨
内务总长

农商总长　田文烈

中华民国八年三月二十六日
附抄件〔缺〕

〔内务部档案〕

18、孟恩远转报镇压农安等地农民反抗军队号粮草经过密电

(1919年1月27日)

北京大总统、国务总理钧鉴：陆军部钧鉴：统密。顷据报告农安、长岭之间小双城堡地方即十三甲。现有无赖流氓受参议院议员于贵良，众议院议员贾明善等之鼓惑，到处煽动，藉军队号粮、号草，人民受害为词，聚众开会，倡言须以武力抵制，不久当有暴动等语。查军人号粮、号草本系不正当之行为，业经恩远屡次严禁，出示公布在案。已不啻三令五申矣。犹恐距省较远偏僻之处，仍不免有此等陋习发生。本年冬令，复通令各处驻防军队及地方官诰诫谆谆，並出示招告。如有不法军人抗违前令者，准人民来署指控，以凭彻惩。数月以来，並无一人告发，派员四出侦查，迭据查复亦无其事，足见此等陋习早当革除。乃议员于贵良等欲谋夺本省政权，藉端煽惑，将欲破坏地方治安，其居心诚不可问。恩远忝膺疆寄，责重保安，万不容二三奸民，扰乱安宁之秩序，以遂其私图。倘竟发生变故，无理取闹，惟有从严剿办。以土匪滋事论，藉敬将来而安良善。至恩远治吉十余年，视吉民为家人父子，自问此心，无一事不可以对此邦人士，苟有不顾大局，自干法纪者，亦必执法以绳，不肯稍存姑息，致贻养痈之讥，耿耿此衷，可矢天日。除电令双农一带驻军，严加防范外，特先电陈，敬祈垂察。孟恩远。沁印。

〔陆军部档案〕

19、直隶省易县西陵绿营兵地佃户控诉地主重租威逼呈

（1919年11月—1920年4月）

（1）郝生檀等呈 （1919年11月）

具呈租种西陵绿营兵地民人代表郝生檀、呈茂之、高有山等，为镇宪公司逼租愈紧，交相诈吓，日不聊生。再请钧鉴，速为指定地主，饬令仍按原额交纳租谷，以警贪暴而恤艰难事。窃因民等众佃户租种西陵绿营，众兵分受前被割攘，丁去年判还，发交易县，执行完毕，均各划归本兵之地亩。其租项数目已经县派办理割攘，执行判还兵地之委员，中区巡官会同两营守备二十队千把总，按照地形肥瘠，议定每年每亩租粮多少。民等凡百佃户，莫不如数交清。今年聂镇台到任，又将此项地亩割出，每份分为三数段不等。有租与赵慎之，即农林蚕业各公司以及大树力田四合，种种名目等公司。並李锦云、王青山等之小包俱各转租与民人者，有聂镇台自己要租者不但租额一概增数倍，虽佃户等垫办许多工本，费尽筋力已行耕种青苗大深之地，若不认可增租即硬收拿或租与公司贩给小包，自恃镇署威权，恣意横行，苦害穷民以图肥已。犹且将去年业已交清本兵之租项均不算数，非令再出重份交归聂镇或交赵慎之等各公司不行。当时若不应承交此重租即有聂镇委派量割兵地，自称陆军部差遣员兼清皇室钦差之王警明等与公司中人，狐假虎威，擅用私刑，如将佃户郝生化捆绑横殴之情事，不一而足，均有可查。民等无辜既受此贪劣镇台及所属员厮，並与其狼狈为奸之公司、包商百般蹂躏鞭垂，已不堪命，而种地一项不惟租增太过，增非其时，乃又三面索租，靡所适从。凡我小民实在难堪其扰，欲在易县起诉又觉县长之权力不及，势必不能受理，依法指传，以对质于公庭而伸民等之冤抑。民等万不得已始行冒昧，用敢分别具呈于内务部、直隶省长，恳请指示地主等情，及蒙批此案已咨交钧署，现又蒙军法处

提审各等因。均在案。民等素仰督军一秉大公，爱民如子，庶几民等得以重睹天日，不致终受聂镇等之摧残。不料聂镇阳虽砌饰其词，以文其非而图欺蒙上宪；阴则反恐此租不能到手，而贪心愈炽。彼公司小包等更莫不益肆猖獗，民等佃户实觉难饱其无厌之求。聂镇台既日派其割地功臣王警明並包商甘为为虎伥之聚敛臣李锦云，以割地新升之额外崔世耕、姚定宇把总路山之妹丈镇兵吴兴和暨镇兵陈吉祥、姚仁山、陈三套与四合公司韩元喜犹复邀同岳各庄警察分驻所之李姓等警兵二名带刀荷枪，加以赵慎之即农林蚕业总公司转行包出大树四合等公司小包商等计共十数余人，内有委员、派头者，有镇兵服色者，亦有穿军装及寻常便衣形似包商者或三五成群或数人一起，每日蜂拥穿山越岭，凡往有佃户之村庄沟坎，如大小管子峪等处，罔不沿路远逵巷挨门喊叫，逼索租粮，其所最可怕者，一到佃户家门，即大声高呼，齐乱自称来此要租实系奉军门之命令。纵比去年租额似属加增，倘不照交，非用绳锁捆上押回镇署即送易县严行追缴，治以抗令不法之罪。百般威吓，总要将民等佃户所有之粮食、财物诈取到镇，以为逢迎贪官之计，藉图固宠而暗自分肥。无论镇署官兵、公司小包其押令佃户打场恶索，重租之家已属不堪枚举，甚至加增之租额，镇署公司均有将佃户之所收谷粮一扫而空，悉数交付仍然不够，以致逼令佃户刘洛连脱逃，张洛升亦因此忧闷以毙命。讵非增租太甚，交争勒索。民等佃户寝不安枕之明征。当此关键逼索地租之聂镇公司，各面俨如急狼恶虎，其紧已极。凡我佃户谁敢抗衡，意欲照交，不仅增租太多，赔累不起，犹恐彼此均要重上加重。总之，一地若出数租，谁甘忍受，揆诸公理，更觉不符。今地主既不分明此租究应归谁，民等尚且不知镇署公司，何得迭用威权，百般敲诈，以大肆其无穹之骚扰，而鸡犬皆惊。俾民等日不聊生，岂肯自甘于缄默。民等实出无奈，只得将增租重征，各方威吓逼索急紧情实，难堪之现在情形，再行呈明督军大人钧鉴。速为指示地主，俾交租有一定之处所，以恤民艰而警贪枉施行。

郝生檀

吕茂之等一百六十一人

高有山

（2）泰宁镇目兵代表许荣等呈　（1920年3月5日）

为重被割攘复蒙判还，奉令执行犹有遗憾再陈委曲仰恳恩施，逾格俯准，将因案革收各地，仍照原册划还本兵，俾免向隅，以维生计，而符初旨事：窃自西陵旗丁兵役、饷银减半，征未满裁，生齿日繁，生机日蹙，始于前清宣统三年，蒙承修崇陵，监督洵贝勒目触旗兵生计之艰，不忍漠视，甫蒙奏请于行椿界内，无碍风水之处，划分四区，分授八旗内务府，礼工部、绿营、四衙门之官兵，准其开放，自行恳种，以辟利源而全生命等因。奉此。分受地亩以后，兵役等亦莫不各守各界，自耕自食，相安于无事而身家性命赖以存全。惟我绿营分受东区，半皆山场沟渠。故于分地之初曾因山坡斜面及地惟之肥瘠，大有不同，每起争端，始变通其办法，遇有肥沃者每份即分给八亩，遇有硗瘠地性太劣者，每份恒多于若干，以调剂其搭配之平，而免争执。其法本善，要皆以四至为准，各无侵扰，已历数年。不料，至民国五年已革游击徐英见众兵分受之地亩，均已拼凑工本，自行开恳成熟，视为利薮大有可图，遂假名换照，将原领四至索回，将原初劣地分受较多，四至以内自恳，已熟者不论肥硗每份只给八亩，其余概行割出划归已有，租与奸商赵慎之转行招佃，暗自分肥。众兵乃大起公愤，公举千总张德照代表呈控，业蒙督署军法课依法判还，令行潘前县长执行，按照分地原册，四至划还各本官兵已经完毕。及至民国八年春间此项地亩复遭攘夺，故又公举目兵傅林、许荣等代表呈诉，复蒙使督公署军法处依法判决，仍照最初分地编辑原册之四至，按名发还，仍责成易县知事出示布告，遵判照册妥慎执行等因。兵等恭读之下，感激何胜。至十一月二十日又蒙易县长委令警察所长前往第一区地点亲试执行，然所拟办法虽属妥协却又未敢擅便，曾缮具清摺呈明使督鉴核可否，照此执行。后于民国九年二月一日奉到使督批令内开，所拟执行泰宁镇营地办法，尚属允协，应准如拟办法。惟按原册姓名现仍在该镇充差者概予给领其升调开革官兵何人预补名额即由何人承领云云等因。奉此。迭蒙拯救以保此一线之生路，何殊再造而恩沛如天，理宜恪遵，敬听执行，何敢再为冒恳情缘。地随差转虽系正当之办法，大公无私，然查前后两次代表起诉分恳熟地，随被割攘，生计垂绝之，千总张德照等及两次代表之兵傅林等计共二十六名，既因地亩被割，难保生存，而代表起诉原为争回此地，以赡养其身家。复因此地代表起诉执争反被藉端革除其官兵之差役，今所争之地虽系复蒙判还，若地随差以转移，而代表之官兵既已开除，其地似万难恢复，所争所判虽均如顾，按诸实际而判还应领之份地已经转移于他人，试问人情殊难自解，揆诸公理似亦不甚相符。况因份地被割两次，代表起诉寻衅开革之官兵原领之此项分授地亩均系折变产业甚至卖男鬻女七拼八凑，垫办许多资本工价犹费尽血汗筋力，始行开垦成熟，方望藉以保全合家老幼之微命，以补助生计之多艰。乃被割于前者已蒙判还，恩沾无既。而被割于后者，判决虽仍如前状，但两次代表起诉争地，被革之官兵等原分份地若何人顶补名额即由何人承领一节，诚属地应随差转移之正轨，理所固然。若以情言，既经费力垫钱自行垦熟，又经重被割攘二次，代表起诉复蒙判还，迨至执行反无原地，以绝其全家之生命，谓为遗憾，岂不甚然。伏查开放此项地亩分给旗兵垦种之奏章，原为西陵一方兵民，统筹生计之意，众兵等既已将此分授份地自行垦熟，视为恒产。再质诸八旗内务府所分之地，均属同一，不但充差之本人已死者不夺其地。

即如八旗马甲详懋内务府主事李景方等数十余名，既经革差而地均未收，似与原奏计人授地之初旨，适合符节而意美法良。况民国七年，徐英初割攘兵地之原判内，有分地之后即不应更有余地，纵有余地亦应分配众兵方合初旨等语。窃以绿营原有之余地，不惟山场犹多均被赵慎之等各公司侵越占据；即就各公司之外，大略计算数尚极多，仍请曲体下情，上体分地，原奏初次原判维持生计之深意，将两次代表起诉割地被革之各官兵等共计二十六员名，原初分领自费多赀，已经垦熟视为恒产，赖保生存之份地权。且按照最初分地原册一律发还或以领照为凭，有照者概予给领，抑由余地项下量为拨补，以矜恤众兵之艰苦而为一时权宜之计，俟此后将余地分配殆尽再以地随差为转移而不迁不亡，率由旧章公同遵守于永久，兵等为维持此少数人生计起见，倘因代表被革各官兵之原领份地亦被收归镇署，势必生活莫保，性命有关，谊系同伦何忍坐视，是以不揣冒昧，用敢再陈委曲，公同具恳，除将前后代表各官兵姓名另行开具清单一纸附呈钧阅外，伏乞四省经略使、直隶督军大人鉴核俯准将因案革收各地，仍按原册划还各本官兵以救蚁命，实为恩便。

计粘呈因两次代表被革官兵姓名单一纸

泰宁镇二十区目兵代表许荣等三十九名

附件

傅　林	邸　泉	张汝弼	张阳春	刘涌泉
康茂林	邸顺和	段润田	王得均	李连元
薛　贵	郭履升	孙利永	李　政	张呈瑞
李顺元	孙　玲	袁汝舟	郭大印	张德铨
张　懋	安景余	刘鹏太	田金奎	张德照
张连仲				

（3）泰宁镇绿营兵地佃户代表唐洛有等呈（1920年3月6日）

具呈租种泰宁镇绿营众兵地亩佃户代表民人唐洛有、郝生檀、高有山、吕茂之等为镇派私人仍敢抗判，凶殴恶索，重租殃民，恳请恩准速赐秉公核办，以保民命而恤民艰事：窃民等租种泰宁镇兵地以来，要皆依约纳租、种地两不侵扰，已历数年之久而各自相安。不意自已革游击徐英割攘兵地于前，始有农林蚕业等名目之各公司即赵慎之等包揽展转租贩，以致一地而有两租之事，层见叠出，租种兵地之小民等，既罔不受有绝大之损失而日不聊生，既经张德照代表众兵呈控于民国七年六月间，荷蒙督军判决，将被割之兵地交由易县潘前知事按照分地最初原册四至划还各本官兵，已经执行完毕，地归本主当同指地对佃即民等佃户之租项亦皆交纳，各有定向，而纷扰毫无。所最难堪者，自去年聂镇台到任，竟敢违反原判，重量兵地，复行大肆割攘，较前倍甚。並擅用淫威压制，将民等租种之兵地，强增加倍租粮，以图吸尽吾民之膏血而刮净地皮。民等因受其苛扰不堪，痛切剥肤，稍一理论即被该镇之私人，自称陆军部差遣员兼清室钦差之王警铭百般辱骂，横行毒打。伏查民人郝生檀之胞兄郝生华，曾以读书文士据理争执，竟被王警铭率兵背捆吊打遍体鳞伤。此不惟有耳所共闻，亦众人所共见。其他类此之情事，何堪枚举。第就民等被害之太甚者，试为概略陈之，即如兵佃民人米万仓、米万奎、米万才、张山等于徐英割攘案结，兵地追还之后，已将地租交付本兵聂镇所派假名量地，抗判重割之委员王警铭，硬令民等将前年已交本兵之租作为白交，再交镇署一份。及至今年又压令米万才复交赵慎之等即各包商一份。不惟民等种一年地交三份租，犹且于原定交租额外，威逼米万仓增交租谷一石三斗。米万才增交租谷八斗，张山增交租谷四斗五升，此外又逼迫已交过租项之民人，仍令重交总计有百数十名，限日交足，不准少违。民等迫于苛虐之威权，亦不敢抗，遂忍受敲筋斫髓之痛，勉强照数交齐。何况一地三租，彼如郝生华被捆吊殴打之时，当下不能凑交即逼其弟郝生芹出立借帖仍与公司，试问人情谁甘忍受。今聂镇擅违前判，重行割攘之众兵地亩，既蒙使督恩施逾量，复又判还，而该镇仍旧肆行威虐，催租愈紧，不知其果何根据而胆敢如斯，况当此迭奉训令执行，重被割攘，复蒙判决划还兵地之时，而该镇于今年一月二十日又令其私党曹得奎大人声称，亲奉聂将军所派向租种山厂佃户王德胜逼要地租，适值王德胜外出，其妻王赵氏以王德胜凑有预备交租之铜元五吊文，当即交付央求再行少为容缓。不料，曹得奎竟以强暴之手段仍是胁迫逼勒，横肆恶索，绝不依从。王德胜之妻赵氏万不得已出门去借，乃行走数十步回视所住草房已经起火，房中所有之日用衣物等件均未搬出，其少长之子女二人幸获逃命，可怜其在怀抱之小女孩一名不会行动，顿被烧死，及房间物件一切顷刻俱成灰烬，而吃穿皆无。按此情形殊属暗无天日，惨无人道，实在万恶。民等虽不敢认定此火系曹得奎所放，而曹得奎故向柴灶中扔掷烟卷火头以致引着房屋衣物等项，烧毙人命实所难免。虽然若曹得奎不去催租，绝无此最极烈之火灾。推厥本源，究竟是谁之咎。且曹得奎又于二月九日扬言仍奉聂军门委派向民唐洛有、魏德顺等复行急紧催要地租，非完全交清不可，倘若不交定派兵丁捆送惩办，当有佃户魏德顺问理，该曹得奎即手持木棍，遍身混殴，其腿已受重伤，几成残废，诸如此类，何可胜言，横暴凶残，殊难言状。该镇所派王、曹等员，直视司法之机关俨如儿戏，轻藐使督之训判，几若弁髦，揆其居心，无非营利，满拟以权力为刀俎，以小民为鱼肉，尽供啖噬犹不足饱其难盈之溪壑。而法理、公理宪果何存。哀我小民何以堪此。民等虽于一月二十二日已在易县公署据实诉明，不知究果何因，迄未发表。民等迫不及待不胜战惧，用敢冒昧，缕析陈情，伏乞使督大帅大人钧鉴，速赐认真核办，指明地主为谁，租究应交何处，俾小民得一线生路，以保民命而恤民难则感戴靡既矣。

具呈代表民人唐洛有等二百六十三名

（4）泰宁镇总兵聂汝清呈　（1920年3月17日）

为呈报事：窃于本年三月四日奉省长函开：案查前据涞源县呈请筹提县有官荒地租充作普及教育经费等情到署。当经令行财政、教育两厅，会同核议。去后。兹据该厅等会议呈复前来。查此项地亩孰为官荒、孰为营产及其中有无重复纠葛，自非会同详查明确，不足以杜枝节而垂久远。除指令如拟办理並令涞源县遵照外，相应照录原函呈请查照，派员会县详查见复等因。奉此。职镇曾于去年到任后，业将所属各营营田、马厂、校场荒废有年，私垦、私租中饱隐匿种种情事，恐所不免拟一律收回，分别垦熟，得租大约不在少数，如以之充补镇公署整顿经费之不足，于国家亦可稍抒一分财力等语。当经分呈钧厅，无非对于所属各营相沿已久，难免弊窦不生，期于整顿起见，嗣奉钧署批示。呈悉。拟将所属紫荆关等处各项荒地收回垦熟，以免荒废可惜，所呈甚有见地，仰即迅将顷亩收租如数查清，暨妥拟垦荒办法，呈候核办等因。奉此。遵批之下，乃因所属各营处于万山耸叠之中，遍围不下千百里。职镇甫经到任，清理营产，经费无出，只得派员行查其大概，究难彻底澄清。况绿营几百年之积习，谁肯将利益遽行说破揆意。绿营裁饷之后，官兵仅以报轻俸饷万难供职，自非于就近山坡挖垦种地，无以为生。此在荒山废地官兵挖垦成种，藉求生计又精于勤，且能以公代恳，並不废公原为不可而经久，苟有愈垦愈熟，愈增愈多，年复一年俨为己有，或以正当屯。垦营田，隐匿为私及转佃民人，如此情形殊属不合。职镇到任调查所及，当虑查不胜查，辗转反侧，只得令其所属各营自行和盘托出，具册呈报以凭照转。去后。旋据各该营所呈地亩印册到镇，原难凭信，因非得已，拟待后筹有经费再行认真查明，严饬补报，并将所据印册业于去年七月间照录汇呈在案。查据册报所载营田、马厂、校场已垦之地综计三十二顷六十二亩七分二厘，共年收租京钱一千四百五十八吊七百一十文。又年收租大钱折合京钱一百三十六吊，共收杂粮租三百零四石七斗。比时呈明拟俟将来租金增减多寡及收租变价实数若干充补某项经费，年终另文汇报。此外尚有未垦之地计五顷一十亩八分五厘，一俟招垦成熟，作租随时续行补报。各等情。均经呈明在案。未料职镇嗣经左右两营兵地讼案迭起，军民视其主任失败而又无兵力，动辄非捏词呈控即造谣言污载报纸，致应整顿之事，处处掣肘不能进行，遂将营田、马厂、校场租项，虽经屡催而仅据沿河口都司达庆缴到地租洋二十九元三角存署，暨左右两营预备听候提缴外，余均任催不缴。兹奉省长函开：官荒与营产有无重复纠葛，分令派员互相确查，正合职镇最初意旨。自奉公函之后，据闻所属私语，官荒与营产缠连之数不下数百顷之多。如经济出在地方，分晰为公，在绿营自当无异，两方具有裨益。然职镇有所请者，各营去岁所报营产印册倘有不实不尽之处，原其下情未尝不无一时，愚见只存隐公肥己之心而不顾及欺朦废公之意，其咎固属难辞。但以官荒隐匿，地方势必干涉，若以营产含糊，按照呈报印册营产，岂不反为官荒焉，无重复纠葛之虑，即或事出果然，各营並无隐匿亦必须竟将数百顷官荒利益全行托出涞源县受之，际此国家筹款无方，未免益之，涞源县过巨与国家大损失其补助。兹职镇处于悬揣之间不得不先行陈明此项营产，似非由官产处清理，不足以杜其弊，免生枝节。除呈复省长暨函达涞源县並令守备钟煦于三月十六日前往该县接洽清查。一俟事竣禀复再行具报外，所有先后办事掣肘及各营有无隐匿情形，理合缕晰声明，恳乞大帅鉴核。如蒙批示另有办法出自钧处裁夺施行，实为公便。谨呈

四省经略使直隶督军

陆军少将泰宁镇总兵聂汝清

（5）西陵创办地亩首事员绅代表呈　（1920年4月15日）

西陵创办地亩首事员绅代表高肇勋（西陵内务府帖式笔师范毕业年三十四岁）谨呈为再恳宪恩饬还借地以符原案而免向隅事：窃肇勋受西陵创办地亩首事员绅李景芳之委托，为泰宁镇强借酬劳地亩事，来保请愿，曾于本月一日邮上一呈迄今半月未奉批示，肇勋羁旅淹久，恐下情未能上达，谨再缕陈缘由，伏乞钧鉴。伏查西陵开放地亩，虽系奏明办理之案，而一切勘查丈放诸事宜均系员绅李景芳等担任办理。始自清宣统二年至民国二年，凡历数年之久，各首事员绅自备资斧，躬任艰劳，披荆冒寒历尽辛苦，仅乃成功。当民国二年地亩分讫，蒙西陵前守护大臣奎、寿两公爵暨前泰宁镇台会衔奏请，以该员绅等创办地亩不无微劳足录，请将孔名庄一带山荒划归该员绅等醵资修养果属树秧以备各区採买，该员绅等亦得专其利益而酬微劳等因。奉允在案。当由员绅代表李景芳著手经理，正在开办之际，不意于民国三年三月，泰宁镇守备徐英藉口于绿营兵地不敷分放，禀请岳镇台将孔各庄一带地亩强行借占。伏查西陵开放地亩共分四区，绿营应得东区之地，以计人授地办法无不敷分放之说。孔各庄地亩实在北区界内亦与东区无涉。当时徐英为泰宁镇垦务总办势焰方张，又大得堂宪宠信，故各员绅等虽受损失，亦无所申诉，其实绿营之地，按每兵八亩分放，尚有盈余甚多，均经租给商人赵钦崇即赵慎之包揽承种，设立力田公司从事垦辟。该商人所租之地，虽系绿营余地，实因绿营借占孔各庄地亩所溢出者。质言之赵钦崇所租之地即创办地亩员绅之酬劳地也。查徐英所指借者为九园南沟之地，按九园南沟为孔各庄界内之一部，实已将孔各庄一带全行占领。该原禀又称，如当事员绅有以酬劳之典，为必不可废者，俟划清区域，果有盈余之地再为酬核拟议。同时岳前镇批示，亦言准该弁兵为领种。夫日拟议曰暂种。

盖皆知酬劳之不可废，孔地之不可久假，而奏案不应擅为取消也。然各员绅以屈于威势，且未知绿营地亩之实情，故终隐忍之。迨民国七年六月十六日政府公报载张德照控告徐英判决书，有绿营原有余地交该长官妥为处置之语。民国八年聂镇台清量绿营地亩，果余九十余顷之多，虽经绿营兵丁控诉，仍按原册划还，然绿营余地除补放水冲沙压之外，实尚有余，而赵钦崇所租孔各庄等地犹不在内，据以上种种事实，则各员绅要求退还孔各庄地亩，实有充足理由，並无滞碍难行之处。兹请分别陈之：一孔各庄地亩既经奏准为酬劳之需，自不应擅予剥夺，此其一也。一据徐英原禀亦无久假不归之说，且退还以赵钦崇之租地为范围于兵地无碍，此其二也。一据张德照控告徐英判决书，则以孔各庄地亩还之于原有主权人亦于妥为处置之语相合，此其三也。一孔各庄一带原属北区，自经被夺，区界大紊，应即划还，以清界限，西陵地亩始易清理，此其四也。各员绅创地亩精神，财产牺牲至巨，开辟孔各庄一带山荒亦多损失，不应使无所取偿致地方人士灰心公益，此其五也。肇勋暨各员绅据以上缘由，屡向泰宁镇请求，孰意聂镇台概不受理，谓绿营地亩尚由易县执行，此事未便主持，员绅等深抱缺望。今值绿营划还兵地之际，西陵总官衙门亦已设立，清垦局清理各属地亩事宜，所有宿案纠葛将见一律结束，是以孔各庄借地之请还亦再无容忍之余地。我督宪鉴空衡平久孚遐迩，区区下情当在洞鉴中也。肇勋所陈各节，西陵各衙门均有案可稽。伏乞饬下泰宁镇查照原案，将各孔庄一带地亩如数退还，以清纠葛，如果孔各庄界内有已放兵地，尽可酌量抵补，俾酬劳与兵地两无妨碍，则人情法理各得其平，而员绅等感载鸿施无涯涘矣。再西陵创办地亩，首事员绅虽十余人，实以李景芳总其成。兹以该员现充陆军第三师暂编第五混成旅书记官，从军湖南不克兼顾，此事因委托肇勋代表请愿，合并陈明，冒昧再呈。伏乞宪鉴施行。谨呈

四省经略使直隶督军

西陵创办地亩首事员绅代表高肇勋谨呈

〔北洋零散军事档案〕

20、陈光远等报告鄱阳县农民反对煤矿占地击毙矿警等情密电

（1920年11月1日）

北京国务院钧鉴：内务部、陆军部、农商部均鉴：统密。鄱阳县属洪门口地方，商人谢天锡等鄱乐公司开采煤矿系实业厅呈部核准。本年七月间该公司插标测量，乡民聚众滋闹，抗拒警官，矿警被杀毙十七名，尸匿无踪，並破屋劫物，情极凶悍。即经光远、扬饬派警备队驰往镇压。讵该乡民联合百余村，聚众数千列械抗官如故。光远、扬未敢操切，当饬警备队暂缓下乡，由县延请各绅多方劝导，令交凶交尸，各村自行解散。乃乡民被人串唆，坚不听从。复派委十二师骑兵十二团团长高文贵、简任职郑德凝驰往查办。虽交犯五名，仅系顶凶搪塞。兹据高、郑两委员电称：该乡民仍不续交正凶，亦不交尸缴械。仙峰岭地方聚众迄未解散。全城绅界以劝导数月之久，在官吏仁臻义尽该地方蛮横素著，若非大兵早临，难期就范，更恐匪徒乘机勾结，为患堪虞。除派拨陆军马队两营，附机关枪、炮队，令警备队统领张宗良统率前往会同相机办理外，合将大概情形先行电闻。陈光远、戚扬叩。东印。

〔陆军部档案〕

21、陈光远为鄱阳县农民反对占地已平息勿庸远道派兵密电

（1921年1月18日）

百万急。北京靳总理钧鉴：陆军部鉴。同密。顷准大咨以鄱阳县属洪河口矿山事务所，被该村痞纠匪焚劫，令行暂编第一师

张师长酌择兵队保护等因。查上年七月，鄱阳村民因该所插标测量，焚劫毙警一案。业经遵照院部迭电，会委团长高文贵、简任职郑德凝等驰往查办。该乡民已遵谕缴械交户，克期解散。並通缉正凶究办在案。现已办理完结。该处地方平靖且有警备队驻守巡戍，实无调派陆军前往弹压之必要。鄱阳近在九江，距暂编第一师所驻袁州远及千里之外，该师亦不便调拨队伍开赴远处驻防。除令行九江镇道加派兵警就近保护外，请大部速电令该师取销勿庸拨兵前往，以免徒劳跋涉，为盼。陈光远。巧印。

〔陆军部档案〕

22、京师稽查处关于热河滦平县农民为地主夺佃赴京请愿探报

(1922年12月26日)

一查热河滦平县属西河宝山寺村居民一百余名来京请愿。经得胜汛官兵拦阻未能一同进城，暂住得胜门外德胜裕德等店一事。兹经前往调查，据该民代表高德、高增、姜德元、姜廼华等声称，该村住有八九百户均种前清佟府山场地，业经多年。历年由庆福臣催收租粮，每年阖村交粮四百四十四石。于民国二年佟府将地卖与密云县乔玉亭，仍照常纳粮至五年。乔姓又将地又卖与玉华公司，杨振华粮租仍未变更。至十一年五六月间该公司又转卖与本县刘岳亭。现今刘姓欲各佃户留买约出本，姜树勋、张柏禄及地保孙举邦同办理，最好之地每年纳粮一斗者定价三四元不等，富户业经留买，贫户不能留买者，刘岳亭反定卖价七八元，各佃户不买即强迫将房地一并腾出，带眷出境。各佃户以本年歉收，举家老少无食，困难达致极点，焉有资置产，因无路可投，故公忿来京请求巡帅救命，勿任刘某违法强迫人命买地等情。当经安慰该民等暂勿一同进城外，理合报告鉴核

稽查 岳士杰
于　发

〔北洋零散军事档案〕

附　录

天培：四川合川县农民状况①

（1923年3月16日）

一雇农

农民受雇于农家的，其生活与劳动略同。他们每年工资三十串至五十串不等，以其工作之优劣为比例。然而他们的工资，总是不能养活一个妻子。

二佃户

地主与佃户。田土皆为地主所有。农民用钱以佃于地主，是为佃户。佃户必先有稳租钱（押租），始能得田耕种，每年秋收后，佃户必纳租谷若干石于地主，所余之谷，即佃户所得。其所得之多少，以稳租银之多少为比例。（大约稳租银一百串，可得余谷三石至七石不等，以地土之肥瘠，须劳动之多少，各地之时价，及佃田时之状况不同而定。）有时农民受他种逼迫，（或人口过多，或不能为他种职业等，）必须佃田，又恐没有田佃，故自愿多出租谷稳银。现在人烟日密，佃田者日多，地主亦易乘时要求贵价，故佃田者日益苦痛。

稳租银与租谷。地主所收之稳租银与租谷，据现今观察，大约每年有增无减。他们或加稳，或加租，故佃户之所得愈少。若加租，则佃户须多纳谷于地主；若加稳，则佃户暗中受了稳银利息的亏损。

地主既加稳租银　佃户自己之银不够，有时须借之于富家。此等借款，每年每百串，付息款一石至二石不等。但穷人借钱，利息特贵，有付息至谷三石四石者。因此之故，佃户于六七月之

①此件系原标题。

佃田时间，终日忙碌，一则恐无田佃；一则恐稳租银不足，不能佃田。出重利以借钱作稳的人，在秋收后，除租谷付息而外，所剩无几，不足以供人口之需。这样的情形，势至负债。既负债，又必付息。既又加付息，则次年所负之债，必更多。故一经负债之后，则必日益穷困，以至不能生活。现在此种现象日多一日。

压田者与佃户之关系。有种小康之家，将钱生息，则恐负债者，不能偿还，于是想出一稳固之法：遂用重稳银以佃田，复用轻稳银转佃于农民，而多索租谷。他在其中贴稳银，而赚租谷，大约每贴稳银一百串，可赚租谷一石至三石不等，是为压田法。现在“田园会”盛兴，有每年收数百两者，或收数千两者，无不将此银压田以生息。于是田之需要愈多，而田主愈高其价，佃田者遂愈受其毒。

佃户之种类。富佃户：佃户非一概皆苦。有银钱甚多者，可广佃田土，雇农夫耕作。他除租谷、工资、公款，（练费军饷及一切用费）而外，亦有剩余之谷。一盖农夫一人，可耕田二十石，每人每年工资与火食大约共只需谷六石。又佃二十石之田，大约要稳租银二百串，每年纳租十石，亦可赚谷四石。若有钱二千串。则可赚四十石。

人口多之佃户：有妻室儿女太多的，每年之衣食费，亦甚多，而耕种又必需器具费，（制犁锄等费用）此外还有人情客往公款等，故他们每年所需甚多。但他们所有金钱若太少了，佃田无多，则所得亦无钱，必感恐慌极了！

穷佃户：有无一文钱的，全赖借钱以佃田，则尽其力所耕之田，每年除租谷付息而外，只够一人之衣食零用而已。他实在只是为养活自己，替田主与债主做了牛马的工作。

佃户之生活。凡非富佃户，每感戴其田主。因为田主有佃田之恩的原故。他们又无不效劳于田主，希冀田主来年仍佃田与他，他可以（一）免迁移之费用，（二）免佃田之困难。凡佃户之脱佃，无一非由其田主之已招新佃；故田主骄傲，而佃户只得满面承欢。

凡佃户之家，无不男女老幼皆作工，且作工甚勤。有六十余岁之老年，十岁之儿童，皆不免于工作，惟所作稍少耳。他们的衣食无不极俭，有终日三餐煮粥，终身尽穿破布服的。惟富佃户则不然。佃户所居之房屋，皆系田主所有。田主决不肯修饰房屋以供佃户之居住，而佃户亦不肯为主人培修，故其居处少有适宜的。

以上所述皆近年之现象。若在以前则不然。前日之佃田的，如不嫖赌，无不足衣足食，如俭啬的，还可以积而成富。现在生活程度日高，佃田者亦日多，故佃户日渐困难了。

〔京畿卫戍总司令部档案〕

上海南方大学陕西同乡会等揭露该省军阀土劣暴行传单①

(1923年12月20日)

渭北农民之流血惨剧

（一）惨杀事端之经过

陕西连年社会上，一方面因为军队土匪的常常骚扰，使社会秩序纹乱不宁，隔断有无贸迁的交通；一方面雨量缺乏，短欠了收成；一方面军阀官吏苛索勒派，贪取无厌，夺去了民生资料，一面百物腾贵，生活程度一般的提高，使人民入不敷出，结果便造成了人民日夜挣命的环境。人民处在这等环境中间，时时生活上发生恐慌，致日夜心绪不宁。他们礼天拜神哩；天、神是个乌有的东西，当然莫有灵验。希望生活程度低落呢？却莫有那么大的力量，挽回那经济的大轮子。没法，只希望诚恳的向军阀官僚告饶，告饶这次不得，只希望免了下次。那知军阀的贪欲无厌，不

①此件系原标题。

特不可怜看他们，却是向他们剥削一回又一回。人民处到这样走投无路的地步，只得铤而走险，屏却一条性命和军阀官僚争斗，这就叫做“官逼民反”，这是人民出乎不得已的动作呵！

这次渭北（渭南县河北地方）人民就因为受不了胡景翼部下的苛捐重税，处在官逼民反，不得不反的地位，于是乎相率踏上交农器的道路，结果便演成这件流血的惨剧，勇于行凶的耿古臣一胡景翼的部下一竟然将告饶的渭北人民，枪杀了八个，打伤了五六十，押拘了七八十个，似这般人民不值一文的猛兽世界，焉能止住我们的放声大哭！

（二）悲惨的失望

在“主权在民”的原则上所筑起的国家中，只许官家杀人放火，不许人民请愿告饶，敬问全国同胞，敬问全陕同胞，敬问胡景翼，这成个什么世界。

我们期望人类大同，不分疆域，而英、美、日、法的列强，则故怀蹂躏弱小民族的黑心，侵凌我们；于是乎不能不叫我们去讲什么爱国，我们是要爱国了，而军阀受贪心支配，率领上这一省的持枪同胞，去专做那蹂躏他一省同胞兄弟的勾当。于是又给我们一种教训，说爱国也不切实，还须得要去爱卢墓所在的省。刘镇华不去在河南发扬他河南人的人权，而却厚颜的霸占陕西，“我们为什么不去自己处理陕西的政治”于这样的追问之下，乃不能不主张驱刘，乃不能不尽量的暴露河南人在陕西的恶迹，乃不能不对于本省人之败德暴行，与以相当的大量包含，这样偏心护短一这是弱小民族抗暴力民族，而图自己民族独立的应有的，正当的，必需的和惟一的原动力一满拟着感动陕人。尤其是陕西的武人的觉悟对于本省无权力的小百姓，产生一种感情。可怜他们，爱惜他们，保护他们，明知道这个希望可怜，乃因为觉得希望“刘镇华能可怜陕西百姓，爱惜陕西百姓，保护陕西百姓”的“希望”更可怜。于是乎不能不于狠可怜之中，权做那可怜的“希望之梦”。希望陕西的人，陕西的武人去可怜自己，可怜自己的同胞。唉！现在这可怜的希望，也是绝望了！刘镇华尚且所不曾做的暴横事情，居然陕西武人自己作了出来了！真算是残忍呵！能为了“九分”银子，和听汗浃背的农民计较争执；能为了“九分”银子向苦汗浃背的农民仇打痛杀；能为了“九分”银子，结果了苦汗浃背的农民八条性命；不足，再打伤他四五十个，不足再拘捕上七八十位，痛快倒是痛快，勇气倒有勇气，未免太残忍了罢！可怜哪“人道”！可伤哪，可泣哪！“主权在民的‘中华民国’”！

（三）告全陕人民

敬告全陕人民！十二年来在强力压迫之下呻吟的，决不是渭南河北东北区的一个小小区域中的人民，除过那持枪的军阀和土匪，除过那贪赃的官吏和政客，剩下的你们（记者也在内），个个人也都在可伤的情境以内，试问你你们自己：有谁莫经过军队的蹂躏？有谁莫尝过土匪的惊恐？有谁莫受过野蛮不堪的凌辱？敬告全陕人民，不要误认渭北人民的死，乃是为私利争斗的一件小事。我们诚恳的承认，他们这次“交农器”的举动，乃是代表我们全陕西人民心理的举动。他们受过军阀官僚的压迫，和军阀官僚压迫我们是一样，他们的“交农器”举动，是在我们人人心坎中筹之已久而思想自己举动的举动。他们现在已竟是先我们而干起来了，他们勇往奋斗的鲜血，已溅在我们的面前了，我们在这种杀声震天的情境之下，问良心能作壁上观吗？敬告陕西人民，只有我们同受痛苦的是他们渭北人民的知己，而他们此刻所惟一盼望的救星，不是军阀，不是官僚，不是政客，乃是和他们受同一痛苦的我们！敬告陕西人民，他们一渭北人民一的血，便是我们的血；他们的心，便是我们的心。他们的胜利，便是我们的胜利。他们的失败，也便是我们的失败！息戚关得紧，我他就此大家起干罢！“联合起一村一村的老幼男女，手托手足接足的向各地就近所在的军阀官僚面前走，张起那‘力争民权’的旗子，喊出那‘杀人偿命’的呼声，誓不达到目的不止。”一就是这样的干罢！

（四）敬告陕西绅士阶级

敬告陕西各县．各区和各村有知识的绅士们，你们对于渭北人民这次交农的举动，假使你们听见了，必然是表十分同情的。因为你们平常也想领率接近你们区侣或村侣这样干一交农器。这虽然平常话莫曾说出，心却的确是一样的。现在呢，发泄你们同情心的机会到了，大可以率领上群众轰轰烈烈的闹一场罢！“鼓舞起各人的热心，户晓家谕的向亲近自己的老幼男女说明援助渭北流血人民的理由，把他们一个个率起来，毕直的向前走，大声的喊着向前走，不达到杀人偿命的目的不休，”一就是这样的闹闹罢！

（五）告国内外陕西留学生

国内外留学的陕西青年朋友“自由”、平等”、“博爱”和“人权”，这些字句中所含的真理，是你们平常倡导的，你们对于这场农民流血的惨剧，必当是非常痛心、气愤；而且我们设想你们不久必有个同情援助的办法，现在上海南方大学的朋友已然是呐喊出要求同情的呼声了。

“国内外陕西同乡诸先生呀！

我们陕西渭南县的小百姓，近年来受了一次空前的惨祸无辜而遭枪毙的，有五个同胞！这是被该县的军阀把他们“贱命”送了的！特用这封信与你们报丧！

这消息是敝校一位同学，从朋友的信里边发现的，现在把重要的那几句，录在下面，说：“……故市（属渭南）东北乡，前月二十八日交农，（因为棉捐甚重）被耿古臣开枪行凶，打死人民五名，受伤者尚不知数目……”

诸君！……我们生在陕西，长在陕西当然知道那些小百姓是不爱生事的！为甚么这次因为棉捐的事情，就会有交农的风潮发生呢？我们暂且不问棉捐的数目多少，但是敢断言那“棉捐若重不到极点上”，他们绝不会交农；再进一步说，纵使款重，“如果那些小百姓，有一分能耐过；尽他们的死力，还能托得起的时候”，也不至于交农的！

照我们陕西这样看来，小百姓只可任那军阀和官厅的宰割：肉也可以听他们随便吃；血也可以听他们随便喝！小百姓若不咬住牙关硬受，就算触了军爷的虎威，马上就运用起他们的快枪来了！

诸君！……怎么叫做专制？怎么叫做奴隶？

诸君！……怎么叫做国民？怎么叫做平民？平民的性命，是不是人的性命？

我们与诸同乡通信的意思，是要和先生们研究几个法子：

（1）我们想个什么法子，替那已经被人杀死的五个同胞出一口气

（2）想个什么法子，与那杀人的耿古臣赔罪。

（3）我们以后怎么的恭维、把结、服从、奉敬那帝王式的军阀和官厅，才能使他们与我们小百姓赐福。

以上几点，敝校同乡已用一种很小很小的呼声，向各方面请命。我们想，诸同乡若能振臂一呼，出檄讨贼，或有大规模之联络共图抵制。那末，感激你们的，实在不止被杀死的那五个同胞吧！不知诸位先生，肯不肯牺牲一点儿很值钱的光阴，专此顺颂冬安

（六）失望中希望

呵！全陕西各界人民，“恶伤其类”，那是人同此心的情绪。“扶弱锄强”那是我们的天职。我们绝不能令这些为人权而牺牲的死者，终此含冤以去。我们大家一齐举手罢！鼓舞着我们勇气，一致大声呐喊出我们的正当要求。我们的要求是：

（一）要求胡景翼立刻枪毙逞凶杀人的耿古臣；

（二）要求公葬被难的死者；

（三）要优恤死者家族，並负伤人民；

（四）要求停止征收渭北的棉亩加税；

（五）要求释放被拘的人民。

呵！全陕西人民，这是我们失望中迫切的希望，希望大家一致努力哪！——做第一步的努力哪！

上海南方大学陕西同乡会公启

阳历十二月二十日

〔京畿卫戍总司令部档案〕

刘卓三：关于山东广饶县农民被地主愚弄的报导①

（1924年1月11日）

我们山东广饶县地方，有好几种古老传下来的，地主欺弄雇农的手段，下面所写的都是。我想别的地方，一定也有同样的情形，不过名目也许各各不同吧。

（一）秋赏钱、夏赏钱

秋赏钱和夏赏钱，就是俗语说的“秋俸、夏俸”这种赏钱，每季多者一百五十个铜子，少者只有三十多个铜子，给地主们雇用的农夫，贪图这笔赏钱，就拼命替他们的雇主做工了。

（二）加截半钱

“加截半钱”也是一句土话，意思就是照原来的工钱加半，在夏天、秋天和其他农事忙的时候，地主们常用这个法子对待领工们，那些领工们就带领着农夫拼命的做，有时一天可抵一天半的工作。

（三）慌市

①此件系原标题，刊载上海平民导社《照妖镜》。

地主们在开始工作的前一天，跑到市上去雇一二个短工，格外多出一点工钱，那四乡里的穷同胞听得有这样大的工钱，下一天就多跑来了。但是“人多价跌”，这地主因此反得故意减低他们的工钱，于是地主大便宜，雇农却大吃亏了。

（四）黄米糕

“黄米糕”是一种习惯，每到秋天，雇农免不了要打中觉，地主们就预先在春天特别种上几垄黍子早秋的初几日里就熟了，蒸了黄米糕给伙计们吃了可以立刻免去打中觉，如此每天就可多做一二点钟的工作

（五）童农

童农的年纪，大半只有十一二岁，地主们利用他们的身体柔软，叫他们去做成年农人所不能做的弯腰露膝的工作，可是他们的工钱只得成人农人的一半。

〔京畿卫戍总司令部档案〕

〔三〕学生运动

（一）各界反对不平等条约、抵制日货

1、内务部取缔反日言论训令

（1913年7月）

内务部训令　第五百七十八号

令京师警察厅各省警察厅
各省民政长

民国建设以来，各友邦热诚赞助，自各国政府以及各国国民均属上下一心，以保持东亚和平为宗旨，当亦我国民所咸知。而新闻记者发抒正当言论，尤必洞悉世界大势，注意于国际间相互之感情，固无待政府之长虑而却顾也。此次湖口暴徒倡乱，政府依法用兵，所有救民救国之苦心友邦早已共谅。日本与我为同洲、同文、同种之国，休戚相关，更为密切。对于我国内乱绝无丝毫冀幸于其间，实政府所敢深信。乃查京外报界间有以道路传闻之词，竟谓东南乱事与日本人有如何关系，并谓商界已决意为抵制日本之计等语。在各该新闻记者以激于一时爱国之热心，出言罔知所择，政府亦深信其无他。惟此等言论并无事实可指，即于邦交有碍，万一国际感情竟为捕风捉影之谈所误，究于两国国民何利念，之，宁不兢兢。为此。令仰。京外警察厅

民政长转饬该管警官厅

迅行布告报界、商界须知，中日国交素睦，嗣后不得再发为前项激烈言论，以免政府交邻，别生障碍。此令

中华民国二年七月

〔内务部档案〕

2、关于查禁南洋华侨救国团体反对不平等条约密电附传单

(1914年7月10—11日)

(1)江苏巡按使齐耀林电 (7月10日)

南京齐巡按使来电 (七月十日)

统率办事处鉴：华密。顷接南洋华侨油印公函，借辞外交失败，诋毁元首。同时南京进步党支部亦接有此等函件，缴向警厅转陈前来，显系乱党伪托，意图煽惑。除饬属查禁外，希咨部通行检查禁递。耀琳。蒸印。

附件：南洋华侨公函

呜呼！天祸我国，惨遭奇难，人非木石，能无恫乎。侨等远居异地，国事不得其详。然据西电所传亦得其略。此次强邻压迫，重兵登岸占断我东鲁铁道，以兵力相要挟。如此强横，目无天理，不必二十一条成，而已为第二高丽矣。五千年之忧愤未有甚于今兹者也。虽然强邻横矣，凡有血性孰不愤恨。然公等亦知，认敌作父，引蛇入屋，固有石敬塘其人者乎？此等卖国贼出于亡命之徒，铤而走险，以国家为孤注。稍有识者，犹不肯为之恕。况竟出于天威神武之大伯里玺天德者哉，乃者此中纷传大伯里玺天德，将逞其所大略，思效石敬塘故事，认敌作父藉为庇护，意忍卖国割土地权利以赂之，而又惧部下不服，不肯屈膝，即思借敌兵以去之。此次东兵之压迫，乃大伯里玺天德，故招之来以成其所大略也。将见父皇帝、儿皇帝互签押于条约上矣。呜呼！照人之贪位而易以五千年之国土，四万万之人民，伤心惨目，未有此极，何辜于天我罪伊何，而竟躬逢其变也。

公等身居内国，激烈效切，耳目较近，此种非常可怪之事岂未之闻耶，抑为势压而噤不敢声耶？呜呼！中国者中国人之中国也，非大伯里玺一人所得据为己有也。尤非大伯里玺天德一人所得私以赂敌也。国家兴亡匹夫有责。侨等虽愚，乌可以已，诚以五

千年之国命尽系，于是唯公等其力图之。世有张生铁其人者乎，侨等为之执鞭，亦所忻慕。

华侨救国团公启

接到此函后，望即通传各团体，力筹挽救，否则非外人之亡我，亦非大伯里玺天德之亡我，实我人民之自亡也。

（2）政事堂电　（7月11日）

堂密。蒸电呈奉，大总统令：该项印件既属迹近煽惑，交内务、交通两部查照，通行查禁。等因。合达。堂。真印。

〔内务部档案〕

3、内务部为南洋三宝垄侨埠邮寄抵制日货宣言书拟查禁致外交部咨

（1914年12月7日）

内务部为咨商事：准政事堂钞交周晋镳致杨左丞函，並南洋侨埠三宝垄邮寄诛日救亡会抵制日货宣言书，拟交内务、外交两部奉阅等因。查该宣言书以抵制日货为宗旨，标名诛日，殊骇听闻。诚恐内地人民接此宣言致被鼓惑，见诸实行必至酿成交涉。兹本部拟本此意，会电各省禁止发布此项宣言。特将电稿并钞件咨送查核。如何赞同或电稿有应更易之处，统希迅赐核复。俾即译发。此咨

外交总长

内务总长

十二月七日拟稿

附钞件：

杏公① 钧座：密启者：顷据南洋侨埠三宝垄邮寄诛日救亡会抵制日货之宣言书多张，请求沪上提倡等情。阅之不胜骇惧。当此国事多艰，忧患频仍之日，岂可再生意外波澜。上海商会对于此

①政事堂左丞杨士琦字杏城。

等事件不避个人危险，向抱坚持之志，不闻不问。但自改变以来，社会机关势力恢张，其不伦不类之名义不胜枚举，无识之徒每被号召。此等宣言书，难保不分寄他种机关。万一漏泄或竟以无意识之行为，倡言无忌，酿成交涉或致扰乱之阶。从前抵制美货风潮剧烈，虽于国际诸多交涉，尚无大碍，而商业上暗中损失不知凡几。为我公驻沪时所深悉者。商会若不先事声明，一经有事即难辩白。若正式备文声叙与宣布反对，无异转更陷于危险。近来如孔教会、悬让庚子赔款会、祈祷世界和平会等等不一而足，每以慈善名义兼托外人组织而为之主者，又皆不农不工不商之人，其他名义之不正者更无论矣。商界中人之热心公益者，每被窃名附列，以致薰莸同器，禾莠难分。商会不愿与闻，难免不遭嫉忌。我公驻沪最久，对于商会关切尤甚，用敢冒昧密陈，迄于相国前代达下忱，转商内务、外交两部，预为注意。原来印刷品附陈三纸，即祈察阅为幸。专此密陈。敬叩

钧安

周晋镳谨肃

十一月二十八日

附件（注意）　抵制日货之宣言书

噫嘻！同胞今果何时，西欧构衅，风起云涌，东邻蓄祸，跋扈飞飏。启口同盟，竞启战端，谬称保护，肆意侵掠。誇席甲午战胜满清之余威，为破远东均势，和平之罪首，进兵龙口，蓄意侵吞，略地驻军，蔓延即墨、莱州、胶州、平度、济南、潍掖黄等十余县。纵迹所至，鸡犬不宁，甚且狼吞虎噬，硬夺公署、海关、税局、铁路、矿产、电邮、警之主权，强占民居，抢掠货物，奸淫妇女，枪毙居民，种种野蛮，固中外报章所共戴。咄咄倭虏，实世界人类所不容，犹复包藏祸心，视等领土。调查户口，发行军债，迫官绅以供应，勒商民以指输，役人民以苦役，掳妇女以充

阵 。毒逾蛇豕，荐食恣睢，致使万家村落变为荆棘，百年生聚化为沙虫。嗟呼！蚩蚩者氓，畴非黄帝之遗胄，朊朊者土，犹是孔圣之故乡。谁实为之，而至此耶。民心不竞，国势斯弱，虽政府苦于国力未充．不能轻于言战，而国民怵于亡国痛苦 奚能 默 而 坐视。近者山东及福建旅京同乡会之呼吁，请救声泪俱下，而南洋霹雳华商总会之电诘政府，慷慨激昂，霹雳一声唤起国魂，宁为玉碎，毋为瓦全。我国民不当如是也。即夫倭奴之敢犯公理，破中立出其卑劣险狠之手段者．不特视其兵之精，民之和，亦恃其饷糈不竭为之后盾。而此饷糈之来源，又悉半资之我国民，何以言之，彼以蕞尔三小岛国，地瘠民贫，无天然之物产，所恃者为小数腐劣之工艺品。然此工艺品之销路，均以我内外国民为尾闾，亦即侵略我国军需之所自出。在昔谬称亲睦，有无相逼之际，徐图振兴实业以补救之，尚属未晚。而今彼已实行吞并我疆土而犹恬然，与之交通辇金钱以购彼货物，徒资敌人以饷糈，是何异授盗以刃而望其不我剸乌可得哉。然则欲遏日奴之暴横，救祖国之危亡，必筹募饷糈，促政府以兵刃与敌相见，及唤起人民抵日货之观念，以断日虏之经济，实为唯一之主张矣。筹募饷糈，赞助政府，因需大有力者为之赞成。而抵制日货，则妇 孺 为 之，盖卖买自由，世界公例。曩年美国虐待华工，曾少卿提倡抵制美货，一时国内外响应云集，本使美国人改约。近如广东二辰丸案，侵我海权。广东省发起抵制日货亦使倭国经济恐慌，俯首就范。最近如去年日人倡瓜分我国之论调，三宝垄及小吕宋组织救国拒日团，提倡抵制日货，虽成效未见大著，而日奴感于经济之苦痛，知我国民之不可久侮 乃稍戢其攘夺之野心。由此观之，抵制贸易之文明，无国际之交涉，既如彼抵制贸易之成效，足补我国武力之不逮。又如此值此国势岌岌千钧一发之顷，吾人又何惮而不为乎。同人等有鉴于此，爰约同志共矢宏愿，组织诛日救亡会。联合海内外热诚爱国 同 胞，以 抵制日货保全祖国为唯一之宗旨，进行之目的，厥纲有二：（一）联络海内外之同胞，为一致之进行抵制日货，足以救亡，上已述矣。然一隅之效力有几，势非联合海内外四万万之同胞为一致积极之进行，曷能有济。想我同胞爱国素著，于日奴之侵夺海权，倡议瓜分，当起而抵制之。而况兵临我境，危亡在即，岂反采购敌货，输进敌粮，以自速其灭亡乎！此必无之理也。见义勇为，当仁不让。同胞乎！同胞乎！其速奋袂而起以挽此将亡之国家乎。（二）进行之程序，抵制之程序以不办日货，不贩日货为入手之办法。自去年宣言书发表后，吾同胞务各互相劝勉，共同抵制，勉为忠诚爱国之奇男子。庶免为奴隶牛马之亡国民。倘有凉血国民，败类汉奸，贪图小利，不顾大局，暗相受援，一经本会发觉，当科以相当之罪名，为败群害类者戒。（本会对于日货种类及可以代日货之各货品当时调查报告）以上荦荦二大纲，为本会进行之方针，同人等矢以坚忍不拔之心，志冀达间接救国之目的，苟倭虏一日不悔祸则本会之抵制日货亦一日不稍息。所有详细章程另行宣布，抑同人等尤有进者，国非一人之国，则救国之事亦非一人之事。际此风雨飘摇，稍纵即逝之关，期倡为急即治标之计划，其力固微而心至苦。所望各界同胞各抒其爱国之热忱，共懔同舟共济之真谛，毋怀观望，以失时机，毋徇小利以误大局，以爱国为前提，救国为究竟。中华民国其庶有豸乎。

民国三年十一月三宝垄诛日救亡会披露

朱启钤签条

本日在政事堂与外交部曹次长面商，此项传单，内地尚未发见，通电转兹纷传。仅由外交部电沪交涉员行知上海商会，禁止此件，收回注销。　铃

〔内务部档案〕

4、汉口镇守使杜锡钧关于在日党人反对二十一条书致徐树铮函

（1915年2月18日）

又铮先生大人阁下：敬肃者，本日由日本邮局送到乱党寄来书七纸，披阅之下，语多悖谬，除饬邮政检查员遇有此项逆书，即行扣留。一面函饬驻汉军警稽查，以及夏口县一体查禁，勿许传布，以免惑人闻见外，特将原书一纸送上钧鉴。应否通饬一体查禁之处，出自卓裁。专肃只请

勋安伏维惠照百益

杜锡钧　谨肃

二月十八日

附件：

亡命海外同人等谨致书于邦人父老足下，某等，与诸公别久矣。昊天不吊，痛我中土。去国以来，殚知瘁力以图迓读大命，而境与心违，宏愿未济，早夜忧惕，靡一行底止，顾不能不为诸公言者，日本顷以秘密条件，要我政府，行人纍聝，不解语言，各报纷腾，谓政府不诺所请，日人将扶助党人，互置兴师，以图中原，讹言盈耳，莫知所自。夫某等以祖国多艰，飘零异域，奔走呼号十有年余，辛亥之役复达虏也。癸丑之役崇共和也。其成败去处之迹，公私是非之辩，固少昭彰在人耳。目岂若彼小丈夫，然者挺身拔剑区区思仇之云耶。且日人何怨于政府而德于党人也。毋亦欲覆我国以为其利而已，袁氏虽不利于国，而国固在也。不幸而沦于外族，则国不国矣。天下岂有无国之党哉。吴三桂延满人以亡明，东学党迎日本以复韩，开门揖盗，殷鉴不远。某等虽愚，夫遽不肖如此，矧袁氏老矣，尸居余气，能复几何，苟某等克自树立，当不见绝于国人，铜壶漏尽，长夜将旦，又何为亟亟于昕夕闻也。虽然彼日人者素性狡黠，□芒刺人，隐知袁氏之重身轻国也。故为是谋以胁之耶。抑彼独夫之策，恒伸于内而

绌于外。惧国人知其所为，将举而弃之也。故为是言嫁其罪，党人以愚我国民耶。要皆无异论也。语曰：复巢之下无完卵，今则风雨飘摇，祸至无日矣。闻其所谓秘密条件者共二十余事，山东利权，旅大延租，满蒙处分。各省路矿，重要航路，内政外交俱归掌握，使袁氏以爱身之故，削国媚敌，贸然划诺，则炎黄之祀斩矣。天下兴亡匹夫有责，拥薪待焚，复将谁尤，若辑我同胞以卫社稷，属执鞭弭莫敢爱死尚尔君子幸图利焉。

〔陆军部档案〕

5、吴炳湘压制海军部军官散发救亡团传单呈附传单

（1914年8月29日）①

总长钧鉴：敬陈者，自政体改革以来，京师地面紧要，凡有通告传单等件均限令送警察厅检阅盖章后始准散布，所以防患未然也。乃本月二十八日下午于外右二，内左一两区地面，查有布散中华国民救亡团传单，单内宗旨谓：日人实行其野心，本团同人愿以死对待，其他词语尤属不经。当将持散传单人带厅讯问，据供称一为郑独造名友益，福建人现充海军部军械司机器科科长，並系中校实官；一为陈灿，福建人现充海军部科员，承认邀集同志散布此项传单不讳。当将单内提倡人姓名职业一一详加诘问，多系海军部有识人员，诘其因何布散此项传单，语多激烈，大致与单内词旨略同。查现值人心不靖，正在极力维持地面之时，乃竟有此项传单发现。而发现提倡又多半系海军实任职官，实出人意料之外。倘有无知之徒，闻风附和，诚恐以个人激烈之行为，对待外人致酿成意外之交涉。否则此项传单为外人所闻见，亦难免不贻口实，所关殊为非细。除将郑友益、陈灿先行送回，並饬令不准开会外，理合开具提倡人职业、住址清单。谨呈

①此件系发文时间。

总长鉴核

京师警察厅总监员吴炳湘谨呈

附上传单一纸

八月二十一日大阪朝日新闻登载，日本欲乘欧洲战事之际，逞其吞并中国野心。先以保障中国为词，彼之所谓保障者，即我国受其保护为其属国也。既为日本属国即我无国，无国之民，则种种惨辱不堪设想。朝鲜、安南、印度、南非洲亡国惨史，尽人皆知，设使不幸事成其实，我国若以武力对待难占优胜。我同胞力量既不足，生死总可自由，为国而死即死犹生，生为亡国奴，虽生不如死，况惨辱之下，难以为生乎？同一死也，与其苟延残喘，受人鱼肉，何如决然一死为最后之报酬，尚不失为中国男儿，即相见先烈于九泉之下亦可以告无憾矣。愿为我同胞急起直追。一息尚存，万不容外人欺侮我也。良知未丧，当赞同焉。兹拟组织斯团，凡确具有敢死热肠者请签名。决死提倡人临书洒泪，不胜待命之至。

本团定名　中华国民救亡团

本团唯一宗旨　设日人实行其野心，本团同人愿以死对待。

本团纯净国民，为国热诚发起，毫无牵涉国际政治问题，特此声明。凡有畏缩与本团宗旨不赞同者，请勿签名。

	陈慎藩	郑宗淦	林如澜	高视青	刘莲清
提倡人	刘肖颖	林莐臣	严伯勋	高又堪	陈洵迈
	严家井	郑独造	李砥中	刘文卿	蒋安庄
	周为桢	赵崇如	林如筹	杨梦熊	严以礼

本月三十日（即星【期】日）假名大人胡同门牌五十八号一和行会议，凡赞同者，请准早晨九句钟齐集该处签名并商一切。

附〔调查名单〕

陈慎藩　　海军部办事员　海军部

刘肖颖	泰来洋行经理	海军部
严家井	兴华公司经理	公司
周为桢	海军部科员	
邓宗淦	海军部办事员	
林莣臣	陆军部审查处科员	
郑独造	海军部印刷所所长	汪家胡同
赵崇如	陆军部审查处科员	
林如澜	陆军部审查处科员	汪家胡同
严伯勋	海军部庶务科科长	
李砥中		
林如筹	海军部科员	汪家胡同
高视青	海军部庶务科科员	小草厂
高文堪		小草厂
刘文卿	泰来洋行经理	海军部
杨梦熊	海军部科长	汪家胡同
刘莲海	海军部差遣员	
陈洵迈		
蒋安庄	海军部科员	
严以礼		

〔内务部档案〕

6、檀山少年演说社请拒签日约愿筹饷助战电

(1915年3月12日)①

大总统暨各部及报界鉴：北京。日妄要求，请拒绝。宁死战，愿筹饷。檀山少年演说社电。

〔陆军部档案〕

---

① 此件系收电日期。

7、田中玉检获救国团体传单致段祺瑞函附传单

（1915年3月28日）

芝公总长钧鉴：敬肃者，顷据所派兖州邮局检查员王国彦报告：本月二十七日检获邮函一封，外封写兖州江防营公启下，无姓名、居址，检查邮戳系从济南寄至者，拆阅内件有伪称：山东全省救亡团抄写敬告同胞军队文字一篇，送请核办。前来。玉详阅该文，无非煽惑军队冀与日本开衅之意，大约必系乱党所为，除派探严密缉拿外，谨将该文抄送鉴核，以备查考，专肃敬请钧安。伏惟垂察。

田中玉谨肃

三月二十八日

附抄函一件

敬告

我山东全省同胞：军队宜攻打日本为上策。查日本乘欧州之战争起，倾国之兵攻击青岛。起兵之初，曾照会我政府声称：击退德国，将青岛交还，是以我政府不守中立之条约，推广战时地域，俾日本得以用兵，于是始击败德国。今日战胜已数月有余矣，竟不闻有交还之说，且格外种种要求，推广铁路，开采矿务，延长租界年限，其他如满蒙之利权不一而足。在上既无应付之方，在下尤乏抵御之策，此所以一味强硬不肯退步也。敝团等留心时事，念关桑梓，已熟悉日本对待中国情形，在日本政府视中国政府如木雕泥塑，视中国军队如奴隶牛马，毫不介意。今在山东，无论该国军队商民皆抱任意横行主义。我军队人民抵御之策不外拆坏铁路，斫断电线，以泄我山东同胞之愤望。我陆军诸兄弟，倘遇日本商民或是日本军队或是徒手殴打，或是开枪击毙，俾日本知我国军队尚有强锐勇猛之气。由此行之，嗣后日本不畏我国政府，必畏我国军队也。敝团因此起见组织救亡团，以为政

府后援。乞我山东同胞诸军队火速以攻日本军队为要。事庶乎可以救中国之不亡而免我山东全省之人民受困苦也。专此驰告。

山东全省救亡团公启

〔陆军部档案〕

8、马家麟等为日人要挟签订不平等条约泣告同胞书

(1915年3月31日)①

近因欧战正浓，日人向我国提出要求二十一条之多，会议十余次。日使强硬要挟，我外交软弱无能，处此弱肉强食之世，交涉尚未断决而日人已派兵至大连、大沽、汉口、南满等处。据英日报所载，兵数有三师团之多，占我疆土，辱我国民，是可忍孰不可忍。恐政府诸君畏□苟安，将一切主权断送予秘密之中。引瓜分之导线，交涉和平了结之时，即中华亡国之日。高丽之前车可鉴。家麟等洒临终血泪，泣告同胞父老、伯叔兄弟之前曰：速结团体，举国一心，毁家纾难，富者多筹军饷，壮者勇往杀贼，努力对外，而作政府之后盾，保国方能保家，望同胞三复期言。倘政府依然媚外，丧失一寸土地半分权利，我四万万同胞死不承认，仍有妙法对待，勿谓言之不预。

钱守义
公民　马家麟　泣叩
徐　祥

附：

日人无理要求，现又派兵，目中已无我国民，今作此歌唤醒同胞，一心对外，以便死中求活，宁可战而亡国，不能束手待毙，一战图存乃我皇帝之子孙光荣。公民马家麟泣告：

---

① 此件系收文时间。

大梦先觉兮，平生自知。时造英雄兮，英雄造时。保全中华兮，无时不思。青青子襟兮，悠悠我心。屡受外侮兮，扼腕及今。哀国欲亡兮，共济陆沉。同胞同胞兮，从我见习。宁为玉碎兮，勿求瓦全。天怜我国兮，一战成立

〔陆军部档案〕

9、云南巡按使署奉袁世凯令禁止人民反对不平等条约告示

（1915年4月1日）①

云南巡按使署出示晓谕事：案准北京有电开：奉大总统申令，中国与日本地属唇齿，素敦友睦。近有协议案件，外交部与驻京日使推诚确商，可望和平解决。乃商民不悉内容，多生误会。闻有排斥日货及与侨寓日人偶生龃龉之事，殊为可虑。及有乱党包藏祸心，乘隙煽惑，尤堪痛恨。查通商贸易及保护外人均载在约章，凡我国民共应遵守。值此欧洲多事，商务萧条，讵堪再生枝节，小则累及商家，大则牵动全局，明哲士庶当见及此，各将军、巡按使等有地方之责务，宜随时考查，剀切谕禁，认真防范，倘有乱徒假托名目，扰乱治安，著即严拿惩办，用维大局而奠民生，此令。京有印。等因。准此。除通饬所属各机关遵照外，合亟出示晓谕，仰军民人等一体遵照，倘有乱徒假托名目扰乱治安者，立即严拿惩办，决不姑宽。切切。此示

右布通知

中华民国四年　月

告示

政务厅长代行拆

〔云南省长公署档案〕

---

① 此件系发文日期。

10、杜锡钧为汉口等散发抵制日货传单致徐树铮函

（1915年4月4日）

又铮先生大人阁下：敬肃者，溯自日人无理要求，喧腾报纸，民气即为不靖。随在解说，乘机开导，幸尚谛听无哗。不意，近数日来，汉口屡出散发传单，抵制日货情事。访查来源有谓自粤、沪传来者，亦有谓由汉口青年会刊布者，然无确实证据，散发又在租界之内，不能扭获布散之人，无从根究。如不设法阻止，尤恐牵动交涉。不得已会督驻汉文武，向该青年会主教，用言探询，坚不承认刊印。惟云从外寄来各种传单，会中人因单内所述日人无理要挟欺凌太甚，触发爱国热心，同深奋激，容或代为散发，鼓起国民同仇敌忾，实非意图挑衅等语。当以国际交涉，政府自有主持，国民不得轻举妄动，给人口实之义，详为辩论。该主教幡然省悟，允即查明，如有未经散发之传单，悉行毁销，决不继续散发，察厥情形似不再蹈前辙。随又会督官商在于汉口商务总会开会演说，剀劝商民勿听谣言，不售日货免肇衅端。举凡到会之人莫不领悟官厅维持之意，鼓掌赞同。如此釜底抽薪，当可消弭无形。在汉日人有目共睹，亦不致生他议矣。除仍会督文武严密察查，勿许再有布散传单外，特肃陈报，只请勋安。伏维垂察

杜锡钧谨肃

四月初四日

〔内务部档案〕

11、李厚基关于派军防范抵制日货运动及镇压抗捐措施与徐树铮来往函

（1915年4月）

（1）李厚基致徐树铮函　（4月7日）

幼铮表弟：执右未奉教言，弥殷轸结，辰维勋猷丕建，动定咸宜为祝为慰。兄承乏闽疆，时虞鼎馀，幸辖境粗平，匪患渐次肃清，堪慰锦注。今就福建近日办理情形略陈梗概，尚希垂察。闽省警备自改编以后，全省警备队仅有二千余人，分布六十二县之区域，实有顾此失彼之虞，不得不酌派陆军扼要驻扎，遇有抗捐抢盐等案，亦须分派军队弹压，以保地方之治安。陆军之担负因之稍重，只得分别缓急妥为布置，以遏乱萌。德化、尤溪之匪迭经贾司令等军队痛剿，已无大股匪徒。惟闽省地势险恶，万山层集，兵至则匪散，兵去则匪来，兼之道路岐出防堵不易。已会商许巡按使办理乡团，由驻扎该处之陆军，酌派官兵教练监督，遇有缓急，该乡团即随同军队剿匪，以本地之人办本地之匪，情形较熟，收效自易。至于督饬一切，自应随时注意。下游一带，现正举办此项章程，系参照许巡按使呈明大总统办理之保卫团，已奉批准照办。此间自中日交涉发生后，市面照常，尚无抵制日货之事，诚恐有不逞之徒从中煽惑，不得不先事预防。当即会商许使设法严禁，并同赴商会召集各业，剀切开导，各商人等均知遵守安分营业，地方宁谧。处此内忧外患，险象环生之际，惟有持以镇静，以靖人心，整饬军队以固国防，军政两界遇事和衷，同舟共济。兄远在闽峤，见闻较隘，务希时锡南针，以匡不逮，是为盼祷。特此布达。敬颂

勋绥

表兄李厚基谨启

四月七日

（2）徐树铮复函　（4月15日）

培之表兄执事：展诵大翰，敬稔勋绩丕著，兴居迪吉，允府遥祝。中日交涉，日本因有顾虑，故取拖延主义。进行颇为迟缓，抵制日货为日人所最畏。此次交涉亦得若干藉力，但不用传单、集会，明张旗鼓，彼则无所藉口，似不妨听其自然也。专复。敬颂勋绥

表弟　树　顿首

十五日

〔陆军部档案〕

12、云南特派员张翼枢为《滇声报》发起对日同志会抵制日货进行取缔函

（1915年4月）

（1）张翼枢函稿　（4月9日）

致将军缄。致属者：顷阅本日《滇声报》，见其时评栏内有对日同志会纷纷发起矣一则，意在鼓吹滇人筹备对日方法，并抵制日货。其第一节混言筹备易滋流弊；其第二节倡言抵制日货。不合时宜，且与大总统令于抵触，拟请嘱萍赓兄妥为劝止，事有词严义正无可暇疵，而以国家利害关系之故，不得不加以检束者，此类是也当否，祈酌核示知肃此敬叩崇安

张〇〇[1]　　四月九日

〔附〕：

对日同志会已纷纷发起矣爱国者曷起而从之

（菊雄）

① 此系云南特派员张翼枢。

自中日交涉发生以来，记者但有文字莫不极力鼓吹也，“中日两国之舆论”、“国民对于中日交涉之责任”及前著“今日人民爱国心理之观查”，不曰今日人心已死，即曰将为朝鲜后续，此记者望我国民愤起爱国之殷，初不觉言之太过。其实我国人五千年文明首出灵秀磅礴之族，岂朝鲜属此耶。

或者因久玩报章，瓜分之警告日曰认为故作危言耸听。其实际或不至是抑久处专制政府之下，养成依赖心，以为政府自能抵御，何必吾人忧天而代庖之，少数人知均势破坏，时势之危非前比矣。共和国家 人 人 有 责。此次日本强横压迫，非徒政府单力可以抵制之，而又责任无从履行，爱国莫由有此数，因故多徘徊观望，实莫知所措，非真不爱国也。今者对日同志会发生上海矣，闽粤等省已实行抵制日货矣。此二者抵制日货，可以杀日人野心之锋，而 同 志 会则凡 国 民 今日对于国家之责与夫筹备对付日人之方，胥于是会联络而进行，其交涉可望和平解决也，则斯会为政府之后盾，实与有其功，其或不得已而决裂焉，则 筹 饷 助战，贫者出力，富者出财，智者分道演说，以提起国民之决心，死志保我濒亡之国家，实舍是莫由，然则同志会之设，日货之抵制，其今日吾人应尽之天职，救时之唯一良法耶。曩者国人恒苦尽责无由矣。今大道当前，吾民曷群起而赴之乎，其人 心 已 死否？果为朝鲜续否？记者窃于是占其竟甚愿予前言之不中，诸君踊跃异常，则予宁受妄言之过，而国家实受其福，若不幸吾言而中，则自身与国民同沉奴籍而吾徒受知言之名也悲矣。

（2）张翼枢函稿　（4月14日）

致将军械。敬肃者：本日《滇声》、《崇实》二报又有抵制日货之言论，实属不合，似宜通饬禁阻，以免复辙相循，当否祈酌肃此敬叩

崇安

张〇〇四年四月十四日

谁为云南无须抵制日货耶

日人不道，乘欧战之方酣，欲以口舌笔墨夷我为朝鲜第二，先之以要求，继之以恫喝，直视我蠢然如鹿豕，而欲宰杀割烹之。此我国人上下所当同仇敌忾者也。

夫折冲樽俎，责在当局。当国际上正式之解决如何，自有政府。吾国民所可办到者抵制日货而已。故各省同胞实力抵制，万众一心，风行全国，其足以促日人之反省者为不小，而或者谓日商之侨滇者少，无须乎抵制。呜呼！是槇言也。夫以公义言，则同舟之谊，义不独后，国人共同之行动，我不宜处之漠然。而以事实言则输入日货于我滇者，宁止日商日货之流行于我滇者，正复不少谓云南无须抵制，则各省同胞亦何不可作如是想耶。

夫所谓国集合一大团体之人与其他之各大团体峙立于世界者也，同居此一大团体中利害与共，痛养相关，苟当团体受压迫时而忧乐各殊，行动各异，国安能国，此曰可无需乎我，则彼亦曰可无需乎我，国又安能国。今我滇不实行抵制日货，以从全国后者，不独我滇人之自馁，将使全国之气，皆为之馁。我滇人其何以对各省耶？其将何以自安耶！或有谓我滇抵制日货，将引起国际问题，为交涉上增一重困难者，然试问今各省之实行抵制者，究竟何如耶。往昔排斥外货之效果究何如耶，请有以语我来。

今日中国对待日本之唯一方针

《人心续》

欧战方酣，日本攻取青岛，蹂躏我山东，破坏我中立，此时日人已不以国待我中国，不以人待我人矣。而我国政府迫于无武力之后援忍气吞声，以图维持中国大局，护符新立国基。其腹中之隐痛实有不可不谅者。至于我国民所处之地位则不同，其人众也 其势散也，无情面之拘束也。无对外交之为难也。政府所不能言者国民能言之，政府所不能行者，国民能行之。喜则喜，怒则怒，惟我自由。政府处于无可如何，而出于和平之时，惟望人民以血性济之，以鞭策政府而为外交后盾，庶外国望而生畏，稍事让步。故外国之对待他国，一视其国民之血性而定方针。亡安南、缅甸、朝鲜、台湾之国者，非英、法、日也，而实其国民之性质，果属刚强不屈，人人皆宁死为雄鬼，不愿生为奴隶。英、法、日虽强亦无如之何矣。是国家存亡国民之责也，不可仅诿之于政府。然去岁日人攻取青岛，蹂躏我山东时，我国人何竟醉焉，梦焉，袖手旁观焉，养痈贻患，姑息生奸，致使日人得寸进尺，得陇望蜀，以酿该今日廿一条最恶毒之要挟。我国民不能辞其咎矣。至今尚始言排斥日货已晚矣。而记者今日所提倡者不过亡羊补牢之策耳。近数年来，我国民气之销沉，一落千丈，以集会为畏途，以谈国事为禁物，唯唯否否俯首贴耳，民气之驯，虽缅甸人、安南人、朝鲜人、台湾人亦无之过之。然苟无外患之迫，则长此终古亦不失为尧舜之民。而今则事急矣！祸迫矣！欲自安缄默而不可得矣。我国人其醒乎！我国人其起乎！不法行为尚虞政府压迫。至于抵制日货则我辈之自由，政府不得干涉也，外人不得强迫也，妇人孺子亦所能行也。购货者不购日货，于己毫无所损而于国则有大益，售货者不售日货，于己所损者小，而于国所益者大。华侨蔡自强愿倾家以千万元报效国家，以作战费以励同胞。而我滇商以不售日货之故，其损失视蔡君为何如也。国且不保，财产何恤，吾滇人亦当闻风而起矣。现广东、上海及沿海各省皆排斥日货，不遗余力，妇人孺子均抒热诚。惟吾滇则寂寂无闻也。购者购之，售者售之，在日人则诚德吾滇人矣。然对于他省人有何面目乎？如今日尚不响应而起以占地步，日人以德吾滇人之词登诸报端，则将来滇人至他省，有以贵省□问者，恐憖然不敢以滇人答矣。吾愿吾滇人热其血大其胆，齐其心发其爱国之忱，不畏政府，无弃责任，在滇该国洋行之货，不问而知其在排斥之列。其为我华商所营之商店，无论用品、食品均详细审其招牌，凡有日本字样及东洋妇人商标，即无东文而用英文如狮子牌火柴者，亦均在排斥之列，吾辈金钱在手，岂可患无可买之货 而必以购日货何为者，自今以后宜父戒其子，兄勗其弟，朋友则互相劝勉，凡属日货竭力排斥，其不知而购者则开导之，其有知之而故买者则群起而干涉之，同心同德有始有终，于此一事亦足以表示我国人心之齐，虽未与之相见于疆场亦足以慑其胆而褫其魄。

（3）张翼枢等致外交部文 （4月14日）

密检事：窃查中日交涉发生以来，京沪各大都会报纸纷纷登载四月九日云南《滇声报》时评栏内亦登有对日同志会已纷纷发起爱国者盖起而从之。则翼枢因恐一般商民鼓噪，当经函达将军巡按使已因出巡离省，略谓：该滇声报意在鼓吹滇人筹备对日方法並抵制日货，其第一节浑言筹备易滋流弊，第二节倡言抵制日货，不合时宜且与大总统三月二十五日之申令相抵触，拟请转饬警厅，妥为劝止事有词严义正，无可瑕疵，而以国家利害关系之故，不得不加以检束，此其是也。当否祈酌核示知等语。随由将军转饬警厅阻止，次日该报馆复发布紧急号外，列有发起国民大会简章，定于十一日在三迤总会开会，讨论对待日本方法，並称以抵制日货为最初进行手续，后托人请求许可，枢适在侧，将军以前禁之故，当即传谕停止並令其散布广告谓：奉官厅谕停止开会，此事遂罢。理合具文详情钧部察核。谨详

外交部

列衔 陆〇〇①

中华民国四年十四日 十五日发

〔云南交涉员公署档案〕

① 监督陆邦纯。

13、中华民国爱国同志会为中日交涉泣告全国同胞意见书①

(1915年4月10日)②

亡吾国者不一弊，其要曰民气销沉，谋吾国者不一敌，大患曰逼处日本。日本地小民众贫而好武，以掠我为国是，夷琉球，覆朝鲜，县台湾，侵满洲，我之受创于彼者深矣。然而长蛇封豕之欲靡餍也。以我之可欲者甚多，而欲我者亦多。日本知我国之无力以杜其欲，日本亦无力以杜世界之欲。故所谓机会均等主义者，日人固阳奉阴违，而朝夕思逞者也。欧洲军兴之始，日人藉口同盟，用兵青岛，德人知其终不可守，欲还诸我。我固青岛之主人也，引而受之，于义至当。日人乃不承其为而攻之，其攻之之始，通告列国，则又曰吾亦将以青岛还付支那也，而故为之取之。其辞之牵强曲折已如此，且其通电英人也，未遽得英人承诺，国内大哗，内阁几覆。卒乃兴师南洋，北军始得成行，其外交内容，虽非吾人之所得知，按迹以索，直不啻以南洋为交换青岛之对品也。顾德人之经营青岛，因已几费心血矣，举而弃之，讵肯保其精华以资仇雠耶，势且尽毁而遗之也。日人乍得，何异石田，兴无名之贪师，劳南洋之远军，而获一石田，日人岂不思乎？是盖有大欲于我也。北据满洲，东扼旅大，中握山东，以入中原固意中事耳。于是青岛朝落，而要求夕来矣。要求细文，虽未明布，中西各报之喧传，与日人之所泄漏者，凡二十余事，满蒙处分，旅大延租，山东权利，各省铁道矿业航权，军事、外交、财政、教育各聘顾问。且于山东、福建两省委任官吏，整顿警察、税务、实业等项。夫如是则吾国已不国矣。吾国人以自由怯畏人之故，当日军龙口上陆侵我中立之始，不能戮力同心，以援政府

① 此件系原标题。信封写明旅沪秋简致段祺瑞收。

② 此件系邮戳日期。

而却豺狼。至于今日而后仰天呼吁，不已晚乎？虽然斯言也，固文人政客，读历史，阅新闻，议论他人短长之言也。吾人生今时处吾国，咎既往而昧将来，言之亦复何补，不能却敌于始者，吾国民之所宜自疚者也，急起力追于今日者，吾国民之所宜自奋者也。吾国自交涉发生以来，我大总统焦劳于上，群僚百执事忧虞于下，日复一日，隐忍磋商，思以和平解此危局者，岂得已哉。善虑我国民神气萧索，不能亿兆一心，以卫社稷，却拒无术，决裂无力，故含痛忍辛，而为是耳。若我国国民，睹政府之和平也，亦遽迷信和平，梦想和平，是所谓饮鸩自甘，拥薪待焚也。何则此次交涉之所谓和平者，其折冲樽俎谈笑却敌之和平耶，抑彼挟所欲以来，满其欲而去，自九幽号泣不闻之和平耶。由前之说，虽妇人孺子皆知其不能也。由后之说，则朝鲜之续耳。和平云乎哉！若折衷二者之间而觅和平，譬如商贾，苦争低昂，以定和平之值，终亦至于沈沦九幽而已矣。吾国人之心疾正是也，敢请毕其辞。夫吾国之生存，非真有生存之自力也，苟活于均势之下耳。今日人乘欧洲战争不暇东顾之时，一举而驱德，德人远东之根据覆矣。甲辰之役，日军动员九十余万，就战者二十五万有奇，俄人就战者三十二万有奇。俄固世界之大陆军国，带甲之士逾三百万，实力之及于远东者，不过三十余万，何也，以德澳为其世仇，西境之防不可撤，而西伯利亚之铁道输送力有限也。今德澳之仇更深矣。此次之战，兵力且瘁，宁能为日毒耶。英人属地遍天下，一有疏虞，全局瓦解，方图结好日本，以维其南洋东亚之旧势，决不欲以中国故轻试军刀，美人远隔重洋，鞭长莫及，他如法澳更无论矣。是东亚均势之局已破，日人垄断之势已成，吾国人苟且图全之策已不足恃矣。苍茫四顾，孤立无侣，一虎当前，百鸷辟易，人为刀俎，我为鱼肉。今日之要求和平解决矣。闻日之要求又复如何，疮痍愈深，撑拒愈限，膏血不尽，馋吻不饱，亡国而外更有他策耶。且弱国外交，最忌与人以口实。日本无故要求我遽诺其所请。欧洲战争一旦解决，夫岂能忘情于远东哉，日人之取于我者，彼既不能攘以强力，宁不藉日人为口实，效日人之故智而复取之于我乎。一国之索，已不堪命，诛求无已，何以自存。为今之计，惟冀我国民以最后之决心，争最后之国运而已。愿吾国之大病，在全国国民，不能戮力同心，剖肝沥胆，以援政府而御外患。民国建设未久，国本未固，有知之民，静如木偶，不肖之民，起而为乱。加之幅员辽阔，统驭匪易，政府虽万能，整理内治已智殚力竭矣，而惶言对外乎？是故吾侪为国民者，不可不信仰吾侪之政府，尤不可不牺牲吾侪之小利害以助政府，吾侪之助政府，本于国民之天职，出于吾民之至诚，原于吾民之自卫，无虚伪也，无驳杂也，无矫强也。非政府之要求奖励而可得者也，亦不徒政府之要求奖励而自发者也。是以敌国外患侵陵压迫之顷，全国国民勃然兴起，以立于政府之后，政府得所援助，乃不受恫喝，不甘屈辱，以当外交之冲，以制外交之胜，盖老成持重者，政府之干济，发扬蹈厉者，国民之精神也。吾国今日亡国破家之祸，已迫于眉睫矣。故欲求吾亿兆国家生存之余地，是在吾亿兆国民之自觉，是在吾亿兆国民之自决。是在吾亿兆国民之拥吾政府，以与外敌为最后之一战。战者吾亿兆国民起死回生之妙药也。吾国人勿慑于日人之强而自馁也，请再与吾国民言战。日本国民自二十至四十之男子，仅五百八十余万，现服兵役仅二十余万，其战时所出兵额号称百万，实则召集四十万人以上，则四民废业，号泣载道矣。财政则地狭丁单，税源已竭，又以遍重消费税，故欧战发生，收入骤减，用兵青岛之时，所取用者其剩余之储蓄金一亿三千万元也。近则行已告乏矣。其国民负担每年已达五亿八千万，平均每年每人十元以上，不能临时增税，设与欲我国开衅，恃内债之募集，虽竭其民力达二千万而止，外债则欧战方亟，即彼所素仰给之英国，恐亦无能为役，甲辰之役，日本战费为十五亿八百四十七万，元气凋丧。今乃仅复，若再欲筹战，民不堪命矣。我国虽财政奇窘而地大物博，民力较厚，我之筹战，为我国存亡死生所系，国民各出其私，以济国家，勉强撑支。当匪难事。日人之战，利在一哄而克捷。我国之战，则在最后之解决，一时之胜负不必计也。以国土之大，人民之多，岂一朝一夕之所能攻陷殄灭。前仆后继，底亡于国，不为少屈，日本之技亦穷矣。且在战期之中，影响于他国商业利益者，宁无一国出而主持公论耶。矧以正义而论，敌人虚声恫喝，我即俯首听命，是全国国民之精魂已亡矣。民既不存，国于何有，彼塞尔维比利时者，以蕞尔小国起抗德奥，岂其国民皆愚于我，投身煨烬以为快耶。盖以国家主权之不可丧失，国民精神之不可销沉，故不惶计其危难而挺身走险耳。我国则远非塞比之伦也，战而胜，则万劫不磨之基立矣。不幸而败，犹无伤于生存。如今日要求之条件者，吾国战败求和，亦不过得此结果而已，况求和者固未必出自我国耶。若寒寂自保，以疏政府，政府外无所援，内无所与，不得已而诺其所求，是则不战而败，不败而亡，可不痛哉。同人有见于此，开会讨论，全体莫不悲愤填胸，涕泣如雨，决议之顷慷慨自矢，皆愿捐弃顶踵，赴汤蹈火，以援政府，以却外患，皇天后土，实闻此言，惟才劣智寡不知所当，以求教于先生长者伯叔兄弟，伏祈共矢忠诚，宏济艰难，若哀其愚陋，矜其菲诚而赐之教诲焉。则幸甚。

中华民国爱国同志会启

〔陆军部档案〕

14、留日学生泣告同胞书

（1915年4月12日）①

留日学生为日本特使石井在美宣言，泣告海内同胞书。

呜呼同胞，日本人竟敢公然宣布大亚细亚主义矣。日本人竟

---

① 此系收文日期。

敢以朝鲜待我矣。同人生居异域，目击心伤。谨为我全国父老昆季诸姑伯娣一陈之。

日本自维新以后，日夜谋我不遗余力，先灭我琉球，次剪我朝鲜 又割我台湾澎湖，窥我福建，踞我东三省，蹂躏我山东，我国之利权几尽为所攘夺。四年五月七日又有二十一项之要求，吾同胞于是大声疾呼，抵制日货，储金救国，彼见我之民气勃然，与列强之提出抗议，始稍戢其野心。不图我国不自振刷，内乱频仍，彼欲乘此千载一时之机，于本年七月，派石井特使赴美，外托祝贺参战及太平洋防御诸事之名，实则联络美国，使不干涉其谋我。于九月十九日晚，在纽约市演说，竟公然宣布保护中国，而实行其所谓大亚细亚主义。

保护中国云者即占有中国之谓，换言之即灭亡中国之谓也。大亚细亚主义云者，即以日本统治中国及亚细亚所有之土地，不使他人干涉侵犯之谓也。同胞乎！同胞乎！五千年之文明国，四万万之文明人，四千万方里之锦绣地，乃断送于日使之一夕谈话乎。吾人若无血性，则亦已耳，若有血性，决不至于朝鲜国亡之前一日，犹歌舞喧阗高祝韩皇而不已也。同人爰集留日学生总会评干各部及在东宿学钜子开会讨论方法如下：（一）对内国发布电文及警告书；（二）对海外侨民发布电文及国际宣言；（三）向驻日章公使请求对日外务部提出严重抗议。不料章公使闭户拒绝，置之不耳，所发电文又为日人所阻，日派警察到留学生总会大高俱乐部及各学生住所强制检查，又逮捕发布传单之人不计其数。同胞乎！同胞乎！吾国尚在，身体言论之自由已为所剥夺。如此则国破家亡之安南、朝鲜可知矣。同人目眦发指，口噤心悸，仰呼天而天不应，俯抢地而地不灵，诉之无可诉，忍之无可忍，不得已惟有和泪濡毫，哭告我同胞，其有以救之。

〔陆军部档案〕

15、中华国民抵制日货传单

（1915年4月13日）①

青鉴：

抄列日本人送笑我传单务望同胞注意

我们第一强国（日本）那怕支那冷血（乌龟）

目下抵制我货（小民）定是有头无足（不像）

你辈如此暴动（抵制）我差总统压力（官场）

青岛台湾高丽（榜样）已做我的奴仆（现在）

并非我来笑你（可等）不久就要亡国（眼前）

日本吗嗫唑同

此等言词欺我轻我极矣，尽矣。皆由我同胞无爱国心，无久远力所致，如见此传单，仍不实行抵制，确是奴隶根性，日本所靠就是将货来换我的钱，如同胞能逢人相劝，永远坚持不用他的货，不到半年他就不了，务望人人同心紧记，坚持不至尽饿死日本人不止。

中华国民同启

丧权辱国莫此为甚，军人不出更待何时

〔陆军部档案〕

16、各省报告签订不平等条约市面恐慌金融波动情况电

（1915年5月7—12日）

（1）奉天巡按使张元奇电　（5月7日）

财政总长鉴：堂密。鱼电敬悉。奉天省城及营埠近因日侨纷徙，人心恐惶，金融为之牵动，经多方安谕，极力维持，刻已安静如常，银价亦平稳，请释念。元奇。鱼。

（2）福建财政厅王家俭电　（5月7日）

① 此系收文日期。

财政总长鉴：税密。鱼电敬悉。中日交涉经主座毅力维持及我公等赞襄，密切当前转环，闽省谣言虽多，幸赖许使持以镇静，地方秩序甚安。家俭日前藉巡视茶厘各税局，亲赴各埠与商民等剀切宣导，金融尚不至紧迫。今日奉电后，又与陆行长协商，分知各商会以释辟疑，除随时秉承许使妥慎办理外，特电奉复，並恳呈明主座，藉纾廑虑。家俭叩。阳。

（3）安徽巡按使韩国钧等电 （5月7日）

财政部鉴：堂密。鱼电敬悉。皖自交涉以来，力持镇静，商民均尚安堵或不致牵动金融，请释廑系。国钧、鸿瑞。阳。

（4）湖北巡按使段书云等电 （5月7日）

财政部鉴：堂密。鱼电敬悉。汉口连日因中日交涉，谣诼纷繁，市面惶恐，争买现洋，钱价跌落，官票尤贱，情形可危，加以阴历三月杪，比期为最大关键，金融益形恐慌，迭经派员前往商会反复解释；一面复商由官钱局暨中交各行销出现洋，酌收官票，以期币价回复。昨日渐形镇定，惟鄂省纸币充斥，现金匮乏，库空如洗，向持官票周转，稍有惊疑，辄虞牵动，虽经随时竭力维持，终恐空言无补，仍祈大部统筹兼顾，转饬中、交两行互为后援，实深企祷。段书云肃。胡文藻随叩。阳。

（5）浙江巡按使屈映光电 （5月8日）

财政部鉴：堂密。鱼电敬悉。中日交涉剧烈，浙江毗连，沪市时被牵动。业经注意维持，现状尚称平静，知劳荩注，谨先复闻。屈映光。阳。

（6）湖北督军段芝贵等电 （5月8日）

财政部鉴：堂密。鱼电敬悉。连日汉上因日人纷纷回国，间有日铺收歇者，疑虑滋生，因之争买现洋而钱价大落，官钱为之受挤，现密饬官钱局及中、交两行稍稍买进，复派员往商会，极力维持，反复开导。今日市面稍定，所有中交两行及各分行两署，自应力任维护，乞请放心。芝贵、书云。阳。

（7）福建巡按使许世英电　（5月8日）

财政总长鉴：堂密。鱼电敬悉。闽省人心尚定，不至牵动市面，万一因谣言惊疑，金融机关所虑者首在兑现。查福建中国银行所出银元票，仅四万有零，实存现金视此为多。另有贷于商家者约十余万元，已面告陆行长不必急于收回。其如福建银行及各钱庄已密告商会照常交易，並设法维持。世英始终持镇静态度，不致有恐慌情事，请释念，並乞转呈主峰，以纾廑注。英。阳。

（8）贵州巡按使龙建章　（5月8日）

财政部鉴：歌、鱼两电奉悉。维持银行自当遵办。烟酒公卖办法容详陈。建章。

（9）湖南财政厅陶思澄电　（5月9日）

财政部钧鉴：税密。鱼电谨悉。湘省地方近尚安靖，惟因银根紧迫，汇水陡涨，市面颇见恐慌，业由思澄会同银行竭力维持，今日汇水已稍底落，除仍遵电，随时妥慎办理外，谨先电复，以抒廑注。陶思澄叩。庚叩。

（10）山东巡按使蔡儒楷电　（5月10日）

财政部鉴：堂密。鱼电敬悉。日前外交消息稍紧，市面不免恐慌，当饬警署、县署、商会等多方传谕，禁听谣传，旋即安堵。昨奉统率处庚电祗悉。交涉业已和平了结，立即晓谕各界，近复甘霖渥沛，人心大定，堪纾廑念。谨复。蔡儒楷、杨寿柵。佳。

（11）贵州财政厅张协陆电　（5月11日）

财政部钧鉴：鱼电奉悉。黔金融尚稳，固祈释系。协陆叩。蒸中印。

（12）江西督军李纯等电　（5月12日）

大总统府、政事堂、统率办事处、外交、内务、财政部钧鉴：堂密。适承准堂、处、部歌电，七日、庚、齐、佳电敬悉。交涉经过情形已正式和平解决。窃念民国肇基，甫经四稔，经营缔造，日昃不遑，乃大难初平，外患迭起，彼族狡焉思逞，极端要挟，赖帷幄运筹，刚柔互用，坚持数月之久，相机操纵，于是彼族让步，此中万不得已之苦衷，当为薄海人民所共喻。遵将庚电宣布，以定人心。赣省自交涉发生各报腾喧，语多愤激，加以游历及九南铁路工作日人均纷纷故意回浔，九江湾银行于五日停止交易，将现款分运沪、汉两处，人心不无惶恐，纯、扬等一面严防逆党匪徒；一面力禁排日举动，保护外人，始终持以镇静。九江则由道尹饬商与台湾银行立据认息缓提商欠，是以市面尚不至震动，自宣布之后，地方安谧如常。特是来日方长，纯、扬等忝膺疆寄，惟有卧薪尝胆，军政吏治，认真整顿，仰秉大总统睿谟殷尤启圣，多难兴邦，冀有自强之一日，谨此电复。昌武将军督理江西军务李纯、江西巡按使戚扬叩。轸。

〔财政部档案〕

17、田森玉关于汉口抵制日货情形致徐树铮函

（1915年5月13日）

（1）田森玉致陆军部次长函　（5月13日）

次长钧鉴：敬禀者，录事于十二日下午抵汉口，十三日未行上街买物，见市衢贴有种种传单，或云排货或云甘心退让，或云某军反对；或云已于日战，打两胜仗赶快捐饷；或云国已卖了新

旧不一，並非一日之贴，惟一新贴，今日日人行提灯会，耻辱我国，必须致晚关门灭灯，否则非人类见则群攻等语。录事过路之人未便留心抄录。至晚上灯时，见马路人游行益众，形非平日举动，细察其人並无上等社会之人，中等社会亦仅不多见，忽而店铺纷纷关闭，不一时人如涌浪，闻人声中某某店未息灯业已打了。录事见闻至此，即向英界而察，自忖今晚必有异举，思报杜镇守使又不敢荒唐，及至英界湖北街人纷声杂若潮浪，闻声中云，黄陂街各日店均被打了，日人若丧犬。录事见此实非爱国举动，实为政府之祸，急往前行察其究竟。至怡园只闻打了戏园，将站段巡捕及阻拦洋保证（系巡官）均打伤而逃，此时已不能挤进察看，从斜路向后花楼而去，见新昌里人如山海，因有日店二家正在抢打，闻人声中云：只莫打死，谅必日人向知此处有二日店，颇有货物，不一时闻人声中云：俄租界义品里尚有日店二家，赶快去打及见人众向俄界而拥。录事知不能前进，谅中国街市必縻乱不堪，思向俄界、日界、法德而察至俄界义品里，日店已打完，闻日人见机已跑未受伤。远见店内什物横七竖八，行至法界只见人拥无何等举动。三德里亦有日店二家何以未打，见巡捕荷枪如临敌状。录事遇见一号（巡捕头向认识）与语云：领事谕日店早闭门，各店铺早熄灯，行至德界见巡捕持枪立道口，德官多人沿华界温语华人不入界，人众只在华景街沿边而拥。录事思向日界察看，不由急行适遇一德巡捕，有识请引入界内，向中路坐车而往至日界见包探传民山率领十余人赶打华人，无论界内界外居人，凡立道上者皆打出界。录事幸由德中路坐车而去。又识傅未遭误打及反身而回法界寓所，思及此事日人既未提灯游行，日界又无提灯举动，英界、俄界肆行抢打，前者打入租界白死六、七人尚且赔人之款，事隔不过七八年，岂人民忘之也。今日之举至愚，不为从中不免有乱党指使，叫人灭灯关门，藉事生波，乃抢劫之术。汉口向有大排队、小排队、铁排队、水排队等类，平日商民忧患颇易乱党利用者也。总之，警察为之罪魁，传单既明贴通衢，何不先事预防，报告两府，临时无弹压措施，仍其啸聚闯入租界，及至火穿屋顶，祸已作成，始出示弹压，官样文章不啻贼后耍枪，白日赶鬼。录事受恩深重，理宜根察报告，无如未奉此项命令，请假之人恐陷招摇，现因襄河涨水阻不能走，可否用察之处谨候回示，谨肃报告，伏乞钧鉴　录事田森玉谨上五月十三日下午十二时

〔徐树铮批〕：请假回籍，勿多生枝节。

（2）田森玉致机要科刘少松函　（5月15日）

科长钧鉴：敬禀者，窃森玉因襄河水涨阻止汉口，适逢其会，不由不报当日情形于次长，实非图功也。十四日秩序如常，晚间军队梭巡不息，前后花楼口以及入租界之路，悉设驻哨盘查甚严。至十二钟后，即不准人入租界。镇守使亲自巡查，自桥口以至租界街市，所关中日交涉传单贴壁者概行毁去，所打伤日人已入医院，现在日人並无何等无礼表示，安居租界。所有在中界店铺业已钉锁，前花楼口内三井洋行，並未受闹，现在生意照常。惟日人对中国人云，深愿到处若此大为欢迎。可免交易之劳，足致利倍万金。森玉细推何常不然，如五显庙丸三小药店，不怕有五百元之资本，自排货风起无上门者，几几乎断炊。前日一夜买去，闻丸三日人要五万元一个不让，中国人民之程度令忧，时者气死。汉口救国捐颇有起色，今闻和平了结，云不打仗了要钱何用，爱国知识若是不忘，何待今日。见襄河水平，森玉拟于明搭船离汉。耑此谨禀。伏乞

钧鉴

森玉谨上

〔陆军部档案〕

18、外交部为日使对各地抵制日货不满请审查言论函件

（1915年5月20—21日）

（1）外交部致内务部函　（5月20日）

水字　第三七二号

迳启者：顷准日使照称：本月八日北京商务总会发激烈之排日的通电。又十一日北京救国储金团在中央公园开会，唱道排斥日货。又十三日汉口地方暴民袭击日本商店等情。兹准本国政府训电，对于以上所记极不谨慎之举动，暨汉口续发生之暴动，帝国政府颇以为遗憾，应速向贵国政府与以切实之警告，且汉口损失应续议赔偿等语。除照复日使外相，应函致贵部查照，即希转饬各团体，对外言论务须审慎，以免外人藉口，是为至要。此致

内务总长

外交总长陆征祥

中华民国四年五月二十日

（2）警政司致京师警察厅函稿　（5月21日）

迳达者：顷外交部函开：准日使照称：本月八日北京商务总会发激烈之排日的通电。又十一日北京救国储金在中央公园开唱道排斥日货。又十三日汉口地方暴民袭击日本商店等情。兹准本国政府训电，对于以上所记极不谨慎之举动，暨汉口续发生之暴动，帝国政府颇以为遗憾。应速向贵国政府与以切实之警告。且汉口损失应续议赔偿等语。函请转饬各团体，对外言论务须审慎，以免外人藉口等因。除由部饬知外，相应先行函达查照办理。此致

京师警察厅

〔内务部档案〕

19、广东巡按使报告饬军警严防人民反对不平等条约与政事堂来往密电

(1915年5月)

(1)李国筠密电　(5月22日)

大总统钧鉴：外交部、内务部鉴：堂密。此次中日交涉，日人无理要挟，粤人异常愤激，加以极端揣测，危词挑耸，对于居留日商，感情尤恶。两月以来，屡用文告，正言婉劝，至再至三，通饬所属严密防范。凡日人商店均饬加派军警保护。嗣闻日领通知，汉口排日兹事，复经严电所属认真预防，而省港报纸肆意造谣，有心煽惑，或谓上将军龙济光与国筠提议举行提灯会庆贺交涉成功，或以国筠答拜。俄顷指为赴日领署贺喜种种无稽之言，无非激怒愚民，冀图一逞，显有乱党从中播弄。乃于日昨会同龙上将军邀集省垣绅商学界及各报馆编辑发行人到署，剀切晓谕，详述政府种种困难及交涉经过之历史，保持主权之真相，绅商均已瞭然，谣言亦渐止息。除仍督饬军警随时严防，毋稍疏虞外，谨肃电闻，请纾钧系。广东巡按使李国筠印。养。

(2)政事堂密电　(5月24日)

致广州李巡按使电　五月二十四日

华密。大总统令：养电悉。报纸造谣，党人煽乱，亟应查禁，该使所陈各节，办理甚是。仰仍会同该上将军督饬所属，严密防范，认真查禁，以免兹生事端等因。合达。堂。敬印。

〔内务部档案〕

20、京师救国储金团成立及活动经过呈附宣言书

（1915年5月26日）

敬启者：顷阅报载警厅函开：准内务部警政司函知，准外交部函开：准日使照称：本月十一日北京救国储金团在中央公园开唱道排斥日货等语。查敝团发起系商民本爱国热忱，自愿储金以救国，储金以外並无他项目的，与政治、外交毫无关系。两次公园开会，尤无排斥日货之语。所有敝团宣言书、简章及两次大会纪事，均经印行，众目所睹，无可讳言。兹将敝团宣言书、简章及两次大会纪事各检一份，送请察阅，除函知外交部外，合特函达贵部查照。专此敬上

内务部

京师救国储金团事务所谨启

附件

中华民国四年五月二十六日

京师救国储金团宣言书

呜呼！国家新造，忧患迭乘，悲愤交集，五中俱裂。吾济生为中国之人，死为中国之鬼。政治、外交，吾侪小民，虽无过问之责，惟既为中国国民，应有国民应尽之责，曷能卸责于政府而自忘其天职。今本商会出于吾国民爱国之忱，为自保身家性命起见，特发起救国储金团，日积所蓄，储备万一。倘我与国，嗣后能皆以真诚相见，和平相与，我侪小民，能仍为中国之民，以生以死，夫策何求，妄有希冀、万一不能，宁可玉碎，誓不瓦全，特先输财以待，表示我国民最后之决心。是本团之发起，出于国民爱国之至诚，有不能自已者也。现在能各出一钱以救国，不独一己之身家性命，藉有保全之法，牛马奴隶或可及身幸免，若不然者，一但国亡，此生此世，我子孙将永沦于奴隶牛马，不复能再为人类，且恐至受

他族之横征暴敛时，虽欲不出钱，不可得也。凡我同胞，盍皆兴起。

京师商务总会办理救国储金暂行简章

第一条　本团以中华国民协力保卫国家为宗旨。

第二条　本团定名曰京师中华救国储金团，与各处救国储金团一致进行。

第三条　本团设事务所于西珠市口京师商务总会。

第四条　本团储金专备救国之用。

第五条　本团储金指京师中国、交通两银行，由储金者就近直接交存领取存单。

第六条　本团与中国、交通银行订定储金利息长年四厘。

第七条　本团事务所概不代收储金。

第八条　储金皆由储金者自愿直接储存，不得以他种方法间接劝募，以免流弊。

第九条　储金提用时，由本事务所召集储金者开会议决之。

第十条　储金用途议决后，储金者所持中国、交通银行存单，应如何办理或换给何种证券之处，届时议决公告之。

第十一条　事务所设职员如左：

（一）正干事　一员

（二）副干事　二员

（三）驻所干事　二员

（四）干事无定额分两种如左

（甲）本京各行及各团体；

（乙）本事务所认为热心劝倡者。

（五）主任办事　一员

（六）文牍无定额

（七）雇员区分如下：

（甲）书记　（乙）校核　（丙）收发　（丁）会计

（戊）庶务。

第十二条　前条之干事员均尽义务，惟主任办事员及文牍员以下酌给津贴。

第十三条　本团干事由大会时公推之，正副干事由干事公举之。

第十四条　本团干事除登报布告外，始终不受政府奖励，但钜数储金者不在此限。

第十五条　事务所经费由干事暂时担任捐集。惟无论如何不向储金项下开支。

第十六条　储金人之姓名及数目，除每日登报公布外，并须造册备查。

第十七条　本团之办事细则则另定之。

附则　　本章程修改时得以事务所全体干事会公决之。

北京救国储金团大会纪事

北京救国储金团日前在商会成立，决议五月十一日午后在中央公园社稷坛上开商民全体大会，先一日由该团散布传单，时期仓卒，虑难普遍，且非星期，各有所事。乃国民为义愤所激，公而忘私，挥泪而来，若恐或后。原定午后一钟开会，至十二时公园之内已患人满，老弱妇稚，相塞于途。一钟时正，干事冯君润田在社稷坛上宣布开会，涕泣演说，争先恐后者至数十人之多，听者过众至无立足之地。乃复在正殿前添设演说场一处，万声雷动，众心雷激，垂涕而道者有之，怨极而嚎者有之，沉痛之语，义愤之词，笔难尽述。其大旨均以今日起吾国民应痛自悔悟，储金救国以免危亡。女子某某之演词，对于男子及我学贵之界人尤多愧勉之词。台下之男子及军人羞汗交流几不能举目相视。有一某茶社主人马芷庠者自言系扬州人，流落京师，现业茶社。自五月七日起，已广告店门，三日之内以取收茶资，尽数充救国储金之用。今哀国耻之莫雪，叹此身之徒存，愿牺牲一生，以为国民舍身救国者劝言，毕出所携利刃向咽喉直刺，刃已及肤。幸巡警在旁，围抱其身，猛夺其具，相持至数分钟之久，马君所志未就痛哭而下，听众尤为感动。中国、交通银行，预在坛前殿后分设收款处，储金者过多，有立待一二小时之久，尚不能轮及者。储金之数有万元以上者，有数千元、数百元乃至数元、数角者。有妇人、小儿出其金饰充作储金者。此外有人力车夫数人，尽一日之得，尽数充作储金者。业有一挑水夫短褐不完，亦摸索出银一元，群众为之鼓掌者。中交两行员全数从公，竟至应接不暇。计是日所储之金共计八十五万五千余元。合以前在商会成立时所储之数已逾百万。至七钟时，演说者尚不绝。储金者尚未已，到会者尚络绎而来。正干事冯君迫以天晚，勉强宣布散会。呜呼！痛矣！呜呼盛矣！是日之会出于仓卒，到会者统计约有二十余万人之多，士、农、工、商均各忘所业，以国民同等之资格，相率莅止，众心悲惨而气象光昌，人数众多而秩序严整，足征人心未死，国事可为也。谨记颠末，以志不忘。

京师救国储金团大会纪事

（一）会场之庄严

救国储金团第二次大会之设备，由两团体捐款分办，一曰救国储金团；一曰社会教育改良会。一入中华门即见救国储金大会，白旗高飘于天安门之右公园内，古柏苍绿之中，偏悬中华民国五色国旗微风舒展，烈日无光，一种幽沉严肃之气象，发扬蹈厉之精神，使人油然动爱国之思。社会教育改良会，复制备白色长条横幅无虑于余或书古名人之格言，或标宗教家之炯戒或绘恶社会之现形，悬竖于到会者往来通过之地，暮鼓晨钟尤足发人深省。演说台计四处，一在社稷坛上；一在社稷坛外；一在正殿内；一在正殿右。收款处所计三处，一在社稷坛上；一在正殿内；一在公园大门左右。部署严整，秩序井然与第一次大会之仓卒举行者，自有不同者也。

（二）到会者之盛况

自午前十时起，天安门外到会者已络绎于途。十一时演说台下，立者、坐者已无隙地。午后一时开会后，到者尤众，是日衙署列假，学校休息，梨园停演，工商辍业。故无论何种阶级，何项职业之重要人物，无不以国民同等之资格，扶老携幼相率莅上，摩肩而行，接踵而至。天安门外车马排列于两旁者计达数十百丈之遥，据门警报称，先后到会人数计共在三十万人以上，诚空前未有之盛况也。

（三）演说之沉痛

一钟甫鸣，救国储金干事冯润田即登台宣告开会，并报告办理以来情形，词甫毕，演说者纷起，掌声雷动，其词皆激昂慷慨，而其归束则无一不以今日国家之危殆，由于国民之自取。只当自咎，不可尤人。今后国民能否尽国民义务以自救危亡，当先以此次救国储金有无成绩，能否持久为断。只有沉痛之语，绝无怨愤之词，国民程度可谓一大进步。兹将其演说之特别可纪者分述如下：

朱明齐君之血书。朱君演说至沉痛时，当场将左腕用刀割破，以血书救国储金等字。警察竭力拦阻，朱君大声呼曰：今日国家尚在，幸有刀可以自割，一旦国亡，恐欲觅此自割之刀不可得。听者为之鼓掌堕泪。

某君之国民义务说，某君谓中国国民往往不知国民之义务，而专责望于政府。凡遇政府增加赋税，兴办一事，无不设法反对，以致新税不能行，旧税不能增，国家一事不能办，较弱之由此其大端。本月二十一日大总统命令已说明今后政府应尽之责，誓与国民更始，政府既知政府之义务，则国民亦应知国民之义务，救国储金特其一事耳。今后旧税之可增加者，莫若田赋。吾国民当自请增加之新税之可增收者，莫若印花税、营业税。吾国民当自请实行之。俾政府得藉以举办国家之大政，以图自强，要之欲责政府尽政府应尽之义务。吾国民当先尽国民应尽之义务，而后岂可因救国储金一事而忘其他之责也。语至透辟，听者鼓掌赞成。

十三岁学生之痛哭，法文学校学生廖德桢湖南人，年仅十三岁，登台演说历一钟之久。有救国当自革心始，吾十三岁之童子愿先剖此赤心以相见等语。袒胸痛哭，听众为之同声嚎叫。

黄远庸君之伟论，黄远庸君登坛演说，首先辨明亡国奴与牛马之分别，谓牛马生来不应自由的，人类生来应自由的，生来应自由之人类，一旦为亡国奴夺去自由，其苦痛甚于牛马百倍。故人与其为亡国奴不如为牛马。继复论储金一事，不能包涵救国全体事件。但因储金一事永留救国思想于国民脑筋中，实一最可喜之事，故宜普及使人人都知道救国宜继续，使人人永远都知道救国，外国人每谓中国人健忘，中国人之热心系一时的。务望将救国二字牢记不忘，储金一事永远不辍，一洗此耻。最后谓，北京虽车夫、粪夫亦知爱国，各捐金钱。望我政府善体民心，竭力振作，勿辜负小民爱国心。

沈佩贞女士之演说略谓：国家兴亡，匹夫有责。而我女界同胞亦国民一分子，理应激发天良，不忘国耻，愿共脱簪珥以为救国储金之一助云云。语毕痛哭不止，观者亦为之泪下。

永光和尚之演说，永光和尚卓锡衡山，偶来京师，特赴会演说，痛陈僧徒应爱国之故。谓吾国约法既规定无宗教阶级之别，又准人信教自由，则僧徒对于国家之义务于一般人民决无区别。储金不过救国之一种方法，其实凡属国民皆应明于国家主义，吾辈僧徒于宗教外尤应知有国家，目下各国教徒均不免杂有国家主义，不守纯粹的宗教主义，实亦因世界的潮流不得不尔。故切望吾辈僧徒亦以国家为前提，庶宗教即藉以维持于不敝。闻者无不称善云。

此外大演说家如杜伯强君、穆子光君、雍剑秋君、金仲仁君、姚仁甫君、王之宾女士等，勿虑百余人，名言伟论均极沉痛之至。一时笔难罄述。此后当陆续登报。至午后七时闭会。尚有演说者数人未得轮及。本日大会各演说家，使数十万听者均各印一救国思想于脑筋中而去。诚于国家前途莫大之幸也。

（四）储金者之踊跃

本日储金收款处分设三处，交款者均络绎不绝，而现款尤多。兹将其特别可纪者分述于下：

华侨储金之来电

本日得泗水华侨来电谓：救国储金该处侨商全体赞成，已于昨日由汇丰银行汇寄北京拾伍万元，作为救国储金。侨商全体并议决所有侨商每月均以所入百分之五，按月汇储，侨商爱祖国之热忱，国内商民素所钦佩，想他处必有闻泗水之风而起者也。

监犯之储金

京师监犯闻救国储金事大为感动，亦得法部来函，摘录于下：

昨据京师第一监狱报称：该监演说救国储金时，在监犯人闻之均为感动，有至痛哭流涕者，其积有赏与金者并愿以一部分存为救国储金，计常瑞庭等一百八十四人，共储金计大洋一百二十二元五角。又京师分监犯人张继武等一百零八人共储金计大洋四元，小洋拾贰角，铜元二千五百九十九枚，特饬送储等语。当内大会宣布罪人尚知爱国，听者无不动容。

孤儿院之储金，北京孤儿院院长率男女两部孤儿到会，院长储金五元，孤儿全体以手工所入，男女两部各储金五十元，而观者莫不为之动容。

知尚之储金，法源寺和尚忍让手持唐碑帖三部，交中国银行，请其变价作为救国储金，自谓出家人无家有国，应同尽国民之义务，其语尤为名隽，并有湖南永光和尚当众宣言，愿以全力担任提倡佛教储金之义务。

蒙养园之储金

京师第一蒙养园本日全体幼童均到救国储金大会，该园职员学生等当场交到大洋七百四十余元。同时有十一岁之武福列、八岁之崔天麟、十岁之祝学诗、三岁之张芳尽均为感动，各将父兄所给之铜元数枚或十余枚，当场交储，此外各小学及蒙养园之储金者有数十处不及备纪。

此外储金情形之特别可纪者甚多，有东洋车夫十余人，相约各出铜元十枚；交储者有名妓王凌波、张翠铃、张美云、小娟娟、胡翠云十余人，或脱金饰或出现钞；交储者有石驸马大街袁宅木匠冯希源身未携钱，闻演说及义愤勃发向中国银行认捐三元；请即派人随同往取者，有前日大会以刀割臂之茶社主人马麟君，将三日中卖出茶钱一百十二吊六百文全数函送；存储者有五十余岁之老妇人王许氏，持现钞壹百元交与交通银行收款者不索存单而去，经行员追询始得其姓氏者。计本日北京所收储金总数共陆拾叁万零，内收零星现款计五万余元，合以泗水华侨汇到之拾五万元，两共柒拾捌万零。

〔内务部档案〕

21、京师警察厅关于弹压救国储金团第二次开会情形报告

(1915年5月26日)

详为监视弹压救国储金二次大会开会情形具报事：据冯麟沛等奉称：拟于本月二十三日，仍假中央公园开第二次救国储金会，请予派警照料等情。业经将开会情形先行陈报在案。是日，经督率员警到会监视弹压。下午一时开会会场共有演说棚五处，一在社稷坛祭台前，系报界同志会汪立元、康士铎暨商会总理冯麟沛等在彼照料；一在大殿内；一在大殿东墙外；一在东墙下，均系社会实进会演讲团所设；一在社稷坛正门内，系社会改良会所设。首由冯麟沛、汪立元宣布开会宗旨，后有雍涛、康士铎、马良等暨工商学界，相继演说者约有八九十人之多，立言大旨要在爱国自强去奢从俭，提倡国货，痛改社会上不良之习惯。一时听

众颇为感动，间有一二议论稍涉激烈，均尚能用语挽回，并无滋扰。计陆续到会者约有十余万人，该园地势宽广，会场秩序尚属整齐。据冯麟沛、汪立元等当场宣言，本日在场认储及交纳现金者八十余万元，均由中国、交通两银行派员经收发给收据。七时余散会，并无事故。所有冯麟沛等开救国储金第二次大会暨本厅监视弹压各情形理合详报鉴核。谨详

内务总长

京师警察厅总监　吴炳湘

中华民国四年五月二十六日

〔内务部档案〕

22、王占元关于镇压汉口工人反对日人庆祝签约与徐树铮等来往函件

（1915年5月、10月）

（1）王占元函　（5月）

幼铮仁兄次长台览：久违清诲，时系私衷，比维宏济，艰危赞襄，密勿远思，伟度实切钦崇。汉口于本月十三日因讹传日人提灯庆贺，适晚间各厂散工之时，无知宵小一时蜩集在英俄租界，毁日店伤日人。中国军警商明捕房，竭力弹压始就平靖，业由军、巡两署电告，应早闻知。现惟分派军警严密布置，认真防惟或不至再滋事端也。占元株守鹄渚，益形驽劣，本疑晋京面领教言，只以交涉初结，防务重要，未敢冒请北上，昕夕傍徨，恨不奋飞左右，一陈衷曲，计违期月，京中诸友离索既久，凡事疏略，愧对实多，拟祈俯念夙契于京中一切消息随时赐书，谅阁下亦不惮烦亵也。特此奉布，祗请

勋安

愚弟王占元拜启

（2）徐树铮复函　　（5月27日）

子春仁兄：执事久违光仪，时切驰思，展诵大翰，具稔绩望日隆，兴居佳告，至以为颂。都门安谧如常，差堪告慰。嗣后遇有要事，自当随时奉达，以副雅嘱。惟都中为庶政荟萃之地，千头万绪，不知从何说起，如有所询，尤属易办而迫于切要也。台见以为何如。专复顺颂
勋绥

弟徐　　顿首

五月二十七日

（3）警政司函　（10月26日）

警政司函　四年行字第一〇四号

迳启者：承准国务卿函称：准壮威将军署督理湖北军务王占元、湖北巡按使段玉贵咨呈：拟请将代理汉口商埠警察厅厅长周际云开复原职，並将杜锡钧、范守佑、张振声等三员记过处分，一并销去等语。当经呈奉大总统谕照准等因。函达查照到部。除分咨查照并由本司备案外，相应钞录交部，原咨函达查照可也。
此致
考绩司
中华民国四年十月二十六日

〔附原咨呈〕

为咨呈事：窃本年五月十三日汉口误传日人因条约告成，举行提灯庆会，莠民以为真，抛掷砖石，冲坏日本商店数处，且击伤日人一案，所有疏防官吏经前彰武卫段芝贵暨书云中呈，拟好署理汉口商埠警察厅厅长周际云降为代理汉口镇守使，杜锡钧记大过三次，前署理夏口县知事张振声记大过一次，江汉道道尹范守佑记过一次。奉大总统令，准行交外交部查照等因在案。伏查此案事

出仓猝，加以华洋交界，权力难施，以致一时成哄。旋经该军警等妥为弹压解散，並获犯惩办即已无事，是该防文武官吏事前虽失于疏防，临时尚勉为制止。现在案已了结将近半载，且该员等自经惩处益加惕励。值此武汉防务吃紧之时，保护治安潜消隐患不无微劳足录，可否准收该厅长周际云代理字样销去，开复署理原职，並将杜锡钧、范守佑、张振声等各记过处分，一并准予销去，俾资激劝，相应咨呈钧堂。谨请代呈大总统俯赐鉴核施行，为此咨呈

大总统府政事堂

杜威将军署督理湖北军务　王占元

湖北巡按使　段书云

〔内务部档案〕

23、内务部密饬检查反日邮件咨

（1915年6月12日）

内务部为咨行事：承准政事堂交到交通部咨呈一件，内称：准第五十三号交片内开：本日国务卿面奉大总统谕：此次中日交涉，坚持力拒，现幸和平解决，而间不悉困难情状，往往妄肆横议易淆听闻，甚有乱徒藉图摇煽关系良非浅鲜。著交通部迅即密饬邮电各局，遇有此种通电、函件，立予扣留销毁，並得由各该省文武长官派员随时到局检察，以遏乱萌等因。到部。查此事经本部通电饬遵在案。兹奉前因遵再通饬各邮电局，遇有前项通电、函件，应交由各该长官所派委员或地方官随时检察，倘该检察员认为应行扣留销毁之件，即就近知照，各该局妥为遵办。惟密码电报及封口信件，在未经戒严之地，尚难一律检查，应请饬知各地方官妥慎办理。等因。除分行外，相应咨行

都　统

贵巡按使　查照通饬所属遵照办理可也。此咨

参　赞

办事长官

各省巡按使

热河

察哈尔都统

绥远

塔尔巴哈台参赞

青海

办事长官

阿尔泰

内务总长①

中华民国四年六月十二日

〔内务部档案〕

24、外交部为日使请严禁抵制日货致内务部咨附传单

（1915年6月30日）

外交部为咨行事：本月二十八日据日馆称：北京排斥日货，势焰愈高，中国各新闻至拒绝日本商店之广告，並在中国各项铺户散布排斥日货檄文，已由住北京日商佐藤三郎报告日京，请查明严禁等语。並交日商通信电底及檄文前来。相应将原件咨送贵部查照，转饬查明，如果属实即行严重取缔，以免有害邦交，实为至要。並希见复。原件仍望交回，以便存案。此咨

内务总长

附件二〔缺一〕

外交总长　陆征祥

中华民国四年六月三十日

---

① 内务总长系朱启钤。

敬告同胞毋忘国耻

列位同胞：知道不知道，我们中国就要瓜分了，就要亡国了，祸到临头，大家尚不设法挽救，到了亡国之时，自己再有多少钱，也用不成。再有多少福也享不成。为他人之奴隶，变他人之马牛，受各种之凌辱，经百般之压制，亡国奴之惨状，笔所难言。列位岂不闻波兰、印度两国乎，国亡之后，家中不得集有数金，不得藏有寸铁。呼马应马，呼牛应牛，到了那时，如梦初醒，虽想恢复，已经在他人制下，万不能动了。大家要知道，若将来失悔于后，不如预防于先。列位可知我们中国，什么为瓜分，什么为亡国奴，现在日本借欧洲战争为名，说是维持东亚和平，明是欺压我们中国，割我国之土地，夺我国之国权。当初攻青岛之时，说取回即还中国，如今已取得了，不特不还我们，反另生枝节，要求中国二十四条款，此二十四条中，即是要中国的这一省，又要某几条铁路，又要某几处矿山，中国精华之地，几乎为他要遍了。更可恨者，中国之财权、政权、兵权及各种权，均要握在他的手中。中国无论何省，随便日人营业，随便日人居住，随便日人购买土地，就是掀〔喧〕宾夺主之意。又要我们中国人人都要学日本话，即是並吞中国了。列位切勿存这种苟安思想，以为日本並吞中国，总不要我们死，那时虽不得要我们死，然而比死还难过。列位都知道，日本灭了朝鲜国之后，当时殁收其财产，搜检其兵器，使两家共用一把菜刀，寸铁不准存有，防其死灰复燃，所生男女小孩，不准学习朝鲜文字，种种虐待，不胜枚举。我们中国此时如不赶紧设法挽救，渐渐就要到了这步田地，大家要设个抵制之法才好。抵制之法，先从文明上抵制，大家齐心不买日货，不用日币，使其受制于我。况日本的货并不精美，并不便宜，何必定要去买他的，即使便宜，如今中国与日本不共戴天之仇，中国人民真无天良，真无廉耻，以至于此耶。你看日本的货，西洋人那看在眼上，独有专卖中国。每年计算，日本输入中国的货，至少几千万，此几千万之利权，由中国而转移于日本。考日本自日俄战争后，国内空虚，现在又富起来了。他拿中国的钱，去练兵，去制造，来打我们中国同胞。同胞何不大众齐心，坚意抵制。自今以往，至死不用日货，大家要想到亡国之惨，万万要相持到底，切不可虎头蛇尾，切不可私自贩卖，希图得利，丧心害良，贻笑外人。若有人再买日货者，即凉血动物，人人得而唾骂之。今用文明抵制于先，如到了开战的时候，中国四万万同胞，只好拚个一死，岂有廿一行省之大国，竟亡区区三岛之日本，吾不信也。到头来不过打得你死我亡，同归于尽，宁为中华鬼，不为日本奴。同胞努力！同胞努力

〔内务部档案〕

25、财政、外交等部请设法镇压抵制日货运动致总统呈

（1915年6—7月）

（1）财政部等呈 （6月）

财政总长
外交总长
内务总长 谨
农商总长

呈为抵制日货尚未尽息，亟应设法销弭，呈请核办事：窃查自欧战发生以来，国内商务萧条，税厘短绌，外交困难，人心浮动。近自中日交涉谣言繁兴，抵制日货时有所闻，虽经我大总统迭降明令，并密饬各省官吏设法开导，分别禁止。而此项风潮仍未尽息。日本驻京公使屡向外交部交涉，业已啧有烦言，傥长此蔓延，甚非修好睦邻之道，是其影响于外交者此其一；此项行为实出于感情之作用，惟思想简单难保不为煽乱者所利用，以遂其破坏之私，其影响于内政者此其二；互市有无相通，彼此皆有利益，设有抵制即双方同受其害，不但于彼输入者遏其来源，即并我

输出者亦阻其销路，其影响于商务者此其三；况欧战以来商货滞销，金融梗阻，我国税厘短收甚钜而镑价增高，偿款数目且之加涨，何堪再生枝节，致国币商业交受其亏，其影响于财政者此其四；以上各节，经外交、内务、财政、农商各部公同讨论，不得不据实胪陈，可否再颁明令，剀切晓谕之处，出自钧裁，所有抵制日货，亟应设法销弭，並请核办缘由，谨合词具陈，伏乞大总统钧鉴，训示施行。再此呈系外交部主稿，会同内务、财政、农商等部办理，合并声明。谨呈

（2）总统批令　（7月5日）

大总统批令

外交、内务、财政、农商部呈，抵制日货尚未尽息，亟应设法消弭。呈请核办由。呈悉。已有明令发矣。此批。

中华民国四年七月五日

（3）京兆尹公署等告示

京兆尹公署
步军统领衙门　为会同出示晓谕事：六月二十九日奉大总统
京属师警察厅

申令，据外交、内务、财政、农商各部呈称：自欧战发生以来，国内商务萧条，税厘短绌，外交困难，人心浮动。近自中日交涉谣言繁兴，抵制日货时有所闻，甚非修好睦邻之道，陈请核办前来。查中外互市有无相通，为彼此公共之利益，设有抵制及双方同受其害，非一方能独无所亏。况欧洲各友邦不幸失和，以致商货滞销，金融梗阻，我国税厘短收甚钜，而镑价增高，偿款数目亦从之而涨。际此时局讵可再生枝节，使国币商业同受无形之损失，而予人以不良之感情。且思想过于简单，适为借端煽乱者所利用，淆惑听闻，妨碍治安尤为可虑。遭时多难，正宜讲信修睦

以维持永久之平和，岂可徒逞意气，牵动大局。前曾迭降明令，並密电饬各省官吏设法开导，分别查禁。近据湖北将军段芝贵、巡按使段书云呈报，该处自经奉令劝禁，商业已如常相安，各省亦宜一律办理。乃闻抵制余波仍未尽息，殊为可惜。凡我国民虽各具爱国之诚，仍宜有利害轻重之识别。一朝之忿，明哲不取，务各安分营业，勿生歧视，勿挟猜嫌。著各该将军巡按使，遇有抵制外货及排斥外人之举，务竭诚谕禁，遇有扰乱行为，切实查办，勿使商民重受苦累，国交增生困难，将此通令知之。此令。等因。奉此。查通商交易，利益维均，果为日用所需，沿用已久，本无抵制之可言。京师地方商民，素知大体，尚不至思想简

公署

单，为徒逞意气之举。本衙门为维持地方治安起见，除随时稽查

厅

劝导外，合亟出示晓谕，凡尔商民，务宜仰体大总统谆谆告诫之意，各安生业，幸勿为浮言所惑，妄事嚣张，致违禁令。切切此示

〔内务部档案〕

26、旅荷属文岛槟港华侨呼吁陆军应为外交后盾致段祺瑞函

（1915年7月20日）①

段芝泉总长大鉴：敬禀者，辛亥革命我公在北方，手握劲旅，赞同共和，电清帝退位，扫除二千余年之专制，一跃而为共和民国，厥功伟矣。方谓锐意图强，乃能生存于世界。正式政府成立，袁大总统知共和政体不适行于我国，每出一政，多为国会所牵制，使不得展大总统之宏才，于是解散国会，起用一班伪清官僚，均谓老政治家、老经验者，庶政策得易进行可长治而久安。然此中苦衷，国民无知，屡起反对，内乱环生，以致百废莫兴。欧战发生，告贷无从。大总统视国中幅员辽阔，断难文明图治，

① 此件系收文日期。

练兵非御外侮，实防内乱，以固禄基之计。大总统完全承识日本之要求者，意在斯乎。从此我国实业有日人之财力而振兴之；内乱有日人之兵力而平之；外患有日人之兵力而御之。大总统暨各部总长、各省巡按、将军等可坐享大平富贵悠久。我国民从前所谓政治相争者，今可省却许多烦恼。大总统之计，诚为得美矣。独是我高尚之陆军，平日杀同胞具有勇敢之名，此时不能为外交后盾，捍御国家，罪戾实属难逃，然素知我公为爱国健将，处居肘腋之下，不能施奇谋展鸿略，殊堪哀痛。事急矣，转瞬沦为非洲矣。亡羊补牢尤赖我公，公祈勉之。侨等虽身居海外，亦知国家兴亡，匹夫有责之义，瞻望我公无时获已也。肃此叩请

钧安

旅荷属文县槟港华侨等禀

大中华共和民国四年　月　日

〔内务部档案〕

27、浙江巡按使屈映光请奖镇压嘉湖救亡分会有功人员文件

(1915年9—10月)

(1) 大总统批令暨原呈　(9月30日)

大总统批令

署浙江巡按使屈映光呈。嘉兴县知事袁庆萱等破获谋叛要犯，消患未明，准咨钞录供判，拟请照例核奖由。

呈悉。袁庆萱等交内务部照章核奖，并交陆军、司法两部查照，附件并发。此批。

中华民国四年九月三十日

国务卿

署浙江巡按使屈映光谨呈，为县知事缉捕得力，准咨钞录供判，援例请奖恭呈仰祈钧鉴事：窃准兴武将军督理浙江军务朱瑞

咨开：据嘉湖镇守使吕公望转据嘉兴县知事袁庆萱密函节称：破获乱党姚庭、杨海二名，一讯系伪嘉湖救亡分会长司令官；一讯系伪嘉湖救亡分会主任兼参谋，并起有证据二张，密信一封等情。经该镇守使立饬军法官陈焕驰往会讯，明确该犯姚庭等委系甘心从逆，即经该镇守使会同该知事，按律拟处死刑，电准执行枪毙。并饬将是案供判暨执行日期具报并通饬各属，将案内共同谋判各犯，务获解办。去后。兹据注镇守使转据该知事送到全案供判，请予核咨请奖。前来。除批详及供判均悉。未获各犯陈为成、梅武、钱祝英、龚乃云等，应准饬属一体严缉，务获解办。嘉兴县知事袁庆萱此次破获要犯，消患未萌。侦探徐兴式等侦缉能得力，均堪嘉许，准予咨请分别核奖。供判各件分别存转外，合并咨请核办见覆等因。计咨送供判书到署。准此查此案前据该县知事袁庆萱密函，报同前情并摹抄逆犯姚庭等证据式样及照抄密致梅式函件，系由夏逆次岩委任梅式为嘉湖军事运动员各节，当经密饬各属严拿余犯在案。兹准该将军咨送是案供判，请予核奖等情。查知事奖励条例第九条第四目，应奖事项原有缉获叛逆重犯者之规定，此案该知事袁庆萱破获谋叛要犯，消患未萌，缉捕认真，似应查照是项条例，呈请核奖，以示鼓励。至侦探徐兴式一名，破获此案与有劳勋，除拟援照警察奖章条例第九条之规定，奖以特别劳勋之二等奖章，并咨内务部查核办理外，所有嘉兴县知事袁庆萱缉捕得力，准咨照录供判，呼请援例核奖缘由。是否有当，理合呈乞

大总统钧鉴训示施行。礼

（2）内务部致总统呈　（10月21日）

谨呈为浙江嘉兴县知事袁庆萱，破获乱党请给勋章，恭呈仰祈钧鉴事：承准政事堂钞交署浙江巡按使屈映光呈，嘉兴县知事袁庆萱等破获谋叛要犯，销患未萌，准咨钞录供判，拟请给奖一

案，于本年九月三十日，奉大总统批令，呈悉。袁庆萱等交内务部照章核奖，并交陆军、司法两部查照，附件并发，此批。等因奉此。查原呈内称：准兴武将军督理浙江军务朱瑞咨开：据嘉湖镇守使吕公望详据嘉兴县知事袁庆萱函称：驻沪密探报乱党姚庭、杨海二名系逆首孙文，藉中日交涉，改组救亡会，现派陈为成为全浙救亡会会长。在浙各旧府属设立分会，即密派侦探徐兴武至沪购线探实该党姚、杨二人，由沪赴嘉，该探暗随到埠，获解来县。讯据姚庭、杨海供称：由素识之龚乃云介绍至救亡会长陈为成处入会，派姚为嘉湖分会长，杨为嘉湖分会主任，给有委证，又致钱祝英转交梅武密函一封，内附委任梅武为嘉湖分会运动员伪状一件等情。当以案情重大，立饬法官赴嘉会讯供认前情不讳，按律执行枪毙，未获各犯饬属严缉解办，至嘉兴县知事袁庆萱破获要犯，销患未萌，系探徐兴武侦缉得力，均堪嘉尚，拟请给奖等，请本部查知事奖励条例第八条第三项载知事有消灭临时之重大危险者，第五项载缉获叛逆重要首犯者均奖以第一等奖励，又同例第三条载第一等奖励一勋位二勋章各等语。此案嘉兴县知事袁庆萱破获，充任会长伪职之重要谋叛逆犯，消患未萌，核与前项奖例相符，拟请给予勋章。如蒙允准，应请饬下铨叙局照章核给，以昭激功，除侦探徐兴武一员应由本部查照警察奖章条例给奖外，所有据咨拟奖缘由，理合具呈。谨乞
大总统钧鉴训示施行谨呈

〔内务部档案〕

28、冯玉祥报告常德日侨逞凶等情电

（1918年7月7—8日）

（1）七月七日电

常德来电十万急。北京国务院、参陆部，天津经略使，武昌督军，长沙督军钧鉴：职旅辎重连兵士三名，伙夫一名，于虞日

午后两点由河边挑水入城，行至正街，人甚拥挤，适有日商川崎崇助、掘井佐太郎、足立四郎三名在前步行，挑水兵士即声喊借光借光，该日人川崎崇助回头一看见是我军兵士即大骂兵士无眼，並用其手持木棍，一打兵士之首，其余日人两名亦随帮殴，挑水兵士与之讲礼，该日商仍殴打不已，兵士遂将其木棍夺下，並将该日人三名一并拘获送旅，顷该日舰舰长菊地丰台及日本人会会长高桥屋一亲来，再四要求释放，担保随唤随到，除派员与之严重交涉外，当即暂行释放矣。特禀。旅长冯玉祥叩。虞叩。

（2）七月八日电

常德来电十万急。北京国务院、参陆部，天经经略使，武昌督军，长沙督军钧鉴：庚早九句钟时，有五义洋行日人平冈定广，带行李五件由南门入境，经守城兵士照戒严令施行检查，该日商既不交验旧照，又复不受检查，口出不逊，手击之颊，並以拳击其胸。适值旅长出城看见，该日商无礼已极，即行带回拘留。旋日本隅田舰长亲来要求，並许交长沙领事馆惩办，当经交其带回矣。查常德日侨甚多，骄气横溢或黑夜爬城，或殴辱兵士或不受检查，动生交涉，困难实甚。现在大敌当至，不得不加意戒严。日人入城，若不检查，难免受敌军利用，私运危险物品情事，除仍饬守城官兵对于无论何国人民入城，均须细密检查外，是否有当，伏乞示遵。旅长冯玉祥叩。庚印。

〔陆军部档案〕

29、江苏教育厅奉令取缔留日学生组织救国团等训令

（1918年7月24日）

江苏教育厅训令　第八六一号

令法政专门学校校长

案奉教育部训令第二七九内开：留日学生代表阮湘等，前因

抗议中日军事协定条件，废学回国。业经本总长多方开导，谕令刻日东渡继续就学。乃顷闻该生等出京之后，仍复遨游津沪等处，并有组织救国团、爱国会等名目，招引各校生徒在外集会情事。该生等此种行动实属轶出教育范围。各该校主管职员对于校内生徒等务令严切诰诫，并应就生徒对于国家观念与真实爱国精神所在施以根本上之训育。吾人对于国家各自有天然不可放弃之义务。然就国民之分，际而论为生徒者，实处于修学业受教育之地位，本无政治责任之可言职是之。故生徒爱国之精神，惟以致力于学问修养之途，以充实其人群历史上，不可自己之天性，而为未来事业之准备，不宁惟是即至国家当存亡危急之际，吾侪生徒亦只能率循其义务与地位，努力奋斗于学术竞争之场，以求万有一当，得以致吾之力而遂吾志，其爱国之忱愈挚，斯形于外者愈为沉著冷静。凡若此者胥准乎，吾人之性谊分量而来非可于公众团体求之，亦非一时事实之现象，可以激而致之者，在昔德国中蹶之时二三学者，尝以爱国主义相倡导，顾所致力乃在淬励吾人之道德、术智以增进其民族坚忍，沉挚之特性而发挥以学术精神，铸造国家之能力。其时德国大学派之言论，风纪犹足为吾人今日所取法。乃吾国学校生徒或不深求爱国之真诠。一有事变则为之奔走呼号，张脉偾兴，甚至出以极浅陋之主张，与无实际之行动。比年以来亦既不一见矣，吾徒悠悠所得于国家主义教育与事实上之教训，乃直如此而学业人才之，因此而颓丧凋落者则不可以数量循是，以往诸生之爱国结合视亡韩之一，进会其贤不肖相去几何，此真可为太息而深痛者也。总之爱国有道，救国有术，今日坚忍求学之士即他日舍身救国之人。苟违兹义于学日荒，于国无益。如该留学生代表等之所为，实为本总长所不取，除咨行主管长官查察取缔外，特此令知仰即查照转令所属各校一体遵照，切切此令。等因。奉此。合行令仰该校长即便遵照。此令。

江苏教育厅厅长符鼎升

中华民国七年七月廿四日

〔国立中央大学档案〕

30、第八师师长王汝贤报告日商无故殴伤我士兵与陆军部来往密电

（1919年1—4月）

（1）王汝贤电　（1月7日）

北京陆军部、武昌王督军钧鉴：统密。去冬十二月十九日下午五时，职师三十团第二营派排长一员，率勤务兵廿名，塘谷码头搬运芦柴，当以半数在船，柴半数往营负运，有正兵张善新负柴回营，方至日清公司之侧即大慈巷附近，街巷狭窄，道路泥泞，且芦长前后不能兼顾。适日人广濑等二名由此经过，广濑衣服为芦枝误扫，广濑不加理论，竟持手杖向该兵头颅暴打。将该兵左眉部击断，血流入〔如〕注，鼻口均受重伤，为当时晕倒。广濑等见此惨状，分向日清公司窜去。经后至负柴兵三名，见兵被殴，凶手逃逸，遂以两名往扶伤兵，一名往追凶手，以便回营报告。至日清公司住门将广濑追及，邀其到营，而广濑情怯，始而不往，继见兵士二名扶伤兵至，血流满面，观者如堵，遂挺身随往至营。营见见系日人殴伤我兵，讯知始末，将令广濑回行。而日领署巡查部长伊滕义助及赵翻译并马交涉员派胡正办相继而至，当面验伤。我兵伤重有性命之虞。而日人并无伤痕，遂由日领署伊滕巡查及赵翻译将广濑带去。该营长以国际攸关，始终以礼貌相加，此当日情形也。日人蛮不讲理，凶殴我兵士，而我兵士负此奇辱，始终以礼。经马交涉员寅伯调查详确，正拟备文诘问日领之际，而日领词穷，俟年后再开谈判，马交涉员亦囿年关在即事，遂回宜昌，此交涉之情形也。查我务兵被日人广濑凶殴一案，经马交涉员调查明确，据理与日领交涉，本期和平了结，无烦上渎钧听，并通饬所部严守军纪，听候解决，勿稍寻隙。兹准马交涉员函

称：奉外交部电开：准日使据驻沙日领事电称：日商大仓洋行于十九日夜，突与第八师兵士三四十人殴伤行员等情。办理当由马交涉员将实在情形电复外部，并拟十号前往，回沙与日领开谈判以期解决等语。窃查日人蛮横如彼，我兵士严守军纪，如此是非曲直不辨自明，而日领诬词抵赖行为，卑僻诚恐道远失实，上烦垂念，谨将始末详情电陈钧座，伏乞垂察。师长王汝贤叩。阳印。

（2）陆军部电稿　（3月2日）

沙市王师长汝贤：统密。准外交部函称：关于沙市日人与华兵冲突一事，业经函达在案。顷准日本馆节略称：请共同调查等语。本部查此事前迭据地方文电均称，日商殴伤华兵甚重，而日领迭报告，日馆谓华兵实有暴行，若非双方会查，实不足以明真相。我国兵士既经受有重伤，更宜会同日领查验，以杜藉口，除由本部饬令宜昌交涉员会商第八师师长，偕同日领切实调查，以凭办理外，相应照录日馆节略函达贵部查照，即希转饬第八师师长遵照办理并见复为荷。等因。查此案既据双方各执一说，自非会查不足以明真相，仰即遵照会同宜昌交涉员暨日领等切实调查，报部核办为要。陆军部。东印。

（3）王汝贤电　（4月5日）

北京陆军部钧鉴：上年十二月职师正兵张善新被日商广濑殴伤一案。于三月二日奉钧部东电饬即会同交涉员及日领等切实调查报部核办。等因。当即函知交涉员遵照办理。一面将以前交涉情形呈报钧部，并由马交涉员分外交部鉴核在案。正拟派员着手调查，适马交涉员由宜来沙，双方接洽。嗣以日领甚愿和平了结，师长因思此案曲虽在彼而日久案悬，终劳宪虑，遂亦表示退让，函致马交涉员转达日领，谓中日邦交向称亲善，偶因彼此误会致生交涉，深抱歉忱，已约束部下兵士，嗣后对于友邦人士更须以礼节相待，并请日领对于侨寓沙市之日本商人，甚盼严加约束，其对于中国兵士亦礼节相待，旋准马交涉员复称：准日本领事函开：第八师王师长来函对于本件深为抱歉，本领事对于第八师负伤兵士亦深为抱歉。嗣后因约束广濑及其余侨沙日本人对于贵国兵士，务以充分礼节相待。从此本案双方妥议，圆满解决。两国交谊益敦辑睦，并请转达查照等语。除抄录全案传知所属一体遵守并将议结情形，分报督军外，理合电呈钧部鉴核备案。师长王汝贤叩。歌印。

〔陆军部档案〕

（二）五四运动

一、运动的爆发与政府的镇压

1、北京国民外交协会为青岛问题定五七召开国民大会电

（1919年5月3日）

分送各省商会、省议会、教育会、商会暨各团体、各报馆，上海、汉口商会、各报馆、各团体共鉴：巴黎和会，关于山东问题，消息极紧。查日本所借口之民国四年五月廿一日〔款〕之约，系以威力胁迫。又民国七年九月关系胶济铁路之换文，顺济、高徐铁路之草约，并非正式订定。我国民决不认为有效。本会定于本月七日之廿一款签字之国耻纪念日，在北京中央公园开国民大会，正式宣言并要求政府训令专使坚持，如不能争回国权，宁送〔退〕出和会，不得签字。望各地方、各团体同日开会，以示举国一致，并希鉴示。北京国民外交协会。江。印。

〔国民党政府外交部驻云南特派员公署档案〕

2、教育部严禁学生游行集会咨

（1919年5月5日）

咨　第八五七号

教育部为咨行事：昨日午后一时，突有本京公私立专门以上学校十三处，学生约二千人，齐集天安门外，对于青岛外交问题，开会演说。继复游行街市，麇聚赵家楼曹宅地方，纷扰滋事，实属狂热过度。当经本部严切通行直辖各校及私立专门以上各学校训令内开：查学生在校修业期间，一切行为言论，自当束身法则之中，不得轶出规范以外，乃本日午后一时，因外交问题，

本京各校学生聚集一二千人游行开会，竟至酿成事端，殊堪惊骇。本部为维持秩序，严整学风起见，用特切实通令各校，对于学生，当严尽管理之责。其有不遵约束者，应即立予开除，不得姑宽，以敦士习而重校规，仰即遵照。等因在案。相应咨行贵部，请烦查照，一体令行部辖各校可也。此咨
内务总长

教育总长　傅增湘

中华民国八年五月五日

〔内务部档案〕

3、大总统饬京师警察总监镇压北京各校学生令

（1919年5月6日）

大总统令：

本月四日，北京大学等校学生，纠众集会，纵火伤人一案。方事之始，曾传令京师警察厅调派警队妥为防护，乃未能即时制止，以致酿成纵火伤人情事，迨经警察总监吴炳湘亲往指挥，始行逮捕解散，该总监事前调度失宜，殊属疏误，所派出之警察人员防范无方，有负职守，著即由该总监查取职名，呈候惩戒。首都重地，中外具瞻，秩序安宁，至关重要，该总监职责所在，务当督率所属，切实防弭，以保公安。倘再有藉名纠众扰乱秩序不服弹压者，著即依法逮捕惩办，勿稍疏弛。此令
中华民国八年五月六日

国务总理
内务总长　钱能训

〔政府公报一九一九年五月七日第一一六九号〕

4、吴炳湘关于逮捕五四捣毁曹宅学生致王怀庆密电

（1919年5月7日）

王帮办鉴：统密。四日，北京大学等十数学校学生二、三千人，因青岛问题，在天安门前集合，拟赴各使馆争议。经派员警极力解说劝阻，旋有代表数人，赴美使馆。继赴曹润田总长宅，其时已先饬区队防护，卒以人众，拥入曹宅捣毁器具，复纵火焚烧房屋十余间。章仲和公使适由曹宅出门，致被殴伤。炳湘驰往弹压，当场捕获三十余人，一面护送曹总长出宅，章公使入医院，并将其余学生立即解散。被捕之学生，现已移送法庭。本日各校均照常上课。仍严饬所属，加意防范，地方秩序尚无他虞。恐远道传闻失实，特电奉达。

吴炳湘。阳。

〔京师警察厅档案〕

5、大总统慰留曹汝霖指令

（1919年5月8日）

大总统指令第一千二百八十三号

令交通总长曹汝霖

呈信望未孚，责难交集，恳请罢斥，以谢天下由。

呈悉。据述历办外交、财政、交通各情形。该总长从政有年，体国公诚，为本大总统所深识，流言诋毁，致酿事端，驯至毁屋殴人，扰害秩序，该总长因公受累，实疚于怀。业经明令均当场逮捕滋事各生及疏于防护人员分别惩办。时艰孔亟，倚畀方殷，务以国家为重，照常供职，共济艰难。所请应毋庸议。此令

国务总理钱能训

中华民国八年五月八日

〔政府公报一九一九年五月十日第一一七二号〕

6、大总统严禁学生干政并将被捕学生送交法庭令

（1919年5月8日）

大总统令：据内务总长钱能训转据京师警察厅总监吴炳湘呈称：本月四日，有北京大学等十三校，学生约三千余名，手持白旗，陆续到天安门前齐集，议定列队游行。先至东交民巷西口，经使馆巡捕拦阻，遂至交通总长曹汝霖住宅，持砖乱掷，执木殴人，兵警拦阻，均置不理。嗣将临街后窗击破，蜂拥而入。砸毁什物，燃烧房屋，驻日公使章宗祥被其攒殴，伤势甚重，并殴击保安队兵亦受有重伤，经当场拿获滋事学生多名，由厅预审，送交法庭讯办等语。学校之设，所以培养人材，为国家异日之用，在校各生，方在青年，质性未定，自当专心学业，岂宜干涉政治，扰及公安。所有当场逮捕滋事学生应即由该厅送交法庭依法办理。至京师为首善之区，各校学风，亟应力求整饬，著该部查明此次滋事确情，呈候核办。并随时认真督察，切实辅导，务使各率训诫，勉为成材，毋负国家作育英髦之意。此令。

国务总理　钱能训

司法总长　朱　深

教育总长　傅增湘

中华民国八年五月八日

〔政府公报一九一九年五月十日第一一七二号〕

7、大总统慰留陆宗舆指令

（1919年5月14日）

大总统指令第一千三百三十一号

令币制局总裁陆宗舆

呈沥陈历办交涉情形，以待公评，并请免去币制局总裁由。呈悉。该总裁沥陈在驻日公使任内，办理胶州案件，如证还胶澳

缩小战区等事，具臻妥协。其于二十一条案件，与前外交次长曹汝霖协力挽救，所全尤大。至对德宣战问题，尤能见机，事前多方准备，有裨大局。该总裁等相从办事有年，勋勤夙著，未可以流言附会致掩前劳。当滋时局艰屯，正赖同心匡诩，所请免职之处，著毋庸议。此令。

国务总理钱能训

中华民国八年五月十四日

〔政府公报一九一九年五月十四日第一一七七号〕

8、国务院答复南昌上海等地要求力争青岛释放学生电

（1919年5月15日）

江西、浙江、福建、湖北、河南、江苏、山东、湖南、吉林各省长鉴：据南昌、杭州、福州、武昌、开封省议会，南昌、九江教育会等，南昌、上海、烟台、常德、哈尔滨总商会，上海学生联合会先后电称：青岛问题，国权所系，乞电专使，据理力争，万勿签字。并请释放被捕学生。各等情。青岛问题，已迭电陆使，设法力争。被捕学生均经保释，听候法庭办理。希即分别转知，静候解决，勿滋疑虑。院。删。印

〔国务院档案〕

9、关于严禁警高学生参加爱国运动训令

（1919年5月22日）

（1）五月二十二日训令

内务部训令

令警官高等学校校长王履康

案准教育部咨称：本月十四日奉大总统令：近年以来，民智日新，人知爱国，此为吾国文化增进之征。第爱护国家，则必尊重法律，若励学之年，质性未定，其始传闻误会，亦激于爱国之

诚，而流弊所极，乃至破坏秩序、凌蔑法纪而不恤，甚为诸生惜之。凡兹莘莘学子，皆国民优秀之选，夙习文教，当知大义。须知综持政纲，责任有属，以言爱国，同此心期，惟当挽济艰屯，端在持以镇静，稍涉纷扰，恐速沦胥，名为爱国，适以误国。况秩序安宁，足觇国家统治及人民自治之能力，尤必审慎维持，跂图上理。自此次通令之后，京外各校学生，务各安心向学，毋得干预政治，致妨学业。在京由教育部，在外由省长督同教育厅长，随时申明诰诫，切实约束，其有不率训诫、纠众滋事者，查明斥退。总期成德达材，及时效用，异日敷陈政论，共抒谟猷，是固国家无穷之望，其共勉之。等因。奉此。除令行本部直辖各学校及京师学务局、私立专门以上各校外，相应咨行贵部，请烦查照转饬所属各校一体遵照等因。到部。合行令仰该校遵照转饬可也。此令。

（2）五月二十二日训令

令警官高等学校校长王履康

案准京畿警备总司令部函称：本月十五日奉大总统令开：前因北京大学等校学生，纠众滋事，酿成纵火伤人重案，当经令饬京师警察厅总监，随时力图防弭，以保公安。近日外交经过事实，政府自必开诚宣示，俾释群疑。惟是谣诼滋多，人心浮动，影响所及，易滋构煽。京师为根本重地，各友邦使节所在，尤应切实防卫，以期弭患销萌。著由京畿警备总司令督同步军统领，京师警察厅总监、军警督察长、京兆尹等，一体认真防护，共维秩序，遇有纠众滋事不服弹压者，仍遵照前令，依法逮惩。其余关于保卫治安事宜，均责成该总司令等悉心调度，妥慎办理。至各省区地方治安，该管督军、省长、都统责无旁贷，并著切实筹维，勿涉疏弛，是为至要。此令。等因，奉此，查自青岛交涉发生以来，各界人士，顿生一种感触，颇形激昂，而各校学生，尤为愤慨，爱国热诚，原为国民朝气，扶植不遑，讵忍遏抑。惟近日各学生等时有集众演说散布传单等情事，此种举动，偶一为之，藉以唤起一般人民之注意，或可收效一时。若长此纷纭，人心将因之不靖，展转误会，谣诼繁兴。万一当群情胥动之时，不良分子，搀入其中，乘机鼓煽，难保不别生事端，是外交之挽救未能，而秩序之安宁先扰，爱国初志，当不如斯。京师首都重地，中外具瞻，治安前途，所关尤钜，更宜力图靖谧，以固本根。况各学校学生，正在青年求学时代，高谈政治，心志易纷，学业上均不无旷废，即鉴于事势，急起直追，更宜努力潜修，以科学发明为己任，庶几学成致用，效力于国，冀挽危亡。乃徒为意气所激，只顾目前，学术不兴，国何由振，恐异日沦胥之痛，犹不止于今也。职是以言，如再因仍不改，不独地方治安多所影响，而所以属望于各生者宁不悲观。本总司令受政府委托，对于公共安宁，本属责无旁贷，而对于各学生爱护督过之心，亦难自已，为此函达贵部查照，希即转饬警官高等学校校长，务将此意明白晓谕各生，务各安心向学，蔚为达材，毋或自相纷扰。本总司令职责所在，苟有逾越范围者，虽素所亲爱，亦未敢放弃权责也。等因。到部，合行令仰该校长遵照转饬可也。此令。

〔内务部档案〕

10、袁希涛为政府不能惩办曹陆防止局势不可收拾密电

(1919年5月23日)

上海林荫省路教育会沈信卿先生：会密。自政府声明撤回田某同意案后，学生复以惩办曹陆问题一致罢课。前昨两日，发生凌侮日人之事十余起，多因讲演而起。又因散布印刷品，发生交涉。将有不能维持之势。至惩办曹陆问题，政府因各方面关系，于事实上亦不能照办。学生此次要求目的，既难达到，而妨障秩序之事实，又复迭生。则外省言论上之鼓吹，此时似宜相机注

意，以免青年热度沸腾，至不可收拾之地位。特此密告。……涛。梗。

〔教育部档案〕

11、内务部通行各省区镇压反日运动电稿

（1919年5月）

（1）5月23日电稿

各省督军、〔省〕长，热河、察哈尔、绥远都统，上海、宁夏护军使，阿尔泰办事长官，川边镇守使鉴：查自青岛问题发生以来，我邦学子，感于外界之激刺，发其爱国之热忱，奔走呼号，不遑宁处，冀以国民之朝气，策助政府之进行，用意至深，殊堪慰许。惟是爱国之道，应以择术为先，既以拯救祖国为前提，应有恪守范围之表示；若夫徒尚意气，激生事端，招友邦之责言，贻国家以巨患，是其志愿本欲爱国，而其行动造成祸国之媒，当非莘莘学子所忍出此。沦胥之惧，原为血气所同，第救国之方，当求正轨，无益之举，必误歧途。本部有维持治安、预防危害之责，用特掬诚相告，俾期弭患无形。邦人君子，其韪斯言。除分行外，相应电请照查转饬布告各属一体周知，是为至盼。内务部。漾。

（2）5月28日电稿

各省督军、省长，热河、察哈尔，绥远都统，淞沪、宁夏护军使，川边镇守使鉴：统密。此次学界风潮，煽动甚广，影响治安，所关匪细。尤虑无赖匪徒，乘机肇事，即如皓日芜湖击毁日人商店一事，据该埠警厅电述，由于流氓聚众滋事所致，可为殷鉴。应请查照本部漾电剀切劝导，俾学界风潮，速归宁息；而地方秩序，严防扰乱，庶几标本兼治，弭患无形。荩画周详，必早筹及。贵处近日情形，并请随时电告。至盼。内务部。勘。

〔内务部档案〕

12、大总统镇压爱国运动令

（1919年5月25日）

大总统令：近日京师及外省各处，辄有集众游行、演说、散布传单情事，始因青岛问题，发为激切言论，继则群言泛滥，多轶范围；而不逞之徒，复藉端构煽，淆惑人心，于地方治安关系至钜。值此时局艰屯，国家为重，政府责任所在，对内则应悉心保卫，以期维持公共安宁；对外尤宜先事预防，不使发生意外纷扰。著责成京外该管文武长官剀切晓谕，严密稽察，如再有前项情事，务当悉力制止，其不服制止者应即依法逮办，以遏乱萌。京师为首善之区，尤应注重。前已令饬该管长官等认真防弭，著即恪遵办理，倘奉行不力，或有疏虞，职责攸归，不能曲为宽假也。此令。

国务总理
内务总理　钱能训

陆军总长　靳云鹏

中华民国八年五月二十五日

〔政府公报一九一九年五月二十六日第一一八八号〕

13、吕调元提议以笼络青年抑制学运密电

（1919年5月26日）

大总统钧鉴：国务总理、各部总长均鉴：统密。外交失望，学生浮动，迹虽逾轨，心尚无他"过激"新潮，蓄机待发，乘衅抵隙，难保必无。年来国内用其〔因〕民苦失业，共产之说，易耸听闻，况滋流质不定之青年，适当狂热沸腾之时会，百不当意，遂走极端，恶常好奇，若饮狂药，动摇社会，戕贼人才，兹事所关，实非小故。目前救济方法，严行制止，谁曰不宜；然防口防川，壅则必溃，根本解决，首在设法疏通。大总统加意民生，迭颁明令，且

言利弊，具有深心，但兵燹之余，财枯资竭，持□岁[①]〔止〕渴，殆等望梅，方剂虽良，难瘳急症。深忧熟计，窃就四民趋向，群视士流，士入彀中，他可不劳而弭，则闻庸才不宜有微权，方今国家用人，遍重经验，前清僚吏，滥〔？〕袂弹冠，毕业学生，虽间有种种用途，而登进未宏，相形殊绌〔？〕。偶弋仕进，须假他途，学成无用，用非所学，旧时学业弃□□□怨望日深，鸿言易入，菁莪棫朴，化为荆榛，良可惜也。拟请大总统明令宣布自本年起，停止文官甄用委员会。另有之留学生考试，文官考试，分年切实举行，严定限制，何项学校毕业，始准应何项考试。嗣后内外官吏，必注考试出身者，始可录用。度于大学之上，设立最高学院，国内外大学专门毕业得有最高学位者，取入该院，自由精掏学术，制器著书，博置仪器，优给廪禄，但分军费百分之一，而规模宏钜，已足以广造就，而资鼓舞。如是则开明之真〔？〕既得自奋于□功名，宁靖之才，亦得深造于绝言，万流并进，争自濯磨，改化蒸蒸，咸趋正鹄，一面优待劳动，奖励职工，遍设补助机关，限制垄断营业。庶几滔天巨浸，决排疏骇，遂免横流，隐患弭消，邦基永固矣。一得之愚，不敢缄默，是否有当，伏候采择施行，无任翘企。安徽省长吕调元谨呈宥。

〔内务部档案〕

14、日使要求取缔北京反日宣传品致内务部函件

（1919年5—6月）

（1）外交部致内务部公函（5月30日）

外交部公函八年坐字第八七二号

迳启者：准日使来照：以关于山东青岛问题，近来北京方面，散布传单，传之各省各处。此种传单及其他之檄文宣言等，不能不认为谗诬中伤之行动，请取缔等语。究应如何从严取缔，

①电文有脱漏。

俾免外人藉口之处。相应照录日使来照，函达贵部，即希查照核办，并见复为荷。此致

内务部长。

附件一

中华民国八年五月三十日

照译日本公使来照

为照会事：关于山东青岛问题，自有巴黎会议决定报告后，外交委员会会员干事长林长民氏，将亲署名《警告书》投寄于五月二日《国民公报》云：今果至此，胶州亡矣！山东亡矣！国不国矣！愿我四万万合众誓死图之！等故意煽动之文章，致酿成五月四日北京大学生纵火伤人之暴动，皆为本使深为遗恨者也。五月六日、八日、十四各日，大总统所宣布之命令，谅均为此。近来北京方面散布胶州亡矣！山东亡矣！等传单，传之于各省各处，实行煽动排斥日货。此种传单及其他之檄文宣言等，不能不认为故意曲解谗诬中伤之行动，本使殊难默视。兹将换〔唤〕起贵政府甚为注意之点，摘记如下：

一、以北京骡马市大街湖广会馆为会场之国民自决会，于五月初对于各省商会、省议会及其他之团体，曾发通电如左：

日本背弃信约，违反协约国保持民族领土主权之宣言，乘意国离会之时，劫持和会，攘夺我山东，政府懦不能恃，国民若不急图自决，国亡旋踵。同人等组织国民自决会，共图挽就〔救〕宣誓即与日本断绝工商业并各友谊的关系云云。

又该会宣言书中有：

今日人之夺我山东，此即其席卷我全国之起点，将来必尽逐我神圣之华胄，而繁殖彼倭奴谣娃于我大陆矣！惟政府之于国，犹之经理之于商店也，股东昏懦，自不努力，而但以商业失败罪经理，经理者不任其咎也。国之外交亦然。今日之中国问题，非

中国人有自觉自悟之决心，决无补救之一日，故本会同人所以有国民自决会之发企〔起〕。所谓自决者何，以广义言之，则国家兴亡之责，全由吾人肩负；以狭义言之，则吾人自决与日本绝交而已。等语。而其议决三条，亦有同样之意义。

二、五月十九日《国民公报》登载北京民国大学生之外交救济会启事中，以“倭奴为中国之患久矣”为首句。其他之记载如下：

是以都门学界，纠合学界同志，连络全国人民，黄龙痛饮，岳武穆之是法，马革裹尸，汉伏波之未死，誓必趋彼倭庭，扫除强寇，还我青岛，保我山东。凡我全国同胞，皆有救国之任，随时加入本会，同心合力，以补政府之不及，挽我权 利，争 回 青岛，抵制日货，逐去倭奴，保全领土。

以上各纪述，或藉口国民自决，或谓补政府之不及，以鼓吹无政府主义，故意谗诬友邦之日本国家国民，且有敌视之意，而贵国政府对于此等行动，并无何等取缔之态度，殊难了结，盖山东及青岛问题，于民国四年五月廿五日及民国七年九月廿四日，经两国责任当局者，订有约文，且我国政府当局，不仅有再三之宣言。

又有此次巴黎会议决定，我国委员牧野男爵五月四 日 宣 言及我 国 外 务大臣内田子爵五月十七日等宣言，当无狂呼“胶州亡矣！山东亡矣！国不国矣！”之理由，应为贵政府所谅悉。而贵国政府，对于此等荒唐无嵇〔稽〕之无政府的主张，阻害友邦国交挑拨两国国民恶感之言动，并不加以何等之取缔，本使甚为遗憾。若放任此等风潮，不仅酿成贵国内政上意外之扰乱，且引起两国国家上重大之交涉，深堪忧虑。兹特照请贵国政府，于此时深加考量，速筹适当之处置，是为至盼。并希
见复，须至照会者。

（2）内务部致京警厅训令稿（6月3日）

内务部训令第　号

令京师警察厅总监吴炳湘

案准外交部函称：准日使来照：以关于山东青岛问题，近来北京方面，散布传单，传之各省各处。此种传单及其它之檄文宣言等，不能不认为谗诬中伤之行动，请取缔等语。究应如何从严取缔，俾免外人藉口之处，照录日使来照，函达查照核办见复等因。到部。合亟照钞原钞件，训令该厅注意取缔，并将近日办理情形，迅予复部，以凭转知，此令。

（3）京警厅致内务部呈文（6月6日）

呈为奉令取缔关于山东青岛问题之传单宣言等件，谨将查明北京并无国民自决会暨取缔《国民公报》经过情形，具覆鉴核事：奉训令开案准外交部函称：准日使来照：以关于山东青岛问题，近来北京方面散布传单，传之各省各处。此种传单及其他之檄文宣言等，不能不认为谗诬中伤之行动，请取缔。等语。究应如何从严取缔，俾免外人藉口之处，照录日使来照，函达查照核办见复等因。到部。合亟照钞原钞件，训令该厅注意取缔，并将近日办理情形，迅予复部，以凭转知等因。并钞件到厅。奉此。查日使来照内开注意之点：一、为骡马市大街湖广会馆有国民自决会在该处设立会所。二、为五月十九日《国民公报》登载北京大学学生之外交救济会启事共两案。案查本厅前奉训令，核办《益世报》登载国民自决会论调等因，当经令据外右二区警察署查明骡马市大街湖广会馆，并无国民自决会在该处设立会所。《益世报》所载论调，恐系该报理想之词，于五月十九日具文呈复，嗣奉训令，《国民公报》登载北京民国大学学生外交救济会之宣言，内有诟詈日本之语，令厅转饬该报馆。嗣后关于此类事件，务须慎重登载等因，复经本厅将前准京畿警备总司令部交查《国民公报》论调，经于五月二十三日派员赴该报馆认真检查，并由厅布告该报馆：嗣后关于此类事件，务须慎重登载。于六月二日具文呈复先后各在

案。兹奉前因,除由厅令行各区队,对于该项传单宣言等件随时注意取缔外，理合将本厅办理该两案经过情形，呈复宪部鉴核。谨呈

内务总长。

京师警察厅总监吴炳湘

〔内务部档案〕

15、袁希涛关于不发提前放假令密电

（1919年5月31日）

南京教育厅胡厅长：教密。卅电悉。北京各校前限三日上课，届满后，各校长请略宽期限，再加劝导。现有举行考试及温课者，均未上课。校外行动，经严重干涉后，尚无越轨情事。校内亦尚安静。部中不发提前放假之命令，但各校得酌量情形办理。此复。涛。卅一。

〔教育部档案〕

二、各 地 响 应

1、庞作屏报告济南各界集会声援北京爱国运动及日本进行干涉密呈①

（1919年5月7日）

为密呈事：顷据侦探报称：本日省议会内开纪念会，有前曾充济南日报记者，现充新齐鲁公报之编辑余吟笙者，登台演说，大骂官府。并云：人人俱说青岛已亡，万难挽回等情，鄙人真不愿听。何以而言？鄙人有个极好的法子，到会诸君各速回家联络市民人等，组织小刀会，速杀日本人。以济南起点，一直杀到青岛，非此做法，青岛实难挽回矣。而国耻非以血洗不可。等情。

① 此件系国务院抄件。

语甚暴烈，当经到会之绅学各界一致起立，鼓掌赞成。而会场之中，尚有日探华人若干，闻此消息，回报日本官宪，均甚忿怒，遂于晚间九点余钟，派出守备队兵或十名一行，或八名一伙，荷枪游行商埠，大加防范，至十一点余钟，始皆回营。仅派宪兵队内永井木内中村等，改着华服，沿街侦查。恳请饬区注意，等情。前来。当即令区调查，均称属实无异等语。除分行各区队妥为防范外，理合密报督军省长鉴核施行。谨呈

为呈报事：本日上午十二钟，省议会内所开国耻纪念【会】，到会者六七百人，均系学生、议员与改良会、讲演社等人，商界一人未到。登台演说者，亦系以上各界人等。演说言词，多系力争青岛经过情形。内有青年数人，鼓吹罢学、罢市、排斥日货。并决定今晚七钟，招集各团体代表于外交商榷会，详议进行方法等情。尚有削指以血书字者，有涕哭者，有因商人不与会号叫咒骂者，种种现象，秩序极不整齐。最后且议决数条，开列于左：

一、电北京政府，力争主权，要求释放被捕学生。

一、电北京学团，甚表同情。

一、举代表五六人，谒见督军省长及交涉公署，请求电京力争青岛，法办国贼，开释学生。

以上均系本日开会经过情形。除由职厅随时注意调查，并分令各区认真防范外，理合具报呈请督军省长鉴核。再外交界《青岛新报》社社员全井胜三郎一名，守备队兵五名，宪兵一名，均着华服，意在入会窃听，悉经警察询明拦阻，遂即出城，合并陈明。谨呈。（八年五月七日）

〔内务部档案〕

2、山西省议会转达各校学生要求公布青岛问题交涉经过及释放被捕学生电

（1919年5月）

（1）山西省议会电　（5月8日）

国务院、内务部、外交部、教育部、警察总厅钧鉴：本月七日，省城各校中学以上学生有二千余人，手执白旗，上书人心不死，男儿救国等语。聚集本会声称：今日非学生干预政治之行为，乃人民建议议会之举动，现有紧急问题三件，请贵会速达政府，为民请命。一、青岛势必力争。二、善后借款，闻有人主张地丁作抵，如此则断送国命矣。誓死不能承认。三、京师数千学生，激于爱国热忱，致动公愤，人心大快，乃被捕三十余人。如爱国之三十余人可捕，则数千学生皆可捕，如数千学生可捕，则全国人民皆可捕，如不可捕，应请释放。以上三事，请贵会代表人民之心理，速电中央。想政府以爱国、爱民为心，必能采纳，言至此，放声大哭，彼此堕泪。各市民来观，同声呼号。当经本会议长，再三劝慰，各生坚执一词，并以大义相责备，请求非达到目的不止。最后，本会允其所请，乃退出归校。查该生等此番举动，秩序严整，言词沉痛，纯粹出于爱国之热忱，别无其他之意思，一般人民，见之无不赞成，闻者无不感动。本会议员，亦咸以对之生愧为词，舆论如此，公意如此，本会势难拥〔壅〕于上闻。拟请钧院、钧部、钧厅俯顺舆情，力予挽救。并乞将青岛交涉、借款筹备及学生公愤各情形，宣示国人，以重民意，而慰群情。毋任引领待命之至。山西省议会叩。庚。

（2）山西大学校等全体学生电　（5月10日）

北京大总统、国务院国务总理及参、众两院诸公钧鉴：天祸中华，内外交急。推厥祸原，日人不淑。首都学界，仗义歼奸。

而田赋抵押，实速亡国。青岛不归，真同绝命。我大总统念切民生，固已绸缪。生等亦有血气，宁能缄默。明知分应熏学，直觉大痛叠来。首都同学举或离轨，志实爱国。矧被捕之人，未必遭事。万恳原情开释，留我士气。迫切叩祷，涕泣不知所云。山西大学校、法政农商各专门学校及省垣师范工中各学校全体学生叩。

〔筹备国会事务局档案〕

3、浙江省议会为外交失败要求罢斥章、曹、陆电

（1919年5月13日）

北京大总统钧鉴：青岛交涉失败，舆论愤激。佥谓章宗祥、曹汝霖、陆宗舆等共同祸国，罪无可逭，应请罢斥查办，以谢国民。浙江省议会印〔叩〕。元。印。

〔国务院档案〕

4、江西省议会转陈学生为青岛问题组织游行警告团电

（1919年5月13日）

北京大总统、国务院钧鉴：文日：本省全体学生，组织游行警告团，以青岛山东问题，关系中国存亡，京师学生，情愤填胸，质问曹、章，致被捕拘，痛何如之。现闻山东草约，业经欧洲和会签字。是亡国之祸，迫于眉睫。请电中央，据理力争，还我山河，释我学生。并通电南北，速息内争，一致对外。学生出于爱国热忱，本会有代表民意之责，理合转陈，伏乞鉴纳，以保国土，而顺舆情。赣议会叩。元。印。

〔国务院档案〕

5、徐国梁报告上海召开国民大会代电

（1919年5月14日）

北京内务部警政司司长王钧鉴：齐电敬悉。查自北京学界倡举示威运动以后，上海学界及各团体藉国耻纪念，于本月七日在西门公共体育场开国民大会，讨论青岛问题。厅长先期接奉卢护军使电话传知，令多派长警在场保护。彼时闻外间有毁坏曹总长坟墓之风说，不能不加意防范。遂先与各团体代表黄纫之君接洽，请其劝告各团体勿为激烈行为，彼允担任谨守秩序。至七日下午一时，该处开会，厅长当派职员多人在场监视，并派拨长警数十名在外保护。计到会各团体共七十余起，约有二万余人。首由黄纫之报告开会宗旨，谓鼓励民气，保全疆土，尤以谨守秩序为第一等语。继续演说者五人，均以力争青岛为问题，并无激烈言语。随即散会，排队游行。厅长因先闻有毁坟之说，恐游行时发生意外举动，预派游巡队并各署长警，会同军队，在于斜桥一带及中法交界路口，密为防范，只准按照原定路线经过，不许他往。各团体尚守秩序，出会场，由斜桥至民国路，至大东门，走外滩，到十六铺，旋即分头散去，秩序甚属安然，并无发生意外之事。此上海学生及各团体开会、职厅防护之实在情形也。知关垂注，谨此电复……淞沪警察厅长徐国梁叩。盐。

〔内务部档案〕

6、国务院防范山东学生反日运动密电

（1919年5月16日）

济南。张督军、沈省长鉴：统密。青岛问题，日本原有交还中国之宣言，现我专使在欧会悉力坚持，务期于交还中国一层，有所表示。东省关系最切，诚恐人民激生仇日举动，转以促召外侮，酿成不可收拾之局。希以外交事实，剀切晓导，勿致滋生事端，

是为至要。院。铣。印。

〔国务院档案〕

7、张树元等报告山东学生罢课游行已严令取缔密电

（1919年5月29日）

国务总理钧鉴：内务部、教育部、吴总监鉴：统密。前奉大总统有日电令暨钧院迥电、吴总监有电，本日又奉内务部勘电，均敬悉。山东学界对于青岛问题，二十三日中学以上各校一律罢课。学生激于爱国愚诚，时有开会集议、游行演说、散布传单、抵制日货情事，即经会同剀切劝导。一面通令军警恪遵明令，严重取缔。如有不服制止者，即行逮惩。现在游行演说、散布传单举动，业已禁止有效。各生均已入校，但仍不免观望各处消息，尚未上课。兹又闻学生等将有派人赴各县分投演说之意。昨日复招集各校校长来署，严切责成校内之事，应由各校校长负责。校外之事，应由军警遵令办理，并通令各县知事，一体加意遏止。其胶济沿站各县，并经派员驰往查看，倘有不逞之徒，从旁煽惑，即依法严办。现在地方安谧，除仍会商随时防范外，谨此电陈。张树元、沈铭昌叩。艳。

〔内务部档案〕

8、徐国梁报告上海学生联合会为力争青岛罢课游行代电

（1919年5月28日）

北京。内务部警政司长王钧鉴：窃自本月七日上海各团体开国民大会以后，时有学生散布传单，并露天演说情事。查其传演宗旨，虽以抵制日货，力争青岛为问题，出于热诚，究于地方安宁，国际交涉，不无妨障。当经分饬各署所官长，随时随地劝止，并遇事报告。兹于本月二十六日早，据各署所由电话报告：今晨有各学校学生，齐至西门外公共体育场自由开会，各已离校，难以

阻止等情。当即令饬该管二区警署署长杜金钊、游巡二队队长刘得魁、多带警队、到场弹压、密为防范。一面派委本厅督察长张桂荣等驰往监视。兹据该员等复称：遵往公共体育场弹压监视，查得该开会宗旨，系为学生要求政府各条件尚未允准，由上海学生联合会帮助京津学生取同一之表示。今日罢课集会行宣誓礼，其到会学校均中学以上，计四十八处，学生约有万人。于九点钟齐集，即行出发游行南市各路，至十二时原班回场。即由学生联合会会长复旦大学学生何葆仁及北京学生代表简单演说，均以大众一心，坚持到底，希达目的等语。说毕分头回校，秩序整齐，并无激烈情事，理合报告等情。前来。查各校学生自由开会罢课，闻校长教员已难约束。现已由厅派员分往各校设法劝导，令其照常上课。至外间散布各种传单，虽由学界发生，而一般不逞之徒，亦不免借端构煽，自应遵照电令，严切制止，以维治安。并严令各区官长对于外人生命财产，加意保护，谅不至有意外发生。除防禁并随时电陈外，谨此代电报告，伏乞转陈总、次长鉴核为祷。厅长徐国梁。勘。

中华民国八年五月二十八日

〔内务部档案〕

9、徐国梁报告上海学生罢课并组成联合会代电

（1919年5月29日）

北京。内务部警政司长王钧鉴：窃查本月二十六日，上海中学以上各校学生，在公共体育场开会，宣誓罢课，业将派拨员警监视防范情形，代电陈报在案。当因各校学生开会罢课，虽激于爱国热诚而起，究属旷废学业，且群居无事，难保不在外别酿事端。立即派员分赴各学校，设法劝导，俾令早日上课。兹据派出各员复称：查各校学生已组成学生联合会，坐落公共租界静安寺路五十一号。遵往面晤该联合会干事费公侠等，恺〔剀〕切劝

导，晓以利害。该干事等颇为感动，允即转劝各生，切实遵办。惟称罢课一节，非上海一部分事，必须参与各处同一情形，不能独异。至罢课期内，各校学生均在校中自修，决不任意出外，至旷学业等语。查该会举动，尚属和平，且近日印刷《敬告同胞》一纸，措词亦极文明。理合检送，请查核等情前来，除仍派员随时劝导，并饬各区加意防范暨分报外，谨检同该会印刷品一纸〔原缺〕，代电附呈，伏乞转陈总、次长鉴核。淞沪警察厅长徐国梁叩。艳。

〔内务部档案〕

10、李纯等报告沪宁等地学校罢课电

（1919年5月29日）

大总统钧鉴：国务院、内务部、教育部鉴：自北京学校以对外问题发生联合请愿，苏省学界群起赞同，迭经饬属召集各校长等剀切劝导，勿轶范围。嗣以京校罢课，又派教育厅长前往苏、沪等处接洽劝导，现据报上海、南京中等以上学校及外人设立各校，于寝日、俭日先后罢课，苏州各校亦将波及，均以京校请求未能满意为词。两省学界，群情惶急，仍当饬属加意防弭，切实劝导，以期早日上课。谨此电陈，伏希垂察。李纯、齐耀琳。艳。

〔内务部档案〕

11、芜湖警察厅报告日领无理要挟及日水兵寻衅文电

（1919年5—7月）

（1）5月23日代电

北京警政司钧鉴：祃日上午十一时，日领清野长太郎乘嵯峨兵舰来芜，厅长比饬警在江岸加意保护。交署代表科长吴廷耀、会同知事余谊密、厅长等，与日领会查各日商遗失物件，实与日

领所持原报失单相差甚巨。本日五时在交署磋议。日领单开失物价格约二千五百余佛，语多恐吓。请求三款：一、赔偿。二、于一星期内惩办十人。三、保护。当经拒驳赔偿字样及数目，拟酌认抚恤，仍须请示核夺，该领所持甚坚。惩办一层，已获二人，当认严拿并极力保护。约于明日复议。除电呈督军、省长外，谨闻。厅长宋学骞叩。漾。

（2）5月24日代电

北京警政司钧鉴：日领顷接江宁电甚急，决明早赶商轮回宁。兵舰暂驻，并留调查书一份。比经交署吴科长与日领互签谈判无结果，晚日领将所开节略与道尹接洽，因内列三条，惟款无数目，已面请转交王交涉员，再行秉公商定。闻交涉员明午可到。已声明负责保护。共拘五人，已送法庭。除电呈督军、省长外，谨闻。厅长宋学骞叩。敬。

（3）5月24日摺呈

谨将遵电查明流氓击伤日人，滋扰商店，弹压勘验详情，并捕讯王朝吉一名供词，缮具清摺，伏乞鉴核转呈：案于本月二十二日，奉贵司箇电内开：顷闻芜湖地方有击毁日人商店并伤日人情事，立着迅查电复等因。奉此。遵将一切情形先行电呈在案。兹查自青岛问题发生，各省民情愤激，厅长因本埠住有日商，连日省立各学校学生会议，为国家交涉后盾，曾会同函致各校，责成各该校长切实注意制止，俾免愚民误会暴动，令饬所属一体认真保卫，严防滋事。并由厅长派督察长徐士元督警梭巡。各在案。至本月十八日即星期日，据第三分署署员陈福林报称：有学生十数人，在盐冈日货店门首左右，监视行人，勿与日商贸易。后添派卫队加意严巡，幸未滋事。讵十九日午后，复据报称：大马路一带聚集多数人民，围绕日店，势甚汹涌。厅长闻报，一面电达镇、县署，一面亲率卫队驰往。当时帮统马泗柱已在场带队弹压，储参谋长、张管带、余知事，闻电同到防范，幸未酿成巨案。查前奉交涉员署批准，在曾家塘空地，要演动物戏法，日人柴田权吉夫妇所设席棚，是时已被推倒。适有大马路丸三药房店伙水越时之助携洋五十元前往洋关完税，路经该处，被人众用砖瓦击伤头额二处，左肋一处，据称所携大洋五十元失去。复随该日伙拥至丸三药房门首，群拾左隔壁李漱兰堂修造房屋堆积砖瓦，向店内抛掷，尚无一人窜入门内，仅将门窗药柜玻璃击碎，而货物毫无损失，时军警齐集，始各鸟兽散去。当经厅长饬警捕获王朝吉一名，讯供抛掷砖瓦不讳。其附近日商盐冈日货店、秦留次郎镶牙铺，均尚无恙。厅长会县立即延医诊治日伙伤痕，一面会同出示严禁。并亲至丸三药房，验得该店伙水越时之助头部、左肋伤痕不重。又店伙日人八十岛一之仅左手背受有微伤。复勘得门面窗橱药柜玻璃大小四十一片被击破碎，其店内货物均无损坏。眼同侨芜最久日人秦留次郎与该药房日伙当面开单，并取得日本医院院长山田秀诊断书一纸。随即回厅，会同提讯王朝吉，供词均另录附呈。惟查日人柴田权吉偕华伙九名，于五月四日携带动物来芜，呈请在曾家塘旷地开演戏法，比经厅长据情分呈镇、道交涉员各署请示遵行。旋于七日奉交涉员署令开，以该日人携有南京日本领事所给许可证，准其在芜开演，自五月七日至同年六月六日止，仍派警妥为照料，如有滋事，即令停演等因。厅长复因京师青岛问题，报纸早已喧传，诚恐冈警稀疏，难于兼顾，遂将困难情形沥陈交涉员署在案。旋于十三日该日人柴田权吉所雇华伙肖树金用石块击伤民孩林端子头部，血流不止，经该管陈署员将两造解送法庭，报由属厅立呈交涉员署转函日领，迅饬停演出境，免生事故，尚未奉指令。次日陈署员向该日人婉言劝止，乃该日人因未奉日领命令，不肯停演。而地方一般愚民，既感于青岛问题，又适逢萧树金击伤林端子一案，该日人动物戏场，观者如堵。至十九日午后，顷刻间，戏场人众，因愤怒华伙，致滋事端。现经厅长等一再婉劝，各日商均照常开门营业。驻宁日领清野业已来芜调查一切。厅长等现正会同余知事，禀承交涉员署，妥为接洽，尚不至有重大交涉发生。除仍会同军队加意防范外，奉电前因，理合将流氓滋扰日商伤及日伙各情形，并抄具勘验清单图说，连同诊断书，缮摺陈送。仰乞贵司转呈
部长鉴核　　芜湖警察厅厅长宋学骞谨陈　　五月二十四日
中华民国八年五月二十四日

（4）7月4日代电

警政司长王钧鉴：芜埠江面，肴日下午一钟，有日本霰驱逐舰由下游开抵芜湖，停泊江心。再江面前泊日本沙内药克兵舰，于豪日上午十一钟启锭〔碇〕上驶。除饬职厅各署所随时分别注意暨保护外，谨电奉闻。厅长宋学骞叩。豪。

（5）7月21日密函

警政司长钧鉴：敬密陈者：窃于本月二十一日，据职厅巡缉队长田家声报称：据探警罗海廷、章少清、沈海荣等报告：停芜日本霰驱逐舰于十九日（即礼拜六）下午十二时半有水兵十六名登岸，行至大马路，四名赴日本俱乐部，余赴日商新田旅馆。少顷，赴俱乐部水兵亦到旅馆聚集饮酒，至四时始出馆门，各乘酒兴，沿途戏侮行人，内有醉兵一名，并在曾家塘地方强拉民妇手腕，一时见者均抱不平。探警等比用善言双方劝慰，并尾随保护日兵回舰，幸免滋事。二十日又据该探警等报告：礼拜日下午十二时半，有水兵十一名登岸，七名至新田旅馆饮酒，四名赴俱乐部奕棋，至四时半，亦到旅馆邀同饮酒水兵回舰。内有醉兵三名，时举手掠过行人发顶，又沿途用纸扇乱击民人头颅，并戏击华兵首部，幸该兵士深民大义，置不与校。行至红墙院地方，向

民家纳凉妇女喧哗调笑，并演种种猥亵状，不堪入目。比即多方劝慰人民，护送水兵至江岸登划船。未开时，醉兵又用木桨对岸泼水。探警等恐酿事端，一面将人民劝散，一面将划船推离江岸，见均登舰，方敢归队。理合报告。各等情前来。查保护日本侨商、水兵。暨劝导人民对于日人坚持镇静以与优容态度，叠奉厅长明白训令。惟日舰水兵连日以挑衅举动加之人民，日久难保不酿成事故。除督同各该警认真保护外，理合据情报请鉴核等情。据此，一面会商储参谋长，暨督饬长员加紧防维外，理合据情陈请鉴核。伏乞示遵。

厅长宋学骞谨陈　七月二十一日

〔内务部档案〕

12、倪嗣冲陈复严厉镇压安庆学生罢课及保护日侨电

(1919年5月)

（1）复内务部密电　（5月29日）

内务部鉴：统密。勘电敬悉。顷接省城来电，各校学生亦有全体罢课情事。已电商省长督饬教育厅切实开导，如果始终违抗，即将为首各生立予革除。倘再不服训诫，虽全体解散，亦所弗恤。一面电饬军警严备匪徒乘机滋事。除办理情形再行随时电陈外，特复。倪嗣冲。艳。

（2）复国务院等电　（5月31日）

国务院、内务部钧鉴：院艳电奉悉。皖省对于排日风潮，厉行查禁，于保护外人生命财产，尤饬军警切实注意。近日地方尚称安谧。安慰〔庆〕学界，前经罢课一日，经嗣冲会商省长，严厉劝导。今据教育厅长来电，业经照常考试。合并奉闻，请纾廑系。倪嗣冲叩。卅一。

〔内务部档案〕

13、武昌学联请力争青岛致参众两院电

（1919年5月17日）

北京参、众两院钧鉴：外人狡谋，横索青岛，凡我国民，同声愤慨。公等代表民意，恳祈力向政府务达我国主张。武昌学生联合会叩。咸。

〔筹备国会事务局档案〕

14、王占元等报告镇压鄂省学生运动及保护日侨密电

（1919年5月31日）

内务总长鉴：统密。准勘电，以学生风潮煽动甚广，属照漾电剀切劝导，并将鄂省近情电告等因。查鄂省学界对于青岛问题，开会演说已非一次，经设法劝阻，其刊布传单，一有发现，即行销灭。游行一、二次，亦经劝止。随时传见各校长开导，严派警察侦查客栈，取缔甚严，以防外来之人煽惑。然京师来人游说甚多，现亦派警督察，稍有违法即行遵令逮办。商界方面，亦严为晓谕。二十六日，沙市日商理发店有小学生挤破玻璃窗数块，当时即经警察解散未酿事端。其宜昌、襄阳两道，并时有通电告知，各处军队亦经占元密以暗中辅助，总不使其稍起风潮。所有各商埠日商店铺，皆饬警察加警，极力保护。以现时防范而论，尚不至有轨外之举动。除仍通令文武，加意严防外，谨将鄂省近日办理情形撮要以闻，即祈鉴察。王占元、何佩瑢。卅一。

〔内务部档案〕

15、王占元等报告调动军队镇压武汉学生爱国运动密电

（1919年6月2日）

北京。国务院钧鉴：陆军部、内务部、教育部均鉴：统密。前因青岛问题，各省学生演说激烈，恐有奸人乘机煽乱，迭奉电令严行

防范，切实制止，当经恺〔剀〕切示谕，屡次集传各学校校长、省视学等详细指示，分投劝导，并令学生公举代表三人来署面见，经占元等苦口劝谕，均无异言。卅一晚，接据警务处报告：因有北京学生代表来鄂，各学生拟在消岔宝通寺开会欢迎，定期旧历五月一、二两日举行露天演说。各学校学生悉数齐集，往军、省两署及各衙署繁盛街市派人讲演，印发抵制日货传单，情形极为激烈。并探闻汉口匪人有乘机混杂，希图扰乱情事。当时传谕各校长积力劝阻，非得校长允许，无事不令各学生出门。一面令饬警察在各校门首附近严密调查，不许外来代表入校煽惑。复据警务处长崔振魁面禀，以警察不敷分布，请派军警巡视弹压，复令卫戍司令酌派兵士数排游行照料，一日无事。次日午后，接据军警报告：商业学校有学生刘宏勋等八人，未得校长允可，恃横强出，劝阻不服，几将用武，观者塞途，恐生他事，遂将该生八人暂时带回，请示办理。又接报称：国立师范有学生数十人，因警察防止不便，各持木棍石块向警痛击，警察无力抵御，遂邀同附近军队驰往劝解，因群持木棒，势甚汹涌，不得已用枪托搪抵，致有一生误触刺刀，伤及腿部，现已送院调治。各等情。当由占元派军医课课长前往看慰，后由佩瑢传集各校长严加诘责，各校长等均以约束不严，自请处分。据查受伤学生在院医调，当易平复。其余八名，经该校长恳予领回管束，均经商明占元分别办理，幸未滋生事端。惟恐远道传闻失实，谨择要电陈，即祈鉴察。占元、佩瑢。冬。印。

〔陆军部档案〕

三、以上海为中心展开三罢斗争

1、徐国梁报告上海学生动员总商会罢市电

（1919年6月4日）

北京。内务部警政司王钧鉴：窃查本埠各校学生在公共体育场开会追悼郭钦光后，公举代表赴上海县商会晤商正副会长，要求联合表示同一态度。当时人多势众，意杂言庞。仅闻双方议妥，均以达到救国为目的，已于东日电陈在案。嗣经派员调查详情，据闻该代表等求乞商会援助，虽无明言援助目的，窥其词意，似欲激动商界罢市，为同一之举动。该商会会长一时难以答复，请举代表约于次日到会会议。厅长当于次日委派该管一区署长赵维祺莅场监视。旋据报告：本日下午四时，学界代表男生四名，女生一名，齐到商会。闻其所议，以现在学界已一致罢课，仍求商界表示同一行动，当经顾会长并各董事等婉言辞却，并谓商界一有何等举动，必致牵动市面，所议实难【办】到。嗣经商榷再三，该代表等则以教育总长既已免职，非达到交通总长免职无再商之余地。随由顾会长答以三日邀请商界会议，将此意旨电达北京商务联合会转陈政府，该代表始为允诺而去。讵昨日访闻商会以学生要求开会，除少数学生代表在场外，并有一般无业游民，随声附和，人多语杂，秩序紊乱，立即派警弹压，始各分投散去。并闻有于今日仍行要求开会之说。厅长据报后，查其举动情形，显有一般不逞之徒，溷迹其间，藉端兹扰。现经派拨员警多名，密为防范，遇有到会学生，立予解散。一面即发布告禁止开会。本日下午四时许，有学生二千余人，前往商会，均经解散。除随时督属防禁具报并分电外，谨此电闻，伏乞转陈总、次长鉴核。淞沪警察厅长徐国梁叩。支。

〔内务部档案〕

2、傅岳棻关于六四大逮捕电

（1919年6月6日）

滇督军、省长、教育厅鉴：岳棻猥以辁材，仰膺简任，于本月六日就任教育次长，代理部务。值此学潮方烈，补救维艰，匡导维持，诸赖大力，无任感跂。京校各生，前于本月四日，结队游行，军警制止无效，乃护送入法科大学。现已由部商洽，停止干涉。并令各校职员，劝谕学生，各归本校，风潮渐平。诚恐外间传闻失实，致疑中央有逮捕学生之嫌，请就近宣示，免学界多所误会。惟时局泯棼，事机多变，仍冀内外相维，俾士气由和缓而徐图恢复。学风由平静而渐就轨范。教育幸甚，大局幸甚。谨贡愚忱，并希谅察。傅岳棻。鱼。印。

〔国民党云南省政府秘书处档案〕

3、上海交通银行报告上海罢市罢工金融危急函

（1919年6月）

（1）六月五日函

稽字第五六号

总管理处钧鉴：敬启者：沪埠自青岛问题发生以后，学生二万余人全体罢课，以抵制日货取消密约为名义，开会演说，发布传单，纷扰业已多日。正值南方丝茧上市之际，商界营业所关，力持镇静，虽南、北商会屡经学界要求一致抵制，然仅由各商店悬挂旗帜，不欲稍涉激烈，与营业实际亦不生关系。不图本日因北京学生被捕消息传沪，晨间学生结团出发，先在南市要求商号罢闭，或用劝告，或用跪泣，加之途人附和，人势汹汹，各商店非闭门不可。于是俄顷之间，南市一律罢闭，惟钱业仍理本日汇划。学生方面又分头向北市逐店要求，初经法界，由法捕拘留数人，然学生两人一团，一团被捕，则一团续求，仓卒无法解散，

各商店亦只有闭门一法。甫至午后，英、法各界除外银行、洋行照常外，凡系华人商店，无不罢市。至银行、钱业金融枢纽，关系重大，当然慎重办理。本日南、北市钱业均仍理本日收解，然明日钱业公会能否不被扰乱，开市与否，实难预料。业由钱业公决，如不开市，凡洋厘、银拆均照今市办理，以资镇定。各银行并在银行公会开临时会议，一面电京请速释放学生，一面营业收解照常处理，俟看形势如何，随时相机办理。惟金城、聚兴诚两行因地址与商店杂处，故亦暂行闭门。此本日沪埠罢市暨银行、钱业之办理情形也。窃念此次学界风潮酝酿已久，终无切实办法，以致蔓延日广。刻学界方面已分电各埠一致罢市，官厅方面则从事解散，卢护军使亦已邀学界首领到署磋商善后之法。然沪埠党派甚杂，人心浮动，来日如何，不能逆料，诚吾商界不幸之秋也。沪行自晨间闻耗，当即督饬全行力持镇定不动声色，以防意外，营业收解，均如常日兑换钞票，亦不拥挤。湘、铭等惟有妥慎处分，相机酌办，一面与同业协商，总期取一致态度，并当随时电陈钧处察核。本日并已将上项情形叠电报告，文如下：（一）戊。沪。学界因北京学生被捕，要求商界协力为营救计，本日南市除钱业仍通汇划外，商店一律罢市，已由警厅劝告开市。北市现亦有相续罢业者。0605。（二）戊。0605电谅达。顷北市华商店亦已一律罢市，银行公决照常收解，相机对付。惟金城、聚兴诚因地址与商店杂处，暂行闭门。沪行安谧，请告京行。余续陈。0605二度，先投译。明日情形当再电达。除分电津、汉、东暨沪属各行外，理合备函具报，统乞察核指示遵行。此上

总管理处

沪行敬启　陶湘　印

中华民国八年六月五日

（2）六月六日函

稽字第五十七号

总管理处钧鉴：敬启者：昨具稽字五六号函陈报沪埠罢市情形，度先投览。本日阖埠仍全体罢市，钱业亦实行停市，并不出本票，不解税饷。顷午间银行公会协同钱业公举代表，赴卢护军使暨外国商会两处请出场调处，效果如何，再容续报。沪行昨发⊥08二电后，昨夜又续发⊥08三电，本日发⊥０⊥电，文如下：(一)急。北京交。戊。并转京行。两电谅达。午后风潮愈烈，各业已全体罢闭，工部局布告维持治安，营业听商民自由。钱业午后议决明日起停市，不出本票，不开行市。银行公会傍晚紧急会议，明日起对外态度不能不随众转移。惟汇划收解诸多困难，沪行已分电各行，汇款暂为缓做。现在沪市银根尚宽，洋元甚缺，倘风潮不速消弭，金融前途甚为危险。政府如何办法，乞急电示。⊥08三。交行。(二)急。北京交。戊。⊥08悉。昨二、三电谅达。今日仍全体罢市，钱业实行不开市，不出本票，不解税饷。今午银行、钱业已协举代表请卢军使、外国商会调处，如何，续告。银行均开单扇门办事。(下节)各等情。想早报呈译洽，续情如何，自当随时电达。此上

总管理处

沪行谨启　陶湘　印

中华民国八年六月六日

（3）六月八日函

稽字第五十八号

总管理处钧鉴：敬肃者：本日为沪埠罢市之第三日，午后卢护军使邀集商学各界会议，调停开市，不料总商会大会各业全体否决，坚决继续罢市。钱业实行停业。银行公会紧急议决暂停营业，俟有办法，再行开市，公议广告送报登布。中、交两行以沪埠洋底干枯，全市危险，已另具会电请两总处转饬津、汉币厂、各行代购大宗洋元，俾资接济。日来纷纷发现抵制本行钞票往来

传单，经湘、铭等密与各界设法隐为消弭，一面商由银行公会函致各报勿与宣载。兹附奉银行公会告白一则〔略〕，致日报公会公函一件〔略〕，又钱业告白一则〔略〕，统乞察览。至日来京、津电解款项，本仍分别照理，乃现在银行、钱业既公决实行停市，钱业方面已停收解，是商业汇款不得不暂为缓做，实大局使然。如遇存银之行，但能做得通者仍为之理，至对于财部盐款等库款，关系綦重，经湘、铭等密与中行商同仍照理收解，以期保全两行主要之业务外，银行收付仍当设法照理，并已分电津、汉、芜各行接洽。至对于各支行方面，三日内已接济宁行二十二万元，苏所九万元，镇江四万元，并已由沪派员分往接洽，相机应付，一切已随时急电奉达。昨夜钱业虽实行罢市，今日秩序尚好。今日扬、杭两处相继罢市，冠山、颂鲁、耆卿均陆续来沪接洽，随时专返，大约宁、苏、镇三处对于兑换颇形拥挤，亦已安置妥当。扬、锡、杭三处均如常。刻因沪市洋荒，并嘱耆卿派人至南通一带收购洋元，以备接济。此乃今日礼拜之情形也。兹再将与钧处来往电文照叙于下，以凭查对。

计沪行自六日夕十二时至七日夕十二时止，共发急电四通，文如下：（一）急。北京交。戊。协理钧鉴：顷卢护军使接见银、钱业代表，略谓如商界立即开市，则要求政府各节力能担任，明日开政商学大会解决。闻警厅与工部局均拟用武力强迫开市之说，如何，容明续陈。惟此次学界主动大有人在，即使开市，难保不鼓动他项变端。京中前传牵涉本行钞票之谣，风声已露，惟有谨慎防备。沪市因时值茧汛，洋底极枯，叠电津行暨新华、金城、大生三行购洋运沪，即为此着。现在事机万急，务乞公急饬天津各该行所将存洋扫数火速运沪，以应急需，并盼电复。镇行来电，明日随市停业，并闻。0⊥0⊥二。交行。（二）急。北京交。戊。沪市紧急，洋底甚枯，中行已电总处急饬宁厂停铸铜元，日夜铸币，以维市面，此事为目前最要之着，务乞协力商部照行。急电复。0⊥0⊥三。交行。（三）急。北京交。0⊥0⊥、0⊥0⊥叠电均悉。沪自发各行缓做汇兑之电后，对于京、津电解款项本仍照理，明日钱业开市，自当分电取消缓做。惟沪市洋元甚缺，九日封关，逆料十号开市兑券必拥，所以叠电京、津两行进洋出元一百四五十万赶十号到沪者，所关极为紧要。此项出元或在沪用，或装现。火车、轮船赴京、津，均候京、津行电照办，务必广购，如期济急，即乞钧处转致京、津行为叩。宁行三日内由沪接济二十二万元，苏七万元，镇四万，各该行均已随众停市，并由沪派员接洽。锡、杭、扬尚未告急。总之，此次停市，适值洋枯之际，发行钞票者异常困难，统乞裁复。湘、铭。0⊥0⊥。交行。（四）急。北京交。戊。顷电发后，不料官商调停开市无效，钱业全体坚决继续实行罢市，形势大变。银行会公议暂停营业，俟有办法，再行开市，已由中、交等十二家公登广告。明知将来祸患难言，然潮流如此，沪行不能独异，是商界汇兑不能不缓。如关、盐余等库款收解，仍当照理，已与洋银行交涉。乞钧处先电各行，并与部洽。但沪市钱业实停，工党已经附和，政府若不从速解决，为祸不堪设想。除随时再电外，统乞速复。湘、铭。0⊥0⊥二。交行。

又沪行七日计奉钧电三通，文如下：（一）沪。戊。电悉。沪上停市自系迫成，两公及同人勤劳，极为悬念。此间学生已释，军警亦撤，询诸当道，力求和平解决。惟沪为金融枢纽，一经停市，全国滞塞，诚如来电，前途甚为危险。沪行公会会员自难独异，但各分支行所仍均可照常营业。倘因沪市而停交易，于业务影响甚大，未便实行。即沪行对于往来各户骤停收解，恐伤固有之信用，断未来之生意，纯诸实际，亦不易办。矧外国银行未能同调，为丛驱爵，莫甚于此。言念前途，殊为焦灼。两公明达，必能熟权利害，计出万全。凡公会未决以前，所有各分支行所及沪行收解款项，应如何照理，其以后事件于全市未开以前，可否商同各同行各自设法处理，抑或假道他处单独处理，以期对外无违反公议之嫌，对内则沪行与各分支行所有维持信用之效。京沪道远，函电颇难尽意，如何，统希迅速酌定办法，分电各行接洽，勿稍迟缓，否则各分行为自救计，必将各自在沪商筹办法，便更棘手。切盼电复。总⊥0⊥。交行。（二）沪。戊。⊥0⊥电悉。已告部急电宁厂办理，并由燕老电致李督维持宁行，一面饬厂赶铸银元，以资接济。总。⊥0⊥。交行。（三）沪。戊。宁行电开：宁垣罢市，兑现拥挤，诚恐苏钞汇集内地，兑现万难应付，恳借洋念万元，以维大局等语。希速与接洽，随时接济，俾资应付。切要。总⊥0⊥。交行。又另奉协理致湘、铭等亲译电一通，文不具录。再现在外银行汇丰等行与沪行感情甚优，现因洋荒过甚，已由湘、铭等邀同中行宋行长正与汇丰等西商会商，酌开市后维持之法，如何？容再随时电达。此上

总管理处

沪行谨呈　陶湘　印

中华民国八年六月八日

（4）　六月十日函

稽字第六十号

总管理处钧鉴：敬肃者：昨日九日本系封关停公，中、交两沪行通融兑换钞票，本日两行仍兑钞票至午后，各银行先开市，钱业亦已议决明日开市，一切已随时急电陈报在案。兹再将自八日夕十二时起至十日止来往电文照录于后，以凭复核。

一、八日夕十二时发电文如下：急。北京交。戊。今星期沪仍全体罢市，幸秩序尚安。奉⊥0⊥电悉。京津亦略有风潮，现已照常，具见荩筹完善，毋任慰佩。沪罢市后，江浙各区均继起响应，一时闭塞，洋荒更甚。查沪中、外行及钱业现洋共数不过数百万，实为从来未有。昨电笔翁代购百万元。有无，急复。湘、

铭。00⊥0≐。交行。

二、八日夜半后二时，奉电文如下：沪。戊。⊥0⊥两电均悉。现在京、津市面银元亦缺，收买甚难，决不能于一日内筹运一百四五十万元之巨款。顷与达铨细商，由津厂星夜赶铸，以一半接济沪行，但每日亦不过十万元，惟上海应陆续运现银至津方可供用得上。如我运生银或假托外国银行名义，车船听沪行酌办，如何？急电复。余再行电告。总。00⊥0⊥。交行。

又同时奉电文如下：沪。戊。罢市停业，两行如兑现开门，恐流氓过多，发生意外危险。望与中行妥筹办法，能否在罢市期内，一律停业，或偕同中行将发行额若干，现有准备银元若干，银两若干，开单送交商会，以昭信用，一俟开市，仍旧照兑，以期万全。是否可行，望即迅筹电复。京、津收银元事，除由津厂赶铸外，别无办法。惟津市银两甚少，万一两行必须照兑，须将沪银运津，方能接济得上。至兑现方法，尤宜设法拉长，腾出期间，以便运铸，并将急电复。总。00⊥0≐。二。交行。

三、九日发电文如下：急。北京交。戊。⊥0≐两电敬悉。今晨虽系休假日，因外面有不用钞票之鼓动，中行恐酿兑现风潮，不及知会，先行开兑。我行继起照兑，共总出十余万元，人数虽涌，秩序尚安。午间外银行团邀集中、交及钱业会议，对于我行钞券，外银行一律收用，并电香港装大批现洋来沪，以资周转。公会各银行均代兑中交票。钱业决定明日开市，素有往来者代为收钞，按市作价。惟中、外银行暨钱庄均缺洋元，目前维持，纯出感情，并无洋元实力。但愿明日安然开市，布置尚易。无如铁路、电灯、自来水等工人均开会集议附和罢工，汽车夫先已罢工，虽经抚慰，而团势已成。因此工部局四时起特别戒严，华界今晨用武力强迫开市，乃随开随闭，仍无效果。明日有无他变，不能逆料，银、钱业能否开市，亦未敢必。统容续电。湘、铭。0⊥0文。交行。

四、十日午刻奉电文如下：沪。戊。迭电均未得复，闻今日开市究竟若何？急盼电复。本日明令免曹职。总。⊥丨0。交行。

五、十日午发电文如下：急。北京交。戊。0⊥丨0悉。昨发电后，学生队仍在租界游行，强迫钱业不准开市，同时有火车、轮船机工及钱业大司务均罢工之事，人心大慌。银、钱两业终夜开会，不但不闭门停兑，焦急万状。黎明中行奉电，知政府已准曹、陆二公辞职，虽明令未见，一时尚未开市，两行兑现即未停顿。钧0⊥0≟电津厂铸币，每日可多十万元，以一半济沪，汉章称彼有一半在内。今沪行至少定铸五十万元，请钧处转商津厂，即日设法运沪。头批若干？能二三日内到沪否？核价若干？均盼电复。沪行先备银念万两，准开市后火车运津。余数约十六、七万两，洋到再运。汇丰等秘决各外国银行一律代兑沪券，并闻。0⊥0丨0。支行。

六、十日下午六时奉电文如下：沪。戊。天津罢市，津行仍旧兑现，需款孔急。据津行称：沪行欠洋六十万元，规元十万两，望速归还。应如何划拨，请直接急电津行商办。总。⊥丨0。交行。

一切容再续电奉闻。此上

总管理处

沪行谨启　陶湘　印

中华民国八年六月十日

（5）六月十一日函

总管理处钧鉴：敬肃者：查沪埠银行明日开市，钱庄本日亦已开市，均照常营业，一切情形已随时电达在案。兹将本日来往电文照录于后，以凭查核。

本日奉电三通：（一）沪。戊。津地今日罢市，照常兑券。

京尚安谧。惟京、津洋元万分枯竭，不敷用，沪有余款，望速设法装现宝到津，以备赶制应急，愈多愈好。至要。总。0610二。交行。（二）沪。戊。陆、章皆罢职。闻沪上已开市，情形如何，盼详细电复。总新币甚缺。三。交行。（三）沪。戊。昨电代催提沪欠津行之款，万分紧急，望速与津电洽拨还。总，⊥丨一。交行。

本日发电二封：（一）急。北京交。戊。610二电敬悉。今银、钱业虽开市，各业并未全开，南、北市店铺仍关闭。洋厘七钱五，仍无购处，汉章面商，洋荒如此，津洋一时来源已断，前途更属可虑。已由两行电请李督军、齐省长饬宁厂赶铸，专为接济沪市。先此电闻。沪欠津款，银、洋两项仅各十万左右，已电津另洽。湘、铭。611。交行。（二）北京交。协理各电均悉。沪市罢六日，沪行均照常兑券，若不受洋荒影响，措置可从容，虽有通电各行缓做汇兑，然对于京、津两行汇款仍照理。此数日内，计代津电解五十六、七万，津存银、洋两项合计不满五万，而津欠沪尚有规元廿万两，日内亦将到期。京行盐余未到之先，即代垫解二十万，而盐余直至昨晚始收。笔兄电嘱运现银五十万两，系复湘等托购百万元之电，所以答复稍迟。今知津亦罢市，而宁沪火车刻始照常，已与汇通商允，先装十五万两，今夜装津，余银续运。已电京行接洽。同处危舟，尤赖通力，蒙代剖白至感。但沪上暗潮甚烈，总须全市开张，方敢报慰。今日兑出廿万，如京、津洋元能宽，仍望接济。乞复。湘、铭。0611。

再，另奉协理610电，文不具录。合并陈明。此上

总管理处

沪行谨启　陶湘　印

中华民国八年六月十一日

（6）六月十二日函

稽字第六十二号

总管理处钧鉴：敬肃者：本日沪埠全市开业，人心大定，沪行兑现风潮已平，曾具飞电报慰在案。兹将本日来往电文照抄于后，以资查核。

奉电文如下：沪。戊。电悉。初八电告津厂铸币办法，本于无可设法之中，为竭力筹济之策，并声明非沪运现洋即供给不上，诚以京、津金融万分吃紧，所存现款远不如沪。不意昨日津市罢罢，形势大变，押脚不符（电码有错）竭力设法，今日幸已照常，而提存现款者纷至沓来，京、津两行吃紧万分。希速将所欠津款及京行存沪盐款并他款赶紧速与京、津接洽调拨，或运现，俾弛万急。切盼快办。电复。总。00⊥丨一。交行。

发电文如下：急。北京交。戊。⊥丨一悉。本日午刻沪市全开，人心大定，沪行兑现风潮已平，均堪报慰。津行逐日电汇交款截至今止，相抵净存元五万四千两，已另与津洽。京行盐余除归各垫解外，实存银约三十九万两，沪行已筹足装京现宝三十五万两。因汇通不肯负津浦路上之责。已改装新铭轮运津，即由钧处巡警李松林押运，准十四出口，已迳电京行接洽。00⊥丨＝。交行。此上

总管理处

沪行谨启。　陶湘　印

中华民国八年六月十二日

〔交通银行档案〕

4、任士铿报告上海商界罢市正副会董辞职密电

（1919年6月6日）

内务部王司长钧鉴：机密。五日电敬悉。昨沪埠罢市，各铺贴有“忍痛停业，冀救被捕学生。不诛国贼、誓不开市。”字样。

商务总会，沪商会正副会董相继辞职。学生演说传单多在闸北，闻尚有运动工界加入之议，惟对日人尚无非法举动。至租界各华商，今午工部局劝谕营业，尚无效果。谨闻。余续陈。铿叩。六日。

〔内务部档案〕

5、徐国梁报告上海工人相继罢工代电

（1919年6月6日）

北京内务部警政司王鉴：上海商店全体罢市，微日先后电陈在案。一面劝禁，迄仍闭门未开。商请商会出为劝导，据顾会长云：已经教育会长黄纫之代表请护军使代电中央，要求释放被捕学生，准曹、陆、章辞职，并恳从宽免拘学生。军使未允。遂用商会，教育会名义，自行分电政府要求一切。至劝商开市一节，须俟北京复电再议云云。本日各工场相继罢工，电车已停，地方尚静。除仍督属防范弹压外，谨此电闻，并请转陈总、次长为叩。厅长徐国梁。鱼。

中华民国八年六月六日

〔内务部档案〕

6、任士铿报告西捕阻止学生游行并击伤华人密电

（1919年6月7日）

内务部王司长钧鉴：机密，六日电计达。今日为沪埠罢市第三日，工界已有响应。华界、租界经警厅与领事，分别挨户劝谕开市，未有何等效力。昨今两日只有少数蔬菜应市，居民得肉食者鲜。南京路一带，有西捕持械驱逐立定闲人，发生冲突，误伤华人情事，幸未酿成暴动。学生之手执警告白旗游行，事为警厅，西捕所阻，遂改以布缠腰背。今午军使邀集各界在总商会开临时会议，解决方法。并闻南京亦有罢市之讯，谨闻。余续电。铿

聊。七日。借厅印。

〔内务部档案〕

7、李纯等报告苏宁声援上海三罢而罢工罢市等情电

（1919年6月6日—7日）

（1）李纯等电（6月6日）

特急。北京大总统钧鉴：国务院、陆军部、内务部、教育部、农商部鉴：歌电谅达。本日南京各商店因得上海消息，亦于午后全城罢市，现正督同各机关剀切劝导开市，一面维持秩序，保护外商。此次风潮由沪而至，据省教育会副会长黄炎培呈阅沪上各团体致府院部电，语多愤激，应请迅赐定示，以释群疑，至为盼祷。李纯、齐耀琳。鱼印。

（2）李纯等电（6月7日）

大总统钧鉴：国务院，内务部鉴：统密。苏省自中校发生风潮以后，当经严饬各属切实防范，对于外人商业财产照约认真保护，一面布告商民各安生业，共维安宁，如有不逞之徒，非法举动，遵照明令，依法严办。虽经屡次集议，剀切劝导，无如沪上一隅有权力所不及之处，首先罢课、罢市，遍发传单，始则藉口京校请愿无时，继则以北京逮捕学生为词，该处为全省观瞻所系，以致影响宁苏等处，遂有相率罢课、罢市之举。密察商情，皆系受人要挟，迫而出此，否则各商血本所关，岂肯轻于尝试。即以目前情形而论，宁垣虽有罢市之名，仍复照常营业，尤见此举非商人本意。现经派拨军队游行弹压，并饬警严重干涉，如有扰乱行为者，即行逮惩。两日以来，尚无意外暴动，保护外商，至今日尤当注意。纯等责无旁贷，自当随时随事相机办理，以仰副中央保商卫民之意。谨此电陈。伏乞垂鉴。李纯、齐耀琳。虞。

〔内务部档案〕

8、苏州警察厅报告苏州罢课罢市函电

（1919年6月7—8日）

（1）六月七日代电

北京。内务部、警政司钧鉴：鱼电谨悉。查苏城中学以上各校，自上月俭、艳两日相继罢课后，举行宣誓游行演讲，举动尚属文明，未便强加禁阻；而抵制日货，各商虽有其议，并无积极行为。至于日人商店，早经设法保护，目下市面安静如常。兹奉前因，除布告周知，并令所属遵照外，谨此奉复。苏州警察厅厅长崔凤。舞虞叩。

中华民国八年六月七日

（2）六月八日函

谨陈者：两奉电示敬悉。齐电谅蒙鉴核。兹将苏州之罢课及经过情形，略陈一二：计自北京学生风潮传播到苏，学生等即分团讲演，连日以来，继而罢课讲演如故，警察禁止无效，不过稍敛激烈之词。嗣又谣传北京拘捕学生数千人，饿毙若干人，上海遂由学界风潮波及商界，于四日罢市；苏州亦影响所及，人心渐惶，遂邀集商会市董数十人，连日说之以大义，动之以利害，并言商界罢市连带工人种种说词，幸能支持三日；嗣闻宁亦罢市，苏州学生于昨晚集有千余人到商会，要求会长出通告两种：一、饭铺及日用食物店不关门；一、当铺不关门。今早各大店多未开市，然均开一二扇门，照常交易，此大略情形也。总之苏州市面，向为沪之潮流所左右，其银钱业已三日无行情矣。再者茧业定于昨日开秤，乃以银根奇紧，故缓未开秤，恐一开秤，每日交易不下十数万元，以多数现洋归之乡间，不能流通，此虽实情，然亦恐银业梳〔垄〕断之策也。沪上各货不出，苏之各纱厂中人曾言，倘五日不来货，苏之工厂不停而停

矣。可虑者为多数工人，长此迁延，工人一停，不知伊于胡底矣。所以连日舌蔽〔敝〕唇焦者，以期延至上海开市，则苏之风潮自平。至秩序一层，责无旁贷，故现在警察加班，并派骑巡保安各区队游巡，今日求军队分班游行。现此风潮，各学生如疯如狂，可笑亦复可怜，压之不可。以学生与绅商有密切之关系；然纵之又恐惹起交涉，极力经营，尚期无事。观此情形，不思根本弭救，恐步庚子后尘，以无知之少年，颠狂若此。绅商各界，浮动如彼，人心思乱，势难遏抑。长江沿海，大都如斯。盲从瞎哄，以坚执之有词，此倡彼和，各莫明其所以。以此为爱国，以此为外交后盾，恐大劫在后，冥冥所系，即脱现在，未来难知。惟有请司长言之总长，次长，商之极峰，将其要求者酌准一二，使彼无所藉口，以后再有扰动者，制之法典，庶不致狂澜难免也。是否有当，尚祈鉴核施行。肃此，敬请

钧安

苏州警察厅厅长崔凤舞谨启　六月八日

〔内务部档案〕

9、李纯等报告南京等地持续罢课电

(1919年6月8—10日)

(1) 致国务院等密电　(6月8日)

国务院、各部、院、保定曹经略使、盛京张巡阅使、蚌埠倪巡阅使、除南五省各省督军、省长、都统、护军使均鉴：统密。自京校风潮延及各省，苏属学校亦相率罢课要求。近因京师有警厅拘逮学生之谣，沪上乃复有运动商店罢市之举，正在会同设法劝禁，而南京下关各店铺，亦于麻日被动闭门。经派军警维持，旋复照常营业。阳日又有学生多人，手执黄旗、书爱国雪耻等字样。在城内花牌楼一带要求罢市；但非商家所愿，名为闭门，仍然贸易。比接南京商界全体公呈，请求加派军警分途保护，并分布传

单，即日全体照常开市，可见此等举动，全非商家之本心。现在风潮虽未平息，人心尚安，秩序如故。业经加派军警分布省城内外，保护各商照常开市，并责成教育厅长、各校长劝导学生，照常上课，以维公安。其上海地方，并请卢护军使主持督饬地方文武，设法保护劝导，以期回复原状。深恐远道传闻失实，或有奸人藉端造谣。特电布闻，惟希詧照。李纯、齐耀琳。庚。

（2）致大总统等密电　（6月9日）

大总统钧鉴：国务院、内务部、教育部、农商部鉴：统密。部庚、齐电敬悉。京校学生各回原校，早经通电宣布，日内接苏、常、扬、镇及松江、宝山、奉贤、金山等处警电，纷纷罢课罢市，延及乡镇，大都因□□□沪宁各界所请罢斥曹、陆、章诸人，遂并劝慰学生一层，亦指为搪塞一时之计。经于庚日召集各界，宣示中央近情，并就外交内政之危险，反复劝诫，形势尚未绥〔缓〕和。沪宁路工人罢工，行将实现。深恐蔓延愈广，则收拾愈难，惟有竭力维持，藉纾廑系。仍盼□□李纯、齐耀琳。佳。

（3）致大总统等电　（6月10日）

大总统钧鉴：国务院、各部、院、保定曹经略使、奉天张巡阅使、蚌埠倪巡阅使、除滇粤桂蜀各省督军、省长、都统、护军使鉴：宁垣罢市情形，昨已撮要电达。当阳日肇事之始，各校学生分布城内街巷数千人，有持棍站立岗位逼迫警察者，有执旗帜游行者，或书改良政府，或书推翻政府，或书誓斩日奸，或书实行公产，种种名词，骇人闻听，一时土棍游民，愈聚愈众，居民惊恐，险象环生。纯等为保持公安起见，严令警厅强制解散，一面加派宪兵邦同弹压，当场拘获手执改良政府旗帜者一人，带至警厅，询系基督教金陵大学学生陈昌胜。同时下关亦有学生数百人，手持旗帜，列队游行，好事之徒，纷纭附和，警力单薄，发生抵抗，以致墙垣挤倒，受伤者数人，幸经先期派队镇慑，始获无事。经于庚日召集各界，拟定取缔办法，以维秩序，现已照常营业。诚恐远道传闻异词，特再缕陈。李纯、齐耀琳。灰。

〔内务部档案〕

10、吴佩孚等对处理学生爱国运动态度电

（1919年6月9日）

国务总理、朱总代表、段督办、陆军部、外交部、教育部、农工商部各总长、各部院、各学校、王步军统领、吴警察总监、曹经略使、李督军、王督军、陈督军、张巡阅使、卢护军使、总商会、兵工厂、和平会唐总代表及南北各代表、军政府岑总裁及各总裁、督军、省长、各都统、各护军使、镇守使、各师旅长、各总司令、各省官校、商会、省议会、教育会、各报馆均鉴：本日呈上大总统一电，文曰：北京大总统钧鉴：治密。窃师长等近日迭据沪电内开：有北京学生因开会宣讲被逮捕者数百余人，沪商全体罢市，并沿江各埠亦有继续罢市罢工之举动等语。不胜骇然。窃维天视自我民视，天听自我民听，民心即天心也。士为四民之首，士气即民气也。此次外交失败，学生开会力争，全国一致，不约而同。民心民气，概同想见。我政府当轴诸公，对于我大总统五月二十五日命令不注重剀切晓谕，而趋重逮捕□□，操之过急，对于直言之学子，未免轻重倒颠措施，殊非我大总统维持时局之本心也。且防民之口，甚于防川，川壅而溃，其伤实多，征诸历史，不寒而栗，即如辛亥争路风潮，尤可为最近之殷鉴。夫天下兴亡，匹夫有责，况学生乎。古之以学生言时事者，汉则有刘陶、宋则有陈东贾〔载〕在史册，后世传为美谈。当此外交失败之秋，顾忌者慑于威而不敢言，徧私者阿其好而不肯言。铜驼荆棘，坐视沦胥，大好河山，任人宰割，稍有人心，谁无义愤。彼莘莘学子，激于爱国热忱，而奔走呼号，前仆后继，以草击钟，

以卵投石，既非争权利热中，又非为结党要誉，其心可悯，其志可嘉，其情更可有原。纵使语言过激，亦须遵照我大总统剀切晓谕四字竭力维持。如必以直言者为有罪，讲演者被逮捕，则是扭〔扬〕汤止沸，势必全国骚然。揆之古人，谏鼓之设，谤格之立，刍尧之询，乡校之义，不无刺责。且日俄战后，日人疑敌〔？〕村氏外交失败，亦曾有国焚屋宇之举动，日政府乃特开国民大会宣示交涉之理由，群情帖然，并未闻有激烈逮捕情事。我国此次交涉始末，既无不可告人之隐，即宜仿照日本办法，宣示全国，以释群疑。学生又何苦越职干政，自取咎戾。如必谓民气可抑，众口可缄，窃恐众怒难犯，专欲难戒〔成〕，大狱之兴，定掐大乱，其祸当不止于罢学罢市已也。师长等素性戆直，罔知忌讳，忧之深有不觉言之切者，仰恳大总统以国本为念，以民心为怀，而释放学生，以培养士气；一面促开国民大会，宣示外交得失缘由，共维时艰，俾全国一致力争，收回青岛，以平民气，而救危亡。时机危迫，一发千钧，临电不胜惊惶待命之至。陆军第三师师长吴佩孚、直隶陆军第一混成旅旅长王承斌、第二混成旅旅长阎相文、第三混成旅旅长肖耀南率第一路全体官兵同叩。佳。等语；谨此奉闻。敬乞卓力维持，以息风潮，而安人心，是所企祈。陆军第三师师长吴佩孚、直隶陆军第一混成旅旅长王承斌、第二混成旅旅长阎相文、第三混成旅旅长肖耀南率第一路全体官兵同叩。青。

〔内务部档案〕

11、天津警察厅长张汝桐报告天津罢课罢市函呈

（1919年6月）

（1）6月9日函

筱候司长大鉴：敬启者：今早派赵总务科长晋谒，面禀津埠各校学生连日情形，承蒙指示机宜，感佩良深。兹今日下午一钟，各校学生及商民人等约万余人 在公园内开公民大会，各学生演说，以抵制日货、争回青岛、巴黎不签字为宗旨。至五钟，共派代表五人到商会，要求明日除杂货铺、水铺、米面及售食物等铺外，余各商号均行罢市。经商会会长卞月庭答以容日商办。该学生等随结队赴商会要求，行至造币厂地方，卞月庭迎来，允许明日罢市。至六钟半，始行闭会。至八钟，经商会发出布告，明日一律罢市。汝桐先曾与商会竭力设法疏通，请其持延缓主义，而该会为学生迫促，竟然允许。汝桐闻信之下，即报告省长，一面召集各警员会议，派马步警察分布巡防，以防土匪乘机窃发。除仍设法劝导取消罢市以安商业而靖人心外，特先奉闻。敬颂勋祺。

张汝桐谨启

六月九日

（2）6月16日呈

敬呈者：窃维津埠自青岛问题发生后，各学校受京校影响，相率罢课，组织讲演团，游行演说，散布传单，并拟联合绅商各界在公园开公民大会。汝桐因津埠华洋杂处，良莠不齐，近日新思潮流，又见激荡，并曾发现印刷物品，先事预防，尤属不容稍懈。且加以日本租界，相离咫尺，商铺林立，侨民尤多。各学生虽激于爱国热诚，然倘有意外之举，则不惟牵动外交，即地面公共之安宁，亦恐不无妨害。是以会商教育厅、天津镇守使，妥订防弭取缔各方法，一面釜底抽薪，一面相机镇慑。呈蒙省长指定

照准后，遵即剀切劝导，严密防维。相持数日，与各学生多方接洽，正期就绪，适京师有二次逮捕学生之风传，各学校青年学生类皆血气未定，感此一时之激愤，遂风起云涌，各自结队至南开中学地方，肆意讲演，激烈异常，并声言游行各马路，再至省长公署要求条件。汝桐当即面谒省长，奉谕以各学生举动，既不遵明令，逾越常轨，不能不多派官警前往，劝令解散。后因谣啄〔诼〕纷纭，诚恐发生意外。省长又谕：派官警分驻各校外，妥为保护。未几，绅商各界担任调停，省长已允为设法办理，学界风潮，似可渐期平静。不料商界又受沪宁罢市之影响，由商会公布，一律停止营业。汝桐以此一波未平，一波又起，且商人罢市之贻患，较之学生罢课为尤甚，盖恐金融停滞，市面恐慌。天津为通商巨埠，劳力苦工，本占人民之多数，一旦失业，何以为生。当即督饬官警协同军队，毋分昼夜，竭力严防。一面随侍省长，会商国务院委派专员，同赴商会，苦口劝导，并痛陈利害。各商人尚知大义，次日遂照常营业。后虽为学生阻止，复经汝桐设法疏通，已于十四日一律开市。刻下地面安谧，金融流通，各学生因学校已放暑假，纷纷回籍，居留津地为数无多。除禀承省长妥筹善后、并督饬各官警严密防范以保公安外，所有津埠学校罢课、商民罢市，现已安静各缘由，理合具摺呈请
司长鉴核

张汝桐谨呈　六月十六日

〔内务部档案〕

12、甄文龄报告派兵监视大名中学学生罢课游行致王怀庆禀

（1919年6月10日）

宪台钧座：敬禀者：……大名中学堂学生于六月九日又举行罢课，有三四十学生在街游行，口称“勿买日货”，“请各界诸君爱国”，“提倡购买本国货物”。该学生有应行毕业者，有应放

暑假者，不听校长约束，均亦停止考试矣。学生有回家者，有仍回校内者。昨日，姚护镇守使邀集大名县张知事及副官长在道署会议，以大名地方偏僻，亦无侨居日人，只可派兵从旁监视，免滋生事端。副官长已饬稽查官兵妥为防查。今日学生均未出门。副官长查该学生等此项举动，均系青年无意识之行为，徒为捣乱，无济于事。若令外人知觉，更惹外人注意，国家尤受影响。闻京津学生捣乱风潮甚大，宪处逮捕学生十余人，旋又释回。报纸传闻，未知确否？现在大名地方，尚称安静，乞纾廑念。肃此，敬叩钧安。

副官长甄文龄谨禀

六月十日

〔步军统领衙门档案〕

13、张树元等报告济南罢市罢课密电

（1919年6月10—11日）

（1）六月十日密电

国务总理钧鉴：内务部、教育部、农商部鉴：胶澳事亟，各省商学，停课辍业。济南本日亦罢市，全体学生环跪悲泣，要求四事：一、力争青岛，绝不签字。二、惩办国贼，没收财产。三、释放被捕学生。四、催促南北和议。力恳电呈中央迅赐明命。等情。当经逐条参复开导，晓以政府始终慎重外交，维持教育，各宜持镇静，毋有扰乱，倘致外人藉口，匪徒乘间，贻害地方，转失各生爱国之本旨等语，劝令归校。各该生涕泣呼吁，谓自山东外交失败，各省协力一心，同谋挽救。我等若以鲁人而漠视鲁事，负国负己，公私两失。督军省长既为山东之长官，即应负山东之责任。代表山东之民意，长跪以请，必得所求而后已。其词虽若过激，其情亦殊可悯，允为代达，始各暂退。现在地方幸尚安静。树元、铭昌等责任所在，仍当暂饬军警严密防查维持，以

保治安。惟士辍于学，商辍于市，迫切待命之情形，实未便壅于上闻。谨电陈。树元、铭昌。蒸。

（2）六月十一日密电

国务总理钧鉴：内务部、参、陆部、教育部、农商部钧鉴：统密。自沪宁罢市，风播至鲁，学生要求商界踵行，劝戒备至，幸无举动，而南方学生陆续偕来，佥谓各省罢市，皆为山东外交问题，何以东人寂寂无闻，甘贻国羞。于是各学生被激，续议开会，至再至三，均经禁止未开。仍令暗探四处侦查。最后据报：昨夜各生在师范学校，密开会议，仍图罢市。立即广出布告，重申劝禁，加派军警巡逻。至今早各生分投商埠城市结群，跪泣要求，各商迫不得已，相率掩门。惟时掩时开，仍然贸易，并非各商之本心，亦无真正罢市之行动。当饬军警加班，严查街道、旅馆、城关出入，加以保护侨商。并派交涉员向日领声明，彼此维持地方，不得任浪人匪徒乘机滋事。目下秩序尚属安静。随据各生先后率众至树元、铭昌署前，长跪涕泣，出所要求四条，请予电达中央。当经分别传谕，将各条逐一解释，切实开导，饬令归校，听候电达，不得仍行结队出游。各生复称：该生等以本省人，为本省事，从各省之感，继续要求，实有万分苦衷，务恳鉴谅。果蒙俯如所请，则商家开市，任听自便。言阊情极迫切。除将要求条件另电外，查近据邹平县探报：日本将有多数浪人东来，于沿胶济铁路一带，勾结土匪滋扰。又无政府共产党宣言，时有发现。均经会电各该地方文武，严防密捕。而东省学生适于此时受各省学生之激刺，迫而出此，非学生之足患，而外匪生心之足患，亦非本省学生不能速办之足患，而实援省学生不能尽办乃足患。牵一发而动全局，不可不慎。此时如先不宣导学生之情，激成学生之变犹小，酿成外匪之祸实大。树元等再三会商，最要在宣导学生，速开商市，商市一开，人心自定，匪徒无机可乘，诸变弭于无形。

现在办法，拟将另电宣示发交学、商各界，赶紧开市，仍恳中央统观大势，俯察舆情，予以相当之命令，以奠全局。不胜感悚之至。张树元、沈铭昌。真。

〔内务部档案〕

14、冯玉祥报告常德学生反日及日人寻衅情况密电

(1919年6月11日)

急。北京。国务院、参、陆部钧鉴：统密。奉阳日钧电内开：外交部函准日本公使声称：湖南常德地方发生排日风潮，有军人演说及学生妨阻乘客登日本商轮等事。五月廿六日夜，日本商店并被袭击掠夺，请电该省加意防止保护。等因。日使所称各节，如果属实，应设法防止。对于外人加意保护。等因。奉此。仰见照靡遗，慎重国交之意。查五月廿六日晚七钟，忽有学生百余人，在街行走，经过日商丸三洋行门首，因受日商轻重讥嘲，学生怒忿口角，致将该行玻璃器具打毁。同时新隆、宏裕两行器具亦被牵连捣毁数件。旅长闻报，即飞饬县署警厅驰往弹压，学生早已四散。当派员前往各该行分别安慰，并令厅县查明被毁物件，一面饬警派警保护。一面派兵巡视，当晚即已无事，现均照常安静。日使所称各节，均非实在情形，必有奸人挑拨，故意煽惑。查日人在常商行，历年销售鸦片，贩运吗啡为大宗。职旅到常之后，维持地方，□禁烟害。前曾查获日人贩土，经日商承认，取保释放，有案可稽。旅长为顾全邻国友谊，冀其改除，以敦邦交。我国鸦片之【禁】，承各友邦之赞助，载在条约。日商悍然不顾，任意破坏，兹又妄腾口舌，谬以排日风潮，牵涉军人，居心尤为叵测。伏乞转咨外部，据理咨询日使，【以】免淆惑听闻，不胜叩祷。陆军第十六混成旅旅长冯玉祥叩。真。印。

〔陆军部档案〕

15、内务部关于曹、陆、章已免职希劝解沪市各界电

（1919年6月11日）

上海杨交涉员鉴：十日电悉。曹、陆、章已令准免职。津埠本日开市。北京学界刻已筹议上课。京总商会本日亦有通电。沪市各界，希悉力劝解。仍盼随时电告。内务部。真。印。

〔内务部档案〕

16、杨晟报告上海学生游行庆贺曹、陆、章免职外国巡捕制造血案密电

（1919年6月）

（1）六月十二日密电

国务院、外交部、内务部钧鉴：十码。据探报：今晚九钟，学生结队由法租界游行庆贺，公共町交界之带钩桥印度马巡拒其入界，学生当即纷散。该处向为流氓聚居，藉端每用板杖等物拦击，伤马巡四人、并重伤西捕一人。捕房巡目开枪，当场打死华人一名，伤三名，刺刀伤六名，拿获一名。附近铺户，际此风鹤，未免恐惶。等语。晟一面电诘领团，责成捕房，妥为维持；一面派员复查。实情如何，容续达。晟。十二日。

（2）六月十三日密电

国务院、外交部、内务部：十码。昨夜租界滋事，现查当时学生俱已散归，挞死之华人，系饭店学徒。随众哄哄者被获一日〔人〕，再四磋商，尚在讯供。此事发生，即有流氓造谣，分路喊令各铺关门，经巡捕禁阻，市面未被牵动。今晨周视租界内外，已经回复原状。惟有俟其宵小不冒充学生，乘隙息〔思〕逞。已谆嘱领团严饬英法各捕房，严密巡逻，并于交界处所，加派岗警，格外注意，以保治安。晟。十三日。

〔内务部档案〕

17、沈铭昌等报告济南持续罢市及开市情况电

（1919年6月）

（1）沈铭昌致于宝轩密电　（6日13）

内务部于次长鉴：勉密。真电敬悉。此间罢市，全系被动，已详致院明、密两电，别无他故。当时并不知政府最近容纳舆论情形，昨经多方劝导，各商已承认候津沪信即开市。今津、沪既开，此间现正传布劝导，当然可复原状，容再奉闻。铭昌。文。

（2）张树元等致国务总理等电　（6月14日）

国务总理钧鉴：参、陆部、内务部、教育部、农商部鉴：迭奉院部文日来电，均经明白宣布。昨日复令军警强制开市，城外商埠，遵从者已居多数。今日城内银行及大钱庄均开市。其余各商户已由商会会董分投劝导，明日可望一律开市。地方秩序，尚属安谧。谨闻。张树元、沈铭昌叩。盐。

（3）张树元等致国务总理等电　（6月15日）

急。北京。国务总理钧鉴：参、陆部、内务部、教育部、农商部、步军统领、警察总监、京兆尹均鉴：济南今日已一律开市，恢复原状，秩序安定。谨闻。张树元、沈铭昌叩。咸。印。

〔陆军部档案〕

18、徐国梁报告英法巡捕屠杀游行群众代电

（1919年6月13日）

北京。内务部警政司长王钧鉴：文日上海华租界商店一律开市。至下午九时许，闻英租界山东路口，有商人等与捕房巡捕发生冲突伤毙多人情事。即经派探详细调查。兹查悉：当时有工商人

等，手执白旗列队游行，从法界经带钩桥入英界山东路，经印捕阻止不服，狂吹警笛，一时路人拥集，大为不平。公共租界总巡捕房闻警，派大队印度马巡及西探等，荷枪实弹驰至。因见人多拥挤不退，遂致互殴，印捕开枪轰击，并用枪刺乱扎，当时被枪击毙年约三十余岁，上身无衣，下着单裤之无名男子一人，至今尚无尸属认领。同时被击伤者十名，为：马桂芳广东人，王长春苏州人，陆俊川江北人，姚德凤孟河人，王永清无锡人，旭周发、李汉卿松江人，王松奎、李松薰、裴周奎籍贯未明，以上十人均送仁济医院医治。英国巡捕亦有头部受伤者一名。幸地方平静，尚未牵动市面。除俟查明详情再行报闻外，谨此电陈。祈转陈总、次长鉴核是叩。淞沪警察厅长徐国梁。元。印。

民国八年六月十三日

〔内务部档案〕

19、全国学生联合会为宁鄂警察厅长镇压学生运动应彻究严惩电

(1919年6月13日)

内务部鉴：前者学生因外交问题讲演，被军警干涉。宁、鄂警察厅长王桂林、崔振魁尤为悖谬，视学生为土匪，斥爱国为过激，殴打击刺，惨无人道，以致因伤毕命者三人，垂毙者数十人，事情重大。钧部亟应彻底诛究，从严惩办，并担保今后学生集会讲演之自由，以安其心，而免荒学。特电。乞速复。全国学生联合会筹备会叩。元。

〔内务部档案〕

20、王光宇关于青年会英文专校学生散发抵制日货报告及传单

（1919年6月24日）

第三十一号报告

一、报称：今闻友人云：现在上海又来留学生数十名，与北京青年会英文学校学生联络一气，非达到争回青岛目的不止。今已该校学生四十余人，分散各街道散布传单。……

附呈传单一纸

中华民国八年六月二十四日

抵制日货！坚持到底！誓雪五分钟热血的耻！

今日社会上抵制日货的声浪，日高一日，为争回青岛惩办国贼，罢的罢课，罢的罢市，罢的罢工，一种浩然之气，洋溢全国，可见我们同胞的良心，已经发现了。咳！看看这种情形，固然可喜；然而仔细一想，还是可惧。为何呢？你看近来日本的商人，因为受了我们抵制日货的影响，打电报告诉日本政府，请他如何处置，你想他的回电，说过什么，听见了真正要气死。他说："你们商人不要着急，尽可休息休息，中国人五分钟的热度，至多只有三个月。在这三月中之损失，政府可以赔偿你们的，少安勿躁，等到三月以后，保管你们的生意，还要比以前好得多哩。"诸位听这话，你说可耻不可耻，所以印刷这传单，就是要请同胞看了，终要长长抵制，永远牢记，誓雪这五分钟热度的耻，要做到五分、五十分、五百分、五千分、五万分还不止，这就是我们的本旨。否则五分钟热度的耻雪不了，你说我们中国人还值半文钱吗？到了这步田地，大概也就要与朝鲜人一样做亡国奴了。那时再想雪耻，也来不及了。同胞同胞速起！同胞同胞切记！

青年会英文专校全体学生哀告

〔内务部档案〕

21、内务部通行各省区镇压各界救国团体密电

（1919年7月12日）

各省督军、省长、热河、察哈尔、绥远、各都统、浙沪、宁夏护军使、川边镇守使鉴：统密。风闻现在各地方有以各界救国团，或其他类似之名义纠合演说情事。如果逾越法律范围，殊于安宁秩序有碍，应即随时设法相机消弭，希转饬遵。并复。内务部。文。

〔内务部档案〕

22、内务部通行各省区警察官吏防止学生运动密咨

（1919年8月9日）

内务部为咨行事。查警察行政，本以维持公安为目的，以预防危害为手段，必也防范于未然，消弭于无形，而后警察之真实作用，乃可共喻，否则事机猝发，扰乱时虞，即使应付有方，临时制止，而力图维护，已费周章。况当时事多艰难，维持秩序，保护安宁，关系至为重要。各该警察官吏，职责所在，允宜随时随事，悉心研求，运以坚决之精神，施以敏捷之手腕，务消隐患，勿误事机，社会国家，均资利赖，为此通行查照，即希密饬遵。此咨

各省省长

各都统

淞沪、宁夏护军使

川边镇守使

兼署内务总长

〔内务部档案〕

四、反日爱国运动继续发展

1、张树元镇压爱国运动请求戒严密电

（1919年7月22日）

火急。北京。大总统、国务院、参、陆部钧鉴：统密。东省自青岛问题发生以来，民气嚣张，如羹日沸。始则学生激于爱国思潮，一时感奋，苟为过情之举，原有可恕之由。是以树元迭经会同省长，瘏口哓音，多方晓谕，本息事宁人之意，为徙薪屈〔曲〕突之谋，总期绥靖地方，保全威信，俾外人无借口之辞，外交有缓图之计，苦心孤诣，百计缪绸。两月以来，幸未酿成意外，牵起危机。乃近日外交问题，既经政府明令宣布，于巴黎会议拒绝签字，是各界之愿期已偿，应即各安生业，静听中央主持至计。讵莠民啸聚，日进不休，攻讦但注于私人，行动日趋于法外，或则干涉商民之贸易，禁绝外人通商，遇有通商，公然处罚，以致酿成日前日人拘捕学生之举，自启祸端，授人以衅，比经交涉索还，而一波未平，一波又起。巧日，竟有莠民假借学生名义，聚众千余人，借口联合会议，强据省议会开会，恃众纷争，将议员驱逐，不准到会，省会具呈请与维持前来。继复率众捣毁昌言报馆，将记者七人，用绳捆绑，扶牵游街，粉面涂字，送至省长公署。旋经派人将被绑七人送交检查厅管押，暴民始各散去。时复声言，仍有继续暴动罢市罢税之举。夫人民贸易自由，虽官府不能侵害，报纸登载失实，有法律可以制裁，倘无论谁何，不依法律，均可肆行强暴，为所欲为，则国家之法律何在，人民之生命焉托，上失统驭之权，下有横决之患，外人视我，尚复成何国家，徘徊瞻顾，言之痛心。现省城人民惶感〔惑〕，大有无所措手之势，警察亦有难于制止之形。省城为首要之都，观瞻所系，尚敢如此猖披，倘再优容，则外县闻风狂肆，定必浸成巨患，不

可收拾，轻则出于扰乱，重则引起外交。树元忝膺重寄，责在治军，此等事变，本属行政范围，无须越俎。惟东省匪患甫平，人心易动，外交至重，危险万分。树元蒿目时艰，懔怀来轸，不为猛济之筹，将有鱼烂之势。拟即实行下令戒严，遵照戒严法令，取缔一切，并派兵驻护省议会，以维法立民意机关之尊严。倘再有聚众扰乱，肆行无忌者，应请准按照戒严法随时办理，以保治安，而维秩序。时机危迫，一发千钧，谨电禀陈，伏乞训示祗遵。张树元叩。祃。印。

〔陆军部档案〕

2、王光宇关于马良残杀无辜山东代表等来京请愿被捕报告

（1919年8月24日）

步军统领衙门侦察长王光宇谨将各侦察员所查第九十二号报告缮单呈请宪鉴：

计开：

……

一、据殷达源报称：昨晚六时在警厅门首，见有李督察长率警多名，押解男子二十五人，女子四人，细探伊等系山东代表及化石桥山东中学校学生，为马良在山东残杀无辜，请谒总统，罢免马良职权，以重人道，未邀准谒，吵闹不休。李督察长驰往开导，以诸公既请谒总统，必有请愿书，待我转交总监，面呈总统，听候批示，暂且散去，不服，遂将一并带厅，如何结果，俟查明续报。

……

中华民国八年八月二十四日　呈

〔步军统领衙门档案〕

3、京师宪兵司令部关于山东学生赴新华门请愿被拘的报告

(1919年8月24日)

特密字第九号报告

京师宪兵司令部兼管边防宪兵事宜报告：据报，本月二十三日下午三时顷，有山东男女学生二十余人齐至新华门前，请见总统，要求处罚马良在山东违法等事。当经宪警在场维持不听，被警察带往警厅开导。又有工业专门学校学生五人，在琉璃厂演说，并散放传单，皆系攻击马良之语。理合附呈传单报告鉴核。

谨报告

边防军督练

附呈传单一纸

司令官　陈兴亚

中华民国八年八月二十四日

爱国的同胞呀！快快的起来救山东罢！

自从山东宣布戒严以后，那如狼如虎杀人不眨眼的马良，就显出镇守使和师长的威风来，带领着什么技术队哪，机关枪队哪，马队哪，背着大刀，拿着绳子，在街上横冲直闯，不分青红皂白，杀伤无辜的市民，逮捕爱国的学生，枪毙忠良的囚徒。并且当着大众演说，主张中日合并。此外又说许多对于日本感恩图报的狗庇〔屁〕话。他那种荒谬的论调，横暴的举动，简直是无法无天。山东人民的举动并没有破坏秩序，违反法律的地方。无端受了这样的摧残凌虐，只因手无寸铁，只得饮恨吞气，不敢和他反抗。所以，他们派了几位代表，来到北京，向大总统请愿。外埠的同胞，见了这样伤心的事，也是异常愤激，派出代表和他们一同来京请愿。请愿的目的就是要求：1.撤消山东的戒严令。2.惩办马良。

诸位同胞啊！山东人的事就是我们大家的事；山东人的痛苦就是我们大家的痛苦。我们千万不要看做身外不关痛痒的事，要赶快起来救救他们才好。救他们就是救我们自已。诸位同胞啊！起来！起来！快快的起来！

〔督办边防事务处档案〕

4、京师宪兵司令部关于京津等处代表在新华门请愿报告

（1919年8月26日）

京师宪兵司令部兼管边防宪兵事宜报告：据报：本月二十六日下午一时顷，有京津各界男女代表三十余人，齐至新华门前请见总统，仍要求惩办马良，取消山东戒严令等事。当经宪警在场维持，该代表等不听，并声言如不得见总统之面，则宿守府门不去云云。直至夜十二时，尚未离公府之门。又有北京大学讲演团学生三名，在东安门外丁字街演说散单，皆系攻击马良之语。除饬宪兵严行监视外，理合附呈传单报告鉴核。谨报告

边防军督练

附呈传单二纸

司令官　陈兴亚

中华民国八年八月二十六日

政府压迫人民，吾们各界的代表，用最后的手段，把牺牲的精神，要求政府的觉悟。吾们第一次的代表三十八人，已经拘在警厅。今日早晨，吾们第二起代表，又向新华门出发。可是政府压迫的方法更高明了，竟把新华门做拘留所。吾们各界的代表，只许出不许进口，并且吾们的女代表连大小便都不许，你想这等的压迫是人还能忍得住吗？吾们第三起的代表，去赴第一、第二起代表的难。简单的说几句话，报告大众知道，要求吾北京市民的同情。吾们全体负这责任，誓以最后的牺牲，唤起政府已死的良心。

北京天津济南山海关唐山芦台烟台等处各界联合会

大家起来！山东人受苦，我们能一辈子不管么？济南镇守使马良借着戒严令，横行不法，枪毙良民哪！提倡日本并吞中国哪！供给日本米粮哪！强迫山东人买日本买〔货〕哪！殴辱学生哪！

种种胡行，说也说不尽。所以济南、天津几处的代表来到北京向总统请愿两件事：

（一）取消山东戒严令。（二）惩办马良。

总统非但不理，还将他们捉进警厅里去。山东人受苦，代表受苦，我们能一辈子不管么？

〔督办边防事务处档案〕

5、内务部等查禁天津公教救国团声援各省请愿被捕代表有关文电

（1919年8月）

（1）公教救国团电 （8月24日）

急。北京大总统鉴：昨闻各处代表均在京被捕，曷胜惊诧。该代表到京请愿为救国，政府无故捕押，是直与国民构战，总统体国爱民，岂忍出此。除再推代表晋京外，恳请钧座速予正当解决，以安民心，是所切祷。天津公教救国团叩。敬。

（2）内务部代电稿 （8月26日）

天津曹省长鉴：据天津公教救国团敬电称：各处代表到京请愿，现被拘置，请正当解决等情。查津埠现在有无公教救国团，如无此种团体，究系何人假借名义，应请转饬杨处长严切澈究。此外，或再有主动煽惑陆续入京请愿之人，尤宜机先设法防止，并将查办情形从速报告。除径电杨处长外，希查照办理，盼复。内务部。宥。印。

（3）天津警察厅复呈 （8月27日）

敬呈者：案奉钧部宥印快邮代电内开：查明津埠现在有无公教救国团 如无此种团体，究系何人假借名义，亦应严加澈究。此外，或再有主动煽惑陆续入京请愿之人，尤宜机先设法防止，并仰将查办情形从速报告。除电省长外，特电遵照。等因。奉此。遵查津埠此种公教救国团体，并未在职厅呈报立案，应即严加澈查。俟查明后，如何设法解散，再为呈报。至防止再有主动煽惑陆续入京请愿一节，事先业经厅长召集各署长员议定办法，由各警署督饬官警从严查禁，劝谕解散。一面加派保安队并侦缉队分驻新旧两站随时侦查，遇有此项赴京之人，即行劝阻解散。奉电前因，当令行所属格外注意。今晨车站见有形似学生数人，当即劝阻。再据探报，此项人等，闻有改易服装分途步行入都之说，现已分令饬四乡各警署严查禁阻。所有遵谕查办情形，除分呈外，理合具摺呈请鉴核。

杨以德谨呈 八月二十七日

〔内务部档案〕

6、京师警察厅关于拘捕直隶各界联合会赴京请愿代表呈函

（1919年8月27日）

呈为谨将此次自称各界联合会代表来京赴公府请愿，本厅办理情形，具报鉴核事：窃本厅前探有自称各界联合会代表等多人，住居打磨厂第一宾馆，拟赴公府呈递请愿书，当饬区署派员往与接洽。询据代表王醉生等声称：伊等系直隶各处代表，全数约四十余人，尚未到齐，刻因山东日益危险，不忍坐视，特行来京请愿。经署员告以请愿之事，应按手续办理，如有所请，可先举代表二三人到厅向吴总监说明，必能代达。王醉生等答称：应俟代表到齐，即举定人到厅陈述意见，由该管区具报前来。突于本月二十三日午前，该代表王醉生等男女三十余人，群集新华门

外，请求谒见大总统，面递请愿书，以解除山东戒严令，惩办马良为请　经承宣司传奉大总统交谕：由地方官厅照章办理。当即饬派总务处处专常耀奎等驰往劝谕解散。旋据报称：该代表等人勿语杂，经令其推出郑书麟、徐宝和二人，到接待室谈话，该代表等以从前请愿，即蒙当时传见为词，当告以此次请愿事实不同，上次系为外交问题，此次纯属内政　山东戒严之应否能除，马良之应否惩戒，政府何能听一面之词，片言解决；且人民对于内政有所请愿，应依法律程序，未便遽行请谒大总统，诸君如有请愿文书，不妨交由地方官厅代为呈递。该代表等亦不肯交出请愿书，复经多方开导，迄不听从，有不达到即时谒见决不能散之语。正在谈话时，其余在外之人，则纷纷喧嚷，意欲闯入府门，经守卫官兵拦阻，又任意呼跃，一时秩序频形纷扰。当复商定再举出王醉生、周天爵二人谈话，百端劝说，舌敝唇焦，讵各代表等坚持如前，嘈杂叫嚣，并有毁谤非礼言语，秩序复乱，几不能维持。处长等以谈话历时甚久，毫无结果，况以非法定团体，在公府门前喧哗骚扰，实属不成事体，再为一度之诰诫，对众宣言：诸君如能依照官厅办法、交出请愿书，早散回寓，否则警察责职所关，不得不依法干涉。讵发言将毕，狂噪复作，不得已将男代表王醉生等二十三人引致来厅，并知照女代表等先行回寓；而该女代表郭龙真等四人，仍尾随到厅声称：愿与男代表等共同听候裁决等情。报告到厅。由本厅将该代表等暂行安置。惟察核各该代表中，人类颇觉不齐，现正饬员分别究诘实在来历，拟俟讯照明依法办理，以遏此风。此外尚有数人业于当场散去，因置而未问。除分报大总统、国务总理外，所有此次各代表来京赴公府请愿本厅办理情形，理合呈报鉴核。再本厅前据何尚平等呈报组织各界联合会，经查明所报不实，批驳在案。此次该代表等自称直隶各界联合会代表，该联合会是否经该管长官核准有案，拟请宪部行查直隶省长及该省警厅，以昭核实。又此事发生后，京内报纸，多有误传。业经本厅将经过实在情形，布告各报馆，饬登报端，俾明真相。除呈请国务院电达各省宣布周知以免误会外，应否再由宪部通电各省区之处，并请鉴核施行。谨呈
内务总长。

京师警察厅总监　吴炳湘

中华民国八年八月二十七日

〔内务部档案〕

7、国务院关于国务会议议决强制解散请愿队伍公函

(1919年8月28日)

国务院公函　第一千五百九十号

径启者：奉大总统谕：此次冒称代表等，聚集多人，以请愿进谒为名，包围府院，阻断交通，并挤毁西苑门，经多方劝阻无效，其中品类淆杂，显有莠徒煽惑图乱，业经国务会议议决强制解散，倘再有不靖情形，即依法严切办理，事关安宁秩序，自应切实照办。步军统领、警察厅总监、京兆尹，军警督察长均有地方治安之责，应由内务部转饬依照议决办法，严切制止。用弭乱萌，勿稍疏弛。是为至要。等因。相应函达贵部分别转行遵照办理可也。

此致
内务部
中华民国八年八月廿八日

〔内务部档案〕

8、京师警察厅查究报载军警殴打天津请愿代表消息布告

(1919年8月29日)

京师警察厅布告第九五号

为布告事：本月二十九日又新日报要闻栏内，载有请愿三志

一则，大致设〔谓〕昨日下午天津有续到代表，向天安门进发，军警即以枪托痛打，四代表中三人倒地，一人冲进，冲进者系张振文，倒地者为鲁其昌、关锡彬、边志奎；至张振文退出，已不见倒地之三代表，至今仅关代表有人见过，其余二人均无下落。又据代表某君报告：军警以枪托痛殴诸人，此二三十人无不受伤，而受伤最重者，为天津代表李、王二君，已不能转动，恐有性命之忧。又天津女代表某被军警殴伤，致筋骨折断等语。查二十八日自称代表者六七百人，麇集新华、西苑、福华各门，一时交通阻隔，经本厅将诸人暂行引置天安门，其中有关锡彬等四人，随同群众而来，叫嚣狂噪，经该管署长面加诰诫，旋即自行走去，并无枪打倒地之事。至晚七时余，因本厅传天津学生马骏来厅问话，群众误会，与军警冲突，中有手持木棍学生数十人，殴击军警，军警夺其木棍，时天黑雨后地滑，跌碰或所不免，遂有自谓受伤者，当经将男生吴增寿等八名，女主宫雅瀛一人送往医院，经医生验视，均未受伤，本日男生均已自行出院，女生亦已由校领回；既无二三十人之多，更不若该报所言之甚，果至有性命之忧，或筋骨折断情事，岂有今日即能自行出院回校之理。该报所载均与事实不符，按照通例，本可饬令更正，惟近日谣言蜂起，难保无故意造作，鼓荡风潮，希图扰乱之人。该报如此云云，究系何所根据，自不得不切实考查，以杜淆惑。抑本厅更有进者，报纸所闻，大抵不外通信社发稿、访员来稿、友人传说三种。查本日各报纸对于代表请愿事项，均有同一之纪载，文字大致相同，其为通信社发稿，一望可知。该报此种论调，与其它报纸独异，其非通信社发稿，亦不待言，此不能不查就者一。至于访员投稿，访员对于报馆，为不负责任之人，报馆编辑人遇有访稿，应有审查决择之权。本月二十八日本厅布告，该报既已刊登，事实俱在，该报不能诿为不知，而故为此种记载，用意何在，此不能不查究者二。若夫友人传说，捕风捉影，半属无稽，报纸既为代表舆论，乃竟不问事实之何如，任意登载，尚复有何价值。即该报馆对于此项传闻，疑信难决，尽可来厅访询俾明真相；如昨日《益世报》经理杜竹轩、即以此事传闻异词，来厅探问，本厅立时派员接见，详述一切，并无深闭固拒之事。该报计不出此，对于此种殊异之传闻，一不考量，率行登载；有无被人利用之处，不无可疑，此不能不查究者三。具此诸端，除将该报负责人传厅、详询此项新闻来历、以凭查究外，合行布告该报馆，嗣后登载新闻事项，务当考查真确，期免误会。本厅为维持治安、宁息风潮起见，凡有挑拨鼓煽者，不得不尽我职权，依法取缔，当亦各该报馆所深谅也。特此布告

右布告　　　　报馆

总监吴炳湘

中华民国八年八月二十九日

〔内务部档案〕

9、富连瑞报告京津各界联合会代表请愿被镇压经过呈

（1919年8月29日）

陆军步兵上校、游缉队统带右翼翼尉富连瑞谨呈报事：窃职翼于八月二十六日午前十一时余，接据侦缉队中队官尹德顺等报称：现有北京、天津各界联合会男女代表二十八名口，齐到新华门欲见总统等称前来。职当即带同管带龚德瀚等前往，至新华门时见各代表均在该门前要求进府。职等随会同警察厅景、邓督察长，侯、施队长等上前询及宗旨。据该代表声称，系为取消山东戒严令并惩办马良之要求，当经阻止。至午后三时余，有教育部遣谭、刘两秘书到彼演说，劝阻无效。至晚八点三刻余，国务院咨议万福华演说劝止，代表人并不听从。又九时，天津代表关西斌因拦阻进门，随在东栅栏外撞头，随时昏迷。当由男女代表出面解说，令其暂行回去调养，我们非达到目的不止，随给伊雇车而去。后十时余，有公府守卫葛连长与各代表宣示，现已至闭门之

时，请大家可以回去，明天再来，各代表未从。随时闭门后，经景督察长请示，警察厅谕：东西栅栏任其出入，勿得拦阻。是夜，各代表随在新华门罩下歇宿。至夜内一时余，商会代表刘葆声、薛锡田到彼劝行，仍属无效。至二十七日早六时余，又续到北京、天津、唐山各界联合会男女代表二十四名口，集合一处仍欲进府，多方劝阻不从，欲行闯入，因无法阻挡，随经闭门。至十二时余，有北京师范等十学校学生七百余名，女生十七口，先后齐队到彼。各代表及各学生互相鼓掌，高呼中华万岁，并散布各种传单，后各学校陆续送水送食。迨至午后三时余，经国务院派出秘书唐在章、胡鄂公，教育部陈司长等六人，与各代表说明系代表总统。各代表言说，既无主决之职权，实无代表总统之必要，仍不认可。于六时余，有一日人安滕秀吉，系《新支那报》记者，在东栅栏内参观，经各学生瞥见，上前揪获。言在吾存放食物之傍，既久站立，恐暗下危险物，吾人食之必死，不能轻放，非交警厅不可。随将该日人交巡警代〔带〕区，到区后，当经释去。又七时二刻余，教育部傅次长同谭、刘两秘书到新华门前，约集男女五代表问答许久，令其暂回，可举出几人候见。各代表云请求准见之日，傅次长言无准期。各代表当未认可，随各辞出。至八时，各学生发传口令，所有便服之人不知口令者，即交警察之惩治，并派制服学生八名在东西栅栏守卫，出入者由该生盘诘。至夜内一点一刻，有公府护卫第一营兵士李祥林便衣进门，经该学生严诘，未悉口令，亦未持有执照，当即揪至东屋拘禁。天明时，代表赴警察厅，代〔带〕来巡警二名将李祥林解厅。又于夜内二时，学务局局长张锦、科长顾姓及第三、四中学李、杨两校长前往新华门，劝阻无效。于二十八日早，各校学生并各代表齐集会议，分往西苑门、福华门、集灵囿等处，当经表决。职随分饬帮带员隆福、安吉顺等，带领军服便衣官兵分往照料去后，至午日九时，各代表并各校学生由新华门出发，男生四百余名，女生十七口，其新华门仍留二百余名。当即职派便服官兵民随。出东栅栏往东，进南池子口，走府左街往西，至西苑门二百余名口；由北长街往北，走御河桥至福华门八九十名口；其于一百四五十名赴集灵囿国务院门前，均系要求进府，致将西苑门外北栅栏挤倒。后至午前十一时余，奉谕逮捕令下。职当即前往国务院，至十二时，派拨官兵辅助警察厅，先后将西苑门、福华门、国务院前新华门等处各代表并各校学生全行逮捕，护送至天安门内。于午后七时余，接奉警察厅令，搜捕代表马骏即马元材解厅。随经景督察长等会同职与统带申振林等辅助搜捕。因与童子军夺要木棍时，各学生并警察保安队兵互有受伤者，均经邓督察长派人送往医院调治。至午后九时余，会同警察厅将代表马骏即马元材搜捕，送交警察厅侦缉队后，由警察厅派来电车将各女生送走。其各校学生并各界联合会代表一律解释。至十一时余，陆续散去。除将以上各情形先后电报外，谨将各界联合会男女代表花名并各种传单〔传单缺〕，一并订连呈尾，理合呈报三堂大人台前。谨呈。
中华民国八年八月二十九日

谨将各界代表花名列后

计开

天津各界联合会代表

王天林　汪海佑　周连溪　唐溪庄　巴文俊
戴练红　边继奎　赵翰璋　黎秋浦　张德禄
陈春华　关瑞斌　郑遂和

以上共十三名

北京各界联合会代表

罗候德　车云华　戴昌震　鲁其昌　张振文
陈廷璠　刘佛云　谢义行　范煜遂　顾江华
王殿元　王长龄　段燕平　邓　如　李鸿业

以上共十五名

八月二十七日续到

天津各界联合会代表

黄正品　李庆深　孙有仁　荆伯玉　任怀德

王松龄　朋化章　贺德庞　刘宝珍　萧秉秀

吴颖川　胡碧欧

以上共十二名

北京各界联合会代表

赛先祺　冯　斌　刘汝杰　汪宗纪　同云汉

陈文海　张宗勋　李国珍　李秉质　田兴智

李万龄

以上共十一名

唐山各界代表

部叔垣

以上一名

〔步军统领衙门档案〕

10、王光宇关于马骏等被捕北京学生开会研究对待办法报告

（1919年8月30日）

步军统领衙门侦察长王光宇谨将各侦察员所查第九十八号报告缮单呈请宪鉴：

计开：

一、据殷达源报称：今早八时，在前门内西城根中国大学校门首，见先后来有四五百名学生，在该校内开会，关防綦严，不得入门。后细访察，因政府拘押马骏等及军警殴伤学生，研究对待办法，至下午二时散会。又查警厅以地方吃紧，定于九月四、五两号，招募巡警五百名，以资补助。

一、据史文元报称：今在前门外一带，见有学生三五成群，在街游说，以步军统领前以强迫手段拘押学生，现又用压力拘捕

代表，他押一个，我有十个，他杀十个，我有一百个，我们是不怕他的，并散布传单。……

附呈传单一纸〔缺〕

中华民国八年八月三十日　呈

〔步军统领衙门档案〕

11、天津警察厅检送关于马骏等回津的天津学生联合会报号外呈

（1919年8月31日）

敬呈者：谨将职厅觅得本日《天津学生联合会报》号外，缮摺呈送，伏乞钧鉴。

杨以德谨呈　八月三十一日

附呈号外一纸

《天津学生联合会报》号外

请愿被捕代表回津（正午十二钟）

三次请愿被捕代表，昨日由京师警厅送出。今日午车回津者有：马骏、易守康两君。各界往车站欢迎者，途为之塞，游行街市，直拥商会开欢迎会云，

〔内务部档案〕

12、杨以德关于天津学生欢迎马骏回津摺呈

（1919年9月2日）

敬呈者：窃据探报：九月一日下午，东马路李家大墙、北福音堂前、三多街口、娄家门前、东门迤北、崇仁宫前六处，均有学生及童子军多人，摇旗执棍，硬行演说。八钟时，有男女学生八百多人，手持大旗，欢迎马骏回津。由新车站返至省公署前，众学生指卫队及警察所持之枪械，问：敢打人不敢打？众答：不敢打。群众鼓掌。又曰：八块钱吃肥了。又拍掌。喧阗嘈杂叫好，过

金钢桥而去。至大胡同及四城马路，并勒令各商铺均在门前拍掌欢迎。至商会约有万人蜂拥入会，马骏演说较前在津时尤为狂妄。等情。又本日下午有学生多人，在围城四马路硬行演说，由童子军执棍助威，与交通大有阻碍。又闻学生秘密开会，拟集多人再行入京，要求各事。又前次解散之联合会，亦拟日内仍到中国界商会内开会。各等情。据此。理合具摺呈报钧鉴。

直隶全省警务处长兼天津警察厅长

杨以德谨呈　九月二日

〔内务部档案〕

13、杨以德报告上海、烟台、天津等地代表赴京请愿呈

(1919年9月13日)

敬呈者：案据密探报称：查有上海学生请愿代表冯复光、裴国雄、商界代表顾唐如、十人团代表张静芦、曲雅鹤、烟台请愿代表邹本敬等，昨日晚四点在老西开秘密〔会〕议决：由十四日起陆续秘密晋京，作第二次请愿。天津学生联合会指导推学生张得禄、王贵言为代表，亦定于十四日随同各省代表一同晋京请愿。其到京住址，定为马神庙大学讲演部，及金台旅馆，其目的除前次所有者外，又加入反对王议和总代表一条，最终目的则在推翻政府。并由十人团中组织敢死团十团，共百人，由基督教内选配，以为晋京协助二次请愿团之用。在老西开开会时，公推冯复光、裴国雄、谌志笃、马骏、马千里、韩致祥、邹本敬七人为全国联合会干事等情。查该代表等此次晋京，既系如此秘密，且均易上次未曾出头之人，自系为预防察觉起见，此等风潮，愈演愈难收拾，如再不制止，则大局真不堪复问矣。除加派警探认真严查禁阻并分呈外，理合呈请鉴核。杨以德谨呈。九月十三日

〔内务部档案〕

14、天津警察厅报告济南等地代表赴京请愿密呈

（1919年9月13日）①

敬密呈者：窃据探报：现上海、烟台、济南等处代表，已陆续来京。日前与天津代表马骏、谌志笃、韩致祥、马千里、孟震侯等，在法租界维斯礼堂会议，仍拟继续赴京作第二次之请愿，其所请愿者计共五项：一、青岛之问题。二、推倒安福系。三、取消二十一条密约。四、取消山东戒严令，并惩办张督军、马师长。五、反对议和王总代表。闻于三二日内变装赴京等情。据此。除俟探有确情随时详报外，理合具摺先行密呈。伏乞钧鉴。再闻此次代表赴京之内容，不仅专为请愿，并含有调查性质。合并陈明。

〔内务部档案〕

15、李纯等关于上海商学各界响应京津请愿密电

（1919年9月15日）

国务院、参谋本部、内务部、陆军部、教育部、农商部鉴：统密。据上海徐厅长、沈知事电称：闻京、津请愿发生，上海商学各界群谋响应。阳日午后二时，忽有四五百人麇集体育场开会演说，大致推举代表赴京请愿，宣布外交方针，尚无逾越范围之举动，至三时半散去，地方秩序安谧如常。惟学生联合会等均设在租界，为警权所不及，势难取缔等情。除令厅、县设法劝阻，随时防范外，特电奉闻。李纯、齐耀琳删。

〔内务部档案〕

① 原件无日期。按内务部警政司收总统府秘书厅抄交天津警察厅密呈的日期为九月十三日。

16、山东警察厅关于破坏山东各界赴京请愿密电

（1919年9月17日）

内务部朱总长钧鉴：警密。元代电奉悉。窃查山东问题发生，乘机思逞者，实繁有徒。荣桂任事之初，探闻有商、学、农、教、华工等秘密集议赴京请愿之说，经选派探员实力设法破坏，并将到济华工一律勒令回籍。嗣有由津来济学生六人，在齐鲁大学密议请愿，因见防范甚严，无从联络，信宿南去。前次晋京齐鲁师范、工业中学四校学生各一人，业已各回本校。详查各校近状，均已上课，秩序预安。奉电前因，遵复召集各区署长面授机宜，并遴派干警严密侦查，预为遏止；一面派员会哨戒严司令部军队在站检查，切实筹防，已于铣晨实行，请抒廑系。山东省会警察厅长金荣桂叩。篠。

〔内务部档案〕

17、烟台警察厅查复赴京请愿代表问题

（1919年9月24日）

内务部警政司钧鉴：奉部元日代电，令即查明烟台地方有无代表赴京请愿，并设法防止等因。当经电复在案。遵查本埠有学生二人，一名张惟一、一名于克源，系于本月十七日乘轮赴津，当未起行以前，曾有学生召集绅商各界开会，推举请愿代表之议，事经厅长先行探悉，即密与绅商两界重要分子疏通阻止，是以未得召集成会，亦无推选之举，该学生张惟一等遂私自赴津。逆料该生到津必自称烟台代表，其实该学生张惟一等此次赴津，不过少数学生之同情，烟台各界确未赞同，均认其为私人行动也。据闻张惟一等，现仍居于天津法界大安旅馆。除已报告本省督军、省长外，谨电奉闻。烟台警察厅长张锡纯叩。

中华民国八年九月二十四日由烟台发

〔内务部档案〕

18、天津警察厅关于天津学生声援在京被捕各省代表致内务部摺呈

（1919年10月3日）

敬呈者：案据探报，二日午后四点半，有各学校学生男女约共千余人，齐集省公署东西辕门，因各省代表请愿在北京被捕，全体学生请见省长要求五条件，迨至七点由王教育厅长、刘参谋长劝谕，始各散去。计开五条件：一、山东无确实把握归还中国时，不得签写德约及与日本直接交涉。二、取消中日密约二十一条，及高徐、顺济铁路合同、并胶济铁路换文。三、解散安福派俱乐部。四、公开言论、集会、结社及发言、出版权、完全恢复自由。五、惩办山东张树元及马良，并解除戒严令。又据报称：二日下午二点，南开学生开会，大略有三：一、北京第二次请愿团被捕，仍选学生代表陆续晋京，举行请愿事宜。二、每日各学生暂不上课，仍在各马路讲演。三、通电各省学生团，令其速赴天津、北京集合，筹议请愿之事。至下午四点开会。现在陆续出发学生四十团，每团五六人，女学生有四五团，在太平街、西马路一带讲演；男学生在东马路、北马路一带讲演各等情。据此。除随时严密防范外理合呈请鉴核。十月三日

〔内务部档案〕

19、京师警察厅报告各省赴京请愿代表被捕呈

（1919年10月4日）

呈为孙宪也等男女三十余人，麇集新华门请愿请谒，经厅引致讯究办理情形，呈报鉴核事：本月一日上午十时余，据内右一区报称：有自称各处代表者男女三十余人，聚集新华门前请愿请

谒，问其姓名及请愿事项，均不明告等情。同时据各区报告：有人乘坐汽车，沿街散布请愿团宣言书，及快起快起，是那个扰乱治安等传单。当经饬派员警驰至新华门查询照料，乃有孙宪也出面谈话，据称以外交事项请愿大总统，有请愿书，必须面见大总统呈递等语。饬将请愿书交阅，并将某人为某地方代表开一名单，乃拒而不允。询以散布传单是否即请愿同人。请愿事项是否与传单所载相同，则经其承认。因即就传单大旨反复开导，时间少长，而该孙宪也等转有不耐烦絮之状。初集于府外接待室，因拥至新华门楼下，意欲一哄而入，经卫兵拦阻。时适国务院参议曾彝进出传大总统谕：政务殷繁，不暇接见，如有文书，尽可交收发呈递，劝令散归，该孙宪也等不从。复由该管署长引申曾参议之言，详加劝告，迄无结果。曾参议入府报告，旋即复出，与之百端开说，并告以我国现行责任内阁制，既为国事条陈意见，大总统更无接见之必要。至于国务总理非不愿见，惟以请愿应于议会，请愿于政府，与约法规定不符。如以公民资格推举二三人，亦可定期接见。其间少明事理者，亦颇以曾参议所言为然，卒为激烈分子所牵制，仍坚执非见大总统不能即散之说。延至下午七时麇集不去，复由该管署长条举警察章程，详加解释，借为劝谕。嗣又由炳湘派员代表与孙宪也等接洽，并告以翌日为秋丁祀孔之期，典礼攸关。军警官厅皆负有警卫责任，届时亦惟有行使职权，何如及早自散。表明意见，文书口头本无差异，固不必面见始可谓表明也。讵该孙宪也等不但不能听从，转任意喧嚷，语多讥诽，一时秩序为乱。不得已将其引致来厅。到厅后始据孙宪也呈出请愿书及各人名单。查其所代表者，率为某处各界联合会、某处学生联合会、某处救国十人团等名目，无一法定机关。其请愿书所列五事，又率皆以万不可能之事，强政府以必从，迹近有心纷扰。查前次请愿，政府及地方官厅均已详为布告。此次发见，又经再三理喻，均置若罔闻。其中脑筋简单、震于爱国美名一往不顾者，原不敢谓其即无，而鼓煽风潮别有作用者，诚恐在所不免。除饬本厅司法处依法讯究，并以大总统当然不能接见，先行布告各报馆，暨将是日经过实在情形布告周知，以免淆惑外。所有办理自称代表请愿请谒各缘由，理合附抄原请愿书、名单并警厅各布告原文，呈报鉴核。谨呈

内务总长

附呈抄录孙宪也等宣言书一件各界代表衔名单一件布告各报馆暨各界人士文稿二件

京师警察厅总监吴炳湘

中华民国八年十月四日

抄录孙宪也等宣言书

为外交迫切，内政颠危，泣请当机立断以救覆亡事：窃自欧洲罢战以来，远东之问题日亟，外交之险象日增。经年以来，国内政象，无日不在军阀政客垄断之中，即无日不在日本强权之下。言念及此，不寒而粟。自各地罢学、罢市、罢工以后，政府稍能顺从民意，拒约斥奸。寰海闻风，咸知感奋，惟是四方多难，险象环生，代表等不惮沥血陈辞再三渎请者，正以时至今日，棼如乱丝，正非敷衍因循所能善其后也。谨举目前之最重且大者五事，为大总统涕泣陈之。

一、山东主权未恢复以前，不得补签德约及与日本直接交涉也。忆自欧战之中，我国为人道正义而参战，颇得世界之同情，徒以政府主持失宜，贻误遂至于此。追怀往事，孰不痛心。最近迫而拒签，为时亦已太晚，况拒签以后，政府尚无确定之方针。譬如泛扁舟于重洋，舵折樯崩，舟人熟睡，则其结果不问可知。今日外交，正同此状。若政府速为筹备，各面着手，乘国际联盟开会之日，作东亚和平永久之图，观查情形，或可挽救。乃闻我国军阀复与日本相勾结，以款械为条件，谋德约之补签。传说纷

来，全国疑虑。设一旦果然铸错，则不但友邦之仗义执言者，将失其根据，即我国民之人格，亦将损失尽矣。务请不惑于万言，不狃于小利，速定方针，明白宣布，各面进行，坚持到底。此其一也。

二、取消二十一条件、军事协定、高徐、顺济、满蒙四路条约、胶济路换文与各种密约，以保全主权也。以上条约，皆日本乘欧战期间，或以威胁，或以利诱，勾结我国军阀而秘密签定者。非维全国国民所反对，且为国际公法所不容。此而不废，在日则野心愈长，破东亚永久之和平；在中国则大难将临，肇民族沦亡之苦痛。相摩相荡，愈解愈纷，不谋有以取消，势必至于横溃。此盖按诸时势，验之人心有不能免者。与其悔恨于将来，曷若弭患于今日。务请除此祸胎，奠兹危局，迅与取消。此其二也。

三、要求外交公开及言论、集会、出版之完全自由也。二十世纪之大局，全赖乎国民之外交，潮流所趋，不可遏抑。欧战终了，世界各民族对于秘密外交，已深恶而痛疾之矣。如意，如法，在此次和议中，均赖国民外交而得胜利。至于美国此次之主张，更足为国民外交之模范。况在我荏弱萎靡之国，曷不为群策群力之谋，苟能实行，其利自著，不特可以为本国政府立无限声援，且可为世界和平除许多障碍。此后苟有外交，自当一律宣布，付诸公共讨论，取决从速。况集会、言论、出版之完全自由，皆属人权，载在约法，从未有可以随意限制者。乃近来各非战事区域，亦多施行治安警察法，宣布戒严令，遂军阀之阴私，为防民之利器，是非倒置，国体何存。务请体谅斯旨，尊重约法，宣布外交，付诸公论。此其三也。

四、解散安福俱乐部以清乱源也。安福俱乐部自成立以来，结合私党，盘据要津，久已为全国所痛心，道路所侧目。借外债以养党徒，兴政潮而增权势，据票价为奇货，作军阀之爪牙。年来国内种种罪恶，几无一而不为该部所主使。事实俱在，中外喧传。近复百计千方，谋败和局。该党首领王揖唐岸然赴沪，致和议不能重开，国人耻与相见，误全国之统一，陷生民于兵戈。书罪无穷，流恶难尽。设不即于解散，将来更有不堪设想者。凡我人民之吁请解散该部者屡矣，文电纷驰，系递千万。不知政府何苦见好于少数之佥任，而自绝于全体之国民。务请毅然独断，立即取消，狐鼠既除，国本自固。此其四也。

五、惩办马良、张树元并取消山东戒严令也。山东问题系全国之存亡，山东事件亦肇全国之公愤。马良、张树元秉承安福意旨，摧残民气，借口戒严，擅杀无辜。马良为上级军官，胆敢倡言中日合并，不特国民闻而震骇，即友邦亦相与传笑。滋人民之疑惧，启外人之野心。伊等复赍粮于敌，致山东粮价日增。纵寇殃民，使日人横行无忌。夫军队所以卫民，而反以殃民，所以御敌，而反以通敌。古今中外，未之前闻。亡国之祸，不难立见。务请即日下令惩办马良及张树元，并取消山东戒严令，以解民危，而弭国难。此其五也。

以上五事，为国家最近之急务，亦为代表等最后之请求。务请政府立与采择，迅速施行。凡我国民，自知感戴。中华民国者，中华民国国民之中华民国也，设政府不为之谋，国民宁不能自决。各地国民慑于亡国之痛。谨先遣代表竭诚前来，请命于事实上之政府，生之杀之，惟政府是择。国难已深，众怒难犯，惟政府图之。谨述愚忱，伏希大总统钧鉴。

抄录各界代表衔名单

上海各界联合会代表　冯复光　张静卢　顾唐如
南京各界联合会代表　刘英士
济南各界联合会代表　曹百祺　曹世禄　李士林
蓬莱国民联合会代表　孙宪也
蓬莱学生联合会代表　曲光彩
黄县学生联合会代表　梁席珍　于振西

山东学界联合会代表　张文英
河南各界联合会代表　赵万川　何绪缵
豫西各界联合会代表　张荣爵
豫西学生联合会代表　张雪波　贾宝珠
天津各界联合会代表　郭龙真　王桐华　武绍芬
　　　　　　　　　　巴文俊　关锡斌　张家萃
　　　　　　　　　　张家俊　黄正品
宝坻县各界联合会代表　崔章斌
长辛店救国十人团代表　袁武尚　张　愚
通县学生联合会代表　郑　珀　刘兆润
山东女学生联合会代表　刘菊华

抄录京师警察厅布告各报馆文

本月一日上午十时余，据内右一区报告：有自称各界代表孙宪也、女子郭龙真等三十余人，齐集新华门请愿请谒，当经派员前往照料，询问请愿事项。据称有请愿书，须面见大总统呈递等语。旋由国务院派员接见，饬将请愿书交出代递。该孙宪也等仍坚执请谒，并有大总统不予接见不能散去及交出请愿书之言。查人民请愿陈诉，约法规定，具有明文，不当请愿于大总统，前已迭次布告，言之綦详。该孙宪也等此种行为，以法治国人民，而约法不知遵守，诚不知其自处何等。借曰民意，须知各地方代表，须经法定团体、法定手续推选而出，非任何一人，可以自居其名。人民请愿，须以法律事实为依据，非捕风捉影，可以窃附其义。该孙宪也等代表之名，何自而来，请愿之事，是否属实，即使法定程序相符，亦尚有考量之余地。今政府原心略迹，派员接见，受理请愿书，其虚衷采纳，不为不至。而必须面见大总统，然后乃可将请愿书呈出，其理由何在，尤令人索解无从。至谓民国总统，接见人民，本为常事，请谒亦非过当。不知总统接见人民，必有接见之必要，乃可予以接见。若徒执是说而肆要求，则我国四万万人谁非人民，将无人无时不可请见大总统，亦无人无时不应接见，信如其言，恐接见一事，大总统已日不暇给，遑及其他。横览五洲，当亦无此先例。此此大总统不予接见，乃为事理所当然。惟近来积非成是，其间鼓煽风潮别有作用者，在所不免。本厅负有地方治安责任，故不得不剖晰言之，冀免一般人民之误会。报纸为舆论先导，报界不乏明达之士，所望对于此次请愿之记载，持以公正之论调而纠正之。俾风潮宁息，上下相安，不独克尽报纸天职，而地方秩序，拜赐良多。若偏激挑拨，趋于极端，则是有心纷扰。万一酿成事故，本厅虽夙以维持舆论为职志，亦不能为之曲原也。风雨同舟，惟期共济，其善体此意焉。特此布告。

抄录京师警察厅布告各界人士文

为布告事：本月一日上午十时余，据内右一区报称：有自称各处代表男女三十余人，聚集新华门前，以请愿为词，请面见大总统呈递请愿书，询其姓名及请愿事项，皆不肯明白相告等情。同时又据各区报告：有人乘坐汽车，沿街散布请愿团宣言书，及快起快起，究竟是谁扰乱治安等传单。当经派员驰往新华门查询照料，始有孙宪也出面谈话，谓请愿事项关于外交，代表共有五十余人，现到者三十余人，饬将请愿书交阅，并开一代表名单，则又坚拒不肯。询以散布传单是否即请愿同人，则承认为是。因即告以请愿应于议会，上次政府及地方官厅均有布告。请谒则接见与否，应候承宜官传达。开导多时，孙宪也等，转有嫌其烦絮状态，初集于外接待室，乃拥至新华门前檐下，意欲一哄而入，经卫兵拦阻。时适国务院曾参议彝进出传大总统谕：政务殷繁，不暇接见，如有文书，可照向例呈递。孙宪也等以本日无暇，可改期接见要求，经曾参议告以大总统本无接见必要，安有定期可言。该孙宪也等不从，复经该管区署长引申曾参议之言，一再劝令散去，亦无结果。曾参议入府报告，旋即复出，与之譬说百端。并谓我国现为责任内阁制，如以条陈国事，欲谒见总理，可推定二三人，定期接见。其间少明事理者，即有改日谒见总理之议，乃有激烈分子，仍坚执非面见大总统不能即散，遂为牵制。延至午后九时，经该管署长将警察章程详为解释，借以劝告。本总监又派员代表前往劝谕，并告以翌日为秋丁祀孔之期，典礼所关，本厅与各军政机关，负有警卫责任，警卫线内，断不能聚集多人，届时惟有行使职权，不如即早各散。既有请愿文书，政府自可以文书批答，不必面见之后口头陈述，始为表明意见也。讵该孙宪也等不但不从，竟任意喧嚷，语多讥诽，不得已乃将该孙宪也等引致来厅。此是日自巳至亥之经过情形也。查新华门为公府及国务院出入之所，迭次于门前纷扰，实于公府有妨。且请愿应向法定机关，前次政府及本厅布告，亦已详切言之。此次复与孙宪也等理喻竟日，均置若罔闻，并分头散布传单，希图煽动群众，激起风潮。按之治安警察法、违警罚法，该孙宪也等均有应得之咎。除由厅依法处理外，为此将是日经过情形，详细布告周知，俾免淆惑。并仰各界人士，各安生业，无得轻听浮言，妄为附和。切切，特此布告。

〔内务部档案〕

20、淞沪警察厅报告各界联合会讨论援救北京被捕请愿代表办法代电

(1919年10月4日)

北京内务部警政司长王钧鉴：本日午突据各界联合会函称：午后三时假公共体育场开会，讨论援救北京被拘请愿代表办法等情。当因该会仓卒报告，并未呈奉使署允准，遂即派员带警前往禁阻。旋据该会推举代表范肇基、狄侃、刘振群、程学愉四人来厅，要求开会，仍未允准。时据派往员警报告：于三时半，各界分子陆续而来，多方劝阻无效，竟有越墙而入者，并将后门打

毁，一拥而入约千余人。首由天津男代表马骏、女代表刘清扬报告直鲁赴京请愿代表被拘情形，并言现又有清苑赴京代表被拘之事，拟联合上海各界再举代表赴京请愿，一面请愿军使代电政府，请释被拘之人等语。厅长复饬该员等竭力解散，该分子等尚无过分言语，至四时半散去，地方秩序尚宁。除仍随时防范禁阻外，谨此电闻。伏乞转陈总、次长鉴核。厅长徐国梁叩。支。印。

〔内务部档案〕

21、内务部关于释放各省请愿代表函稿

(1919年11月9日)

径启者：据京师警察厅呈称：窃查孙宪也等三十余人，麇集新华门请愿请谒，经厅引致到厅，业将办理情形，连同抄录原请愿书、名单并警厅各布告原文呈报在案。兹准国务院秘书厅函开：据顺直省议会电称：此次各省学团等来都请愿，元首乃不许谒见，且拘禁男女代表三十余人，虽云未尝苛虐，究属有伤民意，务恳早行释归，以慰民望等语。奉谕：查催速结等因。相应抄录原电，函请贵厅查照办理等因。并抄录原电文转送前来。准此。查孙宪也等既经顺直省议会电请保释，当已提出剀切诰诫，分别释放，以顺舆情。备文呈请鉴核等情到部。相应函达查照。此致

国务院秘书厅

〔内务部档案〕

22、张汝桐等取缔学生抵制日货有关文电

(1919年7月)

（1）张汝桐呈文（7月18日）

敬呈者：案于上月十五日据中一分驻所电称：现在南开、青年会各学生童子军数十人，便衣学生二百余人，由商会出发，直

至竹竿巷万德成棉纱庄，质问不肯提倡国货之理由，势甚汹涌。职厅当即遴派官警前往，认真镇压，伺机制止。无如该学生等人多势众，不肯解散，并强迫万德成铺伙唐桐轩，引伊等铺掌翟静波等家，向其理论。嗣因翟静波外出，遂将唐桐轩仍送回馆内，点交货物，尚无短少。职厅当以案关聚众，随将大略情形呈报省长鉴核。并陈明本埠商贾云集，良莠不齐，此次万德成当提倡国货之时，是否有他项行为，尚待查考。惟学生联合会竟如此对待，实出意料之外。况此间自学界风潮起后，人心不靖，谣啄〔诼〕繁兴，倘各学生一意孤行，再接再励，市面秩序诚恐不无影响。职厅职在保安，责无旁贷，自应严饬官警加意防维，以善其后等语。至万德成与学生联合会一事之结束，现经商会调停将次就绪，双方不难认可，但无意外之挑拨，即可和平解决。除随时督饬防范外，理合具摺呈请司长鉴核。转呈。

张汝桐谨呈　七月十八日

（２）内务部密电　（７月23日）

直隶省长鉴：统密。近闻天津南开、青年会各学生童子军数十人，便衣学生二百余人，由商会出发至万德成棉纱庄，质问不肯提倡国货理由，势甚汹涌，幸未滋事。查津埠毗连租界，商贾聚集，五方杂处，良莠不齐。当此时事多艰，人心浮动，借端滋扰，在在堪虞。该管警察官厅职责所在，务当随时注意，设法防维，以消隐患，而保安宁。为此，电请饬遵照。内务部。漾。印。

（３）曹锐复电　（７月24日）

内务部鉴：统密。漾电敬悉。查津埠排日风潮，现尚未尽平息。迭经严饬所属各机关，剀切谕诰，严加取缔，并邀集商学各界，设法劝阻，保护日侨。各在案。至万德成被罚一节，查系当时恫吓虚词，即由天津商会担任处置，并未实行。惟此次学生团干涉营业，洵属逾越范围，已令饬警厅遵照查禁，认真取缔，以重邦交，而维秩序。谨复。曹锐。敬。

〔内务部档案〕

23、天津警察厅关于学生大规模出发演说准备镇压致内务部呈

(1919年8月30日)

敬呈者：所有职厅解散天津各界联合会情形，业经呈报在案。惟该会解散后，仍有会员在法界维斯理聚议，二十九日下午有学生在街演说者，均经禁止。闻各学堂学生拟于今日大出发演说，临时再开公民大会。昨夜有学生多人，擅严绅范荪之门，要求严绅赴京请愿。种种举动，职厅已预备相当对待，以维地方秩序，理合呈报，伏乞鉴核。直隶全省警务处长兼天津警察厅长杨以德谨呈八月三十日

〔内务部档案〕

24、曹锟与内务部等关于取缔天津学生包围警厅要求自由演说往来密电

(1919年9月)

（1）曹锟密电（9月1日）

大总统、国务总理钧鉴：陆军部、内务部、教育部鉴：统密。据警务处长杨以德卅一电称：三十日午后二钟，有学生在街演说，不服警官开阻，辱骂东区署员，当场带厅十四名，随有学生数百名闯入警厅，任意肆闹。教育厅长并《益世报》经理刘俊卿劝解保释，俟北京代表回津解决办法，学生抗不遵劝，辩称与北京另为一事，并要求取消治安警察法，特许各处露天演说，否则住厅不去。至夜十一钟，又来学生千余名，团聚厅前，任意嚷

闹，仍要求取消治安警察法，并自由演说，再四劝告，置若罔闻。已派员与该代表接洽，未悉有无效果。此等举动与地方治安大有关系，应如何对待，请电示遵。等情。除电复卅一电悉，津埠为畿辅重地，华洋杂处，该学生等聚众滋闹，不服劝阻，诚恐有莠民煽惑，希图扰乱，于地方治安大有关碍，仰即依法制止，从严取缔，以维秩序外，谨此电陈。并请指示办法，用保公安。曹锟叩。东。

（2）内务部复电稿　（9月3日）

保定曹经略使鉴：统密。东电悉。依法制止，自属扼要办法。所望该管警察官署，本立法之精神，而济以敏活之手腕，收效当更妥速。除电杨处长外，特复。内务部。肴。印。

〔内务部档案〕

25、内务部关于天津学生聚众演说殴伤日人应依法处办指令稿

（1919年9月3日）

内务部指令

令直隶全省警务处处长兼天津警察厅厅长杨以德

呈三件为学生聚众演说殴伤日人各情形请示遵由。

据该处长九月一日二日三呈，报告学生聚众演说，殴伤日人各情形，并据声请示遵等情。到部。兹特指示办法如下：（一）斟酌情形，依照治安警察法第九条、第十三条、第十五条、第十八条、第二十一条各规定分别制止或解散。（二）不服制止或解散时，其仅违犯治安警察法各条之规定者，应依照该法第二十三条以下各规定分别处办；其有触犯刑律第七章、第九章、第十六章各条规定之罪者，仍应依照法定程序逮送司法衙门办理；触犯陆军刑事条例第二十七条第七款规定之罪者（本款以勾结外国人为构成要

件），仍应依照该条例第二条之规定，及陆军审判条例第一条之规定，逮送军法审判机关审判。（三）警械使用，应由该处长将警械使用法各条之规定详为解释，通饬讲解，俾资遵守。总之，警察官厅负维持治安之责，有应尽之职权，临事周章，究不如先期为之准备。况值此人心浮动，群言淆惑之际，警察法规尤当善于运用，务协机宜，以期弭患于无形，是为至要。除另电外，合亟令行遵照。此令。

〔内务部档案〕

26、曹锐报告天津日宪兵寻衅日领事提无理要求密电

（1919年9月4日）

国务院、内务部、外交部鉴：统密。案据交涉员禀称：准驻津日本总领事函开：兹准驻津本邦驻屯军来函内开：八月三十一日，宪兵乘马巡察市内回队之途，于午后七时四十分，过东马路青年会门前时，在同处听学生团演说之学生及其他群众，观该宪兵加以嘲笑，又故意叫号拍手以图乘马狂奔。加之投石而中宪兵。该宪兵等考虑，若为对应，必生事端，遂隐忍回队。惟在该处中国巡警并不制止群众傍观之态度。等语。查前项行为，殊属不合，如此放任，难保不发生重大事端。惟亟函达查照，从速缉拿人犯，从严处罚。再本地本邦宪兵，为与中央车站守备队联络，每日派遣巡察宪兵，务希从严取缔，勿使再发生如此不法案件为荷。等因。当此学界风潮尚未平静之时，嗣后遇有群众聚集处所，如有日人经过，各该管巡警务须加意保护，勿任滋生事端，对于日本宪兵尤当格外注意。应请由警察厅通饬各区署一体切实遵办，谨祈鉴核等情。除分令警察、教育两厅，严饬所属认真取缔，并查究首要，以儆效尤，对于日本官民加意保护外，谨电奉闻，即希察照。曹锐。支。

〔内务部档案〕

27、李寿金等关于杨以德解散天津各界联合会镇压学生爱国活动调查报告①

（1919年9月4日）

照录督察长李寿金所长张文诰报告

为报告事：窃督察长等遵谕赴津，由京回津各代表备车到站欢迎，寓日租界新旅社，分别调查。自八月二十八日下午四钟各界联合会开会，杨警务处长派警强迫解散，激动众怒。二十九日，学生遂分途演说，移在法界开会。三十日下午二钟余，又在东马路青年会内开会，门外演说，反对杨处长，语甚激烈。东六区警署派警禁阻，学生肆口诋毁，经东四区黄署员前来劝导阻止，学生不从。黄署员电禀杨处长，旋奉电令逮捕，当即捕去十二人，送往警厅。旋有学生二百余人来厅，所言近予无理取闹。厅外尚有二百余人，而多数下等社会人羼入其间。彼时有王教育厅长、《益世报》经理刘俊卿、绅商夏芹西三人，百般开导，直至三十一日天明始各散去。是日正午十二钟，学生马骏到津，赴站欢迎者不过百人之谱，而附和随从藉观热闹之下等社会人不计其数，下车后即赴商会。各界开欢迎大会，其数亦不过二、三百人，而围观者甚伙，传言万八千人，殊不确实。后此各代表陆续由京回津，迎迓者并无多人，下车各去，并未开会。所有大概情形业经电禀。又凡在京被逮者回津后向各界演说：吴总监虽将我等引致前厅，相待甚优，察其情形，似迫于职权所在，非有心蹂躏耳等语。九月一日，督察长等抵津，回津代表备车到站迎迓，皆谓督察长等为总监代表，专为疏通天津各界而来。连日偕同津绅严范孙、卞月庭、中学校长张伯苓向各界疏通。并一面由督察长等劝导杨处长，故杨处长亦不复如前胶执。目下学生于游行演说业已停止，惟尚在青年会演说，对于杨处长之言词，亦不复如前

① 此件系抄件。

激烈。且天津各校均已上课，所未上课者只一、二校耳。督察长等察其情形，渐就安谧，本拟即日回京，乃四日晨有严、卞两绅来寓，竭力挽留，声言功成九仞，何妨稍留数日，俾得完全效果。词意恳切，不能峻却，只好暂留。且连日与绅、商、学各界饮食过从，情意惬洽，尤未便力拒，以拂众情。除由驻津分队长张文锦仍行探查具报外，理合先行呈报以闻。九月四日。

〔内务部档案〕

28、直隶省长公署关于查办天津童子军阻止日领事窃探学生运动情形咨

（1919年9月5日）

直隶省长公署为咨行事：案据天津警察厅呈称：案于九月三日准驻津日本总领事觉书节略内开：八月三十日深更，本总领事接受有贵国学生团在天津警察厅前群聚骚扰之报告。为察看实在情形起见，即带同副领事龟井乘坐马车，沿白河河岸北行至贵国电话总局旁，因修筑马路，马车不能进行。由此左折通过益世报馆，抵警察厅前时，为三十一日上午两点三十分许（旧钟一点），当场有着装童子军制服年岁十六七许之一少年，忽出现本总领事坐乘马车之右旁，拦阻本总领事通行。本总领事虽不必服从一童子军之命令，因思当时在警察厅前群众，早已聚集颇密，通过马车，殊属不便。惟本领事认知步行，则尚有通过之余地（本总领事当时目击许多行人，来往该群众之间），遂偕同龟井副领事下车，即向金汤桥方面步行。讵有一群童子军，忽如包围本总领事等，拟以木棍阻止前进。本总领事对于伊等以此处系属公共道路，不论何人不能阻碍行走等语相诘。而童子军中一人答云：因本夜童子军特任警察厅前戒严之责，是以不准通行等语。且童子军数名，均将其携带之木棍叉交包围，以至压制拘束本总领事行动之自由，并伊等语言举动，均甚粗暴无礼。本总领事以为与

伊等论难，实属无益，即欲回走。而后方另有一群童子军亦叉交木棍对于本总领等拦阻进路，不准退去。且放言非得有总司令之命令，不许退出等语，并强阻行动。本总领事乃对于伊等讯问总司令系何人，伊等答云为童子军中学生。当时有上级警察官四、五名，由警察厅内出来，为本总领事斡旋，对于童子军劝说，拟与本总领事等开路让走。乃童子军放言非得有童子军总司令命令不可，而不能听从警察厅之命令等语，仍然包围本总领事，不许行动。此时忽听群众中有人高声叫喊，此二人均属日本领事馆员。童子军听此，稍有惊异之颜色，表现放松包围之状势。于是贵国警察官四五名乘此机会，拥护本总领事等，极力突破重围，方就归途，使本总领事等离避群众，搭乘马车。尚有童子军之一队，喧嚣声言别叫他们跑等数语，且伊等中二三名跟追本总领事之马车，极至益世报馆前。于是以本总领事绕道通过万国桥，由旧奥国租界至金汤桥附近，视察情况，不但马车人力车等，汽车亦无何等障碍，尽过该桥进行，前方并无何等危险。惟本总领事等为格外慎重起见，特意下车步行过桥，走至警察厅前，详细察看群众之热闹，及学生等演说之情形，并不受任何等妨害，得就回署之途，惟此时不被童子军所见而已。征于前陈事实，童子军表面虽标榜整理交通、取缔群众为任，实则妨害通行之自由。且对于外国人无故有非礼之行为，甚属野蛮。即请贵国当局，对于该不法童子军速加相当制裁，从严取缔，以俾此后不准有如此不法行为，是为至盼。再该童子军是否属贵国官宪所公认之团体，并希见复为荷。等因。准此。查是夜学生滋扰情形，迭经先后分呈省长鉴核在案。准函前因，查童子军之团体，本由于学生所组织，警厅并未准其立案。今既有如此不合法律之行为，自应由教育厅查明，加以相当之制裁，从严取缔，以儆将来。除分呈外，理合具摺呈请鉴核。可否令行教育厅查照办理，伏乞示遵。并据交涉员呈同前情。据此。除指令警厅：据呈已悉。童子军对于日本领事有此非礼举动，亟应依法制裁，从严取缔，以维治安，而免藉口。又童子军虽由学生组织，该厅既未准其立案，又有不合法律行为，当然应受主管官厅之取缔。该厅职司所在，自应依法核办，以肃警章。并候令行教育厅转饬各校严加约束，认真管理，免酿重大交涉。此令印发并分令教育厅、交涉员查核办理外，相应咨行贵部请烦查照。此咨

内务部　　　　　　　　　　　　　　直隶省长　曹锐

中华民国八年九月五日

〔内务部档案〕

29、《天津学生联合会报》：为学生演讲事告中外人士①

（1919年9月13日）

（续昨天）

三十一日，杨以德又打了一个电报给政府。头几句仍然是："昨日下午学生来厅。及夜十一钟，又来学生千余名，围聚厅前，仍要求取消治安警察法，自由演说"。学生要求的是：（一）警厅惩办无故擅捕学生的警员。（二）警厅惩办在途殴打被捕学生的警察。（三）警察嗣后不得干涉演讲自由。演讲自由，不扰乱秩序，与治安警察法本没有什么冲突。何必硬将取消两字加在学生的要求上头？并且，那天夜里的公民数万人，实在是因学生无故被捕，激动公愤，才来警厅门前。他们所要求的就是让警厅允许学生的三项要求，并没有别的意思。取消二字实不知从何说起？就是取消的事，学生同公民真要求了。内务部颁布已经取消的袁世凯新约法中产出的治安警察法，不守旧约法的"人民有讲演集会结社自由"条文，他自己已居于违法地位，何能再同人民讲法呢？他下边说："查治安警察法，奉令颁行，警察所

---

① 此件选自1919年9月13日《天津学生联合会报》第54期。沿用原标题。

应遵守，岂厅长权力所能取消。自由演说，既违治安警察法，尤难允许”。治安警察法内容究竟是什么条文，所包括的究竟是何种限制，这种违法的东西，实在没有研究的价值。我们但知演讲不扰乱秩序，与治安警察法决不会有抵触。“岂厅长权力所能取消”九个字，一方面是“诿过于人”，一方面是表“惟命是听”的态度。电中又道：“至夜十一钟，复经夏代表来厅，再四劝告，舌敝唇焦。延至今晨六钟，共谈八钟之久。后经该代表担任二日，由该代表会同学生代表赴部请求，将治安警察法取消，再为演说，全体始散去”。当时的情形，是夏琴西代表至厅调停，学生因为他是各界联合会的职员，当时不便太让他为难，所以就允许他将第三项要求带往北京同内务部商议。论到实在情势，杨以德以为学生的三项要求，要全数允许，实在显得自己太不体面，所以才有此办法。真正的说，自由不扰乱秩序的演讲，既与治安警察法不相冲突，又何必跑到内务部去“打扰”呢？至于“学生代表赴部请求”的话，尤非事实。我们仅承认夏代表将此事限两天答复，并没有亲自到北京的意思。谈到“取消”，还是口口咬人的神气。接着下边又说道：“当学生在厅前围闹，适日本副领事路过，竟被学生童子军包围攒殴。幸警察竭力保护，未至酿成生命危险。随据日领电称：受伤人外，尚少小仓一名，请速为查找。此外，颇有责言，将有自动之意。该学生等似此行动，恐至酿成重大交涉”。这几句话，真是恶毒的很。日本总副领事船津同龟井两人去到警厅的情形，本报九月五日的新闻曾载有船津氏亲自同英文泰晤士报记者的谈话。他说他往警厅是警厅用电话告诉他的。往警厅是坐汽车去的。到了警厅门前是童子军保护的。他说：“童子军的形势虽然不很凶恶，但看来是不很安稳。又据童子军说他们要听着他们军长的指示，才能解决”。从这几层看来，学生被捕、公民围警厅，是我们中国自己的事。杨以德让人打电话告诉日本领事，完全是要日人来生事，牵动外交。坐汽车往警厅，要不是他下来，童子军怎能包围。再说日本总副领事要是来看情形，童子军怕生变故，保护他们是应该的。要是拜会杨以德，就应当找巡警说话，为什么他们这方面说没有别的事情，只来看看情形。巡警方面是担任维持治安的人，他们却让童子军替他们效劳。自己故意“迟迟前来”，这里头是否有等着起风波的作用。童子军那天的义勇，不但公民在门前“有目共睹”，《华北明星报》也有称赞他们的新闻（《益世报》曾译出登报）。日本领事上头几句话，又何尝不是心许，不过措辞总要捏造些才显得中日邦交亲善的程度。至于听命军长的话，那是童子军的规律。警察既不负责任，童子军焉能见事不为呢。总上所言，当知“攒殴”，“未致酿成生命危险”的话，全不成问题，实在是杨以【德】捏造。用“受伤人外，尚少小仓一名”，尤不知从何说起，闭门造谣。杨以德独不知警厅前数万公民，人人有眼有良心。当时情形，岂能容一人掩过。“将有自动之意”同“重大交涉”二语，完全是威吓政府，速下戒严令，好让他“行所欲为”。我们公民同学生自问行事无害大局。利用外交的言语，实在是威吓不住。而杨以德倚恃外人，他的居心尚堪问吗？至于他总说门前是学生，不提公民，他污蔑学生的心不必论，对于群众运动恐惧的心理，却是活活表现出来了。杨以德这三个电报打出去后，果然北京政府于九月一日来一个电报给直省军民长官，内中说道：“查学生包围官署，任意喧闹，殴及外人，情形颇为重大。迄未接曹省长电报前来，实深系念。治安警察法，系经立法机关议决，为保持公安而设，凡属国民，均应遵守，何得轻于取消？而外人往来，肆行围殴，此等举动，影响外交尤钜。希即督饬该厅长务当从严制止，不得稍涉宽纵。一面设法防弭，免酿事端……”。这个电报来到，杨以德的手段可算成功。什么“学生包围”、“取消治安警察法”、“肆行围殴”、“影响外交”、“从严制止”，着着全同杨以德里外相应。真是“相信有素”，“不负知遇”了。但是曹锐不报，北京政府可有点疑心他。于是接着这个电报，曹锟在保定转去杨以德的报告，加上几句不负责任的严厉话。曹锐在天津同样转去报告，末尾也说上几句“围殴目无法纪”、“严重查办”、“依法惩办，以昭炯戒”的话。一方内务部又借着杨以德说学生要求取消治安警察法的话，从新咨文到直省军民两署，让他们“转饬所属切实遵办”。杨以德这番做作，弄的两曹不得不对于人民加紧一层，以防位置摇动。内务部也乘此机会，再向各方逼紧一次。以便治安警察法实现在社会上“无所不管”，“无所不为”。（没有完）

〔内务部档案〕

30、天津警察厅关于学生抵制日货被捕致内务部报告

（1920年1月26日）

查本年一月二十三日，有学生联合会学生范时久等，在东门内卢家胡同魁发成料器庄检去料器二十余筐。旋复有学生三十余人蜂拥而来，至该铺索要段昌黎查货执照，并诘问该铺何以勾来日人等语，缘当时该铺洋东日人管商辰造等二人并日本便衣警察到该铺时，适与学生段昌黎相遇，该白帽索看段昌黎证据，即将伊之执照扣留而去。段昌黎返回，搬来学生三十余人，向该铺索要执照，遂与该铺吵嚷不休，共碰破灯罩五筐，并将该铺同事张文翰、裴唐仙二人带往商会。至翌日二十四日上午，经国民大会在商会开会议决，将裴唐仙游行示众。再赴公园陈列，并将此项办法大张广告，决定即刻出发。警察厅长得悉报告后，以近日各学生等屡次强自检查日货，并私押人民种种任意妄为各情形，迭奉省长布告严禁，并训示严行制止在案。当即面饬该管东三分驻所署员蔡其和遵照省令严行制止；一面派各区警察署长协同督察长前往该会诰诫。讵该会不遵制止，并抗不交人，任听各学生百般侮辱。后复有学生七八人群起架蔡署员左臂，欲将其一同游行示众。即有以旗杆殴打者，

有以掌痛批蔡署员两颊者，尚有商会之夏琴西在场目击其事。即由警厅电禀省长遵照谕令派队前往将裴唐仙要回。竟有学生数人，跟踪来厅，肆殴巡警，当由警厅当场拘获六人。此均目睹之情形也。

尚车子　马千里　赵仲余　时子周　吴世昌　李　权
夏琴西　陶尚钊　马　骏　李散人　吴凤岐　孟震侯
以上十二名系奉省长电传在省公署前，由副官处送出时拘获者。
祁士良　陈宝骢　李燕亳　郭绪荣　师景襄　李培良　于骏塱
以上七名因群殴警官警察奉令在厅前拘获者。
此外尚有一名系因事后到处鼓吹开会起哄拘获者。

〔内务部档案〕

31、天津警察厅关于学生万人游行示威呈

（1920年1月27日）

敬禀者：顷接天津警察厅电话云：现有学生约万人，聚集南开学校操场，即刻全体出发游行，手持白旗，书云为争青岛、福建等事，并奉告省长电传不必干涉等因。除严饬警队妥为防范免生事端外，并嘱就近代呈。理合陈明
总长鉴核

杨以俭谨代呈一月廿七日

〔内务部档案〕

32、天津警察厅关于镇压南开等校学生及十人团要求恢复团体等情形呈

（1920年1月29日）

（1）天津警察厅呈

今日下午二点余钟，有北洋大学、工业学校、南开中学、南

开大学、男女师范两学校、解散之十人团等，共计三千余人，齐集东马路青年会门首，同往省长公署要求：一、恢复各界联合会和学生联合会所原状。二、释放被拘代表。三、恢复言论结社自由。四、调查日货军警不得干涉。五、惩办杨处长同殴伤代表的军警等条件。该学生等围聚者公署两辕门，一时交通断绝。省长当令将两道门关闭，学生等恃众一拥而入，卫队不能拦阻，学生等亦不服阻拦，因此即起冲突。学生等暗带石子、木棍等械，将卫队乱击，当将卫队击伤十人，内有二人受伤尤重，并将辕门挤毁，及署内各屋乱砸。省长传谕令其解散，该学生等不服。省长又令卫队以武力对待，彼时有警察厅保安队各区预备队，发审处马步队赶到，邦同卫队将该学生等拥散。内有多数学生，恃强与军警互相击殴，学生亦有受伤者。又有男生周恩来、于兰渚，女学生张砚庄、郭龙真等四名，在未解散以前，由门洞攒入省长公署内，直入大堂，肆意嚣宣，当将该男女学生四名扣留，送交北洋发审处暂管。至六点余钟始行平息，市面镇静如常，毫无惊惶。理合将本日情形呈报。

附呈传单二纸

呈　　一月廿九日

天津中等以上学生会联合会宣言

曩者东邻猖獗，外交紧急。丁兹危局，举国奋起，同人等以为欲伸世界之公理，首在打破国内外之强权，欲求外交之声援，亟应发扬国内外之民气。事端重大，宜策群力，号召同谋，故有学生联合会之组织也。敝会成立以来，于兹八月，军警摧残，迭遭解散，追怀往事，疾首痛心，顾维前途，忧愤莫名。然使一息尚存，仍不肯一念退缩，誓抱初衷，力争一切。（一）我国既加入协约，对德宣战，于胜德之后，所有德国在山东一切权利，当然收回。乃东邻肆意胁迫，武断和议，致国际公理不伸。我国拒签德约，交由国际联盟裁判，允为正富〔当〕办法。不意日本即欲此时继承德国前在山东一切权利，通牒我政府，开始交涉。似此无理要求，当一致拒绝，免蹈四年五月七日复辙，至蒙不利。（二）日本恃其强暴，迭辱我国民，近复在福州殴伤学警，并由其领事署警察长指挥一切。事后彼国政府，复派军舰恐吓，辱我国体。消息传出，海内共愤。亟宜依照闽人请求，从速交涉。（三）欧战后日政府与我国缔结一切不平等条约，未经国会通过，不能认为有效。胶济铁路交换文，高徐、顺济路合同，亦应催促专使，提交国际联盟，设法废除。（四）敝会于二十四日，因检查日货问题，被警厅封禁，并打伤会员，拘去敝会及各界联合会代表二十余人，非法拷打，至成废疾。被拘者哭诉无路，在外者开会莫由，似此暗无天日，同人等势与极力奋斗，不达释放代表恢复原状之目的不止。凡此四端，已由敝会议决，力谋进行，困难不计，威胁不惧，此旨不达，宁为玉碎，毋为瓦全。尚望海内各界，共与图之。

我们的要求是：

甲、对于外交方面的：

(一)监督北京政府，对于山东问题不准与日本直接交涉。

(二)要求陆徵祥专使，对于山东问题不与日本直接交涉。

(三)请王正廷专使帮同陆专使，办理拒绝山东问题直接交涉。

（四）请顾维钧专使，将中日两国间一切不平等条约提交国际联盟会。

（五）催办福州交涉。

乙、对于本津方面的：

（一）恢复各界联合会和学生联合会会所原状。

（二）释放被拘代表。

（三）恢复言论结社自由。

（四）调查日货军警不得干涉。

（五）惩办杨以德同殴伤代表的军警。

天津学生会联合会印

（2）杨以俭代呈

敬呈者：顷接天津警察厅电话云：今日午后三钟半有男女学生及联合会等纠合三千余人，手持白旗，往省公署要求省长准其恢复原状，自由集会结社，搜查商民货物，释放因犯事被拘之人，撤换警察厅长，无论何事得自由行动，不受警章及法律之约束种种六条。省署预闻此事，随将前后门关闭，不准进门。大众将署门捣毁，一齐拥进，卫队稍加劝阻，随即各持预先备妥之白腊杆旗杆，群殴卫队。兵士受伤者四人，其中一人甚重，性命如何，尚难逆料。后将大堂门紧闭，有男女各二人由门下扒进，喧闹被拘，暂交营务处看管，秩序大乱。不得已由省长电传警察在桥南挡截，免生意外，并命参谋长、副官长吩咐卫队拒抗，始行击散，不免互有微伤。现尚有被伤者数十人，在署前逗留未去。嘱代转呈，理合陈明

总长鉴核

杨以俭谨代呈　二十九日

〔内务部档案〕

33、曹锟与国务院等镇压天津学生请愿往来密电

（1920年1月）

（1）直隶督军省长密电（1月29日）

万急。国务总理、内务部、教育部、陆军部均鉴：统密。津埠前因搜收日货，私押商民，日领有自由行使警权及调军队自卫之表示，不得已将滋事人等交警厅看管，并将联合会、十人团各会所一律封闭。日前复有人借端鼓煽，聚集多人，游行街市，人心恐惶。当时并有日本马队于学生丛中往来冲炽，幸军警维护得

法，未酿事端。今日学生又大出发，蜂拥来署请愿。一、要求电争中日交涉。一、要求联合等会一律启封。锐因卧病未能接见，传令先行解散，竟不听从，必欲拥进署内。相持既久，令本署卫队拔去刺刀，掩枪堵挡，学生等竟敢以木石乱击，致卫队有受重伤者。嗣经驱逐各散，将扣留首先闯进之男女学生各二人，交警厅看管。此本日情形也。查数月来学生非法行动，指不胜屈。并有少数不安本分之徒，从中鼓惑。锟、锐等婉言劝导，严词诰诫，并多方疏解，煞费苦心，乃仍无效。前将滋事人等看管，原冀各知警悟，俾商业免受侵扰，保持各方秩序，且免惹重大交涉，致演福州故事。乃且借端要挟，有意寻衅，致有今日之事。此后对于该学生人等，如仍本向日和平主义，当此华洋杂处之地，良莠不齐，人心浮动，恐不足以平遏风潮，消弭事变。论此时情势，虽尚无戒严之必要，而为预防非常事变起见，不得不取严厉主义，拟即参酌戒严法适用条款，遇事相机处置。仍随时督饬天津镇守使赵玉珂、警务处长杨以德，妥慎办理，于地方治安，庶几有裨。特肃电陈，即祈迅赐核复；并转呈大总统，无任盼祷。曹锟、曹锐。艳。

（2）国务院等复电（1月31日）

保定曹经略使、天津曹省长鉴：统密。艳电悉。学生非法举动，不受劝诫，应依法律制止。来电主张严厉，为预防非常起见，自不得不设法防遏。国家对于学生，期在造就，固宜爱惜，亦断不可姑息养患，致酿不可收拾之局。如为维持秩序，势非戒严不可，届时应即就近参酌情形，依法宣布，行使戒严职权。一切情形，希随时电闻。院、内务、陆军、教育部。世。印。

〔内务部档案〕

34、外交部编送福州日人殴伤学生案交涉经过情形公函

（1919年12月10日）

公函　八年坐字第一九五七号

迳启者：关于福州日人凶殴学生一案，兹经本部将交涉经过情形，至本月四日止，编就摘要，以备查阅。除分行外，相应检具一册，函送贵处，以资接洽，即希查照为荷。此致

督办边防事务处

附件

中华民国八年十二月十日

福州日人殴伤学生案交涉经过情形①

十一月十七日　福建督军电称：十六日午后，有基督教青年会学生在南台地方，无故被日人及台籍人约百余名持械围殴，枪伤一人，刀伤殴伤共五人。经巡警劝阻不服，又枪伤警察一名。嗣经警队拿获持枪日人福田源藏等三名。等语。外交部当即派员与日使交涉，告以福建肇事情形，并言案情重大，一切俟得详细报告后，再行商议，请日使先以电报严令福州日领约束日本商民，勿得再有若何举动。日使允为发电，并请外部亦电令李督军设法维持秩序。

十八日　福建特派员电称：日领电请日政府派舰来闽，外交部复与日使交涉，谓日本商民自有李督军保护，日本无庸派舰。福州人心异常愤激，派舰前往，恐滋事端，请电日政府中止派舰。日使允发电，惟言福州地方官须能维持秩序，保护日侨，使日侨不致陷于危险地位，日本方可不派军舰。

---

① 原件封面上印有“此件倘拟发表，务请改用访员口气，万勿照录原文，以致他方面认为政府公布之件，有所借口”等语。

同日　外交部电福建督军，告以拦阻派舰事，并请力维秩序。

十九日　外交部电驻日庄代办，详述日人滋事情形，令即向日外部抗议，并请中止派舰。

二十日　外交部致抗议于日使，叙述肇事情形，责其不应无故逞凶，并要求中止派舰。

二十一日　日使照会外部，大意谓据领事报告：此次起衅，系因学生抵制日货，日领屡次备文警告督军等，除发一、二告示外，毫无切实办法。日商愤极，始设商品保护队，以为抵制。至当日肇事情形，则因日本天田洋行派苦力运搬丝品，有中国学生三人前往劫夺，苦力不允，致起争斗。商品保护队之日本人及台籍人上前相助，获一学生，带回私宅，不久，即又送至警厅。学生团纠众来夺，彼此开枪互击，遂酿如是重案，请中国方面设法约束学生。等语。

二十二日　外交部电福建督军，告以日使照会大意，请即查复。

二十三日　福建督军电告：日舰嵯峨号，已于二十三日入口。

二十四日　福建督军电述肇事详情及学生等受伤程度。

二十五日　驻日庄代办电述交涉情形，日外部所持理由，与日使所称大致相同。并谓非中国政府实有相当保护办法，使旅华日侨不致陷于危险地位，日政府暂难允将军舰调回。

二十六日　福建督军电告：日本海军拟率队登岸，并进城游行等语。外交部即与日使交涉，谓福州已有李督军担负维持秩序之全责，日侨保无危险。海军登岸游行一节，最易激动人心，滋生事端，请电福州日领，务将海军登岸游行事作罢。日使允以外交部意见，电知日领，令彼相机酌办。日使又称李督军来电，虽声明愿负维持秩序之全责，然本馆顷接日领电称：二十三日夜，又有中国学生十二三人围殴一台湾人，背部等处受伤甚重，并以黑油烟遍揸其身，弃置道旁。嗣经路人发现报警，始送回领馆医治，生命能保否，尚不可知。等语。足见福州情形仍甚危险，军舰恐难即行撤回。

二十七日　外交部陈次长面与日使交涉，日使谓本案发生原因，实由地方官不能约束学生而起。日商在华经商，本为条约所许。乃自本年五月以来，学生排斥日货，日商受害多次，日领屡次行文地方官，要求禁阻，除发一、二告示外，毫无切实办法。日商愤极，始设商品保护队，以为自卫之计。本月十六日，天田洋行命苦力运搬丝品，复有学生三人前来劫夺，苦力不允，彼此争斗。保护队之日人及台湾人见而往助，学生团亦纠众来援，彼此开枪互击，遂致死伤多人。推究原因，不得不归咎于地方官。李督军来电，虽愿负维持秩序之全责，然二十三日夜，又有学生十二、三人围殴一台湾人，背部及大腿均受刀伤，且以黑油烟遍涂全身，生命能否保全，尚不可知。据此情形，日本政府虽不愿派舰并命水兵登岸，势亦有所不能。等语。陈次长答云：此次之事，日商实属有意寻衅，即谓学生排货，有违约章自由通商之义，然因排货而直接受害者，仍为买日货之中国人，日商不过间接受损。即谓日商实有损害，亦应由日领或公使与地方官及外交部商办，不应擅设商品保护队。按国家平等之理言之，此种举动已足伤害感情。今日姑让一步，暂置此节不论。学生排货，虽有不合，然其行为不过伤及财产。日商果受损害，自有条约保护，可以请求赔偿，何得任意逞凶，视中国如无政府。况损害财产，罪亦不至于死。日商既已擅立保护队，犹以为未足，竟将学生拘至私宅，擅加殴打，继复聚众放枪，死伤多人，谓非有意寻衅，谁其信之？日使谓：死伤一节，彼此同之，缘当时彼此均持枪刀，肆意开放。又言此案曲直，应俟查明事实，方能论定。陈次长复驳之曰：中国方面，已死三人，此后有无，尚不可知，贵使言各持枪刀，中国学生，素无此物，观于日领报告，日人皆受砖瓦伤，即可知之。日人如有死伤，日领报告，断无不提之理。至于本案曲直，中外各报，言之已详，即不调查，亦已明了。等语。

二十七日　外交部照会日使，正式抗议。照会大意：首责日商组织团体，储备枪械，有意寻衅为不法；次则比较彼此受伤情形，指摘日领报告之不实。并引肇事前日领照会，认定日领于事前确曾预闻其事。又次则援李督来电，指驳日使照会所称学生劫夺天田洋行货物一事为诬枉。末段详叙学生、巡警等受伤情形，及顺记洋菜馆等损失之数目。声明俟查明后，再商办法。

同日　外交部电驻日庄代办，再向日外交部切实交涉。

二十八日　外交部派王鸿年、沈觐扆赴闽调查。

同日　外交部接国务院抄交福建督军电，报告日本水兵登岸游行，未携军械。

二十九日　外交部与日使交涉，谓日本水兵虽不穿军服，不携军械，以私人资格登岸，然水兵时时来往，究易滋事。请电饬日领，以后不得再令水兵登岸。并告以本部已派王、沈二员赴闽，要求派员会查。日使于水兵事允即电知日领，派员事则须请示日政府后方能答复。

三十日　福建特派交涉员电告：二十三日夜一钟，有台湾人李某闯入宁波船，船户疑其为贼，肆行殴打，并以桐油烟遍涂其身，由船户送至警厅。现将船户三人拘留待质。此事与学生无涉，船户亦未受学生指使，台湾人伤势不重。等语。

十二月一日　外交部派员赴日使馆，根据特派员来电，面交手摺一件，声明台湾人被殴与学生无涉。日领指为学生所殴，全属诬枉。又言：福州现极平安，日人毫无危险，实无停泊军舰之必要，要求日使撤回军舰。日使允电询福州情形后，再议。

同日　外交部电驻日庄代办，告以二十三日台湾人被殴事，令向日外部交涉，要求撤回军舰。

二日　外交部再要求日使撤回军舰，日使即时发电致其政府。

同日　外交部所派委员，因日使尚无派员复信，不能更待，启程赴闽。

同日　驻日庄代办来电报告：日外部据领事报告：台湾人被殴事，指为福州秩序尚未恢复之证，不允撤舰。并言日人闻此消息，甚为愤怒。

三日　外交部接日本使馆照会，大意略谓续据福建领事报告：此次冲突事件，实因日货调查会学生三名，扣留日本商天田洋行所运搬之货物。据该搬运夫役陈述，极为明了。嗣经监视货物之籍民，捕一学生，送交中国巡警，冲突业已终了。后经逃归学生二名，约同基督青年学生数十名，各持棍棒，对日人肆行击打。籍民数十名持杖前往，追至青年会门首，即行驰返。续更来学生二、三百名，开放手枪。又有驰到之巡警及军队，开枪援助学生，逮捕籍民。台湾总督府翻译驰往取缔，亦被瓦砾击伤。学生等并闯入顺记料理店，将全部器具毁坏。中国巡警反逼迫顺记主人，出具赔偿请求书，谓损坏器具，全系日本人所为。是地方官吏一味放任，致使放生此事，责任关系最重，望电令福建督军、省长慎重办理。

同日　外交部陈次长会晤日本公使，复与交涉云：此次福州之事，日商向学生逞凶，且学生均系文人，与土匪作乱杀人放火者，绝对不同。日侨毫无生命之危险，本不难推测而得。乃日领竟率请派舰，日政府即许之。其实即使日军到闽，亦不能任意攻击手无军械之学生，派舰究有何益？按派舰等事有为示威起见者，此种举动，其结果不过令中国人以为日本故意表示强硬态度，使人人脑中存一不快之念。小幡云：日领申请派舰，则因肇事日侨联名呈请，无可如何。日政府为保护侨民生命财产，不得已而许之。原议事定即回，并无表示强硬态度之意。并云：日本派外务省一等书记官松冈洋右、驻京使馆二等书记官西田耕一赴闽会查。

四日　外交部电闽，检齐证据候查，并电部派调查员，即速赴闽。

同日　驻日本庄代办电：日前根据督军及特派员电报函，向日外部交涉，谓事前领事不加防范，事后轻率派舰，殊非慎重邦交之道，务请中止。去后。兹据日外部复函略称：本国政府所得报告与来函不符。盖发生之动机及冲突之情况暨事后之经过，其曲全在中国，帝国顾念邦交，当慎重公平，查明真相，急速解决。至派舰为自卫计，实不得已之举，其职务不外临机保护日商，果至认无必要之时，立即撤退。惟学生团之排日暴举，务请转达贵国政府严行取缔。

〔督办边防事务处档案〕

35、旅京福建学生联合会为闽案发表泣告全国同胞书等文件

（1919年11月）

（1）泣告全国同胞书

同人欲将日人蹂躏福建之惨状，泣告全国同胞，盖不知所以为言矣！乡井何如？人民何如？均不可知。乃以羁旅之身，作力竭声嘶之呼吁，同胞知同人之痛为何如也。日人恨我国民之抵制其货与不甘以青岛断送也，常欲挑动变故以为报复，而福建固其所认为势力范围者，遂不幸首当其冲矣。五四以来，种种寻仇，一发于外交胜利提灯会，再发于天长节。我闽人知弱国人民不特无快意事，且不使有吐气处，故皆默然忍之。彼因挑我之不动也，遂不惮藏心积虑，出此摧残，立时杀死多人，尚犹未足，幽学生于仇店，最后且捕数人至洋菜馆，自上以利物炸杀之。同为人类，何忍出此！彼日人常谓我为野蛮民族，吾人可以此种行动即世界“人类”，果谁是野蛮民族也。肇事以后，吾闽人虽痛极恨极，然于消极抵御外，未尝有何积极反抗。乃彼固非人心

者，以为可邻则遂邻之，派军舰赴闽，率水兵入城，蹂躏所及，福建盖已不省矣。旅京学生以事关国体，曾为一度当局之请求，不得要领，遂以为无望矣。继思日人蹂躏福建，固其日来怀抱之野心，而溯其近因，实原于抵制日货。抵制日货，发生于青岛之不交还。今青岛何如者？吾福建又如此矣！福建之被蹂躏，原闽人意料所及，故虽死亦心甘。特不抵抗以死，实贻我同胞羞，遂不能不奋斗。奋斗矣，又恐力弱致败为同胞累，遂不得不求助。凡所以为自卫计者，请共努力行之，我闽人固愿尽死以活同胞也。

（2）抵货办法

大家你不常想日本是狠富狠强吗？大家你不常想因为他的富强，所以就被他欺负也没法反抗吗？吓，错了！错了！日本是一个钱没有的，是一点东西没有的，他用许多硬纸印上数目字，说这是一元……十元……百元……，就把我们许多材料运去，许多工力买去。我们想想是硬纸有用呢，还是材料和工力有用呢？他都说是用钱问中国买的。我们既知道硬纸不是钱，那么不当他是钱，当他是硬纸，他们的钱，岂不是无用吗？所以我们头一件抵制他们的方法，就是不用他们的纸币。日本本国所产的东西，不够他们自己使用，专靠我们接济。单说粮食一宗，中国每年接济的也就不知多少，若使我们决心停止接济，日本男女至少也得死了一半。所以第二件抵制他们的方法，就是不接济他们的粮食。日本没有原料，绝对不会变成工业国，绝对不会富，绝对不会强，都是将我们的原料，廉价买去，用点机器力量，制成工艺品，投我们的嗜好，贵价卖给我们。出原料的是我们，替他们畅销的是我们，却又断送了许多金钱。大家想想，一国的富源，纵使如何丰富，也当不起这样的剥削。我们别想他们的东西好，欢迎他，他们的东西虽好，我们也不可不顾我们自己的利害。所以第三件抵制他们的方法，就是不供给他们材料，和不买他们的货物。不供给他们材料，就所有我们的“富”，都是我们自有的；不买他们的东西，就是他们的东西没人要。譬方一家工艺铺，没有原料的进路和出产物的销路，没有不立刻关门的。这是日本生死的关头，我们生死的关头。大家若要我们生、他们死，上头所举抵制的方法，是不是要坚决实行。

照我们上头的办法，势必至日本亡了，日本都死了，大家以为太忍心吗？不忍心，不忍心，我们是正当的防卫，日本人才是忍心呢！无故杀死我们亲爱的学生、市民、军警，和派兵舰实行威吓，这是大家知道的，我们不用说。大家曾经留心看报么，上海的报纸说，因为日人暴动的缘故，福建的货物不能出口，全国的商场都受了极大的影响。蹂躏了我们的福建，躏蹂了我们的中国，更蹂躏了我们的生计，日本人是这样的忍心，我们对待的方法，还算难为他吗？

上头的方法，既是当然的必要的，那么我们总要拣个极好的方法来实行他。这是顶好的方法，“抵货十人团”。抵货十人团的办法是怎么样呢？

一、宗旨：不买日货，不卖日货，不用日币，不接济日本原料和粮食。

二、组织：十人一团，举一个代表，负连带责任。

三、责任：团员及自己家庭绝对实行本团宗旨。每人并须劝导十家实行本团宗旨。

四、报告：各团进行结果，报知各地学生会或其他团体，由学生会或其他团体公布之。

（3）请看福建督军之急电

福州快亡了！

大家快起来罢！

（衔略）据报：日本海军登陆，并欲进城，意在挑动事变，再三阻止不允等情。查日人无故纠众伤害学生、军警多名，曾经多方劝导，地方商学各安本分，听候交涉，幸未发生意外。乃日人如此无理，饬令海军率队登陆进城，不知是【何】用意。刻下群情极为忿激，倘或挑动众愤，酿成事变，厚基万难负责云云。

哎呀！可了不得了！日本又欺侮我们了！我们若还不快想个法子抵制他们，恐怕他是不能让步的呵。甚么？甚么？你们没有看见报纸上载的那件日本人在福建打死学生那新闻么？听说不但打死学生，而且打伤许多的警察、宪兵、美国人、商民。你看看，大大的一个中国，被那小小的日本岛国欺侮到这个地步，还不快想个法子抵制么？哎呀！了不得了！快醒罢！我的同胞，快醒起来罢！

持倡国货，抵制劣货！

旅京福建学生联合会敬启　十一月廿九日

〔京畿卫成总司令部档案〕

36、王光宇关于北京学商各界为闽案集会游行报告

（1919年11—12月）

（1）11月27日报告

步军统领衙门侦察长王光宇谨将各侦察员所查第一百八十七号报告缮单呈请宪鉴：

计开：

………

一、据殷达源报称：今闻北京学界对于日人殴毙福州学生极为愤恨，有于今日推举代表进府请愿，今赴新华门并无其事。惟闻学界于今午后二时，在北京大学法科开会，系前举代表分赴教育、外交两部质问，已得陈次长允即力为交涉，不致稍失国权。遂开会报告详情，并讨论为外交后援之办法。又在崇文门大

街见有一、二学生散布传单，并无演说。

………

附呈朝阳大学福建同乡学生传单一纸

中华民国八年十一月二十七日呈

惊心动魄之闽闻

＊＊＊＊＊＊＊

吾同胞其注意

＊＊＊＊＊＊

咄咄怪事，咄咄真怪事！彼三岛倭奴，竟敢以我国为俎上肉，而以奴隶朝鲜之手段奴隶我中国矣。竟敢明目张胆，持械逞凶，无故杀戮我福建教员、学生，殴击我福建巡警、市民。势犹未已，复派遣如狼如虎之舰队，侵入吾闽海，掳我学生多数以去。嗟呼！福建之学生、教员，中国人之学生、教员也。福建之巡警、市民，中国人之巡警、市民也。福建之学生、教员、巡警、市民，既可以任意杀戮，则凡中国之学生、教员、巡警、市民，孰不可以任意杀戮！类是以推，是凡中国全国之人民，无长无少，无男无女，彼倭奴欲臣妾则臣妾之，欲奴隶则奴隶之，欲尽杀戮则尽杀戮之，是而可忍，孰不可忍！凡吾同胞，岂容袖手旁观，默尔以息乎？呜呼！青岛之交涉未终，福建之事变又起，蠢尔东邻，心怀叵测，哀我中国，危亡旦夕。同胞乎！同胞乎！其速乘此未亡之国，未被杀戮之余，协力同心，急起直追，抵制日货，以对付此惨无人道、蔑视公理之倭奴，或尚有国权恢复，大仇图报之一日乎！

朝阳大学福建同乡公启

（2）11月29日报告

步军统领衙门侦察长王光宇谨将各侦察员所查第一百八十九号报告缮单呈请宪鉴：

计开：

………

一、据祁荣寿报称：今早十一时，在天安门前，见有北京各学校联合会在彼集合。当经北京大学代表分派游行：第一队清华学校，第二队北京学生联合会，第三队旅京福建联合会，第四队中国大学福建校友联合会，第五队女子师范，第六队朝阳大学，第七队俄文专修馆，第八队中国大学，第九队燕京大学，第十队财政补习所，第十一队新华商业学校，第十二队全国学生联合会，第十三队公立第四中学，第十四队医学专门，第十五队法文专科，第十六队高等师范，第十七队高等附属中学，第十八队工业专门，第十九队第三中学，第二十队豫章学校，第二十一队商业学校，第二十二队法政学校，第二十三队北京大学，第二十四队体育学校，第二十五队畿辅学校，第二十六队邮电学校，第二十七队农商学校，第二十八队汇文学校，第二十九队中央大学，第三十队民国大学。通共三十队，约五千余人，各执白旗，分队游行，高声喧嚷，抵制日货。

一、据殷达源报称：今闻北京学界联合会，本于前日开会议决，于三十日出队游行宣讲，乃于昨晚七时复开大会，比有高等师范学生刘庆平（福建人）登台演说，以日本频肆侵凌，视我国如无物。我政府尤欲敷衍了事，其如民心不死何，不共戴天之仇，何能稍延片刻。遂将自己左手二指切断以表决心。于是全体学生气忿尤烈，当即通电中等以上学校，于今早一律罢课，具赴天安门齐集，分队游行，并散传单。又闻明日分团出发，沿街宣讲。

………

附呈学界散布传单三纸〔原缺〕

中华民国八年十一月二十九日呈

（3）12月1日报告

步军统领衙门侦察长王光宇谨将各侦察员所查第一百九十一号报告缮单呈请宪鉴：

计开：

一、据殷达源报称：今闻福建旅京各界联合会，于昨日在车子营福建会馆开紧急大会，对于日人在福州枪杀学生，讨论议决对外六条件，对内六条件。其对外条件，要求政府十日之内满意答复。第一条，要求撤退日本兵舰。第二条，要求日本政府向我国道歉。第三条，要求撤换驻闽日领事。第四条，要求赔偿杀害。第五条，要求惩办祸首。第六条，要求日本政府担保以后不得再有此举。其对内条件：（一）抵制日货。（二）抵制日币。（三）不接【济】日本粮食。（四）在日服役，令速辞归。（五）断绝私人交际。（六）不接济日本原料。又闻北京学界联合会昨在北京大学理科开会，讨论议决三条：（一）实行游街宣讲。（二）积极请愿，严重交涉。（三）研究方法，为政府后援。又闻各学界今日仍在北京大学理科开会，讨论第三条为政府后援之方法。

………

一、据宿汉臣报称：今闻萨镇冰昨早晋见元首，面陈闽省防务及中日发生冲突之原因。又闻卫戍总司令段芝贵以学生游行演讲，难免不扰乱秩序，昨日邀集军警各重要人物会议，讨论维持地面秩序办法。

………

中华民国八年十二月一日呈

（4）12月12日报告

步军统领衙门侦察长王光宇谨将各侦察员所查第二百零二号报告缮单呈请宪鉴：

计开：

一、据祁荣寿报称：今闻商务总会于日昨开各界联合会，讨论抵制日货办法。当经议决，所存日货由委员会盖印，暂准出售，以免亏拆〔折〕，惟以后不得再购日货。

………

一、据殷达源报称：今查各学校学生仍照常在街讲演，又闻北京中等以下学校，亦拟本月十五日一律罢课，与中等以上学校取一致行动。

………

中华民国八年十二月十二月呈

〔步军统领衙门档案〕

37、安徽省议会等为日人在闽横行不法天津日领事提出无理要求请严重交涉电

(1919年12月)

(1) 安徽省议会电 (12月5日)

北京大总统、国务院、参、众两院钧鉴：近阅报载，日人在福州枪敌〔杀〕学生，殴伤军警。又载，天津日领事函称，农商部戕害撤换商会会长各节。惊悉日人无理，任意欺凌，兹事关系国家主权，应请提出抗议，严重交涉，务获完满结果而后已。国势至此，言不忍言，临电悚惶，伏惟谅察。安徽省议会。歌。印。

(2) 南昌总商会电 (12月6日)

大总统、国务院、参众两院均鉴：日商横行福州，戳学生，毙商民、伤军警。天津日领复要求撤换商会会长。强暴至此，人道何存？内政敢干，国权何在？深仇大辱，众口同声。伏乞政府本人民愤慨之情，为严重之交涉；倘复依违牵就，阻抑民气，则国将不国，外交从此绝望矣。南昌总商会叩。鱼。

〔筹备国会事务局档案〕

38、王怀庆等关于北京学商各界开国民大会声援闽案文件

（1919年12月）

（1）王怀庆致内务部函（12月6日）

敬启者：顷接探员报称：北京学生联合会约集各界团体在北京大学开国民大会筹备会。与会者有北京学生联合会、京师商会、律师公会等十余团体。先后由各代表为对闽潮最激烈之演说；末有律师会代表简单言：吾人无论无何进行，此时万不宜有超出范围之行动，使人有所借口。大众鼓掌。当即决于本月七日（本星期）在天安门开国民大会。一面登报示众；一面由各团体代表竭力联络各该界，届时自行筹备到会。等语。报告前来，理合专函奉闻，希请鉴察施行。敬颂勋绥。

王怀庆谨启

（2）王怀庆致内务部函（12月7日）

敬启者：十二月七日上午十点，怀庆等到卫戍司令部会同分布后，各校学生于十一点齐集天安门开会，他界之人无多，虽有少数，亦系旁观，均未与会。该生等所议，仍系抗议福州交涉，抵制日货等情。惟逼迫总商会安会长迪生，限于三日内勒令各铺商将日货一律收存，不准售卖。安会长始以口头应允，各该生尚不满意，佥称必须签字担负完全责任，方可罢休等语。当时安会长察该生等强迫情形，势甚危险，不得已应允签字负责。至将来如何情形，再行续报。至下午五点，各该生陆续回校，均经分头派拨游缉、侦缉各队，会同巡警沿途防维，并无事故。理合具函奉闻，希请鉴察。敬颂勋绥。

王怀庆谨呈　十二月七日

〔内务部档案〕

（3）白岐昌致陆军部报告（12月7日）

陆军部驻署宪兵排长白岐昌为呈报事：于十二月七日据车站暗查白雄震等报称：是日下午二时，有商学两界在天安门开国民大会，到会者约万余人，至三时半散会，系要求政府将山东、福建交涉公开，且不承认中、日所有密约，并拟对日办法八条。据此。理合具文分晰呈报鉴核。

计开：

一、更换日本驻福建领事。

二、日本政府向中国政府谢罪。

三、惩办日人杀死华人凶徒。

四、日本祭祀被害已死华人。

五、禁止米粮出口。

六、全国各商铺于三日内将现有日货一律停止发卖。

七、惩办日本驻福建警察长。

八、收回日本在华领事裁判权。

排长　白岐昌呈

中华民国八年十二月七日　呈

〔陆军部档案〕

39、中美通信社关于北京学商各界声援闽案在天安门开国民大会情况的报导

（1919年12月8日）

中美通信社十二月七〔八〕日

昨日空前之国民大会

到会者七十六团体

人数十万

议决八条

国民不用日货

商店不贩日货

中美通讯社云：昨日下午空前之国民大会，在天安门开会，发起者本为京师总商会、北京学生联合会、华法教育会、基督徒救国会、回教会、北京公教会、北京教育会、京兆教育会、农会、律师公会、福建旅京各界大会、艾西学会、医学会、基督教复临安息日会、全国禁烟联合会、北京正乐育化会、南月牙票房、中国大同义侠会等十八团体。是日不期而会者共有七十六团体，人数达十万，于斯可观民气之盛。十二时许，各界之人即陆续到会，至二时半开会。首由主席报告福州日人杀伤学生警察情形，并今日开会宗旨。嗣由京师总商会会长安迪生君演说，福州日人之强横无理及今后抵制日货之决心，所有入会之商号，限于三日内将所有日货封存，此后凡入会商号，不得贩卖日货，由商会负责。安君并当众签押担保，言词慷慨，众为动容。旋又讨论山东问题，要防止补签德约，将青岛归还，山东一切权利恢复为止，并议决不得与日本直接交涉。至对于目前之福建问题，一致议决八条如下：

（一）更换驻福州日本领事。

（二）由日本政府谢罪。

（三）慰恤死伤同胞。

（四）惩办行凶日人。

（五）日政府保证此后侨华日人不得携带武器，并不得再有此类行动。

（六）惩办驻闽日领署警长。

（七）撤退在华日舰。

（八）收回日本在华领事裁判权。

以上八条，由公众决定组织委员会，积极进行，务达目的为止。而最后手腕，即与抵制日货。换言之，即与日本断绝经济的国交。其后，有人提议发宣言书，不承认一切中日密约，并将此次日人之横暴，宣告中外友邦，众均一致赞成。又决定组织抵货十人团，办法如下：

（一）宗旨：不买日货，不卖日货，不用日币，不接济日本原料和粮食。

（二）组织：十人一团，一个代表，负连带责任。

（三）责任：团员及自己家庭，绝对实行本团宗旨，每人并须观导十家，实行本团宗旨。

（四）报告：各团进行结果，报知各地学生会或其他团体，由学生会或其他团体公布之。

是日，各界所发传单，有五、六种之多，所携小旗上书“众志成城”，“福州问题严重抗议”，“山东问题反对直线交涉”，“打破强权”，“时日曷丧”，“准备宣战”等等字样。

又一报告云：昨日天安门前之国民大会情形，异常激昂，闻内务总长田文烈、代理外交部务陈箓、警察总监吴炳湘、步军统领王怀庆均到会场，与各团体代表接洽，故临时秩序，颇为严肃，至三时许，始散会云。

〔内务部档案〕

40、京畿卫戍总司令部奉令制止北京学商各界声援闽案游行示威函稿

（1919年12月11日）

迳启者：案准国务院密函开：奉大总统谕：近因福州交涉一案，北京学商各界聚众游行，开会演说，民气激昂，深恐演成逾轨举动，著由教育部详切晓导，静候交涉解决；并由内务部、卫戍总司令暨步军统领、警察厅、京兆尹随时稽查，严切制止，俾免别生枝节，致资借口等因。除分函外，相应函达贵总司令遵照办理等因。准此。查自闽案发生之后，北京学商各界意气极为激昂，曾经招集地方各机关，筹议应付之法。惟以此次人民志在爱

国，若过于遏抑，恐更激成反动；然不加闻问，又恐有越常轨，适启东邻责言，则须本良心上之主张，为适当之制止。乃闻前日游行街市，开会演说，白旗招展，类多丑诋谩骂之词。尤甚者，有称学界中人至各商铺，勒限将日货一律搁置，似此行动，岂不逾越常轨。查学界多优秀分子，既心存爱国，未必不筹画万全，商本攸关，未必不虞其失业，自系少数人未及深思，独自行动，若不加制止，诚恐枝节横生，资人口实。且当此冬防，宵小最易生心之际，尤宜防范无业游民，借端生事，以保治安。兹准国务院函奉前【因】，除函达教育部查照告诫学生等，既以爱国为前提，当然守文明轨道，倘有逾越范围之举动，竟至妨碍国交，是所以爱国者转以误国，且妨害地方治安，亦正不能无法律以制止，务令各学生等一体知晓。并分函步军统领衙门、京师警察厅、京兆尹公署查照，务即切实稽查。如果各界人等有种种徒逞意气，演成逾轨举动，外之或妨碍国交，内之或扰害商业，以致影响治安，凡有地方之责，断难放任，惟有严行制止，执法律以绳其后，庶重治安，而免别生枝节外，相应函达贵部查照。此致
内务部
中华民国八年十二月十一日

〔京畿卫戍总司令部档案〕

41、张敬尧报告镇压湘省学生声援闽案电

（1919年12月11日）

湘省此次学生风潮，蒸日电陈，犹为大略。谨将实在情形，再为钧座密陈之。自福州交涉风潮传播来湘，长沙各校学生响应若狂，搜求各商店日货，聚集于国货维持会内，毁坏之后，又欲焚烧。因商会会长张先赞礼劝从缓，各学生遂蜂集张宅，借口检查日货，见物即毁，并迁怒于各商店。商会会长因商民惶惑，恐酿事变，比由电话密告来署。敬尧遂派军警分途弹压，各学生始一哄

而散。如此数日，各军警对待学生，均极文明。各学生以不得恣肆之故，先后散布传单。始则讥讽官长，继复辱骂商会。敬尧为尊崇学生人格起见，概未深究，仅嘱各校长约束劝慰，勿再作逸轨举动。讵各学生毫不觉悟，气益嚣张，相约罢课，私自解散，纷纷启行，自称赴京控诉及往各省联络者，络绎于途。或言须官厅痛惩商界，或言须官长向彼谢罪，二三其说，命意难知。……张敬尧叩。真。印。

〔督办边防事务处档案〕

42、湖南省城各校学生控诉张敬尧迫害爱国运动电

（1920年1月12日）

〔衔略〕湘督张敬尧，莅湘以来，屠戮无辜，摧残舆论，借公肥私，丐娩媚外，喧厄金融，勒种鸦片，无恶不作，妍笞难容。湘人含冤忍痛，两年于兹，有家皆破，无泪可挥，近更肆其淫威，残民以逞。前月二日，长沙各界人士，闻福州警耗，愤激莫名。国货维持会评议部议决，将查获劣货，请由学生运往教育会址焚毁，以表决心。张督遣弟敬汤率兵数百人到场阻止，诬学生为土匪，包围殴击，至伤修业、楚怡等校之小学生十余人，学生代表徐庆护、汪国谟、苏若波、李启汉、吴俊臣等五人，则摄照此身，声将骈戮，第一联合中校职员，则批颊辱骂，并强令下跪谢罪。学生受此奇辱，群愤莫名，无术自存，迫致全体解散。明知牺牲过大，收拾甚难，只以避死求生，别无良法，不谓张督悍颜强词，通电迴〔迴〕护。外交险恶，民气激昂，而张督则监〔益〕为浮嚣，强以无政府党相绳，希图淆惑世人之观听，其倒行逆施，有如此极。此次学潮，远因于校舍被其部下占据，教师被其指名驱逐，无地求学，无学可求。近因于学生爱国，致触张督之忌，打骂践踏，情实难堪，激而出此，咎应属谁，而张督则强指学生为人傀儡，别有用意。学校经费，至七月之久，分文

未发，而张督乃曰，尽极端爱护之心，无丝毫摧残之意，巧言如簧，用心诚险，事实具在，夫诚〔谁〕信之。学生等虎口余生，仅以身免，进既无学可求，退亦无家可托。铤而走险，誓与偕亡。泣恳诸公，主持此〔正〕义，斥去张督，以救湘人，以纾国祸。临电哀鸣，不胜迫切待命之至。湖南省城三十七校学生驻衡代表邱维勤、陈宗汉、俞伦杰、李才秬、黄云鹤、易介一、易克熏、魏显烈、熊科贤、林韵源、谿瑞祥、左科琦、梁国乾、李恭宵、谿昆山、熊南吾、周励钧、黄雯世、汤应衡、李国钧、彭光球、黎宗烈等及湘南学生联合会、女子救国会同叩。文。

〔内务部档案〕

43、田中玉等报告镇压济南学生演剧密电

(1920年1月3日)

北京大总统、国务院钧鉴：统密。本月一日各校学生在城内大舞台剧馆旧址演剧，警察厅前往阻止，彼此争执致起冲突。据报警察伤二十余人，学生伤十余人。是日，警察并未持械双方徒手扯扭伤痕皆不甚重，当经戒严司令亲往约束并劝分散。现在地方安谧，除会同派员彻查分别处理外，恐传闻失实致劳廑注，谨此电闻。山东督军田中玉、省长屈映光。江印。

奉

批交院处部

〔京畿卫戍总司令部档案〕

44、山东警厅关于镇压学生演出文明戏经过与内务部等来往函件

(1920年1—2月)

（1）山东省会警察厅长致内务总长笺函（1月）

总长钧鉴：渥荷并蒙荷承荫庇寸衷，感激匪言，可宜恭维政

祉蕃厘勋祺懋介，翘詹敷布莫罄□轩。兹敬肃者：十二月十二日有学生代表五人到警厅要求演文明新戏，当以学生演戏为教育部令所禁，严词拒绝。二十四日学生以取消学生联合会问题相率罢课。经戒严总司令派军警监视，各校不许游行演说，散布传单。该学生强闯出校，致与军警稍有冲突。遂由学生代表赴教育会开会，推举省议会、教育会同人谒见省长，要求恢复联合会。并于阳历新年演唱新戏，省长严词拒绝未许。嗣经两会一再要求，省长示以学生只准在教育会开会，一次人数亦不得过五十名。至于演戏一节绝对不许。如学生一二十人在教育会文明演戏尚可不禁，两会同人回向学生宣布，竟谓省长完全承认，当由教育厅长力驳。此事警厅概未与闻。迨至三十一号突有学生二人来厅，呈递学生联合会函一件。内叙阳历元旦在大舞台演戏，请求派警保护，并戏券两卷。当以联合会业已取消演戏。又谓省长所不许，万无承认之理。遂一概拒而未受。是时已为日人所闻，竟由日领事直向省署干涉，迨至晚间警厅接教育会公函一件，内称：学生新剧团由九年一月一日起在大舞台演戏三天，嘱即派警保护等因。当以现值戒严期内，不得擅自演戏，惟既据函请，姑准移至教育会演戏三天，当饬该警区将该大舞台桌凳一律送至教育会，并派多警在教育会门外、暨大舞台看守。及至元旦该学生竟聚多名，强将教育会桌凳仍行运回大舞台，预备开演。城内三区署长禁止不理，并被学生将该署长打伤。是时正在公园庆贺行礼，接据报告又派城内一区署长暨保安队长各率警士前往协助禁止阻挡。时学生已聚数百人，声称：今日之戏非开演不可。该警察实行干涉，竟有学生自楼上摔下板凳打倒警士维持，秩序大乱。该学生童子军相率执棍乱打。是日各区警士均令徒手，遂被学生大肆其殴。结果查殴伤署长三员、警士七名。该学生亦有自行撞伤者，当此气势汹汹之际，竟有学生百余名闯入警厅内院，幸经军队维持，尚未至有暴行。嗣随马师长偕行，到街演说学生始回各校。此一月一日警学冲突之实在情形也。桂辱荷厚恩一忝蒙奖拔此事发生以后，京师谅有所闻，素沭关垂、定承廑注。惟言庞语杂，众论沸腾，诚恐讹传不能得其真相，用敢缕陈始末上渎清聪，藉以知无端启衅之由，而维持秩序者，实出千万不得已者也。专肃敬禀恭叩勋安。伏维

垂鉴

山东省会警察厅厅长金荣桂叩禀

（2）国务院致内务部公函 （1月9日）

国务院公函第六十二号

迳启者：准山东田督军、屈省长江电称：本月一日各校学生在城内大舞台演剧。警察厅阻止致起冲突，据报警察伤二十余人，学生伤十余人。是日警察并未持械，伤痕皆不甚重。当经戒严司令亲往约束，现在地方安谧。除派员彻查分别处理外，恐传闻失实，谨闻等语。并据山东省议会教育会先后电请彻查到院，除饬由该督军、省专查究确情秉公处理外，事关学警冲突，互伤情形较重。应仍由贵部会同教育部派员前往查明详情具复以明真相，而资察核，除分函教育部外，相应钞录来往各电函达贵部查照办理见复可也。此致

内务部

附件：

1、济南教育会电抄件（1月2日）

大总统、国务院、教育部钧鉴：本日省城学生集合演剧庆祝元旦，警察无端到场干涉，横肆凶殴被伤学生至七八十人，折臂穿胸惨不忍睹。查学生元旦演戏，系先期已得教育厅长许可。演戏地点事前亦经警察厅长允认。是学生此项举动并非逾越范围，即

谓临时有其它原因，必须令其停演，亦应由前此允许之长官恺切劝谕，解铃系铃事自易了。乃教育厅长既逶迤不能负责，警察厅长又避匿不出面，第暗嗾警兵任意蹂躏，似此自埋自掘，何异设井陷人。东省学潮方略就平息，经此冲决将复不可收拾。万恳严令彻查，分别究惩，以肃官方，而卫教育。临电无任迫切待命之至。山东省教育会叩。冬。

2、鲁督田中玉电抄件 （1月3日）

大总统、国务院钧鉴：统密。本月一日各校学生在城内大舞台剧馆旧址演剧，警察厅前往阻止，彼此争执致起冲突。据报警察伤二十余人，学生伤十余人。是日警察并未持械，双方徒手打扭伤痕皆不甚重。当经戒严司令亲往约束，并即分散，现在地方安谧。除会同派员彻查分别处理外，恐传闻失实，致劳廑注，谨此电闻。山东督军田中玉、省长屈映光。江。印。

3、济南省议会电抄件 （1月4日）

大总统、国务院钧鉴：东省元旦，学生在大舞台演新剧，教、警两厅长事前均已承诺，临时陡行反变，纵使警兵二百余人殴伤学生数十名，内有十余名受伤极重，均抬往医院医治。现在各校职、教员全体罢课，各界异常愤激，风潮日益扩大。恳请妥速设法维持，以平众忿，而维持秩序。除函请省长查办外，特先电闻。山东省议会。支印。

4、国务院致鲁督田中玉电抄件 （1月8日）

济南田督军、屈省长鉴：统密。江电敬悉。学警冲突一节，先后据山东省议会、教育会电请维持彻查，除交由内务、教育两部会同派员前往查复外，希即就近查究确情秉公处理，务得其平。并望转知各该会静候解决，勿滋疑虑。院庚印。

5、山东省督军、省长会咨内务部咨文　（2月11日）

山东督军省长公署为会咨事：案查本年一月元旦济南各校学生在城内大舞台演剧，警察厅派警前往阻止，致起冲突，叠经呈控委查并诰诫各校如期上课情形。先后电呈大总统、国务院在案。关于罢课风潮业已完全根本解决。本督军、省长以学校罢课与演剧冲突一案，事虽相因而办理，则当截分两事，未便听其牵扯合并，致妨害行政职权，所以前次各教职等以宣言停职列款要求，当即严词拒绝，惟谕令立限开课，各负应尽之责。至关于演剧一案，既经会委查办应即静候结果断不容藉口要挟等语。现在学潮既已宁静，就本案而论，业已酿成事衅，自不能不详切处理，用资结束此案。先据省警察厅长呈称：民国八年十二月三十一日，接山东省教育会函称：学生新剧团自九年一月一日起至三日止，在大舞台演剧三天，嘱即饬警保护等因。查现值戒严期内，非经官厅特许，不得擅自演戏，且大舞台系属梨园，更非学生演剧地点。惟据教育会函请，不得不变通办理。准自九年一月一日起，在教育会会场演剧三天。如在大舞台演戏断难照准，函复教育会转知遵照。去后，当即查得大舞台戏园该学生等业已布置完备。遂令城内一、二区区抽派妥警将大舞台陈设桌凳一切，一律移送教育会安设，并于大舞台门前加警防范。该区警察自十二月三十一日夜间二时至早六时半，始将桌凳一切移送完毕。讵于八时余各校学生至大舞台，经警告说情形，遂齐至教育会大闹，非搬回大舞台不可，城内三区署长率警劝阻不从，教育厅长前往开导解说概置不理。竟率手执白蜡杆之童子军遇警即打，并将署长牛逢慈打伤，硬将桌凳等件悉数运回大舞台。是日为阳历新年，厅长正在商埠公园随同钧座庆贺团拜，接据报告时已十一钟，因恐该区警力单薄，弗能制止，遂至戒严副司令部用电话传令城内一区署长崔情田，暨本厅保安队长张受骞各率长警，并城内三区官警一律徒手前往，二区协助切实阻止。厅长即偕四十七旅刘营长同赴戒严总司令部报告情形。是时教育厅长已在戒严总司令部，并经戒严总司令电招会议，未毕，即接报告该学生至大舞台者已有五六百名之多，大肆辱骂叫嚣不已。该长警等一律坚忍竭力遏止，学生代表李开文率领外来学生代表多人，喝力开戏。该长警等见其来势凶猛，遂齐登舞台以上，实力阻止。竟有在楼上学生掷凳下击，打倒警士陈松涛头颅，血流满地，内二区署长李家驹禁阻不服，复被学生童子军执棍乱打头顶致伤，秩序大乱，内一区崔署长竭力维持，亦被学生殴受内伤，并棍伤右腿，各长警以均属徒手无法抵御，遂被殴打受重伤者七名，轻微伤者十二名。其时系一日下午二时也。该学生等在大舞台殴伤长警时，不无自行误伤者反谓警厅下令殴打学生，遂来百数十名齐至本厅一拥而入直欲闯至内宅，妇孺惊恐无状，幸蒙戒严总司令派刘营长率兵到厅弹压，该学生等仅在办公室外叫骂未得入室，其余数百名均至教育会开会。厅长即随同戒严总司令暨教育厅长先后赴教育会，并本厅门首召出厅内学生开诚诫导，该学生等始各回校，曾将经过情形面陈钧座在案。查该学生等前次组织学生联合会，搜查日货，逮捕商人，并擅自处罚，甚至罚办未遂，拟欲捆绑游街，其逾越范围行动实与暴民无异。迭经驻济日本总领事质问，并有日本宪兵直赴学生联合会寻衅，均经厅长督饬长警维持取缔，幸未酿出重大问题。未几而学生联合会散布传单，召集各县学生派人来省，于二十五日开联合大会，并在大民主报登载广告，订于阳历九年元旦仍开联合大会。当以现值戒严期内，集会结社为戒严法所不许，遂于民国八年十二月二十三日，令饬城外二区警察署长穆祥霖将学生联合会实行解散。遂发生二十四日有罢课出校之举动。城内三区巡长黄立功拦阻学生致被咬伤手腕。东北乡警察王海山亦被殴肿头部，该学生等结队游行至芙蓉街，适有日人三名，该学生等一见即骂，几起冲突。当由巡官许合福率同警士设法维持，幸未酿出交涉。迨至阳历年终发生种种谣传，佥谓日人拟乘阳历新年学生开会之际行使干涉手段，并拟造成外交机会，以与学生抵制，冀图报复。经教育厅长屡向学生诰诫，该学生等宜如何激发天良，以求真正爱国，乃竟强调演新剧不受警厅取缔，竟将署长、长警打伤多人，似此强暴行为，殊为理想所不及。现在该学生等逢人便告，反称此次演戏曾经警厅许可，并指定大舞台地点，且有为学生代售戏券一百张，一若本厅二三其德，不得不将远因详情贡陈钧听。查上年十二月十二日有学生联合会代表李金阶、李开文、张文英、王文承、张其昌等五人来厅面见，欲于九年元旦起在大舞台排演新戏三天，请求允许维持。厅长以学生演戏，原为部令所不许，该学生等自应专心求学，恪遵部令，不得为求学以外行动。所请排演新戏，本厅未便照准，当即切实拒绝。迨至二十三日解散学生联合会后，从未有学生到厅，厅长亦未与学生等晤面，三十一日十二钟突来学生李金阶、崔书馨二人呈验学生联合会信一函，并由衣服内取出戏票二卷，当以学生联合会业经解散万无承认之理，并告以演剧不许，信件、戏券一律无效，拒未收纳。是日晚间始有教育会之函请，不得已许其在教育会排演，大舞台演剧断难照准。有该代表李金阶可问，即使李金阶等与各学生一致行动，不吐实情，则尚有教育会来往函件可证，该学生等安得以拒绝之词，作为承诺之语，厅长忝司警政职权所在、责有专归，该学生等不服制止，反行强暴殴伤长警多名，闯入警厅滋闹，且复捏词诋诬，颠倒是非，瞻顾前途，殊堪浩叹。除将被伤署长、长警送赴中西医院妥为调治外，所有本月一日制止学生在大舞台演剧。被伤情形理合缮摺呈请鉴核示遵。等语。并附受伤署长、长警名单清摺一扣前来，同时并据省教育会长许名世、副会长李含芳等呈称本月一日省城各校学生集合演剧庆祝元旦。警察无故到场干涉，横肆凶殴，被伤学生至七八十人折臂穿胸，惨不忍睹。查学生元旦演剧系先期已得教育厅长许可，演剧地点事前亦经警察厅长允认，是学生此项举动并非逾越范围，即谓临时有其它原因，必需令其停演，亦应由前次允许之长官恺切劝谕，解铃系铃事自易了。乃教育厅长既逶迤不能负责，警察厅长又避匿不肯出面，第暗嗾警兵任意蹂躏，似此自埋自搰，何异设井陷人，东省学潮近方略就平息，经此冲决将复不可收拾，倘非将酿祸肇事各员严重究办，何以服人心而息众怒。恳即迅行撤查，分别究惩以肃官方，而卫教育等语。又据省议会议员许继赓、唐仰杜、李允峰、杜应斗等暨省垣各学校校长许维灼、巩秉秋、于之昌、贾乃宽等先后来本省公署面陈，谓省会警察厅长金荣桂此次对于各校学生之处理，实有种种不合。其一学生请求演剧之事，该厅长先期确已负责允许，并已允其就城内大舞台为开演场所，当经代为购销剧票一百张，票上注有大舞台字样，足为认允之据。乃三十一日夜半以后，与省教育会副会长李含芳、教育厅长袁荣宽同见省长，并不将已经允许各节据实陈禀，仍负责实行禁阻及元旦肇衅，该厅长事前既避而不面，临时又并不到场。教育厅长亦始终依违，未有明确之表示，以此酿成如此钜衅。对于学生为有心坑陷，对于省长为蓄意欺蒙，推原祸始责无旁贷，应请从严查办，以肃官纪等情。又据教育厅长面陈学生受伤情形，并据学生李开文等呈控到署，续准省议会议长函请查办前来，即经会同派员彻查。兹据委员济南镇守使署执法官张书绅，分发山东任用简任职，周礼呈称：窃奉钧署第一六号委令，彻查此次学潮教育、警察两厅长事前究竟有无允许学生演剧，暨是否允许在大舞台开演，并当时冲突实在情形，查明呈复等因。正在调查间，旋奉委任令第二二号令同前由等因。奉此。委员等遵即按照先后文开各节逐一详查，而所得各界消息，多数以学生元旦演剧，业为警厅允许等情。众口纷纷如出一词，乃又亲晤双方当事人等，详细探询，以期互相印证，冀得真相。八日午后分谒教、警两厅长，据金厅长声称：大舞台演剧一节于上年十二月十二日曾有学生五名到厅交涉，伊并未允许。自此以后亦未有学生再向伊要求，至十二月三十一日忽有学生李金阶、崔书馨到厅面见，并携呈学生联合会来函一件，剧票一百张，伊当时即对学生等声言：学生联合会既取消今又以联合会名义来函，绝对不能发生效力。至于剧票一项既不准演剧，更无收受剧票之理。当即完全拒绝等情。惟据袁厅长面称：元旦演剧问题，经学生迭次要求，伊与警厅长曾有可以通融之表示，至在大舞台演剧，教厅则未允许。至肇事日之午前，伊复到教育会竭力劝诫，学生等置之不理等情。九日早十时访教育会长李含芳，十二时到省议会访议员朱文泉、张柏庄详询一切。据李含芳等声称：大舞台演剧于上年十二月二十五、六日等日，该会长暨该议员等与教育厅长磋商数次，经该厅长当场声明，谓伊与警厅长已完全负责任，可以当面质证等语。是日午后三时，晤学生代表崔书馨、李开文、张清瑞、张其昌，据称：演剧一事曾与教厅交涉三次，与警厅交涉四次。第一次到警厅系在十二月十二日，由学生李开文、李金阶、张其昌、王文承前往。第二次系在十二月十四日由李金阶、张其昌前往，均未有结果。至第三次始得警厅承认。缘其时有学生将在商埠新舞台演剧之说，故允其在大舞台也。至第四次晤面即肇事之前一日，由崔书馨、李金阶前往携学生联合会信一件、戏票一百张，票面注有大舞台字样。当时警厅长接戏票后，即谓此百张票，余亦不必外派，届时分与朋友亦可做到。总之戏词不要对外、对内、对人自然没有枝节等语。又据大舞台附近居户及园役王儒珍声称：当日警察阻止演戏时候，有数学生大呼谓尔厅长已为我们卖票，何故又行阻止，两方争执遂起冲突。以上情形虽若言之□□，惟均系口头报告，并无书面证据。究竟教、警两厅长曾允许学生在大舞台演剧与否，警察厅长曾否为学生代销戏票，各方既不能面证，委员等灾难悬断。至于临时启衅实情，据多方调查，当时警察学生互相口角之际，人丛中忽有呼打者，登时秩序大乱，并由楼座中摔下一木凳，将某警士打伤，遂致不可收拾。究竟谁为主使，谁先动手，言人人殊莫衷一是，又查肇事之际，据金厅长声称：是日早九时即到公园团拜，十一时到戒严副司令部，十二时到戒严总司令部会议。会议未毕即行肇事。据学生张清瑞等面称：是日早六时到大舞台，见所有桌凳业已迁移，即推李开文、李金阶到警厅求见厅长未得见面，遂将桌凳迁回。至下午一时余即有三区署长牛逢慈、二区署长李家驹、一区署长崔情田率领警士多名闯入戏场，指挥打人等情。查是日上午六时学生等见桌凳已迁移，除向警厅交涉外，又有多名向教育会纷纷将桌凳搬回，自教育会至大舞台。其地点距离并非甚近，亦非仓猝不及制止之时，其时该管警察何以不予实力制止，制止不服何以延至十一时，始行报告。再据袁厅长声称：是日早七时，有学生两名到厅质问，伊于八时到教育会切实禁阻。各学生置若罔闻，亦不听警察劝止等情。又查警厅原呈内称：署长牛逢慈被殴受伤，系在是日午前，而据该署长面称：被殴时间系在午后，与原呈实有不符之点。又查学生与长警受伤人数及伤痕轻重各节，委员等连日查得城内三区署长牛逢慈系被学生用木杆殴击致伤腰部，经医治后现已能行动自由。二区署长李家驹头部皮肤受有挫伤，现已痊愈。一区署长崔情田右赚骨受伤，现仍卧床。惟据崔署长面称：伊当时系跌伤腿部未曾被殴事，后因受闷气致感风寒，遂至缠绵。警士陈松涛头部皮肤受挫伤，警士张培彦腰部受伤，警士薛荣左额角皮肤受伤，警士师少卿头部皮肤受伤，警士刘栋臣腰部受伤，警士丁立春右足腕部受伤，保安队巡长纪茂泽枕骨处皮肤受伤，现在尚有四名住院调治。学生方面第一师校学生周兆瑗枕骨处皮肤受伤，矿业实习所学生王永堂左胁部受伤，第一中校学生李金阶头部受伤，该三名现在均未出院。正谊中校学生于在瀛自肇事后，发生惊悸病，现住校内调养。又查各受伤人等当两方冲突之时桌凳散乱，彼此扭打多系碰跌受伤，且亦多系徒手，并无何种器械，亦并无重伤者，委员等除传谕各校校长，警察厅长将受伤未愈各人迅速医治外，一面并到各学校传谕，各校长劝导学生照常上课，勿得再生事端，致劳廑念，所有奉委查明此次学生元旦演剧风潮始末情形，理合据实呈乞鉴核。等语。即经逐加察核分别定拟，当以教育厅长袁荣□综司学校约束无方，惟任事未久从宽，予记大过二次，省会警察厅长金荣桂处事模棱，督率怠弛，业已另案罢职，从宽予记大过三次，该管二区署长李家驹、三区署长牛逢慈先事疏忽，致酿事端，从宽予记大过二次。各校校长事前失于管理，事后列疑要求，未免昧于事理。惟念手续虽误，用意无它，经本省长召集反复诰诫，以后立各省□负责如期开课，并称：愿与省长决心一致同负整顿教育之责任，尚能深明大体，特从宽各予记过一次。由教育厅查明分别注册呈报。至学生、警察均应恪守秩序之人，乃竟至撕扭拥挤，互受损伤。无论所持理由孰是非，并应从严惩处，惟据查称双方徒手并无器械，委因拥挤碰跌，绝无重伤，谁为主使，谁先动手，亦无从查考等语。应从宽免于深究，其查明受伤之学生周兆瑗、王永堂、李金阶三人已出医院，于在瀛在校调养，是否均已完全平复，即由该校校长妥为查察，将护受伤之三区署长牛逢慈、二区署长李家驹、一区署长崔情田、警士陈松涛、张培彦、薛荣、师少卿、刘栋臣、丁立春、巡长纪茂泽等均由该厅长优予调治。业经令知教育、警察两厅暨省教育会一体遵照办理。除会呈大总统、国务院暨咨行教育部外，相应均全案处分结束情形咨行贵部请烦查照。此咨

内务总长

山东督军田中玉

山东省长屈映光

（4）内务部教育部致国务院咨呈 （2月）

内务、教育部为咨呈事。查本年一月一日，山东省城学警冲突一案。兹据内务部委员丁嚣、教育部委员秦锡铭会同查复，内称一事前之经过。查济南中学以上各校学生，蓄意演剧为日已久，自八年十二月二十四日解散学生联合会后，学生即以元旦放假三日期内游行、讲演及演剧筹款各节。请求警察厅、教育厅认可。两厅为避重就轻起见，未允其游行、讲演，而允其演剧筹款，确系实情。惟事前并未呈报省长查核。且地点问题乃警察厅权限所在，若非得其许可，学生辈亦无从布置。故学生所言警厅曾允其在大舞台演剧，并代为销票百张一节，传说无异。殆亦非诬。至十二月三十一日因有他种关系，田督军问屈省长问及此事，省长以未经允许为言，旋传警察厅长、教育厅长及教育会会长等，赴省公署商量办法。省长向各厅长严词诘问，警察厅长乃坚言并未允许学生在大舞台演剧，于是决议将大舞台布置已妥之件，连夜移至教育会，意在令学生即在该会开演以事了结。及次晨学生知之，以票已售出，信用攸关，复由教育会将各物运回大舞台。当场警察既未强行拦阻，教育厅长开导解说亦归无效。此事前之大概情形也一。元旦之冲突，学生以在大舞台演剧为警厅所允许，此次停顿突生意外，遂举代表向警察厅长质问，乃警察厅长因至商埠公园团拜。未归，电询面寻，迄无踪影，教育厅长亦未莅场，无从接洽。而同时警察厅长乃以电话通知城内三区各署长，谓如准学生演剧以为事实，即将各该署长等送交军法科惩办等语。于是三区署长各率所属警察前往干涉，虽未挟军械，人数实已众多，而在场演剧及执务学生亦有百人上下，警察厅长始终未至，接洽愈难，开演时间本定上午十二时延宕至午后一时许，观者踵至，啧有烦言。于是学生欲开演，警察即拦阻。语言争执，遂起冲突。有谓学生登台演说，警察误认为演剧，遂行干涉者；有谓学生口出不逊，其副官及某署长喝打者；有谓某生由楼上掷木器于警察头上，致晕倒在地，遂肇事端者；有谓警察将一小学生由楼上掷下跌地受伤者；有谓警察辱打学生，宪兵旁观不平，群起围攻警察，致警察受伤甚多者。当时秩序既紊，闻见各异，究竟如何无从判明。惟当场受伤学生及警察各有数人，即送入医院调治，数日即愈。是日担任演剧者，第一中学及正谊中学学生排列在前，询据该两校校长所言并证诸省长公文所称，亦属相符，其它受伤较轻，勿药而愈者为数虽多，程度如何无从考查。至当场遗失衣物多系由学生借作化妆品之用者，委因冲突以后，学生、警察一哄而散，大舞台内照料无人，所存各物究不知为何人掠取，谓并未失落多物者固出于揣测；谓尽被警察持去者亦乖于事实。当时学生、警察相持不下，旋由军界多人前往弹压，遂各散去。学生复群至警厅质问，既不得请，至教育会者亦无结果，遂各散归。此肇事之大概情形也一。事后之结束，肇事以后，官厅学生两方面各执一词，迄无解决之方，数日后复有各校教职员停止职务之举。并向当道提出条件，即解严惩办警察厅长及肇事人，撤换教育厅长，抚恤被伤学生，赔偿损失，指定教育基金，按期发给教育经费等。省长以要挟过甚，概难承认，旋经省议会副议长王朝俊、教育会会长许名世、李含芳等出任调停，各校遂于一月十九日一律上课。省长亦将警察厅因事撤任，复记大过三次。其教育厅长、各区署长、各校校长各记大过。有差至学生则以激于爱国热忱，警察则以事属因公，概不置问。其遗失各物，经省长责令各校按照每校常年经费全额百分之一暂行抽垫，再由省费支给。是时学生因教职员罢课及旧历年关关系，多数业已回家，亦无异言。此结束之大概情形也。谨将调查所得情形据实陈请鉴核等情。前来相应会同咨呈钧院查照此咨。呈

国务院

内务总长

教育次长代理部务

中华民国九年二月　日

〔内务部档案〕

45、关于旅京东三省学生反对日本侵占珲春举行爱国示威运动呈

(1920年11月12日)

京畿卫戍总司令部

为咨呈事。迭据报告旅京东三省学生，连日以珲春事件麇集多人，手持白旗分途演说，词甚激烈等语。查珲春交涉关系国权，应由政府准情办理。乃各学校学生藉词讲演，举动激烈，若不预为防范，深恐恃众滋扰，逾越常轨，于地方治安受其影响，除饬队严密监视外，应如何办理之处，相应咨呈，鉴核赐复施行。为此咨呈

国务院

中华民国九年十一月十二日

〔京畿卫戍总司令部档案〕

46、探员张鸿绪关于学生反对日本侵占珲春而游行报告

(1920年11月16日)

张鸿绪报告

科长大鉴：谨将调查学潮情形报告于下：

计开

一旅京东三省学生于今日下午分在各该校内，集议于明日下午一时鼓动各校学生，齐集天安门举行游街大会。

一此次学潮实系旅京东三省学生受人利用，假口外交之所致。但各校非东三省学生鉴于前次失败，多持冷静态度。

一此次学潮鼓动最力者为东省藉之祁大鹏、高尚志等。

一北大、中大等人数最多之数校，对于此次学潮内部非常不一致。谨此奉闻。张鸿绪上　十一月十六日

步军统领密传压制令稿

为密传事：奉堂令：查本京各学校学生，连日以珲春事件游行演说，原出于爱国热忱，乃竟有无知党徒，鼓吹无政府主义，混入学生队中，散布印刷传单，语多悖逆。此等煽乱动作，绝非学校学生所为，必系过激派党徒乘机鼓动，本堂为保卫治安起见，自应从严查禁，密传统带并抄录印刷传单一纸，仰即转饬所属，遇有散发此项无政府印刷传单党徒，应即捕获来署，以资根究，而靖地方等因。奉此。为此密传希即遵照，转饬认真办理。切切。此传。

〔步军统领衙门档案〕

47、富连瑞报告北京学生联合会对日本侵占珲春举行示威运动报告

(1920年11月18日)

陆军少将、游缉队统带左翼翼尉富连瑞谨呈为报告事：十一月十五日接奉电传是日下午二时，在将军宅会议时，面交本月十七日上午十一时，各校学生齐集天安门，在街游行演说，散布传单等。交职于是日带同管带田德山、邦统雷恒成、邦带王庆祥及督操官吴连瑞等，抽调各队官长兵分布各处听调，并加派便衣侦缉队在各据侦探。据侦缉队中队官唐丰泰等报告，是日上午十一时各校学生陆续出发，齐集天安门，共男女学生约五千余名，至下午二时三刻各校学生齐队出西长安门，手持白旗，散布传单，喊嚷快救珲春，抵制日货。至三时余，走至总统府，学生代表曾亮等男女九名递呈，经右冀接收转递，其余学生出宣武门走赶驴市，进正阳门仍至天安门齐集。当有代表学生报告，举旗者均赴

外交部，不举旗者各回本校。随有举旗学生男女二千余名，赴外交部。未举旗学生均各回本校。职随即调官兵至外交部前后门，每处一小队并派各队保护。崇文门内一带各日商当有代表男学生王雅亭等三名，女学生孙士贞等二名，先赴外交部见熊秘书长，要求珲春交涉事件后。走去天安门外之学生二千余名，出东长安门走御河桥东单牌楼，进石大人胡同，至五时二刻到外交部。当有学生代表一名，向外交部问询学生代表来否。外交部答方才来男学生三名、女学生二名已经走去。该代表向众男女学生报告代表已走，我们大家将旗子丢在此地，各回本校。各学生鼓掌抛旗，往东而去，出石大人胡同东口，进东堂子胡同东口，出西口。惟有中国大学，并学生联合会等校学生四百余名返回外交部内要求见总长，如不见即此驻宿等语。职复派便衣侦探在彼严密防范，以防不虞。当经总长在东楼上接见。令各学生在楼下答话，学生云珲春被日本占了。总长回答本国已派兵前往，兵到日本兵即退，俟日本兵退，本国再向日本交涉，要求道歉。说毕学生四百余名，由外交部各散回本校。除电报外，谨将接收各传单并学校名目单及学生要求条件一并呈报

正堂大人台前谨

呈

中华民国九年十一月十八日

附传单三纸：

一、日本又派大兵占我珲春

延珲五县共有日军四五万人

抢掠烧杀无所不为

日本以待高丽的法子来待我中国

大家快起来保护国权救助同胞

一面作政府的后盾一面实行抵制日货

珲春是吉林的一个县，是我们中国东北一个很重要的地方。日本看重了，他不管什么公理不公理？十月二号那天，派来七八千大兵就给占了。以后日兵一天比一天增加，直到现在，珲春延吉、和龙、汪清、东宁，遍地都是日本兵，总共有四五万人。强占民间房屋不少，到处横行，买物不付钱，民间猪鸡全吃尽了。这还不算，日军一不高兴，要烧便烧，要杀便杀，目下延珲五县人民，因恐日军杀戳，全扶老携幼，哭哭啼啼，舍去田宅，往他乡避难去了。我请问诸位，五县是不是中国的土地？五县的人民是不是我们的同胞？日本现以待高丽的法子，来对待我人民，以无理的手段，来掠夺我国权，真是万恶滔天了。诸位同胞呀！中国的主权，受日人这样的侵害，我们肯放弃，不愿保护他吗？五县的同胞，受日人这样的欺凌，我们肯见死不救吗？要知道日本人把延珲五县占去了后，就要慢慢来吞灭中国全部的。所以我们救助同胞，即是救助我们自己咧！诸位如没有忘却自己本身，那么就请快快起来！快快振作！快快预备！快快想法子！一面来作政府后盾，一面实行抵制日货，非达到我们保护国权，救助同胞的目的，决不甘休！并且发顶天立地的大誓愿："一辈子不买日本货！"、"后世子孙也不让他买日本货！"

北京学生联合会印行

珲春！珲春！不是我国吉林属地吗？今日本国因韩人捣乱。焚烧日使公署。乃借题发挥。实行其侵略主意。遂进兵驻守珲春。占据我官署。惨屠我民人。焚毁我房宅。扰害我农功。蔑视公理。甘冒不韪。我当轴妆〔装〕聋卖哑。受其愚弄。而日人进尺进寸。从心所欲。在当道固见惯司空。而日人更无所忌顾。为所欲为。来日方长。常此受欺。势不至亡国不止。过细一想。真正可怕了。同人等闻日人之野心阴谋。惊骇得很。恐未周知。所以揭其黑幕。以告国人。尚望我同胞。合心合力。与日人断绝买卖。提倡国货。暗中抵制。助我政府外交之行动。勿为五分钟之热度。同人幸甚。国亦幸甚。

北京学生联合会启祷

哎呀！不好了，日本人又来欺凌我国了，自从光绪以来，我国外交的失败，已达极点了。他所以敢横行暴动。肆无忌惮的原故。皆因为中国人只有五分钟的热度。而且无爱国之心。见利忘义。自私自利。更不知身家与国有密切之关系。所以爱国不如爱家之心切了。不知道国亡则家破。连自身就没有主权了。朝鲜印度。不是个榜样么。我们同胞。仔细想想。好可不怕咧！所以我们大家须得急早想个法子。抵制他。帮助国家外交之责任。也是大家辞不脱的。望大家齐兴起。

北京学生联合会启祷

本日游街要求政府履行之条件：

（1）日兵应从速退出珲春地方。

（2）日本政府须向我国政府道歉。

（3）嗣后日本兵不得自由入境。

（4）惩办丧权专横之鲍贵卿。

燕京女子大学	盐务大学
女子高师范学	法文专修学
尚义师范学	清华高等学
协和医女学	成达学
第一女子中学	电汽工业学
女子职业学	崇实中学
河南中学	求实中学
山东中学	毓英中学
萃文中学	成达中学

法政中学	公立第二中学
第三中学	孔德中学
法政专门学	豫章高业学
高等师范学	高等补习学
邮电学	农业专门学
朝阳大学	工业专门学
通才商业学	医学专门学
中央附属学	中央政法学
俄文专修学	铁路管理学
青年会夜学	清华小学
尚志学	燕京大学
财政商业学	中国大学
贝满女子学	协和中学
暮贞女学	税务学堂
萃贞女学	蒙藏学校
高师附属女中学	法语学校
高师附属中学	培华女学
第四中学	公主第一中学
京兆第一中学	畿辅中学
北京师范学	汇文大学
美术学校	北京大学
民国大学	

以上通共六十一处

〔步军统领衙门档案〕

48、刘全福关于防范学生示威游行报告及传单

（1920年11月18日）

京城巡捕南营调署参将刘凤藻、署理游击刘全福为报告事：

于本月十七日将官等督饬各汛都守分在各处官厅，弹压各学校学生游行，并派便服巡缉官兵车站探访中队官、小队官长等分布各处，沿途照料。兹据詹世彬、孙续昌等报称：上午十点余钟有清华学校学生四十余名，又学生二百三十余名，均由东车站到京，进正阳门，又毛寿松、朱振铎等报称：上午十二点余钟有尚义女子学校学生三十余名，畿辅中学学生四十余名，先后进宣武门。又李同茂计墉等报称：上午十二点余钟，有北京高等师范、豫章等学校学生共六百余名，持旗分进正阳、宣武两门，赴天安门。谨将各学校学生结队持旗游行，沿途散布传单经过职营时刻、地点、人数，派拨便服巡缉官兵沿路跟随照料无事，除节节先行电报外，并将所接传单粘连，理合分晰，开列报告

宪署

计开

据守备孙继成等报告：下午二点余钟，有各学校学生三千余名，出宣武门进赶驴市西河沿，由新华街往南游行。

据密探缪松涛等报告：下午三点余钟，各校男女学生结队游行，口呼力救珲春等语。由虎坊桥往东。

据都司邢厚源、守备石毓琦等报告：各校男女学生结队，由珠市口往北游行。

据守备于沛等报告：下午四点余钟，各校男女学生经过正阳门大街，往北进正阳门。其清华学校学生二百余名，由东车站登车回校。

以上各校学生均于七点余钟，陆续回校。

中华民国九年十一月十八日

〔步军统领衙门档案〕

五、　反对鲁案直接交涉

1、唐山、天津各界联合会要求青岛不直接交回暂不补签和约呈

（1919年7月23日）

为请愿事：盖闻国家存亡，视乎人心，人心不死，国乃可兴。窃自欧战止戈，和平开幕，日人以种种横暴狡诈之手段，恫诱我政府，思欲得一实在证据，攫取青岛及山东一切之权利。海外列强，徇一时权宜之谋，不顾世间公道；国内巨奸，为个人营私之地，不思来日大难。青岛问题，几遂日人之欲壑。国人闻之，痛亡国之惨，惧灭种之凶，飞电力争，上书苦请。幸我大总统救国心切，俯顺舆情，我专使不畏强御，毅然决然拒绝签字，国内人民稍慰渴望。乃少数奸憝，恐失欢于日人，不遂其攘权夺利之初心，故为邪说，危辞耸听，率尔提出德约追签之议，查青岛之去留，非关一隅之利害，实山东一省之得失。中华全国之存亡所系。青岛失则山东亡，山东亡则全国沦，神州陆沉，华胄种绝，不待筮卜而可知。国内人士，吁天抢地，努力凝神，正思遏其横流于拒绝签字之后，作亡羊补牢之方。如霹雳一声，补行签字之电令一下，虽曰权其利害，而适为利害所迷，岂可出尔反尔，贻笑列邦。况日人数年来，无事不欲亡我国家，廿一之苛条，军事之协定，已足制我死命。若复不权利害，遽行对于德约追签，是更授日人以柄，不惟山东沦亡，而廿一之条件，亦将实行，当此之时，即欲再思补救，亦无及矣！如曰我国积弱之余，恐抵抗日人，势同螳臂，纵一时奋起群呼，亦不过作蛙腹之鼓。然数月以来，国民爱国之热度，弥漫天空，其持久之心，与进行之力，非一时狂妄者比。诚以签字为国死症也，不签字为国危症也，危症尚可救药，死症则坐以待毙，两害相权从其轻，正今日

补行签字与不补行签字之生死关头也。虽然，不签字非即为外交之成功，不过以签字为饮鸩止渴，不签字乃扬汤止沸耳。釜底抽薪，根本救济，自有良方，请为我大总统敬谨陈之：

一、利用时机也。今日我国之情势，犹大病之垂危，忽有转机。自青岛问题发生 人人愤慨，知大患之将临，心目中皆悬一救国思想，而又以德约未签，复知外交之将来，应付犹难，稍一放松，则大事立去，死里求生，尚可有为。故各界联络开会，思欲屏除佥壬，促息内争者有之；抵制日货，以塞漏卮，储蓄资本，以兴实业者有之；游说英、美以牵制日人者亦有之。民气之蓬勃，遍于全国，而进行之速，操持之久，为从来所未有。此已足壮国人之胆，而寒日人之心。若我政府善导而阴持之，则乘其热度之高，以之练军，则有勇知方、敢死敌忾之士，必投袂而起；以之筹饷，则毁家纾难、输粟助边之人，必倾囊以资助。此时机之不可不利用者也。

一、扫除障碍也。近数年来，各谋势力，结党营私，于今尤烈，已成为不可掩之事实。南北分裂者关于此，内政不修者关于此，使不设法以纠正之，党见持久，贻误大局。故宜一方以至诚，劝其消除党见，以大义责其党魁，俾以公忠体国，存一消极之心，解散其机关，将来统一国会告成，不愁无发展之余地。不然，党人方面，恃武者盘踞于外，奸佞者鼓簧于内，一言国内和平，则百端阻扰，一言外交折冲，则一味媚外，势不致同归于尽，终于未已也，遑论巩固国基，力御外侮。此障碍不可不扫除者也。

总之，今日之时局，我不求强，而待外人之扶持，是自欺也。欲求强，不知利用时机，是自误也。利用时机，而不扫除障碍，是自困也。伏望大总统，当机立断，出于精诚之心，运以灵活之手，因势利导，上弭党见，下顺舆情，则中华之沉疴，未始不可以立起，从此转危为安，转弱为强，胥于此举卜之矣。代表等草茅下士，一介寒儒，不揣冒昧，将各界之心理，作刍荛之上献。大总统如肯不弃葑菲，垂加采择，务祈明令宣布：若不能将山东一切权利及青岛土地由德人直接交回，则关于德约誓不补签。并祈表示废除廿一条件及一切军事协定之决心。为此昧死上陈，只候批示，代表等无任惶恐待命之至。谨呈

大总统

唐山各界联合会代表 鬲乃宣 刘夕暇 陆庭俊 谨上

天津各界联合会代表 王醉生 卢剑秋 谨上

〔内务部档案〕

2、王光宇关于日外务省参事官芳泽谦吉为鲁案直接交涉来华活动报告

(1919年8月)

（1）八月十一日报告

步军统领衙门侦察长王光宇谨将各侦察员所查第七十九号报告缮单呈请宪鉴：

计开：

………

一、据祁荣寿报称：兹闻本月八日，有日人方泽氏来京，系日政府派来京运动青岛问题，住东长安街北京饭店内，是日借乘东单牌楼大街三菱公司秋山昱禧之汽车，先赴日使馆叙谈。九日，赴团城拜会章宗详〔祥〕、曹汝林〔霖〕。十日，拜谒在京之日巨商。十一日，拜访前司法总长林长民，又拜日人楢崎观一、平井晴二郎、鹫泽与四、秋山昱禧。又昨晚八时，闻东单牌楼三条日

本居留民会内，有日人在彼开茶话会，系该会委员长小贯庆治等十余人，共同审查在京居留之日侨，男数七百九十六名，女数五百七十八名，关于捐金上之研究，政长上之办法，至九时半散会。

………

中华民国八年八月十一日

（2）八月十二日报告

步军统领衙门侦察长王光宇谨将各侦察员所查第八十号报告缮单呈请宪鉴：

计开：

一、据李振邦报称：昨详住东长安街北京饭店之日人方泽氏京有误，今细查系芳泽谦吉，为日本外务省参事官。昨晚九点，曹汝林〔霖〕赴该店回拜，斯时该日人已在小土地庙陆宗舆处叙谈，曹汝林〔霖〕亦往陆处面晤该日人后，又赴骑河楼前国务院秘书长张志潭宅。今日该日人赴财政部，及锡拉胡同英人李才，东单牌楼二条胡同公府顾问日人青木宣纯，东裱褙胡同正金银行各处拜会。闻明日上午十一时，有日本留京各界重要人物，在东单牌楼三条胡同日本大和俱乐部，为芳泽参事官开欢迎会。

………

附呈中国夫役暗用铅笔抄录日本居留民会长平井晴一郎寄山东分会长人部正武原函文一纸〔原缺〕，并北京高等法文专修馆印刷传单

中华民国八年八月十二日呈

哎哟！不好了！山东的催命鬼到了！大家要留心呀！

（冬心）

列位同胞呀！我们为着欧洲和会解决山东问题，太不公道，政府做事，大不可靠。我们才罢市，罢工，罢课，牺牲了许多的精

神和金钱，才得了个不签字的结果。不签字后，就应当准备今年阳历十月间在华盛顿（美国京城名）国际联盟会提出请各国公断的手续，才是道理。谁知政府里的事，全被那班狐狗一般的什么军阀派、安福派，把持住了，偏偏要和日本勾结，说山东的问题，要中日两国直接去办。现在，日本政府已经派了一个名叫芳泽谦吉的到中国来，和政府办理这事。这人已于本月九号到北京了，我且把这人的底细，说给诸君听听：

芳泽谦吉，现在做日本外务省（就是外交部）的参事官。从前做过日本驻华公使馆的参赞，在中国的日子很久，和我国那班军阀派、安福派都是很要好的。

诸位看了右边所记的这人的底细，就可以知道这人来中国的关系不小了。并且这人到我国来的时候，先到山东走了一躺〔趟〕，在山东把秘密事办好了（就是谋占山东的诡谋），才于九号到北京来。他一到北京，山东的问题，必有很大的变化，那中日两国直接交涉的妖言，必定要实行了。诸位不相信，可把这几天的《晨报》、《国民公报》、《时事新报》、《申报》拿来瞧瞧，实在有蛛丝马迹可寻哟！（日本报纸也说芳泽氏到中国来，是为山东事件）哎哟！国民呀！这事如果真由中日两国直接去办，那真是向狼口里抢肉吃，肉没有抢着，反被狼咬死了啦。唉！国民，国民！我们奔走呼号了几个月，到底是为的什么？当着这十二分危险的时候，反可以不拼死力去争最后的胜利吗？哎呀！芳泽谦吉来了！就是我山东的催命鬼到了！国民呀！你们要赶快醒来！和那班恶鬼，狐群狗党，拼个你死我活罢。

北京高等法文专修馆印。八月十日第一次付印，十一日第二次重印，十二日第三次重印。

（3）八月十三日报告

步军统领衙门侦察长王光宇谨将各侦察员所查第八十一号报

告缮单呈请宪鉴：

计开：

一、据高俊仪报称：今在本城及前门外各繁华地面，见有北京法文高第专修馆并联合会各校学生，四路演说：现在日本九号派来芳泽谦吉参事官，阴谋山东诡计；并痛骂段督办、王揖唐、马良诸辈，均系安福派之毒虫，非将中国权力送与日人而后已，虽剥皮削肉不足以解其恨。演罢，痛哭流涕。又散布日昨所呈之传单，嘱国民同胞与政府力争，挽回利权方罢休。

一、据祁荣寿报称：今查日本代表参事官芳泽谦吉之行动，闻昨午后六时余，有外交次长陈禄〔箓〕同王秘书二人，赴该日人处晤谈，至七时回归。是时该日人遂赴日使馆，至夜内一时回店。今午前十时二刻，有曹汝林〔霖〕至该日人处，述及中国现种种困难，全赖贵国维持等语。至十二时出店。午后一时，见该日人往东单牌楼三条胡同大和俱乐部赴欢迎会，有第一师参战军顾问阪西力八郎、中国顾问青木宣纯等四十余名同宴。会间讨论是否归还青岛问题，至三时余陆续散去。……

………

中华民国八年八月十三日

（4）八月十四日报告

步军统领衙门侦察长王光宇谨将各侦察员所查第八十二号报告缮单呈请宪鉴：

计开：

一、据祁荣寿报称：闻昨午后五时余，东长安街北京饭店之日代表参事官芳泽谦吉，借东单牌楼大街三菱公司汽车往财政部。又往崇文门内船板胡同内小丁香胡同住日海军武官大佐巴伯二郎、中佐沙阪悌三郎处拜访，至七时回店。今晨五时余，借三井洋行好富道明汽车，往东安门内南池子交通次长曾彝〔毓〕隽寓赴宴。在座有曹汝林〔霖〕、徐树铮、外交次长陈禄〔箓〕等。据夫役云：座中谈论一切，系青岛交涉事件。该日人于今晚八时乘车由奉天及大连回国。又闻昨午后三时，日公使小幡氏带秘书船津往东堂子胡同外交部，拜访外交人员及该部陈次长等，要求青岛归日人独享权利，非他国人所得侵入等语。

………

中华民国八年八月十四日

〔步军统领衙门档案〕

3、外交部关于驻京日使无理要求取缔各地爱国运动与内务部来往函件

（1920年1—2月）

（1）外交部公函：（1月10日）

迳启者：准日本公使照称：近来北京排斥日货之运动又复激烈，学生团及商务总会均有散布传单，禁购日货之举，中国官宪不为何等彻底的约束，实难索解，请根本的取缔等语。并附北京国民大会抵制日货委员会传单，前来。查中日系属友邦通商，又为条约上日人应享之权利，学生团等竟名日本为仇邦，以日货为仇货，此种举动实属有背国际礼仪，相应将日使来照及传单一并抄录函送贵部查照，即希核办见复。为荷此致

内务总长

附件

日本使馆照会译件（1月7日）

为照会事：关于取缔贵国各地学生等团体之非法排斥日货一事，曾经迭次照会在案。近来本京排斥日货之运动又复激烈。此等运动者之行为，大有目无法纪，蔑视官宪，侮辱友邦，以遂其非之概。现在本京学生一团，数日来，以北京国民大会抵制日货

委员会名义，将另纸之传单广布市中，并张贴各所。该传单内称：委员会对于各商店禁购日货，对于违犯者除没收其货物全部焚毁外，且课以罚金。又称：如有探知某处由日本商店购买货物，即请通知厂甸高等师范学校学生会内仇货调查股，或学生联合会，当以罚款二分之一分给报告者云云。又据贩卖日货之贵国商店称：北京总商会前以商务总会名义，散布印刷品于各商店禁购日货并要求提出现成日货表。近今又发通告称：总商会决议强迫各商，将现存日货表提出，此后绝对禁止购买日货云云。查贵国学生名日本为仇邦，指日货为仇货，对于友好国有此情形殊难恕宥，且干涉中日商人之正当交易，以非法手段，妨害我通商权利，不但有悖贵国国内法，且违背中日两国之条约，种种行为实属不合。再商务总会乃贵国之公团，亦为学生等所煽动，而有上项非法之干涉，累及国交之行为，甚为可惜。贵国官宪眼见此等重大非法行为，行于市中而不为何等彻底的约束，本使实难索解。在贵国政府所在地之首都，如此自由放任，如斯之非法行为，则贵国各地方之学生等之运动益得其势，排日风潮愈加弥漫，更至不可收拾，惹起两国国交上可为寒心之事件，以致成为中日两国不幸之交涉，亦未可知。相应照会贵代理总长，希即容纳本公使迭次之请求，贵国政府为断然之措置，根本的取缔上述之非法运动，以为地方之模范为荷。须至照会者

大正九年一月七日

北京国民大会抵制日〔货〕委员会传单　（1月2日）

万众一心　　抵制仇货

请看贩卖仇货的罚规

抵制仇货，是我们商人救国的唯一方法。现在国民大会委员会为断绝来源起见，规定了这贩卖仇货的罚规，组织调查队，实行调查。这规约是商务总会、男女学生联合会，及其他各团体公同规

定的，并且是商务总会各行董事大会通过了的。倘有人犯了，一定严行办理，决不宽容，大家决不可以尝试呢。

（一）各行批发庄此后不准再进仇货，倘敢违犯，一经查出除将所进仇货全数焚毁外，并罚以货价百分之五以上的罚金。

（二）各商号此后不准由仇商洋行或外埠再贩仇货，倘敢违犯，一经查出，除将所贩仇货全数焚毁外，并罚以货价百分之五以上的罚金。

告发贩卖仇货的尝规

无论何人，知有某处或从外埠或从本京仇商洋行新进了仇货，即请报告厂甸高等师范学校学生会内仇货调查股，（电话南局八百四十号分七号）或学生联合会。（电话东局二千二百二十五号）经查实后提出罚款二分之一以下作为奖金，并给以相当之名誉奖。但报告者来函，须注明自己姓名及住所。

爱国商人之荣耀

倘有爱国商人愿将已存仇货送交本会焚毁，以示决心者，除登报表扬外，并送（爱国商人）四字旗帜奖章。

民国九年一月二日

北京国民大会抵制日货委员会启

内务部致京警厅京兆尹令稿 （1月13日）

内务部训令第　　号

令京师警察厅总监吴炳湘
　京　兆　尹　王　达

准外交部函准日本公使照称：近来北京排斥日货之运动又复激烈，学生团及商务总会均有散布传单，禁购日货之举。中国官宪不为何等彻底的约束，实难索解，请根本的取缔等语。并附北京国民大会抵制日货委员会传单前来。查中日系属友邦通商，又为条约上日人应享之权利，学生团等竟名日本为仇邦，以日货为仇货，此种举动实属有背国际礼仪，相应将日使来照及传单一并抄录，函送查照，即希核办见复为荷等因。到部。除分行外，合亟抄录原件，令仰该厅/尹切实遵照，妥为办理，并将办理情形具报。

此令

（2）内务部咨文稿（1月15日）

内务部为咨行事：准国务院函开：准外交部函称，准日本公使照称，近来北京排斥日货之运动又复激烈，学生团及商务总会均有散布传单禁购日货之举，中国官宪不为何等彻底约束，实难索解，请根本的取缔等语。并附北京国民大会抵制日货委员会传单前来。查中日系属友邦通商，又为条约上日人应享之权利，学生团等竟名日本为仇邦，以日货为仇货，此种举动实属有背国际礼仪，相应将日本使来照及传单一并抄送核办等因。查中日通商载在条约，昌言排斥已属不合，兹复加以仇货、仇邦等名词，诚如外部来函有背国际礼仪，除分行并函复外，抄录原件函达查照，饬厅设法取缔，以重邦交，而杜口实等因。并准外交部函同前因，请予核办见复到部。查排斥日货举动，亟宜设法防弭，切实制止，除另行京兆尹，京师警察厅切实遵办暨先复国务院，外交部外，相应抄录原件，咨情查照，饬属妥为办理，并希见复。此咨

各省督军/省长

热河

察哈尔都统

绥远

淞沪/宁夏护军使

川边镇守使

（3）外交部致内务部公函　（2月3日）

迳启者：本月二日使来部会晤，以学生等在京津等处骚扰异常，要请严加取缔，并称贵政府不能按法保护日侨，只有设法谋自卫之策。复面交节略一件。查近日学生对日举动实有贻人口实之处，自应实行取缔，以免别生枝节，相应将本部与日使问答暨日使面交节略一并抄送贵部即希查照核办，并见复为荷。此致
内务总长

附件：

日本公使面交节略抄件（2月2日）

日本公使面交节略

前因中国学生团在各处为不法之排日运动，日本政府于十二月十七日曾以节略请求贵国政府严重取缔。贵国政府于十二月二十六日以节略答复，声明必设法以尽开导之责，日本政府于一月十六日复以节略答复贵国政府，言日本政府深信贵政府之声明，专候贵政府切实迅速励行取缔此等不法行为，此当为贵政府所深悉者。然按之近来各地取缔排日运动之实况，则所请取缔者徒有其名，而无其实，殊与贵政府前此所声明者不符。且天津地方近来排日尤烈，不惟阻害日本商人之正当通商贸易，即日人与贵国人合办之店铺彼等亦闯入，其中破坏器物夺取商品，并对于合办人及其使用人加以不法之凌辱、拘禁、暴虐、迫害无所不至。以至紊乱地方秩序，酿生事端，而该地官宪又取缔不力，恐此后学生等将益加跋扈。又本京地方学生排日运动，亦日益炽烈，日本人往往有被其害者。按贵国政府，既有前此之声明，乃中央政府所在地之北京及与北京接近之地方情形，犹如是，此实日本政府不得不痛切表明遗憾之意者也。

日本公使特遵照本国政府训令，沥陈前述各节，重求贵国政府加以深切之思虑，以实行曩日之声明，而尽条约上之责，务并

望对于此项节略赐予回答。

日本小幡公使会晤问答抄件 （2月2日）

深泽参赞
熊 垓
在座

学生排斥日货事。

小幡公使云：今日因学生排日事，特奉本国政府训令来部面递节略。当将节略朗读一遍。

次长答云：学生事政府已无可再忍，大约不久必有切实有效之办法。

小幡公使云：学生等在京津等处骚扰异常，如天津之魁发成店，乃中日商人合办者，学生查货团竟侵入该店夺取货物，破坏器具，该店使用人不服其所为，即将使用人拘禁凌辱。当时该店抄得查货团之查货执照内，载查货人之名号，遂由日本总领事之交涉员将查货人照单拘获数名，而学生等又要求释放。此外尚有小林洋行永新洋行志大昌等，无不受其扰害。本京地方复有殴打川田医生之事，其事详情贵国已深知之，无庸详述。按侵入家宅，破坏器具，夺货殴人，皆属违法行为，贵政府有保护外商之责，对此不法行为，自应依法惩罚。乃学生等对于被拘之学生，竟肆意要求释放，本使之意以为被拘之人，倘又放出，则学生等此后更无忌惮，势将无所不为。望贵政府速速设法严加取缔，对于被拘之人，加以惩治.殴辱川田之人，亦望查明严惩。倘贵政府仍前不办，是贵政府不能按法保护外人。日人侨居中国各地者情势甚险，本使为保护日人利益起见，只有设法谋自卫之策，否则本使即为未尽公使之职责。再前项节略，望于详加审虑后，赐以答复。为幸

次长答云：学生事余亦甚望切实取缔，自当将本日贵公使所谈各节明晨到院报告也。

（4）内务部咨　（2月6日）

内务部为咨行事：准外交部函称：本月二日日使来部会晤，以学生等在京津等处骚扰异常，要请严加取缔，并称贵政府不能按法保护日侨，只有设法谋自卫之策。复面交节略一件。查近日学生对日举动实有贻人口实之处，自应实行取缔以免别生枝节，特将与日使问答暨日使面交节略一并抄送查照核办。并见复等因。到部。除分行外，相应抄录原件，咨请查照饬属认真办理。此咨

各省督军
省长

热河

察哈尔都统

绥远

淞沪
宁夏护军使

川边镇守使

〔内务部档案〕

4、陈箓关于日本提出中日直接交涉山东问题节略致段祺瑞函

（1920年1月20日）

督办钧鉴：敬呈者：关于山东问题，兹准日本公使提出节略，内容计分二条。此事关系甚巨，用将该件印就送呈钧阅。只请勋安。

陈箓谨肃　一月二十日

附印件一纸

节略

一、现在和平条约业已发生效力，日本政府为遵照历次宣言

交还胶州湾，并解决关于山东之善后问题起见，欲与贵国政府开始商议，庶本案可以迅速诚实妥为解决。又此案拟由贵我两国特派委员在北京办理，似于彼此均属方便，不知贵国意见如何？

二、山东铁道沿线之日本军队，日本政府不但遵照以前之宣言，俟贵我两国间关于交还胶州之约章成立后，即当撤退。即在约章成立以前，亦拟从速撤退。惟贵国政府宜于此项军队撤退后，从速着手组织贵国巡警队并完成之，以负警备铁道之责任。盖日军撤退后，倘巡警队尚未组织完备，则交通之安全自难确保，不惟日本受其害，即合办其事利害相共之贵国政府，亦当受不利之影响。果至如是情形，则为警备铁道起见，迫不得已，惟有仍将日军留存，望贵国政府体谅斯意，速速组成巡警队为幸。

〔督办边防事务处档案〕

5、天津警察厅关于学生为争青岛万人游行示威呈

（1920年1月27日）

敬禀者：顷接天津警察厅电话云：现有学生约万人，聚集南开学校操场，即刻全体出发游行，手持白旗，书云为争青岛、福建等事，并奉省长电传不必干涉等因。除严饬警队妥为防范免生事端外，并嘱就近代呈。理合陈明

总长鉴核

杨以俭谨代呈　一月二十七日

〔内务部档案〕

6、广州参众两院反对鲁案直接交涉通电

（1920年1月28日）

〔衔略〕两国宣战，所有条约，概行废弃，此国际之公例。我国自对德宣战后，中德间一切条约，当然无效。德根据一八九

十六〔一八九八〕年三月六日所取得山东之权利，亦即丧失。前对于巴黎媾和条约中之一百五十六、一百五十七、一百五十八条拒绝签字者，职是之由，该和约所关山东三款，我国既未承认，复得英〔美〕国上院决议保留，英、法默认。是条约上山东各种利权，德国既无权转移，日本更何自取得。乃日本挟其强权，蔑视公法，对于山东权利，强欲承继，我国人民誓死不能认。日本竟通牒北庭，借交还青岛为名，诱我直接交涉，彼之狡诈百出。前此二十一条之胁迫，军事协定奸谋，丧权辱国，痛犹未已。今若再堕狡谋，自铸大错，匪特拒绝德约之前功尽弃，并失友邦主持公道之同情。况国际联盟业已开幕，正宜根据该会约章，提交公判，则山东主权或有挽回之一日。一发千钧，事机危迫。用特电恳我全国父老兄弟，同心抗拒，协力匡救，以绝后患，而保国权，不胜盼祷之至。参议院议长林森、众议院议长吴景濂、副议长褚辅成暨参众两院议员同叩。勘。印。

〔国民党政府外交部驻云南特派员公署档案〕

7、京师警察厅第一分所巡官关于北大学生声援天津被捕学生办法报告

(1920年1月30日)

第一分所巡官陈恒泰、黄端祺、南文厚谨呈报事：于一月三十日据第五段巡长白桂亮等报称：闻得界内大学第三院，于今日下午一时有开学生全体大会情事，业经电报本署在案。巡官遵即带同长警前往照料。至一时余，有文、理、法等科学生到校，随即开会，至三时余毕会，共到会者约一千余名。询系今日开会，因天津学生反对山东直接交涉被捕，讨论互助对付方法。并询得要求政府收没章宗祥、曹汝霖、陆宗舆家产。提倡商会罢市，并罢课，全体出发大讲演情事。在彼照料，余无事故。为此呈报

署长员鉴察　　　　　　　　　　　　　　　　　　一月三十日

学生会万急通告

我们抱牺牲主义的同学！

我们讲互助同学！

我猛勇奋斗同学！

山东直接交涉问题到了万急了，我国民当亡国奴的时候快要到了，我们再不起来奋斗牺牲，天津的惨剧转眼就到北京来了。天津被捕学生就是反对直接交涉大障碍。请你们快快来开大会，讨论个对付方法，万望奔临为要。

一月三十日

今日停止出发讲演。卅一日下午十二时至一时在第一院开四年级同学会。

〔京师警察厅档案〕

8、王怀庆关于北京四十二校游行声援天津被捕学生函稿

（1920年2月3日）

复谢张大帅姚道尹

雨亭星五仁兄大人麾右阁下：连上两函，谅尘签阁。久违謦欬，渴想良深。顷承厚爱，赐白鱼、山鸡、银丝粉、哈什蚂，多仪祗领拜嘉，感愧交并。比维鼎裀笃祜，勋福增崇，载欣载颂。弟忝绾九门，惭无寸善。近以津潮扩大，都门学子，群趋一致。本月一日，四十二校举行游街大会，幸事前戒备严密，地方秩序安静如常，堪以告慰。肃此鸣谢。敬请勋安。

如愚弟王〇〇拜启二月三日

〔步军统领衙门档案〕

9、卢永祥关于上海各界联合会为反对鲁案直接交涉等集会游行密电

（1920年2月10日）

北京国务院钧鉴：统密。庚日，据探报：本埠各界联合会近以京津摧残教育，鲁案直接交涉等问题，定青日在西门公共体育场开会，并结队游行演讲等情。经分别谕令厅县设法劝阻无效。至青日下午一时，各团体约数千人齐至体育场集合开会，当饬警察、宪兵协同监视。其会议大旨系在要求中央驳回日本通牒，废除中日间一切密约，及恢复集会言论之自由各节，议论纷纭，即由军警妥为制止。三时许各团体复推举代表来署，要求将公议各案代电中央，俯赐照准。正派员切实开导间，据报：各团体数千人已列队游行至龙华使署附近，但秩序颇整，其意拟随同各代表赴署要求等语。不得已酌派军队前往阻止，一面仍派员根据中央迭次来电，向各团体剀切宣示，并详为解释，奈彼辈人众言杂，殊难一律了解，纠缠多时，始各散去，尚无其他逾轨行动。除仍饬军警随时严防，并遵照中央迭次明令体察情形相机办理外，谨此电闻。卢永祥。何丰林代。蒸。印。

〔参陆办公处档案〕

10、江苏教育厅奉令制止学生爱国运动公函

（1920年2月）

（1）2月11日公函

公函　　年公字第三一号

迳启者：案奉教育部歌电内开：青岛交涉，政府正在考虑之中，将来应付方针，自当以全国民意为从违。各校生徒职在求学，即令迫于爱国之忱，有所表示，亦应取沈著稳健之态度。如行动逾越范围，以致内妨秩序，外损邦交，尔时地方官厅行使职

权，加以裁制，倘或彼此冲突，发生意外，于国家外交政策与生徒爱国之本意，试问有何实济。青年学子，意气激昂，不避险难，所以爱护而扶持之者，本部暨各校实应共尽其职责，设或稍受危害，则维护之谓何？言念前途，可为痛心。应由各校长查照迭次训令，剀切告诫，对于各该生徒激烈言动，均应切实禁阻。专校以上生徒，如有主张，无妨就学理知识所得，在校内为理论事实上之研究，借以陈述政府，唤醒社会，慎勿再行联合大队游行讲演。至于干涉商店，检查货物种种越轨之举，尤应一律严加阻止，以免抵触，旷废学业，是为至要。本部为爱护指导学生起见，不惮反复申诫，以期亮解，务希剀切宣布，一体知照。等因。奉此。除分行外，合亟函达，即希查照，明白晓谕，剀切告诫，是所至企。此致

南京高等师范学校

中华民国九年二月十一日

（2）2月13日公函

公函　　年公字第三二号

迳启者：奉教育部佳电开：京校各生于本月四日，因青岛交涉结队讲演，致滋事端，业经军警强制解散。并奉大总统明令，责成教育部督饬办学各员，恪遵迭令，凡学生有轶出范围之举，立予从严制止。等因。本部职责所在，对于迭次学潮，文电劝告至再至三，诚以维持教育，须由教育界全体负责，尤在实施教育各员训诲生徒，专心学业，恪守范围，乃为根本维持办法。所有干政排外，以及市民运动，政治集合，内妨学业，外滋反感，均应严切禁止。吾国受教育之生徒，与生徒求学问之光阴，能有几何，长此扰攘，浪事牺牲，如何忍言。务希严令所属学校各员，遵照明令，执行校规，约束生徒，不得再有越规举动。其有放任责务，庇护生徒，废学滋事各情，当惟各该校员是问。长官监

督，亦惟有执行职权，以肃学风，而维教育。除另文申明校规暨取缔办法外，先此电达，即希令行为盼。等因。奉此。除分行外，相应函达，即希查照办理，并传谕诸生，一体知照。此致

南京高等师范学校

中华民国九年二月十三日

〔国立中央大学档案〕

11、江苏教育会等声援京津学生反对鲁案直接交涉电

（1920年2月12日）

大总统、国务院、外交部、内务部、陆军部、教育部钧鉴：鲁案既拒签德约，全国民意，一致主张拒日通牒。而媚日者，仰承日人意旨，高压学生，先后纵令京、津军警，枪刺交加，致重伤而无数，哗传或已毙命，全国大愤。沪南曾罢市志痛，经各方婉言劝导，方暂开市。国家法律必官吏先能自守，乃可责之人民。政府方戒学生以逾轨，而军警动辄蹂躏学生，是遵何法？且军队以御外侮，学生又非敌国，警察蹂躏之不已，更益以军队之包围，又遵何法？外交要政，不由当局负责，而听少数人与日密谋，召卖国之嫌疑，激国民以仇日。即论邦交，亦岂得计？其身不正，虽令不从，先哲固有明训。同处漏舟，不敢不效忠告。尚望幡然觉悟，宜拒鲁案直接交涉，并速释被拘之学生，严惩不法之军警，以平众怒，以延国命。江苏省教育会、上海县商会、上海县教育会、寰球中国学生会、中华职业教育社、上海欧美同学会、华侨联合会、基督教救国会、上海救火联合会。文。

〔内务部档案〕

12、江苏教育厅传达国务院严饬制止各界爱国行动训令

（1920年2月14日）

江苏教育厅训令　第三一一号

令公立法政专门学校校长

案奉督军、省长尤电内开：顷接国务院鱼电开：近以山东问题，群言庞杂。在京则有纠众阻断交通之举；在沪则有要挟停纳赋税之通电。凡此行为，动逾法轨，极其所至，适使秩序不保，外侮乘之，使国家益陷困难之境。须知山东问题关系重大，政府既负完全责任，自必熟思审处，务期于国家有利，断不至掉以轻心，胶以成见。自此项问题发生以来，政府亦尚在详慎考量之中，且将容纳各方意见，蕲得正当之处置。惟是远道传闻，恐滋误会，希就近晓谕各公共团体以及地方各界，俾知以国家为重，当镇静勿扰，以俟政府之策画。俟策画既定，亦必有以昭示国人。设有不逞之徒，利用时机，希图煽乱，各军民长官有维持治安之责，应即遵照迭次明令，分别制止逮惩，勿稍弛纵贻误，是为至要。等因。除分电外，仰即剀切晓谕，并转行所属一体遵照办理，随时具报。等因。奉此。除分行外，合行令仰该校长剀切晓谕学生一体遵照。此令。

中华民国九年二月十四日

江苏教育厅厅长胡家祺

〔国立中央大学档案〕

13、闽南国民大会等反对鲁案直接交涉通电

（1920年3月23日）

上海救国日报并转全国各界联合会、学生联合会总会、各报馆、各省各机关、各社团公鉴：山东问题且得直接交涉，福州事件故意延宕不决，京、津学生爱国运动拘禁杀戮，民国运命危亡在

即。北廷毫无觉悟，甘心卖国，违反民意，至于此极。我闽南各界于本年三月二十三日，在漳州开国民大会，到会者万余人。全体表决，倘北廷对于以上三项，于旬日时间，无完满之解决，适合民意，即当依左之对待，一致进行，不达目的，誓不反矣。（一）请护法政府出师声讨北廷以卖国之罪；一面由各地方组织工、农、商团、学生军，作实力之后盾。（二）请北方爱国诸人，以及农、工、商、学各界联合同时并举，抵抗卖国政府。（三）请全国国民于举事之先，宣布北廷罪状，通告友邦，主张正义，严守中立。（四）条件解决后，亦以相当手段，一致对待日本政府，打破主〔？〕谋世界之和平。闽南国民大会、闽南学生联合会、龙溪国民大会、龙溪学生联合会暨五十四个团体同叩。漾。

〔国民党政府外交部驻云南特派员公署档案〕

14、中华民国学生联合会总会反对鲁案直接交涉代电

（1920年4月10日）

各地学生联合会鉴：本会昨日依据评议部议决案，致电北庭，限其四日内驳回日本通牒，宣布军约无效。原文曰：北京总统府、国务院鉴：国人痛外交失败，切齿于公等之卖国久矣。鲁案之不能直接交涉，闽案之万难让步，军事协定之亟宜废止，国人早已坚决表示。又民国四年以来，中日间私订之条约：如二十一条，胶济路换文，济顺、高【徐】、满蒙四线合同，以及其他借款契约，妨害我国领土及军事、警察、交通、财政等权者，亦国人所一致誓死不能承认，已一再宣言，公等想亦闻之熟矣。吾侪自五四以来，牺牲神圣之学业，从事于奔走呼号，无非为救国自卫计。今鉴时机急迫，国势颠危，用本初衷，作最后之忠告：兹限四日之内，先将日本通牒原封驳回，通告军事协定无效，以固吾领土，而保主权。倘再推诿延宕，是公等甘作石敬塘、李完用第

二，吾侪学生断不忍令庄严灿烂之中华民国，断送于吾公等之手，纵极孱弱，暂以赤手空拳与公等周旋。公等勿以外援至为可恃，勿以为暴力为可凭，勿以人民为可欺，勿以学生为可屈。传曰：时日曷丧，予及汝偕亡！语曰：宁为玉碎，勿为瓦全。愿公等熟审之。中华民国学生联合会。佳。该电措词既已表示吾学生界最后之奋斗之决心，则吾全国学子，此后自当团结一致，为愈猛之对抗，虽牺牲一切，亦所不计。诸君须知处在国贼横行，法纪扫地之秋，若国民再事容忍，非特示人以怯，抑且使国事将败坏至于不可收拾。故吾人数日以后之奋斗，不仅关于吾学生界之生死存亡，实有关于国家之命脉。吾学生界同志而不欲国家之生存则已，否则其速各事预备，以从事于最后之奋斗，庶几大难一发，如响斯应，则化黑暗为光明，转危亡为安固，或犹有一线之希望耳。其亡其亡，系于苞桑！愿全国学生界共起图之。中华民国学生联合会总会。灰。

〔内务部档案〕

15、李纯等报告沪宁各地学生反对鲁案直接交涉罢课游行电

（1920年4月20日）

北京国务院、参谋本部、内务部、陆军部、教育部鉴：统密。据上海道厅县电称：寒日沪校学生，因交涉问题，全体罢课。复于是日午后，在公共体育场开会演说，不外山东问题反对直接交涉，旋又各执旗帜，结队游行片时。并据宁垣各署□报告：省城中学以上，因受沪潮影响，亦于删日停课，皓日分队游行，表示与沪一致行动。并闻苏、锡、澄、淞各属罢课情形，大致相同。节经严该续管官厅，剀切晓导，克期上课。一面会督军警，严密防范，地方安谧如常。恐劳廑注，谨此电闻。李纯、齐耀琳。号、印。

〔陆军部档案〕

16、国务院为上海各界反对鲁案直接交涉酝酿罢工罢市宣布临时戒严公函

（1920年4月25日）

国务院公函　第九百十号

迳密启者：准卢护军使漾二电称：罢课学生结合流氓数百名，打毁电车，鼓动罢工、罢市，并拟于五月一日大举。拟宣布临时戒严，以资防范等语。除电复准予备案外，相应抄录往复电文，函达贵部查照可也。此致

内务部

中华民国九年四月二十五日

龙华卢永祥来电　四月二十三日

国务院钧鉴：统密。漾电计已达览。罢课学生昨夜自兵工厂散后，当欲鼓动罢工、罢市。今日竟有学生多人，结合无业流氓数百名，分投华界各市场，胁迫各商店罢市。各商店以血本所关，初尚未允，只因畏其强暴，不得不暂将店门半掩，但并未停止营业。该学生及流氓等复欲断绝交通，将电车打毁数辆，阻止通行。华商电车，业已停驰。查阅各日学生会所出传单、日刊，内有推翻政府，另建民国，罢工、罢市，抗捐、抗税等字样，形同内乱。现正鼓动工人一致罢工。学生流氓遍布街市，秩序颇形骚乱，商民极为惊惶。并闻学生等拟于五月一号开俄国劳活纪念会，乘机大举。英法两界均已戒备，华界形势，尤为吃紧。兹为保全地方安宁起见，拟于敬日宣布临时戒严，以资防范。仍一面派员向商学各界妥为开导，劝令开市、上课，以期早复原状。所有水电各厂，业经派兵保护，各街市已加派军警梭巡，足资镇压。谨先电闻。卢永祥。何丰林代。漾二。印。

致卢护军使电　四月二十四日

龙华卢护军使鉴：统密。漾二电悉。防维周密，至佩荩筹。沪埠关系重要，学生流氓既勾结一气，阻断交通，鼓动罢工、罢市，复拟于五月一日大举，非亟从严戒备，无以杜扰乱而保公安。尊处拟宣布临时戒严，自为保全秩序起见，应准备案。希即督饬军警，加意防范，以资镇压。仍一面派员向商学各界切实开导，劝令开市、上课，俾早复原状，无任企盼。院。敬二。印。

〔内务部档案〕

17、北京各团体国民外交联合会活动及公约草案

（1921年10月29日）

迳启者：本联合会成立以来，荷蒙各界赞同，先后加入者数十团体，为北京空前未有之大联合。爱国爱群同此心理，知非偶然。兹订十一月一日星期二下午二时在海军联欢社开茶话会，招待来宾並为赴沪代表送别，备有茶点，摄影纪念，务望各团体代表暨执行审查，各委员是日全数出席。又各团体会长理事及职员诸君未充上列代表及委员者盼于是日拨冗出席，发抒言论，交换意见，无任欢迎。即请各团体分别加函敦请，务祈必到。至为盼祷。

北京各团体国民外交联合会

十一月一日北京各团体国民外联合会茶话会次序〔略〕

全国国民外交联合大会公约草案（北京各团体国民外联合会拟案）

第一条　本联合会以集合全国国民一致之公意，关于外交及其他关系问题对于国内外为强有力之表示及主张为主旨。

第二条　联合大会依左列各地方各团体所推选之代表组织之。

一北京、广州、上海、汉口四都市；

二各行省；

三各特别区域及蒙古、西藏、青海各地方；

四依据法令特种职业团体之不限于某省区或都市者。

第三条　前条各地方各团体推选代表方法如左：

一都市　法团及公团代表十五人以内；

二省　　法团及公团代表十五人以内；

三特别区域及蒙古、西藏、青海各地方法团及公团代表五人以内；

四特种职业团体　每一团体代表三人。前项第一、第二、第三各项法团及公团代表员额之分配，由各地方团体自定之。

第六条　联合大会会议依左列方法分配表决权。

一都市　每一都市有十五表决权；

二省　　每省有十五表决权；

三特别区域及蒙古、西藏、青海　每一特别区有五表决权；

四特种职业团体　每一团体有三表决权。

第七条　联合大会会议事件以出席表决权之多数决定之。

第八条　联合大会议决事件，对外宣布时以本联合会名义行之。

第九条　联合大会主席由各地方各团体代表轮流充任。

第十条　联合大会设委员会如左：

一国际条约委员会。

二军备制限委员会。

三经济财政委员会。

四执行委员会。

五其他事项发生得另设委员会。

第十一条　各委员会由各地方各团体代表分配组织之，各委员会规则另定之。

第十二条　联合大会经费由各地方各团体分任之。

第十三条　本公约自大会议决之日实行，但经大会出席代表三人以上提议，十人以上之连署得修改之。

上海商教联合会、太平洋会议协会、全国各界联合会、全国学生联合会、各路商务总联合会暨各团体：

汉口各团体联合会、太平洋问题研究会、太平洋问题讨论会暨各团体：

广州太平洋问题讨论会暨各团体：

各省区、省议会、商会、教育会、农会、工会、学生联合会、各界联合会暨各团体均鉴：本联合会前经通电全国公私各团体及因太平洋问题，特设各团体共同发起全国国民外交联合大会并经拟定上海为集合地方。双十节前后举行期日其余组织手续，均候各处协议再定。旬月以来，各都市、各省区、各团体先后函电赞同者不下十余起。爱国爱群，安内攘外，人同此心，心同此理，知非偶然。本联合会前推蔡孑民到沪与教商联合会接洽组织。复由各团体先后分推代表约三十余人，业经分批出发赴沪联合，各地代表共同商议组织，约定一品香、东亚旅馆两处会集。发起之初，问题繁賾，若非取决公意，必难相与有成，是以本会对于联合大会之组织纲要及开会定期，至今未敢擅拟。惟迭接各地函电类多乘询，及此愧无以答。兹用歉然，用是不揣冒昧，共同拟订公约若干条，作为本联合会之提案，敢请各地各团体共同研究，俟到沪齐集，再行会议确实。至开会日期，窃谓至迟不宜在十一月十一日以后，即以华盛顿会议开会日期为我全国国民外交联合会大会开会日期，庶足以赴事机而图补救。切盼各地方各团体迅举代表，尽本月内出发齐集上海，共同筹备计。十一月十一日或可如期开会。外交紧迫，人之谋我，绝不迟徊，揆诸被发撄冠之义，正宜剑及屦及之时，急不择言，惟希鉴察。北交各团体国民外交联合会十月二十九日　　再交审查会修正

〔步军统领衙门档案〕

18、载德关于北京各团体国民外交联合会组织活动报告致王怀庆呈

（1921年10月31日）

为报告事：窃于十月三十日下午三时，各团体国民外交联合会假公园水榭开第七次代表会议。查是日共到三十八团体五十余人，轮推中国后援会王家襄主席，按时宣告开会：（一）执行委员钟少梅报告到沪代表罗正纬、郑洪年、向乃祺等来电报告经过情形，及南京各界联合会来函赞助。又国务院秘书厅复函云：山东交涉，事关外交，不必来院谒见，及交通部路政司复函谓：代表赴沪不能照报界先例免费，只许优待，按价六扣等文件；（二）审查委员吕瑞庭报告审查无甚要案；（三）愈诚之报告赴外交部谒颜总长情形略谓：日本二次觉书纯非事实，只有与日公使及板西顾问私人谈话慎重提及山东问题而已。至于复书决定日内发表。代表等希望政府准备提出华府会议及述理；（四）山东问题多数主张责任内阁及非质问经手签订秘约之总理，则莫明真相，誓必面见不可。否则国民宣言不信任政府。以方梦超、愈诚之发言最激。议决再以书面说明谒见之必要，並仍推王家襄、张耀曾、愈诚之、梁家义、刘冕执、李景和、李治东、钟少梅、王孝英、胡钧等十人订期赴宅求见；（五）进行大会案议决，催促各代表务于十一月十一日以前到沪，及立代表团规约，以免意见纷歧。当推李景和、愈诚之、王毅、吕瑞庭、张武等五人起草；（六）大会公约案议决逐条修改交代表团提出，至于通电再交审查会修正文义发表之；（七）再推代表赴交通部交涉免票事，（八）十一

月一日下午二时邀请各方面主要人开茶话会，筹备募捐等件，时至七句钟散会。以上当日经过情形，合亟报告。呈请

堂宪大人钧鉴

载德谨呈

中华民国十年三十一日

〔步军统领衙门档案〕

19、北京各校学生反对鲁案直接交涉传单①

（1921年12月）

（1）北京大学学生会传单

看一看一看今天是欧洲大战停战的日子，参战的各国都从这一天起得着和平的幸福，可是中华民国一种的幸福也没有得着，却被那秘密的外交和那条件的交换，把他们的幸福牺牲掉了。

看一看一看今天是华盛顿会议开幕的日子，与会的各国，都想从这一天起把太平洋的和平再做一层的维持，和平保障，中华民国实在希望以后能够到真正的和永久的和平幸福。

但是有一种担心的事，就恐怕再有那秘密的外交和那条件的交换，又把他的幸福牺牲掉了。

从前的种种譬如昨日死，从后的种种譬如今日生。

中华民国的国民兴起！

中华国民的友人注意！注意！注意！

北京大学学生会发行

---

① 反对山东直接交涉的传单很多，我们选刊一些。还有俄文法政专门学校、北京新民工业专门学校、京师公立第一中学、中大附中、京北第一中学、北京豫章中学、北京尚志商业学校等等学生会的传单从略。

（2）中国大学学生会传单

诸位知道今天是什么？今天是协约国公理战胜的纪念日，也就是巴黎和会的纪念日，可庆贺和平的纪念日。诸位：可要知是谁的庆贺纪念，是那一国的和平纪念？中国是协约国里的一个，为什么日本不把德国强占的青岛还回来？又强占我们的珲春呢？那么，和会是强国的和会了！和平是强国的和平！我们为什么庆贺呢？华盛顿会议也在今天开会，说是解决太平洋的问题，为什么日、英、美等国还是造兵舰的造兵舰，造兵船的造兵船，练陆军的练陆军。这样看起来，还是没有和平的希望。诸位！趁早起来想一个好方法，作我们代表的后援，催促他们强硬一点，或许得点便宜，诸位呀！快注意罢！别让他们几个随便处置我们才好！

中大学生会印

山东问题直接交涉，就是将山东让与日本，诸位想一想，山东是我国的土地，为什么日本兵强占了，我们就要送给他，假使日本要强占北京和全国，我们也不作一声送给他吗？同胞呀！我们的山东快被日本抢去了！快起来拿死力去争吧！

（3）北京高师学生传单

山东问题狠危急了，我们同学知道么？我们从前五四的精神何等的轰轰烈烈，倘若不能继续，则前功尽弃，断送山东，牛马奴隶指日可待，莽莽神州，沦亡无日。现在沪汉各处已举行大示威运动，所以我们北京学生联合会决定在后天举行示威巡行大会，警告麻木不仁的政府，唤醒民气一致对外，尚望我们本校同学届时一律加入贯彻爱国精神，以救山东而救中国，快醒！快醒！奋起！奋起！

（4）北京法政专门学校传单

我们同胞呀！向来反对直接交涉的山东问题，现在已经在华盛顿直接交涉了十二天了，山东的断送快要临刑的时候了，你们满腔的热血，多年的义愤，现在都往哪里去了，你们不愿任人宰割，你们不愿受人欺侮，你们不愿把几千万同胞托足的山东轻轻的送给别人，所以才反对直接交涉，但是你们现在为什么不说了呢？

在北京直接交涉和在华盛顿直接谈判究竟有多大的区别，单是中日两国交涉和添上四个不说话的英、美人究竟有什么不同。以前你们会反对，现在你们却听其自然，你们究竟是什么心理。华盛顿会议不能满足我们的希望，就应该退出我们代表。不能从我们的主张，就应该撤回。政府硬要直接交涉，就应该……何必抛弃我们老百姓的主权，任他们狼狈为奸。世界上只有能够自立的才能和人讲公理，你们还不快醒，你们还不快起来，你们还不快图自立，你们便只有任人宰割，受人欺侮，为人奴隶！

国立北京法政专门学校学生会传单

（5）北京农业专门学校传单

同胞呀！你们知道么？鲁案又要直接交涉了，就是我们政府快将山东断送日本了。山东原是我们的地方，应该无条件底归还我们的，怎么到现在日本还不归还我们，还要肆行“狡猾底外交手腕”。在华会上运动各国的代表赞成“不合理的直接交涉”去挤他的“军国底侵略主义”呢？简直是拿强权霸占我们的山东。我们国家的主权还有一点么？我们国家底“国际资格”还存在么？我们的政府是因人的无用的。我们出席华会的代表虽说口若悬河，极力驳辩，也是人少势寡不济事的。要想保有山东，非我们中华民国的四万万同胞挺而力争，反对直接交涉是不成功的。同胞呀！须知“众志成城，端赖大家”、“精神一到，金石为开”，山东去留就在眼前。同胞呀！快反对直接交涉！快力争！时机一过想要山东也无及了！

农业学生会印

（6）京师公立第二中学学生会传单（三张）

我们对于山东问题的主张是反对直接交涉，提出太平洋会议，但是现在怎么样？诸君知道么？我们至少以来的目的是什么？三年来国民的牺牲，诸君还记得么？

现在向诸君宣言

中国的土地是不可以断送的，中华民族是不可屈服的。

山东问题是要正当解决的。

国民！国民！还不奋起！

京师公立第二中学学生会印

我们对于山东问题的主张是反对直接交涉，提出太平洋会议，但是现在怎么样？

诸君知道么？我们五四以来的目的是什么？三年来国民的牺牲，诸君还记得么？现在向诸君宣言：

中国的土地是不可以断送的！

中华民族是不可以屈服的！

山东问题是要正当解决的！

国民，国民，还不奋起！

二中学

〔北洋政府全宗汇集档案〕

六、北洋政府查禁各地救国团体

1、国务院关于侦查天津各界联合会会址及重要人员密电稿

（1919年7月7日）

天津曹省长鉴：统密。本月五日天津《泰晤士汉文报》、《益世报》载：天津各界联合会江日通电各省、各会及各报馆，破坏国

会，干涉政团，煽惑人心，激起内乱。查国会为国家立法机关，政团为约法所许，该会即有所见，亦宜于法律范围之内发表意见，今竟通电意图破坏，并干涉他人结社之自由，举动既陷过激，法律实所不容。应请饬令天津警察厅侦查该联合会机关设在何处，执重要职务者何人，严为取缔。如究出实有触犯刑律者，请即令交法庭依法起诉，以遏乱萌，而维治安，是所至盼。并希电复。院。虞印。

2、天津警察厅解散天津各界联合会致内务部呈

（1919年8月28日）

敬呈者：案查治安警察法第六条之规定，政治结社须于该社本部或支部组织之日起，三日内由主任人出名，按照事项呈，报于本部或支部事务所所在地之被管官署，其呈报之事项有变更时亦同等语。伏查天津各界联合会成立之时，并未在职厅呈报立案，自应按照治安警察法令其取销。厅长自回任后，当即将治安警察法切实宣布，该联合会既未依法立案，因即于八月廿八日午后，饬令东区警察署周署长阶孺，率同该管区东三分驻所蔡署员其猷带警赴总商会内，将该联合会全体解散，实行取销。并张贴布告，嗣后集会结社，务须按照治安警察法呈报立案，方准成立。所有解散天津各界联合会情形，除分呈外，理合具摺呈请
鉴核。杨以德谨呈八月二十八日

附抄呈布告一纸

为布告事：照得治安警察法，对于集会结社，言之极为详细，早经公布在案。大凡集会结社，皆应遵守此法，否则行政官厅即不能准其立案予以保护也。本厅长服官多年，事事守法，此次奉命仍掌警政，所有一切行政，无一不以法律为依归，如在法律范围以内之事，本厅长自当予以相当之保护；否则无论何人，假何名

义，本厅长亦决不能承认。本埠所有私人团体、各会、各社，但未经官厅正式立案者，均应一律解散。除令行各警署查察依法办理外，合亟布告各界人等一体遵照。此布。

〔内务部档案〕

3、张敬尧报告解散学生联合会及迫害主要人物密电

（1919年9月1日）

内务总长鉴：统密。艳电祗悉。湖省民气素极□□，此次青岛问题发生，不肖党徒遂藉端号召。文电交驰，冀达扰害目的，其最为激烈者，实以学生联合会居首。该会会长系学生彭璜，暗中主持者为商业校长汤松。京沪学生代表等亦同时来湘，组织十人救国讲演团，发布各种传单，到处演说，乡镇地点竟有藉演说按团派费，预备招待酒食等项情事，其所倡导，不外以排斥外货为名，渐行干涉政治，如反对选举，即典见端，汤松则奔走京沪，勾结饮构。无识绅商，亦多为所煽勾。敬尧当京津风潮甫经传播之时，屡经召集学界剀切开导。一面严嘱各校加意约束，迨事实发现，比即密饬军警妥为防范，遇有学生散布传单、手持旗帜、游行街市者，立加制止，勒令回校。查知该会设立省城商业学校之内，旋即饬派干警前往设法解散，将所标木牌收取销毁。汤松暨京沪代表等遂相率离湘，复恐其潜行聚集，当将校长汤松职务解除，另委妥员接办校务，以期净绝根株，仍电饬各县知事，如有聚众演说，藉端歉〔敛〕赀者，立即拿办。此外各法定机关，如省议会、教育会、商会、农会、工会等界，风潮激烈之顷，亦群起结合，组织公团联合会，主动者则以省议会、教育会为会长，共推汤松为团长，思假各团体名义，以为强有力之援助。复由敬尧亲赴教育会开会，召集各界，晓以世界外交之趋势，与中央政府应付之苦衷，兼怵以利害，毋得被人利用，致蹈罪戾，于是农、工、商等会员董遂首先宣言，退出

联合会团体，奸宄之徒，无所施其伎俩，该会亦无形取销，此湘省对于此案办理情形也。其间措施一切，极感困难，如布置军警，示以威力，密派人员与各界先事接洽，离其枝党，种种设施，幸能弭患无形，尚未发生事变。近月以来，渐归安谧，人民思想亦趋和缓，虽有三二暴徒侨居沪上，发布通电，然于湘省内地治安，究无何种影响。除密饬员警随时注意【查】察外，特此奉复。省长张敬尧。东

〔内务部档案〕

4、京师警察厅查复北京各界联合会所及主脑人物呈

(1919年10月4日)

呈为密查各界联合会处所及主脑人物等情报请鉴察事：前奉宪部第三八四号密令开：兹须有查明之件，开具如下：一、各界联合会处所及其主脑人物。二、此次联合会群众包围府院时，其供给食物及传送被物，究系何项人，来自何处。三、本京究竟有无该会事务所，或秘密机关，仰即分别彻查详复等因。奉此。当经密饬区队详查。兹据查得北【京】大学教员何尚平，前于七月间在东安门外韶九胡同东安客寓租赁四十八号房间，以作各界联合会办事处，其内容组织：何尚平为干事部主任，《国民公报》经理孙几伊为干事评议两部主任，兼充学界联合会干事主席，及报界联合会代表，北大学生蒋希曾为常驻办事员，留法检〔俭〕学会代表彭济群为干事，并有北大学生张国焘、王文彬等数人，曾往各处拍电联合，均属主脑人物。又查得八月廿六日联合会群众包围府院时，北京师范学校代表杨建章、李洪业、宋菊芍、巴广恒等四人，亲至府前慰问，并由该代表等与北【京】大学干事联合会孟寿椿、蒋希曾，工业学校代表夏秀峰、尹明德、张传琦、吴佑，公立第三中学校代表恒寿、鲁谦，杨高泰、汇文大学校颜明、王纪芝、佟经会、王长林，商业学校刘超然，蒙藏学校鲍步云，

民国大学校王家纪、惠承文，天津各界联合会会员丁茂昌、陆剑秋及俄文专修馆、清华学校、齐鲁学校附属中学等处，先后遣役担送糖馍、米粥、面包、茶叶、被毯等物，以供食用。又查得宣武门外国民公报馆为学界联合会事务所，蓝公武为所长，与一主干会员周某，恒在该报馆密商组织进行，并与上海联合会通连，是日联合会包围府院，该报馆亦曾由教场口泰丰和成衣铺赁得棉被五十件，用车运往供给。又查得由津来京各代表，多分住北大学校，及打磨厂兴顺店等处，各界联合集议事件，每假甘雨胡同青年会并北大学校石达子庙为临时地点，此外尚未查有秘密机关各等情。先后具报前来。查何尚平前于七月间曾以拟联合各团体组织北京各界联合会，开具简章暨各职员名单，并拟暂设在东安客寓等情，具呈报厅。当经批驳，并饬区队调查，该客寓内仅有会员蒋希曾一人在彼旅居，经批驳后，即已迁去，各界团体，并无在内开会情事。各在案。兹奉前因，除仍饬注意严查外，理合具呈复请宪部鉴察。谨呈

内务总长

京师警察厅总监吴炳湘

中华民国八年十月四日

〔内务部档案〕

5、卢永祥查复上海各爱国团体处所及其主脑人物密电

（1919年9月8日）

内务部鉴：统密。艳电悉。上海近来发生非法定之团体极多。最初者为商业公团联合会，乃专为攻击总商会而论，会所在河南路，主持者则反对朱、沈两会长之人，继而学生风潮蔓延，遂有所谓学生联合会，会长为何葆仁，原附设在公共租界寰球学生会内，旋因发行激烈传单，为巡捕房干涉，遂迁往法界贝勒路。此外，有平民商会，经敝使密嘱各正当商人，勿为援助，今

已无形消灭。中华工商总工会会长为陈家鼐、中华工业协会会长为黄恩秋，均在法界巨籁达路。女子救国会主持者为温世霖之妻，在法界贝勒路，会长为薛桂翰，附设在寰球中国学生会内，欧美同学会会长为蔡元培，附设在青年会内。查此等会所，多系以一人而跨数会者也。如此会不发达，则利用彼会，只求有一能号召者，即为将来待价之地，其实拍发通电，如政府置之不理，自然日久不能存在，如欲取缔，则均在租界以内，极难着手，惟当发电时人名会所，电报局必能详知，似不必外求也。卢永祥。庚。

〔内务部档案〕

6、内务部检查上海各爱国团体发电人名会所密函稿

（1919年9月10日）

内务部公函八年警字第二一〇号

迳密启者：查近来上海地方，多有假借团体名义拍发通电。准淞沪护军使电称：有商业公团联合会，学生联合会、平民商会、中华工商总会、中华工业协会、女子救国会、国防会、欧美同学会等名目。为此，特函贵部转饬上海电报局，嗣后遇有用此等团体名义发电者，对于各该发电人名会所，务望随时注意。如能随时由该局报告本部，尤深感纫。此致

交通部

〔内务部档案〕

7、内务部关于侦查解散各界联合会代电稿

（1919年9月13日）

直隶、湖北、山西、江西、浙江、安徽、河南、江苏督军、省长、淞沪护军使鉴：查九月八日天津汉文《泰晤士报》载有各界联合会评议部纪事内称：天津各界联合会评议部于九〔？〕日下午

五时，仍在某地开会。出席者为孟震侯、刘清扬、居秀孙、马千里、马骏、谌志笃、肖润波、张国体、时子周、刘俊卿、韩致祥、李毅韬、沙主培、王厚斋、王悼忱，仍由孟震侯主席，宣读陕西救陕会电（略）王厚斋、马千里先后发表意见，结果缓议，适韩代表致祥由南省返津，到会报告。略云：此次奉派南下，出发各省，除郑州、芜湖、开封三处联合会尚未成立，须俟成立后方派代表来津，约十日内即可见诸实行。汉口压制力甚大，其它各省、各埠均异常顺利。且各地对于天津方面之举动，尤为赞同一致。其已成立各界联合会者如下：开封、芜湖、上海、郑州云云。马千里君提议照旧约法第六条第四项：人民有言论、著作、刊行及集会、结社之自由。新约法第五条第四项 人 民 于法律范围内有言论、著作、刊行及集会、结社之自由。治安警察条例系三年三月二日教令第二十八条公布，此项条例，系根据新约法，惟于袁世凯死后，新约法已取消，仍恢复旧约法，其治安警察条例是否仍可适用，王厚斋云：此种问题，甚有研究价值。然仍须质诸法律家讨论。有无相触后，再为筹划。复讨论许久至八时闲〔闭〕会等语。为此特转电转饬该管地方警察官厅，随时注意侦查，先期防范。如果查明确已成立，应即查照治安警察法第九条暨第十三条分别解散或禁止，以维治安。内务部。元。

〔内务部档案〕

8、内务部为与驻沪领事洽商限制学生联合会活动致杨晟电稿

（1919年9月15日）

上海杨特派交涉员鉴：据淞沪警察厅呈称：近查上海学生联合会等，均自恃设于租界之内，为警察厅权力所不及，不能取缔，每遇开会，并不先期呈核，蔑视警察法令，实于治安大受影响等语。为此，特电该交涉员，酌量设法与各领事商定限制方法，并随时知照淞沪警察厅，以资接洽，是为切盼。内务部。翰。

〔内务部档案〕

9、山东省会警察厅报告解散山东学生联合会经过函

（1919年12月27日）

总长钧鉴：敬禀者：窃自闽事发生，京、津学生有开会游行讲演之举。厅长深恐此间学生受其影响，当即预为设法防范，曲为疏通，曾许各校学生在省议会开会讲演一次，幸尚无事。不图该学生等竟从此组织山东学生联合会，连日开会，四出侦查日货，有将售日货扣留者，有将卖日货之人重罚者，甚至擅行逮捕，不服罚办竟欲捆绑游街。日人极为愤激，迭来诘问。节经厅长多方维持，随时消弭，尚未酿出重大问题。其外县假借学生会肆行骚扰者，时有所闻，一般商民均敢怒而不敢言。未几，而学生联合会竟散寄外县传单，号召各校派人来省，于十二月二十五日开联合大会，并在报登载广告，于阳历九年元旦，在省开联合大会。是时青州各校早已罢课，而省垣各校尚复如故。省长通令四道尹，对于学生法外行动，严加取缔，并派教育厅长前往青州查办，学生始各上课。嗣以日人方面，鉴于学生此次举动，颇有寻衅意思，其改装日人遍布城内外暨商埠各处，专伺学生动作；而日领亦不时诘问交涉公署。厅长屡向学生代表剀切诰诫，亦非不知觉悟，然进行仍不少缓。军民两署接据各方报告：日人秘密计划，拟于阳历年终，勾匪破坏商埠，发生危险问题，可借此造成重大交涉。军民两长官以事关地方治乱，国家安危，不得不防患未然，遂严令于二十三日派警将学生联合会取消。该学生代表要求省长恢复未许，遂于二十四日一律罢课，仅有美国设立之齐鲁大学、济美中学，尚照常上班。是日午前，各校学生均在校内无事，迨至午后，各校学生拟出外游动演说，深虑与外人冲突，当由戒严总司令按照戒严法，严饬军警协力依法制止。该学生等有硬行闯出者，在街演说，并散布传单，经警婉言劝止，未久即

各回本校。二十五日，有省议会、教育会约来美国杜威博士，在省议会讲演，期间计共五日，各校学生现正分期轮班听讲，颇为安靖。一俟讲毕，即放阳历年假，庶不至再有罢课情事。当此潮流猛烈，大局未定，惟有设法消弭，维持公安，以期不负钧座注重地方，垂爱僚属之至意。谨将最近经过情形，据实上闻，用纾廑系。肃此，敬叩崇安。伏乞垂鉴。

山东省会警察厅厅长金荣桂谨禀

十二月二十七日

〔内务部档案〕

10、京师警察厅与内务部关于严厉取缔学生运动往来文件

（1920年2月）

（1）京师警察厅呈　（2月3日）

敬呈者：窃查山东问题、福建问题发生以来，学生借爱国之名，集合团体，发表宣言，风潮鼓荡，弥漫全国。就京师言之，自上年五月至于今日，各校学生几于无一月不有开会演说之事。本厅仰秉机权，对于前项事件发生，随时取缔，差幸免于陨越。惟查近来学潮，愈演愈烈。上月天津学生竟有聚众殴打警察之事，虽拘捕多人，而双方争持，势犹未已。夫一事之发生，在事先必有其造因，在事后必有其结果。从其造因之地认明理势，于对待方面，定取何种主义，本源既得，结果斯良。因果相生，实为公例。若不先究本源，而但取临时之对付，譬诸治水，其源未清，而徒堵其流，则波澜溃决，愈益泛滥，结果所得，恐有难言者矣。此次山东福建两问题，所以演出风潮，其导火线起于学界，以事理论，则学生乃其本因。必对于学生先有根本解决办法，恶潮乃可渐底于平，此治水宜先清源之说也。本厅自上年五月以来，遇有学生事件发生，即与教育部商権取缔办法，往复函商，盖非一次。乃事经一年，学界之开会如故，游行如故，演说

不已，而继以散布传单，排斥日货之不已，而继以调查，继以焚毁，商人损失，无所取偿，地面纷扰，靡所底止。警察处此地位，置而不言，则有负本身责任，操之过蹙，又恐激生他项变端，轻重之间，殊难应付。各界人士不悉就中情事，对于警察不免啧有烦言，此亦事实之无可讳言者。惟是学潮横流，日甚一日，妄谈政治，干涉官厅。对内言，则有伤政府之威望；对外言，则引起邻邦之责言。国中现象，纷纭至于如此，决非可以望其自归宁谧者。天津既演出此种景象，京师与津地击柝相闻，学界声气相通，难免无推波助澜之举。况京师学生人数之众，倍于天津，将来倘演出风潮，其险恶殆恐有过之者。上月三十一日，已有学生队举行游街大会，在东单牌楼地方，与日本人川田汽车相冲突之事发见矣。本厅有维持地方治安之责，对于此事，惟有取干涉主义，尽力防维。矧屡奉宪部令文，责其加意取缔，职权所在，愈益难辞。但以京师为我国首都政府所在之地，一旦事实发生，将为中外各界人士所注目。与其审顾于临事，何如预筹于事先。本厅愚见所及，窃谓欲求学潮之不发生，宜先筹解决学潮办法，解决学潮应先从学界着手，而从学界着手之处，定取何种主义，应由宪部主持于上，而后奉行者乃有效果可言。不揣冒昧，妄陈管见，敬求采纳，预授机宜，俾临时有最后对待办法，以安人民，而重威令。地方幸甚。本厅幸甚。谨呈

内务总长

京师警察厅总监吴炳湘谨呈　二月三日

（2）内务部指令稿　（2月4日）

内务部指令

令京师警察厅吴总监

呈一件，为解决学潮办法应取何种主义由

呈悉。据摺呈称：解决学潮办法，应先从学界着手，自系一

定不易之理。乃现在学生情形，推波助澜，每有溢出范围之行动，亟应由该厅相机设法制止。如有不服，或有扰乱秩序之虞，自可依法严重取缔，以重公安，而维秩序，本部自应力予主持，仰即遵照。此令。

〔内务部档案〕

11、江苏教育厅转发不准学生集会训令

（1920年3月4日）

教育部训令第六七号

令

学生在校集会以研究学术及有益身心之事为限。案照学校管理规程第三条应经校长之允许，并由职员督率，又第七条学生有违背校规者应予以相当之儆戒。第八条学生有因犯学规退学者，非确有悔改之保证，不得再入他校各等语。迩来各校生徒任意集会，内则干涉校务，藉端要挟；外则抵触警章，滋生事故，实于学业校规多所妨碍，应由各校员查照管理规程实行查察。如有违反校规及逾越轨范之集会，应即严切责令取消。其有不遵训告，擅自集合者应由校照章严切制止，分别惩儆，并查明倡首抗拒各生令其退学，以资取缔，而重校规。除通令外，特此令行该，仰即转令所属各校一体遵照。此令。

中华民国九年三月四日

江苏教育厅长胡家祺

〔国立中央大学档案〕

12、内务部与淞沪护军使等查禁学生联合会总会往来密电

（1920年3月）

（1）　内务部密电稿（3月20日）

江苏省长、淞沪护军使鉴：统密。据京师警察厅呈称：查上

海近有中华民国学生联合会总会发见，公然用该总会名义，通信各处学生联合会，互相应和。所寄北京信件，经本厅查见扣留。查治安警察法第八、第十二等条规定，学校学生不得加入政治结社、政谈集会。原立法用意，盖以学生当求学时期，万不容分心政治，致隳弃其学业。定法綦严，不容宽假。乃自上年学潮发生以来，学生因对外问题，多有联合会之组织，官厅因其心存爱国，对于此项举动，多用劝导主义，冀其自底于平。近来气焰愈张，复有联合会总会之设，凌蔑法纪，扰害公安。人民恃法以立国，国家借法以图存，法之不存，何以为国。上年六月二日，奉大总统诰诫学生明令，内有联合会等项名目，尤应切实查禁等语。是该学生联合会总会，在法律上、事实上均不能容其存在。本厅于本年二月，曾经原本法意，依照明令，函达教育部，将北京学生联合会解散在案。拟请行文各省，如有学生组织联合会，应即依法解散。并行文江苏省长、上海护军使，将该学生联合会总会，从严查禁。等情。除咨国务院、教育部，并分行外，特电请查照，饬属认真分别解散查禁为要。并盼电复。内务部。哿。印。

（2）淞沪护军使复电　（3月22日）

内务部鉴：统密。哿电悉。查学生联合会总会，初设于公共租界寰球中国学生会内，上年六月二日，奉大总统诰诫学生明令，业经商请公共捕房驱逐解散。嗣该会复在法租界设立，又经商请杨特派员转知法领设法查禁。各在案。准电前因，除再函杨特派员迅向法领切商严行解散外，特先电复。卢永祥。何丰林代。祃。

〔内务部档案〕

13、京师警察厅关于取缔全国学生联合会总会呈

（1920年4月）①

敬呈者：顷据邮政检查员查送上海中华民国学生联合会总会致北京大学函件，内载致电政府驳回日本通牒，原文词语荒谬，达于极点。查本厅前于本年三月，呈请宪部行文上海护军使查禁该学生联合会总会，并奉训令抄录护军使复电内开：已函特派员迅向法领切商，严行解散等因。各在案。兹据前情，拟请宪部会同教育部，电达上海护军使并特派员，从速设法取销此项总会，免再号召他处学生，别生枝节。是否有当，理合检同原件呈请鉴核施行。谨呈

内务总长

计附件②

京师警察厅总监　吴炳湘

〔内务部档案〕

14、卢永祥关于上海学生发动罢工罢市实行戒严密电

（1920年4月25日）

北京国务院钧鉴：统密。迥二电敬悉。查此次沪上学生罢课，借口外交问题，旬日以来，迭次派员设法疏导，原期消患无形。虽该生等每日游行演说，散布传单，言词激烈，逾越范围，官厅随时相机制止，力持镇静，并未稍事操切。讵该生等甘心受人利用，必欲借端寻衅，以达其构乱目的。马日下午，即有学生多人，手执旗帜，上书革命、罢工、罢市等字样，结队游行，至龙

---

① 此件收文日期为4月16日。

② 此附件系中华民国学生联合会总会1920年4月10日致各地学生联合会代电，见本书鲁案交涉项。

华驻军地点演说，意在挑衅。本可即时拿办，第念此辈青年，受人愚惑，遽绳以法，情殊可怜，且恐借词号召，另生事端。当饬妥为解散，未予深究。乃该生等以无隙可乘，复于养日下午，胆敢纠集多人，乘高昌庙兵工厂工人散工之际，迳至该厂门前，露天演说，意图煽惑罢工，言词尤为激烈。驻厂十六团军队，职责所在，上前劝阻，抗不遵从。该生等旋复回校，号召各学校学生蜂拥前往，再图寻衅，仍由该团官长婉言解散。当时兵士与学生等虽不免稍有龃龉，但并无将学生殴打拘捕情事。各商店亦未因此罢市。事后该生等于是日晚间，即捏词鼓煽，翼〔冀〕图激动商界罢市，各商店均不附和。次日清晨，该生等复纠合流氓数百人，短衣持棍，随同前往各商店，迫令闭市，有不允者，立将其招牌打毁。各商店畏其凶焰，不得不暂将店门半掩，以避其锋。学生去后，仍照常交易，此系当时确实情形。杨特派员所称：因军士与学生冲突，遂致城内西门、小东门、高昌庙等处商店关闭等语，殊与事实不符。所有学生捏称各节，恐滋商民误会，业经明白出示晓谕在案。此间自实行戒严后，经军警协力维持，本日市面颇称安谧，学生等结队游行，散布传单等事，已严行禁绝。仍一面派员向商学各界妥为接洽，剀切晓谕，日内当可次第恢复原状。此次风潮，所幸早经密与南北商会，及省县教育会迭次接洽，晓以利害，故工商各界，均不为所惑。各校校长及教职员，亦均不赞成。一般舆论，多不以学生举动为然。因事前早有防维，所以风潮不至扩大，办理尚易著手。知关廑注，特电谨陈。卢永祥。何丰林代。有。印。

〔内务部档案〕

15、卢永祥建议镇压学生运动办法有关电文

（1920年5月）

（1）卢永祥致大总统密电　（5月1日）

大总统、国务总理、外交部、内政部、教育部钧鉴：统密。沪上风潮，近日已暂就平静，所有详情业经先后电陈在案。查此次学生肇事，初则藉口外交，继则昌言革命，最后竟著手暴动，其行为已构成内乱罹〔罪〕状，与以前屡次学潮性质迥不相同，究其内幕，确有奸人主持，阴谋颠覆政府。闻预定计划分为三部：第一步，全国学校大罢课，利用学生藉外交问题，游行演讲，冀激动国民公愤，以作鼓吹罢市罢工之准备。第二步，运动商人全体罢市，为学生后援，扰乱金融，摇动市面。第三步，煽惑工人同盟罢工，断绝水火交通，破坏秩序，并抗纳各种捐税，以绝政府财源，同时召集国民大会，组织平民自治政府。以上三步办法之进行，以上海为发难地点，内地各省乘机响应，业经推举代表，分赴各处接洽妥协，以全国学生联合总会、全国各界发〔联〕合会，为统一机关，并另定有全体办法，其诡谋密计，异常周至。当时先后据密探报告，虽未能尽信，然事关重大，不敢不加以防范。节经密饬上海县，分别向商学各界，设法探询，晓以利害，详加疏导，并于绅商领袖诸人来署接见时，亲为解释，多方譬喻，该各界人等，因平时与官厅感情素睦均能了解，于期可以弭患无形。不料四月寒日，沪上学上〔罢〕，果有罢课之举，是奸人预定计划，业已著手实行。幸官厅早经布置接洽，故素持稳健各校，均未附和，即经各〔上〕课学校之教职员，亦均不赞成，商工各界更持□〔旁〕观态度。奔〔奸〕人以无隙可乘，遂怂□〔恿〕学生，迭次向军警强衅，藉以据词耸听，号召工商罢市罢工，以遂阴谋□诈，军警力持镇静，计无可施，情急智穷，乃利用学生公然揭革命旗帜，实行暴动，为孤注一掷之举，所幸戒严迅速，托庇威福，得以五时敉平。事后思除，学生之所以肆行无忌，甘冒不韪者，其由来皖〔已〕渐。溯自去岁五四运动以来，迭次学潮均系始终以外交失败为由，全国舆论，亦表同情。故虽有暴乱行为，官厅因其以爱国为护符，不能予以严励〔厉〕之处置，一再姑容，逾演逾烈，一若学生之群众运动可以为所欲为，毫无顾忌。奸人之利用学生者以此，学生之甘受奸人利用，敢于暴动者亦以此。不知爱国运动，固未可强加抑制，而实行内乱，决不能再予宽假。此次沪上得以从严处理，实因其行为已入内乱范围，自戒严令下，风潮遂告一结束。似宜乘此时机，由中央明令，根据沪上学生图谋内乱情形，通饬本省取缔学生行动，并将学生联合会及各界联合会等机关，一律严行解散，以期学潮为根本之□除，未始非目前防乱治标之策。至于外交问题实为学潮起因，现沪事虽平，隐忧未已。仍望中央对于外交问题顺全国之舆情，为适当之表示，俾人民无所藉口，学潮可以永息。谨就管见所及，据实详陈。伏乞裁夺。卢永祥、何丰林代东。

（2）国务院等致卢永祥密电　（5月6日）

龙华卢护军使鉴：沛密。东电悉。所陈解决学潮办法，至为扼要，已通令各省切实取缔。至外交问题，关系较重，闽案现正严重抗议，鲁案并无直接交涉之说，业经院于冐日通电查照，少缓自当宣布，以释群疑，希先晓谕周知，俾免误会。奉谕特达。院、内务部、教育部鱼印

〔内务部档案〕

16、江苏教育厅勒令继续罢课学生出校代电

（1920年5月6日）

第53号

法政专门校长鉴：查本省各校学生因外交问题多数罢课，叠经令饬剀切诰诫，并布告各生限于一星期内照常上课在案。现据各校函电，恢复上课者已有数处，其他学生尚意存观望，未即上课，虚抛光阴，尤可痛惜。本厅为整肃学风，维持教育起见，合

再严切诰诫，除未经罢课及恢复上课各校外，仰该校长于电到之日，立即传谕诸生一律上课，期以求学达救国之目的。倘仍抗不遵从，不啻自愿脱隔学校关系，丧失学生资格，即由各校长通知学生家长限期领回；如逾期以后，既不归家，复不上课，惟有勒令出校，以维学纪，并准由各校长会商省会警察厅强制执行，毋稍宽纵。除分电外，仰即查照办理。江苏教育厅长胡。鱼。印。

民国九年五月六号发

〔国立中央大学档案〕

17、江苏教育厅转饬禁止学生联合会各地分会训令

(1920年5月14日)

江苏教育厅训令　第七八七号

令公立法政专门学校校长

案奉省长侵代电内开：学生联合会迭经严令取缔，上海所设之总会已经解散，各地分会亦应一律禁止。仰速分令各县遵办，并令所属各校长，对于学生行动应特别注意，毋任误入歧途，徒荒学业，是为至要。等因。奉此。除分行外，合行令仰该校长遵照办理。此令。

中华民国九年五月十四日

江苏教育厅厅长　胡家祺

〔国立中央大学档案〕

18、江苏教育厅奉令严行取缔罢课罢市罢工训令

(1920年5月21日)

江苏教育厅训令　第八〇三号

令公立法政专门学校校长

案奉督军、省长文代电内开：顷准国务院、内务部、教育部语电开：奉大总统令，年来学潮迭起，近日各处煽惑，工党隐患尤

深。昨据淞沪护军使电称：此次学生肇事，初则借口外交，继则昌言革命，最后竟著手暴动，其行为已构成内乱罪状。究其内幕，确有奸人主持，阴谋颠覆政府。闻预定计划，为次第运动罢课、罢市、罢工及扰乱金融、断绝交通、抗纳捐税各种办法，以上海为发难地点，内地各省乘机响应，业经推举代表分赴各处接洽，以全国学生联合会、全国各界联合会为统一机关，其诡谋密计异常周至，请通饬各省严行取缔。等语。比年国家多故，事变纠纷，若再任邪说播腾，为害何堪设想。应由各省区军民长官督饬所属严行取缔，如有学生联合会及各界联合会等非法机关，一律勒令解散。倘不遵约束，敢有逾轨行为，应即依法制止，分别逮惩，以遏乱萌。我国商、工、学界皆不乏明达之士，尤望设法剀切指导，俾晓然于此等谬说，实为扰乱治安之阴谋，勿为所惑，致妨职业而干罪戾。至外交问题，关系较重，闽案现正严重抗议，鲁案并无直接交涉之说，少缓自当宣布，以释群疑，并先晓谕周知，俾免误会。等因。奉此。除分行外，合行令仰该校长剀切指导，毋使诸生误入歧途，是为至要。此令。

中华民国九年五月二十一日

江苏教育厅厅长　胡家祺

〔国立中央大学档案〕

19、杨晟报告在沪任职期间与领团密商镇压沪市爱国运动密电

（1920年6月16日）

国务院、外交部、内务部、教育部钧鉴：中密。窃晟本日交卸江苏交涉本职，业经会同许新任，电呈院、部在案。自维奉职无状，获卸仔肩，感幸之私，莫可名宣。惟是沪地樽俎，三度周旋，此番在职，事务尤繁，责任尤重，经过情形，有不得不据实陈明仰求鉴核者。查晟上年三月就任，甫经月余，即值四五〔五四〕运动，沪上罢课、罢市、罢工风潮剧烈向来所未有。晟适先

奉院、部电召在京，沪耗传来，荷蒙垂询应付办法，叨侍议席，昔奉特命驰回。当时群情惶恐，租界内险象环生，外人议召水兵登岸。晟漏夜晤商领团，交涉至再，打消此议，另订办法。一面向各商帮、各工团、各学校，剀切劝导；一面亲赴各路商店、各工厂、各中西报，或势禁，或理喻，禀承机宜，幸尚顺手。商、学、工界之秩序得复，租界内外之人心斯宁，各方面固协同进行，而晟个人之心力亦交瘁。今年四月，旧剧复演，加以各界联合会之鼓吹，阴谋破坏党之诱惑，情势汹汹，较昔为甚。晟一得信，即与领团密议消弭，为曲突徙薪之计，两捕所亦听指导，布置周备，乃能一起即扑，不惟学生联合总分会封闭解散，即各界联合总分会亦均一律封闭驱逐。并同时商允领袖比领及法领，允准本国军队，逐日穿行两租界，以资镇摄，此为上海自有租界以来未有之创例。至于工部局创设华董顾问局，以平市民之争，各学校严订强制上课，并以禁叫嚣之习，斯为末尘，无足陈告。只求尽职，他非所知。缕晰上闻，惶悚无量。杨晟叩。铣。

〔内务部档案〕

（三）各校反对军阀政府摧残文化教育

一、索薪运动

1、教育部为教育经费积欠过巨请设法拨给呈

（1921年3月29日）

窃查教育经费因从前积欠过钜，未易清偿，每日额支亦无的款可恃，以致学界时抱不安。近顷部辖专门以上各学校职教员竟至因以辍课。现在中央政费艰窘万分，业经统筹全局，酌定解决之方，教育经费理应静候并案办理。惟是学校向例每届四月一日应放春假。放假以来，则各校员生率多离校他往。现值辍课之后，若不于于假期以前确定办法，深虑一经涣散，秩序更难恢复，故拟请特将教育经费自三月起以后月支二十五万元一款，提前指定从某项收入项下拨发本部，应向何处支领即予明示，至本年二月以前积欠经费约计六十万元，应如何分别补发，并请核定，以资遵信，是否有当，敬候

钧裁

〔批〕：教育经费自本月起，准由政府筹得的款项下拨发二十五万元，仍由教育部向财政部具领，至积欠之六十万元自应分月由财政部设法清还。三月二十九日

〔国务院档案〕

2、北京八大学学生为罢课已久请速解决呈

（1921年4月10日）

呈为各校罢课已久，恳请从速解决事：此次国立八校罢课以来，生等所受苦痛，曾于四月二日由罢课各校学生临时联席会

沥陈在案。迄今十日未蒙批复，而教职员等又已全体辞职，现象益趋险恶，群情惶惑，更难言状，政府诚不欲坐视首都学校先全国而破产，以自陷于破坏教育，斫丧国本之大咨。则请在三日内指定的款克日上课恢复原状，使以敷衍，责政府者无从借口，两全之道莫急于此。抑政府认教育为不必维持或不能维护，则请即日颁布明令解散，各校亦不必虚与委蛇，免致生等进退狼狈，坐困都门，虚掷宝贵之光阴，徒糜父兄之汗血，渡此困顿无聊之生涯。生等以切肤之痛，欲忍无从，用特全体恭诣钧院为最后之泣诉，伫候明决，以定行止，不胜迫切之至。谨呈

国务总理

罢课国立北京各校全体学生　呈

中华民国十年四月

〔国务院档案〕

3、天津各界联合会请速筹基金挽救教育电

（1921年4月10日）

国务院诸公鉴：学校教育国本攸关，乃京师国立各校职教委有全体总辞职之表示，揆厥原因，端由基金未之确定，用款常以无着，遂致教员不能枵腹以从公，学生因之中途而辍业。诸公谋国既以文治相号召，而忍令絃诵声停，读书种绝，何事与言背一至斯耶。夫当欧战之殷，彼德法诸邦虽军实日讨，财竭库空，然庠序未尝一日停，束修未曾一日乏。而以我国之时局相较，终觉视彼差强，而事实竟与之相反。则诸公谋国之不臧，其谁敢为之讳乎。顾或者曰：今兹蒙事方亟，何暇计及教育，是言也尤足滋惑。夫旧俄顽民，蒙古妖孽不过小丑，野心崛强沙漠之间，苟延岁月之命耳，其能以德奥联军，英法协约相拟乎？乃及今未平，可见兵无足恃者矣。以多数不足恃之兵，岁糜数万万之民膏民血，而致国家命脉之教育，陷于永劫不复之沉沦，以视德法诸邦当

日之军事，倥偬书声不辍者为何，如诸公即不恤我国民之多口，何不顾外人之退有后言耶。公民等有鉴于此伏望诸公忠体国平心为治，凡百要政勿以强御而先之，勿以文弱而恝置，无论如何对于教育一途有加无已，作速筹定基金，俾令永不受经济上之影响，庶教育日兴，国本巩固，则孟子所谓丧无日之叹，可以不作于斯时矣。谨奉电以闻。天津各界联合会叩。

中华民国十年四月十日

〔国务院档案〕

4、国务院通知拨发一个月教育经费致教育部函

（1921年4月16日）

公函（七三八号）

径启者：京师教育经费现经商定于本星期内先发三月份一个月，自四月分起在财政部未筹得的款以前，暂由财政部就交通部协济款内每月按期拨付二十万元，由贵部支配，此款由财交两部订明不作别用。其民国九年十二月份起至本年二月份止之八校积欠经费约四十余万元，先拨一个月与本年三月份经费同时并发，其余分为六期，每月一期由银行担保拨付，相应函达查照办理可也。此致

教育部

中华民国十年四月

〔国务院档案〕

5、北京各界联合会请将盐务署等所余款项清偿教育欠款而恢复教育呈

（1921年4月17日）

国务总理钧鉴：窃为立国根本，首赖教育，教育生死关系的款，的款无著，教育立殭，国家命脉于焉断绝。鉴诸中外史乘固彰彰可考也。乃者国立八校教职员，因学校经费无著，薪俸久

宕，枵腹难能，全体停职，坐听莘莘学子荒废学业，全国呼吁，电牍盈箧，读书运动耳充京畿。我总理迄无明确之答复，同人等颇滋疑窦。爰以匹夫有责之义，谋定教育根本，析予迅速筹定的款，使国立学校延一线生命，为吾国教育上、文明上增一线曙光。又冀于的款未经筹妥之前，于交通部盐务署暨于酒署等所余款项下，各拨划一部，尽量清偿积欠各校之经费以外，并筹每月二十万作八校之经常费，以济斯停职罢课之眉急，而回复教育之原状。敝会同人实深感荷，仰瞻克日批复，以慰舆情，不胜迫切待命之至。缮此谨呈

北京各界联合会谨上四月十七日

〔国务院档案〕

6、北京各小学教职员代表请速筹款以维教育而固国本呈

（1921年4月17日）

为呈请饬部速筹的款以维教育而固国本事：窃国立北京专门以上各校教职员，前因薪修不发停止职务请求政府迅予设法维持，并指定的款作为长久经费，继因政府迄无办法，迫于辞职，数万青年辍学者已历弥月。秉征等虽厕身小学，亦不禁心焉忧之。伏思数年来，市师教育或因欠费不发或因京钞折扣，以致一切施设非惟难期发展，抑且时有停顿。推厥由来，无非教育的款未曾筹定之害。夫教育为国家根本，教育停顿，国本即随之动摇，此理此情古今中外莫不谓然，无庸赘述。兹者国立专门以上八校停顿已久，各界人士相率怀疑，京中各小学尤现不安之象。秉征等职司国民教育，日与年幼儿童相周旋，幼儿俱有同情，亦觉大学生徒长此废学引为憾事。秉征等越在草茅无政治眼光，政府对于此事究竟有何办法，因不敢妄测。但以此事关系重大，旷日持久，政府迄无解决之表示，儿童每有疑问，即缄口不能置答。夫以国家之根本大计，不能解白于六七岁之儿童，甚非国家重视教育用培

国本之至意也。为此公恳大总统迅予饬部指定的款，以维教育，而固国本，不胜屏营待命之至。谨呈

大总统

北京各小学代表　卢秉征　展树涛　李士奇
赵广海　王　德　马国栋
刘田奎　叶金明　关崇庆
李目波　王涣斗　惠　丰
罗廷锟　关恒祥　贾庆恩
刘乙然　莫兰绪　田坤瑞
耿星江　张书绅　王维藩
苏耀祖　博海玉　荣　英
杨宝森　张华亭　佟永全
许宝康　郭理云　关鹤宾
何连壁　邓德箴　丁以梁
苍达春　王子钧　周绶章
李　栋　董士敏　程文锦
等三十九名谨呈

中华民国十年四月

〔国务院档案〕

7、北京大学留京毕业同学会请速筹款以维持教育呈

(1921年4月)

呈为恳请从速筹足教育基金并准于基金未经筹足以前迅筹的款以维教育而固国本事：查培植国脉端赖教育，其为重要不待赘陈。我国开办学校迄今已逾廿载，年来政变迭兴缓急失当，各地学款往往移作别用，以致停闭时闻，发皇无策斫丧国脉，莫此为甚。近者北京国立专门八校亦因经费无着时现旁〔徬〕皇〔徨〕，教职员既辞职于先，各校长复步武于后，中小学校亦复有以辍业，

闻者大部长官更因无法维持，去恐不速，乃使一国行政之首都顿呈无教育之状况，以文治号召于上下者且觉无文可治，甚至我大总统举受别国大学学位重典期中，而本国大学诸生犹且日夕焦躁徘徊于府院门外，而作读书运动。友邦疑笑，举国震惊。毕业生等身虽离乎母校时惭，驽材心偶念及国难，辄思后劲。当此弦断歌歇之时，能无学绝道丧之惧。窃念年来教育停滞，俱苦无米难炊，倘使经费得有独立，动摇当无后虞，欲求一劳永逸之机，应谋长治久安之法，而政府与教职员两月磋商所未就绪者，亦仅在此久暂之异同非并遂有正反之执著，用敢扶其精微互请谅解，略虑一得愚见，为我总理缕悉陈焉。伏查教职员所争之点为请将基金筹足，而廿一日教部所传国务会议定京师教育经费及积欠办法两条，则略去基金而先以的款为前提舍重就轻，茂枝略本，此不能不请审是者一也。至拨付手续则求其的者而又不明的之处，所盖八校要求在未筹足基金以前，先就交通收入项内拨发，乃因该款收入为国家收入的款之一种，故请按月由交通部直接拨付办法较为确切。今国务会议所定财政部未得的款以前，暂由财政部就交通部特别协款内按月拨付，是乃责成财政部而交部特别协济财部款项，既非永久性质，一有变动即暂时所求之教育经费仍属不定，此尤不能不请审定者二也；至于积欠既经定有确实办法，各教职员亦万无不委曲求全之理，上陈二端倘承采纳。请即迅由国务会议通过正式公布宣示遐迩，则症结既去余皆迎刃可解，为此不避冒渎，呈请总理亮察而施行焉，毋任迫切待命之至。谨呈

国务总理

国立北京大学留京毕业同学会①

中华民国十年四月

〔国务院档案〕

---

① 此件盖章并附名片四张为顾名、林彬、黄文弼、鲁邦瞻。

8、山东学生联合会请速筹教育基金以挽救教育电

(1921年4月17日)

北京。大总统暨国务院钧鉴：窃自京中小校教务停顿以来，颇多呼吁之声，未闻维持之议，坐令莘莘学子旷学废业，教育现象流于绝境，此学生等所惶惑不解者也。教育事业为全国命脉所系，而近以经费无着，时生风波，危象屡现，诚非教育前途之福。学生等近怀往事，图谋未来亦或以为非筹有基金，不足为教育前途进行之保障，在京学生亦已将此意请求于钧前矣。学生等远在东省识浅虑短，本不敢妄渎钧听，惟念及在京学生失学已久，大好光阴蹉跎可惜，迫切陈辞，幸垂察焉。

山东学生联合会叩四月十七日

〔国务院档案〕

9、安徽学生联合会请指定教育基金补发所欠教育经费电

(1921年4月18日)

大总统、国务院暨教育部钧鉴：民治国家首重教育，期发达端赖经费，东西各邦莫不皆然。我国教育经费不如各国之巨，政府不特不逐年增加,并将原有之经费尚不时挪作他用,致令弦歌废辍,国本动摇,今北京各专门以上学校，不惜以罢教罢课之牺牲为力争教育基金之举。在政府宜如何审慎筹思以维国本，乃罢课已逾匝月，不特未蒙指定基金即积欠经费亦不予立时拔付，震骇全国,腾笑邻邦,教育前途何堪设想。况军费交出，动逾数百万，各疆吏予取予携，政府无不预为筹划，以教育经费与军费比较相去何啻什百。今竟置而不问，致教职员迫而辞职，诚不知政府诸公果何用意。敝会念教育之危殆,痛国本之动摇,为此泣恳我大总统，国务院暨教育部诸公即日明令指定教育基金，宣告海内并补发所欠经费，以维现状，教育幸甚。全国幸甚。激切呈词，伏维垂鉴。

安徽学生联合总会谨启

〔国务院档案〕

10、北京高师附属学校为教职罢教请速筹款以恢复呈

（1921年4月20日）

呈为教育停顿请予速筹恢复事：窃自国立北京专门以上各校教职员辞职以后，各校长亦一律辞职。秉征等置身于北京高等师范、北京高等女子师范之附属学校，勉强维持已经匝月，比因主持乏人，诸事无从进行，乃于本月十七日开会议决自十八日起暂停职务，静待解决。伏查国立北京专门以上各校教职员报告，政府现已允于交通协济款内每月拨付二十万元充各校经费，只因磋商未能就绪，积欠尚属虚悬，遂致事止于垂成，功亏于复篑。惟青年学子之精神，以教育为之命脉，停顿一日即消沮一日，机能之运用万不可久行停止，用特请赐睿断，速准国立北京专门以上各校教职员所请各节，俾得早日复职，定期开课，以维教育而固国本，不胜迫切待命之至。谨呈

国务总理

卢秉征
顾纯一
郗继光
张鸿图
北京高等师范女子高等师范附属学校代表　董　瑞
薛华周
郭理云
毛淑思
王贞儒
邓文淑
张席丰

〔国务院档案〕

11、国务院关于商拨教育欠款与教育部往来函

（1921年4月21—22日）

（1）国务院致教育部函　（4月21日）

国务院公函（第七百六十号）

径启者：京师教育经费前经会商贵部暨财政、交通各部筹定办法函达在案。兹复经各主管部会同商酌改定相应抄录原案函请贵部查照。邀集各校校长迅即接洽办理可也。此致

教育部

一京师教育经费拟于本星期内先发三月份一个月，自四月份起在财政部未筹定的款以前，由财政部就交通部协济政费下，每月按期拨付二十二万元作为北京专门以上八校及北京师范暨公立各中小学校经费经常临时各费，此款由财政、教育、交通三部订明不作别用。一其他教育部应向财政部额领之款（以向来额之数为准）由财政部筹定拨付。

一民国九年十二月份起至本年二月份止之八校及中等各校积欠经费约四十余万元先发一个月，与本年三月份经费同时并发，其余分为三期由银行担保于四五六三个月各付一期。

（2）国务院致教育部函　（4月22日）

院函（第七百七十三号）

径启者：据北京罢课八校学生全体呈请拨定八校教育经费并妥筹保存方法。复据各小学呈称国立北京专门以上各校教职员，前由薪修不发，停止职务，数万青年辍学者已历弥月，恳请饬部迅筹的款以维教育等情先后到院。查京师教育经费业经议定函达在案，兹据呈陈各情相应检同原件函达贵部查核办理可也。此致

教育部
中华民国十年四月

〔国务院档案〕

12、北京教育会为国立各校罢课已波及中小学请速发经费呈

（1921年4月22日）

呈为迅筹教育经费以平学潮而维国本事：窃维教育为国家之元气。而值潮流变迁国是未定之日，则尤不可一日无教，一日无学。今北京国立各校以经费无着致教职员全体罢业，荏苒兼旬，未见解决，近且波及中小各校，风潮愈大，收拾愈难，堂堂首都岂容有此现状。况教育关系国本，倘仍因循贻误，更何以昭大信。尚祈迅筹的款以图救济，国家虽穷，合财政、交通之收入，似此区区，尚易为谋，否则其祸有不忍胜者，迫切陈词，无任惶悚。谨呈
大总统

具呈人　北京教育会　西华门外北长街
代表者　会长　徐汝梅　湖北武昌
西单一磨盘院

中华民国十年四月二十二日

〔国务院档案〕

13、国务院派员请拨发学校经费两个月致财政部函件

（1921年4月23日）

致财政部公函（第七百八十二号）

径启者：据教育部司长陈宝泉、任鸿隽、高步瀛等呈称：应领学校两月经费共三十三万元，谨分别缮具清单，陈请核明迅转财政部照拨等情。查学校经费关系基金，自应即日筹拨以资维持，除由院派员即日赴部代领转发外，相应检同清单二纸。函请

贵部查照即予照发，至纫公谊。至此项收据，俟向该部取到即行转送备案。不致有误，并希查照。此致

财政部

附件

顷奉贵院秘书厅电嘱，本部长官现经辞职，应领学校两月经费共三十三万元，可由司长等签名具领，以资便利。兹谨分别缮具领款收据并开列清单二纸，前往具领，理合出具说帖，陈请核明，迅转财政部照拨。谨呈

国务院

附清单二纸

陈宝泉（章）

教育部司长　任鸿隽（章）

高步瀛（章）

中华民国十年四月二十二日

九年十二月份

北京地方补助	一万三千三百二十五元
北京大学	六万一千一百五十三元
法政专门学校	九千六百八十三元
医学专门学校	九千九百元
工业专门学校	一万一千一百四十七元
农业专门学校	八千三百四十元
高等师范学校	三万四千七百七十七元
女子高等师范学校	一万二千一百二十五元
美术学校	四千五百四十元

共十六万五千元

十年三月份

北京地方补助	一万三千三百二十五元

北京大学	六万一千一百八十三元
法政专门学校	九千六百八十三元
医学专门学校	九千九百元
工业专门学校	一万一千一百四十七元
农业专门学校	八千三百四十元
高等师范学校	三万四千七百七十七元
女子高等师范学校	一万二千一百三十五元
美术学校	四千五百四十元

共十六万五千元

〔国务院档案〕

14、北京罢课的八校学生请明确拨款单位呈

（1921年4月25日）

呈为呈请改正条文以释群疑事：窃生等于本月二十一日蒙钧院抄示，咨照教育部条文内第一条称，京师教育经费，拟于本星期内先发三月份一个月，自四月起在财政部未筹定的款以前，由财政部就交通部特别协款每月按期拔付二十二万元，作为北京国立专门以上八校乃北京师范暨公立各中小学校经常暨临时各费，此款由财政、交通、教育三部订明，不作别用等因。奉此。仰见钧院维持教育之至意。惟生等尚有怀疑者三端：其一，此项条文是否经阁议通过，应请追加声明；其二，第一条文内所载未筹到的款以前之的款二字，实为将来之障害拟请改为基金二字，以资信守而免误会；其三，该条所载谓财政部就交通部特别协款每月按期拨付云云，其责仍专在财部，万一交部停止协济时，则学款仍无所从出，拟请改为由交通部特别协济，财部款内则交部亦则无旁贷，较为稳切。生等为安全学业起见不揣冒昧再渎钧聪，伏乞俯准。如呈修改，并请明令公布，实为公便。谨呈

国务总理

北京罢课八校学生全体同上

中华民国十年四月二十五日

〔国务院档案〕

15、教育部司长与八校校长洽谈经费拨发意见并请阁议通过与国务院往来文件

（1921年4月）

（1）任鸿隽等呈　（4月25日）

敬呈者：适奉秘书长电传派鸿隽、宝泉向专门以上八校校长接洽开具说帖，呈请总理核定，兹经八校校长共同商定于国务院所开第一条略有改易，并申明意见三项：一、此系校长方面调停之意见，其中字句请勿更动；二、上项意见，经总理核定后，校长担任疏通之责；三、此系最后办法，如办不到，校长等万难复职，所有接洽结果，谨开具说帖呈请钧阅批示。

谨呈

附呈第一条更改意见

教育部司长　任鸿隽
陈宝泉

自四月份起，财政部对于北京国立专门以上八校及北京师范暨公立中小学，每月经常临时各费二十二万元，未筹有的款及确实保障方法以前，由交通部每月尽先拨付财政部特别协款二十二万元，充该八校及北京师范暨公立中小学经常临时各费（按照八年度预算支配），此款由财政、交通、教育三部订明不作别用。俟财政部筹有的款或教育基金筹足时，前项协款即行截止。以上条件应请国务会议正式通过。

（2）国务院致教育部函　（4月30日）

国务院公函（第八百十二号）

径启者：京师教育经费迭经会商贵部暨财政、交通各部筹定办法，函达在案。兹复经各主管部会同商酌改定，提出国务会议议决照办，相应抄录原案，函请贵部查照办理可也。此致

教育部

教育
财政　三部提出
交通

一自四月份起，财政部对于北京国立专门以上八校及北京师范暨公立中小学每月经常临时各费二十二万元，未筹有的款及确实保障方法以前，由交通部每月尽先拨付财政部特别协款二十二万元充该八校及北京师范暨公立中小学校经常临时各费（按照八年度预算支配），此款由财政、交通、教育三部订明不作别用，俟财政部筹有的款或教育基金筹足时，前项协款即行截止。

一其他教育部应向财政部额领之款（以向来额领之数为准）由财政部筹足拨付。

一民国九年十二月份起至本年二月份止之八校及中等各校积欠经费约四十余万元先发一个月与本年三月份经费同时并发，其余分为三期，由银行担保于四五六三个月各付一期。

照办　代

〔国务院档案〕

16、北京国立专门以上学校留京毕业同学会代表联席会议请执行阁议发给欠薪呈

（1921年5月17日）

呈为请依阁议执行速定教育基金担保办法以维学校而固国本事：窃惟北京国立专门以上八校教职员为争教育基金及索发欠薪以至于停职、辞职相持月余。

政府始予迁就，于四月三十日国务会议通过解决之办法，即自四月份起由交通部尽先拨付，财政部特别协款二十二万元，充该八校等经常临时各费。从前积欠经费则分三期发清，此议一定，众论翕然，学生举欣欣然相告，作读书之准备，教职员趁风转蓬，有留职之宣言。即毕业生等亦以为母校原状可望恢复，不必更有无谓之呼吁矣。不料迁延半月，消息依然。过期应拨之款未能拨付，基金担保方法又未订明，坐令数千学生将上课而又无课可上。政府何心而忍出此，如谓高等教育为不必要，学生光阴为不足惜，明令停闭八校可也。如谓教职员之要求为无理，为不体念时艰，正词驳斥，听其辞职可也。如谓款数过巨，力难应付，不予承诺可也。乃据四月三十日阁议办法，以推政府之意，政府固已大体容纳教职员之意见，自认有按月拨款之能力，今又何故而不自践其言，如其此中别有原委苦衷亦宜宣布遐迩，用释群疑，岂因内阁改组之事，遂自置此重大问题于不顾耶。纵令善为政府原谅亦苦无词以辩。兹者暑假将近，学生渐多散去，若仍迁延开学更难，毕业生等关怀母校，不忍坐视停闭，又不忍母校同学久受失学之苦，用敢联合具呈，恳请依照四月三十日阁议迅速施行，俾复原状，否则足征实无维持教育之意，且有希冀八校从此解散之嫌。邦人君子恐不能为我总理曲谅也。儒生易侮，民意难违，终望俯采刍言，以昭信用，而维教育，八校幸甚。国家幸甚。
谨呈
国务总理

北京国立专门以上学校留
京毕业同学会代表联合会（章）

中华民国十年五月十七日

〔国务院档案〕

17、国务院为八校仍罢课暂行停发薪金致教育部等函

（1921年5月19日）

院公函（第九百六十四号）

径启者：京师高等专门以上各校经费前经议定办法原为维持各校刻日开课，以免诸生旷误事业。兹经国务会议之决，以该八校迄未开课，所有八校教员薪费应暂行停发，由财、交两部查照前议，储款以待，俟各该校实行开课再行照发。至从前积欠经费仍照原议今月陆续发给，其中小各校经费，现均照常上课，其经费自应仍由部按期拨发等因。除分函外，相应函达，即希贵部查照办理。此致

教育

财政部

交通

〔国务院档案〕

18、北京八大学校长及教职员辞职并请偿清积欠呈

（1921年5月23日）

为呈请示遵并恳迅予批准辞职事：窃校长等前以校务棘手无法维持，曾于本月十六日具呈恳请辞职在案。迄今未蒙批示，无任惶悚。顷又接准教职员代表联席会议五月二十二日函开：前承五月一日大函并荷亲过本会议见留，彼时以贵校长之敦慰，及诸生之殷望暂诺留职，以待保障方法克期成立，俾得即行回复职务。乃阅本月十九日国务院致教育部第九百六十一号公函，是政府已有意取消四月三十日国务会议议决，京师教育经费三条办法，保障方法之无望更何待言。同人维持教育之意至斯已尽，惟有仍向贵校长敬辞教职员职务，其职员职务请三日内派员接替，逾期即不负责，先此声明。至本日以前同人等应支薪修亦请于三日

内扫数交下等因。嗣又面称：同人多系寄迹京华，既经辞职势难久居，务将积欠克日发清，以便束装就道，现时国家财政虽不甚宽裕，第读本月十九日之国务院公函，本有储款以待字样，区区欠薪在同人既非无理之分外要求，在政府亦决非难于措办，务请格外见谅，迅予照办等情。校长等以国立专门以上八校教职员全体辞职，事关重大，未敢擅专自应请示办法，以便遵守。至应发积欠，在教职员方面主张未为无理，第无米之炊殊难应付，务恳即日付给，以凭转发。再校内事务，向由职员分任，至期设不负责，勿论文书簿据及一切校产，仅凭校长一人，难于照管即寄宿学生人数众多，雇佣校役流品不齐，稍有疏虞，难免不发生意外危险。校长等实无法以肩此重任，所有八校教职员全体辞职及要求清偿积欠，并校长等实在困难情形，因教育当局负责无人，除照例呈报教育部外，理合据实分呈大总统，务恳批示祗遵，并祈迅即批准辞职，另行派员接替，以专责成，毋任迫切待命之至。

谨呈

大总统

北京大学校代理校长　蒋梦麟（章）
北京高等师范学校校长　邓萃英（章）
北京女子高等师范学校校长　熊崇熙（章）
北京政法专门学校校长　王家驹（章）
北京农业专门学校校长　吴宗栻（章）
北京工业专门学校校长　俞同奎（章）
北京医学专门学校代理校长　张黻卿（章）
北京美术学校校长　郑　锦（章）

中华民国十年五月二十三日

〔国务院档案〕

19、教育次长代理部务马邻翼报告赴任三日及被殴打经过摺呈

（1921年6月4日）

敬摺呈者：窃邻翼于五月卅一日午后抵京，当有本部普通教育司司长陈宝泉、专门教育司司长伍鸿隽来见，声称：各校教职员约百余人，连日在部声索欠薪，现闻部长到京嘱其转致我辈，此次运动一切程序均经大会表次，确系预定，非因部长今日到部而来。对于部长个人毫无恶感，只问部长对于此事定有何办法云云。邻翼答：现方抵京不能谈到办法，须俟到任后始能为负责之表示。当即约定次日午前十一时到任，午后二时接见校长，四时接各校职员，嘱该司长等转述。殊次日午前十时顷忽得庶务科电话云，各校长教职员要求立刻到部接见，当嘱庶务科转诸仍按原约时间接谈，该员等坚持不允，不得已匆匆赴部就职，随即接见各校长，言尚和平，随又接见教职员，悉心劝慰，舌敝唇焦，而该员等胶执成见，迫于当日立将现款领回分发各校。邻翼多方开论无效，不得已驰向财部领款，而财部时已散值，只得归部说明，并允于二日内发给欠薪一部分，余款容于节前妥筹，该教职员等自书条文要求签字，邻翼婉词拒谢，反复驳辩，直至夜分该教职员等遂限邻翼于二日午后三时答复，始行散去。二日午前赴国务会议，陈述一切，当经通过准将前领未发支票二十七万余元之数先行发给。又因电询银行辗转耽延至晚十分钟填支票，由各校长分领讫，乃是日午后已有男女学生代表二十余人赴院请愿之事，直至夜间犹聚纯一斋各厅不散，而经多人劝导出院无效。又经邻翼亲赴院中剀切晓谕亦不服从。邻翼以为此事导源索久，只须积欠了清自然无事。次日辰刻赶向财政当局商谈提的款如数发放，方谓借此可消弭。不料午后三时，即有教职员代表马叙伦等及八校校长会合男女学生多人，率有小学学生闯入本部，散布各司厅处，旋

往聚集会场，要求次长到部接见，适邻翼由外归部，各教职员强赴会场，邻翼当经对众宣言，学校经费已经财、交两部担任，四月三十日阁议三条办法并未推翻，前此欠薪亦已发给廿七万，余款尽节前一律偿清，政府对于教育确有维持诚意，无示威运动之必要，学生均已无异辞。马叙伦忽用大传声筒发言，现在不必说款项事件，惟有要求马次长同赴国务院见大总统，表示请愿。邻翼复言各事均已解决，无可请愿，何必同去，学生亦无异辞，惟有面面相觑而已。马叙伦仍以传声筒发令起行，强扭邻翼手膀，拥出会场，时叙伦之母某氏，年近七旬在傍阻止叙伦，谓尔系读书人，何以如是不讲理，叙伦悍然不顾，仍复强扭邻翼绕有大堂，直出部门，不许邻翼乘车，冒雨徒行，泥淖中至新华门西栅栏门外，军警阻拦，马叙伦忽高呼打进去，同时邻翼被马叙伦等多人拥扭猛推以致胸部腰臂各处均经受伤，嗣又不知何物由侧面撞来，致伤头部，适有警官一人抢前拖抱入栅，始克出险。所有邻翼就任三日以来经过实在情形，理合详摺缕陈伏候鉴核。谨呈
国务总理

署教育次长代理部务马邻翼

〔国务院档案〕

20、靳云鹏关于北京各校要求发清积欠教育经费而罢课致内务部咨

（1921年6月4日）

国务院为咨行事：近年国家财政艰难，所有军政各费无不积欠甚钜。当上年八月内阁成立之际，查核北京国立专门以上暨学务局所辖中小学校经费一律积欠四个月，在范总长任内极力设法维持，除将各校经费按月照发外，并将积欠之小学经费全数发清，中学旧欠补发两个月有半专门以上各校旧欠补发一个月，较前积欠之数已为锐减，此筹还各校积欠之实在情形也。不意本年

三月十四日北京大学暨专门师范各校教职员忽以要索积欠巩固教育的款为名，全体罢课以为挟制，经教育部劝导慰勉并与财政部协商拨济商劝兼施冀其启悟，而教职员等不以学生学业光阴为意，始终不允上课，并于四月十三日提出要求两项：（一）以后八校每月经费二十万元须由交通部收入项向拨付；（二）从前积欠限三次发清。似此要求指款拨付本非度支正轨，因念教育为根本至计，若不变通办理，则数千男女学生之光阴虚掷可悯。政府权衡轻重予以曲从，唯以库款枯竭，积欠须分六次付给，八校经费按照颁定预算，并无二十万之数，须依公布之预算案办理。于十四日议定交教育部传示各校，促令上课，乃次日午后八校校长忽向教育部具呈辞职，同时各校职员纠合多人赴部追索欠薪，非即日全发不可。自是以后遂逐日到部喧闹滋扰，甚至任意盘踞部内，自往司科捉人索偿，而政府犹以爱惜教员之故，力从宽大并于四月二十一日由国务会议采纳各教职员要求，议定办法三条：（一）京师教育经费于一星期内先发三月份一个月，自四月份起在财政部未筹定的款以前由财政部就交通部协济政费项下每月按期拨付二十二万元，作为北京专门以上八校及北京师范暨公立各中小学校经费常临时各费，此款由财政、教育、交通三部订明不作别用；（二）其他教育部应向财政部额领之款以向来额领之数为准，由财政部筹定拨付；（三）民国九年十二月起至本年二月份止之八校及中等各校积欠经费约四十余万元，先发一个月与本年三月份经费，同时并发。其余分为三期由银行担保，于四五六三个月各付一期，似此委曲求全，政府尊重斯文，维持学界之苦心，当为各方所共见。乃教职员等于国务会议决定三条之外，仍复多方吹求，谓未确定的款以前一语稍涉笼统，并加入未有确实保障方法以前等字样，谓协济政费字未能满意要求改为尽先拨付特别协款，并要求加入俟财政部筹有的款或教育基金筹足时再行截止，得步进步，唯利是视，旋允旋翻，非理可喻。然政府终以教育为重，不惜曲如所请，于四月三十日国务会议议决将第一条条文悉照该教职员等所请，逐一修改，并照议定办法，即日发给两个月经费，一面由教育部慰留各校长照常任事，各教职员亦于五月三日自行声明复职，政府以为该教职员等既将两月份之旧欠新薪领去，且自行声明复职定可即日照常授课。萃萃学子荒废已久，暑假之期转瞬即届，但使学校之弦诵不绝，屡次曲意斡旋，亦所不惜。乃该教员等阳言复职，阴谋捣乱，领薪两月受课无期，又复借口条文字句肆意刁难，故为延宕。似此情形就令一切经费毫无蒂欠，势必别生枝节，延不上课，况本学期教授课程已阙其半，既逾学业成绩考查规程所载缺席之时限，若不速为设法，则本学期各校升学毕业试验举无所施，各学生向学虽殷请业无望，一学期中宝贵之光阴，艰难之学费皆为该教职员等所牺牲，不特政府所未安，抑尤国民所弗忍，爰于五月十九日续提阁议，决定将八校教员薪费暂行停发，由财、交两部查照前议储款以待，俟各该校实行开课再行照发，至从前积欠经费，仍照原议陆续发给，其中、小各校现均照常上课，经费自应仍旧按期拨发，即日行知教育部转知各校督促上课，一面将照常上课之中、小各校先行发给，乃八校辍课如故，且因中、小各校发给经费之故，故意煽动中小学生一律罢课以为抵抗，其间范教育总长续经特任尚未视事简任马邻翼为次长，并代理部务马次长就职之次日，即于阁议席次商定拨发教育费二十七万元，即日具领转发；一面议将所有积欠各费，尽节前一律清付，由马次长一再召集各教职员详加晓谕，而各教职员以经费清付无可借词捣乱，遂有唆使学生盘踞国务院，包围新华门击伤马次长之暴乱行为，其为蓄谋构煽有意破坏教育，破坏秩序已可概见。不意为国民师资之人而无行至于如此。以上皆政府近日维持学校该教职员等破坏教育之实在情形也。昨日事实已另文详达，相应将经过详情咨达台端即希据实宣布，俾各周知，以免传闻误会是为至要。此咨

内务总长

国务总理　靳云鹏

中华民国十年六月四日

〔内务部档案〕

21、靳云鹏镇压马叙伦等领导的罢课请愿经过咨

(1921年6月4日)

国务院为咨行事：本日据京师警察厅呈报，转据外右一区、内右一区、内右二区各警察署先后报称：近日有人暗中煽动北京高等专门等校男女学生，屡欲出校游行示威，经迭向各校校长磋商阻止。不料，陡于本月三日上午九时许，查有琉璃厂高等师范学校附属中学学生约四十余名列队出校，由西河沿东行入正阳门赴天安门取齐，即散放传单。随又续到高等师范学校学生三十余名，及该校附属小学学生四十余名，复有女子高等师范、中、小三校，公立第六女学校、京兆第一、第二中学两校，专门医学、美术、高等工业、农业、法政、专门六校，北京大学、师范、中、小学三校。计共十五校陆续到天安门，男女学生约四、五百名，各展白旗，经巡警沿途劝解，随解随散，至西长安门已剩二百名左右，声言赴公府请愿。当经署长等与公府驻守官长接洽防护。迨该学生等齐至总统府东栅栏外，推举代表十八名，经国务院派人劝谕，该生等仍麇集不去。至一时三该许，学生仅留代表六人在公府门前守候，其余群拥至教育部，其时闻马次长正与教职员代表马叙伦等在部议事，所有赴教育部之学生，在该部东会场暂息。至三时余，忽见马叙伦率领多人拖架马次长出教育部署门，沿途步行至新华门外，迨至新华门西栅栏前，见马叙伦紧拥马次长身后，并用扬声器号令大众打进去。其时守卫队兵正欲设法制止，即见在后之教职员学生等群，拾马路石块向前攒击，一时石子乱飞，秩序紊乱，卫兵等奋力卫护。马次长救入新华门内，马

次长头戴绒帽遗失，头部、腰部等处均各受伤。游缉队中队官张海秀、小队官德祥、正兵福禄等数名，均受石子击伤。正在纷扰之际，马叙伦等先行抽身潜逃。嗣经兵警弹压，始各陆续散去，其未去者又复主张赴石驸马大街女高师校，开紧急大会。旋经拦阻而罢等情。具报前来。经本厅复核无异。又本月二日即有梁铎等男女学生十八名，赴国务院求见，经院派秘书等接见，该生等在纯一斋办公室盘踞不去，经多方劝导不听。是晚十二时后鸿寿偕同马次长到院督同各员再三开导，该生等词理俱穷，坚持不去。至次日午后七时许，因新华门外学生滋闹情事，诚恐别酿事端，本厅为保持公安起见，始将该生等扶出，除为首梁铎一名，按照妨害公务送法庭依法讯办外，理合备文呈报等因。并据步军统领报同前情，相应据情咨行贵部查照，转饬该管地方官署一体布告周知可也。此咨

内务部

国务总理靳云鹏

中华民国十年六月四四

〔国务院档案〕

22、王怀庆镇压北京国立八校索薪经过报告

(1921年6月4日)

步军统领衙门报告

计开：

一、六月三日据职衙门右翼统带年德寿报称：本日下午，北京国立八校学生二百余名，始麇集于新华门外，嗣即群赴教育部，马次长鳞翼在部，与教职员马叙伦等会议，群众拖架徒步，拥至新华门前，马次长见各学生情势汹汹，正在用好言劝慰，忽见马叙伦紧随马次长身后，喝令大众打进。即有在后学生群众，拾马路石子向前乱掷，当经兵警竭力卫护，将马次长救入新华门

内，马次长绒帽失去，头部及身部均受微伤。当时在场滋扰之教职员学生等，群以马路石子攒击，致伤游缉队中队官张海秀，小队官德祥，正兵福禄等二十余名。其学生马叙伦等数名，受有微伤者，确系后方学生投石误伤。正在纷扰之际，马叙伦等数名先行抽身潜逃。嗣经兵警弹压，始各陆续散去等情。据此。所有昨日学生滋闹情形理合具呈报告，伏乞

钧鉴

步军统领王怀庆

中华民国十年六月四日

〔附〕

陆军步兵中校
游缉队统带右翼翼尉　年德寿谨

呈报事：窃职翼于六月二日午前十一时一刻接据侦缉队中队官尹德顺等报称：现有国立八大学男女学生二十二名，由石驸马大街女子高等师范学校出发，至新华门请愿等称前来。职等当即带领各队官兵前往照料。各该代表全体求见总理，当由国务院外传达传进，后经秘书厅传出令该代表入府赴纯一斋，派夏秘书接见。随由传达处将男女生傅毓修等二十名带入见夏秘书，其所带糕点不准携带，暂存传达处。后因夏秘书不负责，仍请见总理。至午后二时三刻有男生尤宪祖出府走取糕点，经传达宣言，无传交不能擅行持入，且既出府不得再入。该男生走去，派人尾随，系赴李阁老胡同法政学校。又八时余有职教员马夷初、谭熙鸿、沈士远三人持糕点到府，请求入内看视，并愿担负劝导各生出府。复经传达转回，随由第四科科长汪彬出府接见，后由该科长将马夷初等三名带内劝导无效。各学生仍不出府。马等三人至十一时始出府。又夜内一时，经教育部马次长、殷总监、张景督察长等代领保安队入府劝说出府。各校学生仍不认可出府，至三时余次长等出府。于三日午前

十时各学校陆续出发赴天安门齐集，至十一时，共集男女各校学生二百余名，齐赴新华门欲行全体入府。职等当即拦阻，令其举出代表，随经举出何玉书等男女十八名。传达后经汪科长传出，无人接见，不理他们。旋时复举代表六名不走，其余男女学生全体径赴教育部后，至午后三时余，各学生由该部将马次长揪出，勒令带领各学生赴国务院请见，至新华门西栅栏外，马次长声言既已到此，你们可以自入。各学生闻言随将马次长揪打。当经各队官长兵上前救护，幸未受有重伤。各学生见有官兵救护次长，随用修垫马路之石块乱掷抛打官长兵，内有受伤及枪械摔伤者十四名，已经另行开单报告，彼时各官长兵随用冲锋法，将各学生闯散。下余二十余名，当伤官长兵将其包围。至午后六时余，会同张副官长、富统带、景督察长等查询其中，并无马夷初之人，随令官兵撤退，各学生始各散去。后职等一同入府至纯一斋。由富统带、景督察长将男生梁铎带出西苑门送交警察厅。由职将男生十名、女生七口带出运料门，全行解散无事。除陆续先行电报外，理合呈报三堂大人台前。谨将传单十六种，并代表人名单一件一并粘连。谨呈

中华民国十年六月四日

谨将各学校代表花名列后。

计开：

北京大学校	曾青云
法政专门学校	何玉书
女子高等师范学校	薛静贞
附属学校	杨志远
农业专门学校	顾华生
医学专门学校	王厚贻
美术学校	杨启序

第四中学校	孟自序
工业专门学校	刘兆瑞
北京师范学校	黄家英
附属小学	王继鑫
第一女子中学校	沈秋棻
第二女子学校	高福荣
女子高等师范学校	王素英
附属中学	黄邦祥
附属小学	傅　严
	沙迦瀛
第六小学校	徐惟一

〔国务院档案〕

23、京师警察总监报告取缔国民大会经过致大总统摺呈

(1921年6月5日)

敬呈者：窃查本月四日，“北洋时报”登载，北京各界联合会发起各界维持国内外教育，定于五日在天安门外开国民大会等语。并列举商会、农会等各团体均已加入。当以此举关系治安，而该会并未来厅呈报有无其事□□□□。查俾得预筹对付办法。正办理间，适准卫戍王总司令亦以此事召集会议。佥以现在学潮愈演愈烈，此种集会难保非有人利用，希图煽惑，关系甚重，万不能任其所为事实。当经议决，是日遇有学生成队出校者，应即阻止解散。天安门一带加派官警，实行驱散闲人，勿任聚集。其“北洋时报”所登加入各团体，即由各该管区分别劝诫，多受煽惑。鸿春回厅后即召集各区队长官，将议决办法转饬，切实遵照办理。旋据有署名北京各界联合会来函报称：拟于五日下午三时，在天安门外开会等情。查该北京各界联合会并未据依法呈报核准有案。当然不能认为正式公团，即不得冒用法人名义

呈报开会。又查上年曾奉明令年来学潮迭起，各处煽惑，工党隐患尤深。应由各省区军民长官督饬所属严行取缔。如有学生联合会及各界联合会等非法机关一律勒令解散等因。是该北京各界联合会更应在解散之列，当即布告人民勿得轻听□□□千〔?〕查究，并预将布告粘贴于东、西长安门，东、西豁口等处，俾便周知。本日据各该区署先后报称："北洋时报"所载各正式团体，查明多系捏饰，并未加入，具有愿登报声明者，各校学生出校亦未集队，间有人数稍多即经设法沿途解决。天安门前早经驱散闲人，时有学生三五陆续前来，亦均随时解散，并未聚集。惟清华学校学生约三十余人徘徊不去，经军警再三晓譬乃散。截至下午七时止，尚未□□□，地方亦安谧如常。除分报外，理合将北京各界联合会等拟在天安门、前门会所有本厅预筹防范办法暨是日经过各情形，报请鉴核。谨呈

大总统钧鉴

京师警察厅总监殷鸿寿谨呈（章）

六月五日

〔国务院档案〕

24、王怀庆报告八校索薪罢课游行经过致国务院咨呈

（1921年6月5—6日）

（1）王怀庆咨呈　（6月5日）

京畿卫戍总司令部为咨呈事：承准钧院咨开：近年国家财政艰难，所有政军各费无不积欠甚巨。当上年八月内阁成立之际，查核北京国立专门以暨军务局所辖中、小各学校经费一律积欠四个□〔月〕。在范总长任内，极力设法维持，除将各校经费按月照发外，并将积欠之小学经费全数发清，中学旧欠补发两个月有半，专门以上各校旧欠补发一个月，较前积欠之数已为锐减。此筹还各校积欠之□〔实〕在情形也。不意本年三月十四日北京大

学暨专门师范各校教职员忽以要索积欠、巩固教育的款为名，全体罢课，以为挟制。经教育部劝导慰勉，并与财政部切商拨济，商劝兼施，冀其启悟，而教职员等不以学生学业光阴为意，终不允上课，并于四月十三日提出要求两项：（一）以后八校每月经费二十万元，须由交通部收入项下拨付；（二）从前积欠限三次发清，似此要求指款拨付，本非度支正轨。因念教育为根本至计，若不变通办理，则数千男女学生之光阴虚掷可悯，政府权衡轻重，量予曲〔？〕□□□，库款枯竭，积欠须分六次付给。八校经费按照颁定预算，并无二十万之数。须依公布之预算案办理。于十四日议定交教育部传示各校，促令上课。乃次日午后八校校长忽向教育部具呈辞职。同时各校职员纠合多人赴部，迫索欠薪，非即日全发不可。自是以后，遂逐日到部喧闹滋扰，甚至任意盘踞部内，自往各司科捉人索偿。而政府犹以爱惜教育之故，力从宽大，并于四月二十一日由国务院会议采纳各教职员要求，议定办法三条：（一）京师教育经费于一星期内先发三月份一个月。自四月份起，在财政部未筹定的款以前，由财政部就交通部协济政费项下，每月按期拨付二十二万元，作为北京专门以上八校及北京师范暨公立各中、小学校经常、临时各费，此款由财政、教育、交通三部订明不作别用；（二）其它教育部应向财政部额领之款，以向来额领之数为准，由财政部筹定拨付；（三）民国九年十二月起至本年二月份止之八校及中等各校，积欠经费约四十余万元，先发一个月与本年三月份经费同时并发。其余分为三期由银行担保，于四、五、六三个月各付一期。似此委曲求全，政府尊重斯文，维持学界之苦心当为各方所共见。乃教职员等于国务会议决定三条之外，仍复多方要求，谓未确定的款以前，一语稍涉笼统，要求加入未有确实保障方法以前等字样。谓“协济政费”四字未能满意，要求改为“尽先拨付特别协款”。并要求加入：俟财政部筹有的款或教育基金筹足时，再行截止。得步进步，唯利是视。旋允旋翻，非理可喻。然政府终以教育为重，不惜曲如所请，于四月三十日国务会议议决：将第一条条文悉照该教职员等所请，逐一修改，并照议定办法即日发给两个月经费，一面由教育部慰留各校长照常任事。各教职员亦于五月三日自行声明复职。政府以为该教职员等既将两月份之旧欠新薪领去，且自行声明复职，定可即日照常授课，莘莘学子荒废已久，暑假之期转瞬即届，但使学校之弦诵不绝，屡次曲意斡旋，亦所不惜。乃该教员等阳言复职，阴谋捣乱，领薪两月受〔授〕课无期。又复藉口条□〔文〕字句，肆意刁难，故为延宕。似此情形就令一切经费，毫无蒂欠，势必别生枝节，延不上课。况本学期教授课程已阙其半，既逾学业成绩考查规程所载，缺席之时限，若不速为设法，则本学期各校升学毕业试验举无所施。各学生向学虽殷，请业无望。一学期中宝贵之光阴，艰难之学费，皆为该教职员等所牺牲。不特政府所未安，抑尤国民所弗忍。爰于五月十九日续提阁议，决定将八校教员薪费暂行停发。由财、交两部查照前议，储款以待，俟各该校实行开课再行照发。至从前积欠经费仍照原议陆续发给，其中、小各校现均照常上课。经费自应仍旧按期拨发，即日行知教育部转知各校督促上课。一面将照常上课之中、小各校先行发给，乃八校辍课如故，□因中、小各校发给经费之故，故意煽动中小学生一律罢课，以为抵抗。其间，范教育总长续经特任，尚未视事，简任马邻翼为次长并代理部务。马次长就职之次日，即于阁议席次商定拨发教育费二十七万元，即日具领转发。一面议将所有积欠各费，尽节前一律清付。由马次长一再招集各教职员详加晓谕。而各教职员以经费清付无可藉词捣乱，遂有唆使学生盘踞国务院、包围新华门，击伤马次长之暴乱行为。其为蓄谋构煽，有意破坏教育、破坏秩序已可概见。不意为国民师资之人而无行至于如此。以上皆政府近日维持学校该教职员等，破坏教育之实在情形也。昨日事实已另文详达。相应将经过详情咨达，即希据实宣布。俾各周知，以免传闻误会，是为至重。此咨等因。承准。此除即日出示布告，俾众周知，以免传闻误会外，相应咨复钧院查照施行。此咨。
呈
国务院

兼署京畿卫戍总司令王怀庆（章）

中华民国十年六月五日

（2）王怀庆复咨　（6月6日）

京畿卫戍总司令部为咨呈事：本年六月五日承准钧院咨开：为咨行事：本日据京师警察厅呈报转据外右一区、内右一区、内二区各警察署先后报称：近日有人暗中煽动北京高等专门等校男女学生屡欲出校游行示威，经迭向各校校长磋商阻止。不料，陡于本月三日上午九时许，查有琉璃厂高等师范学校附属中学学生约四十余名，列队出校，由西河沿东行入正阳门，赴天安门取齐，即散放传单。随又续到高等师范学校学生三十余名，及该校附属小学学生四十余名，复有女子高等师范、中、小三校，公立第六女学校、京兆第一、第二中学两校、专门医学、美术、高等工业、农业、法政专门六校、北京大学、师范、中、小学三校共十五校，陆续到天安门。男女学生约四五百名，各展白旗，经巡警沿途劝解，随解随散。至西长安门已剩二百名左右，声言赴公府请愿，当经署长等与公府驻守官长接洽防护，迨该学生等齐至总统府东栅栏外，推举代表十八名。经国务院派人劝谕该生等仍麇集不去。至一时三刻许，学生仅留代表六人在公府门前守候，其余群拥至教育部，其时闻马次长正与教职员代表马叙伦等在部议事，所有赴教育部之学生，在该部东会场暂息。至三时余，忽见马叙伦率领多人拖架马次长出教育部署门，沿途步行至新华门外，迨至新华门西栅栏前，见马叙伦紧拥马次长身后，并用扬声器号令大众打进去。其时守卫队长正欲设法制止，即见在后之教职员、学生等，群拾马路石块，向前攒击，一时石子乱飞，秩序紊乱，卫兵等奋力卫护马次长，救入新华门内，马次长头戴绒帽遗失，头部、腰臂等处均各受伤。游缉队中队官张海秀、小队官德祥、正兵福禄等数名均受石子击伤。正在纷扰之际，马叙伦等先行抽身潜逃。嗣经兵警弹压，始各陆续散去。其未去者又复主张赴石驸马大街女高师校开紧急大会。旋经拦阻而罢等情。具报前来，经本厅复核无异。又本月二日即有梁铎等男女学生十八名，赴国务院求见，经院派秘书等接见，该生等在纯一斋办公室盘踞不去，经多方劝导不听。是晚十二时后，鸿寿偕同马次长到院，督同各员再三开导，该生等词理俱穷，坚持不去，至次日午后七时许，因新华门外学生滋闹情事，诚恐别酿事端，本厅为保持公安起见，始将该生等扶出。除为首梁铎一名按照妨害公务，送法庭依法讯办外，理合备文呈报等因。并据步军统领报同前情，相应据情咨行贵总司令布告晓谕可也。此咨等因。承准此。除即日出示布告，俾众周知外，相应咨复钧院查照施行。此咨呈

国务院

兼署京畿卫戍总司令王怀庆

中华民国十年六月五日

〔国务院档案〕

25、孙宝琦为当局拒绝家属探视受伤教职员不满致大总统呈

（1921年6月6日）

抄孙宝琦函呈

大总统钧座：敬肃者，此次各校教职员因欠教育经费致起风潮，酿成日前新华门之惨剧，殊出意外。现在受伤诸人均在首善医院调治。有浙江籍数人，昨日浙江同乡多人聚议，因受伤者家属前往探问，均被拒绝，断阻交通外间，致生□议，查该职教各员，无论如何，究系受伤，并非凶犯可比。寻常监犯并不禁阻家属探

视，今如此严重对待其余囹圄，未免太过。宝琦被推晋谒钧座，呼恳饬令警厅从宽优待，准受伤者家属亲丁入院探视，或在院服侍，同感仁施。倘该职教员有须另请旁医到院诊视，亦听其便，日后伤愈应如何办理，另候法庭裁判，是否有当伏乞钧裁。宝琦晨访府门卫兵以未佩徽章不纳，再三声明仍不得□□，谨此上陈，恭请

钧安

孙宝琦谨上　六月六日

〔国务院档案〕

26、国务院为教职员及学生联合会将移天津请查禁密电

（1921年6月9日）

天津。曹省长鉴：同密。学潮情形昨经通电奉达。兹据报告教职员学生等因京师防范周密，拟将该联合会事务所移设天津。应请饬警厅设法严行查禁，以弭事端。是为至要。并盼见复。院。鱼印。

〔国务院档案〕

27、张华堂关于天津学联声援北京中学全体职员罢课函

（1921年6月9日）

敬呈者：今天下午天津学生会接到北京中学全体职员来函，内云：北京国立八校前以经费无着，不能维持，于三月十四日停止职务，以与政府交涉。而政府始则置之不理，继则出欺骗之手段，故虽有国务会议议决之三条办法，并不履行，迁延至三月之久，致有今日之结果。同人等前曾一再吁请政府速筹的款，以谋教潮速就解决。限期答复，以免影响及于中、小各校学生，亦于五月二十六日相继罢课，以促政府之觉悟。不谓政府仍谟〔漠〕

然置之。中、小以上各校学生，乃于六月二日各派代表趋谒总理，饥寒凌辱历一昼夜。而总理始终不见。翌日各校学生以代表未回，续行请愿，复被拒绝。学生等退至教部请见次长，适八校校长、教职员亦在部磋商，马次长允与校长数职员学生等同赴府院，甫至新华门前，被卫队持兵僇辱，校长数职员学生相继伤仆，并伤及马次长。是时大雨，血肉狼藉，宛转泥涂，以武人残暴之凶威，施于荏弱无辜之文士，摧残士类，抑制民气，一至于此。杳人民请愿事属常事。我国政府于事前则严加戒备，如临大敌。届时则纵兵荼毒，事后则通电掩饰，一若深恐亵甚尊严，损其威福者，此真世界所罕闻。贻民国之奇玷，而同人等百思不得其解者也。国务院六月五日致各省区通电，徒彰掩饰之迹，绝无悔过之心。诬我士林，颠倒黑白。又复检查邮电，监视学校，严禁集会，甚至受伤之校长、教职员等，尚复禁锢医院，阻绝通问。同人等目击身受，至深义愤。受将此事真象敬布国人，凡我同胞必有嘉谋，以谋对待。临电怆怀，幸垂察焉。理合谨将详查情形。呈报

宪鉴。

中华民国十年六月九日

驻津侦察员张华堂谨呈

〔步军统领衙门档案〕

28、刘凤藻等为马叙伦等移往中央医院治疗报告

（1921年6月15日）

京城巡捕南营参将刘凤藻、署理游击刘全福为报告事。于本月十四日据把总王沛回称：前经呈报首善医院内养病学生马叙伦、张焕文、王家俊、沈世远等，现由该院移往中央医院调养等情前来。理合报告

将军台前

中华民国十年六月十五日

〔步军统领衙门档案〕

29、各省各界联合会等抗议政府摧残师生电

(1921年6月)

(1)山东各校职教员联合会徐中晟等代电

(6月6日)

北京。大总统钧鉴：据报载府院卫兵殴辱学界，同人闻之异常愤骇。窃教育为立国根本，此次京中各校辍学数月，政府迄无维持之法，已属责无可辞，乃人民请愿载在约法，而卫兵等竟敢肆横暴摧残士子。似此情形不惟目无法纪，且恐动摇国本，应请将滋事卫兵严行惩办，并迅速设法维持。京中各校勿令解散，以饬法纪而维国本。山东各校职教员联合会徐中晟、聂澄泽、王世栋、王如曾、刘毓芹、周莲塘、李元林等叩。鱼。

(2)陕西省议会代电(6月6日)

大总统，国务院，教育部钧鉴：顷接各方面函电合称：北京高等专门以上各学校，现因教育经费缺乏，停顿已久等因。披阅之余，不胜骇异。查教育为国家命脉，关系至为重要。京师首都尤为观听所属，若因经费无着致令教育陷于破产，不惟青年学子废学可惜，且虞有伤国体，贻诮邻邦，请即从速筹足教育经费，俾各该校克日上课，以维教育而固国本，不胜祷盼之至。陕西省议会。鱼印。

(3)江苏省教育会代电 (6月7日)

北京。大总统、国务院、财政部、教育部钧鉴：近日报章宣传京校教职员学生赴院请愿，横遭卫兵殴击。顷据京函报告，是日被殴重伤者竟至十余人之多，轻伤者不知其数。卫兵以枪柄殴及教育次

长，尚欲嫁祸学生，舆论大为愤激。查此次学潮起于学校欠费，辍课倏已数月，而政府苍黄反复，专事敷衍，迄无解决。今更加以武力，致使国务院卫兵野蛮之笑柄腾播全球。窃为政府羞之。回溯八年学潮，军警之压力成效可睹。前车既覆，后轸宜戒，应请从速容纳。京校教职员学生之请求，一面即将肇事卫兵依法惩处，免再激成巨变。江苏省教育会。虞。

（ 4 ）山西省议会电[①]（ 6月7日）

北京。国务院钧鉴：据太原中等以上学生三千余人到会声称：北京教育破产。本月二日学生请愿□代表，竟至幽拘，断绝饮食。次日二次请愿之各校职教员，及学生复被卫兵武力拦阻，殴伤多人。生等闻信，惊惶无措，不惜牺牲光阴，即日罢课，共图救济等情。本会窃以立国之本在人才，人才之本在教育，兹因经费无着，教育停顿，学生请愿情非得已，而卫兵不知事体，滥用武力演成惨象，应请依法惩办。一面抚慰受伤诸人；一面饬部迅速筹拨欠款，恢复学校原状，以维国本，临电不胜迫切待命之至。山西省议会叩。虞。

（ 5 ）浙江杭州教职员学生联席会议代电（6月10日）

北京。徐总统钧鉴：北京教职员学生六月三日赴公府请愿，遽遭卫兵凶殴，刀穿枪击，血肉横飞，报纸传闻，群情愤激。夫政府之设原期福国利民，我总统受民之托即应忠民之事。今教育为立国大本，教职员乃社会师资，学生又国家之英秀。而乃肆意摧残，无端蹂躏，斯文扫地，元气所伤，受民之托云何。忠民之事云何。同人等身居教界，切肤之痛感之犹深。目击政府倒行逆

---

① 山西教职员联合会、山西省教育会、山西太原总商会、太原学生联合总会、山西报界协会等电。

施，终不能默而不言。再四筹维，为国家计，为教育计，为我总统计，决定办法三则敬陈座右，务恳迅予施行：（一）严惩滋事军警；（二）恢复各校原状；（三）划定各校经费。综此三端，轻如一羽，倘承推诚相见，自然水到渠成，则群情可慰，教育可兴，国命可延。而我总统亦与有荣施焉。其或不蒙明察，拒其刍荛，则全国人心未死，断难姑息，以终民言可畏，唯我总统图之。

杭州教职员学生联席会议叩。灰。

（6）南京国立高等师范等校全体教职员代电

（6月17日）

北京。大总统、国务院钧鉴：北京各校因欠薪激成教潮，数月以来迄无解决。近日现象愈形纷扰，危及国本，腾笑友邦。全国教育方在萌芽，京师首都宜如何树之风声为天下望。乃略无维持之诚，显有摧残之迹，当伫何心，一至于此。武昌、安庆相继辍学，影响所及，殊多隐忧，教育沦亡，国何以立。同人等心所谓不敢不告，应请钧座顾念国本，迅予维持，免致激忿，全国酿成大变幸甚。南京国立高等师范学校、暨南学校、河海工程专门学校、法政专门学校、江苏省立第四师范学校、第一女子师范学校、第一中学校、高师附属中学校、第一农业学校、第一工业学校、钟英中学校、正谊中学校、南京中学校、金陵神学、金陵女神学、金陵中学、汇文学校、基督女学、来复学校、成美学校、明德学校、华中公学、赫德学校等全体教职员公叩。筱。

民国十年六月十七日

（7）北京部立私立中等以上学生联合会呈

（6月20日）

呈为请速维持教育，以重国本事。窃教育为立国根本，在政府有培养扶植之责，文明各国即当戎马仓皇之际，弦诵弗绝，用能内启文化，外御强敌。吾国教育尚在萌芽，方之列强瞠乎其后，我政府尤宜培养之不遑，若凌以严霜，萎顿立至。乃自国立八校教职员，因要求指定教育基金罢工以还，几经波折。我政府始终不肯开诚心布公道，对于基金不予以确实保障。对于欠薪不加以权宜措施，迁延复迁延，竟酿成六三之惨剧。温温儒者伤身诚可悲悯，堂堂政府扪心能不疚惭，甚且侮辱未已，羁押旋施，毒至清流。何以谢国人。夫政府之延聘教职员原有宾主之雅，教职员之对于学生厚负教成之任，今政府不加调处，坐使数千学生荒业废时，国家元气亏损何堪。生等身居私校，心念友于位，虽匹夫责接国家，爰乃辍课，习爱同情，谨将私愿诉诸钧聪：（一）请速行指定教育基金，使以后教育不受他方牵动，永奠邦基，以遂教职员罢工初补学荒业之损失，则庶乎人才盛而国日强；（二）请严惩侮辱教职员之军警，并由统率该军警长官向学界道歉，以平士气而尊师道。夫士可杀而不可辱，人格为重，生命为轻，我大总统、总理起自诸生，素标文治，倘坐视军警摧辱士类，不加惩处，来日方长，全国将成军警世界，宁有提倡文明，热心教育者立足地乎，天下后世必有是非矣。上述二端我大总统、总理如能俯从民意，即予施行，则教育根本立，学界大耻湔，生等愿与国立八校学生要求教职员同时复职上课，恢复未罢课以前之原状。庶政府无摧残教育之名，生等获进业乐群之实。迫切陈情，伏乞

大总统
总理钧鉴

北京部立私立中等以上学生联合会谨呈

中华民国十年六月　　日

〔国务院档案〕

30、上海复旦大学等校抗议政府镇压北京八校师生电

（1921年6月13日）

北京。大总统、国务院钧鉴：京校教职员、学生主张巩固教育基金，实属国民应尽责任，冒雨请愿，徒手步行举动亦至诚恳。新华门外预伏卫兵，用器殴辱。又复监视医院，剥夺自由。通电全国饬词文过。政府苛待士子甚于嬴政，蔑视教育等诸草芥。举动乖谬，腾笑环球。凡属国民同深愤慨，应请钧座立予严究主使，恢复受伤教职员自由。并速筹教育基金妥定办法，以维国本。否则吾民将以停止纳税为最后对待方法。勿谓手无寸铁而得任意摧残也。复旦大学、南洋路矿学校、浦东中学、澄衷中学、民主中学、上海公学、省立第二师范学校、民立女子中学、务本女子中学、爱国女学、勤业女子师范、第一商业学校、美术学校、专科师范学校、励群公学、女子美术学校全体教职员同叩。元。

〔段祺瑞批示：尔辈何尝纳一税于国，坐食民膏，反以乱国家之纪纲，实国民之蠹耳，良知尚存否。不必理。〕

〔国务院档案〕

31、国务院为教育经费已解决致各省区电

（1921年6月15日）

各省督军、省长各区都统均鉴：迭据各省学界来电称：京校欠费激成风潮，请持平解决等情。查京师教育经费迭经政府特别筹画，竭力维持，一切详情已于前日通电宣布。现已将从前一切积欠扫数发清，毫无蒂欠。此后每月经费复经国务会议决定三条办法，按月支付。当此国计窘竭，政府以教育为国家根本计，不惜殚竭心力，曲予维持，当为国人所共见。至少数教职员藉端煽扰，包围新华门，击伤马次长，种种不法行为，业经构成刑事罪

名，自应听之法律解决，持平办理，勿枉勿纵，以期至当，恐有藉端破坏之徒，捏造事实，淆乱是非，以惑社会听闻。用特缕布，以明真相，並希晓谕各界，勿得轻信讹传，致生误会。院。删印。

〔国务院档案〕

32、交通部请查复京师索学款办法与国务院秘书厅往来函

(1921年6月)

交通部公函　十年函字第三〇五六号

迳启者：本部准教育部函开：本月七日财政、交通、教育三部合订履行四月三十日国务会议议决京师学款办法三条，业经同意签字，除将此项合订办法原文存部备案外，相应按照原文钞录一份函送贵部查照备案见复。等因。并附钞件到部。查前项四月三十日国务会议议决京师学款办法，本部无案可稽，拟请贵厅查明原案照钞一份过部。相应函请查照办理见复为荷。此致

国务院秘书厅

中华民国十年六月十五日

（2）国务院秘书厅复函　（6月18日）

迳启者：准贵部函开：本月七日财政、交通、教育三部合订，履行四月三十日国务会议议决京师学款办法三条，业经同意签字前办法无案可稽，拟请查明原案照抄一份过部等因。相应照录四月三十日国务会议议决京师教育经费办法全案函送贵部查照备案。此致

交通部

中华民国十年六月　日

财、交、教三部合订履行四月三十日国务会议议决京师学

款办法

一财政部就交通部特别协款项下，每月拨付京师学款二十二万元，准于每月二十五日以前转发教育部。

二此项交通部协款，财政部须特别收存，不得移作他用。

三在财政部未经筹定的款以前，四月三十日阁议决定三条办法，永远有效不得因其他事故致生摇动。

财政部

交通部

教育部

六月七日

〔国务院档案〕

33、关谦关于北京各校教职员及学生活动情报

（1921年6—7月）

（1）六月十二日报告

为报告事：窃查前昨两日教职员及学生方面，均在男高师内开会，每校派代表一名，其会议情形非常秘密，闻教职员所派代表二人，已于昨晚出京到各地游说。而学生之代表是由各校生回乡，顺为演讲本京学生会给以代表之证书而已。如四川之林贤慈、浙江之章廷谦、山西之高尚德、江苏之章骏锜等皆已预备启程矣。其会议大端，（一）首重恢复教职员及学生等之人格，为先决问题。此条件为使政府向学界谢罪，承认此次风潮归政府之办理失当；（二）惩办肇事之军警长官兵士；（三）恢复各校个人之自由，保障此后再无毁坏教育之事发生，由调人办妥后再议，及教育基金问题。至于诉讼事系由张健伯即鼎乾拟稿，指靳总理为嫌疑主动人，请检厅侦察之后，经联席会议拟定，改为靳总理是主动人。该呈今日递交云云。……

关谦谨呈

十年六月十二日

（2）七月十一日报告

为报告事：……（六）由林几提议维持京师教育案略，略谓首都教育凌夷日久，希望由联席会接洽调人，希其积极进行，俾早解决并责成总统限期解决，及容纳教职员学生之意见。惟孙几伊发言对于学潮仍宜表示不迁就，不受调人之愚，应由本会通电历述政府摧残教育，稽延不决之经过，求全国公团起而声援。次由教职员陈述，近日调人虽曾为一度之接洽，然将近旬日仍无具体之答复，更谓张交长病愈方能磋商，显然政府取迁延欺骗手段，无诚意解决。教职员惟有宣言，非伊等故意为难，以俾各界知近日之真相。随后八校代表及国立、公立联席会代表等相继发言，谓学生方面并无调人接洽，故仍议不到调停方法。惟通电维持教育甚感而不便列名云云……呈请[1]

钧鉴

关谦呈十一日

〔国务院档案〕

34、载德关于北京学生对索薪已解决请复课等情报告

（1921年8月26日）

为报告事：窃查八月二十五日学生邀请校长及教职员开三方联席会议，是日教职员复函：于未得确实回音以前，实无意见可以表示。因之校长方面亦未派人出席，于是八校学生自在高师开会，首由何玉书、钟少梅等报告二十四日下午到财政部，适潘次长出而答复略云，教职员欠薪六月份上半月早已发领，下半月日昨亦自垫款发放，而仅欠七月份，欠薪准于月初补放。至要求交通部垫款，直接交教育部领发，已经阁议通过照办。其余二百万

---

① 以上两件均为秘书厅转王怀庆的报告。

基金亦由洋员签字，当无问题等因。随后议决致函质问教职员，内容分教潮经过事实，教职员处置如何及述欠薪终有着落，学生牺牲毫无挽救，故要求按期上课理由后，言集会讨论竟未谅解，殊深惋惜等语。又函达校长团请其即日通知各生来京开课，并拟派代表到西山卧佛寺清华教员及学生处探询清华学潮真相。并定二十七日下午，在女高师校内开北京学生会欢迎新由留日学生派来代表会，藉聆日本对华近况及反对经济同盟等事。再者二十四日各团体会议，因钟少梅与张煊意见冲突，今日遂由报界胡康彝、关谦等发起反对自治同志会研究系之孙几伊。张煊从中操纵会务，已拟就启事声明，取消议决各案。并得列席各代表附义及交通系之愈诚之、方梦超、寿印匀亦赞成列名。学生方面拟另组太平洋问题学生后援会。谨此报告呈请

堂宪① 大人钧鉴

载德谨呈

中华民国十年八月二十六日

〔步军统领衙门档案〕

二、安庆姜高琦事件

1、安徽省城各校教职员呈报姜高琦被害经过电

（1921年6月3日）

北京大总统、国务院总理、内务、陆军、司法、教育总长钧鉴：大学校、安徽同乡鉴：皖副议长赵继椿、凤关监督倪道烺、镇守使马联甲因学界反对倪道烺长皖，衔恨已久。冬日下午六时，赵等擅用议会欢迎道烺，请马陪席，並议定即日停会赴蚌贺倪嗣冲生祠落成。省校学生闻讯派代表往请会毕再行。讵赵、马、

---

① 堂宪系指王怀庆。

倪及议员刘硕怒嗾议会卫警及马、倪卫队用刺刀戳伤学生蒋〔姜〕高琦等八人，伤重命危，又殴伤学生周自衡等二十余人，均送医院救治，此外受伤人数尚待确查，聂省长闻警到会电召各校职员前往解救，讵料刘等又在会内将校长光昇等横加殴辱，全城街道邮电均被马军遮断，各校危险呼救无门，似此暴力摧残，惨无人道。除请地检厅相验外，迫切电陈恳速依法救济。安徽省城各学校全体教职员阮强等同叩。江。由九江发。

〔陆军部档案〕

2、南京安徽会馆董事会为马联甲等杀害学生请褫夺省议员职权函

(1921年6月11日)

陆军部钧鉴：迭据皖省函电暨学界代表先后来宁报告，六月二日学生向议会请求从速通过教费预算案。适值马联甲、倪道烺等在议会公宴，大触其怒，指挥军队屠戳学生，死者一人，重伤者数十人，各校校长应省长召出而调停，亦被马击伤，犹复驰调大队，断绝交通，宣布戒严，全皖震恐。现在人人自危，皖芜各地均已罢教，静候解决，似此情形是马联甲摧残教育，草菅人命，可谓已极，应请彻查惩办，以维军纪而保民命。并请将马等所带军队酌令裁撤，以轻皖民担负，而杜后患。至此省议会议员，不能代表民意反靦然逢迎倪、马，在神圣壮严之地残害学生，其行为职务既已背道而驰，亦应请将该议员等姓名通告全皖，褫夺下届选权，以除祸根而平愤。涕泣陈词，伫候示复。

南京安徽会馆董事会

六月十一日

〔陆军部档案〕

3、旅沪安徽自治会等团体要求惩办马联甲等人电

（1921年6月）

〔衔略〕钧鉴：吾皖省议会议员大半受倪嗣冲之豢养，无异鹰犬之于主人，全皖人民久已否认其为代表机关。去年该会建议为倪嗣冲在蚌埠建立生祠，曾经省内外各公团通电声讨，各报揭载，通国皆知。乃者倪嗣冲生祠于本月七日〔在蚌埠行落成礼，即日停会，拟相率〕赴蚌观视。省城学生以为该会在开会期间，而且即将闭会，预算、决算各案，亟待议决，不应随意缺席，置要案于不顾，遂于三日召集各校学生偕赴省议会请愿，恳其务将教育经费预算一案迅予议决。不料，该议员等暗受倪道烺嗾使，遽嘱马联甲调派多数兵军队〔原文如此〕中途要击，致令学生被刀伤者五十余人，已死者数人。各校学生愤极，现已一律罢课。该议员等自知案情重大，恐遭舆论攻击，反通电各报馆，谓各校长及学生迫令通过增加教育经费一案，限制彼等自由，並诬称学生私擅逮捕监禁议员杨贡璠等三人。经警察解救始得出险等语。而于学生受伤致死一事，并未提及，使该电所称果系事实，何以上海各报、安庆通讯，叙述此案原委甚详，独无一语及此，且即令学生果有逮捕监禁议员等事，该议员亦只应诉之法庭，何得遽假武力以兵刃相加，绳以刑律。则该员与倪道烺、马联甲等同为教唆伤害之共犯，罪名昭著，有目皆知，设竟听其所为。不独皖省教育从此摧残净尽，且奸党得志，益将滥用武力，蹂躏人权，约法所赋予人民之自由，必致悉被劫夺。旅沪各公团为维持教育，尊重人道起见，本日特开联席大会，议决通电政府及省内外各团体，宣布省议员及倪道烺、马联甲等罪状，并通告六十县公团永远取销省议员之议员资格，下届省议会选举时，各选举人不得复投该议员等之票，即令彼等以金钱势力复获当选，亦属无效。倪道烺、马联甲等与省议员狼狈为奸，指使军队刀伤手无寸铁之

学生多名，致令因伤致死，横逞暴力，残害青年，其罪万无可道。应请政府迅颁明令，立褫倪道烺凤阳关监督、马联甲帮办安徽军务及皖南镇守使之职，拿交法庭惩办。并饬查拿违法行凶之徒，一律从军法惩治。省长警察厅长任意压人，在省垣以内。不久在行事前，既不能预为防止，临时又不能力予制止，实属有忝厥职，应请政府并予撤惩。除由学生总会径向当地法庭起诉讼外，谨将此案实情及同人等所拟正当对付方法通电各处，务祈一致进行，以伸公道而惩渎职。临电不胜迫切待命之至。

安徽自治协会
安徽新新社
旅沪救国代表团
皖事改进会
皖民公社
学生同志会

〔陆军部档案〕

4、聂宪藩报告学生姜高琦等伤危及处理经过密电

(1921年6月17日)

北京陆军部鉴：中密。尤电敬悉。本月冬日晚八钟，据省议会电话报告，有多数学生包围议会，乞予维持。旋据警厅、怀宁县知事报告，学生在省议会后门与卫兵冲突各等语。宪藩立即驰往镇抚，询明是日午后开会甫毕，有省员在议会筵请倪监督、马帮办等，宴罢尚在叙谈，学生适于是时赴会，要求议员维持十年度预算，教育增加经费。卫兵因来人众多，拦阻入内，彼此相争，以致学生受伤廿余名，卫兵亦间有受伤者。经宪藩竭力维持，将受伤之人，送院医治。当事之起也时当昏夜，人声庞杂，十步之外几不可办。马帮办曾宣布临时戒严。谓防莠民溷迹。嗣因秩序恢复，前令亦解。次日午刻，省城各界各举代表共二十余人到署，

据称昨晚受伤诸人，以师范学生姜高琦、戴文秀为最重。姜伤势甚危殆，並带来血衣呈验，要求惩办主使行殴之人。其余条件均甚严重，经宪藩多方开导，谕令能以查办，依法解决。该受伤姜、戴二生，由宪藩逐日派员赴院抚视，並嘱西医精选良药，加意疗治。戴生伤渐轻减，可保无虞。姜生因受伤七处，能否无生命危险，尚无把握。宪藩已严谕警务处维持地方秩序。教育厅督同省视学各员，分赴各校宣导，学生勿再结队出校，静候官厅依法办理。一面邀请地方多数公正绅耆，向双方疏通意见，以期釜底抽薪。旬日以来，地方尚称安谧。惟学界仍以学生受有重伤，积愤难平。现已诉诸法律，由法庭侦查确实证据，依法进行。特先电复，容再奉闻。聂宪藩。咸印。

〔陆军部档案〕

5、许世英报告姜高琦追悼会及出殡电

（1921年6月15日）

大总统钧鉴：国务总理钧鉴：内务总长、教育部长鉴：学生姜高琦昨日开追悼会，今日上午十钟出殡，安厝菱湖，秩序井然，地方安谧，谨奉闻。许世英叩。删。

〔内务部档案〕

6、马联甲镇压安庆学生经过与国务院往来密电

（1921年10月）

（1）马联甲密电　（10月26日）

国务院、内务院、教育部钧鉴：新密。顷据安庆吴团长大鹤电称：本日上午学生借烧毁日货为名游行街市。将张、何两议员住宅捣毁，当场由警察拿获学生两名，已派兵入城维持秩序等语。正核办间，旋准吕省长电同前由，且谓警察被伤数名，似此骫法行为，深堪痛恨。当电请先将制止不力之警察官长分别撤

惩，一面将现获之学生两名发交法庭依法严办。惟查皖省学风之怀〔坏〕，皆由从前省政府利用学潮为政争之用，寖成骄子，逾闲败纪，层出不穷，钳制稍严，动以通电罢课为要挟之词，实他省所罕见。联甲为整顿学风计，为绥靖地方计，凡在职权以内，敢不竭尽心力借图补救。第一涉?严厉，难免不习用故技，鼓荡学潮，尚祈钧院大部毅力主持，並恳电吕省长执法严绳，毋稍瞻顾，一得之见，仍候示遵。马联甲叩。漾印。

（2）国务院复电 （10月27日）

蚌埠马督理鉴：昌密。漾电悉。安庆省垣军警林立，学风既夙嚣张，当结队游行之时，似宜预为防闲之计。仍复任令将张、何两议员住宅肆行捣毁，上惰下玩，无可讳言。台端有维持治安之责，肇事地方警察官长已令饬分别惩撤，至佩严明。除切电吕省长依法严办外，希仍随时督饬，俾维法纪特复。院。沁印。

〔国务部档案〕

7、桐城县教育会等为姜高琦被害请将马联甲严缉归案治罪函

(1925年3月30日) ①

执政钧鉴：姜案正凶倪道烺，首犯马联甲共同杀死姜周一案。全民震惊。奈倪氏恃拥多金，希图销案。马氏握兵弄柄，藐视刑章。数载以来，游逸法外，上荡国纪，下抑沉冤，直使三千万人饮泣吞声，日处水深火热者于今四年矣。兹幸我执政大振乾纲，申明国法，竟以一怒之威，而正凶勒伏，遐迩称快，亿兆同心。惟首犯马联甲受曹逆伪命督皖之时，掘姜墓断血碑，暴戾恣睢，无所不至，尤宜严缉归案，加等治罪，俾国人咸知法律神明，毋敢犯越。不特姜案蒙昭雪之恩，庶几奸党寒心，大政易纳

---

① 此件收文时间为一九二五年四月八日。

于轨道。案关威信，中外咸瞻，敢布区区，伏维亮察。桐城县教育会教育局各学校全体员生三千七百八十人同叩。三月三十日。

〔临时执政府档案〕

三、军阀政府查禁新思潮的传播

1、刘立夫提出要密查和遏止民国大学新思潮传播呈

（1921年1月18日）

具呈前清庚戌科　钦点补用知县前山西大学堂教习、民政署秘书长、北京民国大学文科学长委员会代表、现充民国大学住校董事兼理文牍刘立夫，住宣南外右三区老墙根四十四号。四十九岁，为大学当道，宗旨暧昧，态度不明，恳予派员密察，以维治安，并请酌核转禀。

大总统饬部核撤以重教育，而定国本事：窃北京宣南储库营私立民国大学，因款项不充，又遭办理人员违法侵占，前经立夫等清理账款控案判罪，旋即召集该校董事会，公举北大校长、本校董事蔡元培君兼任民大校长。蔡氏委托前北大秘书九江人徐宝璜充伊代表。将民大改组。近因蔡氏西游欧洲，复正式委托宝璜代理。甫经数月，仅一学期一二学生潜移默化，气焰嚣张，颟顸武断，往往非法结社，藐视法律，陵蔑师长，师长亦不过问。或且阴利其然，以为把持教育，排除异己，欺侮社会，伪造舆论之利器。立夫目击心惊，屡加规戒，诸生多系立夫旧日授课弟子，初尚而从，继乃腹诽，迭经细加询察，并迹其所为，颇似过激情形（西名Bolsheylc日本译为过激派亦云多数专制之义）。查中国地广人众，民贫而惰，工窳而偷。又且并无大资本家及大工厂可以革命，诚使过激思想输入，则此后情形可以两语而判其死活，并决吾国将来之命运。

（一）提倡多数无业无能之游民，以抢掳为生活，而公然自命为共产主义。

（二）破坏勤俭耐劳、服从法律之良习，而使之为杀人吮血之事，以争平等之权利。

何以言之，以中国素患匪多。又工业、商业均不足以与世界相竞，惟以劳力争胜而已。若提倡过激主义，则人人均将吝其劳力，而惟代价之是争，此必足以亡中国而有余者一也。中国人满为患，所恃历史学说均以勤俭为前提。是以孔子垂训为政，在于节财后裔，述诗在勤，称其不匮。今若反古良俗，提倡浇薄，人侈平等，家谈均利，则必至匹夫、匹妇、村氓、佃民，视一举手即有黄金之代价，一投足即思摩托以免劳，此必不可得之数也。以必不可得之事，数而诏民以争此，必足以亡中国，而有余者二也。要之中国必不可传染过激主义。必足以亡中国而有余。至如民大代理校长徐宝璜，宗旨暧昧，态度不明。除已由立夫提出董事会加以质问外，合将所有已经发见各情密为呈报，垦即派员密察，预防遏止，以免青年误入歧途，至可否密禀大总统饬部核撤，以免酿成恶劣学风之处，均出钧裁。刘立夫谨禀

民国十年一月十八日刘立夫　具

批注：所呈极有理由，且举发北大内幕，则北大之传播过激主义实为铁证。

应呈

将军详阅核办

〔步军统领衙门档案〕

2、内务部等查禁学联进行革命活动及驻沪领事团检查进步刊物有关电文

（1921年4—6月）

（1）内务部致各省密电稿（4月25日）

江苏督军、省长，淞沪护军使，安徽、湖北督军、省长鉴：密准院交据上海报告：此间全国各界联合会与学生联合会，连日各举代表毕某、毛某等，在环龙路孙文之机关某号洋房内“俄匪”（译音）斯特拉夫等秘密会议，欲乘此外蒙叛乱、中央财政窘迫之时，侵扰长江，危及京畿，大有势在必行之概。查彼辈以各省、各县、村镇民团同乡等会，为表面搪塞之计，一旦有事，即变为救国团，而树劳农政府之基础。现积极进行与前之十人团结合，陆续派往各地，鼓惑农民者甚夥。以上实为过激主张。青年学子以及工人多被煽惑等语。除分行外，特电请查照转饬设法严密查禁，切实防范。并希随时见复为要。内务部。径印。

（2）内务部致上海交涉员密电稿 （4月25日）

上海。交涉员鉴：密。关于“过激党”煽惑印刷品，闻上海英、法、美等领事团、检查甚为严厉，并派有暗探轮流检阅各小说书店及邮电机关，此种办法是否专行之上海一隅，有无具体规定，施行手段如何？统希就近确探，详细电复为要。内务部径印。

（3）淞沪护军使何丰林复内务部密电 （5月19日）

北京。内务部鉴：统密径代电悉。“俄激党”斯特拉夫，与全国各界联合会、学生联合会代表毛一丰等，在孙文机关内秘密会议，图谋扰乱一事，本署已早据探报，其所述情形与贵部所得报告大致相同。当以事关重大，经饬续查确情具报核办去后，兹据复称，查得此事系因孙文此党冯自由、李石青、张□权等，近日在沪大吹法螺。谓：孙文已被选为总统，西南各省均有电赞成。从此势力可以发展云云。适斯特拉夫亟欲在华传播其主义，遂拟乘此时机与孙缔约，藉以传播该党主义于西南各省。乃先与冯等为一度之接洽，双方并拟有利益交换条件。旋由冯等于上月中旬邀集斯特拉夫、古里脱夫及全国各界联合会□孙巨款，俾孙扩充势力。孙则准许斯特拉夫等派员在西南各省宣传其主义。当时密议之结果，因该条件内容尚有应行斟酌之点，须俟双方磋商妥洽始能签字。惟最近复闻斯特拉夫因察知孙文势力尚不能及于西南各省，恐条件难于实行。对于订约一事，颇行犹豫。故原拟已暂行停顿。现闻冯自由将亲自赴粤向孙请示办理等语。除仍饬随时注意侦防外，特复。何丰林。皓。

（4）江苏交涉员许沅复内务部电　（6月13日）

北京内务部钧鉴：前奉径电，以上海英、法、美等领事团，检查"过激党"煽惑印刷品有无具体规定，饬确探电复等因。奉此。迭经派员探悉：两租界工部局均于上年设有特别机关，随时派探在租界内注意侦查。凡于"过激党"有关之事件，立即查办。至各种印刷品出现时，先行购阅。如有涉及过激者即行禁止，送公廨办理。邮电事件，捕房不能派探检查，据云并无具体办法等语。合谨电复。特派江苏交涉员许沅叩。元印。

〔内务部档案〕

3、国务院为青年学生宣传过激主义而制订取缔专条与内务部等来往函件

（1922年11—12月）

（1）国务院公函　（11月14日）

国务院公函第二千三百八十八号

迳启者：奉大总统发下京畿卫戍总司令王怀庆等呈称：前以党人宣传过激主义，曾经呈请饬订取缔专条在案。顷据报告本年十一月七日竟有青年学子开会，公然主张俄国式革命暨无产阶级革命。若再不加干涉，深恐祸在目前，拟请饬交院部核议办法，

以遏乱萌。附报告一件。等因。查该总司令前呈请取缔过激党人及禁止运送物品发行文字各专条，业经分函贵部暨教育部会商根本办法取缔在案。兹准前因除分函教育部外，相应抄录原呈并附件函达贵部查核并案办理可也。此致

内务部

中华民国十一年十一月

〔附一〕

敬密呈者。窃怀庆前以党人宣传过激主义，任意煽惑恐酿巨祸，曾经呈请饬订取缔专条，以资遵守在案。本年十一月一日承准国务院公函内开，径启者：奉大总统发下贵总司令呈防止过激党人煽惑酿乱，请饬速订取缔惩治过激党人专条，及代党人运送物品，发行文字各条文一件。查所请饬订取缔过激党人各条，自系为防遏乱萌，用意至密。但过激主义只能为无形之消弭，如原呈中所称根本解决端赖自身政治之清明，洵属探原之论，傥特订专条著为法令，反足激起暗潮无裨实际，应由内务、教育两部会商根本办法，无形取缔。一面仍请饬令所属随时防范，除函内务、教育两部外，函达查照可也，等因。承准此自应遵照办理。惟查近来京师地方过激党人之潜势力，日见膨胀，鼓吹宣传，愈演愈烈。顷据报告，本年十一月七日为俄国十月革命纪念，是日竟有青年学子麇集四五百人开会庆祝，散书册传单，即以学校肆业之所为宣讲过激机关，且敢公然主张俄国式革命暨无产阶级革命，勉励同党努力奋斗，崇拜苏俄，实行改造，似此情形若再沓泄放任不加干涉，深恐党人将由演说手段进为实行时期。洪水猛兽之祸即在目前。怀庆等负有地方治安责任心，所谓危难安缄默。拟请大总统饬交院部核议办法，以遏乱萌，除饬军警随时防范外，理合抄录报告密呈钧，伏乞大总统训示施行。谨呈

附报告呈一件

京畿卫戍总司令王怀庆
步　军　统　领聂宪藩
京师警察总监薛之珩

抄录报告

一、据报称：于十一月七日下午二时，北河沿北大第三院举行苏俄共和纪念日讲演大会。此会名为中俄协进会、民权运动大同盟等团体所发起，实由社会主义青年团中人李大钊、邓仲澥、刘仁静、杨廉、何孟雄、罗章龙、黄日葵、毛一鸣、阮永钊等所主办。闻是日发布之传单小册子等印刷品，亦有苏俄来华代表团助洋二百元，藉以联络学生对俄同情，而鼓吹其共产主义也。查是日共有四五百人莅会，由青年团中人物为招待员及散放纪念号之传单，场中悬一"全世界劳动者快联合起来啊"横联，届时由李守常（即大钊号）为主席，宣布开会，并陈述苏俄纪念日即俄国劳农政府前五年十月革命成功之历史，并论中国应仿行俄国革命实行劳农专政。以打倒军阀资本家及抵抗外国资本帝国主义之压迫，而与苏俄携手进行之必要。故庆祝纪念日引起吾人之感化云云。继续演讲者有北大教授陈启修、谭仲逵等，俱言中国不平等、不自由之现状，非联合起来努力奋斗，实行改造不足以解放，而共享幸福等等论说。最后为奏乐摄影及电影等事，六时散会。查北京现有组织之团体，为革命运动而足以扰乱社会，图谋破坏大局者有二：（一）为无政府共产主义党，信仰克鲁泡特金学说。以各尽所能、各取所需，自然组织、自由契合，而为大同主义者之宗旨，欲推倒政府，为无政治、无法律、宗教，一切束缚之理想。但北京方面该党缺乏经济之辅助，势力非常薄弱，人数亦在二十余名。虽比较为最激烈之党，亦无所施其能为。仅有时发出少量之印刷品，以资宣传耳。如景梅九之"国风报"，冯省三在"时言报”副刊及陈空三、陈德荣、王伯时、吕传周、刘果航、陈声树等所发之“社会运动”半月刊上鼓吹无政府主义及组织世界语学会等消极行为也；（二）为社会主义青年团。即过激派之集产党，信仰马克司学说。仿行劳农专政，预备创设劳农政府，集权、集产于一般劳工会。如苏俄现状。然专鼓动工人罢工及利用群众，以掀起大风潮为手段，其近来进行甚为速顺。其号为中国共产党中央执行部，设于上海。以陈独秀为首领，由俄国政府汇款，及陈炯明捐助为活动上之财源。现北京方面各校中，以北大居多数，共有党员三百余人之多。并于政治上极力活动，且在各团体及工会积极扩张势力，近顺潮流组织民权、女权运动大同盟、劳动组合书记部、中俄协进会等团体。如请愿国会，宪定劳动立法更组，废止治安警察条例会，以引起劳工平民之同情，对于各处罢工之事，必派人到场鼓吹，并代为拟文，筹划一切。今累发文言攻击政府、军阀、资本家，并力谋中俄携手，攻击外交界为亲美派，而不赞同不与越飞会议。默查该党潜势力日渐膨胀，将为大局之害。闻其中央执行部联络一般学界，如胡适、李石曾辈进行其所谓“好政府”之预备也。北京青年团，其主要人为李大钊、张国涛、邓仲澥、罗章龙、邓飞雄、何孟雄、刘仁静、杨廉、郭春涛、宋天放、李敛羹、范鸿劼、阮永钊、朱务善等，把持事务。以上该两党大略情形。合亟报告。

〔附二〕

呈为防止过激党人煽惑酿乱，拟请饬订取缔惩治各专条，以资遵守而保治安。恭呈具陈仰祈钧鉴事。窃维国家之统治权必属政府，无政府则无法律，无法律则人民无保障。恇儴俶扰亦遂无良好之社会。此无政府过激主义欧美各国皆以有碍国家社会之公安，严为防遏也。自俄邦内讧，过激潮流澎湃中土，首都重地竟有散布刷印传单、书册等件，煽惑劳工，主张共产，反抗政府者，彼其意以为政府为资本家之保障，必废政府而后资本家失厥凭依，彼党始可横行而无忌。此种论调青年学生喜其新奇提倡之。暴烈分子因而利用鼓吹之。劳动与穷窭，困极思奋附和之。滋蔓浸淫寖及各省。昔者社会主义流派滋多，至于今日则已变本加厉。然克鲁泡特金所谓无命令、无权力、无服从、无制裁之论，即马克斯派亦反对之。詈其为哲学之空谈，故乌托邦虽类大同，而法兰球徒存理想。况列宁试验殷鉴非遥，可知邪说诐行过洪水猛兽万万也。彼党之指摘无非谓不良之官僚，造成不良之政府。故当废政府以求人民之幸福。虽然不良，改良可耳。甚或改造焉可耳。今乃欲举政府而无之，譬之于人，恃衣食住三者为生活，悬鹑垢敝之衣，粃糠腐败之食，漂摇罅漏之居，诚足以斫身而殒命。然求完褐，求精凿，求安宅斯已矣。而曰是当废衣食住而设可有是理哉！无政府主义何以异是。怀庆武人，不知学说，顾以事理推测，彼党之揭橥者。曰平等、曰自由、曰求人民幸福，而其结果适得其反。夫大小、多寡、长短、轻重之殊，高卑、强弱、贵贱、智愚之判，天然之阶级由来定矣。而贫富之间尤甚，有时贫者，且赖富者之互助焉。故有政府之保障之，而富者乃能为贫者之后盾。果如彼党之指强夺富者以与贫者，富者不甘必争，贫者骤富忮而羡者，又争，争必掠卤屠僇，彼此展转仇杀无已。是富者既贫，贫者愈贫，而其最大权利则尽归彼党之掌握。人人仰彼党之鼻息，事事为彼党所劫持，平民土苴，彼党神圣，平民刍狗，彼党刀砧，暴徒专制之淫威，良懦流血之惨剧，适成其最不平之现象而已。盖其所谓自由者，彼党之自由非人民之自由也。所谓幸福者，彼党之幸福非人民幸福也。迨至此则堕于盗贼世界、禽兽世界，无丝毫秩序之可言。不特无政府并亦无社会，而外人以保护其侨民之故，或藉口于债务之关系，必将以外力乘间侵入或占领代治，而吾国乃真万劫不复矣。夫官僚不良，政府不良，祸之暂者也。茹苦含辛，尚有来日挽救之希望。若道德沦丧，社会不良其将何望乎。故怀庆之愚以为激党革政府之命罪小，革人民之命罪大；革法律之命罪轻，革道德之罪重；此而不惩，惩而不严，将何以保障人民，保障道德呼。惩治之法虽可属于内乱罪范围，然不别订详细专条严重取缔，恐不足以资制止。比来各省兵变与夫同盟罢工之举，日有所闻，难免非彼党之煽动。怀庆每与京师军警长官议及，皆以布尔萨维思姆主义之宣传，近益加甚，无不惄然忧之。查民国九年十二月二十四日怀庆曾呈请政府饬拟此项取缔专条在案。今则星火之势渐将燎原，及兹不图缓且弗逮用，特重申前请，拟请饬下院部速订取缔惩治过激党人专条，及代党人运送物品，发行文字各条提交国务会议及两院议案通过，即以教令颁布遵行。则国纪人道庶乎有豸矣。抑再有陈者，防民之口甚于防川，防民之意甚于防火，根本解决端赖政府自身之清明，则民气帖然，蛊惑者即无由而起。否则日日防激党，日日制激党前途忧患，诚有不堪设想者。此又在政府彻底之觉悟，非怀庆之所敢论列也。京师系全国之观听，而万方辐辏不逞之辈，最易孽牙于其间。怀庆负京师治安之责，为京师计不得不为全国计，故不惮其词之琐渎，所有拟请防止过激党人饬订取缔惩治各项专条缘由，是否有当，伏乞鉴核施行。谨呈

大总统

京畿卫戍总司令王怀庆

（2）教育部等咨呈稿　（12月）

教育内务部为咨呈事：案准公函内开：奉发下京畿卫戍总司令王怀庆呈防止过激党人煽惑酿乱，请饬速行取缔惩治过激党人专条及代党人运送物品，发行文字各条文一件。查所请饬订取缔过激党人各条，自系为防遏乱萌，用意至密。但过激主义只能为无形之

消弭，如原呈中所称根本解决端赖自身政治之清明，洵属探原之论，倘特订专条著为法令，反足激起暗潮，无裨实际。应由部会商根本办法无形取缔。抄录原呈函部核办等因。并附抄件到部。承准此。查过激党派之肇兴，原根于社会阶级不平之心理，最上消弭之法，自以澄清国家政治，调剂人民生计为先，其次则关于国民集会、结社、出版、言论既有官厅依法查察，当可先事预防一切，因无再行商订取缔方法之必要，否则防遏过当，更启反动。恐于国计民生益多妨碍，睽孤已甚，革众斯成，清政末流，殷鉴不远，所有会商另订取缔过激党人各条一节应即暂无庸议。再此次会呈系教育部主稿，会同内务部办理。合并陈明，伏惟鉴察，耑此咨呈

国务总理

署教育总长

署内务总长

中华民国十一年十二月　日

〔内务部档案〕

4、载德关于北大校庆及社会主义青年团活动等情致王怀庆报告

（1922年12月18日）

为报告事。窃查此次北京大学校，于本月十七、八两日举行二十五周纪念大会。在该校第一院有各种体育运动及燃放烟火外，其第三院布有展览、演讲及音乐、戏剧等项非常热闹。每日参观人数过万之谱。因此，北京社会主义青年团党人欲利用时机，鼓吹革命过激思想，拟由该团首领即北大图书馆主任李守常（字大钊）登台演讲其改造社会，以振发群众精神外，并散放革命传单一、二种。闻该印刷品文字由李大钊及高尚德（字君宇）二人起稿，在中老胡同一号刘仁静、罗章龙处承印，发放由阮永

钊、邓飞、黄雄、刘果航、何孟雄、邓康、朱务善、周敏、杨廉、费觉天、何度等担认〔任〕入院分布。十七夜已印就三千份，观其大意系劝同学加入该团，从事革命运动，以便改造社会，推倒军阀、资本家而谋群众幸福等语。至于无政府党对于此次大会无何动作。以上情形合亟报告呈请

堂宪大人钧鉴

载德谨呈

密。

抄送总长注意

中华民国十一年十二月十八日

〔临时执政府军务厅〕

5、曹锟令侦查李大钊活动以便依法惩办致王怀庆密电

(1923年2月9日)

北京王巡阅使鉴：宣密。顷据密报北大管理图书员李大钊，在该校内设有秘密机关，传布过激谬论，并有俄人密汇钜金，供给费用情事。应请我弟密饬干探，切实侦查，如有前项不法行为，望即密达政府，依法惩办，以遏乱源，是为至盼。曹锟。佳印

〔热察绥巡阅使署档案〕

6、王光宇等关于北大反对国会及军阀活动报告附传单

(1923年2—3月)

(1)第二二七号报告 (2月2日)

一据庞炳奇报称：今查北京国立大学校同学会为改选会长问题于今日下午二时由总务股股员郭春涛等在第一院开会讨论改选办法。

一据贺春溶报称：今闻北大第二院内平民夜校游艺室内，前有学生组织民权运动大同盟，进行劳动无阶级主义。现有大同盟激

烈分子又在第一院三层楼上将大同盟另行改组，更名曰学生干事会，以前所设各股进行一切。查该会设有总务股，主任为郭春溥〔涛〕、李登瀛、傅汝霖等三人，文书股主任为张维周、范体仁、邓仲澥三人，宣传股主任为张荣福、邓介、戴朝震三人，法律股主任为陈迪光、龙文、姜纶谟三人，交际股主任为黄坚、韩麟符二人，会计股主任为郭鸿逵、王启瑞、牟谟三人，调查股主任为阮永钊、杨广铮二人。闻学生干事会成立以来，极力运动工商各界罢市、罢工，抵制政府，要求教育独立。该会已公推邓仲澥及前任交际股主任李骏等多人分东南西三路出发运动各界援助，以期达到教育独立之目的。以上各股主任均系主动分子，现仍进行甚力。

（2）第二二八号报告　（2月3日）

一据贺春溶报称：今查北大各团体学生今日在第二院第二教室内开联合会拟组织运动委员会。到会各团体学生约四十余人，由邓仲澥报告开会宗旨，当推举郑阳和主席研究该会进行各办法，选定杨道均为会长，以专责成。旋由大众讨论运动状况，首先络合各界一致推倒政府，享受真正共和之幸福。现该校各学生发刊一种北大学生新闻内容才〔材〕料。词句多系急烈，近日雇用一般儿童及平民、夜校学生等，沿街售卖。该管若不禁阻将于社会治安大有攸关。兹购买一份附呈。

（3）第二三〇号报告　（2月5日）

一据赵尚武报称：今查各旗都统于昨日起派员在各该管界内调查世识及极贫官吏以便赈济。又下午一时查北京大学校学生讲演队约十数人分为四组，各乘马车由东西南北四路出发，游行街市并散发传单，言词系宣布国会议员罪状各情形。兹检拾一纸附呈。

国会万恶，

军阀万恶。

国会倚重军阀为靠山，

军阀利用国会作鹰犬。

国会与军阀都是我们国民的仇敌。

我们大家联合起来。

推翻国会。

打倒军阀。

一据姜彦报称：今查西四牌楼马市地方有北大讲演队学生约十数人，在彼讲演谓国会议员皆系金钱主义，现受军阀派曹锟收买，伊等甘为军阀猪仔，陷害我们国民，此等国会不能维护国民，我们要他们何用等语，演毕遂向南走去。又下午五时在前门大街见有该队学生数名，乘马车一辆，由南往北而行并散放传单。兹检拾一纸附呈。

国会议员的罪状：

买卖议长；

买卖总理；

买卖总长；

现在又“买卖总统”。

好一个大买卖！

可是他们多做一回买卖，

我们国民便增加一层痛苦。

国民！国民！

我们还不起来推翻他吗？

一据贺春溶报称：今查东直门外小亮马桥地方见本署卫队营排长一员带兵十四名，荷枪巡哨以卫地面。又在北新桥地方闻商民云下午三时有北大讲演队学生数名，持白旗一面，上书驱逐彭允彝、吴大头及否认不是国会等字样，沿街游行并无别项动作。

（4）第二三一号报告　（2月6日）

一据汪庆尧报称：今查崇文门大街于下午二时有北大讲演队学生数名，乘坐马车自北而南出崇文门，并由车内散放传单。兹检拾一纸附呈。

敬告北京市民：

约法上明明载着人民有请愿之权。有一天学生到象坊桥去请愿，谁知道那个要钱不要脸的议长吴景濂，竟然指使军警，把学生打得落花流水，血肉横飞，不许请愿。这等行凶殴人，已是可恨之至，他那破坏约法，剥夺民权，更是可恶之极。我想他今天打学生，明天一定可以打你们大家，快不要放过这厮，让他作恶，快把他赶出北京，连这班不是东西的议员们一齐哄出国会。那末，才有点子太平希望。诸位，快起来罢。

一据王觐宸报称：今查北大学生二十余名于下午一时由第一院出发，仍系分为四组，各乘马车分往东四、西四、前门、后门等处讲演，并沿途散放传单，此外有步行学生三五一班，沿途演说，大致皆系不满意于教育总长彭允彝及一月十九日殴打请愿学生之各议员。

一据赵德成报称：在西单牌楼见有讲演队学生数名散发传单。兹检拾一纸附呈。

诸位亲爱的北京市民呀！

现在的北京政府，糟羔到怎样，你们知〔道〕了没有？咱们百姓，那一个不想望升平，好好的过日子呢！然而现在这班狗不吃的恶官僚、大政客，天天在那里争权夺利，光晓得想法子刮地皮，来盖大房子，娶小老婆，甚么事情不管，你想，这样的人来当我们的官长，管理我们的政治，中国能够太平不能够？诸位！我们大家既然是想望升平的，就不应该白着眼睛，看着他们把中国治坏了不管，要知道我们都是中国的主人，他们是替我们料理国家的，和我们的管家替我们料理家务一样，假使他们不称职，并且都是些坏蛋，试问我们能够闭上嘴不管吗？诸位！兄弟奉劝你们，大家都起来干涉政治罢，他们那样干的不对，我们马上就不答应，拿出主人的地位来，或者是申诉他们，监督他，彻〔撤〕换他们，都可以行的，别瞧他们是什么大人，总长，我们是小百姓，要知我们是主人翁哟！议员本来是代表我们，行使我们的权利的，是不是呀？不错，可是现在的国会议员，就不是啦，他们通都是猪仔，早就忘了他们是议员了，他们并不是代表我们，他们是代表军阀，代表金钱，谁是有兵力的红人，议员就去巴结他，逢迎他的意，搁下宪法不起草，跑到保定去叩头拜寿，谁是有钱的，议员就去拉他，只要能有钱，什么事情都可以通过国会，不管是害国也好，害民也好，只要议员有钱拿就完了！那里还记上是我们举他们出来当代表的啊！这种人，你说要得要不得？

一据赵湘报称：今闻北大学生代表汪太钧、宋学仁等八名，为反对教育总长彭允彝兹于上午九时赴公府请愿求见总统，经司阍处电达秘书厅，因无暇接见遂各散去。

（5）第二三二号报告　（2月7日）

一据韩景澄报称：今查宣外大街下午四时有法政学校学生二人乘马车上插白旗，系第三组讲演团。据云因反对彭允彝及不承认不良之国会，为人民代表特组织讲演团，唤醒全国人民群众起而攻之。拟不日通知全国各团体，届时各派代表齐集北京天安门，开全国国民大会以示抵制不良之政府，而享真政〔正〕民国之幸福。

（6）第二五二号报告　（2月17日）

一据庞炳琦报称：今闻北大第一院第二教室内，昨晚七时有学生范体仁、龙业鼎、邓介等三十余员开干事全体大会，讨论答复上海学界打倒军阀，推倒政府及运动各界罢业各办法，并拟于阴历正月十五日趁灯节时间号召市民有举行提会之说。

（7）载德一九二三年三月四日报告

为报告事。窃于三月三日下午一时许北大第三院开全体学生大会。到者约五百余人，由王文彬主席即报告元宵节与警冲突之情形后，众谓现在政府当局决非可以理喻，其累次加诸横暴残忍已极，吾人更不能不取激烈手段对付之。即众议决：（一）通电全国报告元宵节之惨剧，请求公判；（二）请检厅验伤以便对主使者起诉；（三）于学生联合会提议发表宣言内容，以反对政府，打倒军阀，否认国会为题；（四）仍继续筹画游行演讲；（五）固〔团〕结内部。查场中空气甚为激烈，而以青年团人王文彬、阮永钊、邓飞雄、王中君、杨人杞、李骏等发言最多。北大黄鹏基住德国医院，周梅羹住法国医院，余均无甚伤。四时散会。其高师昨晚八时亦开全体大会与学生联合会议均与北大所议略同，惟多一条加派代表四出运动。以上情形合亟报告。呈请
堂宪大人钧鉴

载德谨呈

〔京畿卫戍总司令部档案〕

7、王光宇关于北京学生联合会散发反对军阀官僚政治传单呈

（1923年2月20日）

为呈报事。窃据侦察员舒嘉善、赵尚武报称：今日午后二时余，在东安市场天禄茶社及东安门外大街北便道等处，见有学生各二三名，随意游行，不露学生名义，散放告北京市民传单，并闻内外城凡繁华热闹处所，均有学生乘军警不见，秘密散放等情。前来。理合缮呈宪鉴。谨呈

京畿卫戍总司令王

附呈传单一纸

侦察处处长王光宇

中华民国十二年二月二十日　呈

告北京市民①

北京市民们！你们知道吗？经济共管的声浪一天高似一天，为什么弄到这步田地？因为民国成立以来，武人秉政，官僚卖国，他们只知道他们自己的利益，卖国亡种都不顾忌，所以无论哪一个军阀、总长都是拥资百万，这些钱是哪儿来的？不是我们的血汗吗？我们也不过问，所以他们更糊行乱为起来，连代表人民的国会，居然公开的卖身，并且嗾使军警毒打请愿的学生。市民们！在这种空气之下，你们还能坐视不问吗？我们学生受他们底毒打，是称不得一回事，而你们旁观的坐视，未免太令人心冷了！

我们实在是为全国人的存亡起来的，而北京的市民们！岂可置之不理吗？你们何不回想想，你们的利益为军阀官僚所剥夺，我们学生起来唤起全国民众，对我们的剥夺者下攻击；我们敢大胆地说：我们不是为我们自己的利益而奋斗，是为全国人民的利益而战！北京的市民们！你们受尽了痛苦，受尽了压迫！何不与我们共同起来打倒敌人。

北京的市民们！共管的声浪愈逼愈紧，黑暗政治愈演愈糟，我们身当其时，岂忍国家长此昏乱么？北京的市民们！我们要联合起来，实行主人翁的责任，撤消这班寡廉辱耻的议员，打破这种黑暗的政治。北京的市民们！我们共同联合起来，做一次澄清政治的运动！

---

① 此件系原标题原标点。

北京学生联合会

〔临时执政府档案〕

8、载德关于北大学生开展革命宣传活动报告

(1923年3月7日)

为报告事。窃查学生联合会自灯节后被创后，连日聚议于北大第二院内，其议决表面应办之件，除已发表述提灯游行惨剧，及否认政府国会，打倒军阀之激烈宣言外，对于受伤学生如北大黄鹏基、周梅羹、阎塘、梁镜尧、李兰昌、田炯锦、郁士元、黄伟坚、李勃、李俊等，高师黄静渊、朱厚锟、韦青云等，平大朱正华、石宗翰、赵世毅、伍龙泉、李渤海、王柔惠等，由联合会代请律师，另其由个人自行依法起诉直接解决。又定月之七日星期三下午一时，在公园来今雨轩招待中外新闻记者，陈述近日发生各事，要求舆论一致援助。至于经费问题，发起募捐，指定王文彬、熊得山、李骏、杨广成、柯维翰、孙儒贞、邱时鸣、朱毓才等，分向各界劝捐。闻教育界，国民党研究系输款最多，如王宠惠、顾维钧、丁锦、蒲伯英等亦有助款。又议演讲宣传各事，仍由各校宣传股自由进行。其议决秘密应办之事，则加派第三批代表陈文伯、韩觉民、储致中、汪大谦等，由京汉、津浦两路出发，运动各地工、学两界，积极援助实行推倒政府，改造社会为目的。又严秘组织一青年革命团，专以青年工、学两界人物为中心，在北大为总会，设分会于上海，仍推李大钊、张国涛为北方首领。陈独秀、黄日葵为南方首领。实行过激行为，攻击现政府、国会之种种恶迹，先以印刷品传播革命思想，激起青年奋斗之心，遇有时机以手枪炸弹为利器。查北京方面有国会请愿灯节游行，两次发生流血之剧，是故各校学生愤烈异常，今加入革命团者非常踊跃也。专此呈请

堂宪大人钧鉴。

载德谨呈

中华民国十二年三月七日

〔京畿卫戍司令部档案〕

9、王光宇关于军警弹压北洋大学为组织董事会来京请愿报告

(1923年3月)

(1)侦察报告 (3月17日)

为呈报事。窃据侦察员赵湘报称：今日上午十一时余天安门前有天津国立北洋大学校学生二百余名在彼集合，当经内右一区交通队巡官长警上前询问集合来意，学生吕培连等声称：因该校学务意欲赴教部请愿，在彼暂为集合，并不开会演说。后经警等在彼照料，该生即就地食饮茶点，并有携带行李者颇多。至下午二时集队旅行至教育部。当经内右二区赵巡官带警在彼维持秩序，劝该生等公举代表入部接洽。当由该生等举出代表张光汗等十人进部，下午四时经洪秘书、范司长接见，询及来意。经代表声称：该校学生于庆云、顾国钧等四人因在该校组织董事会，被该校长风希云〔冯熙运〕查知，将该生等开革，并通知官厅缉拿究办。被革生闻知避至租界。故该学生全体二百五十名来部请愿，维持解救。洪秘书聆毕劝其回校，当有办法。该代表不允，俟至下午六时半又面见罗次长，要求办法。经罗次长对代表云：即刻回校，明日派员往校调查，该代表即出部对全体学生表示，学生云：如次长派员调查，要求共同往校，若无部员回去，我等回校倘被校长查知恐不得活。并对代表云：仍请次长或派员同往回校或请在京安置居住地点。至七时该代表又进部，次长等均散值回寓。该生仍欲露宿，当经军警晓以大义，各生始决定凡天津籍者均赴前门外住店，北京籍者各自回家。弹压军警亦即撤退等情。理合缮呈。

宪鉴谨呈

京畿卫戍总司令王

侦察处长王光宇

（2）侦察报告第六三七号 （3月18日）

一据赵湘报称：今闻北大第二院二门内粘有布告称：北洋大学生因设董事会未成，反被校长革除，北大原有旧同学，不能坐视不理。拟于今日下午七时在第二院开会讨论，对于母校应取动作以资援助。

（3）侦察报告第六三九号 （3月20日）

一据赵湘、王凤桐报称：今日午间中央公园有北洋大学学生于清文等十余人在各茶社定座预备开会，当有该园刘办事员及内有一区长警先期已传令茶社不得应允，迨经该生报请警厅电传内右一区谓该生等如与各报新闻记者谈话尚可，不准开会，故该生等未被驱逐，并有人在园门备卷欢迎学生加入，惟到者虽多，因警察监视甚严，未能集合一处，只在四外探听。时至下午四点有顺天时报记者松蒲嘉三郎、正风通信社谢庄公、太平洋通信社欧阳文等先后至园，经学生于清文向各记者述说该校校长冯熙运对待学生一切经过，请为援助等语。各记者应允照办，遂散。其预拟散放昨已附详之传单等，均被警察没收。至四时余先后散去。时有内右一区及该园官警在场监视一切。

（4）侦察报告警字第七八一号 （3月21日）

一据贺春溶报称：昨详有天津所设之北洋大学校学生一百余名来京赴教育部请愿。兹查该学生等因与该校冯校长激起风潮，遂于前日来京寓居各公寓，请求北京学生联合会援助赴部请愿。今日上午九时余，查有中一区署长王通并警察保安第四队队长带领巡官长警等赴北京大学夹道集贤社、景山东街德祥公寓、中老胡同德昌公寓等处捕获学生等四十余名，每队兵二名挟学生一名，并跟有大车数辆拉运该学生行李送往东车站转送天津。闻系警厅接有教育部公函令将该学生一律驱逐出境以免鼓惑。

（5）侦察报告第六四一号（3月22日）

一据董德泉报称：今查北洋大学学生昨日被警察驱逐出京，到站时有国立北京大学学生多人至站暗送，并秘与被逐学生接谈许久始散。北大学生回校后即向同学报告一切，立招学生联合会在第三院开紧急会议，决用北京学生联合会及北洋大学驱冯运动委员会名义，通知各公团、各报馆请求一致援助，另组游行运动，上书院府请求惩罚警察、官吏污辱学生人格，并援助北洋退学各生一致驱冯，不达目的不止。兹查该会致各公团原函云：北洋大学学生以校长冯熙运学问浅薄，顽固成性，要求撤换，学生致遭革退并令军警盘踞学校，因不得已始来京请愿。乃北京政府不知依法处理，反使武装巡警强迫学生回津，污辱人格，待如牛马，本会闻知怒忿填胸，务请各界诸公急起援助以申正义。万急。万急。等情。

（6）侦察报告警字第七八七号（3月27日）

一据祁荣寿报称：今闻警察侦缉第四队于每日派长兵等对于北京汇文、燕京、俄文、税务、朝阳各学校有无天津北洋大学校之学生在彼容止，暗中监视各学生出入之举动，以资防范。

〔京畿卫戍总司令部档案〕

10、王光宇关于军警再次弹压北洋大学学生来京请愿报告

（1923年5月）

（1）侦察报告警字第八二三号（5月2日）

一据王克义、赫达兰报称：又闻天津北洋大学学生因反对该校

校长冯熙运日前曾盘踞于教育部有一百余名，至日昨陆续聚集该部者竟有二百余名之多。该部罗次长屡次劝诫无效，拟令警厅强制执行勒令送回天津，饬地方长官严为防范，恐省长王承斌否认，拟于今日请王儒堂督办赴津与王省长接洽疏通，如无结果即由北京警厅以强制手段将该生等送往天津。闻各生现仍在教部盘踞，警厅已派警秘为监视，以资防范。

（2）侦察报告第六八三号　（5月3日）

一据舒嘉善报称：兹查手帕胡同教育部大会场内现有北洋大学学生一百七十余人，因反对校长冯熙运二次来京赴部请愿，因该部总次长无圆满答复，遂由全体学生决定住居该处，不达目的不止。延至今日下午尚未解决，当有右翼协尉田玉山及警察等在门前监视。

（3）侦察报告第六八四号　（5月4日）

一据舒嘉善报称：昨详北洋大学学生与该学校校长冯熙运因校务发生恶感致起冲突。日前全体学生一百七十余人复行来京，要求教育部总次长更换校长，未蒙允许。因此全数学生齐集该部大会场内住宿，守候罢免该校校长之令各节。兹闻该校学生仍坚持反对非达推倒校长之目的不可，该部总次长以各生等均系被革，是以碍难照准，至今彼此仍行争持，尚无结果。

（4）侦察报告第六八六号　（5月6日）

一据舒嘉善报称：查北洋大学学生一百七十余名因要求撤换冯校长请愿未遂住守教育部会场一节已报在案。兹闻此项学生铺盖、饮食全由北京八大学校学生联合会供给，倘延至本星期教部仍无办法则美专学校亦拟加入，各校亦陆续后援作特别举动。惟闻业有中人调停，北洋学潮有不日解决之说，其弹压之军警亦已撤退。

（5）侦察报告警字第八二七号 （5月6日）

一赵德成报称：又内右四区署长耿济龢，近日因北洋大学校学生等有于今日由教育部出发往红罗厂教育总长张国淦宅谒见该总长，请求撤换该冯校长，以故该区特派便衣长警前往该宅注意保护。惟闻该校学生等因王正廷从中疏通，所要求之条件未获圆满如意。故有今日赴该宅包围之传说，故该区派巡官长警等在教育部监视以为防范等情。

（6）侦察报告第六九〇号 （5月10日）

一据舒嘉善报称：前详天津北洋大学学生一百七十余人因反对校长群赴教育部请愿，未得要领即居住教育部大会场内一节。兹闻昨有中国大学校长王正廷暗中出为调停，令各生先行出部，自有相当办法，各生未允。现闻该部已将部内通行大会场门户锁闭，总次长及主任司科长均不到部办公，刻已成僵局，各生非常激烈，若长此迁延日久恐生他故。

（7）侦察报告第六九二号 （5月12日）

一据赵德成报称：查北京大学联合会代表朱务善等，受北洋学生运动要求援助驱逐冯校长，该代表拟于明日下午二时在中央公园来今雨轩开会，招约北京新闻记者，一致以言论主持援助，仍系去冯目的。

〔京畿卫戍总司令部档案〕

11、国务院关于李大钊等在北大秘密开会情形请饬取缔函附密报

(1923年5月16日)

国务院公函第一千四百五十九号

迳密启者：据密报五月十日下午八时，有社会主义青年团李大钊等在北大第二院开秘密会议，决以暴动行为扰乱现政府，使无法收拾等情。相应抄录原件函请贵部迅饬警厅，严行取缔。此致

内务部

密报五月十日下午八时，社会主义青年团在北大第二院，北大楼第二教室开秘密会议。有李大钊、王文彬、刘仁静等约四十余人，公推刘仁静主席，张国涛书记首先报告，本团近增团员计各校已二百五十余人，皆谋主义之发展，改造社会，拥护工友，推倒军阀为目的。继有学生会代表李骏尤等，相继报告出席谓五一、五七两次在天安门开国民大会。议决中有关于内政者二条：（1）推翻政府；（2）肃清国会不良份子，遂大众发言，俱主张破坏现政府，利用群众之运动。

一、各会代表提倡，群众对于政府虽学生会已有不承认之宣言，然可以张绍曾、彭允彝为矢的，则由本团以报〔暴〕动行为加诸二人之身，或群至其宅，如无军警防范，则提倡将各持纸旗堆集乘隙燃之，而毁庐舍，以扰乱政府，无法收拾。

一、对于国会不良分子云云不录。

一、议决由学生会提议联合教职员一致，每日齐到教部或其宅共同声讨驱逐之。

〔内务部档案〕

12、杨以德关于检扣寄递唐山传播过激主义函及印刷品呈

（1924年5月31日）

敬密呈者：案据唐山警察局呈称：据邮件检查员呈送查出上海党人寄此间唐山大学刘受雨信一件，信内所述系商量在唐组设机关，向农工宣传过激主义等事。信内署名之中夏、代英二人，为陈独秀等一派，屡见于陈等之机关报。如“响导”、“前锋”、“中国青年”、“工人周刊”等登载署名稿件。信外之刘受雨偏〔遍〕查该校户籍并无此名。是否学生别名抑属托名，均未可知。至函中所叙阮梁确系南厂工匠，即京奉路唐山制造厂一名阮章、一为梁鹏云，均系著名工人首领。除一面仍由局长督饬严行防范外，谨将原函附呈，伏乞鉴核等情。当即呈报王省长并上海何护军使，一面饬令唐山警察局上紧侦查间。兹又据唐山警察局于邮件内，继续检出上海约翰大学寄唐山大学刘受雨信二封，内系工会通告三纸，又有陈独秀讲演录同样五本，系由上海书店寄唐山大学田玉珍者；又“劳动旬刊”四份、“劳动周刊”一份，均系寄唐山派报人者。该局长以刘受雨、田玉珍等尚未查有其人，先将各原件呈送到处。查各件均系宣传过激，地方秩序关系甚重，除再呈报王省长转咨交通部，并呈何护军使。一面严饬唐山警察局认真严密侦探，如果查有其人，证据确凿，务当迅予破获以安地方外，理合照录各件，并检陈独秀讲演录原本各一份呈送钧处鉴核，俯赐转呈

大总统睿鉴

直隶全省警务处长兼天津警察厅长杨以德谨呈

五月卅一日

计呈送

照录上海复旦大学致刘受雨之信一纸

照录上海工会通告三纸

照录“劳动旬刊”四纸
照录“劳工周刊”一纸
陈独秀讲演录原件一本
〔注：附件缺〕

〔内务部档案〕

13、载德关于张国焘被捕及学生联合会活动报告

(1924年6月3日)

为报告事。窃自张国涛、郭子均等被捕后，其为多数青年团人所把持之学生联合会，亦不敢常集会议。而纯为青年团人聚集之北大学生干事会，更无人主持。如伊等所办之“工人周刊”及“政治生活”等印刷品，近亦暂行停版。盖因青年团人如首领李守常已潜逃去津，于北大教授近又续假一星期。罗章龙、李骏亦多日不见。而刘仁静、高尚德闻藏于俄代表团，仍工作于中俄远东通信社，从事文字鼓吹。又朱务善仍住某湖南会馆。王有德住北大一斋。杨廉住二斋。贾竹年“常与张国焘到长辛店工会者”住三斋，范体仁住骑河楼公寓内。然皆不敢到校上课。其大多数之盲从附和之学生，均不直共产党所为，更惧试铁窗风味。故前日由中大所发起之六一运动，一闻军警干涉，即无形消灭矣。查青年团即共产党新由陈独秀率领加入国民党，从事劳动运动，专门利用工友代为组织工会，提倡团结罢工，抵抗资本家，实与民党互相利用，以厚声势。故南方工党势力甚为膨胀。上海一隅乃逃捕之地，故工党联合总会设于沪上。屡有总会议之招集。而北方铁路尚多，易于联络。其京汉、汉口又为铁路工人之发源地，故不法机关多所发现。今青年团为北大学生所组织，得有苏俄民党之金钱接济，故近年来甚形活动。对于北方学界有种种联络，冀于各地施其剧烈之改革运动，其于各地工会工人及家属有常有补助救济之实施，以为赤化之宣传，此诚社会之大患，决不

宜于我国国情者，是当严厉制止也。据接近青年团者言，炸弹案实共产党人之示威动作。闻送炸弹者系一工人，乃为共产党以每月津贴百元，留京应用之人也。又工人代表长辛店路工张济海，是常来京与伊等合作者，今亦不见其形影。又有名徐荣德者，亦长辛店之著名工人首领也。张国涛等到长辛店皆在其家宿食云云。以上情形合亟报告。呈请

堂宪大人钧鉴

载德谨呈

中华民国十三年六月三日

〔临时执政府档案〕

14、内务部通缉李大钊密咨

(1924年6月11日)

内务部为密咨事。案准京畿卫戍总司令部咨称：案据京师警察厅解送拿获共产党人张国涛等一案。业将审讯情形函达在案。兹经派员将张国涛提讯明确。据称伊等以私组工党为名，实行共产主义。陈独秀为南方首领，有谭铭〔平〕三等辅助进行。北方则李大钊为首领，伊与张昆第等辅助进行。北方党员甚多，大半皆系教员学生之类，一时记忆不清。时常商量党务，男党员有黄日葵、范体仁、李骏、高静宇即高尚德、刘仁静、方洪傑等。女党员陈佩兰、缪佩英等。查李大钊充膺北京大学教员，风范所关，宜如何束身自爱，乃竟提倡共产主义，意图紊乱国宪，殊属胆玩不法，除张国涛等先行呈明大总统分别依法判决外，其逸犯李大钊等，相应咨行贵部查照，速令严速查拿，务获归案讯办，以维治安，而遏乱萌。等因到部。除分行外，相应密咨

贵省长/都统查照办理此咨

镇守使

护军使
各省省长
各都统
川边镇守使
淞沪护军使

内务总长

中华民国十三年六月十一日

〔内务部档案〕

15、京畿卫戍总司令部查禁上海学联会致京师警察厅函附通电

(1924年6月15日)

迳启者：顷准贵厅送到上海学生联合会通电一件。查此种通电纯系倡言共产主义，淆惑听闻，扰乱秩序。若不严行查禁，殊不足以维持治安。应请贵厅转饬检查，邮电各员认真检查。嗣后遇有此项邮电传单等件，务须一律扣留。随时焚化，以遏乱源。相应函达贵厅查照办理可也。此致
京师警察厅

京畿卫戍总司令部启

六月十五日

附件：

各报馆转各法团，各地学生会，各学校，暨全国父老兄弟姑姊妹公鉴：国民不幸，祸乱频年，生民涂炭，莫斯为甚。溯其原因，无不由于北洋军阀争权夺地有以致之。迩者更大肆辣手滥兴党狱，在北京捕无辜学生张国涛、杨子烈。在武昌拘捕工人杨国辅、周天元、许白昊、黄子章、罗海澄及律师刘芬等。此外复大

搜书店，凡见有“社会”二字，即诬“过激”。现杨国辅等已解洛阳枪毙。张国涛等尚在羁押，律师刘芬则生死不明。查民国约法，人民都有言论自由、出版自由、结社自由之权利。张国涛等及律师刘芬因主持正义，无辜被捕，是军阀摧残民权也。社会学生与社会主义风马牛不相及，为有识者所共知。指鹿为马是军阀摧残新文化运动也。杨国辅等身属工人，今日生计日昂，所得工资不能维持生活，组织工会、拥护工人利益，本身为约法所许。而军阀竟捕杀之，是军阀摧残劳工运动也。呜呼！法纪混乱，祸国殃民至于此极。敝会为国家计，为四兆同胞计，爰特通电全国，同讨国贼！国内外志士爱国自由之心，谁不我如其共图之。临电忧惶，伫候明教。

上海学生联合会叩。佳。

〔京畿卫戍总司令部档案〕

16、载德关于北大共产党人开会坚决打倒军阀政府等情报告

（1924年6月30日）

为报告事。窃于昨日午前，共产党人假北大第二院新礼堂内开临别茶话会。共到二十余人，公推黄日葵（现住西斋）主席报告开会宗旨。略谓现在北洋军阀，欲以杀戮逮捕来镇压我们革命，我们当然是不怕的。流血送命，本是党人的购自由之代价。但今北京恶浊空气甚为不佳，且同志亦有多数出京。兹值暑假在即（由七月一日至九月十日共放假七十二天）留京无事可做，故同人等俱预备离京到乡间去，做我们应做的工作。是以特备茶点以为临别纪念，并望发抒宏论，共议进行云云。次石祖训云，据四川同乡现官内务部参事某君报告，共产党人计有九十余名，均在缉捕之内。本部已有存案，请告同志早日出京为妥。又接近政府之议员亦有同样之警告。故吾人宜早秘密离京，方免其摧残也。又吴容沧报告，与加纳罕谈话，今苏俄不得已与北京政府缔结协

定，然在实际于共产同志仍始终携手，更竭力互助打倒帝国主义。所有以前苏俄攻〔供〕给之补助费，必照常接济。俟领馆完全办妥后，则更易为力，无论何地同志皆可就近商办一切。至于被捕同志，将来有机会亦担认〔任〕设法保释，希望同志努力奋斗，以达两大民族之大联合。最后议决通知各同志自由离京后，到乡间去，应利用暑假时机联合同志，创办平民学校，调查社会状况，及组织讲演团。今年讲演特别注意中俄两国的关系，及中俄恢复邦交后各种的影响，俾民众了解俄国委实是中国国际的爱友，平等互助的，两相携手一致反抗国际的仇敌。证明英、美、法、日等是侵略的帝国主义。再如就近工人之处，则施行感化指导，其团结以达工人最后之胜利。如有通信，拟交北京大学收发课转政治生活或毛一鸣女士收。议毕茶点而散。以上情形合亟报告。呈请堂宪大人钧鉴

载德谨呈

中华民国十三年六月三十日

〔临时执政府档案〕

17、载德关于北大共产主义者组织群众运动反对军阀政府等情报告、

(1923年7月11日)

为报告事。窃查暑假期中各校学生多已旋里，似群众运动之事不易举行，且学生亦不少专心求学之士，今之利用学生会名义，攻击政府，意图扰乱者皆社会主义青年团之过激分子所为也。该团以马克思主义实行劳农共产为目的。其首领陈独秀、李大钊、张国涛等均受俄国及南政府金钱之辅助，早已使其党徒、北大学生李骏、朱务善、罗章龙等，藉学生会宣言，否认北京政府，攻击国会。又邓康、刘仁静、阮永钊、黄日葵等组织劳动组合书记部，运动工人同盟罢工，及提倡推翻资本家，打倒军阀等事，伊等

藉端生事，以冀群众之盲从，宣言通电欲混乱天下之耳目，如抵制日货也。六一湘事也。及请愿游行示威也。无一非宣传其过激主义而已。自京师政变以来，伊等不过少数人留京，如韩觉民、范体仁、罗章龙、王文彬、阮永钊、邓飞雄、朱务善、刘仁静、汪翰、费觉天、郭春涛、戴朝震、韦青云、韩麟符、何孟雄、周敏、许兴凯、胡定远、梁松荣、潘尧年、陈兆龙、黄日葵、张维周等把持学生联合会，屡在北大第一院开会讨论时局，层〔曾〕于七月三日致函外交团领袖及各公使，请其对于北京现政府，及将来为军阀所制造之任何政府，一律撤销其承认，并勿为任何方式之借款于京政府。又因长沙六一事件，致函公使表示学生界对日之愤慨及抗议，请其主持公道。又议决通电全国在沪学生总会，招集全国学生紧急大会，解决改造时局办法。并推定出席上海总会理事为北大学生李骏。又推北大范体仁、罗章龙，女高师缪伯英、高师周传儒为出席总会评议员。每人支旅费一百四十圆，定本月二十日启程。闻预备在总会时提案：（1）反对武人总统；（二）组织中央行政委员会以理国政（即劳农政府之委员制也）；（三）取消国会；（四）监督实行废督裁兵；（五）保护劳工等意见，而实行及选举于全国民大会。又欢迎蔡元培回校。并拟组织国立八校董事会，以便楚〔处〕理八校行政及管理教育经费之事。按此学生联合会乃自蔡元培宣告离职，而青年团人即乘机改组者。故北大学生会及八校学生联合会多为该团中人所把持。首议即驱彭运动，后几为该团之机关会，故其所有举动即本该团社会主义而行以扰乱现政府，改造现社会为目的。是以大多数学生皆不直其所为，且不屑与之为伍也。谨此呈请

堂宪大人钧鉴

载德谨呈

中华民国十二年七月十一日

〔京畿卫戍总司令部档案〕

18、浙江督办公署等关于查禁共产党宣传活动密训令

（1925年7—8月）

（1）督办军务公署密训令稿　（7月30日）

督办浙江军务善后事宜
浙　　江　　省　　长 公署密训令第 五一〇
二一五〇 号

各师长　各混成旅长

令　各镇守使　各道尹

教育厅长　警务处长

为密令事。自沪案发生以来，即有主张共产之徒利用时机宣传赤化。近据有人呈报，宁波第四校学生等有编剧宣扬之举。顷阅“平湖日报”又有登载中国共产党青年团之宣言，青年学生知识未充，易至为人利用，若不严行防范，风气所趋，后患实堪设想。查共产主义扰乱国家安宁秩序，为世界多数国家所不容，即在俄国虽向他国尽力宣传，而国内所取政策已因创钜痛深，名存实亡。溯此说之起源，由于工事发达，资本劳工未能调剂，激为不平之论。中国则贫富本无阶级，虽有少数资本家，实力并不充足，不但不宜摧折，并须尽力培养，与欧西国情迥不相同。胡能以他方理想之谈，自毁秩序。迩来欧美各国一面密防过激；一面励行社会政策，以剂贫富之平，兹应参酌其意，约分治本治标两途：（1）各该官厅应随时督饬所属，切实导富商兴办慈善事业，如贫民工厂等事，务使当地贫民得所安插。又资本家之对于工人，业主之对于农户平时次加意宽待，勿稍欺压，免致激成反动；（一）各学校校长应将共产主义之危害及中外国情不同之点，切实为学生讲演，俾其智识充满，勿易淆惑；（一）各官厅应认真查禁共产主义之宣传，最当注意于演说辞及出版品应特派干员随地密查，果有宣传之人，应即以妨害治安依法捕治。无隐无纵，并严查书籍报纸，有无此类文件。如此详密防禁，庶足

以杜绝祸害。除宁波、平湖两案另文饬查外，合行令仰该师长
厅长

旅长、镇守使
道尹、处长即便饬属，认真办理，务须心知其意，严密从事，

是为至要。仍将办理情形具报备核。切切。此令

十四年七月三十日

督办孙〇〇

省长夏　〇

（2）浙江省长致内务部复咨　（8月24日）

浙江省长公署为咨明事：案准大部咨开：准江苏省长咨为淞沪戒严司令部搜获俄国公产宣传证书情形，请查照分别咨行各省区一体查禁等因。相应抄附件咨请查照，即希转饬所属一体严密查禁，并将办理情形随时报部可也。附抄件等因。准此查共产主义最足扰乱秩序，迭经本公署会同督办公署通令各属一体严密查禁在案。兹准前因，除再通令所属重申严禁外，相应抄稿咨复大部，请烦查照施行。此咨

内务部长

计抄稿一纸〔缺〕

浙江省长　夏　超

中华民国十四年八月二十四日

〔内务部档案〕

（四）军阀政府镇压纪念日活动

1、国务院等镇压上海各界纪念五一活动有关函件

（1920年4月）

（1）国务院致内务部密函　（4月24日）

国务院公函第九百十号

迳密启者：准卢护军使漾二电称：罢课学生结合流氓数百名，打毁电车、鼓动罢工、罢市，并拟于五月一日大举，拟宣布临时戒严，以资防范等语。除电复准予备案外，相应抄录往复电文函达贵部查照可也。此致

内务部

中华民国九年四月二十五日

卢永祥致国务院密电抄件　（4月23日）

国务院钧鉴：统密。漾电计已达览。罢课学生昨夜自兵工厂散后，当欲鼓动罢工、罢市。今日竟有学生多人结合无业流氓数百名；分投华界各市场，胁迫各商店罢市，各商店以血本所关，初尚未允，只因畏其强暴不得不暂将店门半掩，但并未停止营业。该学生及流氓等复欲断绝交通，将电车打毁数辆，阻止通行。华商电车业已停驶。查阅各日学生会所出传单日刊内，有推翻政府另建民国、罢工、罢市、抗捐、抗税等字样。形同内乱，现正鼓动工人一致罢工。学生、流氓遍布街市，秩序颇形骚乱，商民极为惊惶。并闻学生等拟于五月一号，开俄国劳动纪念会，乘机大举，英、法两界均已戒备。华界形势尤为吃紧。兹为保全地方安宁起见，拟于敬日宣布临时戒严，以资防范。仍一面派员向商学各界妥为开导，劝令开市上课，以期早复原状。所有水电各厂，

业经派兵保护，各街市已加派军警梭巡，足资镇压。谨先电闻。卢永祥、何丰林代漾二印。

（2）国务院致卢永祥密电抄件　（4月24日）

龙华卢护军使鉴：统密。漾二电悉。防维周密，至佩蕴筹。沪埠关系重要，学生、流氓既勾结一气，阻断交通，鼓动罢工、罢市。复拟于五月一日大举，非亟从严戒备，无以杜扰乱而保公安。尊处拟宣布临时戒严，自为保全秩序起见，应准备案。希即督饬军警加紧防范，以资镇压。仍一面派员向商学各界切实开导，劝令开市上课，俾早复原状。无任企盼。院。敬二印。

（3）卢永祥致国务院密电抄件　（4月24日）

北京国务院钧鉴：统密。漾二电计已达。昨晚复据探报，学生等顷在法界各界联合会开紧急会议，提出办法四条：（一）推倒南北两政府，驱逐武人官僚政客；（二）组织平民政府；（三）要求各公使承认；（四）不承认政府借款。以上各条准明日下午一时，在西门体育场开国民大会表决。等语。当以学生等此种行为显有奸人从中主持，勾结煽乱。即饬军警按照戒严法严加取缔，妥为戒备。本日清晨即酌派军警于各马路轮流梭巡华法交界处，各重要地点均增设冈〔岗〕位。西门体育场亦派队驻守。华商电车由军警保护开车，商店已照常营业。至下午一时许，果有学生及流氓多人意图闯入西门体育场集合开会，当由军警驱散，旋华法交界处。并有男女学生多名流氓手执旗帜，分为数组，每组约二三百名不等，徘徊路侧，意欲拦入华界。经军警将旗帜夺毁，分别驱走，有欲登开往华界电车以期混入者，亦被军警随时推下，幸未发生他故。地方皆称安静。除仍饬军警加意严防，并商法捕房协同维持外，谨闻。卢永祥、何丰林代。敬印。

（4）卢永祥致国务院密电抄件　（4月26日）

北京国务院钧鉴，统密。回二电敬悉。查此次沪上学生罢课，藉口外交问题，旬日以来，迭次派员设法疏导，原期消患无形。虽该生等每日游行演说散布传单，言词激烈，逾越范围，官厅随时相机制止，力持镇静，并未稍事操切。讵该生等甘心受人利用，必欲藉端寻衅，以达其构乱目的。马日下午，即有学生多人手执旗帜，上书革命罢工、罢市等字样结队游行。至龙华驻军地点演说，意在挑衅。本可即时拿办，弟念此辈青年受人愚惑，遽绳以法，情殊可怜，且恐藉词号召，另生事端。当饬妥为解散，未予深究。乃该生等以无隙可乘，复于养日下午，胆敢纠集多人，乘高昌庙兵工厂工人散工之际，迳至该厂门前露天演说，意图煽惑罢工，言词尤为激烈。驻厂十六团军队职责所在，上前劝阻，抗不遵从。该生等旋复回校号召各学校学生，蜂拥前往，再图寻衅，仍由该团官长婉言解散。当时兵士与学生等虽不免稍有龃龉，但并无将学生殴打拘捕情事。各商店亦未因此罢市。事后该生等于是日晚间，即捏词鼓煽冀图激动商界罢市，各商店均不附和。次日清晨该生等复纠合流氓数百人，短衣持棍随同前往。各商店迫令闭市，有不允者立将其招牌打毁。各商店畏其凶焰，不得不暂将店门半掩，以避其锋。学生去后，仍照常交易。此系当时确实情形。杨特派员所称因军士与学生冲突，遂致城内西门、小东门、高昌庙等处商店关闭等语，殊与事实不符。所有学生捏称各节，恐滋商民误会，业经明白出示晓谕在案。此间自实行戒严后，经军警协力维持，本日市面颇称安谧，学生等结队游行散布传单等事，已严行禁绝。仍一面派员向商学各界妥为接洽，剀切晓谕，日内当可次第恢复原状。此次风潮所幸早经密与南、北商会及省、县教育会迭次接洽，晓以利害。故工商各界均不为所惑。各校校长及教职员亦均不赞成，一般舆论多不以学生举动为然。因事前早有防维，所以风潮不至扩大，办理尚易著手，知关廑注。特电谨陈。卢永祥、何丰林代。有印。

（5）卢永祥致国务院密电抄件　（4月27日）

北京国务院钧鉴：统密。有电计达冰案。此间本日各商店已一律照常开门营业，市面完全回复原状，工界亦称平静，罢课学生已无游行演讲之事。现正商由教育会转知各校长，设法切实开导，劝令上课。仍一面分别出示诰诫工商学各界人等，晓以利害，令其各养生业，以免再滋事端。知关廑念，谨此电闻。卢永祥、何丰林。宥印。

〔内务部档案〕

2、杨晟报告沪租界特许中国武装通过镇压五一劳动大会函

（1920年5月1日）

敬肃者：沪上学潮，近日归为平静，惟奸人煽惑工界，尚图一逞，定五月一日在公共体育场开劳动大会。经晟会商地方官厅及两租界切实查禁，并面嘱各机关、各领袖妥为劝阻。但租界既五方杂处，华洋交界，尤为匪徒出没之区，闸北一隅，地方辽阔，防范更属难周，原有军队人数太少，不敷分配，经淞沪护军使抽派步兵一营，暨机关枪两挺，前往协助防缉，期安市面，而定人心。此项兵士往来，必须由法租界及公共租界通过，方称便利，而限于租界章程，偶然经过，尚须先期商允，若常川往返，既无办过先例，殊觉为难，经切实面商领袖、比领事、法总领事，告以此举，关系中外商旅治安，维持地方秩序，不得不破例通融，两领竟允照办。并发特别执照，准予长期通行。自有上海租界以来，此次殊为创例，可见两领笃念邦交，非仅恃晟个人私谊。至斜桥一带及打铁浜南阳桥、方板桥一带，又沿民国路至大东门一带，均系租界与内地交界，极关紧要，并已商允法领多派巡查，似此布置周密，军行顺利，当不致再起变端，堪以上纾廑系。专肃上陈，敬叩

钧绥。

杨晟谨肃　五月一日

〔内务部档案〕

3、东省护路军总司令部报告压制哈尔滨俄工纪念五一等情电

(1920年5月10日)

北京国务院边防处钧鉴：参谋部、陆军部、外交部、交通部、奉天张巡阅使、卜奎孙督军鉴：顷接哈总司令部宋日邮电称：日前风闻俄工人于五月一日有罢工消息，当派严密侦察。据称：该日确系西洋工人大纪念日。公司亦照例放假一日。去年，俄人曾开会祝贺演说，今年哈埠俄工拟于该日午前十时半，在江桥俄修船工厂，午后一时，在秦家岗新城第三初级小学校，午后三时，在三十六棚图书馆，午后七时，在六道街格芦期电影园开庆贺纪念会等情。当此时局深恐有人从中鼓惑，以图破坏，遂于三十日晚十一时召集俄工首领剀切晓谕二小时之久。禁止竖挂红旗，集众演说，结队游街等事。每处集合不得过二小时，六道街影园处更须提前办理于晚八时前解散。并各处又准一人简单宣告庆贺宗旨，不得有涉及政治言词，各路均须遵照办理。俄工首领声明，遵命而去。随即命令白营长率兵一连，赴江桥俄修船工厂，初营长率兵一连赴秦家岗新第三初级小学校，马营长率兵一连赴三十六棚图书馆，骆营长率兵一连赴六道街格芦期电影园，在上列各处开会时间前一小时，即须到各该处遵照上列禁止事项，实行弹压。并派教育班军士等在道里各重要路口，及石桥等处设立岗兵，派六旅骑兵四十名在道里秦家岗等处分班往返巡查联络，调初营步兵一连，在部准备令郭处长、孙参谋带同翻译，按照上列时间，分赴各会场，严重监视　倘有不合即严重取缔。令邢参谋长乘车赴各处查视，并先期通令沿线驻军一体照

办。复于临时通告日军此次俄人纪念日决无何种举动，外间传闻不过少数鼓惑所致。倘俄工稍有不合，我军应负完全责任，实力弹压，请其安心勿稍疑虑。当日市面秩序如常，俄工亦无越范行动，红旗未准悬挂，均告无事，惟图书馆开会之时，有袖中暗递传单者，当被查觉，译其文意含有愤恨日人欺压俄人之意。遂即勒令收回，并令该俄工首领迅速查明散布传单之人，呈报驱逐出境，伊已承允，除分报外，谨将一日弹压俄工开会情形详电奉闻。伏乞鉴核等语。特电查照。吉总司令部。真印。

〔督办边防事务处档案〕

4、京师警察厅防范过激党宣传五一活动与内务部来往文件附传单

（1921年5月）

（1）京师警察厅呈　（5月2日）

敬密呈者：今将过激党密图发展之情形呈报于左：

一、中俄过激派与孙文等结合，希图先扰京津各节，迭次呈报在案。现北京大学之激烈青年学子，潜来沪江，往返京津者实繁有徒。均与孙之羽党联络，担任黄河北之通讯及传播，并与工人一致施行其主义，使其未成年之学童工人遍发传单小册。名虽鼓吹工人减工作，阴实煽惑军警。昨日此间工人、学生联合散发传单，三五人或十余人，遇空地或僻静处，即集会演说，鼓吹其主张，以避军警干涉。迩来进行甚急，大有一日千里之势。以上侦得情形。呈请鉴核　附呈传单一纸　　五月二日

五一略史

大家要晓得，五月一日是工界的共同纪念日，就是八点钟工制的纪念日。

一千八百八十五年五月一日，美国全国的工人，为要求八点

钟工制，一齐罢工，举行一种示威运动。各处工人都结队游街，合起拍子来唱一种八点钟工制的运动歌。

从今天起，

一个工人也不可作八点钟以上的工。

作工八点钟！

休息八点钟！

教育八点钟！

自这个大示威运动之后，不到几天就有十二万五千的工人成功了。于是“五月一日”便成了美国工界永久纪念日。后来欧洲各国工界，受了美国这个刺激，一千八百八十九年在巴黎开万国社会党大会，议决把五月一日作欧洲工界年会日。在这天各国工人一致休业，举行示威运动。一千九百年五月一日欧洲各国大小无数的工场，都一齐起来举行这世界大运动。只伦敦一个地方，参加的工人已经有二十五万人。那一年开的第五四万国社会党大会，再议决以后每年继续举行。于是，“五月一日”便成了世界工人最荣耀的永久纪念日了。

这五月一日的历史，有许多极悲惨的遗话，许多极痛快、极伟大的故事，直到三十多年后的今天，才换得这个工人在世界上的“国际工人保护工条例”，我们中国男男女女的工人呀！不可不晓得八点钟工制的历史，不可不纪念这“五月一日”，更不可不晓得八点钟工制的意义。

作工八点钟！

休息八点钟！

教育八点钟！

我们中国男男女女的劳动同胞啊！去年华盛顿的劳工会议所规定“一日八点钟、一星期四十八点钟的作工点钟！”不可只认作劳工会议所规定的，应该认作劳工会议追的。因为欧洲、美洲有许多地方早经实行“八点钟”工制了。这些早经实行“八点钟”工制的地方，是从我们的劳动同胞演极悲惨、极痛快、极伟大的“五一运动”得来的。

可怜前年华盛顿劳工会议，却把我们中国放在特殊国际除为例外，把我们规定“一日十点钟”、“一星期六十点钟”我们中国的男女劳工差不多不知“五月一日”是什么日子了。更不知世界上有“八点钟工制”这桩事。尤其不知道“劳动运动”是什么一回事。所以这“八点钟”工制，我们中国一时远不能作为依据。我们亲爱的劳动同胞啊！我们要求人家结〔给〕恩惠，不知我们自己给自己的恩惠才是实在的。我们亲爱的学生啊！我们亲爱的商人呀！我们亲爱的农人、兵士啊！工人有了痛苦，我们都要起来帮助啊！

起！速起！！“五月一日”明天就到了，我们大家快快起来，做个轰轰烈烈的劳动纪念呀！！！

四月三十日

快！起来呀！

我亲爱的工人呀！你们不要再睡觉了！你们一天做十几点的工作，不觉劳苦么。你们没有念书的机会，不觉难过么。你们好象给人做牛马的一样，一天一天的过去了。不觉愁闷么，你们看看你们过的什么生活呀！你们快快醒来，看看今天是个什么日子呀！

今天是五月一日，今天是美国做工的人的顶快活的一天，在这一天，无论那个做工的人，都实行结合起来，向政府及资本家要求实行一天做工八点钟的工制，他们唱着：“从今天起，一个人不可做八点钟以上的工。做工八点钟、休息八点钟、教育八点钟”的歌。他们的目的居然达到了！如今除了极黑暗的中国以外，各国都实行八点钟的工制了。他们把这一天定为美国劳动纪念日。每逢这天，他们就来开会庆祝，并做许多示威的运动。

亲爱的工人们呀！这个消息你们也听说过没有，人家在那里的情形么样，你们何以没有一点动静呢？你们的幸福，要你们自己去谋呀！你们快快联合起来，庆祝这个可爱的劳动纪念日呀！你们快快联合起来，向政府及资本家请愿呀！

快！快快呀！！快快起来呀！！！

我可爱的工人们！

（五月一日）

（2）内务部指令　（5月）

内务部密令

密令京师警察厅总监殷鸿寿呈一件。密呈过激党密图发展情形，请鉴核由。

据密呈。并传单均悉。查所呈各节，于地方治安，关系至钜，合亟密令该厅转饬各区队，设法严密注意，以弭隐患而保治安，是为至要。此令。

中华民国十年五月　日

〔内务部档案〕

5、申振林报告劳动会出版五一刊物等情致王怀庆呈

（1922年5月8日）

陆军中将右翼总兵申振林谨呈为报告事：于五月八日据各探员报告事件分晰缮列清单恭呈

将军钧阅　　计开：

探员杨林报告：

侦得劳动会代表等杂居内地，煽惑劳工，适因北京军警各机关防范甚严，禁止散放传单。今该代表别开生面，现与晨报中和通信社秘密订约，令各报代为宣布劳农传单及一切论说时评，并另办一种言论机关，名曰：“市民”专载劳农之事，已于五月一日出

版，将日前长辛店劳工纪念传单登录，其劳动会代表在京者计有四人，一名吴天真，住宣武门内北新华街。一名叶农生、一名施今农、一名易宗铸。均住潘家河沿。现在该处立一市会，每逢星期五开秘密会一次，研究进行劳农主义的手续，理合据实呈报。
中华民国十一年五月八日

〔步军统领衙门档案〕

6、薛之珩报告镇压北大等校纪念五一情形呈

（1923年5月24日）

呈为奉令。谨将五月一日北大等校学生开会，本厅先后办理情形具复鉴核事：窃奉训令开：准国务院函准吴巡阅使电称：本月一日北大学生在天安门开全国劳动大会，登台宣讲非常激烈。其中杂有铁路工人甚伙，声言打倒军阀，推翻政府，提倡全国铁路罢工组织暗杀团云云。综查以上行为，俨同叛逆，若再姑容，势将酿成巨变。闻北大学生不过三十人，其余皆系随声附和或出胁从。此事所关甚钜，务请责成警察，以严厉手段制止解散，以遏乱萌等语。到院。查此案应由贵部饬警制止，消弭乱萌。函达查照办理等因。到部。合行密令该厅，将是日开会情形详晰呈复。嗣后如遇此项情等，并应切实注意设法制止，是为至要。等因。遵查四月三十日据探报各校学生，拟于五月一日在天安门因劳工纪念开会，当以劳工纪念与学生无涉，遂即严为制止，不准集会。并饬所属妥为防范，认真取缔。不期即于是日下午十二时半，据各区报告，"查有北大学生乘深夜无人，在街巷暗行抛掷传单，并于路旁电杆上粘贴内容系煽惑工人罢工、打倒军阀等字样。当饬一面将所贴传单连夜悉数揭除；一面严行查拿。旋据各区先后拿获散布之人四名解厅讯。据供称均系各校学生，被人唆使，情殊可悯，从宽诰诫保释，交各该校自行管束。翌辰为五月一日，复有北京大学等校学生百余人，手指收回旅大等字样旗

帜，至天安门前集会演说，内有一部分不安分学生，搀杂其间，畸散共产主义之印刷品，立即严切制止。当场勒令解散。此本厅对于五月一日学生开会之先后办理情形也。兹奉前因，除密令区队遵照随时切实注意，从严制止外，理合呈复鉴核。谨呈

内务总长

中华民国十二年五月二十四日

京师警察厅总监薛之珩

〔内务部档案〕

7、载德报告北京各校纪念五一活动呈

(1924年5月2日)

为报告事。窃五月一日为精神劳动纪念日，各校均放假一日，而举行劳动节一事。前学生联合会议否决由会出名筹办后，青年团人遂自行于是日下午二时，假师大礼堂开劳动纪念会。计随出随入约共到二百余人。但大多数均系师大学生，就近莅场，及青年团人外，各校所到无几。全由该团张国涛、何孟雄、朱务善、王有德、邓飞雄、李骏、李梅羹、宋天放、许兴凯、刘仲容、王中君、刘仁静、周敏、谬伯英、高尚德、范鸿劼、黄旦初、黄日葵等临时布置一切，张贴打倒军阀、资本家、帝国主义、援助工人等白纸条于四面。并于场外发送传单，请李石曾、高一涵、李大钊讲演五一之历史，国际劳资现状及无产阶级革命之进步。继则张国涛发言云：今日京汉、京奉等路总工会工头们，本欲参加盛会，因现尚受种种压迫，不能自由，殊为痛恨。特请转达工人要求智识界速起为工人奋斗，联合在一战线，从事改造。并谓与国民党携手实行革命，以拯劳动于平等自由之地步。又有蔡初森、黄复雄、朱务善、黄日葵等相继发言，均系鼓吹智识界与无产阶级同起推翻帝国资本主义，解放不平等之待遇。积极打倒军阀政府，建造劳农国家，援助劳动者之努力。世界被压民族嚮手实行大革

命等论调。最后梅心如、罗澄解释国民党革命精神三民主义，并介绍青年入党之时机。至六时方始闭会。是日，并有无政府党人冯省三、陈声树等率领世界语专门学生，散放反对国民党等利用劳动作政争牺牲品之传单。再是日下午三时，对俄外交同志会（为议员雷殷、邓洁民所发起），亦在师大东北楼上开会，仅有胡定远、陈梅生、谢治敏、韦青云、汪翰、李去非、管鹤君等数人与议筹备。关于五月七日国民大会案定拟函知京内各校、各团体。于是日正午十二时至一时齐集天安门或公园内（俟交涉再定）开国民大会。对俄交涉请愿府院，坚持保护领土主权，撤换加纳罕，促成中俄邦交及对日取消二十一条等项。所有印刷品，由胡、韦二人办理。又议决该会发行对俄外交周刊，并登报通告及征求论文。至经费问题，函各团体催缴一元至五元之会费外，及募自由捐款等事。议至中途，有青年团李骏、刘仁静数人入会发言，述政府外交失败，国民不应援助帝国主义。外交宜与加氏诚意承认，纷纷辩论后始走散。而该会仍筹进行，五时闭会。以上情形合亟报告呈请

钧宪大人鉴核

中华民国十三年五月二日载德谨呈

〔京畿卫戍总司令部档案〕

8、步军统领衙门军事科关于镇压纪念五七国耻办法呈

（1920年2月）

军事科谨呈。为陈请事。窃自学生发起五七风潮以来，至今阅月矣。对于公府则加以仇视，对于治安则有意扰乱，苟不给予严厉取缔。诚恐愈演愈剧，不知将来伊于胡底。今既以武力对待，殊有合于时局。职今谨拟对待办法数条，未知是否有当，理合呈请堂宪鉴核。谨呈。　　计开

一、设立检查所，由各机关派员检查各学校来往信件及电报。

一、凡学校电话一律停止通话。
一、监视各学校私自开会结社。
一、凡未呈明立案各党会名义即予解散。
一、学生不准成群行于街市。
一、官费学校解散一二，凡被解散学生如再有意外动作即以土匪论。
一、凡学生有扰乱治安之事，随时布告各省商会、省会以免误会。
中华民国九年二月　日

〔步军统领衙门档案〕

9、外交部关于日使对我国各地纪念五七国耻抵制日货要求镇压致内务部函件

（1923年5月）

（1）外交部公函　（5月18日）

迳启者：准驻京日使照称：近时各地学生及其他团体屡有提倡抵制日货，强迫商人妨害买卖日货之举。北京地方亦有学生团四出奔走，令市内多数商店粘贴抵制日货等纸条。复于五月七日集合二千之群众，在天安门前开会，散布传单，当众烧弃日货，至闭会后复游行市中，煽动排日之气焰，地方官对排日举动未见有若何对付之策，殊属遗憾，请深切注意，并设法严重取缔等因。相应钞录日使来文暨会晤问答汇送查照即希察核办理并见复可也。

此致

内务总长

附抄件五件

中华民国十二年五月十八日

〔附〕

部长会晤日本吉田代使问答　十二年五月九日

吉田云：近来各地排日之风大起，据所得报告杭州、芜湖等

处，均有学生手持旗帜，上书毋忘国耻。排斥日货字样游行街市，并将旗帜投入日本领事馆。又有在日本商店前演说排日，致日商不能营业者。此类事实甚多。兹仅摘叙一、二事奉告于贵部长。

部长云：此等举动在学生等系出自一种爱国热诚，政府无从制止。惟彼等如有无意识之行动，地方官自可劝阻。

吉田云：余初意以为贵政府对于此种风潮，必当自动的设法取缔。不意迄今不但未见贵政府若何禁阻。本月七日驻京冯军竟派兵数千人，手持毋忘国耻小旗，排队游街，是贵国国家军队亦加入学生之运动，殊令吾人不解其意。本馆日内即当缮具照会，请求贵部说明一切也。

部长云：余并未闻有军队游街之事。总之旅大问题贵政府如能作友谊之让步，使本政府可以满意，此种风潮亦即不禁自戢矣。

吉田云：此乃另一问题，已由驻东京贵国公使直接与日本外务大臣交涉。并由外务大臣答复，余殊无权作答，余所言者乃各地排日及冯军游街之事也。

部长云：当将贵代使所言报告总理。

译日本使馆照会　十二年五月十二日

为照会事。近时各地学生及其它团体屡有提倡抵制日货，强迫商人妨害买卖日货之举。据驻在各地领事随时之报告，本使早有所闻知。因盼望贵国政府自动的实行相当之取缔，故隐认至今。然学生等之暴行日甚，而地方官厅之取缔不周，致令团体等敢行迫害，诚属遗憾。其更有甚者，本月七日驻屯南苑冯师长所属之军队约三千人，亦揭“勿忘国耻”之白旗，在北京市内举行示威，行军数时间附和学生煽动人心以增长排日之气焰。从来所谓经济绝交者，是两国间已启战衅之极端行为，非对于有亲交之国家所宜出，此事理至为明瞭。今贵国政府对学生之举动未有如何取缔，已殊属不合。又况贵国之官吏、军队等，亦出如此参加排日之行动，是对于亲交国实属非礼之甚，更不待言。因是本使特唤起贵国政府深切之注意，请设法严重取缔。至关于军队之示威行军，亦并要求予以满足之说明。再贵国各地方各种团体之不法行为，不胜枚举。兹将各地最近发生之事实，择要列表附送参考。即希查照为荷

最近中国各地排日行动之实例一览表

月日	地点	事
三月二十六日	杭州	学生职工等约三千人集合领事馆前，高呼"还我旅大"将手旗二百余投入围墙内而去。
三月二十六日	芜湖	学生及各团体约二千，持"旅大收回"之旗帜，游行。市中行至领事馆则投入檄文、旗帜于门内，狂哮而去。
三月二十八日	广东	中学以上之十八学校委员集会决议，实行抵制日货示威游行通电宣言等。
三月廿九日	长沙	举行排日大游行运动，人数约将一万，先锋队之学生团侵入领事馆内，又将该馆门牌撤下，以及投掷木炭于一日商之店内。
四月一日	杭州	棉布、杂货、海产物商及其余各行开董事会议决，实行抵制日货，即已定妥之货亦禁止其输入，且对于市内各商店要求其实行对日经济绝交。
四月二日	芜湖	学生约四十名闯入日商前田洋行内，摇旗演说取消二十一条。群众亦侵入店内，以致该店营业不得已暂时停止。
四月四日	南京	开国民外交大会议决，集合数十团体之代表，组织讲演会，以宣传非买同盟于一般国民，又议决由商务总会为永久的

		排货之宣传，并由该会通知市内各铺户停止购买日货。
四月六日	苏州	商务总会开大会议决劝告各商店不买卖日本货。
四月七日	上海	对日外交市民大会执行委员会议决，设立抵制日货同志会，以排斥日货、经济绝交为目的。
四月二十日	南昌	二十九校之学生人数约三万，在市中举行示威游行破毁日商所贩卖仁丹、中将汤等之广告物，劝诱市民抵制日货。
四月廿一日	厦门	开福建国民大会，议决实行排斥日货，以及日本商店官署所雇佣之中国人，令其退出。又排日学生团或烧弃中国商人所有之日货，或遇穿用日本制橡皮鞋者则强迫之。
四月廿五日	济南	开对日经济绝交之游行大会。到会者有二十六校之学生，以及其它团体不下数千人，议决不稳之宣言书，散布排日之传单。
四月廿九日	汉口	商会开总会。组织湖北全省商界外交后援会，并电告宜昌、沙市及省内各地商会，自五月一日起对日实行经济绝交。
五月一日	福州	近时中国商人所有之日货常被学生团烧弃，又有学生妨害兑换商店之收受日本台湾银行纸币。
五月一日	芜湖	外交后援会自五月一日起于输入货物开始检查，同日于江岸各处均设有检查员已扣留日货数十件。
五月一日	重庆	该地商人团体议决，自五月一日以后对日货之不卖同盟，及拒绝日船之装货。通告

上海及各处之四川商人团体一致实行。

五月四日　芜湖　该地钜额之日本海产物，以“太古”轮船运回上海。排日中国人中有扣留日商之货物者，或唾辱日人，或强迫日领馆雇佣之中国人。又最近四日间，中国商所有日货之被押收者有二百数十件，其价值约值二十万元。

五月五日　杭州　各学校学生联合会开会议决，自五月一日起对日实行经济绝交。

五月六日　汉口　该地钱业公会及棉丝业团体议决，自五月一日起拒绝与日商交易。

五月七日　北京　是日之两三日前学生团四出奔走，令市内多数商店粘贴“抵制日货”、“誓死收回”等之纸条，至五月七日约二千之群众，在天安门前开会散布传单十数种，为排日演说者十七八名，有一部分学生在会场附近，当公众前烧弃日货若干。开会游行市中，煽动排日之气焰。此外，南苑冯师长之军队约三千亦拥举“无忘国耻”之白旗，由永定门入城，经过前门大街新华门前等处，由顺治门出城举行示威的行军。

五月七日　长沙　游行学生约二千当经过领事馆门前时，与中国方面预为布置之巡警小有冲突。有学生二三十名破坏闭锁之正门闯入馆内，将事务室官舍之窗户玻璃破坏十数块而去。

五月七日　芝罘　学生联合会之排日大会，有被辞退之教员三四名演说。闭会后学生约二千一百名拥持“抵制劣货”等白旗游行示威。各商店亦遵国货团之决议，悬挂排日文言之国旗。

五月七日　汉口　开武汉国民大会，人数约一万，商会代表及

		各学校教师学生等为激烈之排日演说。闭会后分为数队游行示威，有日人一名被学生以手杖殴打。
五月八日	南京	学生四五百名分为数队，在市内游行示威。散布传单为市街演说。有一日人商店被学生以纸旗投入店内。
五月九日	九江	该地十二学校之学生约一千，由教员引导游行市内，为排日之示威运动。
五月九日	上海	上海总商会开排日市民大会，以及在天后宫演剧排日。
五月九日	南京	开“经济绝交游行大会”。在领事馆前大呼：“还我旅大”。仁丹及其它日货广告物件亦被学生破坏。
五月九日	福州	开国民外交大会。合学生人数等共二万内外。拥“回收旅大”等旗帜，举行示威大运动。
五月十日	芝罘	召集国民联合会紧急大会。议决通告各地团体限期对日经济绝交，且警告在日中国商，令其全部回国以及限至五月底止禁止日货之输入。
五月十日	沙市	日本轮船大元丸入口时，中国人船客之上陆者，为群众辱骂。至夜间有投石于该船者，一时甚为危险。

译日本使馆节略　十二年五月十四日

近时中国各地学生团妨害日货贸易。时有直接侮辱或损害日人之事。而在首都之中央军队且有煽动人心之行为，此事殊难置之不顾。日本代理公使因于本月九日、十二日，分别以口头及一一〇号照会请中国政府深重注意在案。据最近两三日内日本公使船会社所有轮船大元丸在沙市进口，群众对于该船搭客肆口谩骂。且有从岸上投石该船者。其后该船于是夜进口宜昌，又遭排日团之妨害，竟至搭客不能上岸，不能起货。又五月十三日该社轮船大吉丸，在沙市停泊之时，群众竟敢有对中国搭客及脚夫将“亡国奴”之印盖其背上之极端不法行为。又在杭州，日本商人之仁丹广告物件，被学生团破坏者计有十三件之多。其杭州以外各处，此种广告物件之被害似尚不少。各等因。查中国学生及民众此项行为，显然为有妨于条约所保障通商、航海自由之不法行为。日来各地频发有不知所止之势。中国官厅竟不见有何等对付之策，实有遗憾。除对此种不法行为之取缔及损害赔偿问题，由各该领事随时向地方官交涉外，此时应请中央政府电饬各该地方官速将上项不法行为严加取缔，再有犯者与以重罚。至纫睦谊。

（2）内务部复外交部函稿　（5月）

内务部公函

迳复者：准函开：准日使照称，各地学生及其它团体屡有提倡抵制日货，请设法严重取缔等因。抄录来文暨会晤问答，希察核办理，并见复等因。到部。业由本部密行各省区暨京兆尹、京师警察厅转饬所属，对于此项情事，随时劝诫防范，相应函复查照可也。

此致　外交部

中华民国十二年五月　日

〔内务部档案〕

10、王光宇关于北京学生纪念五七国耻报告

(1924年5月)

（1）侦察报告第六八三号　（5月3日）

一、据曹文陞报称：兹闻北京大学一部分学生，前以五七国耻纪念日，曾向国立各校学生等鼓荡，拟于是日联合游行，以志不

忘。各校恐遭军警干涉，响应其说者尚属寥寥。并闻外城琉璃厂男高师学校，亦拟于五月七日举行游行演说。惟每组只有学生二三人或一二人，遂意在街演说，以志国耻，未敢集会讨论，仅派代表数人至各学校征求意见，现正在进行中。

（2）侦察报告第六八四号　（5月4日）

一、据庞汝霖报称：今查北京大学学界联合会，因本月七日为国耻纪念日，有联合八校游行开会演说之举。现军警方面预定是日一律防卫，其左右两翼游缉队官兵，已奉令是日停止休息，听候调遣。

（3）侦察报告第六八六号　（5月6日）

一、据王克义报称：兹闻京师各学校学生拟举行五七纪念运动。刻已由警察各区派人在各校注意，以资防范。又各商铺拟于是日门前悬挂五七国耻白旗一面，其香厂、庆隆茶庄已在茶叶包上印有：“五七纪念、勿忘国耻”字样，以示提醒人民注意。

（4）侦察报告第六九〇号　（5月10日）

一、据董德泉报称：今闻北京学生联合会因五月七日国耻纪念，拟在天安门开会，被军警拦阻，颇滋不悦。特于今日下午一时在北大第三院约集各校学生会代表，每校四人用英语开会。首先询问受伤学生近日情形如何，次由师大代表蒋国镕报告是日开会情形后，经北大学生会提议诉颂〔讼〕控告警察当局蹂躏人权，污辱学生之咎。由各会担任筹款以备延聘律师。又有代理农大学生会主持上书请愿国务院、总统府、教育部弹劾军警长官，结果全体赞成。正当起诉议决通过，定于明日仍在第三院开会，成立筹备委员会，选举委员长及干事以备进行。

一、据汪庆尧报称：兹查众议院于今日下午三时开大会，到会三百二十二人，杜树勋主席，由刘冠三提议五七国耻纪念，学生游行开会，警察因何干涉，应请内务总长程克出席答复，当即电找无着。

（5）侦察报告第六九一号　（5月11日）

一、据褚景熙报称：今闻前门外新华街，高等师范学校学生会内之学生数十名，于今日午前在校内秘密讨论。因五七纪念日，军警殴打学生，研究反抗各办法。闻朝阳大学学生会代表有主张联络各校宣布政府蹂躏人权，压迫民意之说。

〔京畿卫戍司令部档案〕

11、王光宇报告北京航校散布五七纪念单呈附传单

（1924年5月7日）

为呈报事。窃据侦察员庞汝霖报称：查今日上午七时余，有北京航空学校飞艇七架，在北京大学周围空中飞绕散布："勿忘国耻"之传单。又查北京大学第一法院，亦印有五七国耻传单三份共一千余张。惟查学员等照常出入，并未见有若何之预备，亦无军警在彼预防。谨将传单附呈等情。前来理合缮呈

宪鉴谨呈

京畿卫戍总司令王

附呈传单四纸

中华民国十三年五月七日

侦察处处长王光宇

〔附〕

今日纪念，　厥名国耻。　国耻为何，　言之切齿。
东邻日本，　不顾友谊。　廿二〔一〕条款，　妄肆觊觎。
挽近对我，　变厥宗旨。　阳为亲善，　笼络备至。
阴实侵略，　图我不已。　狼子野心，　路人皆知。
愿我同胞，　毋为所愚。　继续奋斗，　切勿踌躇。

经济绝交，　到底坚持。　不买劣货，　排木屐儿。

日本压迫所订廿一条件，攫夺我国经济、军政、铁路、矿产、土地……权利。旅顺大连湾，期满既不交还。去年日本水兵惨杀沙市、长沙市民案，又抗不交涉。近复利用退还庚子赔款，实行文化侵略。派军舰来华示威，种种压迫欺侮，言之实堪发指！

爱国的兄弟们！好一个帝国主义的日本，硬把中国当他们的殖民地，作朝鲜第二。说来，好不耻辱！好不悲惨！

爱国的兄弟们！你甘愿受日本的压迫、宰割、欺侮吗？倘不甘愿，请你赶快地来：

抵制日本帝国主义的侵略！

取消二十一条件！

收回旅顺大连湾！

反对文化侵略！

实行经济绝交

十三年，国耻日发。

〔京畿卫戍总司令部档案〕

12、王光宇关于热河学生联合会纪念五七游行及传单呈

(1924年5月10日)

侦察报告　(5月10日)

为呈报事。窃据留热侦察员刘继勋来函报称：查热河学生联合会，由中学、师范两校所组织。今因五月七日为承认二十一条之国耻纪念。该两校学生合组共有百余人，有鼓号导引，各执白旗，上书："勿忘国耻"、"收回旅大"、"取消二十一条"等字样，并散布传单，游行街市，唤醒各界注意，顺序而行，并无不规矩情事。理合缮呈宪鉴谨呈

京畿卫戍总司令王

侦察处处长王光宇

附：呈学生联合会传单一纸

五月七日国耻纪念对于我 热 河 父老兄弟姐妹之警告书

咳！今天又到了日本要求我们中国承认二十一条的 国 耻 日了，自从袁世凯承认这二十一条以后，日本就根据着这二十一条步步进逼，几几乎就把我们热河、山东、东三省等地都当作他的殖民地啦。其实这二十一条，我们国会并没有通过，人民并没有承认。不过当时袁世凯想作大皇帝，不顾国家的利害，他自己承认就是了。况且旅顺口、大连湾，在去年就到了交还我们中国的时候了。我们中国向他索要，他也答应还给我们，但是闹了一年多，他还是强占不还我们。我们大家要想想，比如我们家中的产业，要是别人久占不还给我们，我们让他不让他呢？咳！我们亲爱的父老兄弟姐妹呀！快赶紧的想法子罢！不要存着天塌大家死的心理啦！只要我们人民群起合作，想法子去抵抗欺侮我们中国的外国，无论他怎样不说理，我们也能把他制服了。今天国耻纪念日，就是日本硬逼中国承认二十一条的日子，所以我们同胞总要想法子救国去，不要再迟延啦！可是我们现在的时局，不 仅 这样，还有些重大的事件，今天我们再把他说上几句：

(一)现在英美法日等强国，要借剿匪为名，在中国各省紧要的地方，组织海队、军队、商团队等。你们想想，他们存的什么心呢？

（二）现在我们中国财政的主权，大半都让外国人 把 持 去了，就以中国的海关收税官长说，净用外国人数到了一千零四十人之多，你说还了的吗？

（三）现在中国靠长江边的地方，外国战舰进来八十余支，你想想他是为什么呢？

我们依着这三样看来，我们中国就好象一块肉，他们各列强国，争着吃我们，你一口我一口，眼看就要把我们吃完了。还有些有势力的卖国贼，拿着肉喂他们去，人家吃的是很香，很高兴的，吃这一口，想那一口。可是我们被吃的是实在难受的，现在列强正商议着大伙管理我们哪！现在起来救国还不算晚。若是等到亡国之后，当了奴隶牛马的时候，事事让人家管着，再想救国，可也赶不及了。吾们的同胞呀！不要睡觉啦！快醒罢！快醒罢！想法子救国罢！

热河学生联合会谨启

〔京畿卫戍总司令部档案〕

13、张秉彝关于热河纪念五七及日人干涉经过致王怀庆呈

(1924年5月20日)

为呈报防范人民五七排日举动仰祈鉴核事：案查前奉热河都统公署转到外交部鱼电开：准驻京日本公使照称：据各处本国领事报告，各地排日团似正计划五七排日运动。颁布传单，举行示威，请电各地方官宪严重取缔等因。查自旅大问题发生以来，各处人民每有排日举动。热诚所激往往逾越范围，驯至酿成巨案，不可收拾。日使所称各节，无论是否属实，为地方治安计，希即转饬严加防范，免酿意外而资藉口，并盼电复等因。除电复并分电外，仰即遵照严加防范，免酿意外，而杜藉口等因。伏查五七排日运动，赤街学生上年曾有此举，职署鉴于去夏学生与日人冲突交涉困难，不得不先事预防，爰即授意各方面暗中计划防范之法。学生原定自五月六日起至八日止，凡中学以下各校学生一律停课，结队进行。各校教员乘此时机提倡，即以此举作为学生春季旅行，齐往河干植树，在学生以为举行五七运动已达表示爱国之纪念，在日人以为学生旅行植树，已无误会之可言。赤峰中学、高等小学，外交后援会附设劝学所内。适巧此时有日领馆警员谷龙藏赴该所访谒杜所长不遇，顺便向夫役打听五月七日有无举动，及游行讲演事。后为学生所闻，疑其迹近干涉，群起不

平，旋即函请向日领质问，职署以谷龙于此际迳赴劝学所，实足引起学生猜疑，当即派员赴日领馆，诘问谷龙是否为领事派去调查，抑系以私人资格前往访谒。据谷龙答称：确系以私人感情往访所长，入门不遇，随便向夫役问话，并无宗旨，言下颇形懊悔。又往询日领，据称：并未派其前往。遂告明以后有事可先由交涉署介绍，不必迳去，致招学生反感，酿出意外，本署不负责任等语。日领领之，一面将此情令具转达劝学所，俾其疑云尽释，此五七运动防范之大概情形也。除分呈外理合具文呈报钧署备查施行。谨呈
热察绥巡阅使

热河交涉员　张秉彝

中华民国十三年五月二十日

〔多防镇守署档案〕

14、国务院秘书厅为北京市民五七纪念善后委员要求惩办镇压群众运动的军警函件

(1924年5月)

（1）国务院秘书厅公函稿　（5月）

国务院秘书厅公函　第一百五十七号

径启者：奉总理交下北京市民五七国耻纪念善后委员会函称：五七军警摧残市民，何以不加惩办，受伤市民究将如何安置等语。查此案昨已函请确查见复在案。兹据前情，相应抄录原函，暨伤单一纸函达贵厅，查明。当日情形，妥为办理。并希见复。此致
京师警察厅

附：

慕韩总理先生钧鉴：敬肃者五七军警摧残爱国市民之暴行，本会即于当日派代表据实声述一切，详情谅早为左右所洞悉。对

于如是违反宪政之重大事件，至今已过数日，政府尚丝毫无所表示。不特市民之愤怒愈增，即本会同人亦深感当道之颟顸。兹特再催代表晋谒，望先生对于左列二节明确答复，是为至幸。专肃敬请

钧安

(一)五七军警之暴行,不特剥夺人民爱国之自由,且显然为残民以媚外事,若出于政府之命令,先生身为总揆,岂能辞咎。若出于军警之自动,政府对于专擅横暴之军警何以不加惩办。(二)当日市民横遭军警摧残,受伤者多人,被捕者多人。被捕者虽已经释出,伤者尚呻吟床褥。政府对此无辜受伤之爱国市民，究将如何安置。

北京市民五七国耻纪念善后委员会谨启　　五月十日

附被伤人姓名及传单一纸

郑春铿（朝大学生）背部胸部腰部均受重伤，口吐鲜血，据医生云肺部已受重伤震破。

尹才一（朝大学生）头部重伤（德医验明）腰部被打，连日均流鼻血（有染血书籍两本为证）且有时昏迷，不省人事。

杨廷铃（法大学生）右胸重伤，手部打伤并咯血。

李德新（朝大学生）腹部重伤，周身发痛。

谭景山（朝大学生）胸部重伤，病不能起。

张雪爱（四中学生）腰部受伤。

陈　机（燕京法文学生）手部受伤。

萧炳星（朝大学生）胸部及右膀均被伤。

李翊尧（朝大学生）右腿受伤。

熊　梦（朝大学生）背部脚部受伤。

（2）内务部训令　（5月）

内务部训令

令京师警察厅总监薛之珩

准国务院函开：据北京市民五七国耻纪念善后委员会函称：五七军警摧残市民，何以不加惩办。受伤市民，究将如何安置各等情。查此事现经参议院议员张汉章，以军警干涉国耻纪念会，殴伤学生多人提出质问书，咨送到院。究竟当日实在情形如何，应请贵部切实查明，妥为办理。除张汉章质问书函抄送外，抄录原件。函请查照办理见复等因。到部。查此事前据该厅呈报在案。兹准院函，核与前呈实有未符，究竟当时有无殴伤学生情事，除张汉章质问书另案令行外，合即抄录原件，令仰该厅切实查明，妥为办理，并详晰具复可也。此令

附抄件〔略〕

中华民国十三年五月　　日

（3）步军统领衙门公函　（5月9日）

步军统领衙门
京师警察厅公函

敬启者：本衙门
厅先后据探报本京各校学生拟举行五七纪念，在天安门前齐集为游行示威运动等情。当以事关国际感情，迭经通令营汛区队预为防范。是日各校学生如有结队出校者，应设法严为阻止。去后，本月七日据各区报告各校学生因军警预为防止，多未出校。间有欲结队出校者，均经设法劝阻，其有潜行到天安门等处者，亦经随时解散。嗣有西直门外之清华学校学生二百余人，乘环城车至前门车站下车，拟进前门至天安门前会合。因本京各校学生已被解散，亦遂折回返校，沿途经军警监视，并未逗留演说，及散放传单，亦未发生事故等情。除分报外，相应函达贵厅查照。为荷。此致

国务院秘书厅

中华民国十三年五月九日

〔内务部档案〕

15、南岳峻奉令不得进行反日活动转饬各县执行训令

（1924年5月21日）

陕西关中道道尹兼办全省交涉事宜公署训令　第二九二号

令全省各县知事

案奉省长训令第二八四九号内开：为令饬事案。准外交部鱼电开：驻京日本公使照称："据各处本国领事报告，各地排日团似正计划五九排日运动，颁布传单，举行示威。请电各地方官宪，严重取缔等因。查自旅大问题发生以来，各处人民每有排日举动，热诚所激，往往逾越范围，驯至酿成巨案，不可收拾。"日使所称各节，无论是否属实，为地方治安计，希即转饬严加防范，免酿意外，而滋藉口。并盼电复。等因。准此。除以陕省并无排日举动电复外，合行令仰该道尹即便查照转饬知照。切切此令。等因。奉此。查此案前奉外交部迳电到署，业已此次国耻纪念，陕省人士游行讲演，秩序整齐，并无激烈举动，电复在案。兹奉前因，合行登报，仰各该县知事一体知照。此令

陕西关中道道尹兼办全省交涉事宜南岳峻

〔秦中公报一九二四年五月三十一日第二五一三号〕

16、载德报告中华学生废约同盟会纪念九七国耻活动呈

（1924年9月2日）

为报告事。窃查中华学生废约同盟会，设执行委员会于平民大学校内。乃平大、法大之少数学生黄汝翼、苗树棻、李志新、郭宗圭、韩震声、姚雪爱等所组织。近议以九月七日为签定辛丑条约之国耻纪念日，刊发纪念特刊。并议决通电全国各法团，及工厂、农会等，是日停止办公一日，悬下半旗以示纪辱。又函请各校于是日开讲演会，激励同胞，同仇敌忾，共御外侮。并与反帝国主义大同盟，共同在中央公园开大演讲会，揭布反帝国主义旗

帜，使外人知中国民气之激昂。再议员胡鄂公、雷殷、刘子云、周达明等所组之反帝国主义运动大联盟会，亦定以九月三日至九月九日为中国反帝国主义运动周。发布特刊，并函告全国各公团，于此周内举行反帝国主义运动，及绝对禁买外货等议决案。今北京各大学校定于九月十日开课，但多数学生尚未回校，因惯例须于二十日方能开始上课，并闻共产党今以上海为聚集活动地，期向各铁路工会工厂鼓吹发展。李大钊居津指挥云云。谨此呈请
堂宪大人钧鉴

载德谨呈　九月二日

中华民国十三年九月二日

〔京畿卫戍总司令部档案〕

17、临时执政府关于侦察九七国耻纪念游行学校手谕

（1924年9月3日）

谨将本日请愿各学校开列于后：

计开：

女子职业学校	第一女子中学
贝满中学	慕贞女学校
协和女学校	培华女学校
尚义女师范学校	萃贞女学校
女子高等师范学校	女子高等师范附属中学
燕京大学女部	义术学校
高等师范学校	铁路管理学校
清华学校	邮电中学
朝阳大学	汇文学校
民国大学	高等师范中学
燕京大学	第四中学校
公立第一中学	北京政法专门学校

京兆第一中学	农业专门学校
畿辅中学	高等补习
北京师范学校	豫章学校
河南中学	第二中学
中国大学附属中学	求实中学
毓英中学	孔德中学
北京大学	山东中学
中国大学	萃文中学
盐务学校	安徽中校
协和医学	第三中学
通财商业学校	崇实中学
俄文专修	新华商业
税务学校	蒙藏学校
青年会	尚志学校
财政商业学校	法语学校
电气工业学校	成达中学
工业专门学校	贝满学校

以上各校学生出发三千余名，均至新华门公推男代表刘瑞、孙毅、赵增桂、康世芳、徐祖鼎、邹德高、李琳成等七名，女代表曹光、韦琼英等二名，在公府国务院各递呈文一件，嗣由新华门前往外交部大楼，请见总长。后至午后三时余均陆续回本校。

原件知　　右堂

照录手谕

闻学生又有拟游行示威之议，九七国耻纪念，应饬载德加意侦察，随时具报，以便预防。

右堂

十三年九月三日

〔京畿卫戍总司令部档案〕

（五）为收回旅大的斗争

1、外交部声明废止中日条约收回旅大办法通电

（1923年3月10日）

北京参众两院、各部院，保定、洛阳各巡阅使，北京检阅使，各省督军、督理，各省省长，张家口、承德、归化各都统，上海何护军使、各镇守使，各省省议会钧鉴：查民国四年，中日条约及换文，经国会宣布无效而旅大租期又瞬将届满。兹特于三月十日，由本部及驻日本使馆在北京、东京两处同时向日本政府及驻京日使提出照会，声明废止。其文曰：中日两国素称辑睦，值此世界各国群向和平，力持公道之际，允宜益谋亲密以保障远东和平者，促进世界和平。查民国四年五月二十五日，所缔结之中日条约及换文实为中日亲善最大障碍。当时该条约签定后，中国政府曾经发表宣言，声明中国虽以迫压不得已忍受最后通牒中各条件，然因此而侵犯各国条约上之权利时，中国不负责任。嗣于巴黎和会声明理由，要求和平会议废止，该条约及换文经和会会长复函充量承认此项问题之重要。自华盛顿会议开议，复经我国代表根据下列理由在会提出要求取消：一、无交换利益；二、侵犯中国与他国所订条约；三、此项条约换文与华会通过各原则不能省察；四、此项条约及换文，已屡发生中日间之误会。当时日本代表看重我国提案，曾声明将日本在南满、东蒙建筑铁路及承办税课作抵之借款优先权。南满聘用政治、财政、军事、警察、顾问教官之优先权完全抛弃，并将订约时原有关于第五项之保留即予撤回。我国代表除承认日本代表抛弃及撤回所保留各项外，视为未能满意仍声明应将全部放弃，并声明保留他日相机解决此案之权利。经列席会议各国代表正式承认我国保留全案，并经会长在大

会正式宣告登入会议录在案。查此项条约换文，本国舆论始终反对。本国政府迭次在巴黎华盛顿提出此案要求取消，原以全国民意为根据。兹本国国会于民国十二年一月常会议决，对于民国四年五月廿五日所缔结之中日条约及换文认为无效，准本国参议院咨请查照办理。"前来。足征本国民意始终一致，而旅大租期又瞬将届满，本政府认为改良中日关系之时机，业已成熟。特向贵国政府重行声明，所有民国四年五月廿五日缔结之中日条约及换文，除已经解决及已经贵国政府声明放弃，並撤回所保留各项外，应即全部废止，並希指定日期，以便商酌旅大接收办法及关于民国四年中日条约及换文作废后之各项问题。本国政府深信贵国政府及国民看重中日邦交必能容纳本国国民全体之意思，将数年间两国亲睦之障碍完全扫除，从此两国国民得谋真实之亲善，东亚和平益自巩固。岂惟中日两国之福，抑亦世界之幸也。等语。特闻。外交部。蒸印。

〔陆军部档案〕

2、北京宪友俱乐部等团体呼吁收回旅大愿为后援电

(1923年3月26日)

万急。北京大总统，〔衔略〕钧鉴：旅大租期本日届满，国人主张照约收回，国际公例，应许交还威海其明证也。不意，日政府不顾国交，藉口于廿一条条约抗不交还。夫廿一条条约，本由强迫而来，未经国会同意。当时国民誓死否认，悬为国耻，根本上未尝成立。日人既承认我国国体，即不能不顾我国约法。况青岛之战，原为日德战争，我国既加入协约，当然不能受片面之条件，强占领土，破坏世界公理，扰乱东亚和平，日人实负其咎。故参战以后，关于廿一条问题，我国累次抗争，能得欧美各国之同情。此后日人无论如何，我但持以正义，百折不挠，终必有收回之一日。愿我国人同心合力为外交后援。旅大一日未收回，我国

人之运动一日不止。谨此誓言，始终不折。中华民国十二年三月二十六日是卢观音堂十号宪友俱乐部，宣外二百号颐园七号俱乐部、宪民社法治统一会、广誉社九团体、国会议员同叩廿宥。六日。印。

〔多防镇守使档案〕

3、中华自治协会天津支会誓死收回旅大代电

(1923年3月27日) ①

慨自日人占据旅大，强暴横恣已有年矣。国人含诟受辱，匪伊朝夕。今幸租限届满，自应依法收回复我主权，发我国光。讵彼日人贪暴性成，以二十一条为抵赖理由，岂知二十一条在巴黎和会，日代表已声明抛弃，揆诸法理自无拒绝余地。似此强迫胁逼，无理取闹，实为环球所同愤，人类所不容，国际信用既失，中日亲善何在。我国领土所系，存亡所关，若非群起奋斗，抵死力争是二十一条无取消之日，旅大两港无收回之期，朝鲜亡国殷鉴，匪遥为奴为隶，岂不寒心，衰崩侨压，谁能幸免。千钧一发，机不可失，生死关头，在此一举，不达目的，宁死勿渝。愿我同胞起而奋斗，时急势迫，勿再犹疑。

中华自治协会天津支会叩

〔陆军部档案〕

4、武汉国民大会要求力争收回旅大电

(1923年3月27日)

〔衔略〕钧鉴：日人对于交还旅大及取消二十一条两案，蔑弃信义，吾国誓与不共戴天。今日武阳、夏口各团体、各学校及各界人士在汉口民生路老圃开国民大会，到者十余万人，当场议决

---

① 此件系收文日期。

佥愿牺牲一切，力抗强敌，非达到照约交还旅顺、大连及完全取消二十一条不止。如有迟遁罔顾者，国人即认为公敌，当共讨之。临电迫切，无任愤慨。武汉国民大会叩。沁印。

〔大总统档案〕

5、北京宪兵司令镇压各校为收回旅大示威运动报告

（1923年3月28日）

军警字　第一〇一号

谨将本月廿六日，分职司令部所属各营巡察宪兵报告，各军队兵丁军纪及不军纪情况，并办过警察事件分晰报告于左。除分报外，谨报告参陆办公处。

附车站日报表一纸　〔略〕

计开：

第一、二营报告本月廿六日下午一时顷，天安门前有北京各学校及各团体男女学生等约二、三千人，为收回旅大暨废弃二十一条交涉，开国民大会作示威运动，以为政府后盾。至一时三十分整队向各街市游行，散发传单，三时余，始各回校，经派宪兵弹压，並未发生事故。等情。

司令　车庆云

中华民国十二年三月廿八日

〔参陆办公处档案〕

6、唐丰泰报告学生游行要求收回旅大致王怀庆呈

（1923年3月）

侦缉队中队官唐丰泰呈报事：于三月二十八日据派出队长保德、分长吉平、伍长立瑞、兴寿、德胜、荣斌等报告：下午一时余，有全国及京师商会並第二中学、尚志学校、山东中学等共一千余人为收回旅大取消二十一条事在街市游行，散放传单。在天

安门前集合赴公府，派代表人孙学仕等五人，面见元首。经陆军次长金永炎代表向众言收回旅大必达到目的，至三时又赴国务院递请愿呈，至四时余出西华门回西珠市口商会后各散等情。理合呈报

将军台前

中华民国十二年三月　日

〔临时执政府档案〕

7、参议院议员呼吁全国一致力争收回旅大通电

（1923年3月24日）

参议院议员宋桢等通电

〔衔略〕均鉴：民国四年日本胁迫行为强袁世凯氏承认日本提出之二十一条，我国民引为奇耻，矢死不能承认者非一日矣。本年一月国会本全国民意自始否认之表示，对于中日条约及其附件中之各项换文加以否认，宣告无效。政府据此咨达日本並与订期商榷接收旅大办法。乃日本概予拒绝，全不理会，案诸国际通义，凡国际间缔结条约以基于两缔结国双方之同意，为成立条约之要素。若出于片面之要求，由于迫胁之结果如二十一条之往事者，而亦谓之条约非所闻矣。兹请就日本复文中之尤为荒谬者加以辨正。其复文谓：大正四年之中日条约及交换公文，原经两国受正当全权委任之代表正式签字，且经中日两国元首之批准。查国际间条约批准之手续，各依其国宪法之规定，日本之批权在天皇，而我国之批准权在国会。故凡未经国会承诺之条约即与未批准之草条等耳。曩者美总统威尔逊与各国所订之国际联盟条约，一经上院否认，各国即认为条约不成立。亦当然之事也。其复文又谓：对于贵国政府所提议各节，如协议接收旅顺、大连之办法及该条约及交换公文废止后之善后措置，均无何等应酬之必要。查日本取得租旅大之根据，据于中日会订之东三省条约该约第二

款，明载日本政府承允按照中俄两国所订借地及造路原约实力遵行，而俄租旅顺、大连湾条约第二款，租地期限画当此约之日后起定二十五年为限，照约扣至本年三月租期已满。日本应按照原约交还旅大。乃对我提议悍然不顾其条约上义务之所在，而谓无何等应酬之必要。国际之间讵无信义条约之设，期于履行。彼竟不惜以破坏国际条约者破坏其国际信义。苟利于彼未正式批准者，强认作条件，不利于彼，本明白约定者亦不为履行，是而可忍孰为可忍。抑更进者，国会乃国民代表政府，乃国民公仆，其不承诺也，抗争也，固自有其职责之所在。然遇此外交棘手问题，使其持之不能不坚争之；不能不力者则有待于全国民之严厉监督。近世国际关系之倾向，已由政府外交进而为国民外交，矧在我主权所属之国民，到此存亡关头；安有不被发缨冠，出而自救者乎。今海内方域四分五裂，有此弱点适以造成外力欺凌之机会，然语云：兄弟阋墙外御其侮，令内政问题不一致，而对外方针之所在则应有举国一致精神之表现，此不能不大澈大悟者。自民国四年以来，否认中日条约之国民运动，在国内国外亦可谓百折不回矣。此次交涉乃其最后之一日而最后胜利将于全国民之最后努力卜之。愿我国民父诏其子，兄诫其弟，朋友互相策励奋发，力争坚持到底，同人不敏愿效前驱。父老昆仲共鉴斯言。宋桢、王文芹、江浩、王法勤、李广濂、籍忠寅、郭熙治、张树楠、臧景祺、孙乃祥、赵连琪、王秉谦、杨绳祖、萧文彬、赵成恩、赵学良、谷家荫、吴子青、华鉴增、刘哲、李伯荆、刘正堃、姚翰卿、郭相维、杨崇山、战涤尘、刘凤翔、解树强、秦锡圭、王立廷、沈维贤、丁文班、潘成锷、辛汉、丁铭礼、桂殿华、张我华、胡壁城、李靖国、张云翼、吕祖翼、黄绢熙、汤漪、邹树声、刘濂、符鼎升、蔡复灵、萧辉锦、毛玉麟、熊正瑗、王家襄、童杭时、许燊、金兆棪、郑际平、沈钧儒、王正廷、盛邦彦、孙棣三、李兆年、范毓桂、雷焕猷、陈祖烈、刘映奎、裘章淦、潘训初、刘以芬、韩玉辰、董昆瀛、牟鸿勋、高仲和、张汉、周兆沅、廖辅仁、叶兰彬、周震鳞、盛时、田永正、向乃祺、彭邡栋、席业、刘星楹、尹宏庆、萧承弼、张魯泉、王凤翥、张骏烈、王乐平、张汉章、王伊文、陈铭鉴、李槃、黄佩兰、毛印相、万鸿图、侯汝旲、任同堂、张瑞、营廷献、苗雨润、田应璜、王用宾、张联魁、李素续、桐溪、窦应日、焦易堂、范樵、李述膺、张蔚森、岳云韬、张凤翙、杨逢盛、赵世钰、万宝成、文登瀛、魏鸿翼、王鑫润、梁登瀛、范振绪、姜继、郑浚、赵守愚、李凤威、何海涛、蒋举清、阎光耀、李澜、刘隽栓、徐万清、师敬先、孔昭凤、王猷、吴连炬、王湘、赵时钦、潘江棱肇锡、潘大道、李英铨、黄锡铨、彭建标、易仁善、李茂之、李自芳、黄金声、杨永泰、林丙华、刘景云、郭杨森、黄绍来、马君异、雷殷、雷椿昆、潘乃德、陈峻云、李文治、王人文、李正阳、孙光庭、何畏、周泽南、张金鉴、黄光操、胡庆雯、吴件棻、张炜、周恭寿、鄂博噶、台纳谟图、祺克慎、刘丕元、张文车、李端、多布震德、色赖托布、陆大坊、宋汝海、邓芷灵、博彦得勒、格尔棍布扎布、郭步瀛、龚焕辰、巫怀清、刘文通、巴达玛林沁、王泽分、胡钧、李安陆、那旺呢麻、龚庆霖、陈寿如、沈智夫、冯自由。敬。

〔财政部档案〕

8、萨镇冰为力争收回旅大福州各中学举行游行电

（1923年4月2日）

北京参众两院、各部院、各省军民长官，各省议会、各团体、各报馆均鉴：五七之廿一条约，未经国会批准，又不合国际间缔约原则，往者巴黎和会认为此种问题极关重要，华府会议亦经列席，各国代表正式承认我国保留全案，是此项中日条约换文根本上不能成立。现经国会议决无效，复由当局提出照会声明废止，一发千钧，稍纵即逝。连日闽中学界联合游行，士气激

昂，舆情感奋，所望国人同心协力，一致进行，作外交之后援，达废约之目的，主权所系，幸共图之。萨镇冰。冬印。

〔陆军部档案〕

9、薛之珩关于北京及奉天来京留日学生为争回旅大游行经过呈

（1923年4月16日）

呈为本京各校学生暨奉天来京留日学生因争回旅大问题游行演说，散布传单。谨先后情形具报鉴核事：窃查此次因争回旅大问题，本京各校学生于上月间先后集队游行街市，並散放传单，赴府院请愿。本月八日复有奉天省留日学生杨为芳等三十余人来京，寓居打磨厂第一宾馆等处，连日集队出外游行，手执旗帜，上书“收回旅大”字样，沿途散布传单，並赴府院暨外交部请愿。本厅以其出于爱国热诚，尚无越轨行动，是以未便加以制止。曾经迭令区队饬警妥为照料，並注意维持秩序。业将办理情形报请鉴核在案。近日各该生等仍复四出讲演，並在中央公园开会演说，抵制日货，并拟组织对日经济绝交游行示威运动大会。此种举动恐于国际交谊不无妨碍，並闻有不肖之徒孱杂其间，乘机纷扰。职厅负有维持地方治安之责，除通令各区随时注意，如有越轨行动即行干涉外，理合将近日本京各校学生暨由奉来京学生举动情形。呈报宪部鉴核。谨呈

内务总长

京师警察厅总监薛之珩

中华民国十二年四月十六日

〔内务部档案〕

10、王光宇关于北京各团体组织对日经济绝交收回旅大举行示威运动报告

（1923年4月）

第三〇一号报告　（4月17日）

一据赵湘报称：今日午后一时，有对日经济绝交示威运动筹备会，新选筹备员余调生等九人在奉天会馆研究办理游行示威运动进行手续，拟定外交股分往各处联合各团体一致行动，宣传股专司编辑、印刷传单，事务股管理经费一切事宜。现在经费毫无着落，俟下次开会筹划下所需茶水等费均归旅京东三省国民收回旅大后援会暂行担任。

中华民国十二年四月十七日

第三〇九号报告　（4月25日）

一据赵湘、叶华报称：查今日午后一时有对日经济绝交游行示威运动，各界团体联合筹备会在中央公园水榭开第二次筹备讨论会，计到会者有平民大学代表费觉天、中国大学代表胡士贤暨各界代表等男女共四十余人。由谢绍铭主席报告前次开会，推举筹备员九人，分宣传、交际、事务三股，业经分任交际方梦超等联合各界团体，均已就绪。故复开会讨论，拟定五月七日下午一时在天安门支搭讲台，开国民大会毕，分路出发游行示威运动。惟路线尚未拟定。又因筹备会设于奉天会馆，各界代表有反对者应迁移，经众讨论改设石达子庙中国大学、高等师范学校三处择一，由筹备员分途接洽妥协后再行更动，並捐助经费至五时闭会。

一据赵湘报称：今闻北京各团体对日运动示威筹备会，遣派代表携带制妥“抵制日货收回旅大之布旗，赴前门外京师商务总会要求发给各商号悬挂，以资表示抵制之决意。闻会长孙学仕拟于日内召集各行董事开会商酌以便进行。

中华民国十二年四月二十五日

〔京畿卫戍总司令部档案〕

11、中华国民收回旅大协进会传单宣言及通电

(1923年5月)

(1)传单

同胞呀！请看日本的蛮横，国民当竭力抗争。

旅顺口大连湾，原是我国最好的军港哟！在光绪年间，租与俄国，后来日本把俄国打败，一切权利就归他承受了。你想要是一国的军港要地归了敌人掌握，那就如同人的咽喉被人勒住一样，他还能够活着吗？那知日本居心险毒，因旅大租借期限，原是廿五年，到今年三月廿七日就期满了。于是乘了欧战的空子，中国没有帮手的时候，用极强横的手段，提出廿一条，逼着我们承认。劲要将旅大租借期限，展至九十九年，（到民国八十六年期满）你想他是什么居心呢？幸而袁世凯时代，国会被他解散，廿一条未经国会通过。按照国际公法，当然是不能有效的。今年三月到旅大交还日子了。日本不但不遵约交还，反说违法的廿一条一定有效，你说世界上还有公理吗？我们要是不竭力抗争，国家还能立国吗？国民还有什么人格吗？同胞呀！快醒了吧！努力援助政府吧！要等到亡国的时候后悔可就迟啦！

(2)中华国民收回旅大协进会宣言书　(5月7日)

日本之得有旅大租借权，实基于日俄之"波子玛斯"条约，及所谓中日满洲善后条约。前者为俄人之让与，后者为我国之承诺。两约全文于旅大租借年限，既别无规定是中俄原约二十五年租借之期，实为中、俄、日三国所公认。本年三月二十六日适届满二十五年，我国对日通牒声明依约收回，按之条约时效与国际信义均属天经地义，绝无拒绝之理。而彼日本复牒突以与袁氏私人

所缔结之二十一条为根据，思展租借期限为九十九年，既悍然拒绝，复公然侮辱（复牒有毫无酬应之必要等语），其破坏国际条约，背弃国际信义，实开国际史上一绝无仅有之恶例。国人于此引为奇耻钜痛，奔走呼号，誓死与争。本会同人亦追随恐后，爰于四月八日成立中华民国收回旅大协进会，加入者数十团体，与会者数千人，莫不慷慨激昂，抱众志成城之决心。作收回旅大之后盾。兹谨布一言以召告于我全国父老兄弟诸姑姊妹之前。

夫我中华民国者，固日本与其他各友邦所正式承认之共和国家也。日本既承认我国家即不能不重视我国宪。我国约法实与宪法具有同等之效力。约法上固明白规定有大总统得参议院（即国会）之同意得宣战媾和及缔结条约之条文，是民国对外缔结条约必经国会之同意，犹之日本缔约须得天皇之裁可。二十一条之发生正袁氏非法解散国会之日，同时袁氏已失对外缔结条约之权，能以当时无从得国会之同意，事后无从得国会之追认，虽擅自批准，只能视为袁氏与东京间私人之缔结，断不能认为中华民国与日本帝国之正式条约也。而日本复牒，竟斤斤于袁氏批准即为成立等语。岂误认我国总统之权威，直等于彼国之天皇，抑彼所承认之中华民国仅为袁氏个人之中华民国而非四百兆人民之中华民国耶。抹煞我约法与蔑视我国会，是即摧残我共和国体也。国体至贵，讵能任其摧残。

且廿一条之缔结，既非我方战败之结果，又非双方相互之利益无端而提出而胁迫，而予我重大之损害。当时他国固曾提起异议，即彼所认为欣然承诺之袁氏，且将被迫情形宣示中外，而吾人抵拒之声，迄今未绝。欧美舆论一时哗然，并经我国出席巴黎和会及华盛顿会议各代表声明无效于先，参众两院一致否认于后，是日本以最后通牒所夺得之二十一条固无中无外。凡为国家与人民无一承认其为合法者，彼独狭以为强占旅大之根据，且宣言任我国如果要求，惟有断然拒绝等语。我虽力竭声嘶，彼仍悍然不理，是即轻蔑我全国民意也。民意至尊，讵能任其轻蔑。

彼所挟之二十一条，限未承认为成立则旅大租地当然依约交还，彼既拒绝交还，则三月二十六日以后之旅大，当然认为侵占我之领土、领海，日人既恃强侵占则此住居该地人民之生命财产以及海陆上一切利权莫不处于日人横领之下，任至何时，日本均应负损害赔偿之责。强权已濒末日，公理自有伸时。河山可改，此耻不忘，吾人终有与彼结算之一日。夫领土领海尺寸不可与人，日人已侵占我矣，我能听其侵占乎。

旅大在日人继承租借期间，其种种措施，不惟视旅大为台湾、朝鲜第二，且直藉旅大为策源，实行其亡我国，灭我种之政策，旅大住民之生命受其摧残，财产任其攘夺，得寸进尺，凡接近南满、安奉各路者亦同遭蹂躏，彼更纵马贼土匪以扰乱我之治安，贩卖鸦片、吗啡以弱我之种族，设高利质屋以吸我之精髓，造伪币劣货以骗我之金钱，阴险狠毒必欲我国亡种灭而后已。始之以旅大，继之以三省，终或殃及腹地，毒蛇猛兽不将嗜尽同胞不止。夫亡国灭种至为惨痛，日人将灭亡我矣。我能听其灭亡乎。

吾人之必须收回旅大者，以根据中俄原约收回领土、领海也。日人之拒绝收回者，祇挟持一根本无效並未成立之二十一条也。其欲久据旅顺大连者实藉以进行其亡人国，灭人种之野蛮政策也。嗟我民族实力无可恃，当局不足谋，而我灿烂之神州，庞大之民族又岂肯甘心任人摧残，任人轻蔑，任人侵占与灭亡耶，同人于此得有数策。谨再一言以召告我全国父老兄弟诸姑姊妹之前：

(一)全国普遍的组织收回旅大后援机关也。自日人拒绝收回旅大，国人已纷然並起，或函电呼号或示威运动，风起云涌，良足以动内外之观听。惟是此种运动，最宜有团体的组织，尤应为普遍的成立。自今日始，国内之各省、各县、各市镇、乡村与侨居各国各埠之华侨，凡有中国人民之处，即应成立一收回旅大之团体，增一团体即多一通声气之处，亦即可以互为应援，务使此项团体分之为千万机关合之为一个大组织，万众一心，八方一致，则山陬海簸遍悬收回旅大之旗，老弱妇孺悉悉成收回旅大之众。爱尔兰以蕞尔一岛而能与强大之英吉利争自治，朝鲜以垂死之民族而敢与虎狼之日本争自由。岂我四万万同胞独甘屈服于此五千万日人之下而不能与之一试身手乎。

（一）全国应普遍的实行与日本经济绝交也。日本日思以经济亡我，其对我经济政策，一则假我国原料，以制造劣货，仍以劣货行销于我国，骗取我物资；一则利用其纸币以吸收我现金，日币号称金本位，自与交易从未见一金圆致东省各地，劣币充斥毫不兑现。国人知俄帖之害而不知日币之害，且将拾倍于俄帖；一则恃其因欧战所攫得之横财，诱惑我当局玩弄我军阀，或假名投资为政治的贷款，或输入武器以延长我内乱。自民国以来，战乱频仍，皆受彼日人之赐也。日人既以种种阴谋政策日思忘我，即无旅大问题，我为救亡计亦应与之实行经济绝交。况今已由经济的进而为割据的。吾人如再供给其原料行销其劣货，行使其纸币，是吾人自速其亡，亡国已足痛，而吾人之愚不更可悲乎。故自今日始，应不卖与原料，不买其劣货，不用其劣币，东省及长江一带，尤应断绝其粮食，下最后之决心为长期之抵制，持之愈久，胜利愈多，最终取获恐不止于收回旅大已也。

（一）实行国际的宣传，冀得正谊人道的援助也。二十一条之根本无效，各国固多表同情。而中俄租借旅大条约及中日满洲善后条约，历时较久，对于友邦人民实有广为宣传之必要。故自今日始，应向各国声明，中俄原约之租借年限，善后条约之别无规定，并引证华会九国对中国尊重主权与独立及领土行政之协定，本国民外交精神为正谊人道的，告诉世界潮流所趋，实渐进外交而为国民外交，侵略主义已遭人类之排斥。合十数国之力，不能亡一共和德意志，合十数国之力，不能存一帝国俄罗斯，可见钜炮长壕终非正谊人道之敌。旅大问题，恐非中日自身所能解决，今日之宣传，实后日之质证，国际公判之日，即公理战胜之时也。

（一）痛告南北军事当局，应速息内争，以蓄养实力也。吾国海陆军固不足为外交后盾，而阋墙之战，却实足以召外侮。东西洋之非笑我者，谓中国可谓多兵之国，又可谓无兵之国，以中国军队向无卫国能力，只能杀其本国人也。呜呼！此语骂尽国军，爱国军人讵认卒听。旅大为我国良港，且占军事上重要位置，竟被日人据为己有。军界同胞尤深愤慨，鹬蚌之争久贻非笑，大厦不保，危巢何存。倘自今日宁息纵不能对外一战，犹可少死千百万同胞保存一二分元气，好留颈血以溅仇敌。人生不过百年，佳名实足千古，为国家死与为一二人死，其胜败荣辱固不可同日语也。况收回旅大，我实具有充分理由。全国人民已群起对待，重以弃嫌止乱，一致卫国，日人纵不畏惧亦足博各国之同情，增国人之实力。外人每谓外患足以弭内乱，呈我爱国军人反忍内乱促外患耶。

以上数种为今后对日所必需弥久弥坚，始足博最后胜利。西人恒言我国三人以上之团体，日人且骂我国人只有五分钟热血。今兹之举，必期南北同心，军民一气，誓至旅大收回之日，始为对日终了之期，岂独固我疆圉亦所以湔我耻辱，完我人格，並即以存我民族也。曷我同胞，闻风速起，同人不敏，誓死追随，掬血摅诚，欲言不尽。

中华民国十二年五月七日

（3）通电　（5月16日）①

〔衔略〕：旅大租期届满，日人藉口二十一条协约，抗不交还，不知该项条约乃日人诱迫袁世凯个人所结。在我国约法大总统不经国会同意，无对外缔结条约之权。况又经国会否认。我国万无履行该约之义务。更征诸国际惯例，战胜国对于战败国方可迫

① 此件系收文日期。

其结约。当时我国并非战败国家，日人擅以最后通牒，强夺旅大九十九年之租借权，其蔑视国际信义，违背世界公理，尤难容忍。同人爰组斯会，誓死力争，以完全收回旅大主权为终止。邦人君子幸共图之。中华国民收回旅大协进会叩。

〔陆军部档案〕

12、直隶交涉员为人民爱国活动未便干涉但请加意防范致国务院等密电

（1923年5月19日）

北京国务院、内务部、外交部钧鉴：奉新密。筱电谨译悉。查津埠地方各团体因要求取消民国四年五月七日日本提出二十一条暨收回旅大问题，倡议抵制日货，结队游行演说，地方官厅以出于各团体爱国热诚，未便强行干涉，惟饬警随处监察，不准有越轨行动。前准驻津日领函致本署，请转陈省长核示。对于此等潮流有何取缔方针，已呈奉省长令饬警察厅核办。昨日领又直接函陈省长，复蒙令厅设法取缔各在案。至于闯入领馆毁物侮辱以及损害日人各节，津埠並未发现此等情事。除分呈巡阅使、省长並密函警厅，加意妥筹防范外，理合据实电复，现在地方秩序如常安宁，请释钧廑。特派直隶交涉员祝惺元叩。皓。

中华民国十二年五月十九日由天津发

〔内务部档案〕

13、孙传芳关于防止闽省抵制日货运动密电

（1923年5月）

（1）五月二十二日密电

国务总理、外交总长、内务总长钧鉴：新密。排货风潮举国若狂，虽属爱国至诚，时切越轨之虞，况闽省当军事之后，护持地方安宁，更未敢一夕戎懈事。前早经会同省长令饬警务处严加

防范，毋任疏虞。所幸取缔得力，尚无轨外举动，亦无侵害日人情形。现在地方秩序安静如恒。传芳仍随时督饬加意保卫，藉事预防而睦邦交。谨电陈闻，请释廑系。此复。孙传芳叩。养。

（2）五月二十五日密电

北京分送国务总理、外交总长、内务总长钧鉴：新密。筱电敬悉。闽省学生日前向各商店检查日货。传芳等当以此等行为亟应预先取缔，免致此后或牵动国际交涉。业经会衔令饬省会警察厅严密制止。钧电所云侮辱捐害日人及闯入领事馆各节，闽省纯无其事。谨此电复。即希查照。传芳、永泉、镇冰。有印。

〔内务部档案〕

14、徐文永报告陕省抵制日货情形密电

（1923年5月23日）

北京内务部钧鉴：秦新密。筱电敬悉。自旅大问题发生，陕省各校学生虽亦运动示威，抵制日货，而态度稳健，秩序整齐，並无逾越范围之举。侨居日人数名，经职署商警均妥为保护，亦无发生别项影响。兹奉前因除迳呈国务院、外交部外，谨此电复。陕西关中道道尹兼办全省交涉事宜贾济川代行第一科科长徐文永。养印。

中华民国十二年五月二十三日

〔内务部档案〕

15、咸宁外交后援会为取消廿一条万人集会游行电

（1923年5月31日）

北京大总统、国务院、国会，各部长、各省巡阅使、督军、省长、镇守使、师长、旅长，省议会，各法团，各报馆钧鉴：日

人殄灭我国家，虔刘我边陲，凡我咸民实深愤激。爰于勘日成立外交后援会，到会万人，誓死抵制，分组游行演讲，誓与经济绝交，不达到取消廿一条目的，决不中止。谨电痛陈，统希鉴察。咸宁外交后援会。世。

〔陆军部档案〕

16、薛之珩严禁北大在天安门开会散发传单致王怀庆函

(1923年6月19日)

巡帅侍右：捧读钧谕並钞示保定电稿一一敬承。伏查本月十七日，北大学生欲在天安门开会，业经严禁。该会因而未能开成。有在人丛中秘密散放传单者亦经没收驱逐。除仍饬随时从严注意外，谨此恭陈，仰纾廑系。专肃敬请崇安，统希垂察

总监　薛之珩谨肃庚六月十九日

〔临时执政府档案〕

17、上海市民对外协会等团体要求取消不平等条约宣言

(1923年7月26日)

当我国前清末叶，正十九世纪各国资本主义崛起之时，自咸同以来，各资本主义之国家，利吾工业落后，政治腐败，挟其雄厚之势力，以来虔刘我土地，剥夺我财产，侵略我主权，或则武力相加，迫我作城下之盟；或则强词恫吓，迫我纳投降条件。时至今日，我国家已在在受列强之束缚，比诸羁绊之马，尤有甚焉者，谓我国为公共殖民地则可也，尚有何独立自主之可言哉。复巢之下，决无完卵，我国民生当今日，若仍萎靡不振，一旦国破家亡，窃恐后悔噬脐。敝会等痛列强之安于横暴，惊国家之濒于危亡，深思熟筹。窃以为救国之道，惟有废除列强迫我所订立之一切不平等条约。还我山河，复我独立自由，国事前途，乃克有济，用将理由与办法，掬诚奉告我举国父老昆弟诸姑姊妹之前。我国之土地也、矿

山也、铁路也、海关也、邮政也、教育也、司法也，凡此种种皆我国所有之主权也。物各有主，外人何得而干涉之，更何得从而攘夺之。乃列强迫我所订立之条约，竟无一不侵我主权，辱我国体。揆诸正义，岂可谓平。明白言之，此等条约，盖天下所不应有，公理之所不容，此我国无遵守之必要，亟宜废除者一也。威海卫也、旅顺大连也、津汉英租界也，以条约而论，租期久已届满，而英日迄未退还，上海会审公廨也，洋泾滨条约具在，增加关税会议也，华府会议口血未乾，而列强迁延岁月，迄未履行。诸如此类，不胜枚举，是则此等条约，在列强盖已先我破坏，此我国无遵守之必要亟宜废除者二也。此次中俄协定，苏俄政府将租界、庚子赔款、领事裁判权等等，举凡帝俄时代所剥夺我中国之一切权利，概行还璧归赵。苏俄非不知权利之可爱，特此为国际间所不应尔耳。是则此等条约之宜取消。以公理言，则理所当然，以先例言，则例有可援，此吾国无遵守之必要亟宜废除者三也。全国同胞乎！列强协以谋我，节节进逼，得陇望蜀，亡国之实已至，共管之势已成，若不起废除前此所订立之辱国丧权之条约，使列强无所藉口，无所施其侵略之伎俩，则亡国奴之头衔，行将加诸我国民之身矣。全国同胞乎！亲爱之全国同胞乎！其速起作废除此等条约之运动。惟是国际帝国主义者，乃不顾公理公法，惟利是图者也。我国人若废除此等条约，而出之以请求之态度，是无异与虎谋皮。华府会议，可为殷鉴。惟今之计，莫若我举国同胞，一致团体，拥护国权，促列强取消此等条约，并推倒买国外民，甘为汉奸所设之卖国政府，使帝国主义在我国之势力不能兹蔓。一面联络世界被压迫之弱小民族，与乎各帝国主义国内之被压迫人民，共起作世界反帝国主义之大运动。众志成城，草木皆兵，将见叱咤风云变色，暗呜山岳崩颓，何敌不摧，何攻不克。全国同胞乎！天下兴亡，匹夫有责，时迫事急，幸同戮力为之，谨此宣言。上海市民对外协会、闸北市民协会、香客联合会、天潼、福德两路商界联合会、吴淞商界联合会、旅沪广东自治会、五马路商界联合会、江西旅沪工商联合会、中华劳工联合会、国土维持会、上海店员联合会、旅沪五区商业联合会、北四川路宜三乐里房客联合会、川公路大德里房客联合会、爱克界三路联合会、限制房租筹备会、青年学社、申江学社、五马路义务学校、沪北五区义务学校、沪北公学义务学校、青年救国团、中华民国学生联合会总会、浙江旅沪工会、工团联合会、国民公益社、上海工团联合会、全国工界救亡大会执行委员会、各省区公民大会、上海各路房客联合会总会。

〔京畿卫戍总司令部档案〕

18、刘汉超报告天津学生为旅大交涉举行游行及日使密查等情致王怀庆密呈

(1923年8月)

巡阅使钧鉴：敬呈者：汉超顷据眼线姚静贤报告，天津学生团前因旅大交涉案，在津结队游街示威，曾将日商三井洋行跑外华人张某殴打重伤毙命。现日公使芳泽拟向外交部严行交涉。现芳泽公使接天津日领事密电内云，现天津学生团对抵制日货极力进行。前日又由学生团推举代表约八九名来京，暗中宗旨系怂恿京师商学各界极力排斥日货。该学生团又派出多数学生，暗藏一种亡国奴三字图章，分赴日界及各街市游戏场大罗天等处，凡购买日货或服饰上有日货者，该学生即私将图章取出，偷印人之衣上。近日此等事发显者非常之多等语。芳泽公使接阅此电后，对于此事甚形焦虑，现派神州通讯社某日人暗中代为招聘，曾任报界访员华人八名充当日使署秘密访员，专调查京津抵制日货情形。日使又派华人骆善亭总管此事。凡该八访员报告均交骆善亭转呈日使核阅，用将所查。呈请鉴核肃呈恭叩

勋安

探员刘汉超谨呈

〔热察绥巡阅使署档案〕

19、关于严禁鄂商印制贩卖廿一条扇面函稿

（1924年9月）

致内务高总长[①]函

泽畲姻长大鉴：前奉赐函请转达珩督，取缔湖北商界外交后援会印制之二十一条扇面，以重邦交。当经转函珩督查照办理。顷接复函云，已饬严禁印制贩卖等语。用特原函录呈察阅。敬希转复，前途为祷。肃此敬请

勋安

姻侄　陆〇[②]拜启

九月二日

附抄原函一件

秀山仁兄大鉴：接准台函，以湖北商界外交后援会印制二十一条扇面，请饬查即将该会解散，并将办理情形见复等因。准此。除饬武汉警厅从严查禁印制暨贩卖外，相应函复，即希转陈仲帅，藉释廑注，至深感祷。此致顺颂

勋祺

弟萧耀南拜启

八月廿七日

〔直鲁豫巡阅署档案〕

20、王怀庆关于取缔赤峰抵制日货复咨呈

（1923年9月22日）

为公署咨复事：军务处、政务厅会呈，本年九月十七日奉贵署函开：顷据密探报称：查赤峰地方对于抵制日货，民气颇壮，

---

① 内务总长高凌霨。

② 陆〇指陆锦。

中坚则在学界之力为多。赤峰县同原长杂货店曾卖日货，被联合会查知，拟罚该店，未认可，乃遍贴告白以扬其丑。其言为请看同原长店柜伙良心皆无，私行偷卖日货，甘心愿作倭奴．彼在商界内可谓无耻之尤，仍望大家齐心竭力抵制勿忽等语。又于九月二日学生为抵制日货游行街市一次，手持白旗，上书“抵制日货、坚持到底”等字样。据此查各省人民近来盛倡抵制日货，动辄龃龉，长沙一案，可为前车，此种举动徒损邦交，无裨国事。现在赤峰县学界抵制日货甚形激烈，亟应转饬赤林镇守使暨该县知事，对于此种事项务须格外注意。其情节较重者，即由该镇守使严行禁止，其稍轻者即由该县知事随时排解，免滋事端。相应函达贵署，即希查照，分别饬遵可也等因。奉此。抵制日货易滋事端，迭经令行各属劝导学生，保护日侨。对于抵制行动随时取缔在案。奉函前因，除令行赤林镇守使暨赤峰县知事遵照办理外，相应咨复钧署查照。此咨呈

热察绥巡阅使署

热河都统　王怀庆

帮办热河军务米振标代

中华民国十二年九月二十二日

〔热察绥巡阅使署档案〕

（六）六一惨案

1、赵恒惕等关于长沙六一惨案引起罢课罢市罢工通电

（1923年6月）

（1）赵恒惕通电　（6月1日）

万万万万万万万万急。北京参众两院、总统府各部，各省督军、省长、督理、督办，各师、旅长，各镇守使，教育会，农会，工会，商会，各法团，各报馆均鉴：近自旅大问题发生，全国舆情鼎沸。湘省日商杂处，特恐惹起龃龉，官厅尽力防护。並曾迭向日领声明负责。不料，昨晨日轮武陵抵埠，适值市民游行讲演，日本商人故意挑衅，而曾在宜昌肇事之日兵舰伏见号，率派徒手水兵游行河畔，启人惊疑。当经交涉司杨宣诚向日领交涉，将水兵撤回。乃日领竟置若罔闻。该舰更蔑视国际公法，反派全副武装兵士上岸，由官长指挥突向人丛冲击，枪刀齐下，立毙二人，重伤多人，血肉狼藉，情形凶暴，惨不可言。恒惕未能弭患无形，致使吾民横遭戕害，良深愧恨。现在市民愤激异常，商店罢市、学生罢课、工人罢工，万众一心，势将溃决。恒惕职责所在，不忍坐视。除一面切劝民众勉抑愤慨，静候解决；一面向日领严重交涉，並转电驻日汪公使，迳向日政府抗议，要求撤惩责任长官及加害兵卒，並谢罪偿恤等项外，特电明此事概略。望我国人同伸义愤，共救危亡。临电悚惶，伫闻明教。湖南省长赵恒惕印。院司副署。东印。

（2）湖南省教育会等通电　（6月4日）

北京总统府、国务院、参众两院、外交部、各部院、各国公使馆、湖南同乡会、湖南学友会、熊秉三先生转各同乡 先 生 均

鉴：六月一日长沙市民及学生等在小西门外河街游行讲演。乃前在宜昌肇事之日本兵舰伏见号突派水兵多人，持枪登陆向众开枪射击，市民汪绍元，十一岁小孩黄汉卿均登时殒命。又伤陈寅年、倪志仁、周汉卿、易敬清、梁益广、吴义生、谢层山、尹绍云、马俊明等均尚气息奄奄，已请在湘西医验明拍照，分别安置。此次市民学生等为收回旅大及废除二十一条事运〔游〕行讲演，纯本爱国良心。市民极守秩序，该国兵舰无端上岸，当由外交长官据约力阻，彼置不理，反敢开枪惨杀，实为横暴已极。现在民情愤激，除停市、停工、停学三日为死者表示哀悼外，特请政府严重交涉。对于其扰乱我和平秩序，杀害我爱国同胞之兵舰及该国驻湘负责之外交官吏应有相当之处治。公团等目据心伤，爱痛尤切，恐外间不明真象，则公理莫伸。为此电恳毅力主持，同伸公愤。此不独我三千万湘民未有之奇耻，抑全国同胞所不能不膜视者也。临电唏嘘，伏惟明教。谨闻。湖南省教育会、商会、工会、讵〔农〕会、律师公会、教联员联合会、报界联合会同叩。支印。

〔陆军部档案〕

2、蔡成勋为日本军队制造六一惨案要求严加交涉电

（1923年6月7日）

北京大总统，国务院钧鉴：各部总次长，参众两院，王巡阅使，各省督军、督理、省长均鉴：顷准湖南赵省长东电内开：因旅大问题，市民游行讲演，日本舰突派武装兵士上岸，由官长指挥，突向人丛行次，枪刀齐下，立排二人，受伤多人等因。似此暴行，殊属蔑视公法，毒虐生灵，应请政府严重交涉，以伸公理而重民命，尤有各省同胞合力抗争，以为政府后盾。除通饬严加防范外，合亟电陈，即希察照。蔡成勋。虞印。

〔陆军部档案〕

3、师长宋鹤庚等为六一惨案呼吁息内争愿为前驱通电

（1923年6月9日）

千万急。〔衔略〕我国今日内乱未已，外患日深，利害相権，宁无轻重，安攘之计，当决几先。若彼日本与我同洲，唇齿相依，复心岂异，本天然之结合，宜互助以共存，而反侵犯我主权，助长我内乱，乘我之危，胁订廿一条款，甘为我首，拒还旅顺大连，幸灾乐祸，恐我一日稍安，积虑处心，肆彼侵略主义。我国人忍无可忍，始与经济绝交。无非促彼觉悟，共保东亚和平。乃竟悍然罔顾杀伤宜昌市民，又复在湘构成六月一日之惨剧。迭经交涉，不惟毫无悔祸之心，抑且加派军舰示威挑衅，其所以敢如此行所无事者，非由我同胞忘于捍国御侮之大义耶，所望邦人君子，速息内争，牺牲欲利，共谋对付，以保疆土。庚等不敏愿为前躯，迫切陈词，伫候明教。湖南陆军第一师师长宋鹤庚、第二师师长鲁涤平同叩。佳印

〔陆军部档案〕

4、陕西督军刘镇华抗议日舰在长沙惨杀市民电①

（1923年6月14日）

北京大总统，国务院、外交部、参众两院，王巡阅使，冯检阅使、保定曹巡阅使，各省督军、督理、省长、都统均鉴：顷读湖南赵省长东电，日舰强横，意存挑衅，纵兵登陆，惨杀多人，蔑视主权，弁髦公法，军民痛愤。九城同心，我辈保国卫民，责无旁贷。应请政府严重交涉，各省合力抗争，以公理为前提，仗意

---

① 对六一日舰制造惨案，同时提出抗议的，还有开封督 理张福来、省长张凤台；张家口都统张锡元；武昌督军萧耀南；济南省长熊炳琦；蚌埠督军马联甲等等电。

为后盾。雪吾国耻，抑彼强权。国家幸甚。民生幸甚。刘镇华。寒印。

〔多防镇守使署档案〕

5、长沙惨案传单

（1923年6月17日）①

日本军舰在湖南杀人！

大家快起来抗争罢！

湖南人这次因为取消二十一条和收回旅大的问题，大家一致起来抵制日货，这本是我们国民不得已的自救办法；况且湖南人的举动，又是很文明的，无论是谁，也不能加以干涉。不料，日本伏见兵舰舰长水兵等违约登岸，枪击人民，死者血肉狼藉，□□□□。咳！日本人简直把我们的同胞不当人待了！这不独是湖南的奇耻，抑且是中国人民的大辱。所以我们对于日人这种举动，绝对是不能隐忍的。是要起来抗争的。我们现在要提出下列的条件：（一）取消二十一条；（二）收回旅大；（三）撤惩日本驻湘领事；（四）惩办日本伏见号舰长及肇祸水兵；（五）日本政府须向中华民国政府及湘政府谢罪；（六）赔偿一切损失□□□医药费。

〔京畿卫戍总司令部档案〕

6、外交部为日使无理要求对我爱国人民抗议长沙惨案抵制日货进行镇压致内务部函件

（1923年6月26日）

迳启者：前准日本吉田代使照会，以近时各省学生及其他团体屡有抵制日货，妨害贸易各举动，请严加取缔等因。当经本部

---

① 此件系收文日期。

商准国务院暨贵部会电各省区，对于排日风潮务饬严加防范，以维持秩序在案。嗣复迭准该代使来文抗议，除长沙日舰枪毙人命案，业经另函奉达外，相应将日本吉田代使历次来文及问答各件择要抄送贵部查照，以资接洽。並希酌核分行各省区地方军民长官加意维持秩序，並劝阻排日举动，以免国际纠纷。为荷。此致
内务部

附抄件

中华民国十二年六月二十六日

部长会晤日本吉田代使问答　十二年六月八日

吉田：奉政府训令，特谒贵部长面告一切，训令内容共有三点：一、中国各地风行排日运动，尤以长江一带为尤甚。日本政府甚为可惜，望贵政府即发训令各地方官令其严加制止。二、中国各省地方官，对于排日运动如不能认真制止，日本为保护日侨起见，遇必要时只好采用自卫手段，特预为陈明。三、各地日本商民因排日运动所受损失，俟查明后再提出请求赔偿。

部长：政府早已通电各省饬令妥为保护，地方官自能负责办理，断无自卫之必要。此次伏见舰在长沙肇祸，伤害多人，本政府有保护人民生命之责，应向贵代理公使暨贵国政府正式抗议。

吉田：贵政府通电各省事，余亦知之。惟各省地方官类皆阳奉阴违，並不认真制止。故有长沙之事。据余所得报告，全因长沙排日团体预定种种办法，拟待武陵丸抵埠再为实行。日本方面事先得信，特于武陵丸抵埠时由伏见舰派水兵徒手登岸，在武陵丸旁保护一切，是时排日团及巡警群向水兵投石，势甚危险，复由军舰派陆战队十余名携枪登岸，群众见陆战队携械，竟向前夺取，陆战队不得已始采正当防卫，开枪射击。据此情形地方官苟欲真心禁止，事前即可消弭无事，事变至此地方官不认真制止之所致也。

部长：长沙事余所得报告与贵代使所言全然不符。据报武陵丸抵埠时，适有学生等在埠讲演，伏见舰先派水兵若干名登岸示威，地方官闻信赶派巡警前往弹压。乃群众正将陆续散去之时，复由伏见舰派来水兵若干名向众开枪，以致死伤多人。贵代使谓，开枪系属正当防卫，似有未然。据地方官勘查，死者尸身在码头以外地，其为被日兵追击射死毫无疑义。追击之举动岂得谓为正当防卫。又贵代使谓群众有抵抗行动故不得不开枪防卫。查日兵人数甚少，仅仅十余名，群众之数甚多，群众果有抵抗行动，日兵岂得安然归舰，足见自卫云云实与事实不符。

吉田：群众果将无事散归，日兵何必无故开枪，日兵人数虽少，因携有枪械，且登岸时本由小火轮渡来，小火轮即在岸边，故水兵不难安然归舰。

部长：现在事已至此，惟有设法使之勿再扩大，以期速了。据余之意为保护日侨，平靖地方起见，必先将伏见等军舰迅速撤退。缘此次肇事系由该伏见舰开枪杀伤多人，该处市民愤激异常，倘该舰仍泊长沙，市民见舰即起恨心，难免不再生他事。

吉田：撤舰一事，非地方官认真取缔后，实难办到。诚恐军舰离开后，又生他变也。再保护外人乃贵国政府之义务，军舰撤退与否，与此无关。乃贵国当局屡以撤舰方能保护为言，似此以撤舰为保护日侨之条件，其理殊难索。

部长云：此次之事造端在于伏见舰。伏见舰仍驻该处，更易滋生事端。为便于保护起见，应以撤舰为前提，顷接湖南地方官来电称：已向日本领事声明，愿负保护之责任，请先撤舰。日领允转商公使云云。望即电商贵政府，务将伏见等舰迅速撤退为要。

吉田：此事余当转达政府，但政府恐亦不能允诺。盖政府亦不能不虑撤舰后复生他变也。倘政府信用湖南当局之言，遽尔撤舰而其后复起变端，则政府无辞以求解于国会之责言也。

部长：伏见肇祸后，贵国方面迄未有相当之表示，日前本部按照湖南当局送致日本领事照会，开列五条照会，贵代理公使想已收到，此系最公平之要求，务望迅予完全承诺。

吉田：此项照会已转报政府，恐将来尚须多费议论也。

部长：何以尚须多费议论。

吉田：因此事应由日本向贵国要求，今贵政府反向日本要求以占先著。

部长：须知杀伤人民者，系日本水兵，自当由日本负此重大责任。

吉田：杀伤人民虽由水兵，然致此者实由中国地方官不自禁制群众之故，其责任仍应由中国地方官负之也。

部长：余问贵代使是否亦愿将此案从速了结。

吉田：亦愿速了。

部长：如愿速了，必须容纳余之意见，尤以撤舰为最要转达政府时，並望贵代使提议撤舰。

照译日本吉田代使照会

为照会事：关于长沙排日案，六月五日及六日来照备悉。此次长沙事件，本与各地之排日暴行相关，联此不过因排日而发生中日冲突之一端而已。查自本年入春以来，贵国各地学生及其他团体，屡提倡抵制日货，强迫商人，妨害日货贸易，甚至有侵入日人商店及领事馆等之事实。迭据各地领事，随时之报告，本使亦早有所闻知，只因期望贵政府自动的实行相当之取缔。故暂守缄默，未尝为如何之要求。然学生及其他排日团之横暴，日甚一日，而地方官之取缔又不充分，致令彼等为所欲为，如同放任。其又有甚者，一部分之军队亦附和学生及排日团有煽动人心，增长排日气势之行动。本使于五月九日访晤贵代理总长时，曾面达各节，並切实说明经济绝交是两国间已启战衅之极端行为，非对亲交国之所宜出诸口，实理至为明瞭。乃贵国政府未有若何之取缔，已殊属不合。又况贵国官吏军队亦出如此参加及增长排日之行动，是对于亲交国，殊属非礼之甚。请贵国政府深重注意，並要求严重取缔。旋于十二日将上述各情备具公文照会，计邀谅察。嗣因前后数日内，迭据各地领事报称：长江上游地方排日运动日益剧烈，五月十日有日清汽船会社所有轮船大元丸在沙市进口，群众对于该船搭客肆口谩骂，且有从岸上投石该船者，其后该船于是夜行抵宜昌进口时，又遭遇排日团之妨害，竟至船客不能上岸，不能起货。又五月十三日该社轮船大吉丸在沙市停泊之时，群众竟敢有对中国搭客及脚夫等，将"卖国奴"之印，盖其背上之极端不法行。又在杭州日本商人之"仁丹"等广告物件，被学生团破坏者计有十三件之多；其杭州以外各处，此种广告物件之被害者亦不少。各等因。本馆复于五月十四日备具公文，列举上述各事实，並声明学生及排日团此项行为显然为有妨害条约所保障通商、航海自由之不法行为。中国官厅竟不见有何等对付之策，诚属遗憾。除对此不法行为之取缔及损害赔偿问题由各该领事随时向地方官交涉外，要求由中央政府电饬各该地方官，速将上项不法行为严重取缔。各等情。亦计邀谅察。至关于各地所发生之排日不法行为，在日本方面，当初全然信赖贵国官厅之任意取缔，未尝为若何要求，已如上述。嗣因排日情势日趋险恶，始向贵政府要求严重取缔。一面由本国政府训令各地领事对于管辖内之日人行动，严加注意，务令出以慎重，免酿不测之事端。又如可资为排日口实及恐有激发排日气势等事，皆力求避免。以是中国各地虽日日提倡排日不法行为，而日人竟能持重隐忍至今，以待中国政府之自行取缔。日人之如此隐忍持重，无论何人苟出以公平观察，当无不认其有此事实。此次排日不法行为所发生之各地，以芜湖、长沙、汉口、天津，重庆、九江、杭州、厦门、芝罘、济南、宜昌、沙市、福州等处为最著，均由外交委会会及其他排日团之煽动，以致有不法之暴行，施于日人及妨害日本之通商。其排日手段于上所述之外，若夺取日货，烧毁或因一妇女所著衣服为日货以剧药撒之，或途遇穿用日货靴鞋之一妇女强令其脱去，或放火日人商店或侵入日商所雇用之民船内，掠夺其广告材料，或强夺日商买入之茧蚕而烧弃之，或对转运商人输送日货时每一车强收千元之罚款等等。千态万状，不遑枚举。兹仅就湖南省摘举一、二例言之，如长沙地方三月二十九日会众约一万余举行排日大游行，其在前列之学生团侵入日本领事馆内，有撤卸该馆门牌等之暴行。五月七日游行学生数十名又复集合领事馆门前破门闯入馆内，将该馆事务所及官舍之窗户玻璃破坏二十处之多。及至五月下旬凡出入日人商店之中国商，其所有货物之受害，固不待言。即日商所有货物，亦被加以损害。又如加迫害于日船所雇用之中国人。又于日船之出口、进口时辄有妨害搭客上下之举，甚至有侮辱日人妇人等行为。即系以长沙一隅观察而言，本馆于五月十二日及十四日虽经备具节略要求贵国政府严重取缔。然排日行动日益激烈是地方官厅取缔之无诚意也，可概见至。关于此次长沙事件，亦业经本馆以六月二日及四日之节略列举各事实，並派馆员至贵部要求严重取缔，保护日人之生命财产，然其后接据详细报告所称述当时之真相，则有如左：

五月卅一日夜，有日清汽船会社武陵丸初次航行，将驶抵长沙进口，排日团闻信即群汇于日商戴生昌之码头，为妨害搭客之预备。嗣因是夜武陵丸並未进口，该团亦遂解散。然至翌日即六月一日晨，多数学生及其他之排日团又复集合该处，为妨害之预备。日本领事闻之群众待武陵丸进口将行妨害，深感中国官厅从来之取缔态度未尽可恃，派馆员四名到场视察，並向当时就泊长沙之伏见舰长请派未著武装之水兵十余名，由将校指挥率领上岸。然此时群众人数逐渐增加，对日本水兵及领事馆员等辄出以侮蔑之态度，且有加以辱骂者。及至午前八时四十五分，继武陵丸入口有日商戴生墨之汽船。当该船搭客将登岸时，学生及其他群众，对于下船之搭客忽加以殴打及其他之暴行。此时日本水兵一人睹此暴行不忍旁观，起而妨阻搭客之被殴打，学生又复以棍棒殴击其腕出血，及诘问其不法行为，群众则包围水兵以石投击，屡濒于危险，水兵只得暂退入日清汽船事务所内，群众又加以包围，由外面投石，以是水兵由该事务退出，拟将暂时回舰。又复遭群众之投石，水兵至无一幸免者，此时因中国方面派遣之军警约二十名，全然旁观，未见有若何之取缔。有一日人向中国军警要求其弹压群众，而中国兵二名竟作装枪射击状，更向水兵亦取同一之态度。故日本指挥官暂令水兵移入武陵丸，即以信号要求军舰派遣武装陆战队。至午后零时二十分伏见舰派来武装应援队计共水兵二十二名，由指挥官带领于午后一时在码头登岸。一时已将散去之群众见水兵登岸，复恃人众集合投石益剧，此时水兵放射空枪二三回，而群众因知是空枪，更加迫近，纷纷投石或以棍棒威迫竟至欲夺其枪，以是水兵为防卫计，不得已而至有实弹放枪之举。

此次长沙事件如上所述，其肇事原因纯然由于中国官厅之取缔不周，致令排日团气焰增长，妨害日人合法之通商。对日本帝国军舰，水兵恃众为对敌之行为，乃有此次之事件发生，其伏见舰陆战队之行动並未见有何等不法之处。又长沙之一般中国人，受排日团之鼓动，于市内各处粘贴排日广告，固数见不鲜，此外之排日行为若出入日人商店，及出入日本汽船致令感受困难。又如迫害日商所雇用之中国人，並防害以食料品供给日人，如舰船所需之煤炭，饮用水之装用亦陷于不可能之境。因中国官厅对此放任不顾，而排日团之凶暴日甚一日，是以日本领事始采取自卫手段，令日本妇女子一百一十名于六日晨全部移避日清汽船沅江丸内，男子则收容于领事馆。

又常德地方日清汽船会社所有船湘江丸于六月三日抵常时，

有多数之学生及其他排日团在该船之周围监视，断绝交通，禁止与岸上人往来。有一雇用之中国人上岸，被加以监禁。又居留日人之往该舰者，亦被禁阻，该船无法装卸货物。不得已五日天明即由该处开回汉口，至八日晨该船复由汉口开往常德，因探闻常德地方之形势险恶，九日晨行至岳州，中途遇搭乘怡和洋行汽船由常德避难而来之日人八名，该船遂将其收容而仍开回汉口矣。据避难日人口述，该地对日人之迫害，因中国官厅表示无力保护，恐有危险发生，故决然退去。计居留日人十五名中，有四名已先搭民船起身，八名搭乘此次怡和洋行汽船，其余三名尚留住该地云云。

据以上所述，观之长沙及其余各地之排日状况，乃系由外交委员会学生团不从事正当之商人及被收买之无赖汉等所集合，其势力愈益增长，不仅对于中日通商贸易关系生极大之恶影响，即于中日国交亦将播种不良之种。因此日本政府顾虑东洋平和及中国国交之所引为深尤不置者也。

本国政府鉴于上述之排日情况，于本使曾有所训令，即系中国政府关于排日行动之取缔，应要求电令各地方官厅速为彻底的措置，务使居留日人均被保护无遗。若中国政府之训令不能彻底实行，各地方官厅之取缔依然无诚意，居留日人之生命财产有难保全之危险状态发生时，则日本方面即当采取临机之措置。又此次长沙事件暨各地排日运动所发生之损害赔偿要求，及其余事项一俟从公正严密调查完竣，再行提出交涉。各等情。当经本使于六月八日访晤贵代理总长时已面达一切。兹因情节重大用再备文照会。即请查照。为荷

大正十二年六月十五日　　日本帝国临时代理公使吉田伊三郎

〔附〕日本使馆电

照译日本使馆来电一件

大正十二年六月二十六日，本地之排日风潮甚盛，即英国商品之贩亦有被拒绝之势。为维持日商损害之起见，故于日昨下午二时，本总领事向交涉使陈介提出取缔办法五条：（一）发布严禁排日之布告；（二）外交后援会以及类似此项之排日团体一律解散；（三）取缔排日之言论；（四）取缔排日之运动；（五）违背此项取缔办法者严加惩办云。

汉口日本总领事馆林久治郎电
北京日本公使馆临时代理公使吉田
伊三郎阁下

照译日本使馆来电一件

大正十二年十一月一日，本地之排日运动以排物品为宗旨，因此有市侩从中扰乱，实可忧虑。武汉之排日团前于双十节日，拟开湖北全省外交协会成立之大会，因准备手续未完，是以延至昨日，始在本地小关帝庙举行，其参加此项之团体为武汉之商、工、学各界各团体之代表及宜昌外交后援会之代表等云。

汉口日本总领事馆林久治郎电
北京日本公使馆芳泽谦吉阁下

〔京畿卫戍总司令部档案〕

（七）三一八惨案

1、国务院关于北京学生为大沽口事件请愿发生惨案电

（1926年3月18日）

北京各省区军民长官均鉴：此次大沽口事件，政府于各团体及学生爱国运动极端重视，十七日晚及本日午前，迭经接见各请愿代表及学生周刚、傅启学等多人表示，政府以尊重民意，慎重邦交之心，公开研究商定办法，均无异词。所有请愿条件並经提出，本日国务会议议决，以示容纳。讵徐谦等乃于本日午前以共产党执行委员会名义，假抗争外交为词，在天安门招集开会，散布传单，昌言不讳。且指挥议决解散执政府国务院卫队，逼执政下野，驱逐八国公使出境等种种谬妄条件。正拟查明祸正，突于午后一点二十分率领暴徒数百人，手执枪棍击袭国务院，大声高呼敢死队前进，並有抛掷炸弹，泼灌火油等举动，守卫军警向之拒阻即遭辱骂，並被击死宪兵一名，伤警卫司令部稽查一名，警察一名，卫队多名，各队以正当防卫，暴徒死伤多名，当场夺获暴徒手枪数支，似此聚众扰乱，危害国家，实属无法纪，该徐谦等屡图肇乱，情罪昭然，除已明令通缉外，特将本日经过事实撮要电达，以免传闻失实，即希鉴察为幸。国务院。巧。

〔内务部档案〕

2、京师地检厅调查国务院卫队枪杀学生经过与证词

（1926年4月）

（1）京师地检厅认府卫队确犯故意杀人罪① （4月3日）

① 此证词录自档案中所附《世界日报》。

惨案发生后，京师地方检察厅，即分派检察官多人，对于此案，搜集种种证据，最近已搜集完毕，认府卫队实系故意杀人，而段政府命令所云。学生抛掷炸弹，拨灌火油，及府卫亦有伤亡等语，亦经证明，全无此事。现地检厅已致函陆军部，请其依法审办。兹觅得该函原文，照录如左：

迳启者：三月十八日下午三时半，准内左四区警察署电称：国务院前请愿群众被卫队枪击，死伤多人。当派检察官前往肇事地点先行堪察一周，勘得国务院（即海军部旧址）门前场上平坦空阔，无有异状，亦无何项凶器发见，所有当场殒命尸身，已由该管警署，移置东门内迤北地上及马号之内，首东脚西，排列成行，计共男尸二十四具，女尸二具。当即依次如法检验，填具验断书二十六份附卷，並将无名尸首，编列号数，当场摄影，以备考查。凡由尸身检出什物，均交区警点收，备函送厅。其受伤不能行动，经警送入内城官医院及协和医院者，约二十余人，亦由检察官随往相验，填具伤单。除昏迷不能言语者外，均经录取供词。查据各被害人亲供，暨该管长警声称，确系执政府卫队开枪殴击所致。又以死伤众多，情节重大，故于当日晚间，分函贵部暨宪兵司令部各处，请将行凶军人，迅予查纠在案。惟此项事变之发生，有无杀人犯罪情事，关系本厅职权，自应严密侦讯，而肇事情形如何，亦须迅速调查，力求保全证据。故于翌日以后，传集当日在场照料之警察官员及其他目睹情形之人证，逐一讯录供词，以资考证。其在翌日，即十九日以后，陆续因伤身故，並报伤请验者，亦经本厅随时验讯，分别填具验断书伤单，並作成笔录附卷，截至今日止，计共验死尸四十三具、生伤四十五名，函称负伤而未受验者七十三人，已将姓名、籍贯等项，分别列表，以便查览。此本厅连日检验调查之大概情形也。据内左四区巡长王文绍三月十九日供称：昨日系在国务院门前石狮子旁边指挥，在卫队开枪以前，学生仅喊口号，没有别的动作。同日同区巡官赫长山供称：我进国务院打电话时，就听外面枪响，当我进去的时候，学生和卫队没有甚么冲突。同日保安队副分军长景福供称：我从天安门随着学生到国务院，学生拿着号筒、传单、旗子等东西，侦缉分军侦探赫良玉称：我从天安门跟着学生赴执政府，混在学生队伍中间，只见学生拿着喇叭旗子、传单没有别的东西。保安三队副分队长郎葆璞供称：学生都拿着旗子传单，没有别的东西。凶器及放火的东西都没有看见。我们是随学生去的。巡警赵德顺、聂森、尹文海之供，巡长孔忠秀、张纪宽及保安队排长张辅臣之供，亦复相符。此数人者，皆属警察官员或系在场照料，或系沿途探察，所言自可置信。又据写真新闻馆照相人陈世益供称：那日我没见学生有手枪、放火的东西，亦绝对没有。我在学生卫队中间往来照相看得很清楚。那日秩序亦甚整齐等语。则学生人等，当日未带何项危险物品，并无何等暴动行为，似无疑义，至其在天安门集会，各宣讲反对八国通牒，取消不平等条约，打倒帝国主义等项，业据在场照料之保安队长郎葆璞、排长张辅臣，一致述明在国务院前所乎口号，大致相同。十九日巡长王文绍、巡官赫长山等供词可供参证，当日发散传单，曾据警署检取四纸送厅，内容大意亦属相同，尚无激烈之词，其中一纸，固有中国共产党北方区执行委员会名义，然苟无暴动等不法行为。在普通刑律上，向难据以论罪。且天安门集会时，国务院警卫司令部，曾派代表到会声明前日误会，而其游行过市，直达府院，沿途督察官员，均未发布解散之命令，是官署对其集会游行，似已认为正当。又难谓其为故意骚扰，此就群众方面，查无犯罪情事。而其行为，亦未达不正侵害程度之情形也。据十九日侦缉队侦探赫良玉供称：听见枪声，学生一乱，就往东栅门外跑出去了，亦有往西走的，枪是乱开，听不出几排了。同日巡警尹文海供称：我进东栅门时，学生正在宣讲，不大工夫，就听见铁门那边枪响，学生就跑，将我挤倒了。同日巡长孔忠秀供称：我在铁狮子以东，听见枪声从西北响出来的。同日保安队排长张辅臣供称：我听见手枪声音，在执政府西南方向响，手枪响后，人都往外跑，以后又听有枪响。保安队长朗葆璋供称：学生进东栅门后，不到十分钟，就听见枪响，在执政府外院东门里响，头一次好象手枪声响，后来霹雳拍喇的响。同日巡警聂森供称：学生未闹，是学生往外跑时，卫队又开第二次枪。讯以当时死亡所在地点，则答称，躺在东门外二三人，门中间有五六个人，下剩的躺在东门里边，他们都在东口左近躺下，离大门很远。二十一日陆军部印刷所工人沈幼衡供称：他们一比枪，学生都往外跑，学生跑了，还有枪声，大约放一刻多钟，打伤我的子弹，是从执政府印刷局那里射出来的。二十三日侦缉队警邢德春供称：把门这一排兵，开枪往东南打的，学生见兵装子弹，就全跑了，同日照相人陆世益供称：我见马号内有兵，向东北出口处放枪。三十一日保安队兵景先供称：卫队有四百人，卫队放了两次枪，大约放了有一千多子弹。同日保安队兵白明山亦称：卫队放了两次枪，大约有一千多子弹。此等供词，皆出自警察官员及第三者之口，均系目睹情形，其述开枪时刻，均在群众奔跑之际，开枪似不止一处，时间似不甚短，当场伤亡之人，大抵倒卧于铁狮子胡同东栅外门内地上，距国务院大门颇远，而查验断书所载，仰面枪弹伤痕多系皮肉向外，又足见从后身穿入者居多，此项枪击行为似不生防卫问题。二十二日电车售票人赵瑞生供称：我路过国务院东栅门外受的弹伤，那子弹是从里边西开来的。当时东边九条胡同、十条胡同、北边府学胡同口，都把着兵，放着枪，不能走，故我只得往南走了，那枪都朝着大街上放，因学生跑出来，正在大街上，所以学生有在大街上受伤的。铁狮子胡同东口外，永兴成油盐店伙计李俊臣声称：学生跑出大街时，街上铺门一律关闭，我们隔窗听闻，似有追赶喊打声音，事毕出外，果见伊铺北方墙下，即十条胡同地上倒卧死伤二人。荟仙理发馆伙计王姓声称：

当人声喧腾之际，即闻枪声。又见十条胡同口内，冲出卫兵数百人，从口内向西放枪。二十一日卫队旅二团兵士张维贞供称：我的伤，是在大街上打的枪子由后面进去。十九日人力车夫张学良供称：我是路过国务院门口，被他们卫兵用枪打伤的。二十一日保安队兵景元供称：那天十条口上有兵，据此项供词，当日铁狮子胡同东栅门外大街巷口，把守队兵，似有开枪围击情事。二十二日学生李燕林供称：当时他们有吹了哨，就开枪。同日学生曾繁贞供称：代表出来说里面没有负责任的人，我们正想游行，就听见吹哨声，接连着就放枪。二十三日侦缉队警邢德春供称：后来我听见哨子响，枪就不放了。十九日巡警尹文海供称：放枪后，有吹哨声音，同日巡长王文绍供称：事后听见吹哨子，是连长出来，不让放枪此项供词如果属实，则开枪与停放之前，皆曾吹哨似与猝然遇变有别，此就卫队方面查无必要开枪防卫之情形也。执政府卫队旅司令部，曾于二十日函送手枪、木棍等件到厅。据称当场夺获尽属暴徒之物，函内並称，有卫队旅备补队一等兵石常福系被暴徒刀伤殒命，一团随从兵刘万林、二团等兵张维贞，均被暴徒枪伤等语。本厅将函送物件，细加查验，查系手枪两支，一为自来得手枪子弹二粒，一为卜朗宁手枪子弹二粒，木棍九十根，长约三四尺，上端有纸旗粘痕竹竿两根，一长六尺、一长八尺，大竹竿一根，长量十二尺八寸，洋铁破水壶三把，一系缺底圆径量各四寸半高约四寸，均微有洋油气味均无盖，纸布旗一麻袋，内多破烂旗纸及报纸，旗上有打倒帝国主义废除辛丑条约等不全字迹。干草四麻袋，连袋重五斤，洋铁传音筒一个，然据前述在场之警察官员等供述，学生方面，除木棍所粘旗子号筒传单外，别无凶器及放火物件，反复质讯众口一词。又查当日军警人员被害者，计有卫队旅备补队一等兵石常福，二团一等兵张维贞，一团随从刘万林，宪兵司令部稽查郭长彬，陆军部侯差员何滁生，警卫司令部稽查徐子文及侦缉三队二等探警邢德春等七人。石世福穿着便衣因尖刀扎伤弹死，徐子文穿着便衣因腰部中弹而亡 业经本厅检验明确，且巡警赵德顺、聂森、司书店唐寿山为在场照料之人，经讯以学生有无拿手枪的，均答称：未看见有拿手枪或刀枪的。保安队兵景元、白明山为随同守卫之人，经讯以当时卫队的人有受伤的否，均答称：当时卫队没有受伤的。再据郭长彬十八日供称，我右腿枪伤是执政府卫兵打的。何涤生十九日供称：我在海军部门口外受的枪伤，枪是里面卫兵放的。邢德春，十三日供称：我被挤倒后起来往外跑，忽又开起枪来，我这次是从背后中的枪。张维贞十九日供称：我在卫队旅当兵，昨日我不守卫在外边游玩，忽然被卫队枪伤左腿。十一日又供：我的伤是在大街上打的枪子由后面进去。刘万林于同日供称：我是卫队旅随从兵，我的枪伤是穿灰衣人打的。各人受伤情形，既据亲口供述，自属确实可信。是其伤亡均难谓为群众所加害，此就原函所称各节，查与在场警兵所供实况大有出入之情形也。总之，学生人等少不更事，平日言行容有轻躁之处，此次集会请愿宗旨尚属正当，又无不正侵害之行为。而卫兵队官遽行枪击死伤多人，实有触犯刑律第二百十一条之重大嫌疑，惟事关军人犯罪，依据陆军审判条例第一条，及陆军刑事条例第一条应归军事审判机关审理，除国务总理贾德耀等被诉命令杀人部分，仍由本厅另案办理外，相应抄录本案原卷三宗，连同尸身照相，死伤人名清单，暨卫队旅原送各物证，一并移送贵部，请即查明行凶人犯，依法审判以肃法纪，此致陆军部。

（2）地检厅检察惨案之经过 （4月4日）

地检厅为惨案致函陆部，请速依法办理，曾志前报。兹据法界消息，当各方纷纷起诉时，该厅即有专员从事检察，惟于进行尚未积极。自孙传芳电促速行检举，该厅即召集紧急会议，公推十余人共同检察，至前日检察完竣，为清责任计，故当即致函陆部云。

（3）检察官因惨案访问各阁员① （4月19日）

关于国务院惨杀学生案，业经地方检察厅具函陆军部讯办，并云贾德耀等另案办理。查刑事诉讼条例，除传讯拘讯外，固有就讯之例，但须带同法警书记官及具备一切手续，乃能作为正当之法律形式。惟地方检察厅长对此似不敢举行，七日由该厅分派检察官，以寻常拜见之形式，分谒各阁员，其拜访贾、屈、龚三人情形如下：（三月十八日出席阁议者，只贾、屈、龚、贺、卢五人。此次检察官未往访卢，闻系因其为司法长官之故）。（一）访贾德耀时，贾当即接见，见面时即大骂司法官，谓不应附和学生与政府为难等语。（二）访龚心湛，龚因事未见。（三）见屈映光时，屈极力为自己洗刷，且言执政事后始知学生死者多人，殊为惋惜。执政凄然涕下。现正由我（屈自称）妥筹抚恤之法云云。

〔北洋政府零散军事档案〕

3、京师警察厅关于圆明园为租种地不同意安葬烈士咨

（1926年5月20日）

京师警察厅为咨陈事：准大部函开：据三一八殉难烈士公葬筹备会函称：三一八惨案后，殉难诸烈士迄今犹未安葬，本会筹备公葬事宜。关于公葬地点，前曾商定为圆明园，惟时日已久未蒙正式拨定，祈俯允众意，即日明示等语。查圆明园地址现由贵厅暂代保管，该会来函请拨圆明园为公葬地点一节，是否可以照拨，相应抄录原函，函达查明见复，以便转知等因。准此。查圆明园官产，本厅仅负保管之责，至该筹备会所请拨作三一八烈士公葬之处，本厅实未便主持，且查该园地址前已均由人民租种，并非空闲，准函前因。相应咨陈大部查照转知。为此咨陈

---

① 录自档案中所附《北京日报》。

内务部

京师警察总监李寿金

中华民国十五年五月二十日

〔内务部档案〕

4、北平特别市政府报告三一八惨案烈士公葬典礼电

（1929年3月18日）

南京中央党部国民政府行政院钧鉴：三一八惨案烈士公葬典礼已于本日由职府在圆明园举行。十团体代表及各烈士家属亲友参加者约及千人，由秘书长沈宣彝代表主席致祭，並监视动土安葬者共计二十二人，余因已归葬原籍或不愿公葬故未加入。谨先电闻。北平特别市市政府。巧印。

〔国民政府行政院档案〕

5、北平特别市市长关于抚恤三一八惨案烈士遗族呈

（1929年5月10日）

呈为呈请事：案查三一八惨案诸烈士公葬及调查抚恤一案。前将公葬日期暨办理情形呈报钧院，请转国民政府鉴核在案。所有诸烈士殉难情形及家族状况各事项，现由诸烈士家属遵照职府拟订表式填报前来核阅。所开各节均因辛丑条约及大沽案件，愤八国之最后通牒，于十五年三月十八日群向前执政府请愿，即于是日横遭枪杀，死事之惨与黄花冈七十二烈士争烈。而家族生活状况多系困难异常，甚有遗孤幼弱，无力养赡情况，至堪愍恻。际慈国步更新，统一方始，对于全案诸烈士允宜优加抚恤，方足以昭示来。兹谨缮具三一八惨案殉难诸烈士名单暨调查表一份，呈请钧院核转国民政府监核，从优给恤，以慰忠烈，而资矜式。复查当时受伤最众者，尚有师范大学学生李如锦截去左腿已成残废，由协和医院证明属实。虽幸尚全性命，但生活非常困难，其

爱国热忱亦未可没，应否并案优恤之处，理合具文呈请鉴核施行。再唐烈士耀昆，业经该家属另案呈准给恤，合并声明。谨呈
行政院

附呈名单一件　另寄

调查表一册　〔缺〕

协和医院证明书一件　〔缺〕

北平特别市市长何其巩

中华民国十八年五月十日

〔国民政府行政院档案〕

附录：中国国民党中央执行委员会秘书处函

迳启者：据本党北平特别市党务指导委员会呈称：案据三一八惨案遇难烈士范士融〔荣〕烈士案。业经中央执行委员会批令，将烈士先父与其叔父合有家财以养其妻女，并经国民政府议决由云南省政府按年拨给国币四百元充其妻女生活之资。至其女成年为止。各在案。惟据烈士妻叠次函称，此种恤金迄未领到，家产亦未分得，请与援助等语。又据各方报称烈士家道本极清寒，现其妻女困苦颠连又不忍闻睹各情，为此呈请钧会转呈中央党部函行国民政府饬令云南省政府，遵照中央执行委员会及国民政府议决案，迅速执行，以彰党国安全恤死之意，实为德便等请。据此理合转呈钧会鉴核施行，实为党便等情到会。经陈奉常务委员会批交国民政府等因。相应据情录批，函请查照转陈核办。为荷。此致
国民政府文官处

中国国民党中央执行委员会秘书处

6、北平特别市市长关于举行三一八烈士公葬典礼呈

(1929年5月10日)

呈为呈报事：案查北平市党务指导委员会请以圆明园地址公葬三一八惨案殉难诸烈士一案。前经转呈国民政府核示。奉谕照准并令办理调查抚恤事宜等因。遵由职府令行职市工务局就圆明园地址内察勘墓地，分令社会、教育、公安等局，暨职府秘书王槐、金嘉斐等会同市党部妥速筹办。惟以三一八惨案迤今已历三年之久，诸烈士遗榇或已运回原籍，或仍寄厝北平，亟待确切调查。而诸烈士家属散居远省，函牍往返需时，至三月初，始行调查完毕，前所勘定园之西部，两湖中间平坦地为公墓地址，同时亦经工务局修筑告竣。爰于本年三月十八日举行公葬典礼。计此次附葬者为烈士陈时棻、彭廷珪、林孔唐、赵钟钰、江禹烈、周正铭、唐耀昆、范士荣、韦杰三、李闽学、刘和珍、杨德群、谭季缄、黄克仁、李家珍、陈燮、刘宝彝、宋昭昺、李行健、胡锡爵、沈幼恒、姚宗贤等二十二人。所有诸烈士血衣等均行移置墓前纪念馆内，以资纪念。伏念诸烈士恫心国难，于十五年三月十八日横遭惨祸，死事之烈，久而弥著。此次奉谕准予公葬。现经办理竣事，丰碑永勒，景行著于千秋，浩气常存，令名垂于百世，洵足以慰英爽而示来兹。除造具调查表另文呈请抚恤外，谨绘具公墓穴地地位图样、公墓图样各一件，具文呈请钧鉴。並乞转呈国民政府鉴核施行。谨呈

行政院

附呈公墓地地位置图样，公墓图样各一件　〔缺〕

北平特别市市长何其巩

中华民国十八年五月十日

〔国民政府行政院档案〕

7、内政部关于三一八烈士名单及抚恤办法复呈

(1929年6月13日)

呈为议复三一八惨案抚恤办法仰恳鉴核转陈事：案准钧院秘书处函开：奉院长发下北平特别市政府呈送三一八惨案诸烈士名单调查表，请核转从优给恤一案。奉谕交内政部核议具复等因。相应抄检原件函达查照等因。计抄送原呈一件检送名单及调查表各一件。协和医院证明书一件。准此。查张志成等四十一烈士于民国十五年三月十八日因辛丑条约暨大沽案件激于义愤，群向前执政请愿，横遭枪杀死甚惨。核其爱国热忱，自可认为本党忠实同志，允宜优恤，以慰英灵，拟请援照中国国民党党员抚恤条例第一条及第三、第七两条，一律给予二等，年抚恤金各肆佰元。复依同条例第九条之规定：由各该管省政府查明各该烈士遗族现状，分别办理，俾昭矜式。再查是案受伤最重之师大学生李如锦，曾经协和医院证明截去左腿，已成残废，並请援照同条例第五条及第十条给予二等，年抚恤金肆佰元，以其本人之终身及子女之成年为止，用示平允，而资激劝。除耀昆一名，业据呈准给恤在案，暨无名男子二口尚待调查外，所有议复三一八惨案张志成等三十八烈士殉难，暨李如锦一人残废抚恤办法缘由是否有当，理合照缮名册具呈，祇请核转该指令施行。谨呈

行政院

计呈赍张志成等名册一本

内政部部长赵戴文

中华民国十八年六月十三日

三一八惨案殉难烈士名单

姓名	年岁	籍贯	职业	死伤情形	通讯处	备考
张志成	五六	河北东光	传染病医院茶役	臀部受弹	北平东四十二条十六号	灵柩已由其家属运回原籍安葬
刘炳	五一	广东	外交代表团代表	小腹受弹伤身死	广州市惠庆东三百三号德和洋服店	由保管灵柩之赖达生来府声明暂缓加入公葬调查表亦早已寄去迄未填
陈贵深	三一	同上	同上	当场伤亡头部受弹	广州市河南天四望街门牌一百二十一号二楼	同上
谭季缄	二九	湖南祁阳	留日学生归国代表团代表	腹部受弹身死	湖南祁阳文明市邮局转交	
江禹烈	二八	福建崇安	工业大学学生	当场伤亡腰部受弹	福建崇安西门头江作梁	
杨德群女士	二六	湖南湘阴	女师大学生	枪伤身死	湖南长沙东乡丁家屋场	
胡锡爵	二五	河南唐河	中法大学学生	当场伤亡枪伤	河南唐河县城内书院东	
范士荣	二五	云南昆明	师大学生	当场伤亡头顶受弹	昆明区九段大柳树巷四十五号	另案
陈燮	二四	四川长寿	工业大学学生	当场伤亡	四川长寿葛兰场恒生堂	
宋绍昺	二四	湖北南漳	平民大学学生	当场伤亡枪伤	湖北远安马良坪宋义兴	
李闻学	二十	甘肃武威	今是学校学生	当场伤亡枪伤	甘肃武威南乡杂渠六坝阳春沟本宅	
黄克仁	十九	湖南长沙	北京大学学生	当场伤亡踏伤	湖南长沙南门外里仁坡九十七号	
张梦庚	十七	山东冠县	大同中学学生	当场伤亡枪伤	山东冠县城内裕和祥	灵柩已由其家属运回原籍安葬

谢　　戡	十六	江苏武进	汇文学校学生	小腹受弹身死	北平辟才胡同甲四十七号	由其父谢存来函声明不加入公葬
周正铭	十五	安徽天长	第二中学学生	当场伤亡枪伤	北平护国寺街前罗圈胡同甲九号	
李文无	三十	河北宛平	京绥路工人	腹部受弹身死		家属住址无从查访
王　　绪	二五	京兆回民	商人	右胁受弹身死		同上
刘葆彝	二四	福建建瓯	工业大学学生	当场伤亡枪伤		
李廉贞	二三	正白旗	京汉路局科员	右胁贯穿右膀折伤身死		家属住址无从查访
张汝春	二三	河北大兴	影戏人	当场伤亡前胸受弹		同上
张学良	二三	河南	车夫	右腿上部受枪伤		同上
李二喜	十七	河北南宫	门垒铁路工人	顶部受弹身死		同上
陈时芬	十五	广东	艺文中学学生	当场伤亡腹部受弹		调查表已早送去迄今无复
朱良钧	十三	江苏江都	清明中学学生	当场伤亡枪伤		家属住址无从查访
尚刘氏		河北三河	佣工	腹部受弹身死		同上
王庆竹				当场伤亡		同上
唐耀昆	二一	湖南长沙	汇文学校学生	当场伤亡右肩受弹	国府文官处印铸局唐醉石	另案
无名男子						家属住址无从查访
无名男子						同上
李如锦			师大学生	截去左腿		

〔国民政府行政院档案〕

〔四〕绅商运动

（一）抗捐罢市

1、张学济报告烟台因剪发辫罢市影响军食经过电

（1912年7月13日）

烟台张学济电

袁大总统、陆军部段总长、财政部熊总长，东单牌楼安福胡同杜宅胡屯垦使钧鉴：前半月时，闻有暗剪发团剪人发辫，当经派人调查渺无踪踪可寻，因出示晓谕：自由剪发勿得强迫。初十日下午，据商会总理谭虚谷面称：商董吴敬之在大街被人强迫剪发，济随即示禁止并以后如有人强迫者准其扭送本府，一面查拿强迫剪发之人；一面令巡警局传令各区，如有强迫剪发即行拘拿。讵是晚商会在大庙开秘密会议，议决全体罢市，随即传签，挨户传告一律闭门。至十一日各商竟然罢市，派人质问理由均云：奉商会命令，随即开导，现已出示禁止剪发，赶速开门勿得自扰。均云非商会命令不敢开市等语。济随请商会总商总理谭虚谷来府告其速发传签，谭面允。济亦发命令各军队一律不准请假出外。十二日商会仍未发传签，闭门如故，各军队米菜均无买。总司令部所辖军队第二团长蒋隆第来府报告密情，军队不得食何能相安，嘱济请商会诸人来府告以情形。商董刘孟如、谭虚谷来府，该军官即告以军队数日无处买米，诸多妨碍。下午一时不开市，定即实行干涉开市。谭等允归即发传签，至四时尚未开市，总司令部派第二团长带兵卅人出外剪发，以至牵动各军队亦有出外者，济闻之即紧急命令，饬兵丁即刻回本营。幸命令早下，各兵丁即时归营，商家尚未惊动，随即令商会发

传签各商，得商会命令当即一体开市，济尤恐军队出外不安。本日又下命令不准请假出外，一面派卫队梭巡，如有剪发者即时拘拿。现在人心大定，风潮平息，堪慰廑念。查此次商会因个人剪发之事，竟传签罢市，实由前此各军乏食，京款未到，劝募商会公债票三万余元，是时并未强迫，因保护治安又系债票，当时莫由反对，此次转藉一人剪发，发令罢市，反抗军政府以泄私忿。又云剪发团系军政府电报科所组织，均系诬指。查电报科员役辫发均被剪发团剪去。商会所拿获剪发者均非军政府人，毫无凭据，藉端污蔑。但济始终维持大局，商会之举本出无知识者所主持，仍婉言劝导，毫无意见。济已请刘孟如、谭虚谷来府安慰一切，约其共维市面，以保公安，刘等尚能听言，并向商会同人劝导，以后当不致再有贻误之事，无烦钧虑。代理军政府事宜参谋总长张学济叩。元印。

〔陆军部档案〕

2、参谋部为哈尔滨傅家店因勒捐商人思变等情函件

（1914年6月）

（1）参谋本部致内务部函　（6月6日）

迳启者：顷接本部哈尔滨调查员报告一件，事关切，合亟钞录原报函达贵部，希即查照为盼。此致

内务部

参谋本部启

六月六日

附钞原件

现在哈埠傅家店巡警，商民者蠢蠢欲动之态，盖因官吏贪婪，办理不善而致也。时闻巡警之饷，每压至三四余月不放，加以警官不恤下情，每遇事件皆用压力，以致警士苦不可言而思变

心。如不设法整顿，恐将不免龙沙后尘。去岁经自治会议长刁子明、曹月卿、赵辅臣等，因经费不足，奇想天开，设法勒捐，名曰三行捐（饭馆、澡塘、客栈）分为五等，头等十五元；二等十二元；三等十元；四等八元；五等六元，开设此三行，傅家店约有四百余家，每月可收数千元。而在傅家店开设生理之商民，已照例捐纳，卖钱捐、月捐、房捐、酒捐、灯捐、卫生捐、街道捐、货物捐、杂捐已不堪其苦，今又勒捐三行捐，实则不能支持，如是罢市风潮起矣。奈三行势力不敌，终难抗衡，只得忍受捐纳。今之议会已经取消而该捐依然照旧捐纳，滨江厅代为收讫，究不知此款归于何项用度，商民茫然又不敢与之理论，蠢动之心由此起矣。

（2）吉林巡按使公署致内务部咨　（7月12日）

吉林巡按使公署为咨陈事：案准大部密咨。准参谋本部函称：顷接本部哈尔滨调查员报告一件。事关切要钞录原报函达查照等因。到部。查原报告内称：傅家店警饷压至三四月不放，加以警官不恤下情，每事皆用压力，以致警士苦不可言而思变心。又傅家店去岁自治会因经费不足于各项杂捐之外勒捐三行捐。今议会取消而该款依然，究不知此款归于何项用度。商民茫然，又不敢与之理论，蠢动之心由此起矣等语。该调查员报告所称各节，究竟实情如何，本部无从揣悉，相应钞录原件，密咨查照，分别查明核办，並希见复等因。准此。当经密饬滨江道尹确查。去后。兹据滨江道尹李家鏊详称：查该县试办三行捐，系为补助自治经费，曾于去年四月间，经林前知事世瀚呈请，转呈前民政长批准有案。迨自治取消，所有董事会经收捐款，由本年三月一日起统归该县地方财务处照旧征收，亦据呈明有案。本年四月间银价日涨，原定警饷亏耗太钜，各警兵要求加饷，该县据情请求，亦经呈奉民政长核准在案。至所称该县警饷压至三四月不放，加以警官不恤下情，每用压力以致警士苦而思变各节，此间虽无所闻，既据该调查员报告，亟应详细彻查，以究虚实，当立即照抄原件，饬令该县查明详复。並三行捐能否设法减轻之处，一并条陈听候核转。等因。去后。兹据该县第十四号详称：本县警饷自知事担任莫不按月由财务处核发，月清月款从无积压之时，各警官类皆深明大体，未尝闻有以势压众，激成变端情事。惟本年四月间，因银价日昂，原定警饷过于微薄，各警兵清苦不堪，仅有要求加饷之举，並无暴动行为。当经知事面请电呈省长准予追加。自奉饬知知事，即偕同警务长亲至各区宣布加饷德意，並勗以大义，谕令嗣后当勤慎从公尽其职守，各警兵咸知感激，无不奋勉。数月以来，安谧如常，其无思变可断言也。至三行月捐，查自林前知事世瀚徇议会之请，呈奉省大部请烦查照转咨施行，为此咨陈

内务部

吉林巡按使齐耀琳

中华民国三年七月十二日

〔内务部档案〕

3、张鸣歧为烟丝行抗捐从严惩办经过往来电

（1915年2月）

（1）巡按使张鸣歧电　（2月22日）

大总统钧鉴：堂密。窃查邕宁县属向有烟丝营业。光绪二十九年因匪患募勇抽捐助饷，由烟丝行每年认缴饷银三千六百元。改革后停办。上年秋间，因本省政费支绌，复议抽捐，由费宁县详据商民王敬甫等禀请承办，岁缴饷银六千二百元。批准经谕乃甫经开办，各烟行意在抵制，始则禀请取消，继则联合，用联志堂名要求照数由本行认缴，因复派员调查邕属烟行共二十七家，烟刨共三百余架，每年所切熟烟约九万余捆，黄烟约四万余

捆，按照原商章程所定觔重捐率，岁计所收之数当倍蓰于六千余元、显见该商等均不过为其中有大利可攘起见，故彼此多方争执，复饬道县核议，拟用投标办法出示招商投标。旋据详称，据该县复加调查原商所定捐率，熟烟每觔价值四角不过抽钱六文，兰化烟每觔价值四角五分不过抽钱八文，黄烟每觔价值二角五分不过抽钱五文。核计未及值百抽二，比之他项捐率为轻减。烟丝系属消耗品，虽多取亦不为苛，应仍照原定捐率办理。惟营业有年以衰旺之分，匀计每年约可征银壹万三千余元，即以此为标准，折中酌定以壹万二千元为底额，招商投标承包又经批饬照办。去后，乃该行于原商认缴之饷，既抗不遵纳，复有意要挟阻挠，以致无人投标。正拟饬令道县展限招商如无人承办，即由县派员征收，俾裕政费。旋据联志堂电称：派捐苛重，损害营业，除依法赴平政院陈诉外，请即停止执行等语。查本年度预算不敷甚钜，各省正厉行新税以救危亡。桂省偏瘠，地方筹款尤为不易，此项烟丝捐本仍旧贯，现定办法不过整剔中饱以济要需。而各行又可将所纳之捐，转嫁于买户，实于营业利並无何等损失。况烟酒营业税法原则本应重惩，邕属烟丝捐尚不及值百抽二，何得为苛。如任此等奸商逞刁抗捐，恐影响及于各项新税。该行于诉愿法既未谙习，亦未经过法定程序，辄敢赴院陈诉，且要求行政官署停止执行尤属狡逞，倘各商民尤而效之，则凡捐税均可停止执行，财政前途益不可问。查验契案曾奉大总统令，将阻挠新税者从严惩办等因。该烟行等不惟不应妄自赴院陈诉，尤当治以妨害公务之罪，除一面仍饬道县筹议、由官派员征收外，合无□仰恳大总统明令各省商民，嗣后不得因违抗捐税架词赴院陈诉，藉图延抗应完之捐，违即以妨害公务治罪，俾示警惕而维税务，並祈令饬平政院、财政部查照，伏祈鉴核示遵。鸣歧谨呈。养印。

（2）政事堂电　（2月26日）

南宁张巡按使：华密。奉大总统令，养电悉。该烟丝行于应缴之税，抗不遵纳，复敢藉词赴院陈诉，希图延抗，殊属不合。且烟酒均属消耗品，各国税则不厌重征。该商民何得以苛重为词，任意要求，以图轻减。已饬财政部通行各省，嗣后遇有商民违抗，此项应完捐税情事，即行从严禁止，並交平政院查照矣。等因。合达。堂。宥印。

〔国务院档案〕

4、梁士诒关于粤雷州商民抗税罢市咨呈

(1915年11月24日)

咨呈亲字　第二十五号

税务处为咨呈事：前据广东雷州商会来电，以关员任意重抽，激动全商歇业等情。当经本处电饬粤海关监督设法调停，並钧堂查照在案。嗣接粤海关监督真、元两电，以雷州商民抗税罢市，系因商会劣董煽惑其间，不准照纳，密议罚则，藉众抵抗等情。又经本处电请广东巡按使，饬县剀切劝谕该口商民照则加税，毋听谣言等因。去后。兹据该监督电称：已饬员将税则所增税项，暂行记账，该口市面现已照常贸易等情。前来。相应照录往来各电咨呈查照。为此咨呈　附件

政事堂

税务督办　梁士诒

中华民国四年十一月廿四日

附1　照录本处寄广东巡按使电

前闻雷州口有罢市情事。当电粤关监督查复。据称：照则加税，各商初无异议，因商会劣董刘桢材煽惑其间，谓值百抽二五，为值百抽二十五，胁令商民罢市，密议罚则，藉众抵抗。等

语。查修改关税则为各关通案。雷州口先加大宗货税并非一律增加。讵容商家藉端抵抗，应请迅饬该县劝谕商民，照则加税，毋听谣言并密饬印委将为首煽惑之人严行究办，以重税务，仍希见复。税务处。篠。

附2　照录本处寄粤海关监督电

真、元两电均悉。已电粤使饬县劝谕商民照则加税，并严办煽惑首要之人，以重税务。惟此事发生是否口员办理不善，仰或有重抽抑勒情形，该监督亦应切实详查。嗣后何处加税，务先详情核定并与商会接洽妥协后再办，免致商民藉口酿成抵抗。仍将现在情形电复。税务处。篠。

附3　照录粤海关监督来电　四年十一月二十一日

税务处钧鉴：篠电谨悉。雷州抗税案，现派余硕平查办，並饬将新加税则所增税项，暂登账存记。俟查复再行核定办法。篠日，据关员电禀，市面已照常贸易。谨陈。粤海关监督 赵 曾 蕃叩。效。

〔国务院档案〕

5、许世英关于闽省屠宰场抗捐罢屠情况咨

(1915年12月28日)

福建巡按使公署为咨复事：接准咨开：据闽猪行董事钟维周等电陈，请饬闽警察厅停办屠兽场一节，应否照准，请体察情形核办等因。查本省省城此次开办屠兽场，系由省会警察厅遵照内务部检查肉质通饬，并经省会市政会议决开办。当筹办之始，各屠户均盖铺印，具结承认在案。每猪一隻只收汤水费一百五十文，並无于厘税之外又行加税，自无商力难支之虑。惟有少数不法之徒，从中煽惑，捏词妄电，相率罢屠，希图反抗。经本使剀切劝谕后，各屠

户咸知憬悟。现已一律照常营业，並遵赴屠兽场屠宰。该董事等原电所称，纯系捏词，冀淆观听。此后该董事等如再有禀电到部，应请概与斥驳，以杜刁风，相应咨请大部察照。为此咨陈农商总长

福建巡按使许世英

中华民国四年十二月二十八日

〔农商部档案〕

6、全国商会联合会为天津法领事强占老西开擅捕华警请交涉收回呈

（1916年11月4日）

中华全国商会联合会为呈请事：窃据本会评议员聂家楷、马炎文、尉功焕、安迪生、胡炳堃、陈济清提出天津法领事强占老西开，擅捕华警一案，经本会提交评议会评议，佥以土地、警察均为主权攸关。此次天津法领事，占我土地，捕我警察，丧权辱国，莫此为甚。若不严重交涉，完全收回，不但此案失败，商民愤懑，且恐各国效尤，后患无极，中国领土将无完肤。哀我商民，何以自存，言念及此，能勿痛心。应请政府按照条约，切实磋商达到完全收回之目的。万一外人野蛮，强硬不顾公理，凡我商民愿以死争，以雪国耻而保疆土，讨论终结，全体一致。理合呈乞大部查核施行。除呈外交部外，谨呈

农商总长

会长　吕逵先

杨木森

副会长

赖恩培

中华民国五年十一月四日

〔农商部档案〕

7、中华全国商会联合会要求体恤商艰请予力筹保护办法呈

（1917年9月8日）①

中华全国商会联合会为呈请事：窃为对德宣战一案，曾经本会抗议于前，诚以兹事体大关系商务尤重，未敢轻予赞同，致兹危险，此中苦情当为政府所共谅。近读八月十四日大总统布告，业经实行宣战，是我国已处于战争之地位。正举国上下合力御外之时，岂仅关乎商民一部分之利害。惟处战各国当军事倥偬急不暇择之会，对于国内商业之维持，战后经济之发展，竞竞注意未或稍懈。我国既已牵入战国，自宜体恤商艰，力筹保为商民，存一线生机，即为国家留一份元气。此本会所以哓口哓音，对于政府不能不有所要求者也。除通函各商会征集意见外，谨先时评议会公决数条，分别为钧院陈之：一粮食，欧戯四稔各国咸苦粮食之缺乏。我国毅然宣战，既与协约国取一致行动，即双方有维持之义务，采购米粮势所不免。惟目前粮价已昂，继续增涨，正未可量，兼之今夏霪雨为失，江河汛滥，湘、豫、直、奉等省，荒众已成，非但不能供协约之求，並无以应国内之需，万一战期延长，运输过多，价格腾贵，民食维难，面包风潮行将再现，于吾国应请政府准协约采购之时，先由当地长官会同商会 通 筹 合计，酌允若干，否 则 禁 行，不得强迫此其一；一金融，自中交两行停止兑现以来，金融阻塞，市面停滞，商民困苦达于极点。兹当复辟打消，宣战继起。惊弓之鸟，咸多戒心，富有裹足不前，贫者称贷无门，闾阎萧条，生意冷落。推其极必至因金融而困及商务，因商务而危及税源，不早为图，国商交病，应请政府于此次大借款告成之时，除中交两行一律兑现外，于各省大埠拨放巨款维持市面。再查出口，现银达五千七百万两以上，漏扈不 塞，恐 慌 立

① 此文系收件日期。

见。闻政府现已虑及于此，将严令禁止出口，亦请从速实行，以免现货外溢而防国内之银荒此其二；一棉花，民间制造衣服，棉花乃所必需不可一日或缺。近因欧战延长，外人多购为军用品之原料，出口既多，价值顿增。查去岁皮花百觔约十八两左右。今则一倍有零，以致各埠庄行停止营业十居七八，若仍令外人任意采买，其害胡可胜言。应请政府严重交涉，禁止出口，以重民衣而维棉业。此其三；一税厘，出口税重，转运亦艰，致令土货不能外销，商务不能发达，已重违保护商业政策之原理，应请政府趁此时机，将应行推广出口之土货税则，酌为减轻运费，概予低廉。庶几商业日有起色。至宣战之后，各处关卡势必藉口戒严盘查加厉，尤应限定时刻完税放行，不得故意留难致碍运输此其四；一工厂自遭复解影响停业者不知凡几，半由金融阻滞，半畏兵匪横行。须知一厂之停歇业者数百人，一工之歇断炊者三五口，生计既绝，弱为乞丐，强为盗贼。应请政府一面调查歇业工厂，立令开复；一面筹款开办实业，地方各银行贷款兴复，遇有特别困难，不妨酌给津贴，庶乎实业可望发达，洋货因以抵制，战事终了，经济事业亦不落人后矣。此其五。以上五端，经本会各有评议员公同讨论，一致赞同，认为必不可缓之政策。倘蒙政府毅然施行，非独商民感其赐，国家实攸赖之矣。所有呈请体恤商艰为筹保护各缘由。理合具文呈请钧院鉴核施行。谨呈

国务总理

会长　李逵先

副会长　杨木森

赖恩培

〔内务部档案〕

8、卢永祥报告沪市水果业为反对加捐罢市密电

（1918年5月）

（1）五月一日电

急。北京国务院陆军部钧鉴：正密。公共租界工部局因水果业加捐事项，致起罢市风潮，有愈演愈烈之势。现正招集商会与租界当局，极力设法消灭，想可无虞。除仍令所属军警加意密防外，先此电闻，容续报。卢永祥。东印。

（2）五月四日电

北京国务院、陆军部钧鉴：正密。东电报陈小贩罢市事，刻商报称，已向工部局代陈困难，该局允准仍照向章办理，并不增加。罢市风潮渐归平息云云。虽有少数流民希图煽惑，似亦不足为虑。请纾廑陈。卢永祥。支印。

〔陆军部档案〕

9、陈光远报告南昌商人反对议员加薪罢市密电

（1919年6月1—2日）

（1）六月一日密电

万急。北京大总统国务总理钧鉴：参陆部、内务部鉴：统密。江西省议会议加议员公费，人民恐增担负，群情极为愤激。连日商民各界开会计议，拟提劝告，言论行动尚无不法。曾于卅一日电达内务部，正在设法消弭间，据省城戒严司令官岳兆麟报告，公民团齐赴省议会，请求体恤民难，取消加费之案。当时彼此争辩，互殴致微伤议员，捣毁器物，事出仓猝，旋即各散。该公民团代表，复来署恳祈主持。光远剀切告诫，谕令静听省长解决。本日据报省城各商忽一体罢市，已严饬驻省各军极力防护，地方秩序尚未扰乱。切商戚省长，速筹妥当办法。光远仍一面委员分投劝导，仍未照常营业。各省风潮迭起，正虑影响牵动，江西本为戒严区域，治安尤关重要。

光远自当力图镇抚，决不致另生他变。除会同省长，安辑舆情，维持秩序，并将办理情形随时电陈外。谨电驰陈。陈光远叩。东印。

（2）六月二日密电

北京大总统、国务总理钧鉴：参陆部、内务部鉴：统密。赣省议会加薪，商民反对罢市。光远曾于东电详陈。当通知书发出之时，各界骤闻议员加薪，群情极为愤慨。连日集会劝告，促其自行取消，仍无转圜希望，乃致激动公忿有省城全体罢市之举。比以时届午节，又值金融奇紧，深虑市面扰乱，人心更加恐慌，不得不随机因应，顺势利导，暂平民气，亟弭事变。一面督饬军警极力防綦；一面会同省长召集省会议长、商会会长、公民各代表至军署委曲劝导，剀切告戒，分派军警官长，到处亲历传谕，并会衔布告议会加增公费，决不听成事实。各界方始静服，仰托福荫，省城商民本日已照常开市，地方秩序亦极安谧，请抒廑注。陈光远叩。冬印。

〔陆军部档案〕

10、杨晟关于沪市商人为工部局加捐罢市抵制函件

（1919年7—8月）

（1）杨晟致内务部函　（7月17日）

敬肃者：本月十日迭据公共租界南京路利华号李润泉三百户，汉口路各商号悦古齐等一百户，福州路荣华祥等商号一百七十八户，北四川路申泰等商号二百十一户以及北福建聚顺号七十四户等呈称：公共租界工部局于秋季捐额每月房租百元，额外增收六元。年来商业凋敝已达极点，实属无力担负，请向交涉，准予豁免。各等情。前来。查沪市自欧战迄今，生意锐减，兼之国内不宁，百业停滞，旧捐已形竭蹶，再加愈益不支，并集议不得所请，罢市继之。晟以近来人心甫靖，若再激起风潮，市面将愈不可收拾。矧上海为全国商业中心点，影响所及，奚止一隅。当即一面切实劝谕静候解决；一面切函领袖领事并亲晤领团，正

告以该局若拟藉此弥补常年经费之不足，或筹还关于欧战发生后之临时经费，亦须另筹妥法。倘挹注无术，遂不惜竭泽而渔，本实先拔为计，毋乃太左。领团亦颇憬悟。惟须经该局酌议，方能决定。总之，此举于商民生计利害攸关，当竭力维护，积极进行，坚持到底，除将办理情形随时报告並函外交部外，理合函陈，敬请训示祗遵。肃此。敬叩

崇绥

杨晟谨肃

七月十七日

（2）内务部致外交部公函 （8月2日）

内务部公函 八年警字第一六七号

迳启者：据江苏交涉员杨晟函报，本月十日迭据沪市公共租界各商户李润泉等呈称：工部局于秋季房捐额外增收，请向交涉准予豁免。各等情。前来。查沪市自欧战迄今，生意锐减，兼之国内不宁，百业停滞，旧捐已形竭蹶，再加愈益不支，并集议不得所请，罢市继之。晟以近来人心甫靖，若再激起风潮，市面将愈不可收拾，当即一面劝谕静候解决；一面切领袖领事并亲晤领团，宛转交涉。领团亦颇憬悟，惟须经该局酌议方能决定。总之此举于商民生计利害攸关，当竭力维护，坚持到底。除将办理情形随时报告並函外交部外，陈请示遵各等情到部。查该交涉员所陈此次对于公共租界商户请求交涉，准予豁免增收秋季房捐一案，已分别劝谕，交涉各情形，具见关心市面治安，商民生计殊堪嘉许，既据声称已分报贵部在案。相应函请贵部将对于此案办法知照过部，以资接洽。此致

外交部

中华民国八年八月二日。

〔步军统领衙门档案〕

11、关于沪市米商反对工部局领照新章而罢市经过电

(1921年7月9日)

(1)何丰林致内务部电 (7月9日)

内务部鉴：齐电悉。上海米业因反对公共租界工部局领照新章，以致发生停业风潮一案。业于本月支、鱼两日，先后将办理详细情形电陈国务察核在案。现经督饬上海县知事会同总商会设法劝导，一面由本署出示晓谕，並严拿煽惑兹事之人。所有英、法两租界及内地各米店已于本日一律开市，照常营业。知关廑系，特此电复。何丰林。青。

(2)江苏沪海道尹王赓廷电 (7月9日)

内务部总、次长鉴：齐电敬悉。上海公共租界米商，前因反对工部局领照章程，联合华法界内米店以罢市为消极抵制，于本月东、微等日先后停业。道尹先期闻信，即会商许交涉员向驻沪各领团磋商转圜办法，一面会督淞沪警察厅上海县维持地方治安，並商同南北两商会，邀集各米业董事劝令从速开市，听候持平解决。嗣双方各趋极端颇难就绪。复议由上海县会同地方绅董在闸北南市等处筹设食米零售处，以暂济劳动贫民日食之需；一面由总商会直接向工部局切实磋商，以期易于谅解；一面由米业各董向各米店剀切劝导，务使先行开市。现工部局亦知原订章程不无困难之点，允准酌量商改，藉为转圜地步。经南北两商会联合各米业董事通告各米店，劝令先行复业，各米店已于本日相继遵劝开市，当可回复原状，不致另生枝节，民食治安均免危碍，堪慰廑系。特电复陈，仰祈鉴核。沪海道尹王赓廷叩。佳印

中华民国十年七月九日 上海发

〔内务部档案〕

12、京都各自治会为牙税加征激成罢市请缓办呈

（1923年2月13日）

呈为缓办牙税加征以维治安事：窃以牙税收入本非国家正供，乃近日京兆大宛稽征牙税局，忽有加征京师各行牙税之举。阳以征收旧欠为名，阴实勒索。现下羊行已激成罢市风潮，菜行亦在酝酿之中，群众大哗，各行恐相继而起。值此年关在迩，治安攸关，该牙税局因此细微收入致商民挺而走险，倘仍坚持加税激起各行群起罢市，势必牵动京都治安，全局何堪设想。现闻各行商民宣言，以牙税局举办加税，誓死不能承认，倘不将加税之案取消，以全体罢市为最后之抵制等语。敝会等以京都市治安关系，未便缄默，为此呈请钧署将牙行加税之案设法禁止缓办，以维治安而苏商困，不胜盼切之至。谨呈

京畿卫戍总司令钧鉴

京都市内左四区市民自治促进会　京都市内左三区自治筹备会　内右一区自治筹备会　京都市内右三区市民会　内右四区市民会　中一区自治筹备会　外左三区市民自治筹备会　外右区自治筹备会　京都外右三区地方自治市民筹备会　京都外右四区自治筹进会　外右五区市民自治筹备会　南郊自治会　南郊一、二、三、四区自治联合会　京都东郊市民自治同益共进会　京都南郊市民自治同益共进会　京都西郊市民自治同益共进会　京都北郊市民自治同益共进会

中华民国十二年二月十三日

〔京畿卫戍总司令部档案〕

13、军务处调查京师炭行牙局勒税经过呈

（1924年4月4日）

军务处谨为呈复事：据京师总商会呈为据京师黑炭行同业公会声称：炭行经纪刘朝元在德胜、平则、西直各门设立牙税分局，炭驮进城每驮勒索牙用一角五仙。查国家正税每驮只交四仙，该牙用增高国课四倍，商客如不交纳即将货物扣留，並有军人威吓，有云总统府来的；有云雷管带派的，函希转请京畿卫戍总司令部查询。该项军人确系何人所派的，再请警厅饬该管区署查该牙纪所设专行及牙税分局是否可以私设等因。恳乞转饬查办等情。奉批速派员查明等批。奉此。遵派科员许步青、郭振华、杨耀林等分头调查。兹据复称：京城黑白炭行经纪共二十四人承办，已历年所共推侯振武为该会会董，每年向京兆尹公署缴纳税款五百元。后由刘朝元、侯振武、许振宗、高瑞峰、李心齐等希图垄断于中取利，由滕佐周联络姚锡元向京兆尹署财政厅运动，设立黑白炭牙税行，情愿年纳牙税千元，较旧牙税增加一倍，已蒙京兆尹批准开办。该华即推刘朝元为黑白炭牙税总局长，姚锡光从中暗助，曾于本年二月二十四日在琉璃厂东椿树胡同成立专局。並由该局出具公函请求提署派兵保护，当由提督转饬南营于是日派兵半分队照料该行，巧于利用。因即带同该项兵丁遍历各城门弹压示威，並请求南营以该项兵丁常川保护。南营以未奉提署命却之，翌日即将兵撤回。惟左翼邦统雷恒成与该姚锡光有师生之谊，确曾派兵保护等情。前来。职复查属实，理合连同新旧牙税征收数目，缮具清单呈复。巡宪鉴核谨呈

计开

一新牙行炭税

一背炭　十五枚

一担炭　二十枚

一驴炭　二十枚
一骡炭　三十枚
一驼炭　四十枚
一大车炭　八角
一旧牙行炭税
一背炭　　十枚
一担炭　　十枚
一驴炭　　十枚
一骡炭　　十二枚
一驼炭　　二十枚
一大车炭　四十枚

中华民国十三年四月四日

〔京畿卫戍总司令部档案〕

（二）集资收回胶济铁路权自办

1、马良报告胶济铁路线日军欺压华民并修筑营房等情致徐树铮函

（1914年12月）

次长钧右：前肃寸简，备荷青垂。手扎殷殷，感铭无既。兹将日军近日情形，再为次长陈之：（一）查日本现在铁路一带，目兵多半不守军纪，且常有不服从命令情事。故凡有风潮无论大小，该管官长均不能严加约束，或该目兵等与我军民无端抵触，该官长不辨真伪，不计是非，仅凭一面之词，故作刁难之态，借端欺诈，以冀强盖其非，其诡谲类如此者；（一）现闻日军拟在济南、张店、潍县等处修筑营房，声言防护铁路，将来积久弊生，难保该目兵等不藉端滋事，酿成交涉，此等问题我国诚不可不预为筹及也；（一）现在日军每有冲突，多因铁路而起，无论我国军民是否经过路线，彼皆藉口犯其路章，或以入其步哨线为词，有意纠缠，不胜其扰。良现已将济南附近铁路及铁路一带各村庄绘一详图，明示趋向，俾便遵守。如由某庄至其处，必由铁路经过时均须由该处之桥梁通过，不得仍图便捷，以免滋生事端，而杜将来轇轕。似此办法，是否有当，不揣固陋，敢贡刍荛。济境靖谧如常，可纾廑注。专肃敬请钧安。恭贺年禧

旅长马良谨上

附呈：青岛日德两军攻击防御图一纸〔原缺〕

〔陆军部档案〕

2、杨庆鋆关于日军占据胶济路王舍人庄枪杀我人民的报告

(1914年12月16日)

为报告事：本月八日胶济路王舍人庄车站附近，发生日军枪伤中民一案。当即派员会同日本军官、军医驰赴各受伤人家详细调查按抚。除报巡按使並严重交涉外，谨将调查情形缮单分别列举，特此驰报。

附呈详单

杨庆鋆谨呈

十二月十六日

调查王舍人庄附近日军枪伤华人报告单

计开

一冲突之时日：本月八号午后两点余钟。

一冲突之地点：王舍人庄车站正东约半里许之轨道左右。

一冲突之原因：是日系王舍人庄集市，其庄东南铁轨行人过道处，为赶集者往来必由之路，日兵佐佐木值岗于其处，当散集时，乡民过道回家，有人与日兵因事冲突，日兵遂召集数兵，开枪群击，计受伤男子四名，女子一名。初到该庄查询时，仅知受伤者三人，经再调查，始知受伤者共五人。

又据日兵佐佐木云：当日在铁路旁小屋内，见轨道行人过道处迤西，有中国人三名行入轨道中间，由西往东行走。该日兵当即阻止，有一人立即遵从，余二人强驱之始出轨道而去。旋由尹家庄招集五六十人手持扁担及石子等物来攻。该日兵因无枪，遂以石子还击，並因夺枪刺致手受伤后，以众寡不敌，当哨聚数兵开枪射击，乡民遂皆逃去，捉得一人而归。

一各受伤者之情形：韩在元年七十八岁，尹家庄人，双腿跛废。当日在庄中墙根休息，忽来一枪，弹从小腹当正射入至右臀近上射出击。此人现已毙命。

韩小猪子年二十三岁，尹家庄人务农为生，当日行至村边，被枪弹击入咽喉近右之处。

孟光朝之女杨孟氏，当日在其母家闭门之际，忽有枪弹飞落面前，石上石片跃起，碰伤右眼角，外右大姆指。

李六小子年五十二岁，陈家庄人，在尹家庄东拾粪，由后面来枪弹击穿右腕。

李得贤年三十八岁，程家庄人，赶脚为生，在尹家庄东山上跟驴行走，由后面来弹，从脊背近左射入至左后肋射出。

日本宪兵调查。宪兵谓：据日兵佐佐木言，被伤人小猪子确系初次行走轨路之人，后由庄上招来多人，该日兵左手负伤，亦系与小猪子夺枪刺所致等语。

再被捉之情形：韩在田年五十三岁聋聩不堪，步履艰难，当日闻声出视，忽被日兵捉获，並脸上受有微伤，发辫亦被割去，是夜乘间逃跑，次日又经村正交出。

日兵受伤之情形，日兵佐佐木脸上有抓伤一处，右手亦负微伤，因夺枪刺所致。

一现在之情形：该案发生后，屡与驻济警备队大队长金泽少佐严重交涉，该大队长措词强硬。鋆即将详情告知日本特派驻济员贵志中佐，要其持平办理。渠甚不以金泽大队长为当然。当电报伊参谋本部，今下午参谋本部电饬该大队抚恤伤民，严办兵丁。此电尚未发表，系密探报告。该大队长今晚忽称病重，未知是何用意，探明再报。

杨庆鋆呈

十二月十六日

〔内务部档案〕

3、外交部特派山东交涉员报告日宪兵擅捕高密县农民情形电

（1919年8月12日）

督办钧鉴：案查高密县被日宪兵捕去乡民十五名一案，业将向日领交涉情形专函陈明在案。嗣据该县知事电称：日人逮捕姜庄民人十五名先于途次释回年老乡民二人，其余十三人现已悉数引渡到县等情。查此案自提向日领交涉后，迭经该领电饬该宪兵速将乡民释放，办理颇表诚意。据电前情，除电饬该县知事切实查讯确据，严惩滋事之人具报查考外，谨此电闻。张仁涛。真印。

〔督办边防事务处档案〕

4、王光宇转报北京学生联合会等团体反对借日债赎报告①

（1921年1月）

一据赵湘报称：今闻北京学生联合会，现因山东胶济路交涉，梁士诒有丧失主权，卖国之举，恐终达于失败之地。拟日内在京召集学生开全体大会讨论外交，暨现政府丧失国权，並抵制起用亲日派之曹汝霖、陆宗舆等，以便应付一切。一月十日。

一据赵德成、褚景熙报称：銮舆卫夹道门牌二十二号，大平洋会议中国后援会内，有北京各团体国民外交联合会于今日午后特开外交代表会，陆续到会者张煊、包庸等四十余人。午后二时开会，公推赵志澄为主席，由主席报告开会宗旨云：本会迭接各省暨天津各团体来电，大略均谓华会胶济铁路问题，危险万状，实因梁士诒违反民意，久用日人，借日债。致电华会三代表，改变交涉初旨，恐遭失败。又兼华会闭会在即，速〔定〕应付方法。后由张煊发言云：梁士诒乃洪宪帝制罪魁，窃取阁揆，施行

① 此系件王光宇致步军统领王怀庆的报告。

卖国政策，我国民应立即宣布梁内阁之罪状，否认为中华民国总理。並谓：准国务院函开：宣布胶济路交涉之经过及所抱宗旨均多不实。即以梁揆登台之宣言，减政淘汰冗员而新添参议〔……〕又由钟少梅发言云：速电华会我国三代表，请其尊重民意，勿得辞职，拒绝借款赎路之交涉，迅谋解决方法。並推代表向外交部要求，请速电三代表，接到此电速与回电，以免朦胧〔……〕至午后五时许散会。一月十一日

准国务院秘书厅函开：关于胶济铁路事件，特将左列事实宣布于众。

一、政府对于胶济铁路案件，始终抱定筹集款项，赎回自办之宗旨。

二、此案始终由外交部电知我国代表，在华盛顿会议解决，並无在北京直接谈判之事。

三、我代表来电报告，主张筹付现款或发行国库券赎回自办，未变初旨。

四、关于胶济路案，国务院並无迳行致电三代表之事。

五、政府並无借日本债之意思。

〔步军统领衙门档案〕

5、关于北京各团体国民外交联合会赎路委员会文件

（1921年12月21日）

懋轩大哥将军麾右：前日面谈之由京赴沪，鼓荡国民外交大会，希图破坏之人，现又在京都运动。其人之姓名，顷据国务院报告前来，兹另纸录上，务祈台端特别注意为企。

祗颂勋绥

弟名心印

十二月廿一日

附单一件

又顷据颜总长电告，此间外交联合会已订廿五日在公园开大会，属请上转，致警厅注意办理为要。又注

向乃祺

罗正纬

太平洋日刊

俞诚之

北京各团体国民外交联合会赎路委员会委员一览

主席　张鲁泉

副主席　钟少梅

书记　白陈群

委员　于桂林

王　毅子刚

包　庸润生

成佩华

陈登高东山

陈民由

张维成

张人瑞

张庸池

张曜远志逸

张　煊培风

梁家义集生

詹联芳

潘鼎新

寿石工

宁肇基慧成

罗正纬达存

罗灿曜青

北京各团体国民外交联合会筹款赎路委员会规约

第一条　本委员会以筹画赎回胶济铁路为宗旨。

第二条　本委员会由代表会议所推举之委员组织之

第三条　本委员会设正副主席及书记各一人，由委员互选並经代表会议通过之。

第四条　本委员会每星期六开常会一次，但于必要时得由主席召集临时会。

第五条　本委员会讨论事件，须有委员总数过半数之出席，经出席委员三分之二以上之通过决定之。

第六条　本委员会议决事件应随时报告代表会议。

第七条　本规约如有未尽完善处，得经委员五人以上之提议交由常会修改之。

第八条　本规约自委员会通过之日实行。

中华民国十一年二月二日

北京赎路集金会宣言

年来国人所切齿痛心，日夜焦思不遑宁处者，非所谓山东问题乎？华会开后代表之所力争，国民之所交，实全国父老兄弟心力之所集，精神之所注，不恤最后之牺牲，必达目的而后已者，非所谓山东问题中之胶济铁路乎？今华会已闭会矣，代表已陆续遄返矣，山东协定已正式签字矣。而此举国注目之胶济铁路竟何如耶？窃按胶济铁路原为中德合办，我既对德宣战，路权应归我有。日人虽凭藉武力，暂行占据，而依照公法，自应为无条件之交还。我国民顾念邦交，退一步而为现款赎路之主张，已属仁至义尽，让无可让。孰意强权可恃，公理无凭，日全权既断然坚持，我代表遂束手无策，重以英美两国之调停，始定库券赎路之办法。路权虽允交回，而用人仍大受限制。集款虽可赎路，而期限则必待五年，此热心志士所为痛惜国权而扼腕长叹者也。虽然五年之期，似长实短，岁月如流，转瞬即届，矧国人健忘，几成天性，五分热气世有定评。倘不乘此爱国热潮方盛之时，一鼓作气，立筹巨款，妥储以待，窃恐事过境迁，日久生怠。万一订约已满五年之限，而集款犹亏一篑之功，将不独贻人口实，腾笑全球。且恐彼时难保不另生枝节，则是断送路权者不在强邻，不在政府，而应由我全体国民任其咎矣。同人对此深抱杞忧。故不辞嗜口哓音，垂涕泣而为国人道也。近日政府已有明令声明，胶济铁路定为民有路权，永固民业，日新我国，民允宜积极进行，迅集巨款，一面表示同胞爱国之精神；一面建树民办铁路之模范。况该路地当冲要，岁有赢余。即就个人经济言，对此投资亦较他项营业尤为有利，既公私之两益，更何惮而不为。倘人民方面徘徊观望，坐误时机，则所有路股将为特殊势力者所独占，则所谓铁路民有者，岂非徒托空言乎！呜呼！楚子文毁家纾难，我亦犹人汉，卜式输财，助边时不可失，我国民果能争先恐后，踊跃输将，于六个月内集得三千万巨款，不特赎路之资已有把握，民有之案，万无变更。彼时更可要求政府再向日本交涉，以达我现款赎路之初志。日人见我铁路款已集，必欲拒而无词，列强知我民气激昂，亦必群出而援助。此又同人最后之希望，愿随我全国父老兄弟勉以赴之者也。现在各省关于赎路运动，均已集会结社，共策进行。北京为首善之区，救国之举，岂宜居人之后，爰集同志发起兹会，所愿邦人君子，当仁不让，急起直追，共矢移山填海之诚，冀奏挽日回天之效。谨此宣言。伏维公鉴

赵尔巽
发起人钱能训等六十六人官绅
江朝宗

北京赎路集金会简章

第一条　本会定名为北京赎路集金会。

第二条　本会以联合国民共同集资，收回胶济铁路为宗旨。

第三条　本会事务所暂设于北京西河沿门牌一二七号，电话南局三七二七号。

第四条　本会集金由输款者迳送指定银行照收掣取收据。

第五条　本会指定存款银行如左：

（一）中国银行　（二）交通银行　（三）中国实业银行　（四）中华储蓄银行　（五）中华懋业银行　（六）盐业银行　（七）金城银行　（八）新华储蓄银行　（九）中华汇业银行　（十）宛平日新农工银行　（十一）浙江兴业银行。

第六条　本会专负劝募责任，概不代收集金。

第七条　本会集金俟有成数时，即开各省联合大会，核算总数，决定收路办法。

第八条　将来胶济铁路收回后集金者概皆享有股东权利，各按集金之数发给股票。

第九条　本会集金应由经收银行每日将所收数目衔名报告本会，以便存查並发报公布。

第十条　将来收路或有他项专款不用人民集金，应将此项集金如数发还，由各集金人向存款银行领取，不能移作他用。

第十一条　凡经函约或自愿入会者，皆得为本会会员。

第十二条　本会应设职员如左：

（一）正会长一员

（二）副会长二员

（三）名誉会长无定额

（四）干事若干员

第十三条　本会干事分为左列之五股。

（一）文书股；

（二）交际股；

（三）会计股；

（四）庶务股；

（五）演说股。

以上各股，每股设正副主任一人。

第十四条　本会正副会长，由会员公举之，各股正副主任及干事由会长拟定函约之

第十五条　本会职员概为名誉职。

第十六条　本会事务所经费，由发起人自由认定，绝不动用集金。

第十七条　凡我同志集金之数目多寡均听其便。

第十八条　本会办事细则另定之。

第十九条　本简章自会议决定之日实行之。

发起人

袁得亮　孙振来　王怀庆　江朝宗　王芝祥　赵尔巽　钱能训
薛之珩　王　达　孟宪彝　吴钱荪　宁庚韶　高继宗　恽宝惠
刘鹤庆　冯霖沛　王建中　孟广祜　王人文　杨祖培　张树枬
王福延　林天水　林鼎华　赵允协　孙　卿　白常文　安迪生
高续荣　杨钦三　丁　震　孙昭谈　彭望恩　肖桂荣　黄恩隆
冯孝先　慕学勋　张文熙　陆　定　冯树铨　李天禄　郭温理
刘中和　金　斌　陈登高　周作民　何景松　张沛霖　张家璁
谢宗陶　张锡光　崔麟台　段茂森　刘葆生　汤铭鼐　张广建
张汇泉　肖荫棠　蔡以观　赵云书　苏九如　景万禄　孙晋卿
于景洵　张万祥　李书金

〔步军统领衙门档案〕

6、吴佩孚反对梁士诒允借日款赎回胶济路中日共管通电

（1922年1月）

（1）一月五日电

百万急。〔衔略〕害莫大于卖国，奸莫甚于媚外，一铖〔？〕铸成，万届不复。自鲁案问题发生，辗转数年，经过数阁，幸赖我人民呼吁匡救，卒未断送外人。胶济铁路为鲁案最要关键，华会开幕经月，我代表坛坫力争，不获已而顺人民请求，筹款赎路，订发行债票，分十二年赎回。但三年后得一次赎清之办法。外部训条，债票尽华人购买，避去借款形式，免受种种拘束。果能由是赎回该路，即与外人断绝关系，亦未始非救急之策。乃行将定议，梁士贻投□而起，突窃阁揆，日代表忽变态度，顿翻前议。一面由东京训令驻华日使，向外交部要求，借日本款，用人由日推荐。外部电知华会代表，复电称：俟与英美借洽后再答。当此一发千钧之际，梁士诒不问利害，不顾舆情，不经外部，迳自面复，竟允日使要求，借日款赎路，并训令驻美各代表遵照。是该路仍归日人经营更益之以数千万债权，举历任内阁所不忍为，不敢为者。今梁士诒乃悍然为之。举曩昔经年累月人民所呼号代表之所争持者，咸视为儿戏。牺牲国脉，断送路权，何厚于外人，何仇于祖国。纵梁士贻勾援结党，卖国媚外，甘为李完〔克〕用、张邦昌而弗恤，我全国父老兄弟，亦断不忍坐视宗邦沦入异族，祛害除奸，义无反顾。惟有群策群力，急起直追，迅电华会代表，坚持原案。凡我袍泽，偕作后援。披沥直陈，伫候明教。吴佩孚。歌印。

（2）一月十日电

千万万万火急。〔衔略〕：庚日通电，谅邀鉴察。据华会国民代表余日章、蒋梦梦电称：政府代表对于鲁案及二十一条坚持甚

力，同时北京一方面隐瞒，专员开始直接交涉。今晨梁士诒电告专使，接受日本借款赎路，与中日共管之要求。北京政府更可藉此多得日本之借款。北京交涉之耗，已皇皇登载各国报纸。日本公言北京接受其要求，吾人之苦心努力全归泡影，北京似此行为，吾人将来无力争主权之余地，云云。查梁士诒①卖国行为，铁案确凿，适余、蒋自华盛顿来电，更证明梁致专使之电，公然承认借日款与铁路共管两事。则梁士诒倒填日期之微电，又焉有置喙之余地。观其登台甫旬日，即援引卖国有成绩之曹汝霖为劝办实业专使，陆宗舆为市政督办，拔茅连茹，载鬼一车，以辅助其卖国媚外之所不及。吾中国神明华胄，锦绣河山，而容此獠，长此盗卖，宁谓有人。人心不死，即国土不亡，正义犹存，即公理尚在，存亡之机，系于一发。凡属食毛践土者，皆应与祖国誓同生死，与元恶不公〔共〕戴天。如有敢以梁士诒借日款及共管铁路为是者，则其人既甘为梁氏之谋主，即属全国之公敌。凡我国人，当共弃之。为民请命，敢效前驱。吴佩孚。蒸印。

〔陆军部档案〕

7、田中玉反对梁士诒借日款赎路通电

（1922年1月11日）

济南田中玉来真电②

胶济铁路问题，外传梁阁有容纳日本要求，以借款用人为赎路之说。中玉以鲁省切身利害关系，诚不免以冰渊之惕，动涉风鹤之惊。处兹风雨飘摇之中，秉国钧者应如何兢惕将事。梁氏甫主阁政，遽为此不详莫大之兆端，民具尔瞻，众怒难犯。在梁氏夙负见机之明，或当知难而退。若复怙过不悛，徘徊歧路，是梁氏

① 梁士诒当时任北洋政府国务总理。

② 此件系收电信封上的摘写的。

必欲自撰于国人也。中玉为守土责任，所归懔懔乎，栋折榱崩，将压之危，泣涕陈言，幸惟公察。

〔陆军部档案〕

8、梁士诒否认借日款赎路并主张筹集现款赎路通电

（1922年1月13日）

各巡阅使、各省督军、省长、各都统、护军使，各团体，各报馆钧鉴：胶济路案，为我国今日最要之问题，亦为国民所最注目之一事。士诒不敏，忝总国务，自当熟权利害，絜较重轻，期以尊重舆情，解决悬案。乃旬日以来，流言迭起，误会滋多，自惭诚信未孚，深以陨越为惧。今敢有最恳实之言，布告于群众者：一、士诒向未主张及允许何人借日本款以赎回胶济铁路；二、士诒及国务院未因胶济路事发过何项训电与三代表；三、士诒向未主张及允许何人将鲁案移至北京交涉；四、胶济路事，始终仍系三代表照原议在华盛顿商议，并无在北京直接谈判之事。总之，诒虽不才，惟事实所关，讵容诬蔑。国民如为征信计，尽可电询三代表，曾否接到国务总理或外交部，或梁某个人之电，嘱其借用日款及改在北京交涉。如有此事，则士诒受责何辞。否则以感情之冲动，供他人之利用，为事实之牺牲，牵动政潮，贻误大局，徒为忌我者所笑，爱我者所悲。逮真相判明，业已噬脐无及，则误国之责，必有任之者，而恐非士诒也。现距华会闭幕不过数日，已至最后奋斗之期，若非内外一心，急起直追，势必无及。迭接三代表报告，知三代表及英美两方，已灼明谣诼之虚诬，知我并无改变别议及移地交涉之事。英美调人，已重事接洽，惟事钜期迫，非有真正后盾，三代表亦莫由奏功。今将士诒个人对于此事之希望，略陈两项如下：一、坚持立即赎回办法，由政府及国民速即筹集现款以备交付。一、依上项办法，胶济路即应完全收回，无须附带条件，其用人等项，即毋庸议。此

为最简单直捷之方法。果使我同胞坚持定见，万众一心，虽当捉襟见肘之时，必有集腋成裘之望，表示我四万万人之群策群力，即在此日。诒虽驽庸，誓当破釜沉舟，毁家纾难，力图共济。以绵力所及，尽当担任筹借国内款项三百万元，以资倡始。人之欲善，谁不如我，谨本外交公开之原理，藉征公众意思之从违。士诒对于此案，当以民意为依归。前此各方种种指摘之言，不特无所容心，且当引为争论。惟冀全国一致渡此难关，免失友邦期望之殷，更树政治刷新之基，庶国际地位，国内形势，当有增进挽回之一日。士诒即以此电为征求全国公意之方，亦正我国民试验外交能力之日，邦人君子幸有以教之，立候明示，毋任屏营。梁士诒。元印。

〔北洋政府公报1922年1月18日第2113号〕

9、冯玉祥等为赎回胶济路陕西省愿担任二百万元电

（1922年1月26日）

北京〔衔略〕胶济路案，关系国家存亡。旬日以来，各省仗义力争，唇焦舌敝，要以筹款赎回为唯一主张。兹准齐督、王省长铣电，对于筹款简章，筹虑精详。又准田督巧电，担任赎款三百万元。热忱义举，钦佩同深。惟玉祥等窃有进者此次路案问题，因为我国国脉存亡关系，而赎路问题实为我国民人格存亡关系。盖赎路既钜，筹集维艰，凡具国民之资格，同负筹款之义务，若空言号呼而无毅力以继其后，时过境迁，热度顿减，华会闭幕，时机即逝，国权既丧，人格何存。历观梁氏微、虞致各电措辞矛盾，因无足辩，惟以赎回自办为最后主张，不知者以为迎合心理，其知者以为别有阴谋，梁氏雄有赀产，善于垄断，彼以我国民穷财困，有热忱而无实力，始则以筹款相炫，以钳其心，继则以无款相诿，以折其气终之，以必出借款之一途，以济其欲而售其奸，是直视我国为无人之国，並视我国民为无人格之民，大耻奇辱莫此

为甚。玉祥等职膺疆寄，分属国民，陕省连年灾祲，财源久菲，但念痛莫过于亡国，哀莫大于心死，宁可玉碎不为瓦全，与其临渊不如结网。爰即召集公私各法团，剀切筹议，本增进人格之决心，达筹款赎路之目的。毁家纾难，万众一心。当经议定，陕西全省担任二百万元，虽地瘠民贫，蚊蝱无负山之力，而沉舟破釜，精卫有填海之忱。所望邦人君子，急起追速，集巨款共保路权。当千钧一发之时，为众擎易举之效，藉以见我国民良心未死，人格犹存，庶足职强邻觊觎之心，答友邦赞助之意，壮代表之胆，而作其后盾，塞奸人之口，而破其阴谋，尤一举而数善具焉。我大总统谋国之忠，与诸公见义之勇，百倍下走，尚乞大力兼筹，群谋共策，主权立挽，厚幸莫名，谨掬愚忱，诸候明教。冯玉祥、刘镇华。宥。

〔内务部档案〕

10、张华堂关于天津各团体集资收回胶济路活动报告及附件

（1922年1月26日）

一月二十六日报告

敬呈者：今日天津民意各团体假天津商会开会。到会者四十余人，公推李实忱主席，讨论之案件：（一）旧历正月一日休息停会一日，通过；（二）提议梁士诒，张弧等以盐解借款。本会应去电阻止，通过。除电致总统外，再致电全国。又宋则久报告，缝纫同业会下星期加入游行队。又王卓忱报告，钱商公会密查团报告，日租界取引所之经纪，现均照常买卖日本老头票等事件。现查得该所充当经纪者为吴楚卿、张雅堂、史云升、翟澜波等应设法取缔，结果俟交钱公会办理，並拟请跪哭团前往其家属门前跪哭。又提议庆丰益私买日货事，至今尚无结果，拟于旧历三十日初一日，实行前往跪哭。讨论毕，至六句半钟闭会。

再敬呈者：今日下午三句钟，中华国民收路自办集金会，假

天津总商会内召集士绅以及各银行、各商号代表开成立大会，到会者一百零八人，公推李实忱主席。讨论之案件：（一）本会之名称为中华国民赎路自办集金会；（二）经费由各干事担任，每人捐洋十元，如欲多捐者为特捐；（三）公推严范孙为正干事长、李实忱、杜克臣为副干事长，各干事员由干事长推定。函请讨论毕于五句余钟。理合谨将详查各节呈报。

附呈 中华国民收路自办集金会缘起一纸。

驻津侦察员张华堂谨呈

中华民国十一年一月廿六日

中华国民收路自办集金会缘起

今日同胞为收回胶济路问题，会集一堂，群相磋商，集资收回办法。然此中经过情形，虽同胞晓然五衷，或日久忘怀。鄙人等感于同胞爱国热诚，用敢以简略所知，为同胞缅述之。

胶济路乃德人租借胶州附属之权利，当一八九七年十一月十四日，德人入胶州以兵舰压境，强迫租借。一八九八年三月六日，中德订胶州租借条约，限期九十九年。一九一四年八月二三五等日、俄、法、英各国相继对德宣战。同年八月十五日，日本通牒驻胶州德总督谓：胶州全租借地应归还中国，限于九月十五日以前，无条件、无赔偿交与日本，并声明至八月二十三日正午为止。无满足答复，日本将取必要行动云。同年八月二十三日，日德宣战，下令海陆军动员攻青岛。同年十一月七日，青岛陷落为日本占据。一九一五年五月七日，日本以最后通牒胁迫吾国承认其二十一条，要求内有日本继承德人在山东权利之条（原条附录于后）。同年五月二十五日，袁世凯等不经国会通过，竟签定二十一条。其后日本大愿已偿，参战目的已达，高卧青岛，安心从事商业，静观成败。然以国际惯例，恐胁迫之条件不生效力，自造谣言，传布于英、法协商国间，谓日本单独退出协约与德媾和。英法竟为所惑，先后日英交换密札，法日交换密札，皆系保证日本之与青岛负有援助处置之义。日本得此交换密札之后，遂坦然无虑，始令中国亲日党于一九一七年八月十四日对德宣战。此中意思以为中国虽加入协约，将来和会质证，自有英法为之援助。然美国参战在欧战功厥伟，而其政治势力不可轻侮，美国态度异常严正，不能以对于英法之密札手段对付，遂派石井子爵赴美，与美之国务卿蓝辛石井订立蓝辛条约，冀藉“日美两国互相承认两国领土邻接地之特殊地位”一语，以为后日朦混之地，复乘我国内热剧发之际，利诱我国与订合办胶济铁路，及延长高徐、顺济两线之约，至此德人在山东已得各遗产，已悉数由我国“欣然同意”承认，其有承继之权利矣。其所以必欲加“欣然同意”四字者，以有不欣然同意之二十一条件在也。日本之与青岛，布置周密，一着不漏，彼遂完全强占，谓其不应食归还中国之前言也，则曰中国自许也。谓二十一条出于胁迫也，则曰有欣然同意之各约以为之证也。英法反对也，则挟持密约以抵制之，美国而反对也，则破坏联盟，退出和会以胁之。日本之与青岛，可谓使尽心计矣。惟鄙人等对于一九一八年九月二十四日中日订立新约，关于日本在济南、青岛等地驻兵及合办胶济铁路各要求。中国大使章宗祥之复文中有“欣然同意”字样。（原文附录于后）。故美总统威迩逊氏谓：中国交涉失败，实伤于此。由斯可证章宗祥之卖国头衔信非诬言，曹汝霖、陆宗舆等内外勾通，互相为恶，彼辈受唾骂于千秋，昭彰于世，有由然矣。前次巴黎和会，正当国人力争之际，而安福卖国党人，施其高压政策，钳制市民，至使民气不获伸张，拒签和约以为保留地步。兹复值太平洋会议，日本仍狡诈百出，强为抵赖。对于胶济路不肯无条件交还，竟以三千万日金之请以为代价。消息传来，国人慨愤。胶济路筑自德国，我国为宗主权者，德人败后，当然解除条约，无条件交还我国。日本从中渔利，以三千万日金意图讹索，而日人强占数年，使用收益为利己钜，不有损害赔偿，反求代价。呜呼！

公理无存，侮我太甚矣。然以我国占天然之盛利，区区三千万日金，何足困我，驱此小丑，全国一心集资收路，自非难办。在此公理未明之际，我国同胞自不能不忍辱负重，曲予从全。唯卧薪尝胆，待诸将来，外交紧迫，一发千钧。同胞！同胞！速起急图解囊投资，共收此路，救国赡家，两有裨益。交通部已有寒电表明，政府不加干涉收回，由我同胞自办。幸勿观望，共策进行。庶集腋以成裘，众擎而易举，私心窃祝，早日观成。同胞其共勉之。

一附录日本胁迫我国二十一款约文〔略〕

吕镜宇　华璧臣等三百七十二人①

〔步军统领衙门档案〕

11、载德关于北大学生为集股赎路宣传活动报告致王怀庆呈

（1922年1月29日）

为报告事：窃查无政府党所出之社会运动半月刊第四期现已出版。此次仍为北大学生刘果航、彭寿远、罗章龙及高师学生刘仲容、许兴凯等所编辑，共出三千张，分寄于各地学校。又闻学界所组之集股赎路会，自本月二十八日起分宣传部，由张鼎乾、李大钊、王子均、鄢祥禔、王兆荣、高松秀、周宣德、张谨、陈政等每日午后齐集美术学校出发至各热闹地方演讲，俾众周知胶济路之待款自赎，以便集股而挽主权，其所出劝告传单亦由美术学校文书股印刷也。以上情形合亟报告。呈请

堂宪大人钧鉴

附呈社会运动第四期半月刊六张〔缺〕

载　德谨呈

中华民国十一年一月二十九日

〔步军统领衙门档案〕

---

① 三百七十二人中有黎元洪、龚沁堪、靳云鹏、熊希龄、王占元等等。

12、李元德报告天津各界抵制日货存钱赎路游行附传单

（1922年1月29日）

一月二十九日报告

为报告事：查梁、叶二人来津，曾两禀在案。自梁某秘移至法界良贸商业有限公司后，並不外出。惟叶某及朱启钤来梁处会议，其何事未详。因梁、叶二人所居之处，均系租界，外人不得在该两处容身。德业挽人贿通梁、叶两方面内里人，方能得悉内容情形，是否达到目的，再为呈报。又查旧历岁底，津埠安静如常，惟有商学各行各工等六十余团体，反对日本，抵制日货甚为坚决。每至星期日，各团体均集北马路商会，于午后二钟余出发游行，各街市今日即旧正月初二日又星期日仍照常日齐赴商会，再行出发，各持小白旗，有书“还我山东、取消二十一条、抵制劣货”各字样，结队游行並散布传单等情。将所查情形，理合呈请

宪鉴

李元德谨呈

十一年一月二十九日

附呈传单

救国不难

现下有的人说：“救国不难、就是齐心不易”，吾说不然，齐心是很容易的。看看旧历年关，谁家不上供烧香，並没有人来鼓吹，够多么齐啊。可见是人人去作，焉有不齐心之理。但是这种齐心，只是对旧历年，若对于救国亦如此，还有何尤何惧。吾给大家提个醒，请你把张罗过年过节这种齐心，先去张罗救国，别拿齐心不易四个字，互相推倭〔诿〕观望啦！快……快……救国吧，……救国吧……

商界扶危团

第九次警告

注意　不买日货　存钱赎鲁路

法子　不用日钞　储金立工厂

注意

（公仇何异私仇，想到国灭情形当为财产生命计）。

（商战无殊兵战，对此舶来物品应作枪林弹雨观）。

坚决救国第五团警告

不买日本货

不卖日本粮

人人能如此

中国必不亡

天津各界商民公启

〔步军统领衙门档案〕

13、李厚基为筹款赎路闽省认购一百万元并拟向华侨劝募电

(1922年2月14日)

福州来电

北京大总统，国务院钧鉴：各部院，巡阅使，督军、省长、护军使、镇守使，省议会、教育会、商会、农会、报馆均鉴：胶济铁路赎回自办，全国国民一致主张者，盖以路权关系国体，事在必行，时不可失。厚基前已通电承认招股，为外交后盾。现华府开会，业已议有端绪，各省士民亦各热诚认股，准备赎回。闽省虽经兵荒水旱，民穷财尽，而对于国家重大关系，均愿勉竭棉力，冀助壤流。当经厚基召集军、政、农、工、商、学各界，详加讨论。各能深明大义，踊跃认募，议先担任集股一百万元，再由公举省议会副议长郑丰稔向华侨方面解释劝勉，冀集钜款，一气呵成。国权以伸，民情可见。厚基忝绾兵符，兼膺疆寄，分属

国民分子，尤应从闽中三千万父老兄弟之后，以宏此九川同军之规许，保兹万世无疆之业。谨电奉闻，伏希亮察。李厚基。寒印。

〔陆军部档案〕

14、徐世昌关于自筹款项赎回胶济路令

（1922年2月23日）

大总统令

胶济铁路，业在华会议决，赎回自办，路款分期交付，所有交涉暨签定情形，业经外交部通电宣布在案。现在筹款赎路关系重要，应即切实进行。据内务、财政、农商、交通等部，呈请拟将该路归为民办，并拟筹存款项办法，以顺舆情。据称各省军民官长来电，均愿担任筹集钜款，各省绅商人民亦均踊跃输将，亟应确定保障，以为政府于民业铁路之提倡，养成人民经营新业之能力等语。续据江苏督军齐燮元等，暨全国商会联合会先后电呈，路款亦主民筹，路权均归民有。办法既属佥同，筹划亦均详尽。具见见义勇为，举国一致，热诚毅力，嘉慰殊深！胶济铁路，应决由人民筹款赎回，即定有民有铁路，永属民业，以符名实。著由该管部妥定办法，呈候核夺颁行。至筹集各款，为国民汗血之赀，尤应特别保障，免滋流弊。应令其于各地方指定妥实银行，专款存储，由各该商会随时监督，无论何人何事不得腾挪提用，各该银行于收到款项后，并应随时报告主管官厅暨银行公会、商会，用资稽核，庶几款不虚糜，事能迅举，路权永固，民业日新。此令

大总统印

国务总理　颜惠庆
内务总长　高凌爵
财政总长　张　弧
农商总长　齐耀珊
交通总长　叶恭焯

〔北洋政府公报一九二二年二月廿四日第二一四八号〕

15、交通部等关于筹款赎路交由民办及筹款办法呈

（1922年2月27日）

为筹赎胶济铁路拟请接收后仍归民办，并规定筹存款项办法，以顺舆情而资考核，抑祈钧鉴事：窃胶济铁路之敷设，缘起于胶州条约。章程内虽有招集华商、德商股份之规定，惟其时国民无投资者。嗣由鲁省酌筹官款购股，数亦仅十二万两有奇。比较德股止占二百分之一，当然权不我属。欧战开后，日人占据青岛。胶济一路，遂由其管理。数年来鲁省人民及各界士绅，因利害所关，相与奔走呼号，一致以收还该路为主旨。本年太平洋会议，我国代表在华盛顿与日本代表因此问题争持未决。经交通部迭电代表，主张现款收回，并经交通部于一月寒日，二月东日两次通电全国，拟将该路归为民业。由人民筹款赎回自办。旋准各省督军、省长先后电复，担任巨款，已过半数。各省绅商人民，组织机关，分认筹款甚众，风声所树，踊跃输将，具见国民见义勇为，热诚爱国。现准华会三代表电称：胶济铁路交涉，业经英美调停签定。由我国用国库券收回。除一切交涉情形由外交部另案呈明外，查该路收回原以国家名义，第款由民筹，则路归民办，于义甚正，仍与华会签定办法，不相抵触。抑就此时机，可以实现政府民业铁路之提倡，复养成人民经营新业之能力。拟请大总统俯准将胶济铁路收回后，仍归民办，永为民业，以顺舆情。至人民筹款办法，自应由人民指定银行专款存储，并由各该商会负监督之责任，此款专为赎路之需，无论何人出事，不得腾拉提用，期投资者得稳固之保障，而终归于确当之用途。各该银行亦应将收数随时报告官厅、商会，俾资考核。此案业经提出国务会议议决，众意佥同。所有筹赎胶济铁路拟请接收后仍归民办。并规定筹存款项办法缘由，理合会同呈请　大总统钧鉴，明

令公布施行。再此案系交通部主稿，内务部、财政部、农商部会衔，未及会印，合并陈明。谨呈

〔北洋政府公报一九二二年二月廿七日第二一五一号〕

16、王光宇关于北京两高师举行筹款赎路活动报告①

（1922年3月19日）

第一千零三十号报告

一据韩景澄报称：今闻北京高等师范及女子师范学校合组筹款赎路游艺会，特于本月十七、八两日，假第一舞台演义务新剧两日，共筹洋二千五百六十余元。除该会临时开销外，其余尽数交会中收存，以资充公，并附呈秩序单一纸〔略〕。

中华民国十一年三月十九日呈

我们为什么要办这个游艺会，就是想筹款来赎回胶济铁路。

胶济铁路的历史和我们中国的代表在美京会议的情形，以及全国的国民筹款赎路运动，各报纸都载得很详细，想诸位都知道了，用不着我们多说了。

我们做学生的，既是中华民国的国民一份子，那么，对于这次爱国的运动，岂容"当仁而让"吗？不过我们现在求学时代，经济还要靠家里面，有时尚虑不足，哪里有钱来赎路呢。难道这次爱国运动，就不干吗？那又不然。因此，我们就办这个游艺会来筹款。至成绩如何，现虽未敢言。但是我们很希望诸位多多的指教。原谅！那么我们就非常的感激了。

北京两高师筹款赎路游艺会

〔步军统领衙门档案〕

---

① 侦察长王光宇呈王怀庆的报告。

17、田中玉为胶济路接防请速派军队密电

（1922年4月10日）

北京大总统、国务总理钧鉴：外交部、陆军部鉴：昌密。胶济路接防，王督办在鲁，刻方依约进行，军警亦按期分途并进。惟青岛附近奸人不顾大局，勾结土匪时有所闻。鲁省兵力单薄，脱出意外，影响外交前途，何堪设想与其追悔于事后，毋宁慎重于事前。咸电请拨陆军混成一旅、兵舰二艘藉资镇摄，实为愚虑一得，并非无病呻吟。现据随王督办来东之海军部员徐祖善面称，部派军舰二艘，大有坐镇港湾，小者游巡海岸沿线。业经议定，不日可望开到。惟陆军混成一旅，迭电催询，迄未奉复，尚望早日规定，期策万全，並盼示复。田中玉叩。蒸印。

〔陆军部档案〕

18、王正廷为胶济铁路赎回民办请全国各界提倡劝募通电

（1922年6月22日）

〔衔略〕均鉴：胶济铁路赎回民办，早经政府明令公布，各地公民集欣，储金亦颇踊跃，深愿民业铁路公司早底于成。我国地广人稠，交通不便，苟无提纲絜领之机关，则内无以策全局之进行，外无以副列邦之本望。现距路权收回为时已近，正廷身当重任，义不容辞。爰特拟订胶济铁路公司章程草案及招股简章，提交鲁案善后事宜理事会郑重讨论，一致通过，並决定在督办鲁案善后事宜公署，设立胶济铁路公司筹备处，即委路务处正副主任朱庭祺、张福运主持其事，执行招股储金及一切筹备事宜。股款储金仍决指定银行代收，以清界限，深望我全国父老昆季交外军民当局，群策群力，提倡劝募，务俾此项路款于两年以内招募足额，公司组织早日观成，则不特正廷有获卸肩之幸，当亦为举国同胞所闻也。除将铁路公司草章及招股简章另行邮寄外，特

电奉闻。王正廷叩。养印。

〔陆军部档案〕

19、国务院关于扣薪储金赎路致将军府公函

（1922年7月17日）

国务院公函　第一千四百三十五号

迳启者：准督办鲁案善后事宜公署咨呈，胶济铁路赎回自办，各省纷纷集款。现经本公署理事会议决，凡在京内外各机关人员，月薪在百元以上者，每月至少提百分之二作为储金，以两年为期。相应咨呈贵院查照，提出国务会议并分别咨令各部、署、院、处饬行所属各机关一体办理等语。兹经国务会议议决照办。除分别函行各机关外，相应照录原文並办法七条，函请查照办理，並转行附属各机关一体查照可也。此致

将军府

附钞件

中华民国十一年七月十七日

督办鲁案善后事宜公署为咨呈事：查胶济铁路由华会议决，归我国赎回自办，各省近日纷纷集金赎路，颇为踊跃，各机关以及各公私团体亦多有抽提薪金储款赎路办法。现经本公署理事会议决，凡在京〔……〕以两年为期，以归一律，相应咨呈贵院查照，提出国务会议并分别咨令各部、署、院、处饬行所属机关一体办理。并希见复为荷。此咨呈

国务总理

督办鲁案善后事宜王正廷

各机关员司扣薪储金赎路办法

第一条　各机关长官员司，月薪在百元以上者，应按薪额提

百分之二赎路储金，其有机关自定成数或个人自愿抽提在百分之二以上或月薪不及百元，而亦愿按额提储者，均所欢迎。

第二条　此项储金由各机关存储，本公署所指定之收款银行，其所有附属机关亦应由各该机关分别令行。依照前条规定，同样办理。並按月将所扣储金总数，随同储金三联单之第一联，汇送督办鲁案善后事宜公署以便登记。

第三条　每月发薪时，由各机关会计或出纳科，按照第一条之规定在各人薪俸内提出，代为送交本公署所指定之收款银行存储。同时在储金折上应加盖（赎路储金不得支取）字样，因此种储款，专作赎路之用，将来只能换给胶济铁路股票，不得移作他用。

第四条　每月领薪之前一日，储户应将储金摺送交会计科或出纳科，以便该科将存摺及提扣之金送交银行存储，一俟手续完竣仍发还储户收执。

第五条　储金三联单以第一联送督办善后公署，第二联送交银行，第三联即存该收款机关以备查考。

第六条　此项储金之存储利率及将来换股办法，悉依赎路储金简章第三、四、五条之规定。

第七条　此项扣薪储金办法，自公布实行之日起，以两年为期，逾时即行停止。

〔将军府档案〕

20、山东旅京同乡联合会要求慎重厘订青岛章程致张绍曾函

（1922年11月3日）

敬舆①总长赐鉴：查关于青岛各项章程，业经督办鲁案善后事宜王正廷分别厘订，其内容究于国权有无伤损，于民情有无违

①张绍曾字敬舆。

背，是否推行尽利，毫无室碍，自应由政府详加审核，断无率行批准之理。乃闻该督办近日运动阁员，联衔会呈，意欲使阁员共同负责，径予照准，殊堪骇怪。查此项章程一经颁布，即当垂为法令，永远遵行。当此创制之初，岂容稍涉卤莽，素念我公政治眼光度超群辈，不至为其所愚，轻允所请，俾得遂其分谤之私衷。惟念兹事关系重大，该督边措置乖方，鲁人本多怀疑，此次所订各项章程，决难惬心，贵当拟恳毅力主持，将该项章程发交主管机关共同研究，务令悉臻妥善，毫无遗憾。匪特鲁人实受其赐，将国家实利赖之。临颖无任盼祷之至。专此布达。即颂
勋绥

山东旅京同乡联合会代表龙锡铖等公启

十一月三日

〔司法部档案〕

21、胶济商埠警察厅关于日本违约侵权在青岛乱设警所袒护罪犯等情电

（1923年1月31日）

〔衔略〕我国收回青岛，认为自辟租〔？〕城，与天津、上海专管租借地不同。而行政之实施又非领事裁判权可以牵混。日本照约将青岛行政权完全交还，在我国领土中，自无再行设所驻警之理由。乃趁接收忙乱之中，竟在市内外设立警察派出所九处。立与该国森总领事往返该〔诘〕责，终以属于领事裁判权之处置为词。复呈经商埠督办抗议兼旬，又复诿为执行本国政府五〔？〕令。刻已电达中央谈判。凡有血气，莫不震惊。窃维此种行为，违背国际公例，政府既严重交涉，国民复互为声援，无待立等置喙。惟是久延不决，妨碍警察行使职权，同人痛切剥肤，愤填胸臆。谨将经过困难事实，举其大者，敬告邦人。清查户口，为搜除伏匪要图，彼乃借词帮查，以误会滋事为要挟。取缔

贩卖枪毂，所以遏绝乱源。彼谓束缚其营业之自〔申〕由，认为既得权利。吗〔啡〕毒物，久悬例禁，警察查获送禁之现行犯，即事逮捕，彼乃指为侵入日人房宅，有背治外法权。履霜坚冰，由来者渐，不于发端并力制止，则以警力薄弱，处处退让，地方因之入于混乱状态。彼必藉以保护不力，惟所欲为，究其祸之所终，不至变为中日共升〔同〕管理之青岛而不檪，名还实占，咎将谁归。瞻念前途，不寒而栗。所望举国上下，暨我读〔警〕察升〔同〕人，急起直追，争回流〔统〕治主权，以完成我华会取得之效果。立等职权所迫，痛哭直〔陈，急〕不择言，敬盼公决。除快邮代电各省外，谨此电呈。胶济商埠警察厅厅长程立，率同保安队长、各科长、各署长及全体官警同叩。世印。

〔平政院档案〕

（三）争取电车水电商办

1、张华堂关于天津各团体要求收回电车电灯自办呈附传单

（1922年2月7日）

敬呈者：今日下午三句钟余，天津民意各机关、各团体假天津总商会内齐集，为天津电车、电灯公司与中国订约之年限将已期满。惟恐中国政府向该公司之借款成立再续年限等情事。故召集各机关团体代表开讨论会议，到会者三十余人，当场公推时子周主席互相讨论，力争电车、电灯赎回自办各种进行之办法。讨论毕其结果通过之各件如下：一应由各代表组织天津国民电车、电灯公司收回自办会；二公推正副会长並职员；三修定本会章程並电车、电灯收回之进行法；四由本会散布传单、鼓吹民气，群起力争；五在已不满二年已达到赎回之时日，此期内务达到到赎回之目的等情。讨论毕至六句钟闭会。理合谨将详查各情形呈报宪鉴

附呈传单一纸

驻津侦察员张华堂谨呈

中华民国十一年二月七日

收电车

诸位知道，天津电车电灯公司，吾们是跟他们比国人，订的二十年条约吗？目下已十八年了，再有二年的工夫，就应该赎回自办。该公司的成绩卓著，利源宏富，那是大家都知道的，亦就不必再说了。赎回自办吾想大家亦是很愿意的。不想我们麻木的政府，不顾主权的财政总长（张弧）在这个时候，他跟电车电灯公司借款，拿着推展年限作为交换条件。眼看着到手的利权，这

一展期不定又得几十年。在这几十年里头，金钱流到外人手里更不知有多少，人民又不知道受他们外国人的多少气。

吾想大家一定是不愿意的，这不过是略举两端，其中别种利害大家亦是知道的。大家即然知道就应该群起反对，齐声否认这宗事，由根本上推翻。诸位万别因事小而忽略，这虽说关系国家主权，人所必争，然而我们天津人士生处于此间，责任更无旁代，须知胶济铁路赎回需款三千万，人民尚可办到，若赎电车只需七十万，那不是极容易的事吗？诸君万别观望，坐失机会呀！

天津坚久爱国会第八号

二月六日

〔步军统领衙门档案〕

2、宋锡金关于京师总商会为抵制电车公司而抗捐报告附传单

(1923年12月27日)

为报告事：顷查京师总商会散布停缴铺捐、车捐传单一纸。阅其大纲似专为抵制电车公司起见，惟事涉国家税务收入，不免受其妨碍，理合具单报告。並附传单一纸。呈请鉴核施行。谨呈军事处钧鉴

京师军警督察长宋锡金

附传单一纸

中华民国十二年十二月二十七日

京师总商会开会，经各行全体议决，停缴铺捐、车捐通知事。本月一日开全体大会议决一件极为重要案件，就是通知全市商民一律暂且停交铺捐、车捐。这件议决案是为什么原因起的呢，说来真是令人可恨，就是因为电车公司藐视公众利益，诈欺本会，违反调解原约，本会不得不设法完成救护全市平民的权利的主旨，才有这种不得已的办法。当去年冬季，电车公司将要开

工的时节，本会因为电车这种事业是关系全市的利害甚大，应该归市民团体办理，必须预先就与市民全体通盘筹划，才能有利无害。今该电车公司纯是一、二资本家把持，並未与市民预先筹划，拿起来就办，纯是图谋自己发财的思想，所以有很多的害处。本会既是商民的代表机关，不能坐视商民受害，不去说话，于是就具呈政府，申说理由，请政府饬电车公司停止做工，先和商民等商救济危害方法(原文及条件太长从略)。电车公司自知理短，央托地方行政长官出来调停。本会提付大会公决，认为可以调停，随推定了几位会董，帮助会长研究调停办法，提出几个条件和调人接洽了好几次，由调人定了一个折中办法，别的不必说了，专就开设贫民工厂一项，说原议是开办两处，该公司托调人极力磋商，先开一处，由电车公司先拨洋六万元作为开办费，交本会筹备。俟开办后，每月再按月交五千元作为经常费，随后再补开一处，也是照样办理。（其他条件从略）本会因为工厂是电车开驶后不可少的机关，不这样办，十余万洋车夫骤然失业，市面恐怕要出很多的危险。有这工厂，洋车夫失业的可以入厂工作，贫民既有了谋生之所又却不过调人情面，所以这种折中办法，虽不满也就将就的答应了。这是本会与电车公司交涉的经过。后来调人交到两万元，说是开办费，本会以与原议不符未收他的。后来去了多少次信催他，並问调人均没有得着最后的回答。近来调人说，电车公司不照原议办理，实属无法。先前那两万元还是调人垫的呢？工厂既是这个样子，别的条件不要说也是无效了（即折让民房危害生命等事）简直是电车公司诈欺手段，诈欺我们市民，敷衍着把工程修齐了硬行开车。看你们一般无拳无勇的平民能把我们怎么样。实在是藐视公众生命财产，欺压市民。本月一日，本总会开全体大会，经会长报告，众会员公同讨论对待办法，全体一致议决结果，就是通知全市商民一律暂且停交铺捐、车捐，预备拿这项款来救济电车开行后所生种种害及一切公益的事项，因为什么这样办呢？理由是非常的充足，按我们所交的铺捐车捐，当初是交工巡捐，现在由局转解市政公所，用途统是修建全市工程道路的，尤其是修筑马路用的最多统计前后我们这项捐交纳了不下千余万元，修理马路用的占十分之四五，约计起来总不下数百万元之多，电车公司一文未出便来铺轨行车，论理是应当赔偿我们的。我们出很多的金钱修的，现成的马路电车公司並未和我们商量就来白白的占用，给我们生出许多的祸害。他们可是大发财源，道理上是说不过去的。我们不教他全数赔偿，已经让步的很了。本会所提出的条件，全是防止电车的害处，按道理上是电车公司本应该遵办的，並且又经调人再三调说才拟定的折中办法，他们还来食言反复，实在太不讲公理了。别的法子我们也不去想他，惟电车公司既来占用马路，仰仗马路发财，这修理的费用是应该公司出的。市政府所与该公司订有合同，每年盈余项下提出百分之十六作为市政公益捐，交纳公所为补助修理马路费。呵呵该公司如无盈余，定是一文不提了。我们铺捐车捐就是赔本每月亦须缴纳。这样办法尚有公理可言么？以前用过的呢？且不必说他，以后的呢？既是有公司出钱，我们就不必出了，腾出这笔钱来我拿他办理救济受电车祸害的一切公益事情。譬如开工厂等。这是极正当的办法。全体一致主张通知全市商民由十三年一月一日起，一律实行停止缴纳铺捐车捐，等候公共解决办法，再行通告。合行通知，即请查照。由十三年一月一日起即停缴铺捐车捐可也。特此通知

〔大总统府档案〕

3、闸北慈善团等要求查办闸北水电厂代电

（1923年6月4日）

北京内务部钧鉴：淞滨电力公司早经江苏省议会议决打销。去年闻有运动复活消息，当由闸北地方自治筹备会等呈请交通部

制止。旋奉批示咨省查复。兹阅四月十四日南京新江苏日报，该公司有呈请省署咨部复活消息。查淞滨公司所划区域即省有闸北水电厂之营业区域，当时勾通割让者为江苏省署第四科长金其照，闸北水电厂长即现任江苏省署第四科长单毓斌，而组织淞滨公司之人金其源即金其照之兄，周镜芙系单毓斌之妹婿，当时充闸北水电厂物料主任，内外勾串，朘削省产，单毓斌身任厂长，竟朦呈省署，谓铁路以北之营业区域划归淞滨公司，与省有闸北水电厂原有营业无甚冲突，其实铁路以北之营业区域为省厂收入所关，精华所聚。该淞滨公司设非单毓斌、金其照等互相勾结，何至丧心病狂若此。况闸北原有水电厂以地位狭小，资本不充，无法扩充电则租自租界，水则不敷供给，全市居民困苦无穷，不得已由闸北各公团请愿，省议会议决。奉省长公布改为省商会，依照公司条例组织改名闸北水电公司。现在由江苏省公署查照省议会议决案，派实业厅长会同上海总商会公聘工程师，将旧有省厂估价作本，尚未竣事。而该淞滨公司置闸北人民痛苦于不顾，始终为祟，竟敢明目张胆乘机复活希图侵占。单毓斌在闸北水电厂长任内，苛刻著名，至今闸北人民犹有余痛。后任南京电灯厂又以骚扰用户营私舞弊被南京总商会、教育会等控告有案。乃撤差未久，遽膺省署要职，事之变幻莫可究诘。自奉交通部咨省撤查淞滨公司省署已切实调查，该员又与第四科员王树臻勾结，匿不报部。故留淞滨侵占余地，若不严予查办，将何以维官常，应恳大部将淞滨电力公司原案迅予撤消，并恳电咨江苏省长，立将单毓斌等停职，听候大部密派妥员吊〔调〕阅江苏省公署闸北水电厂两处卷宗，秉公查办，按律惩治，以维法纪。敝会等为闸北全市人民痛苦计，难安缄默，据实上陈，幸赐垂鉴。闸北慈善团、中华公义会、浦滨公益会、闸北五路商界联合会、闸北虬宝商界联合会等叩。支。

中华民国十二年六月四日

〔内务部档案〕

4、上海闸北公团联合会争取水电归商办罢市有关往来文件

（1924年3、4、9月）

（1）闸北公团联合会电　（3月14日）

国务院、内务、农商、交通部钧鉴：寒电计呈。敝会代表分投劝告开市，商民坚执声称：非廿四小时内公布水电商办，立予移交接管，暂不开市，再三劝告，挽回乏术，危机四伏，焦灼万状，务恳立予解决，迫切待命。闸北公团联合会叩。寒二。

（2）农商部致内务部咨　（3月15日）

农商部为咨行事：迭据上海闸北公团联合会来呈並各电，因闸北水电案，延不解决，寒日全体罢市。声称：不宣布水电商办不止再三劝告挽回无术，恳速维持，立予解决。各等情。到部。当以闸北地连租界，秩序重要，已分电江苏省长实业厅、上海护军使及总商会设法从速解决，以安市面。相应咨行贵部查照可也。此咨

内务总长

农商总长　颜惠庆

中华民国十三年三月十五日

（3）闸北公团联合会电　（3月15日）

国务院、内务、农商、交通部钧鉴：寒二电计呈。省长不理，群情更激，本日协同警察劝告开市无效，罢市两日，危迫万状，是否舍弃闸北，盼电复。闸北公团联合会叩。删。

（4）江苏省议会议员致内务部电　（3月19日）

内务部钧鉴：阅报悉，江苏省长韩国钧于本会徐议长勘电请

求解释一案。一方隐匿部文；一方又朦咨大部，冀以淆惑真理，用快其摧残议会之思，报章彼露该省长咨达全文，内及上年本会议决，闸北水电厂商办一案之经过，完全背于事实。查当日议及该案，首以表决变更议程，少数反对，议员阻止未遂，恣行哄扰，秩序纷乱，议告宣告退席，暂行休息。秩序稍定，继续开议。议长宣布议题，请众讨论，嗣付表决，反对派阻止不遂，又起哄扰，议长退席，即命三课长进场振铃，宣布散会。此当日之实在情形也。两次表决共见共闻，是日出席一百零三人，宜厚等以反对派宣言否认表决，用是以是日参预议事，躬自起立，表决之过半数，同人具公函证明。夫议会以议员为主体，议事则取决于多数，以多数议员之证明而谓为不足资信任，自非心目中罔知有议会。如该省长者度必不敢出此。该省长所谓招请区署到会旁听一节，询之徐议长实未有此命令省署旁听委员云云，尤属茫无稽考。立法、行法各自独立行使职权。省署据旁听之言以为推翻议案之根据已属创闻。而所举之旁听者，又为省署指挥下之僚属，是否足资信任度舍该省长外，无人敢首肯也。该省长上年咨会认议案违法之文，仅列区署及旁听委员报告之说。此次咨部忽又加出本会三课长张福桢函称云云。全函未见披露，不知所称云，何揣其意，无非以所称区署委员之报告，自觉亦难圆满。故欲牵扯会内职员为有力之佐证，不思果有是函。上年胡不同时宣示，事后串捏情节显然。何况三课课长职司庶务非常在会场职司议事纪录之员，本会有秘书长，有专司议事纪录之一课课长在场，身亲负责之员，掌司之文牍纪载举不足信，乃取信于不常在会场，不负议事纪录责任之庶务课长当乎？否乎？会场有新闻记者席，此为旁听中之较有可指者，是日因表决哄扰，次日沪上各报均有专电载两次表决多数及少数哄打等情。事实具存，岂该省长一手所能掩尽。会场速记自确系当场记录，公布于会内汇刊，有速记录可证。该省长横梗未经议决之一语于胸，遂取下何事可记之断，毫无理由，无庸赘词。总之，该省长缘治苏以来，紊乱财政，营私不法，议会时加摘发，遂至积不相容。前年有禁止议员干政之通令，播为笑谈，不得已而通令更正。继乃挑拨学界风潮，殴打议员，毁伤家宅，冲扰议会，百端仇视，事实具存。此次更参加会内之党争，不惜滥用职权，阴肆摧残之毒手。初不思闸北水电厂商办一案，关系地方主权，人民痛苦。滋钜该省长冥行不顾致激成全体罢市风潮。于是手足失措，仓皇宣告定五月一日移交商办。尚以期前提交议会，不决则紧急处分等词。为饰非怙过之地，殊不思商办已是经议决，何从更行提交省产。在开会期间，岂容紧急处分，支离荒谬，罔恤法度，乃至于此。除俟开会依法纠正外，特行电呈真相，並检录该省长上年咨复议会撤销议案全文，及本会议决。该案日出席人名簿速记录、议员证明书、各影片又汇粘各沪报专电一纸，并呈仰祈大部鉴核，主持公道为幸。江苏省议会议员屠宜厚、吴有龄、董浚、王朝干、刘昌威、朱积棋、庞振乾、郑子骏、顾宝瑛、詹介臣、鲍贵藻、吴辅勋、罗毓桐、刘文辂、陈谟、杨士香、叶理封、陆元萃、黄人式、许仲祥、胡绍瑗、杨集华、眭国襄、戴海龄、王泳梅、沈士翘、李昂轩、周向亭、周国鼎、乔国桢、马甲东、吴儒增、王惠轩、崔荣甲、程鋆、朱镜明、郭镜清、张肇炘、张长华、王纲、杨成、王春生、曹缵安、朱元直、钱名琛、姚元桂、邵玉铨、王国谋、王彭年、董增传、凌恩锡、方庆纲、刘振殿、马显宗、张才鲁、李郁文、左保南、葛浚、黄端履、周凯、章崇治、吴廷良、王廷贻、袁锋、陈允、元仲洲、俞若曾、江祖照、熊钟麟、高铁珊、夏光翰、孙基士、孙建国、杨毓藻、吴月波等公叩。皓。

中华民国十三年三月十九日

（5）江苏省长咨　（4月2日）

第六〇一号

江苏省长公署为咨复事：准贵部咨准国务院交闸北公团联合会，呈为闸北水电急待商办，理合将本案原委情形具词陈明，仰祈俯赐主持等情。并据上海闸北公团联合会真、寒、删各电内称：闸北水电商民坚执非公布接管誓不开市，恳俯赐主持，立予解决等情到部。事关地方治安，相应抄录原件咨请贵省长查核办理，并希将办理情形见复可也。等因。准此。查闸北水电厂于十一年经省议会议决，省商合办，业经公布执行。十二年冬，复经省议会咨请改归商办，当据警厅报告并议会第三课长张福桢函证明，当时此案实未议决，认为手续不合，依法咨复撤销。此次闸北罢市，借口厂水缺乏，致肇祥经火灾，据警厅报告全非事实，不过借题要挟。现定于四月下旬召集议会公决，并饬厅道等切实劝导，已于十六日开市，相应查案咨复贵总长查照。此咨

内务总长

江苏省长韩国钧

中华民国十三年四月二日

（6）江苏省长韩国钧咨　（9月7日）

第一九五〇号

江苏省长公署为咨行事：案查省立闸北水电厂，前因电力不足，水量不充，迭据该地方各团体以市面日兴，户口日繁，水电两项需要数量之增加，大有一日千里之势，请求即行改归商办。本署当以水电不足，无可讳言，省库既无余力经营，改归商办，深表赞同。惟该厂系属省有营业，省有营业非经省议会正式公决，无可变更，文电交驰，相持数月，声明理由，咨交省议会依法公决。一面令由实业厅会同闸北水电厂委员会先与商办水电公司筹备处议定营业权价格，拟订草约，再候正式处分。嗣经张福增、宋铭勋等陈诉不服省公署批准草约之处分，指为违法，提起行政诉讼。呈经平政院裁决，江苏省公署批准草约之处分，应予

变更。惟在省议会开会期内，可以行政职权体察地方情形安定，先行处分之办法。呈奉大总统令准执行并送达裁决书在案。现在省议会早经闭会，尚未议决，自应遵照裁决书先行处分。当即督同实业厅厅长张轶殴与商办公司订立正式合同，实行改归商办。除分令财政、实业两厅依据合同交接清楚，并分咨外，相应检具合同一份，咨送贵部查照备案。此咨

内务总长

计咨送合同一份〔缺〕

江苏省长韩国钧

中华民国十三年九月七月

〔内务部档案〕

（四）万县惨案与学商各界的抗争

1、万县各界人民抗议英帝国主义者在万县枪杀我军民代电

（1926年3月31日）

北京国务院、外交部、各部总长、各国公使、汉口吴大帅、南京孙馨帅、成都邓督办、刘帮办、重庆刘督办、关监督、交涉署、领事团、绥定刘督办、万县杨省长、各省区省长、督办、各都统、各总司令、各镇守使、各师长、各关监督、各特派交涉员、各厅道、各领事、各机关、各法团、各学校、各报馆均鉴：英舰蛮横，不顾邦交，国权民命惨被摧残。本月廿九日，驻万杨总司令部宪兵由云阳运款搭英万流轮船回万，将及该轮而该轮上忽加快驶，致浪沉木船二只，划子一只，溺毙官佐七员、士兵五十八人、民伕十余名、枪支辎重暨盐款八万余元全数损失。洎该轮抵万，又被英军舰科克泽夫勒提枪支，击伤士兵二名，并以大炮移向沿河两岸民房，岌岌欲轰，以致群情惶骇，军民共愤，势将激成非常事变。法团等目睹惨状，心忧外交，爰于三十日开会讨论，佥以英轮驶江，迭次肇衅酿祸，违章蔑理。如万流轮船于七月八日在酆都立石镇，浪沉木船，淹毙军民四人；嘉禾轮船于八月二日在万县白水溪，淹毙官兵，损失枪款二千元，又同日复在湖滩，浪沉民船，淹毙士兵，损失饷款四千八百余元；滇光轮船于六月十三日在万县湘子石，浪沉民船，溺毙船夫五人，均系事实确凿，惨无人道，案尚未结，兹复无故演成多数之惨剧意外，横遭重大之损失，吾民何辜，同罹此厄，实属侵辱我国体，草菅我民命，凡有血气，义愤填膺，野蛮暴行，忍无可忍。除就近请由杨总司令直接抗议力争外，应恳政府诸公，与英人严重交涉，全国贤达，一致主张公道，俾得早惩祸首，赔偿损害，并妥

筹善后方法，藉伸众愤而保国权。临电无任迫切待命之至。万县县会、商会、教育会、农会、工会、全体机关、法团、学校、人民同叩。世。印。

〔国务院档案〕

2、杨森报告英帝国主义者制造万县惨案与外交部来往电

（1926年9月）

（1）杨森致外交部电　（9月1日）

外交部总、次长大鉴：英国商轮行驶川江，往往不遵定规，随时肇祸。此次英轮万流在云阳浪沉木船，淹毙多命，又在万县枪伤士兵，群情愤激，已成重大交涉。兹将近来英轮肇祸各条，为大部详细陈之：查滇光轮于六月十三日在万县箱子石地方，浪沉木船一只，淹毙何心太、刘吉五、张田、王镂云、傅云生等六名；又万流轮于七月八日在酆都立石镇地方，浪沉划子一只，淹毙六师营长田雨廷及勤务兵张复初、田云等三人，及商会杂役张二一名；又嘉禾轮于八月二日在涪滩地方，浪沉木船一只，淹毙十师差遣张海洲一人、兵士覃邦良、崔英保二名，沉没公款四千八百六十元，同时又浪沉木船一只，淹毙十师差遣崔英瑞、船主秦大志二人，公款二千元等案，均在严重交涉中。殊八月卅日，据第四师师长杨淑身报告称：二十九日下〔上〕尉夏云奇、刘作舟、中尉王连城、少将〔尉〕良明忠、传令兵吴治平、阎传祥等，于午前十钟在云阳登万流轮时，小舟方到河心，该轮即开快车，木船立时沉没，淹毙六人。同时，据〔此处电码有脱漏〕汉忠报称：接云阳电话：第二大队奉命派兵赴云阳县守提盐款及粮税各款，已提得现洋捌万伍千元，于艳日带同士兵及所提款项押送江干，待轮送万。即于是日午前十钟，万流商轮适到云阳，该轮已开慢车，以为照例停驶候客，当命该队士兵押款上轮，仍回〔由〕云

厂〔返〕。乃该轮于木船接近时突开快车上驶，所载士兵、款项之木船二只登时浪沉，计损失银捌万伍千元，连长、排长各一员，士兵五十六名，枪支五十六支，子弹五千五百发，具报前来。适该轮到万，当派本部检查长率兵数名前往该轮讯明情形，以便交涉。殊英国兵舰派兵多名到该轮，复将本部所派官兵枪支七支及子弹一并提去，开枪击伤士兵二名，旋以巨炮直向陈家坝南津街两岸民房，似欲轰击，市民惶骇，莫知所措。森以英舰如此横蛮，罔恤人民，其侮辱我国国体已达极点，只将该公司万通、万流两轮扣留在万，以便严重交涉。理合缕晰陈明，务请据理力争，并要求赔偿损失，以顾国体而顺舆情，不胜待命之至。杨森叩。东。印。

（２）外交部致杨森电　（９月４日）

发四川杨省长电　九月四日发第一九七〇号

英使称：英商太古公司轮船两艘，因他轮撞沉民船，被四川杨省长扣留。该案若责在公司，自应照例经过仲裁手续，令公司赔偿损失，原告并可先向公司索取担保款项，不应将与本案无涉之轮船二艘扣留。万县附近有本国兵舰，若双方凭用武力，深恐发生不幸，请电杨省长查照惯例，和平结案等语。实情若何？希即和平办理，并盼电复。外交部。支。

〔外交部档案〕

3、杨森陈述万县惨案经过电

（1926年9月5日）

外交部分转各国驻京公使均鉴：英商万流轮船在云阳肇祸及英舰柯克捷夫在万开衅，曾于世日电陈详情在案，迭与驻渝英领事在万交涉，尚无结果。突于本日午后四钟，由宜开来英国装甲嘉禾轮船，载英兵数百名，大炮机关枪甚多，到万时逼我方所扣万流轮船，乘守轮士兵不备，袭入该轮，猛用手机关枪扫射，毙我宪兵壹百余名。同时，驻万英舰柯克捷夫及世日由渝来万英舰威警，复用大炮轰击县城两岸陈家坝南津街及省长行署等地，焚毁民房商店一千余家，人民数以千计。我军职责所在，为救护人民生命财产及自卫起见，不得已开枪还击，经三小时许，该兵舰等始向下流退避。窃查英兵舰柯克捷夫前同万流轮已勒提我军枪枝，并擅用机关枪扫射我方，概未还击，嗣在交涉进行中。今以大炮对准万城作攻击状，并通知旅万外侨迁避，足证其早有轰城决心。乃本日竟同威警舰、嘉禾轮悍然向我檀〔擅〕开战端，实属破弃公理，绝灭人道，等我国殖民地之不若，应请贵公使主持正义，制止战祸，以维公法而重人道，是所至盼。讨贼联军川军第一路总司令兼四川省长杨森叩。微。印。

〔外交部档案〕

4、四川万县各机关法团暨全县人民望全国一致抗争电

（1926年9月5日）

国务总理、外交总长、各部院钧鉴：万县惨案发生详情，早已电达。我省政府曾两次与英领谈判，彼方一味狡赖，交涉正在进行，不料本日午后四钟，英轮嘉禾由宜装甲抵万，轮上满载英兵，突用机关枪向我方军民扫射，同时英国兵舰二艘，复驰骋江心，用大炮向两岸轰击，并以极猛烈之炮弹冲毁民房无算，截至发电时止，全城四处延烧，彼方轰射仍不稍停，瓦砾遍野，血肉横飞，哭声震天，惨不忍闻。并闻宜昌尚有英舰四只。行将抵万，万城数十万生命，悬于俄顷。英人此种蛮横行动，实等我于亡国奴之不若，用特飞电泣恳全国同胞，一致奋起，抵抗力争，战彼凶焰，伸我国权，雪此奇耻大辱。临电迫切，伫盼声援。四

川万县各机关法团暨全县人民同叩。歌亥。

〔国务院档案〕

5、万县各机关法团学校暨全体人民对惨案提出四项要求代电

（1926年9月6日）

北京国务院、外交部、各部总长、各国公使、汉口吴大帅、南京孙馨帅、成都邓督办、刘帮办、重庆刘督办、关监督、交涉署、领事团、绥定刘督办、万县杨省长、各省区省长、督办、各都统、各总司令、各镇守师、各师长、各关监督、各特派交涉员、各厅道、各领事、各机关、各法团、各学校、各报馆均鉴：窃法团等歌晨接宜昌旅宜同乡会支电飞报，英嘉禾轮载大炮子弹英兵上驶万县，势在接济泊万军舰，开衅残逞。商民正惶惑间，即日午后五钟，突陈家坝、徐沱等处，英舰阵列整齐，准备射击，须臾嘉禾装甲由宜驶至，英舰即以大炮、机关枪向县城及南津街一带民房、衙署猛攻约三小时，并以硫磺弹向街市直射，大火四起，全埠为墟，死伤人民无算，焚毁货物价逾数千万以上。当经侨万外人出作调停，英舰长态度强硬，绝无转圜余地，前途实难逆料。哀我市民，罹此屠戮，除就近陈诸驻万杨总司令严重交涉并妥筹善后外，特电吁恳全国当局及人民，鉴兹惨状，一致对抗英蛮，并恳中央照会驻京英公使迅电英国驻渝领事，严饬英兵舰威警、捷柯克夫等停止蛮横动作，并要求道歉、惩罚、保证及赔偿损害等项，以解倒悬而雪国耻，无任迫切待命之至。四川万县法团各机关学校暨全体人民同叩。麻。印。

〔国务院档案〕

6、万县商会会长会董请设法制止英舰入川以免惨剧重演电致国务院等

（1926年9月6日）

国务院、外交部、各部总次长、各国公使均鉴：英商轮万流在云阳浪沉杨部兵船，杨部扣留万流、万通两轮，交涉无效，各法团曾将英兵舰科克捷夫蛮横情形电达在案。正交涉间，英船嘉禾突于微日由宜潜运大炮子弹暨英兵多名，于午后四时半甫经抵万，即开机关枪射击，并由兵舰以大炮快放至三钟之久，全城人民惊惶万状，奔走呼号，哭声震天，硫磺屡触屡燃，焚毁南津街商号民房约数百余家，损失生命财产甚巨，该兵轮旋即下驶。本日又闻宜昌又到英国兵舰四艘，万民惊魂未定，闻耗更加惶悚，设再来万，必更糜烂地方，万民何辜，遭此荼毒。除一面查明损失确数详报外，当兹事机迫切，危在旦夕，特泣恳诸公，俯念万民痛苦，先行设法制止英舰入川，以免再演惨剧；一面将此案移京交涉，令双方停止战事，俾免各趋极端，牵动全局。迫切陈词，候电示。万县商会会长刘龙榜、牟纲鑫暨会董同叩。鱼。

〔国务院档案〕

7、四川旅宜同乡会望南北将领一致对外代电

（1926年9月7日）

北京杜总理、外交部蔡总长、沈阳张雨帅、汉口吴玉帅、南京孙馨帅、长沙蒋总司令、云南唐蓂帅、暨各省督办、省长、各镇守使、各师、旅长、各法团、北京外交后援会、北京学生联合总会、北京各元老、各报馆均鉴：顷接万县各法团及四川杨省长自万县来电称：此次英商太古公司万流轮船在四川云阳地方，浪沉民船二艘，淹毙军民五十余命，该轮知己肇祸，行至万县，并不停留，即行开往重庆。查该轮前在酆都两次浪翻民船，淹毙军民十余命，曾经重庆交涉员严重交涉，该轮竟置不理，并强横否认有淹毙情事，

迁延数月，毫无结果。杨省长恐该轮仍前顽强，始将该公司抵万之万通、万县两轮暂留，静待交涉，冀平民愤。殊英国驻万兵舰司令不谅杨省长处置之苦衷，电知该国驻汉水师提督，又调英舰数只暨英嘉和商轮改充军舰，装运大炮机关枪，自宜上驶，于九月五号午后四时抵万，即到处扫射，当将守护万通、万县两轮之官兵百余员名完全击毙。同时又由重庆开来英国兵轮一艘及泊万之英轮柯克择夫，用机关枪大炮向南津街、陈家坝及城内等处猛烈射击，并施放硫磺弹，焚毁民房，经六时之久，全埠精华被硫磺弹焚毁房舍达千余家以上，伤亡人民无数。杨省长为救护人民计，不得已乃命开枪还击，该兵轮始向下游退去。窃英商轮行驶川江，屡次肇祸，延不解决，人民积愤已深，历次交涉均无结果。此次因淹毙人命及损失财产甚众，始将该船暂留，原欲早日和平解决，以全邦交而平民愤，今该兵船竟敢开炮轰击，似此惨无人理，务望全国同胞，呼吁各友邦主持公道，并望南北各将领提出抗议，一致对外国，家幸甚！同胞幸甚！四川旅宜同乡会叩。阳印。

〔内务部档案〕

8、外交部提出和平处理惨案致吴佩孚及杨森电

（1926年9月10日）

发京汉路吴玉帅
重庆杨省长电九月十日发第一九九九
二〇〇〇号

英轮撞沉民船案
歌电悉奉悉。四日部电计达。旋准吴玉帅歌电，[①]当向英使提出抗议。对于英兵舰肇事一节，要求惩戒该舰负责军官，严嘱此后不得再有类似举动；其所有本案损失，保留俟地方查明详报后，再行提出索偿各在案。现据路透电称：日前各英舰驶往万县江面，援救被扣商轮，致与中国军队发生冲突，结果各英舰长官及水手等死伤共二十一人，中国方面死伤未明等语。查英

①吴佩孚歌电因内容与杨森歌电相同略。

商轮横行肇事，责有攸归，我方所受损失，原可向英领及公司据理索偿，似无须将未经肇事之他轮扣留以为担保，若果如路透电所传，双方军队发生冲突，诚恐案情转变，收拾愈难。当兹时局艰危，对外交涉自以避免决裂，力图解决为上。除电杨省长外，希即加电该省长和平处理，
希即设法迅予和平处理结案，并盼电复。交部。蒸。

〔外交部档案〕

9、外交部再次强调和平处理惨案致吴佩孚等电

（1926年9月13日）

发京汉路吴玉帅
四川杨省长电九月十三日发第一〇
一一号

英轮撞沉民船案，蒸电计达。顷准英使面称：此案现归英国在华舰队办理，该舰队司令近复派舰到万交涉释船事宜，请转电地方和平接洽，将船释放，免再如前次冲突，将来由中英派员会商解决，绝不有所偏护，否则本国海军不能任便退让等因。此事英使既以和平接洽为言，似应于英舰到万时，先与和平磋商释放英轮办法，再由双方派员会商损害赔偿，庶易收束。除电杨省长外，希查前电加电杨省长酌核办理，并盼电复。外交部。元。

〔外交部档案〕

10、外交部要英政府下令停止派舰到万县代电

（1926年9月14日）

发驻英陈代办电　九月十四日发第二〇一四号

近因英轮在川迭沉民船，淹毙多命，地方扣留英轮两艘，英国舰队司令派舰赴万交涉释船事宜，致与驻万华兵发生冲突。据地方电告：本月五日，英舰在万始则以机关枪击毙宪兵百余，继复用大炮轰击县城两岸、烧毁官民房舍千余，人民死伤无算，地

方为自卫起见，不得已开枪还击，英舰始行退避等情。查川省当局因英轮淹毙兵民多名，扣船要求赔偿，原属寻常案件，本部准英使请求，业一再电令地方和平处理，英领亦在万交涉，自可徐图解决。乃驻华英国舰队不待交涉结果，遽行派舰赴万，致发生重大冲突。华方损失极巨。昨准英使称：英舰队又将派舰前往，恐问题益趋复杂，结束愈难。希切商英政府转饬驻华舰队司令中止派舰赴万，静候地方和平办理，或双方派员会查商办。并盼电复。外交部。十四日。

〔外交部档案〕

11、外交部强调和平协商解决惨案致杨森电

（1926年9月15日）

发四川杨省长电　　九月十五日发第二〇一七号

英轮肇事案蒸元两电计达。旋准微电，得悉英舰开衅详情，殊深骇异。当经商请英使迅电英舰司令，中止派舰赴万，静候地方与英领和平处理，或双方派员会查商办；并电驻英陈代办切商英政府，电饬遵办。查此案英方重在释放被扣商轮，惟我既受巨大损失，自非索得相当保证不可。前准英使面称：若曲在英轮，自归公司赔偿，原告并可先向公司索取担保款项等语。应即据商英领转饬公司提出担保，以为释放英轮条件，再由双方派员会商了结全案办法。英舰如仍到万，务请和平与商，免再发生冲突。统希酌核办理，并盼电复。外交部。十五日。

〔外交部档案〕

12、旅京议员王猷等请勿违民意维护国权通电

（1926年9月19日）

〔衔略〕八月二十九日，英轮万流号在四川云阳拒绝搭客，撞沉民船，溺毙人民七十七名，当经受害家属诉请省长杨森提出

严重交涉。三十日，该轮驶抵万县，当派员到轮查询真相，以便交涉，乃停泊万县英兵轮阿克捷夫突开枪击毙检查兵员多名。九月五日，英兵轮江〔威警〕号协同阿克捷夫号复用大炮机关枪并高克沙费式六寸径口钢炮，向县城南街商场、陈家坝等处同时轰击，当枪杀烧毙民〔此处电文似有脱漏〕。同人等久旅京门，道路远隔，函电阻梗，不明真相。及接万县来电，汉口十二日路透电杨省长通电，始悉前情，不胜骇异。查川江上游一带，河狭滩险，木船甚多，轮船一开快车，则浪激波翻，木船易遭覆没，凡领江司车人稍具常识者，皆守公约，不开快车。乃该英商轮于应停过客之地，竟拒绝乘客，复擅开快车，溺毙人命至七十余名之多，已构成刑事上之处分，依国际惯例，自应停泊肇事之地点暨该国驻在领事交涉谈判。该处兵舰，平时只含有保护及调停性质，非至两国政府谈判破裂邦交断绝时，不得擅开兵衅，视友邦如敌国，即两国交战时期，对于通商市镇亦不得以炮击。乃该英商轮既已一误，该英兵舰复再误、三误，成此大错，较之去年五卅惨案尤为惨酷。议员等以外交紧迫、国际国防关系，悲愤填膺，难安缄默，通电全国，请一致主张：由政府将上述情形，向驻京英公使暨电我国驻英公使提出严重抗议，妥为交涉。伏查此次英人破坏国际公法，惨无人道，其曲在彼，直视我国领土较殖民地之不如。全国愤慨，势诚岌岌，应根据国际原则，据理力争，不能再如往日外交，因循退让，致违民意，而损国权。临电掬诚，不胜迫切待命之至。王猷、徐际恒、杜华、刘缇、陈肇锡、卢仲琳、余芹生、江椿、张知竞、陈宗常、卢霍椿、森古壹、唐玠、李汝翼、萧湘、吕祖翼、雷哲明、易仁善、林柄华、刘景云、郭岐瀛、黄明新、张汉竑、赵学良、万钧、张鲁泉、李广、胡庆雯、谷芝瑞、葛庄、汤松年、禹瀛、黄翼、赵时钦叩。皓。

〔内务部档案〕

13、万县九五惨案抗英大会通电

（1926年9月20日）

国务院、外交部、各部总长、各国公使均鉴：窃查英人弁视公法，侵辱国体，三月以来，迭演惨溺同胞案达六次之多，市民等痛黔黎之无辜被杀，恨英轮之忍心害理，曾于九月四号举行市民运动，以冀结全民之团体作政府之后盾，不图西较场之行泪未干，南津街之屠毁又作，九月五日竟遭英舰威警、科克捷夫、嘉禾等之蹂躏，死亡无算，街衢为墟。哀我孑遗，罹此荼毒！市民等苦海余生，痛定思痛，复于九月十九日，邀集民众仍在西较场举行等二次市民运动。是日各界到会者凡五万余人，无不泪尽声嘶，眦裂发指，誓与英商不共戴天，免致中华沦为异域，当即议决提案三项，谨录如下，以期实施。（一）请求政府对英要求条件案：一、赔偿历次惨案生命财产损失；二、惩办肇祸凶手英海军司令、舰长、船主及渝英领事等；三、英政府正式向中政府道歉；四、取消英国在华内河航权；五、撤回英国驻华海陆军；六、废除中英间一切不平等条约；七、对英收回租界及割让地。（二）对我国外交当局请愿案：一、请愿万县杨总司令，坚持前提对英条件；二、政府外交当局如对前提英条件故为让步，誓不承认；三、否认北京外交部之电对本案局部和平了结办理。（三）对英条件未达圆满目的前对付方法案：一、呈请政府限令在川英人于本年九月内完全离川，否则相当对待；二、请川当局对英封销〔锁〕芦〔夔〕巫，并在沿江施以相当防范；三、请长江下游当局制止英舰英轮上驶；四、组织全川民众，厉行对英经济绝交。综上各条，实系良心主张，且为最低限度。除就近声请杨总司令根据民意严重交涉务达目的外，特将此次市民运动经过情形及其提案条件通电全国，吁恳军政当局、外交官吏、友邦使节、各界人士，务祈垂察，英人蛮横暴行，眷念川民情恻惨状，群情愤忾，一致声援，俾条件得早实施，国耻可以昭雪，非特川人感戴，全华民族实利赖之。临电迫切，伫候示复。万县九五惨案抗英大会市民运动五万余人同叩。智。

〔内务部档案〕

14、四川民团代表提出六条誓愿电

（1926年9月）

十万火急。北京国务院、参众两院、外交部、汉口吴总司令、奉天张总司令、广东国民政府蒋总司令、南京孙总司令、万县杨省长、重庆刘督办、赖总司令、成都邓督办、刘帮办、绥定刘督办、三台田总司令、雅州刘屯垦使、各省督办、省长、各都统、各护军使、各总司令、各师长、各省议会、各省报馆、四川各厅道、各县知事、各学校、各县机关法团、各报馆钧鉴：英轮万流驶至云阳，鸣笛停车，例搭客载，乃于驳船抵舷时突开快车，浪沉兵民约计百名，军款洋数万。该轮行次万县，杨总司令森迫于良心驱使，未便坐视蛮横，严重交涉，讫无结果，不得已派兵扣船，冀获正当解决。讵英领事来万，复驶兵轮三艘，自恃强权，惨无人理，肆于歌日施放巨炮，伤亡居民数百人，焚毁商号千余间，万埠精华顿成焦土，中外财产损失无算；又以兵轮夹击，官兵伤毙百余员名。损害尚未赔偿，变本益复加厉，往有上海五卅惨杀案印象犹存，复演九五万县焚杀案，残酷逾甚，辱国权蔑视邦交，迭次肇祸，罪皆英人。同人等目睹惨剧，悲愤填膺，誓死奋争，义无反顾，除由巫峡以上节节布防，制止英轮航行川江外，宣誓各条，生死以之：（一）全川商民誓与英人经济绝交；（二）英人在川一切权利全体收回；（三）英国兵商轮船禁止航行川江；（四）在川英国侨民一律放逐出境；（五）川境沿江各地不许英人登陆；（六）中国人民不得在英国商轮兵轮服务，违者视为民众公敌，擒杀无赦。川民虽弱，正谊务求伸张；

英夷纵强，民气岂能压抑。愿有代价牺牲，宁为玉碎，不作苟延残喘，只计瓦全。伏冀当道诸公、海内豪俊，通力合作，一致主张，早息内争，同御外侮，中国前途实深利赖。临电迫切，无任主臣。四川民团代表罗雪村〔下姓名略〕等〔四十三人〕同叩。

〔内务部档案〕

15、上海总商会对万县惨案提出严重抗议致国务院等电

（1926年10月4日）

北京国务院、外交部钧鉴：英舰炮击万县，全城焚毁，死伤数千，实属不顾邦交，有意挑衅，消息传播，举国骇目，若不据理抗争，则履霜之渐，国将不国。乃报载有就地迁就了结之说，尤为骇异。此项重大交涉，实为吾国存亡关键，一息尚存，义无反顾，应请将此案英人横暴情形宣告各国，以求国际正义之扶助，一面续提严重抗议，限期答复，以争独立国家人格。临电悲愤，万乞鉴察施行。上海总商会叩。支

〔国务院档案〕

16、菲律宾中华商会表示愿为后盾致外交部电

（1926年10月12日）①

外交总长：万县惨案，请严重抗议，侨胞愿为后盾，斐律宾中华商会。

〔外交部档案〕

17、四川国民雪耻会通电

（1926年10月12日）

各机关、各法团、各报馆转全国人民公鉴：英人挟其帝国资本

① 此件系收文日期。

主义，袭其千年战胜淫威，恃不平等条约为护符，又行经济侵略，蔑视我国家，屠杀我同胞，残酷频加，惨剧累生。上年上海、沙基两大流血，对我肆虐之至极表示，孰意沪粤之创痛实犹深〔以上电文似有脱漏〕。吾川万县，竟于九月五日复遭英舰嘉禾、威瑾、柯克捷夫等之残杀轰击，死伤人数以千计，沦毁房屋至三千余家，繁华市场顿成焦土，死化灰烬，生为废疾。呜呼，酷矣！当此案之起也，我方以英轮年来航行川江，往往不依定章，故意开转，以致浪沉木船之事，月内多至五起。此次英商万流轮在云阳肇祸，浪沉川军杨森所部载兵木船三只，损失公款八万五千元，淹毙官兵五十余人，枪枝子弹无算。及该轮抵万时，我方前往交涉，英军舰复行提取我方枪枝，击伤我方士兵，并用大炮向万县两岸民房作欲轰击势，并又通告在万外国侨民暂行回避，恃强夺理，莫此为甚。我方不得已，暂将该国商轮万通号船管押，以备交涉。殊英领在万狡诈百出，不惟不认遵赔偿，反令嘉禾轮由宜昌装运大炮子弹兵役上驶到万，即合泊万岸英舰威瑾、柯克捷夫二艘，以大炮机枪向万县陈家坝南津街作无限度快放轰击，并以硫磺弹四出放火，全城屋宇几尽灰烬，死亡人民枕藉，损失约数千万，惨酷之极，远过五卅。哀我同胞，何辜罹此！而彼现犹决再续击，前途殊难逆料。似此蛮横蔑理，人道何存，公法何在？加以此案意义之重大，更千百倍于上海、沙基。矧英人杀残，今仍未已，日内重来轰击万县之说方且威传于彼辈口中，虽侨万外人出而调停，亦不表示容纳。是英人对我已不惜采取敌视行动，其蓄意破坏远东和平，不辞自居戎首，足见早具决心。我国民性虽酷好和平，至是已忍无可忍。为保持国家尊严及拥护主权完整不坏，不容他人侵犯起见，除就近电请四川军政当道向英领严重交涉据理力争外，应请我全国同胞一致团结，誓死奋斗，与该国速行经济绝交，不卖不买，不搭不雇，不服役，不合作。万众一心，同伸义愤，为国家争国体，为民族雪耻辱，全力对伊，挞伐英蛮。勿任帝国主义横行残酷，任意屠杀，国家幸甚！民族幸甚！临电哀鸣，无任神驰。万县惨案四川国民雪耻会叩。文。

〔内务部档案〕

18、烟台国货维持团等提出根本废除不平等条约电

（1926年10月22日）①

顾总理、外交部钧鉴：英人肆虐，灭绝人道，五卅惨案未了，万县悲剧又现。撞沉我民船，复炮轰我城池，蔑视我政府，刍狗我人民，强权恣逞，公理奚存。苟不严重交涉，则得寸进尺，愈演愈奇，我国家尚能存立乎？我人民将无噍类矣！此间民众，闻此噩耗，悲愤填胸，已于日前由全体市民激昂热烈之游行示威运动，维时西风飒飒，冷雨淋淋，而群众则本其不挠之精神，为有秩序之工作，誓为政府后盾，力雪耻辱。明公折冲樽俎，能名久著，今秉国钧，举世共瞻，务希严重交涉，依法力争，延国家兆民之命脉，树废除不平等条约之先声，不胜馨香祷祝之至。烟台维持国货团五十七团体、教育会、新闻记者联欢社、青年会、律师公会、职教员联合会、学生联合会、中华基督徒联合会。

〔内务部档案〕

① 此件系收文日期。